Balke · Der Sta.........

Friedrich Balke

# Der Staat nach seinem Ende

## Die Versuchung Carl Schmitts

Wilhelm Fink Verlag

Umschlagabbildung:
Paul Klee, 1919, 206 Abstürzender Vogel
16,5x19 cm, Ölfarbezeichnung und Aquarell auf Papier
Credit Line: Metropolitan Museum of Art, New York, NY,
The Berggruen Klee Collection, Inv. Nr. 1983.208.4.
© VG Bild-Kunst, Bonn 1996

Die Deutsche Bibliothek - CIP-Einheitsaufnahme

**Balke, Friedrich:**
Der Staat nach seinem Ende : die Versuchung Carl Schmitts /
Friedrich Balke. - München : Fink, 1996
Zugl.: Diss.
ISBN 3-7705-3098-5

ISBN 3-7705-3098-5
© 1996 Wilhelm Fink Verlag, München
Satz: Barbara Ullrich, Siegen
Herstellung: Ferdinand Schöningh GmbH, Paderborn

# INHALT

Es gibt ein Bild von Klee, das *Abstürzender Vogel* heißt. Mehr als einmal stand es mir bei der Abfassung der vorliegenden Arbeit vor Augen. Es gibt die Antwort auf jenes Bild Carl Schmitts, das den "mythischen Adler des Zeus" zeigt, "der sich aus den Eingeweiden des Prometheus nährt": ein Bild, mit dem Schmitt wider seine bessere Einsicht daran festhält, "daß alles menschliche Leben, auch das der höchsten geistigen Sphären, in seiner geschichtlichen Realisierung wenigstens potentiell einen Staat *über* sich" habe. Wider seine bessere Einsicht, denn Schmitt hatte längst die Landschaft skizziert, in der der abstürzende Vogel im nächsten Augenblick zerschmettern wird. Das Bild der occasionellen Welt, auf die der klassische Staat im 20. Jahrhundert trifft, findet sich in der *Politischen Romantik*: "Aus immer neuen Gelegenheiten entsteht eine immer neue, aber immer nur occasionelle Welt, eine Welt ohne Substanz und ohne funktionelle Bindung, ohne feste Führung, ohne Konklusion und ohne Definition, ohne Entscheidung, ohne letztes Gericht, unendlich weitergehend, geführt nur von der magischen Hand des Zufalls, *the magic hand of chance.*"

Die vorliegende Untersuchung zum politischen Denken Carl Schmitts geht von der Hypothese aus, daß das Werk dieses 'Staatsrechtslehrers' auf ein *Problem* antwortet, das den Horizont der *Lösung*, die er empfiehlt, überschreitet. Die Rekonstruktion dieses Problems erscheint um so wichtiger, als es den eigentlichen *Antrieb* des Schmittschen Denkens offenzulegen vermag, der in der "Lehre", die man seinem Werk entnehmen mag, bereits stillgestellt ist. Auf der abstraktesten Ebene hat Schmitt dieses Problem selbst mit der Unterscheidung von *causa* und *occasio* benannt, der Leitdistinktion seiner *Politischen Romantik*. Statt das Denken Schmitts mit einer der beiden Seiten dieser Differenz zu identifizieren, nämlich mit der Seite der *causa*, die im Werk durch die Übernahme einer prominenten (politisch-theologischen) Souveränitäts-Semantik vertreten ist, schien es mir geraten, das Problem Schmitts in der Markierung und Handhabung dieser Differenz selbst zu sehen. Dabei fällt vor allem auf, daß Schmitt die Beobachtungschancen dieser Differenz nur sehr selektiv ausschöpft - aus Gründen, die man zwar nach-, aber nicht mitvollziehen muß. Wohlgemerkt, diese Differenz ist zu unterscheiden von Unterscheidungen wie der von Freund und Feind, denen Schmitt einmal attestiert, daß sie die Bedingung der Möglichkeit des *Klassischen* sind; denn die paradoxe Stärke der modernen occasio, die Schmitt in ihrer Formen auflösenden Wirkung sieht, liegt darin, daß sie zu *schwach*, zu dissolut ist, um den *Feind* der vormals souveränen causa abzugeben, der sie den Garaus macht.

Alle säkularisierungsgeschichtlichen Konstruktionen können nicht darüber hinwegtäuschen, daß die Depotenzierung der souveränen causa nicht einem neuen (privaten) "Subjekt" zugute gekommen ist, das nun, nachdem sich der göttliche Garant der Ordnung und seine irdischen Repräsentanten zurückgezogen haben, der Welt zugrundeliegt. Die Differenz, die entstanden ist, genauer: das Differenz*geschehen* läßt sich nicht mehr auf den klassischen Typ der am Widerspruch orientierten binären Unterscheidung projizieren. Wie es Gilles Deleuze formuliert hat: "Nur mit Bezug auf das Identische, in Abhängigkeit vom Identischen ist der Widerspruch *die größte* Differenz. Trunkenheit und Taumel sind vorgetäuscht". Nur mit Bezug auf die politische Einheit, in Abhängigkeit von der politischen Einheit ist die Freund-Feind-Unterscheidung der "äußerste Intensitätsgrad": das "intensive Leben", das diese Unterscheidung verspricht, ist vorgetäuscht.

Auf den folgenden Seiten kann man nachlesen, daß Schmitt auf die Herausforderung dieser neuen Differenz auch auf andere Weise als durch die sterile Affirmation der alten, klassischen Unterscheidung geantwortet hat. Schmitt einen Romantiker zu nennen, wäre zweifellos eine billige Retourkutsche; aber daß er zur Sphäre des Romantischen noch ein anderes Verhältnis als das der pauschalen Verwerfung unterhalten hat, kann man zeigen. Es ist selbst noch jenen begrifflichen Bemühungen der Restauration des Klassischen einbeschrieben, die jüngst Jacques Derrida an Schmitt mit Recht hervorgehoben hat. Bei kaum einem anderen Denker dringt die Sphäre des 'offiziell' Negierten derart massiv in die Bezirke der behaupteten Positionen und Begriffe ein, denen ohne diesen Hintergrund kaum jene Faszination beschieden wäre, die auch kritische Schmitt-Leser bereitwillig zugestehen.

Wenn ich im folgenden also einer Lektürestrategie den Vorzug gebe, die jene Stimmen im Schmittschen Werk zu Wort kommen läßt, die sich dem dominanten Ton nicht recht fügen wollen, wenn die Aufmerksamkeit also der immanenten Gegenrede dieser Theorie der politischen *Einheit* gilt, dann wird der Leser schnell auf dekonstruktive Absichten schließen. Zu Unrecht. Die vorliegende Arbeit wandelt nicht auf den Pfaden Derridas, wiewohl sie seinen jüngst publizierten Schmitt-Studien weit mehr abzugewinnen vermag als den hierzulande vorherrschenden politisch-theologischen Reinszenierungen der Schmittschen Lehre. Verpflichtet allerdings weiß sich meine Lektüre der Einsicht Friedrich Schlegels, daß "jedes vortreffliche Werk, von welcher Art es auch sei, mehr weiß, als es sagt, und mehr will, als es weiß". Um dem Werk Schmitts dieses Wissen zu entlocken, macht sich die Untersuchung das analytische Potential eines Denkens zunutze, das mit großer begrifflicher Rigorosität und theoretischer Finesse den Wandlungen der modernen Mächte nachspürt, die auch bei Carl Schmitt anklopfen, und das mit den Namen Michel Foucault, Gilles Deleuze und Félix Guattari sowie Michel Serres verbunden ist. Aber warum sollte Carl Schmitt nicht auch einmal aus Frankreich kommen, dem Land, das nicht nur die von ihm vielgerühmten Legisten und Theoretiker der potestas absoluta hervorgebracht hat, sondern auch jene beunruhigenden zeitgenössischen Denker, die uns daran erinnern, daß, wie Foucault einmal geschrieben hat, "im politischen Denken und in der politischen Analyse der Kopf des Königs noch immer nicht gerollt ist" und daß uns unsere "Fallinie" immer weiter von einem "Reich des Rechts" entfernt, "das schon abzubröckeln begann, als ihm die Französische Revolution und das Zeitalter der Verfassungen und Kodifikationen eine blühende Zukunft zu versprechen schienen".

In einem ganz anderen Sinn nämlich, als er gemeinhin verstanden wird, gilt der 1934 von Schmitt geschriebene Satz: "Heute kann das Politische nicht mehr vom Staate her, sondern muß der Staat vom Politischen her bestimmt werden." Nicht die antizivilisatorische Rückkehr zu Tod und Teufel, sondern die Entdeckung des *Lebens* durch die moderne Macht zieht den vormaligen staatlichen Souverän in einen Prozeß der unabschließbaren politischen Dekonstitution. In der Tat: es "brechen alle Begriffsachsen", wie Schmitt 1963 im "Vorwort" zum *Begriff des Politischen* schreibt. Alle, bis auf eine: die Freund-Feind-Achse. Aber selbst die totalitären Weltanschauungs- und Vernichtungskriege, die das 20. Jahrhundert gesehen hat, zeugen nicht von der Wiederkehr des Souveräns und seines uneingeschränkten Rechts über Leben und Tod. Nicht die "Folgerichtigkeit" der Unterscheidung von Freund und Feind, die sie ihrem theologischen Archetyp verdankt, bringt die neuen tumultuösen Situationen hervor, sondern die Integration dieses "äußersten Gegensatzes" in das Gefüge ganz neuer Machtprozeduren, die im übrigen auch Schmitts Beobachtung nicht entgangen sind. Die Lage des 20. Jahrhunderts erschließt sich keiner Dialektik der Absolutheit. Weder die politische Absolutheit der Fürsten dieser Welt noch diejenige ihres theologischen Vorbildes erklärt die Intensität der Freund-Feind-Unterscheidungen, die das Europa der ersten Jahrhundert-Hälfte in nie dagewesene Massaker stürzten. Foucaults Satz von 1976 klingt wie eine späte Erwiderung auf Schmitts rückblickende Erwägungen von 1963: "Wenn der Völkermord der Traum der modernen Mächte ist, so nicht aufgrund einer Wiederkehr des alten Rechts zum Töten, sondern eben weil sich die Macht auf der Ebene des Lebens, der Gattung, der Rasse und der Massenphänomene der Bevölkerung abspielt."

*Der Staat nach seinem Ende* ist der Staat, der sich auf der Fallinie bewegt, der Staat im Fall. Wenn Carl Schmitt in der Tat von der Figur des *Kat-echon*, des Auf-

halters her zu interpretieren ist, dann also in dem Sinne, daß er den Absturz des
mythischen Vogels beobachtet und seinen Aufprall durch immer neue Manöver her-
auszuzögern sucht, Manöver, die, entgegen Schmitts Absicht, die Fallinie des Leviathan in eine zerstörerische Todeslinie verwandelten. Wenn er sich doch einmal
den Kräften der Beschleunigung anvertraute, ohne sie einer staatstragenden Bewegung zuzuführen, wenn er sich von der "Freude an der Beschleunigung" treiben
und tragen ließ, vermochte er die Fallinie allerdings auch in eine befreiende Fluchtlinie abzubiegen. Eine in diesem Sinne exemplarische Schrift wie *Land und Meer*
legt Zeugnis von beiden Möglichkeiten ab. Der Leviathan ist das Symbol der
Ambivalenz, die Schmitts politisches Denken im Kern affiziert.

Die vorliegende Arbeit wurde im Sommer 1995 von der Fakultät für Philosophie,
Pädagogik und Publizistik der Ruhr-Universität Bochum als Dissertation angenommen. Für den Druck wurde sie geringfügig überarbeitet. Nachdem der letzte Punkt
gesetzt ist, blickt man gerne zurück und fragt sich, wie es überhaupt dazu kommen
konnte und wer alles mitgetan hat - oft, ohne es zu wissen und auf ganz unterschiedliche Weise -, denn, mit Valéry gesprochen: "Jedes Werk ist das Werk von
vielen anderen Dingen als eines 'Autors'". Außer in den Anmerkungen von Walter
Benjamins *Trauerspiel*-Buch begegnete mir der Name Carl Schmitt wohl das erste
Mal Anfang der achtziger Jahre in einem Bochumer literaturwissenschaftlichen
Seminar von Dr. Jutta Kolkenbrock-Netz, das das Werk Heinrich von Kleists
behandelte, dessen *Hermannsschlacht* Carl Schmitt bekanntlich als "die größte
Partisanendichtung aller Zeiten" preist. In den philosophischen Seminaren von
Prof. Dr. Willi Oelmüller (Bochum) hatte ich in den folgenden Jahren immer
wieder Gelegenheit, die Ergebnisse meiner frühen Schmitt-Lektüre auf ihre Trag-
fähigkeit zu überprüfen. Meinen Doktorvätern schulde ich auf ganz unterschiedliche
Weise Dank: Prof. Dr. Bernhard Waldenfels (Bochum) hat mich durch die Art und
Weise, wie er das so genannte neuere französische Denken, die komplizierten und
komplexen philosophischen Entwürfe, die jenseits des Rheins entstanden sind,
aufnimmt und aufschließt, in meinem Vorhaben bestärkt, das Reflexionspotential
dieses Denkens für meine Auseinandersetzung mit Carl Schmitt zu nutzen. Prof.
Dr. Hans-Georg Flickinger (Kassel) registrierte meine Schmittiana stets mit Interesse und verschaffte mir kurz vor der Fertigstellung der Arbeit noch einmal die Gelegenheit, einige Überlegungen, die vor allem in das Schlußkapitel eingeflossen
sind, vor einem kompetenten Publikum an der Universität-Gesamthochschule
Kassel zur Diskussion zu stellen.
    Einiges von dem, was hier zur Sprache kommt, wurde in mehreren 'Projektvor-
stellungen' mit den Mitgliedern des Siegener Literatur- und Kommunikationswis-
senschaftlichen Graduiertenkollegs erörtert, dem ich als Doktorand von 1990 bis

1992 angehörte. Dem damaligen Sprecher des Kollegs, Prof. Dr. K. Ludwig Pfeiffer (Siegen), gilt mein Dank für Nachfragen und Kommentare, die mir eindringlich die Chancen einer stärkeren Soziologisierung bestimmter Denkfiguren und Problemlagen Carl Schmitts (der ja selbst an einer "Soziologie juristischer Begriffe" interessiert war) vor Augen führten. Die Fertigstellung der Arbeit wurde in den folgenden zwei Jahren, in denen ich im Wissenschaftslektorat des S. Fischer Verlages arbeitete, unterbrochen. Daß diese Unterbrechung nicht zum Schaden des Vorhabens geriet, verdanke ich vor allem dem inzwischen verstorbenen Wissenschaftslektor Dr. Günther Busch, der mich auf Paul Valéry aufmerksam machte und erste, noch tentative Überlegungen zum Verhältnis Valéry - Schmitt inspirierte und publizierte. Mein Dank gilt Dr. Benno Wagner (Siegen), der in jeder Phase der Arbeit mit produktiver Kritik und vielfältigen Anregungen zur Seite stand. Wenn Schreiben immer auch ein Kampf gegen intellektuelle Dummheiten, zuvörderst natürlich gegen die eigenen, ist, dann wird ein Gesprächspartner um so wichtiger, über den man sagen könnte, was der Freund *Monsieur Testes* über sich sagt: "Dummheit ist nicht meine Stärke."

Zu Dank verpflichtet bin ich Eva Erdmann (Bayreuth) und Dr. Ernst Müller (Berlin) für ihre Mitlektüre des Manuskripts sowie für Kritik und Anregungen. Das Engagement, das Prof. Dr. Raimar Zons, Lektor des Wilhelm Fink Verlags, dem Manuskript entgegenbrachte, half über die Durststrecke der Endredaktion hinweg.

Bochum, Juli 1995

EINLEITUNG

> Man muß die Bücher über die Schulter
> der Autoren betrachten.
>
> Paul Valéry

Nach so vielen Untersuchungen zu Carl Schmitt, die in den letzten Jahren erschienen sind, nun also noch eine weitere. Wie kann sich ein solches Vorhaben rechtfertigen? Muß es das überhaupt, denn schließlich erscheinen doch auch zu Goethe und Hegel, von Platon ganz zu schweigen, regelmäßig neue Titel, ohne daß ihre Autoren sich von der Menge des bisher Publizierten, das sie günstigstenfalls zu einem Teil überblicken, irritieren oder gar entmutigen ließen? Da die Schmitt-Konjunktur noch kein Jahrzehnt andauert, sehe ich mich hier, trotz der zahlreichen Untersuchungen, die in diesem Zeitraum vorgelegt worden sind, doch einer weniger dramatischen Lage gegenüber als im Fall der Literatur zu den "Klassikern der Menschheit". Schließlich, was immer Schmitt-Begeisterte sich auch wünschen mögen: mir scheint es jedenfalls noch nicht ausgemacht, ob man dem Staatsrechtslehrer den Ehrentitel eines Klassikers des 20. Jahrhunderts zugestehen kann, geschweige denn, ob man in ihm den "jüngsten Klassiker des politischen Denkens"[1] sehen muß. Daß allerdings die *Struktur und die Möglichkeit des Klassischen*, wie ich vorläufig sagen möchte, in seinen Büchern insgesamt auf dem Spiel steht, daß diese Bücher das Schicksal des Klassischen unter den Bedingungen des 20. Jahrhunderts wie kaum eine andere Theorie des Politischen reflektieren, scheint mir unzweifelhaft - und es wird eine der Aufgaben dieser Arbeit sein, die Tragweite dieser Reflexion, an deren Beginn nicht zufällig eine Abrechnung mit der *Politischen Romantik* steht, zu bestimmen. Denn auch Schmitt glaubte zu wissen: "Die Romantik war der Tod aller sorgfältigen Ausgestaltung."[2]

---

1    So der Titel einer Schmitt-Eloge Bernhard Willms: "Carl Schmitt - jüngster Klassiker des politischen Denkens?" (Willms 1988, 577-597).

2    Valéry 1993, 392. Zu den von Schmitt und Valéry geteilten Motiven ihrer Romantik-Kritik und zu den Gründen für diese gemeinsame Gegenstellung vgl. das Kapitel III dieser Arbeit.

Diese Arbeit erscheint in einem Augenblick, wo die Rezeptionslage in Sachen
Carl Schmitt allmählich unübersehbar zu werden beginnt - ein Prozeß, zu dem sie
damit nicht zuletzt selbst ihren Beitrag leistet. Man sollte zu Beginn auf diese Rezeptionslage hinweisen und ihre beiden wichtigsten Sparten mit wenigen Worten
charakterisieren. Bei einer Person wie der Carl Schmitts, die stets die Nähe zum
Souverän (oder wen sie dafür hielt) gesucht hat und dabei auch, wie man weiß, vor
der Zusammenarbeit mit den "Verübern großer politischer Verbrechen" (Brecht)
nicht zurückgeschreckt ist, verwundert es nicht, wenn kaum ein werkgeschichtli-
cher Kommentar von den 'Verstrickungen' des Staats- und Völkerrechtslehrers ab-
sieht. Auf diesen Zwang antworten *Biographien* und biographische Detailstudien[3]
zu Carl Schmitt, die sich vor allem mit einer Aufhellung seiner Rolle in der Endphase der Weimarer Republik[4], im NS-Regime[5] sowie in der frühen Bundesrepublik[6] befassen. Hier sieht man in manchem mittlerweile bedeutend klarer, so daß
die seriöse Beschäftigung mit der Biographie Schmitts heute den vor zehn Jahren
noch gängigen Rückgriff auf die Kolportage (etwa über den *Totengräber Weimars*
und den *Kronjuristen des Dritten Reiches*) weitgehend ersetzt. Eine zweite, dem
Umfang nach bei weitem erheblichere Kategorie von Studien möchte ich unter dem
Titel der *Einflußliteratur* zusammenfassen. Ihre idealtypische Struktur ließe sich auf
die Formel *Carl Schmitt und ...* bringen. Die Rede von der Einflußliteratur ist nicht
etwa abschätzig gemeint, da sie das untrügliche Zeichen für einen notwendigen
*Detaillierungsprozeß* der Forschung ist, von dem alle weitere Beschäftigung mit
dem Autor nur profitieren kann.[7]
    Man mißverstehe es nicht als Koketterie, wenn es dem Verfasser schwerfällt,
sein eigenes Projekt in der bereits hochgradig ausdifferenzierten Forschungsland-
schaft zu situieren[8]. Daß sein Unternehmen in vielfältiger Weise den Ergebnissen
dieser Forschung verpflichtet ist, werden die folgenden Seiten zur Genüge beweisen. Darüber ist also kein Wort zu verlieren. Die *Fragestellung* der vorliegenden

---

3   Bendersky 1983, Tommissen 1988, Villinger 1990, Noack 1993.
4   Ich nenne für viele: Huber 1988.
5   Lauermann 1988, Rüthers 1989 [²1990], Quaritsch 1989 [²1991].
6   Van Laak 1993.
7   Meier 1988 (Carl Schmitt und Leo Strauss), Kennedy 1988 (Carl Schmitt und Hugo Ball),
    Kervegan 1988 (Carl Schmitt und Hegel), Maschke 1988 (Carl Schmitt und Hobbes sowie
    Donoso Cortés), Bolz 1989 (Carl Schmitt in der Reihe der "philosophischen Extremisten"
    der Zwischenkriegszeit), Mehring 1989 (Carl Schmitt und Hegel), Kramme 1990 (Carl
    Schmitt und Helmuth Plessner), Ulmen 1991 (Carl Schmitt und Max Weber),
    Lauermann/Heerich 1991 (Carl Schmitt und Hobbes/Spinoza), Schickel 1993 (Carl Schmitt
    und Hugo Ball).
8   Einen hervorragenden Überblick über die Schmitt-Literatur der letzten zehn Jahre gibt:
    Lauermann 1994. Vgl. auch Mehring 1993.

Arbeit jedoch weicht in einem entscheidenden Punkt von den methodischen Voraussetzungen der großen Mehrzahl der Veröffentlichungen zu Carl Schmitt ab: sie bezweifelt, daß sich das *Rätsel Carl Schmitt* allein auf der Grundlage seines Werkes lösen läßt. Sie geht vielmehr von der Hypothese aus, daß dieses Werk auf ein *Problem* - mit Carl Schmitt können wir auch sagen: eine (allerdings theoretisch zu rekonstruierende, nicht unmittelbar gegebene) "konkrete Situation" - antwortet, die dieses Werk überschreitet, genauer: auf ein Problem, das zwar im Ausgang von diesem Werk bestimmt werden kann und muß, das aber nicht in diesem Werk gleichsam als sein *Kern* oder sein *Zentrum* enthalten ist. Um Mißverständnisse zu vermeiden, sei gleich hinzugesetzt: die üblicherweise gewählte Strategie, auf das *Leben* eines Autors auszuweichen, wenn man die Widersprüche oder Sinnvielfältigkeiten seines *Werkes* auf dem Terrain des Werkes selbst nicht zu harmonisieren vermag, kommt für diese Untersuchung nicht in Betracht, weil Leben *und* Werk *Variablen* eines Problems bzw. einer "konkreten Situation" sind, die sie transzendieren. Das Wichtigste an Carl Schmitt ist gerade nicht seine *Lehre*. Nicht nur, daß das, was Beobachter als Schmitts "Lehre" rekonstruieren mögen, erheblichen Wandlungen unterworfen ist, daß es niemals die Konsistenz eines theoretischen Zusammenhangs annimmt, auch nicht 'tiefenstrukturell' - Schmitt, der einen Horror vor den *Aphorismen* hatte und die Unmöglichkeit des *Systems* heute bedauerte, hat doch ein durch und durch *aphoristisch* gebautes Werk hervorgebracht[9] -, vor allem aber ist die "Lehre" wesentlich *Antwort* auf ein Problem, auf das die Texte Schmitts allenfalls *hindeuten*: die Lehre steht sozusagen in einem *Kontiguitäts-*, nicht jedoch in einem *Similaritäts*verhältnis zu der Frage, die sie beantworten will. Die Lehre Carl Schmitts, genauer: die Lehren *berühren* das Problem, aber sie sind ihm nicht *ähnlich*, sie sind nicht 'vom gleichen Fleisch'. Dort, wo Schmitt am wenigsten lehrt, wie etwa in seinem (semi-)literarischen Frühwerk, gelangt er zu Formulierungen, die nicht mehr weit entfernt sind von einem präzisen Wissen um das Problem. Die vorliegende Arbeit möchte sich einer Illusion entledigen, die dem eigen ist, was Gilles Deleuze das "dogmatische Bild des Denkens" genannt hat: "Man muß damit aufhören, die Probleme und Fragen als Abklatsch der entsprechenden Sätze zu begreifen, die ihnen als Antwort dienen oder dienen können."[10]

Ein Großteil der Schmitt-Forscher glaubt, die Essenz der Schmittschen Lehre in seiner *Politischen Theologie* zu finden[11]. Carl Schmitts Lehre ist *Politische Theologie*. Die *Sache* der Politischen Theologie "ist so alt wie der Offenbarungsglaube,

---

9 Man erkennt das bereits daran, daß zahlreiche Wendungen und Formeln aus diesem Werk zu fast schon geflügelten Worten geworden sind: sie sind, nahezu ohne 'Substanzverlust', aus dem jeweiligen Textzusammenhang herauslösbar.
10 Deleuze 1992, 203.
11 Maschke 1989, Wacker 1994, Meuter 1994, Meier 1994.

und sie wird nach menschlichem Ermessen ebensolange fortbestehen, wie der
Glaube an einen Gehorsam verlangenden Gott fortbestehen wird."[12] Die Politische
Theologie ist die *ewige Alternative* zur Politischen Philosophie: Autorität, Offenbarung und Gehorsam sind ihre "entscheidenden Bestimmungen", denen auf der anderen Seite Autonomie, Vernunft und Freiheit entsprechen. Wir kennen dieses allzu
bequeme Schema, das nicht recht zu erklären vermag, wie es kommt, daß die Philosophie, selbst nachdem sie aus dem Magd-Verhältnis zur christlichen Theologie
entlassen worden war, noch bis zu Nietzsche brauchte, um sich als sublimierte
Theologie zu erkennen. "Tun wir einigen Aberglauben von uns ab, der in bezug auf
Philosophen bisher gang und gäbe war!"[13] Nicht mit der Philosophie aufzuklären,
sondern die Philosophie über sich selbst aufzuklären, das hieß doch für Nietzsche
vor allem, zu erkennen, "inwiefern auch wir noch fromm sind"[14] (insofern 'wir
Philosophen' zum Beispiel an die Göttlichkeit der Wahrheit glauben, ja überhaupt
von einem "Willen" zu ihr beseelt sind) - und zwar trotz des größten neueren Ereignisses, "dass 'Gott todt ist'"[15].

Sicher, der Gott der Theologen ist nicht der Gott der Philosophen. Wenn Heinrich Meier Heideggers Formel von der Theologie als "Todfeind" der Philosophie
zitiert[16] - sie entstammt einem Vortrag aus dem Jahre 1927 -, dann darf das *existentielle Pathos*, das Heidegger bemüht und das der Problematik der Philosophie
als *Frage* entspringt, nicht jene andere Einsicht Heideggers vergessen lassen, die
der spezifischen Struktur der *Antworten* gilt, die die Philosophen im Laufe der Geschichte auf ihre Frage - auf die ihnen 'aufgegebene' Frage - gegeben haben. Für
den Glauben, so Heidegger, ist das philosophische Fragen eine "Torheit". Und er
fügt hinzu: "In dieser Torheit besteht die Philosophie. Eine 'christliche Philosophie'
ist ein hölzernes Eisen und ein Mißverständnis."[17] Heidegger hat nur zu genau gewußt, daß allenfalls ein kleiner Teil der Philosophie aus dieser Torheit besteht - und
der größere Teil sich entweder dem Glauben zur Verfügung gestellt oder den Glauben, die Religion selbst als eine Gestalt der Vernunft 'erkannt' hat. Man behielte
nicht eben viel zurück, wenn man von der überlieferten Philosophie jenen Teil ab-
ziehen wollte, der gerade die vermeintlich unmögliche Synthese von Theologie und
Philosophie vollzieht. Ich will hier die sich aufdrängende Frage unerörtert lassen,
ob Heideggers Fassung der eigentlich metaphysischen Frage - "Warum ist überhaupt Seiendes und nicht vielmehr Nichts?" - nicht genau die Frage ist, als deren

---

12    Meier 1992, 7f.
13    Nietzsche 1992, 291.
14    Nietzsche 1988c, 574.
15    Ebd., 573.
16    Meier 1994, 136, FN 48.
17    Heidegger 1976, 6.

Antwort sich der religiöse Diskurs versteht, eine Antwort, die eben *Gott* heißt: Gott hat das Seiende gewollt und geschaffen.

Insofern diese Frage bei keinem Seienden irgendwelcher Art haltmacht und zugleich nach dem *Grund* fragt, also die Oberfläche der Dinge durchstößt und "in die 'zu-grunde' liegenden Bereiche und zwar bis ins Letzte, an die Grenze"[18] vordringt, ist sie von einem Pathos der *Wahrheit* erfüllt, das Nietzsche als der eigentliche "*metaphysische Glaube*" galt. Nietzsche ging so weit, auch noch nach der Herkunft der Frage zu fragen (und auch noch nach der Herkunft dieser Frage aller Fragen). Ihm schien es, "dass auch wir Erkennenden von heute, wir Gottlosen und Antimetaphysiker, auch *unser* Feuer noch von dem Brande nehmen, den ein Jahrtausende alter Glaube entzündet hat, jener Christen-Glaube, der auch der Glaube Plato's war, dass Gott die Wahrheit ist, dass die Wahrheit göttlich ist ..."[19]. Für Heinrich Meier ist die Frage par excellence, die von der Politischen Philosophie wie von der Politischen Theologie zumindest implizit aufgeworfen wird: *Wie soll ich leben?* Geschieden, so Meier, seien beide "durch den unaufhebbaren Gegensatz", in dem ihre Antworten auf diese Frage zueinander stehen.[20] Die Formulierung klingt nicht zufällig eigentümlich schmittianisch, weil es auch Carl Schmitt um die Möglichkeit von "unaufhebbaren Gegensätzen" unter den Bedingungen einer Kultur zu tun ist, die ihre Unterscheidungstechnik längst zu dynamisieren gelernt hat und "mit dem ganzen Dasein Federball" spielt[21]. Man muß sich ernstlich fragen, ob man als Philosoph heute noch naiver sein will als jener General in Musils *Mann ohne Eigenschaften*, der "nach vollzogener Bestandaufnahme des mitteleuropäischen Ideenvorrats nicht nur zu seinem Bedauern festgestellt [hatte], daß er aus lauter Gegensätzen bestehe, sondern auch zu seinem Erstaunen gefunden [hatte], daß diese Gegensätze bei genauerer Beschäftigung mit ihnen ineinander überzugehen anfangen."[22] Das "Zeitalter der Neutralisierungen und Entpolitisierungen" ist keineswegs die Nacht, in der alle Kühe schwarz sind. Allerdings wird in ihm der provisorische Charakter aller Begriffsfestlegungen und aller vermeintlich von ewig her und für ewig fixierten Alternativen geläufig. Es ist jenes Zeitalter, auf dessen "Stirn geschrieben steht: entweder - oder", das diesem "Wahlspruch" aber einen Sinn gibt, der ihm jedes existentielle Pathos nimmt: das Zeitalter ist nämlich "zu dissolut" für eine binäre, 'ethische' Wahl[23], es versteht die Worte 'Entweder - oder' nicht als "disjunktive Konjunktionen", für dieses Zeitalter gehören sie viel-

18   Ebd., 2.
19   Nietzsche 1988c, 577.
20   Meier 1994, 260f.
21   Kierkegaard 1988, 341.
22   Musil 1992, 373.
23   Kierkegaard 1988, 704.

mehr "untrennbar zusammen und müssen daher in einem Wort geschrieben werden"[24]. Heinrich Meiers Begriff von Philosophie ist ein typisches Beispiel für jene - im Sinne Schillers - *naive* Handhabung von exkludierenden Unterscheidungen, die darauf baut, daß der Leser für einen Moment jenen Punkt aus dem Auge verliert, an dem sich die *Wahrheit der Autorität* und die *Autorität der Wahrheit* austauschen. Nietzsches ironischer Anachronismus vom Christen-Glauben, der auch der Glaube Platos war, einem Christen-Glauben also *avant la lettre*, legt den Finger auf diesen Punkt.

Heidegger hat 1956/57 dieser Einsicht Nietzsches Rechnung getragen und die Vorschnelligkeit seines Urteils aus den zwanziger und dreißiger Jahren, eine 'christliche Philosophie' sei ein hölzernes Eisen, offenbar erkannt. Der "Torheit", von der er in der *Einleitung in die Metaphysik* spricht, war die Philosophie in ihrer Geschichte am wenigsten verfallen - zu ihrem eigenen Schaden, wie Nietzsche erkannt hat. Die Frage der Philosophie war in dem Maße neu zu erfinden, als sich die "Grundfrage der Metaphysik" von ihrer Herkunft und Fragelogik her in zunehmendem Maße als *theologisch* erwies. Die Frage der Philosophie war vielleicht noch gar nicht gestellt worden, sie gehörte einer Zukunft an, deren Ankunft man dadurch befördern konnte, daß man zunächst die *Vorfrage* zu beantworten versuchte, was es ist, das das eigentlich philosophische Fragen bislang verhindert hat. Man muß also zunächst die "Frage nach dem onto-theologischen Charakter der Metaphysik" stellen und das heißt die Frage aufwerfen: "Wie kommt der Gott in die Philosophie, nicht nur in die neuzeitliche, sondern in die Philosophie als solche?"[25]

"Der Begriff *Politische Theologie* benennt das Zentrum von Schmitts theoretischem Unternehmen."[26] Man sieht: Heinrich Meier nimmt die das theoretische Unternehmen Carl Schmitts motivierenden Fragen und Probleme als 'Abklatsch' der entsprechenden Sätze, die ihnen als Antwort dienen. Nicht nur einmal, zweimal hat Carl Schmitt den Ausdruck "Politische Theologie" als Titel für Buchpublikationen herangezogen. Fast möchte man scherzhaft anmerken: es hat ja bislang einschließlich des Autors selbst niemand etwas anderes über das 'Zentrum' seines Denkens behauptet. Die Politische Theologie - dasselbe gilt für den katholischen Hintergrund insgesamt - liegt so offen zutage, daß man schon deshalb mißtrauisch werden könnte. Daß das *Politische*, dessen Begriff Schmitt geben wollte, etwas ist, das die *Theologie* übersteigt, hat er im übrigen unzweideutig festgestellt, so z.B. in der *Verfassungslehre*, wo er zu der "Vorstellung eines persönlichen *Gottes*" sowie zu der "Vorstellung des *Vaters*", wie sie zur Begründung der Monarchie herange-

---

24   Ebd., 707.
25   Heidegger 1982, 46.
26   Meier 1992, 7.

zogen werden, bemerkt: "*Keine dieser Vorstellungen gehört wesentlich der politischen Sphäre an.*" (*Vl*, 285 - m.H.)

Wenn ich also im folgenden einer *Dezentrierung* der Lektüre Carl Schmitts das Wort rede, dann deshalb, weil es gilt, auch solche Spuren in dem verschlungenen Werk des politischen Theoretikers zu verfolgen, die er nicht selbst gelegt hat. Es könnte sein, daß das Zentrum von Schmitts Denken nicht mit dem (sozusagen: 'weltanschaulichen') Mittelpunkt seines Werkes (bzw. seines Werkes und seines Lebens) zusammenfällt. Wenn ich mich um eine Rekonstruktion des *Kairos* der politischen Theorie Carl Schmitts bemühe, dann heißt das vor allem, daß ich von einer spezifischen Logik der *Wiederholung* Abstand halte, die sich das Denken der *Kontingenz des Historischen* - wofür Schmitt den Begriff des *challenge* reserviert[27] - dadurch zu ersparen sucht, daß sie das geschichtliche Ereignis als Effekt der "Aktualisierung" zeitenthobener, invarianter Positionen auffaßt.[28] Aber was erfährt man über die *Pragmatik* des berühmten Eröffnungssatzes der *Politischen Theologie* von 1922, über das *Ereignis* dieses Satzes - "Souverän ist, wer über den Ausnahmezustand entscheidet" -, wenn in ihm nichts weiter als die ideengeschichtliche Reprise einer politisch-theologischen Gedankenfigur erkannt wird? Welcher Strategie, welcher *theoretischen Wahl* (Foucault) gehorcht dieser Satz? Umgreift diese Strategie nicht am Ende die scheinbar unüberwindbare Unterscheidung von Politischer Theologie und Politischer Philosophie, die, wie Heinrich Meier im Anschluß an Leo Strauss deutlich macht, lediglich zwei Varianten einer *Ethik der Wahl* bezeichnen? Wenn wir in der Lage sind, den *Indifferenzpunkt* dieser Unterscheidung zu denken, wie es Schmitt in der *Politischen Romantik* zu unternehmen versucht hat - Philosophie und Theologie konvergieren in einem gewissen "Ernst" und im Pathos des Einen, das not tut -, kann es sein, daß wir in Sachen Schmitt *mehr sehen*, als wenn wir uns einer Lektüre überlassen, die sich ihrem Gegenstand mit großer philologischer Akribie so weit wie möglich anzuschmiegen versucht und sein Geheimnis in ihm selbst vermutet. Ein Geheimnis, von dem man sich dann am Ende noch sagen lassen muß, daß es die Spatzen von den Dächern bzw. vom Frontispiz der Bücher Schmitts pfeifen.

Es geht darum, mit einer Formulierung Michel Foucaults, das Gesagte "auf dem Niveau seiner Existenz"[29] zu befragen. Aber dieses Existenzniveau der Aussagen fällt keineswegs mit den *Gegenständen*, auf die sie sich beziehen, noch auch mit dem *Geist*, der sich in ihnen manifestiert, zusammen. Der Absage an die Ereignis-

---

27 wenn er diesem Begriff auch eine metaphysische Wendung gibt, die das Moment des Aleatorischen und der Kontingenz zu reduzieren sucht (Schmitt 1955).

28 So auch Meier 1992, 11.

29 Foucault 1973, 190.

geschichte ("Weimar", "NS-Regime") gesellt sich die Absage an die Ideengeschichte ("Politische Theologie") hinzu. Rufen wir uns in Erinnerung, wie Foucault
in der *Archäologie des Wissens* das *historische Apriori* definierte: "[...] ich will
damit ein *Apriori* bezeichnen, das nicht Gültigkeitsbedingung für Urteile, sondern
Realitätsbedingung für Aussagen ist. Es handelt sich nicht darum, das wiederzufinden, was eine Bedeutung legitimieren könnte, sondern die Bedingung des Auftau-
chens von Aussagen, das Gesetz ihrer Koexistenz mit anderen, die spezifische
Form ihrer Seinsweise und die Prinzipien freizulegen, nach denen sie fortbestehen,
sich transformieren und verschwinden."[30] Und eventuell - unter ganz anderen 'äußeren Bedingungen' - wiederauftauchen. Es geht also nicht darum, die Aussagen
auf Ereignisse - weder auf 'reale' noch auf 'ideelle' - zu beziehen, die sie hervorgebracht haben sollen, sondern die *Aussage als Ereignis* zu begreifen. Wenn Schmitts
*Lehre* sich also ohne Rest als "Politische Theologie" rekonstruieren läßt, das Unternehmen einer "Politischen Theologie" aber "nicht mit Schmitts Theoriebildung in
die Welt gekommen ist"[31], dann gilt unser Interesse dem *Akt der Wiederholung*
dieser 'ewigen' Möglichkeit politischen Denkens in den Texten Carl Schmitts (die
*als* Wiederholung immer eine *Differenz* produziert), den spezifischen Bedingungen
und Effekten dieser Wiederholung, die in den Texten ihre Spuren hinterlassen haben: eine Frage, die sich nicht mit dem Hinweis auf die "Existenz" oder das innerste "Zentrum" der Person Schmitts beantworten läßt.

Wenn sich die vorliegende Arbeit also für diejenige Bewegung interessiert, die
das Werk Carl Schmitts durchquert, dort ihre Spuren hinterläßt, ohne jedoch auf
dieses Werk begrenzbar zu sein, wenn sie auf diejenige Kraft achtgibt, gegen die
Schmitt seinen Diskurs fortwährend konstruiert und rekonstruiert, wenn sie also in
dem, was seinem Diskurs entgeht, was sich ihm entzieht (ohne doch deshalb einfach *abwesend* zu sein) ihr eigentliches Thema findet, dann wird für den kundigen
Leser ausgemacht sein, daß es sich bei dem hier unternommenen Versuch um ein
Beispiel für eine *dekonstruktive* Lektüre handelt. Der Leser mag selbst beurteilen,
was diese Arbeit dem philosophischen Zugriff Jacques Derridas schuldet. Als kurz
vor der Fertigstellung des Textes, im September 1994, Derrida die Ergebnisse seiner eigenen Schmitt-Lektüre publizierte[32], konnte ich mich von dem Abstand überzeugen, der zwischen der "lecture déconstructive que nous tenterons ici de la pensée schmittienne", wie Derrida sein Vorhaben ankündigt[33], und meinen eigenen

---

30   Ebd., 184.

31   sondern, wie Heinrich Meier feststellt, so alt ist "wie der Offenbarungsglaube" und daher auch
     "nach menschlichem Ermessen ebensolange fortbestehen [wird], wie der Glaube an einen
     Gehorsam verlangenden Gott fortbestehen wird" (Meier 1994, 258).

32   Unter dem Titel: *Politiques de l'amitié* (Derrida 1994).

33   Ebd., 102, FN 1.

Überlegungen besteht. Und doch konnte ich mich durch Derrida auch in *zwei* wichtigen Punkten bestätigt sehen: einmal, daß es nicht angeht, Schmitt auf das Gleis (ich sage nicht: das *tote* Gleis) der Politischen Theologie abzuschieben, um auf diese Weise seine Bedeutung für die Politische Philosophie auf die Funktion der Identitätsversicherung ex negativo zu reduzieren. Mit der Unterscheidung von Freund und Feind, darauf hat Derrida nachdrücklich hingewiesen, berührt Schmitt eine genuin *philosophische* Unterscheidung, weil, wie er mit Blick auf die aristotelische und platonische Freundschaftslehre zeigt, auch der philosophische Begriff der Freundschaft von der Möglichkeit seines *Gegenteils* bestimmt ist.[34] Für den Philosophen Derrida besteht kein Zweifel an der philosophischen Problematik des *Begriffs des Politischen*: "*Le Concept du politique* était, on l'a vu, un essai de type philosophique pour 'cadrer' la topique d'un concept *qui n'a pu lui-même se constituer que sur le sol philosophique.*"[35]

Zum anderen konnte ich mich durch Derridas Analysen in meiner Auffassung von der Bedeutung des Problems der *Unterscheidung* als solchem, der *Unterscheidungsfähigkeit*, die den Grad der *Klassizität* einer Theorie definiert, bestätigt fühlen. Nicht nur entdeckt Derrida im Willen der *Reinigung* des Politischen von allen Beimischungen anderer Felder, ja von allen materialen Gehalten überhaupt, in der Rekonstruktion des Politischen *als solchem*, in der politischen "Idee", den *platonischen Traum* Carl Schmitts ("son rêve platonicien"[36]), Derrida weiß vor allem von der beständigen Angst Schmitts um die *Möglichkeit dieser Unterscheidungen* (des Freundes vom Feind, des Formalen vom Materialen) angesichts "immer neuer, tumultuöser Situationen" (*BdP*, 17), die die überlieferten staats- und völkerrechtlichen Systeme unbrauchbar machen: "Die Zeit der Systeme ist vorbei." (*BdP*, 17) Derrida macht deutlich, daß Schmitts ganzes theoretisches Unternehmen, vor jeder expliziten Parteinahme für eine bestimmte - 'restaurative' - Politik, eine "re-construction du politique" ist, denn wir befinden uns in einem Zeitalter, wo nicht nur diese oder jene konkrete Politik, sondern das Politische als solches auf dem Spiel steht. Diese Herausforderung, die Schmitt mit dem zentralen Konzept der *Neutralisierung* thematisiert, muß jede *politische Philosophie*, die diesen Namen zu tragen verdient, annehmen, ihr muß sie zu begegnen versuchen. So jedenfalls sieht es Derrida, und diese Intuition liegt auch der vorliegenden Arbeit zugrunde. Mit gutem Grund nennt Derrida Schmitt den letzten großen Metaphysiker der Politik, den

---

34 Denn die positiven Bestimmungsversuche der Freundschaft können allesamt nicht überzeugen: "Wie also können uns überhaupt Gute mit Guten freund werden, welche weder in der Abwesenheit sich nacheinander sehnen, denn sie genügen jeder sich selbst auch einzeln, noch auch vereinigt irgend Nutzen voneinander haben?" (Platon 1983, 195: *Lysis* 215b).

35 Derrida 1994, 168 - m.H.

36 Ebd., 136.

letzten großen Repräsentanten der europäischen Metaphysik der Politik, "le dernier grand métaphysicien de la politique, le dernier grand représentant de la métaphysique européenne de la politique"[37].

Wenn er hingegen die Neutralisierungsdiagnose Schmitts mit der Nihilismusdiagnose Heideggers zusammenbringt[38], dann scheint er mir die *Spezifizität* des modernen Entpolitisierungsprozesses, den Schmitt analysiert und 'aufzuhalten' versucht, zu verfehlen. Für Derrida ist ausgemacht, daß die Dekonstruktion der Politik, so wie sie in Griechenland erfunden wurde, bereits mit ihrer Geburtsstunde einsetzte. In gewisser Weise ist der Nihilismus, die Auflösung der Metaphysik, mit ihrem ersten Entwurf gleichursprünglich. Man muß nur die historische Bewegung des philosophischen Diskurses verfolgen, um sich auch über die - nicht nur auf Texte beschränkte - *Realdekonstruktion* der Politik und der metaphysischen Welt insgesamt Rechenschaft zu geben. Streng genommen hat die Philosophie gar kein Außen, vielmehr enthält sie die Welt als ihr (logisches) Implikat. Die Geschichte ist ein *abgeleitetes* Phänomen, sozusagen die praktische, institutionell materialisierte Exegese des philosophisch Gedachten und Tradierten. Ich denke, daß die Gründe, die die These von der *Vorgängigkeit des Geistes* vor der Geschichte entkräftet haben, nicht nur jene Philosophien treffen, die einen kontinuierlichen 'Zuwachs' an Geistigkeit in allen Verhältnissen vorhersagten, sondern auch jene, die seinen fortschreitenden Abbau bzw. seine allmähliche Selbstzersetzung prophezeien. Die Symptome der Neutralisierung und Entpolitisierung, die Carl Schmitt in seinen Texten benennt, sind nicht die lange Zeit verborgene, zuletzt jedoch ans Licht gekommene *Wahrheit der Politik*, so wie sie das 'abendländische Denken' ursprünglich gedacht hat. Es bedarf der Intervention eines positiven, komplexen und nur konkret historisch zu erforschenden *Außen*, um die ursprüngliche Wahrheit der Politik, wenn man so will, aus der Bahn zu werfen.

Aber die philosophischen Konzeptionen der Politik existierten in der Wirklichkeit niemals allein durch sich selbst, sie waren stets auf ein Außen angewiesen, das einen bestimmten Gebrauch von ihnen machte, der seinerseits nicht wieder philosophisch vorwegzunehmen oder gar zu kontrollieren ist. Gilles Deleuze und Félix Guattari haben in ihrem letzten gemeinsamen Buch *Qu'est-ce que la philosophie?* auf die Problematik des *zureichenden Grundes* für die Philosophie hingewiesen: so wie die Philosophie, die in Griechenland entstand und nur dort entstand, nicht selbst der Grund ihrer eigenen Hervorbringung ist, so liegt auch der Grund für ihre

---

37   Ebd., 277.

38   "Et si Heidegger avait pensée que cette dé-politisation (nihiliste en somme, aurait-it dit) n'est que la vérité de la politique, du concept métaphysique de la politique ainsi porté à son achèvement?" (Ebd.)

'Krise', für ihre "Destruktion" (im Sinne Heideggers) nicht in ihr selbst. Es bedurfte eines bestimmten *Zusammentreffens* von gesellschaftlichen und gedanklichen Voraussetzungen, damit die philosophische Praxis emergieren konnte, eines Zusammentreffens zwischen dem im Verhältnis zu den imperialen Nachbarstaaten extrem deterritorialisierten griechischen Milieu (*milieu grec*)[39] und dem *Immanenzplan des Denkens* (*plan d'immanence de la pensée*). "Bref, il y a bien une raison de la philosophie, mais c'est une raison synthétique, et contingente - une rencontre, une conjonction. Elle n'est pas insuffisante par elle-même, mais contingente en elle-même. Même dans le concept, la raison dépend d'une connexion des composantes, qui aurait pu être autre, avec d'autres voisinages. Le principe de raison tel qu'il apparaît en philosophie est un principe de raison contingente, et s'énonce: il n'y a de bonne raison que contingente, il n'y a d'histoire universelle que la contingence."[40] Die vorliegende Arbeit ist nachdrücklich einer solchen Geschichte der Kontingenz verpflichtet und hütet sich daher vor "geistesgeschichtlichen" Totalableitungen, wie sie im übrigen gerade auch Carl Schmitt praktizierte. Und wenn ich auf den folgenden Seiten eines vermeiden möchte, dann ist es: Carl Schmitt mit Carl Schmitt zu lesen.

Es ist also nicht einfach die uranfängliche Delimitierung und Selbstauflösung *des Politischen* (das sich gleichsam in der von seinen Denkern gewünschten Reinheit nicht zu stabilisieren vermag), die in Carl Schmitts Texten auf dem Spiel steht. Der Begriff der *Neutralisierung*, den Schmitt ausarbeitet und der den der *Occasionalisierung*, den er erstmals in der *Politischen Romantik* verwendet, weiterführt, ist ein komplexes Konzept, dessen genaue Zusammensetzung - alle Begriffe sind zusammengesetzt: Ensembles aus heterogenen Vorstellungselementen - eine *synchron* ausgerichtete Archäologie der *Aktualgeschichte* erfordert. Die Heideggersche Nihilismus-Diagnose stellt meines Erachtens zu sehr auf die mehr konstruierte als wirklich nachweisbare *Fernwirkung* uranfänglicher Begriffsfestlegungen ab. Auch Schmitt operiert hin und wieder gern mit solchen metaphysischen Fernwirkungen, so z.B. wenn er 1947 schreibt: "Was heute explodiert, wurde vor 1848 präpariert. Das Feuer, das heute brennt, wurde damals gelegt." (*ESC*, 81) Man weiß, daß

---

39  so daß die Griechen, in der Lage sind, sich auf dem *Wort* "sein" zu reterritorialisieren. Deleuze und Guattari nennen *Immanenzmilieu* ("reine Sozialität", die sich der "imperialen Souveränität" entgegenstellt, freilich nicht ohne neue Transzendenzen zu errichten), *Freundschaft* (samt der agonalen Rivalität) sowie den Geschmack an der *Meinung* und am Austausch der Meinungen als die drei "griechischen Merkmale" (*traits grecs*). Allerdings müsse man sich vor dem Mißverständnis hüten, es hier mit einer "milderen Welt" zu tun zu haben: "On n'y verra pas un monde plus doux, tant la sociabilité a ses cruautés, l'amitié ses rivalités, l'opinion ses antagonismes et revirements sanglants." (Deleuze/Guattari 1991, 84f.)

40  Ebd., 90.

Heidegger hier viel weiter ging, daß er die Selbstzersetzung der Metaphysik mit ih-rer auf einem bestimmten 'Vergessen' beruhenden Gründung durch Platon begin-nen läßt. Wir werden sehen, daß eine bestimmte Definition des *Klassischen*, die weit über Schmitt hinaus von Bedeutung für die Konstruktion intellektueller Dis-kurse war und ist, eine bestimmte 'architektonische', stratifizierende Phantasie auf einen Zustand der kulturellen Reproduktion reagiert, die die Verfahren der geistigen Positionsbestimmung und wechselseitigen Abgrenzung, mit deren Hilfe sich "die Persönlichkeit in sich selbst zentralisiert"[41], durch die ungeheure Vermehrung von "Widersprüchen" wirksamer 'entpolitisiert' als durch ihre gewaltsame Eliminie-rung.

Daß sich die *Funktion des Widerspruchs* selbst grundlegend gewandelt hat, ist auch die Ursache für jene von Derrida bei Schmitt wie Heidegger beobachtete "Sorge um die Reinheit der Gegensätze" (*ce souci de la pureté oppositionnelle*)[42], eine Sorge, die sich bei Schmitt zu einer regelrechten *Angst* steigert. Derrida spricht anerkennend von dem "Mut seiner Angst" (*le courage de sa peur*)[43], die Schmitt, den "'Wächter'" (*'veilleur'*) der klassischen Distinktionen, in den Stand gesetzt habe, sensibler als andere auf die Zerbrechlichkeit und 'Dekonstruierbarkeit' der Strukturen, Grenzen und Axiome zu reagieren, die er um jeden Preis schützen, wiederherstellen oder 'konservieren' wollte. Ich glaube, daß es, über die vereinzel-ten Hinweise hinaus, die Derrida selbst gibt, darum gehen muß, diese 'Realdekon-struktion' mit einem aktualhistorischen Index zu versehen. Wobei es hier nicht um die *Geschichte* in einem vordergründig historiographischen Sinne gehen kann, um 'Ereignisgeschichte', sondern um den Teil der Geschichte, um diejenigen ihrer Ef-fekte, die auch in der Philosophie, genauer: in der *politischen* Philosophie grundle-gende Veränderungen bewirken.

Historische Daten spielen eine große Rolle in der Philosophie, wenn sie auch ganz andere Ereignisse als die Haupt- und Staatsaktionen markieren. So ist z.B. die von Husserl so eindrucksvoll beschriebene "'Krisis' der Wissenschaft als Verlust ihrer Lebensbedeutsamkeit"[44] kein uranfängliches Ereignis (wenn es auch in einem Zusammenhang mit der "Ursprungserklärung" der *neuzeitlichen* Philosophie steht), sondern eines, das präzise datierbar ist und auf das rezente Ereignis einer Trans-formation der Wissenschaftskultur insgesamt verweist, das gemeinhin unter dem Namen "Positivismus" rubriziert wird: "Der Positivismus enthauptet sozusagen die Philosophie."[45] Die dramatisierte Formulierung ist vor allem deshalb aufschluß-

---

41    Kierkegaard 1988, 728.
42    Derrida 1994, 276.
43    Ebd., 102, FN 1.
44    Husserl 1982, 3.
45    Ebd., 8.

reich, weil sie die Dekapitationsmetapher dem Diskurs der Haupt- und Staatsaktionen entleiht (Könige werden enthauptet) und damit die Ereignishaftigkeit (und d.h.
eben: die *Gegenwärtigkeit,* die synchrone Determination eines Geschehens) akzentuiert, wobei die Einschränkung ("sozusagen") zugleich anzeigt, daß der Sinn dieses Dekapitationsereignisses ein anderer ist als der in der gewöhnlichen Geschichte.
Denn während enthauptete Menschen tot sind, lebt die Philosophie auch nach ihrem
Tod noch weiter, z.B. als von den sogenannten "Literatenphilosophen"[46] verwalte-
ter Betrieb, der Husserl ein Dorn im Auge ist[47] und gegen den er den "Radikalismus des neuen Anfangens"[48], die Rückkehr zur *"Ursprungsechtheit"*[49] zur Geltung zu bringen versucht. Auch bei dem von Schmitt diagnostizierten *Zeitalter der
Neutralisierungen und Entpolitisierungen* handelt es sich um das paradoxe Faktum
eines gewissen *Weiterlebens nach dem Tod.* Die Entpolitisierung ist nicht zu trennen von jener ihr logisch diametral entgegengesetzten Beobachtung einer Hyper-
politisierung (die eine tragisch-totalitäre und eine trivial-inflationäre Variante kennt),
die mit einem grundlegenden Status- und Funktionswandel des Staates im Verhältnis zur Gesellschaft zusammenhängt. Die klassische Formel 'Staat vs. Gesellschaft' selbst steht auf dem Spiel, die von ihr implizierte "Grenze" verliert jeden
Halt in der sozialen Wirklichkeit. In Anlehnung an eine Formel von Helmut
Schelsky könnte man von dem *Realitätsverlust der klassischen Gestalt des Politischen* sprechen. In dieser Situation versucht Schmitt eine Rückkehr zur *Ursprungs-*

---

46  Ebd., 17.
47  1929 heißt es bereits in den *Cartesianischen Meditationen:* "Die Zersetzung der
    gegenwärtigen Philosophie in ihrer ratlosen *Betriebsamkeit* gibt uns zu denken. Seit der
    Mitte des vorigen Jahrhunderts ist gegenüber den vorangehenden Zeiten der Verfall
    unverkennbar." Und mit Blick auf die philosophische Gründungsleistung Descartes' fragt
    Husserl wenige Sätze später: "Ist es also nicht an der Zeit, seinen Radikalismus des
    anfangenden Philosophen zu erneuern, also auch die unübersehbare philosophische Literatur
    mit ihrem Durcheinander von großen Traditionen, von ernsteren Neuanhieben, von
    modischem literarischen *Betrieb* (der auf Eindruck rechnet, aber nicht auf Studium) einem
    cartesianischen Umsturz zu unterwerfen [rechnet aber die aus der politischen Sphäre
    übernommene Metaper des *Umsturzes* nicht ebenfalls "auf Eindruck" und ist nicht, wie Paul
    Valéry gemeint hat, das literarische Moment der Überraschung, mit dem die *Meditationen*
    einsetzen, die eigentliche philosophische Erfindung Descartes'?, Vf.] und mit neuen
    *Meditationes de prima philosophia* zu beginnen?" (Husserl 1977, 6 u. 7 - m.H.). Die
    Metaphorik des *Betriebs,* die in der politischen Soziologie Max Webers eine zentrale Rolle
    spielt, wird von Schmitt als das Symptom einer unklassischen *Ökonomisierung des
    Politischen* perhorresziert: "Der moderne Staat scheint wirklich das geworden zu sein, was
    Max Weber in ihm sieht: ein großer Betrieb." (*PTh,* 82)
48  Ebd., 14.
49  Ebd., 18.

*echtheit des Politischen.* Noch wichtiger als das Kriterium des Politischen selbst, das Schmitt aufstellt, ist die *Form* dieses Kriteriums: an die Stelle der üblicherweise genannten Perfektionsformeln ("Allgemeinwohl") setzt Schmitt eine *Unterscheidung*, die die Unterscheidbarkeit des Politischen insgesamt von anderen Feldern der Gesellschaft dauerhaft garantieren soll.

Das Politische, daran hat Schmitt stets festgehalten, steht und fällt mit der Fähigkeit der Menschen, den "Kern der politischen Idee, die anspruchsvolle moralische Entscheidung" (*PTh*, 83) zu perzipieren. Keine Entscheidung ohne eine vorgängige Unterscheidung, die die Komplexität des Geschehens auf eine binäre Alternative bzw. eine ethische Wahl, auf ein "Entweder-Oder" reduziert. Die "aktuelle Bedeutung" der katholischen Gegenrevolutionäre, so Schmitt, liege "in der Konsequenz, mit der sie sich entscheiden" (*PTh*, 83). Wohlgemerkt: die *aktuelle* Bedeutung. Der Diagnostiker der "konkreten Situation", als der sich Schmitt verstanden hat, traf merkwürdigerweise regelmäßig auf Interpreten, die sich für diese konkrete Situation nur insoweit interessierten, als ihre Berücksichtigung für die zeitgeschichtliche Verortung des publizistischen Wirkens Carl Schmitts unerläßlich ist. Aber die "aktuelle Bedeutung" eines Denkens wird verfehlt, wenn man sich ihrer allein auf dem Wege einer Rekonstruktion des zeitgeschichtlichen Rahmens zu vergewissern sucht, in dem Leben und Werk eines Denkers situiert sind. Wie, so wäre vielmehr zu fragen, ist eine "konkrete Situation", eine "Gegenwartssituation" (Husserl)[50] beschaffen, in der die Fähigkeit zur Unterscheidung und Entscheidung als Kriterium der *Aktualität* eines Denkens fungieren kann? Welches Schicksal bereitet die Gegenwart den *Ideen*, so können wir die Frage auch anders stellen, wenn es stimmt, daß sie keineswegs *reinen Tisch* mit ihnen macht?

Wenn ich in dieser Arbeit von der Hypothese einer grundlegenden *Transformation der Wissens- und Kommunikationsordnung* ausgehe, die sich im 19. Jahrhundert vorzubereiten beginnt[51] und in der Zwischenkriegszeit, in der die wichtigsten Arbeiten Carl Schmitts entstanden sind, ihren vorläufigen Höhepunkt erreicht, dann ist mit dieser Auffassung von vornherein jeder Versuch einer gesellschaftlichen *Externalisierung* (z.B. *Anthropologisierung*) dieses Trends ausgeschlossen. Es ist nicht die Schuld der Menschen, ihrer 'korrupten' Natur, daß sie nicht in der Lage sind, sich die Fähigkeit zur *Perzeption* politischer Ideen und zur Entscheidung zwischen ihnen zu erhalten. Es wird sich vielmehr zeigen, daß die von Schmitt so perhorreszierten, 'romantischen' Vorstellungen des "ewigen

---

50   Ebd., 9.

51   Ihr erster Zeuge von philosophischem Rang war Sören Kierkegaard, dessen Bestimmungen der ästhetischen Existenz nur entanthropologisiert werden müssen, um die Elemente einer Theorie der nachklassischen, 'romantischen' Kultur zu erhalten.

Gesprächs" und der "Diskussion", denen er mit dem Pathos der Dezision und der Diktatur begegnet, ziemlich präzise Indikatoren für die Herausbildung eines (welt)gesellschaftsweiten *Netzwerks von Kommunikation* sind (das die frühere 'Kultur' bzw. 'Bildung' gleichsam ersetzt bzw. fluidisiert, so daß sich Zeitgenossen der Eindruck eines "kulturellen Todes"[52], wie Schmitt schreibt, aufdrängt), ein kommunikatives Netz, das seine eigene Unabschließbarkeit und die Konsequenzen dieser Unabschließbarkeit zusehends erfährt: Possibilisierung der Kommunikation, Depräzisierung des kommunizierten Sinns, Favorisierung von Anschließbarkeit auf Kosten von Form. Man muß keine systemtheoretische Perspektive wählen, um diesen Prozeß der *kommunikativen Proliferation* samt der paradoxen, unterscheidungsmultiplizierenden *und* unterscheidungsverwischenden Effekte dieses Prozesses zu registrieren. Kierkegaard brachte ihn bereits 1843 auf die Formel eines *Lebens in den Differenzen*, das jeden Gegensatz daran hindert, sich zur "absoluten Differenz" aufzuschwingen.[53] In seiner frühen Schrift *Der Wert des Staates und die Bedeutung des Einzelnen* von 1912 beobachtet Schmitt ebenfalls diesen semantischen Depräzisierungsvorgang, um aber im gleichen Atemzug die verlorengegangene "Festigkeit" der Begriffe einzuklagen, ja sogar ihre Verwendbarkeit von der Möglichkeit dieser statisch verstandenen Konsistenz abhängig zu machen, was doch der kommunikativen Praxis, auch und gerade in der Rechtswissenschaft, wie Schmitt sehr wohl weiß, widerspricht: "Der verwirrende Wirbel von Assoziationen, die sich an ein Wort anknüpfen, kann nicht aus sich selbst heraus das ordnungsschaffende Prinzip gebären, das dem Begriff die nötige Festigkeit verleiht, damit er überhaupt verwendbar werde." (*WS*, 41) Während die Wörter eine kommunikative *Immanenzebene* bevölkern ("verwirrender Wirbel von Assoziationen"), sind die Begriffe auf die Intervention eines transzendenten Plans angewiesen, die ihre Identität ("Ordnung", "Festigkeit") schafft und sich selbst den Geschwindigkeiten ("Wirbel") dauerhaft entzieht, die die Immanenzebene konstituieren.[54]

---

52 "Nachdem man erst von der Religion und der Theologie, dann von der Metaphysik und dem Staat abstrahiert hatte, schien jetzt von allem Kulturellen überhaupt abstrahiert zu werden und die Neutralität des kulturellen Todes erreicht." (*BdP*, 92)

53 Kierkegaard 1988, 788.

54 Zur Unterscheidung zwischen Immanenz- und Transzendenzplan bzw. -ebene (*plan*), die in dieser Arbeit eine wichtige Rolle spielt, verweise ich auf Deleuze 1980, 75-84, sowie auf eine wichtige Arbeitsnotiz von Maurice Merleau-Ponty aus dem Zusammenhang von *Das Sichtbare und das Unsichtbare*, in der es heißt: "Im Grunde reiße ich die Unterscheidung hochtief in den Wirbel hinein, wo sie auf die Unterscheidung Seite-andere Seite trifft, wo die beiden Unterscheidungen sich einer *universalen Dimensionalität* einfügen, die das Sein ist (Heidegger)" (Merleau-Ponty 1986, 333). Nicht zuletzt im Anschluß an Merleau-Ponty und Heidegger wird Deleuze diese universale Dimensionalität mit dem Leibnizschen Begriff der *Falte* explizieren (Deleuze 1995).

Zu Beginn dieses Jahrhunderts hat Georg Lukács in seiner philosophisch bedeut-samen Essaysammlung *Die Seele und die Formen* eine lebensphilosophisch grun-dierte Semantik entwickelt, die die Bahn der Schmittschen Kritik am Zeitalter der *Neutralisierung* vorzeichnet. Denn die Kritik an der Neutralisierung ist vor allem anderen eine Kritik an der Verwischung von Unterscheidungen, die Schmitt mit dem von Max Scheler übernommenen Begriff des *Ausgleichs* reflektiert. Was Ge-org Lukács 1909 als den "tiefste[n] Sinn" der Philosophie Sören Kierkegaards be-schrieb, ist auch der 'tiefste Sinn' der politischen Theoriebildung Carl Schmitts und der in ihr zum Ausdruck kommenden Sorge um die Reinheit der Gegensätze, um noch einmal Derrida zu zitieren: Sören Kierkegaard, von dem Carl Schmitt, ohne ihn namentlich zu nennen, in der *Politischen Theologie* von 1922 geschrieben hatte, daß er bewiesen habe, "welcher vitalen Intensität die theologische Reflexion auch im 19. Jahrhundert fähig sein kann" (*PTh*, 22). In der *Politischen Romantik* nennt Schmitt Kierkegaard den "einzigen Großen" unter den Romantikern und begründet dieses Urteil damit, daß er eine "Beendigung der romantischen Situation" durch die Existenz in der "Unmittelbarkeit des Gottesverhältnisses" (*PR*, 97, FN 1) herbeige-führt habe. Aber Kierkegaard, bei dem in der Tat "alle Elemente des Romantischen wirksam" sind, ist nicht ohne weiteres mit dem Gerichtsrat Wilhelm zu identifizie-ren, den der fiktive Herausgeber der unter dem Titel *Entweder - Oder* versammelten "Papiere" *B* nennt. B's Plädoyer für das "Ethische", seine, mit Schmitt zu reden, "Perzeption eines Entweder - Oder" (*PR*, 96f.) erfolgt aus der geistigen Defensive und in dem Bewußtsein, daß selbst "die ethische Wahl ästhetisch mißbraucht"[55] werden kann, also das Ästhetische dem Ethischen überlegen ist. Demjenigen, der sich an der Möglichkeit berauscht, die romantische Situation (im Akt der "Reue") zu beenden, entgeht die selbstreferentiell-geschlossene Dynamik dieser Situation, die dem Fuchsbau gleicht, von dem im "Tagebuch des Verführers" die Rede ist: "Vergebens hat er viele Ausgänge aus seinem Fuchsbau, in dem Augenblick, da seine geängstete Seele schon glaubt, sie sehe das Tageslicht einfallen, zeigt es sich, daß es ein neuer Eingang ist, und so sucht er wie ein aufgescheuchtes Wild, von der Verzweiflung verfolgt, immerfort einen Ausgang und findet immerfort einen neuen Eingang."[56] De te fabula narratur, Carl Schmitt.

Bei Lukács, der wie Schmitt Kierkegaard mit der Figur des Ethikers identifiziert, lesen wir: "Doch der tiefste Sinn von Kierkegaards Philosophie ist der: unter den unaufhörlich schwankenden Übergängen des Lebens fixe Punkte zu setzen und absolute Qualitätsunterschiede im verschmelzenden Chaos der Nuancen. Und die als verschieden befundenen Dinge so eindeutig und so tief unterschieden hinstellen,

---

55   Kierkegaard 1988, 792.
56   Ebd., 357f.

daß, was sie einmal getrennt hat, durch keine Übergangsmöglichkeit je wieder verwischt werden kann. So bedeutet die Ehrlichkeit Kierkegaards folgende Paradoxie: was nicht bereits zu einer neuen Einheit, die alle einstmaligen Unterschiede endgültig aufhebt, verwachsen ist, das bleibt für ewig von einander getrennt." Schmitt wird diese Logik der Assoziation und Dissoziation (genauer: der Assoziation *durch* Dissoziation) seinem *Begriff des Politischen* zugrundelegen. Wenige Sätze weiter resümiert Lukács: "Nur das Einzelne existiert im Leben, nur das Konkrete [Schmitts Beharren auf der "konkreten Situation" und seine komplementäre Polemik gegen die normative 'Regel', die das Einzelne par excellence: die *Ausnahme* verfehlt, Vf.]. *Existieren heißt soviel wie Unterschiedensein.*"[57]

Die *Übergangsmöglichkeiten* zwischen den Unterscheidungen vervielfältigt und die Unterscheidungen insgesamt auf den Status von (ästhetischen) Differenzen bzw. *Kontrasten* reduziert zu haben[58] (*PR*, 21), ist nun aber *tout court* der Effekt der Neutralisierungen und Entpolitisierungen, als deren Kritiker sich Schmitt seit der *Politischen Romantik* versteht. Wenn ich den von Gilles Deleuze vorgeschlagenen Begriff der *disjunktiven Synthese* verwende, um die Logik der Neutralisierung zu explizieren, dann vor allem deshalb, weil die Metaphorik des Verwischens und des Übergangs auf eine gewisse 'pluralistisch' zu nennende *Koexistenz des Unterschiedenen* zielt, die die den Unterscheidungen zugeschriebenen "Intensitäten" und "Spannungen" *entexistentialisiert*. Statt sich zu stabilen Fronten zu verhärten, entstehen und zerfallen die Unterscheidungen "im Moment" und produzieren die "ungeheuren Oszillationen" der modernen Kultur.[59] Niemand hat die Transformation des 'explosiven' Widerspruchs, der "äußersten Intensität", von der Schmitt sagt, daß sie das Kennzeichen der politischen Gruppierung nach Freund und Feind ist, in eine Ordnung des *Nebeneinander* ("disjunktive Synthese"), so präzise diagnostiziert, wie Paul Valéry in den *Cahiers*. Anders als Lukács, der das "Zerfließen der Wirklichkeit zu Möglichkeiten"[60] zu einer Eigenschaft des *Lebens* schlechthin mystifiziert, und anders als der Politische Theologe Schmitt, der es *dämonisiert*, kommt Valéry den gesellschaftlichen und kommunikativen Voraussetzungen dieses "Zerfließens" viel näher, wenn er es als die Wirkung des "Ensembles" einer "mehr oder minder kostspieligen intellektuellen Opernmaschinerie" analysiert, deren Wirksamkeit "letztlich gleich Null" ist. Von dem Material dieser Maschinerie, den

---

57  Lukács 1971, 49 - m.H.

58  Systemtheoretisch gesprochen: die Beobachtbarkeit von Unterscheidungen in zunehmenden Maße zugelassen zu haben. Die modernen Kommunikationsbedingungen institutionalisieren gleichsam eine *basale Reflexivität*, die das Verharren auf der Ebene erster Ordnung, der Ebene des reinen Erlebens, erschwert.

59  Kierkegaard 1988, 791.

60  Lukács 1971, 47.

*Ideen*, sagt Valéry: "Die Zeitungen, die einheitlichen Unterrichtsprogramme, die öffentlichen Wahldiskussionen haben diese Ideen abgenutzt, zerschlissen, verdummt. Sie existieren nebeneinander, ohne irgendeinen Furor außer dem längst bekannten. Die einstigen Widersprüche zwischen ihnen gehören jetzt zu ihrer Gesamtkonservierung - - Der Austausch antinomischer Sätze ist zu einer Dauereinrichtung geworden ..." Und Valéry erläutert diesen Vorgang am Beispiel zweier Ideen, und zwar an der *Idee der Idee*, dem Konzept der Idee, wie es durch Platon in die Philosophie eingeführt wurde, und an einer der rezentesten Ideen, der *Evolution*, die im 19. Jahrhundert durch Darwin in die wissenschaftliche Kommunikation eingeführt wurde und weit über die Wissenschaft hinaus Karriere machte: "Niemand *glaubt* mehr an die IDEEN Platons, diese intellektuelle Mythologie hat sich jedermann zu eigen gemacht. Der Begriff 'Ideal' rechnet zum Besitzstand, man kennt sich aus. Ebenso der Begriff der Evolution. Ob Befürworter oder nicht, sie haben ihn sich zu eigen gemacht, bedienen sich seiner, verstehen sich selbst oder untereinander *mittels* dieser Wörter."[61]

Man muß sorgfältig auf das Paradox achtgeben, das Valéry hellsichtig formuliert: die Ideen werden nicht mehr *geglaubt*, obwohl man sie sich vollständig *angeeignet* hat. Ihre Aneignung, ihre Verwendung im kommunikativen Prozeß, der kommunikative Erfolg, den man *mittels* dieser Wörter erzielt (die Ideen sind nurmehr Namen, der Streit zwischen Realisten und Nominalisten ist gleichsam durch den kommunikativen Vollzug selbst *praktisch* längst entschieden), macht es nicht mehr nötig, daß man auch noch an sie *glaubt*. Das Register des *Existentiellen*, auf das Schmitt seinen Begriff des Politischen so nachdrücklich abstellt, ist eine Reaktion auf die kommunikative Trivialisierung jener Ideen, die *nebeneinander existieren* und nicht länger eine Unterscheidung im Sinne einer Entscheidung bewirken. Niemand *glaubt* mehr an die Ideen Platons, niemand *glaubt* mehr an die rechtgläubigen oder häretischen Dogmen, die angeblich jede "Äußerung im Geistigen" voraussetzt (*PR*, 5). Niemand glaubt mehr an sie, obwohl, nein *weil* sie kommunikativ unablässig prozessiert werden, *weil* sie längst zum *Besitzstand* rechnen: ihr *Distinktionspotential* haben sie längst eingebüßt. Ihre Wirksamkeit ist eine *rein verbale* geworden. Man kennt sich aus.

Die vorstehenden Bemerkungen sollten deutlich gemacht haben, daß keinem unüberlegten modischen Sprachgebrauch gehuldigt wird, wenn sich diese Arbeit der Maxime einer *Dezentrierung* der Schmitt-Lektüre verpflichtet. Ein solcher Schritt erscheint mir nicht zuletzt deshalb geraten, weil er die Analyse des "Zusammenhangs", in dem das Schmittsche Opus steht, von der diachron ausgerichteten Erforschung 'geistesgeschichtlicher' Filiationen und Einflüsse auf eine dominant

---

61    Valéry 1988, 91.

(nicht: exklusiv) *synchron* orientierte Analyse der "konkreten Situation" und des "challenge", auf den dieses Werk antwortet, umstellt. Ich möchte zum Schluß dieser Vorbemerkungen jedoch noch auf einen anderen methodischen Aspekt hinweisen, der mir für die Beurteilung des in dieser Arbeit eingeschlagenen Weges einer dezentrierenden Schmitt-Lektüre bedeutsam erscheint. Als Paul Valéry 1937 anstelle des erkrankten Henri Bergson vor dem in der Sorbonne tagenden 9. Internationalen Kongreß der Philosophie, der Descartes gewidmet ist, den Eröffnungsvortrag hält, streift er eingangs auch das Problem der Descartes-Exegese und des paradoxen Effekts, den die Konzentration auf das innere Zentrum, auf die (geistige) "Existenz" Descartes' zeitigt: "Ich wage gar nicht Ihnen zu sagen, daß es eine Unzahl von möglichen Descartes gibt; Sie wissen es ja besser als ich, daß man mehr als nur einen zählt, alle gut belegt, mit dem Text in der Hand, und alle merkwürdig verschieden voneinander. Die Vielfalt der plausiblen Descartes ist eine Tatsache. [...] Wie zu erwarten, sind die empfindlichsten und in gewisser Weise die innersten Stellen seiner Philosophie die umstrittensten und am unterschiedlichsten ausgelegten."[62] Die Konzentration auf das innerste Element des Philosophen, das sein Denken zusammenhält, führt zu den divergierendsten Interpretationen: die Fixierung auf Einheit produziert zwangsläufig Differenz. Valéry berichtet von jenen Intepreten, die "uns sogar in den Fundamenten des *Discours*, unter dem Gebäude der rationalen Erkenntnis, die Ausgrabung einer Krypta zeigen, in der ein Schimmer aufleuchtet, der keinem natürlichen Licht entstammt." Auch der Heros der neuzeitlichen Philosophie, der, wie Husserl - ebenfalls vor einem philosophischen Publikum in der Sorbonne acht Jahre zuvor - feststellte , einen "radikalen Neubau"[63] der Philosophie gewagt hatte, muß es sich gefallen lassen, daß andere nach ihm die Fundamente dieses Neubaus freilegen und dabei auf die Fortdauer solcher Motive stoßen, mit denen radikal zu brechen sich der im emphatischen Sinne "anfangende Philosoph" doch vor seinen Lesern verpflichtet zu haben schien.

Da Valéry nicht beabsichtigt, den bereits existierenden Descartes-Interpretationen lediglich eine weitere hinzuzufügen, die, indem sie das Zentrum des Philosophen zu bestimmen versucht, nur aufs neue beweist, daß dieses Zentrum die Konstruktion eines Beobachters ist, sieht er sich genötigt, die Logik der zentrierenden Lektüre selbst zu thematisieren und in Frage zu stellen: "Ich selbst bin nicht der Auffassung, daß man eine Existenz wirklich abgrenzen, in ihren Gedanken und Handlungen einschließen und auf das reduzieren kann, als was sie erscheint, und sie gewissermaßen in ihren Werken umzingeln. Wir sind viel mehr (und manchmal auch viel weniger) als das, was wir gemacht haben. Wir wissen selbst sehr wohl, daß unsere

---

62    Valéry 1989b, 16.
63    Husserl 1977, 4.

Identität und unsere Einzigkeit uns gleichsam äußerlich und beinahe fremd sind, daß sie viel eher in dem liegen, was wir indirekt erfahren, als in dem, was wir durch unser unmittelbares Bewußtsein erfahren. Einem Menschen, der sich noch nie vorher im Spiegel gesehen hat, würde beim ersten Anblick nichts deutlich machen, daß dieses unbekannte Gesicht, das er erblickt, auf die geheimnisvollste Weise der Welt mit dem zusammenhängt, was er auf seiner Seite empfindet und zu sich sagt."[64] Die vorliegende Arbeit geht in der Tat von der Auffassung aus, daß die "Einzigkeit" Schmitts nicht in dem liegt, was er selbst als seine unbesitzbare, unokkupierbare Einmaligkeit aufgefaßt hat. Das Entscheidende an Carl Schmitt: könnte es für uns heute nicht das sein, "was wir indirekt erfahren", was nicht so zutage liegt wie seine *Politische Theologie* und sein *Katholizismus*? Das Bewußtsein des Autors, wie es sich etwa in solchen Texten ausspricht, die einen prononciert bekenntnishaften Charakter haben (im Falle Schmitts neben dem Erinnerungsbändchen *Ex Captivitate Salus* vor allem das posthum veröffentlichte *Glossarium*), kann mithin nicht als Maßstab der Bestimmung seiner "Einzigkeit" und "Identität" fungieren. "Jedes Werk ist das Werk von vielen anderen Dingen als eines 'Autors'."[65] Das, was seinen "Fall" ausmacht, ist komplexer, vor allem aber bedeutungsvoller, als es die Deutung suggeriert, die Schmitt selbst in introspektiver Haltung und aus einer depressiven Position heraus im nachhinein gegeben hat (*ESC*, 12).

Man kann wahrlich nicht behaupten, daß Carl Schmitt noch nie der Spiegel vorgehalten worden ist: jede neue Veröffentlichung zu dem ebenso berühmten wie berüchtigten Staats- und Völkerrechtslehrer poliert ihren Spiegel so lange, bis das Bild 'steht'. Die Carl-Schmitt-Literatur ist ein regelrechtes Spiegelkabinett: alle, die sich seinem Werk widmen, werden angetrieben von der Hoffnung, das *Arcanum*, von dem Schmitt selbst so gerne gesprochen hat, endlich zu entdecken und es auf eine handliche Formel zu bringen. Es ist der Ehrgeiz dieser Arbeit, Carl Schmitt einen Spiegel vorzuhalten, der ihm ein unbekanntes, ein fremdes Gesicht zurückwirft, von dem er im ersten Moment nicht zu sagen gewußt hätte, wie es "mit dem zusammenhängt, was er auf seiner Seite empfindet und zu sich sagt". Wer will, mag diesen Ehrgeiz einen *dekonstruktiven* nennen: zu befriedigen war er jedoch nur mit dem Willen zur Konstruktion, einer Konstruktion, die sich aber zugute halten kann, daß sie nicht allein auf die selektive Verstärkung jener Elemente seines Diskurses setzt, die das Gesicht Carl Schmitts erzeugen, das wir alle kennen.

Der Leser muß beurteilen, ob dieses Vorhaben gelungen ist.

---

64    Valéry 1989b, 17.
65    Valéry 1926, 502.

Ich möchte abschließend mit wenigen Strichen die Anlage der vorliegenden Untersuchung skizzieren. Das erste Kapitel exponiert die Frage, auf die Schmitts politisches Denken die Antwort ist und macht zugleich deutlich, daß die Politische Theologie, die man zuletzt als das Zentrum der Lehre Carl Schmitts angegeben hat, durchaus zur Antwort gehört, aber keine Rückschlüsse zuläßt auf das konstituierende Problem seines Denkens. Die Politische Theologie erweist sich, anders als Heinrich Meier behauptet, als ein spezifischer *Gegenwartsbegriff*, dessen Karriere an eine "konkrete Situation" gebunden ist, die dadurch gekennzeichnet ist, daß alle theologischen Begriffe, Vorstellungen und Worte "zu leeren und gespenstischen Abstraktionen" (Schmitt) geworden sind. Vor allem an Schmitts Bild vom Antichristen läßt sich dieser Substanzverlust der klassischen theologischen Vorstellungskomplexe nachweisen. Der Böse ist nicht länger souveräner Gegenspieler Gottes, sondern der Mann der Oberfläche und der "fabelhaften Effekte", ein Mime, der die Unterscheidung von gut und böse verwischt und dafür verantwortlich ist, daß, mit Heidegger zu reden, das Dasein in eine Welt hineingleitet, die ohne jede Tiefe bzw., mit Kierkegaard gesprochen, ohne *ethische* Wahlmöglichkeiten ist. Der von Schmitt entwickelte Begriff des Politischen, die Unterscheidung von Freund und Feind, knüpft an das polemische Spiel der laufenden Dissoziationen und Re-Assoziierungen, dem Leben in den Differenzen an, das die elementare, publizistisch verfaßte Soziokultur bestimmt, und versucht das Spiel dieser Unterscheidungen, das auf den Verlust der "pureté opposionnelle" hinausläuft, durch den "intensivsten und äußersten Gegensatz" zu überbieten. Nicht zuletzt an Schmitts aphoristisch zugespitzter Schreibpraxis, an seiner Skepsis dem 'System' gegenüber, läßt sich beobachten, wie sich der Autor auf eine "tumultuöse" kulturelle Situation einstellt, die jede Idee sofort in einen "Verteilungsvorgang" hineinzieht, an dessen Ende von keiner Leistung mehr übrigbleibt als ein "Aphorismusvorrat" (Musil).

Das zweite Kapitel lotet die philosophische Reichweite der Kritik aus, die Schmitt an der Politischen Romantik geübt hat und verteidigt Schmitts Einsicht in die *occasionelle Struktur* des Romantischen gegen seine eigene säkularisierungstheoretische Banalisierung dieses Befundes. Die Dynamik des Romantischen, die über die Sphäre der Kunst hinaus die gesamte Kultur transformiert und ihr die Fähigkeit zur 'großen Form' ebenso wie die zur 'existentiellen' Sinnstiftung entzieht, reißt nämlich auch die Instanz des *Subjekts* mit sich, die Schmitt als das neue Zentrum einer ästhetisch gewordenen Kultur ausmacht. Die letzte Instanz verlegt sich nicht, "von Gott weg in das geniale 'Ich'", sondern die Bedingung der Möglichkeit der letzten Instanz, des onto-theo-logischen Platzes entfällt überhaupt.[66] Schmitts

---

66  Mit der gezielt paradox gewählten Formel vom "okkasionellen Dezisionismus" kommt Karl
    Löwith der hier vertretenen Auffassung noch am nächsten. Allerdings verkennt Löwith

Fehler besteht darin, wie es Kierkegaard formuliert hat, "den Anlaß [als Usurpator, Vf.] auf den Thron setzen zu wollen; denn in Purpur und mit dem Zepter in der Hand nimmt er sich sehr schlecht aus, und man sieht alsbald, daß er nicht zum Herrscher geboren ist"[67]. Die *auflösende* Kraft des Occasionellen macht auch vor dem genialen 'Ich' nicht halt. Die Konfrontation der Schmittschen Analytik des Occasionellen mit Paul Valérys Dialog *L'Idée fixe* läßt die Reichweite und die philosophische Bedeutung der Auflösung des (platonisch gestifteten) Zusammenhangs zwischen Idee und Form bzw. Idee und "Konsequenz" (Schmitt) erkennen: die Ideen werden 'flüchtig', zu Anknüpfungspunkten für andere Ideen, der Operationsmodus des Geistes ist auf den laufenden Zerfall und die Ersetzung alter durch neue Ideen angewiesen: "Dauer übersteigt unsere Mittel." (Valéry)

Zur Bestimmung der metaphysischen Grundstellung Carl Schmitts, die das folgende Kapitel versucht, bediene ich mich des Kunstgriffs, in das Schmittsche Textkorpus den "Fremdkörper einer Auseinandersetzung" (Derrida) einzuführen: Paul Valéry. Valérys Verwerfung des *Politischen* als des Inbegriffs der Unreinheit sowie sein operativ-experimentelles Konzept des *Geistes* scheinen ihn auf den ersten Blick in einen radikalen Gegensatz zu Carl Schmitt zu bringen. Bei genauerem Hinsehen zeigt sich jedoch, daß Valérys bis zum äußersten getriebene De-Ontologisierung des Geistes zugleich den Stützpunkt für eine massive Rezentrierungsbewegung abgibt, die in einer "Politik des Geistes" kulminiert, für welche die Souveränität, die uneingeschränkte Verfügung über das eigene mentale Können der kategorische Imperativ ist. Der Vergleich der Descartes-Lektüren Schmitts und Valérys erlaubt, den Ort des Politischen bis in die Sphäre des erkennenden Subjekts hinein zu verfolgen, das seine Entstehung der Intervention eines vorgängigen Befehls oder "Appells" (Valéry), eines "Stirb und Werde" (Schmitt) verdankt. Valéry und Schmitt erkennen die größte Gefahr für den Geist darin, daß er sich aller Prätentionen entschlägt, sich einem unendlichen Immanenzfeld anvertraut und damit seinen Status, den Schmitt und Valéry nicht zufällig mithilfe von ästhetischen Konzepten aus der Sphäre der *Architektur* explizieren, als ein selbstherrlich

---

völlig, in welchem Ausmaß das Occasionelle *jedes* integre Wissen affiziert - nicht nur die theologischen, metaphysischen und humanitär-moralischen Inhalte der Dezision, sondern auch das philosophische Wissen "um das ursprünglich Richtige und Gerechte", wir wir es in "Platos Begriff vom Wesen der Politik" antreffen (Löwith 1984, 40). Der Occasionalismus ist kein *Haltungs-*, sondern ein *Struktur*begriff und darum nicht mit Opportunismus zu verwechseln. Er beschreibt eine *Welt* - Schmitt spricht von der "occasionellen Welt" -, die noch die äußerste Polemik gegen den Liberalismus, die bereits der *Frage* nach dem Richtigen, dem Einen, das not tut (und nicht erst ihrer Antwort), entspringt, in einen "Liberalismus mit umgekehrten Vorzeichen" (Strauss 1932, 748) verwandelt.

67    Kierkegaard 1988, 276.

individuiertes Sein einbüßt. Wie zersplittert der Geist in seinen konkreten Operationsweisen auch immer sein mag, ohne einen Bezug zur Identität kommt er nicht aus, und eine solche Identität ist eine "Prätention" (Schmitt) gegenüber dem (als ungeformte) Natur vorgestellten Sein. Valérys Vernunft läßt sich keineswegs durch die "Ausnahme" verwirren, sondern begegnet ihr als ihre eigentliche Herausforderung: Statt ein Zeichen des politischen Irrationalismus zu sein, zeigt die *Diktatur* die Vernunft im Moment ihrer höchsten und äußersten Konzentration, weil der Ausübungsmodus der Vernunft von allem Anfang an, bereits bevor sie politisch wird, *diktatorisch* ist: "Unser Geist besteht aus Unordnung, *plus* dem Bedürfnis, Ordnung zu schaffen." (Valéry)

Seine unnachsichtige Kritik am politischen Passivismus der Romantiker bestimmt die Problemstellung des Schmittschen Denkens von seinen frühesten Texten an. Das vierte Kapitel befaßt sich daher mit der Diagnose des Zerfalls sowie mit der Rekonstruktion eines bestimmten, mit Hegel zu reden: *heroischen* Handlungsmodells, dessen ästhetische Signatur unzweifelhaft ist. Bereits in seinen frühen literarischen Texten reagiert Schmitt auf die Auflösung des sensomotorischen Zusammenhangs, der dem klassischen Handlungsbegriff zugrundeliegt, mit der satirischen Konstruktion eines *Spiegelbildes*, das an die Stelle des Bewegungsbildes tritt und dem Schmitt jede eigene, etwa visionäre, Potenz abspricht, dessen 'Passivität' er lediglich als eine blockierte Aktivität auffaßt, so wie er den Sinn der romantischen *occasio* von der *causa* her bestimmt. Schmitts Begriff des Politischen möchte jenen Zusammenhang wiederherstellen, der garantiert, daß jede "konkrete Situation" ihre Fortsetzung in einer bestimmten Handlung findet: "Souverän ist, wer über den Ausnahmezustand entscheidet", d.h. derjenige, der dem "extremen Fall", der später der *Feind* heißen wird, nicht "fassungslos gegenüber steht", also der Held, ganz gleich, aus welchen Quellen er die Sicherheit der *response* auf einen historischen *challenge* schöpft. Der existentielle Sinn, den Schmitt dem Politischen zuspricht, seine seinsmäßige Ursprünglichkeit besteht in nichts anderem als in der Affirmation der abstrakten Matrix der sensomotorischen Situation: die längst manifest gewordene gesellschaftliche Derealisierung dieser Situation kompensiert Schmitt durch das 'trotzige' Beharren auf ihrer 'Wirklichkeit' bzw. ihrer "realen Möglichkeit". Hegels Theorie der heroischen Handlung, wie er sie in seinen *Vorlesungen über die Ästhetik* formuliert, präsentiert die Elemente einer spezifisch politischen Fabulation in aller Reinheit, derer sich Schmitt, Leser Sorels und politischer Theoretiker des "Mythus", nach 1933 bedient, um nach dem Zusammenbruch des parlamentarischen Gesetzgebungsstaates das Politische wieder als jenen Bezirk imaginieren zu können, in welchem, mit Hegel gesprochen, "für die Selbständigkeit partikulärer Entschlüsse ein freier Spielraum übrigbleibt". Aber die exterministische Dynamik des NS-Systems dementiert die mythische Vorstellung einer Wie-

derkunft des Zeitalters der Helden, obwohl, worauf Michel Foucault aufmerksam
gemacht hat, der Nazismus den Staatsrassismus in einer "ideologisch-mythischen
Landschaft funktionieren" läßt[68]: die Perversität des Tötungsregimes, das in den
Vernichtungslagern herrschte, manifestiert sich gerade darin, daß das souveräne
Recht zu töten im Kontext der "Bio-Macht" sogar den Rahmen der klassischen
Freund-Feind-Matrix übersteigt. Primo Levi hat in der Unentzifferbarkeit der Lagerwelt das Spezifikum jener "Grauzone" erkannt, die eine *binomische* Strukturierung der Situation nach dem Freund/Feind-Modell unmöglich machte. Die Dämonie
der Grauzone lag darin, die Binomisierung, die eigentlich unter den Bedingungen
der evidenten 'objektiven' Trennungslinie zwischen Opfern und Tätern spontan
'greifen' müßte, wirkungsvoll auszuschließen.

Die Analyse der Ambivalenzen der Schmittschen Theorie des *Nomos* erlaubt, die
unverminderte Bedeutung ebenso wie die unzweifelhaften Grenzen seines Denkens
besonders gut zu erkennen. Die Bedeutung dieses Denkens liegt in dem Beharren
auf einem Moment an Unverfügbarkeit über die Dynamik des Politischen und der
Geschichte, auf dem Wissen von der Unmöglichkeit einer positiv-rechtlichen oder
wissenschaftlich-technischen Steuerung der Gesellschaft im ganzen. Das Recht ist
ohne den Bezug auf ein *Außen* nicht zu denken, die Verfassung kann sich nicht
selbst geben und auch ihre Anwendbarkeit nicht selbst garantieren. Aber ob Schmitt
dieses Außen der positiven Ordnung nun unter dem Titel der Normalität, der Existentialität oder des Nomos erörtert, stets denkt er es als eine Verdopplung, eine Art
'Abklatsch' des Innen, der diesem lediglich an *Stärke* (im physischen wie im 'moralischen' Sinne) unendlich überlegen ist. Schmitt will nicht wahrhaben, *daß der
Grund niemals dem ähnelt, was er begründet*, obwohl er mit großem rhetorischen
Aufwand die absolute Alterität des Grundes inszeniert. Es gilt in der Tat, wie ich
meine, jene Elemente zu entdecken und zu beschreiben, die eine konstituierte Ordnung ständig dem "Bereich des fest Geordneten, des bereits Konstituierten"
(Schmitt) *entreißen*, ohne daß man dem Irrtum verfällt, anzunehmen, diese Elemente könnten *von außen* über die Situation in ihrer Totalität verfügen oder sie
gleichsam aus sich hervorbringen (Emanationsmodell). Das Außen der konstituierten Ordnungen ist keine kompakte Homogenität, die einem zerstreuten, pluralisierten Innen vorgeordnet ist, es zerstören oder günstigstenfalls begrenzen bzw. "einhegen" kann. Den Nomos bestimmt Schmitt als die "Mauer"; in Wahrheit ist er jedoch kein "Zaunwort", sondern ein Konnexionsbegriff. Er befindet sich immer
*zwischen* den Dingen, nicht *in* ihnen oder gar *vor* ihnen, er ist jene Macht, die "Allianzen" (Deleuze) stiftet zwischen heterogenen Elementen, ohne sie auf eine vor-

---

68  Foucault 1986, 52. Die "Wiederkehr der Heroen" zählt Foucault ausdrücklich zu den
    Motiven, mit denen sich der Staatsrassismus in der Nazizeit umgab.

gängige Identität zu verpflichten. Das Neue, das Schmitt nur als Ergebnis eines subjektförmigen, verfügenden Aktes zu denken vermag, gehorcht nicht der Logik der *Konstitution*, sondern der *Konjunktion*, der Verbindung des Heterogenen. Die Analyse eines Schmitt-Textes, der zu seinen faszinierendsten Schriften gehört: die weltgeschichtliche Betrachung *Land und Meer*, zeigt, daß Schmitt sich auch der *nomadischen* Bedeutung des "Nomos" - der eine Verteilung impliziert, die nicht auf eine ursprüngliche Aufteilung des Bodens angewiesen ist - bewußt ist und sich von ihr affizieren läßt, daß er nicht nur die "eingekerbten", vermessenen und umgrenzten, sondern auch die "glatten" und direktionalen Räume kennt, in denen sich das Absolute lokal bzw. "elementar" manifestiert und nicht in Form der Intervention einer transzendenten Instanz. In *Land und Meer* erforscht Schmitt die *raumrevolutionären* Linien und Bahnen eines unendlichen *Werdens*, das alle Unterscheidungen, auch die von Freund und Feind, mit sich reißt und einen "Wirbel" erzeugt, in dem das Obere und das Untere umeinander kreisen und so eine "universale Dimensionalität" (Merleau-Ponty) entsteht, die den Dualismus von Transzendenz- und Immanenzebene ersetzt.

Das Schlußkapitel verfolgt die Deterritorialisierungsbewegung, die Schmitts eigenes Denken durchquert - ein Denken, das gerade dort von der Stärke dieser Bewegung zeugt, wo es ihr am hartnäckigsten Widerstand leistet -, in jenen Texten Schmitts und Ernst Forsthoffs, seines profiliertesten Schülers, die die Analytik der gegenwärtigen "Normalisierungs-Gesellschaften", wie sie Michel Foucault genannt hat, in wichtigen Zügen antizipieren. In seiner frühen, in ihrer theoretischen Brisanz bislang völlig verkannten Schrift *Gesetz und Urteil* schlägt Schmitt eine Theorie der "Rechtspraxis" vor, die ganz ohne die Figur der Verankerung in einer ihr transzendenten Instanz auskommt und die daher die Vorstellung der Ableitung des (richterlichen) Urteils aus einem vorausgesetzten *Willen* des Gesetzes bzw. des Gesetzgebers durch das immanente Kriterium der Anschließbarkeit an andere, 'benachbarte' Urteile ersetzt. Bevor der *politische Theologe* Schmitt die Herrschaft des *vertikalen Privilegs* in der Figur des Souveräns aufs äußerste steigern sollte, beschreibt er die Rechtspraxis als ein Geschehen, das seine Konsistenz einer spezifisch 'lateralen' Technik, einer Fähigkeit zur Verknüpfung (statt zur Vereinheitlichung und Homogenisierung) verdankt. Bevor Schmitt sie ontologisierte, verfügte er bereits in seinem Frühwerk über einen selbstreferentiell und prozeßhaft gebauten Begriff der Normalität, der ganz ohne Rückgriff auf die mythisch-theologischen Figuren des Ausnahmezustandes und des ordnungsstiftenden Souveräns auskommt. Beinahe könnte man von einer occasionellen Theorie der Rechtspraxis sprechen: das Urteil ist gerecht, wenn es sich im Rechtssystem als Anknüpfungspunkt für weitere Entscheidungen bewährt, wenn es von späteren Entscheidungen 'bestätigt' wird. Normalität ist nicht souverän zu konstituieren, sondern permanent zu kontinuieren. Dieser *nicht-exzeptionalistische* (also nicht über den Gegensatz zum *Aus-nahmefall* definierte) Begriff der Normalität, den Schmitt in der frühen Untersuchung erprobt, verweist bereits auf wichtige Elemente jener Normalisierungs-Dispositive, die das Herzstück der "Sozialordnung neuen Stils" bildet, wie sie Ernst Forsthoff im *Staat der Industriegesellschaft* nennt. *Der Staat nach seinem Ende* ist die paradoxe Formel für einen Sachverhalt, der nicht in einem vordergründig *diachronen* Sinn zu verstehen ist, sondern in einem *synchron-strukturellen* Sinne. Der Staat überlebt sein eigenes Ende, ja er *ist* in einem analytisch zu bestimmenden Sinne zu jener *Differenz* geworden, die ihn von seinem völligen Verschwinden trennt. Statt die Menschen in die Utopie der Assoziationen Freier und Gleicher zu entlassen, nimmt er sich auf den Status eines - unverzichtbaren - Elements in einem umfassenden Normalisierungs- und Regulierungsgeschehen zurück, das auch nicht mit den 'schwarzen' Verwaltungs-Utopien Orwellscher Provenienz zu verwechseln ist. Auf diese Sozialordnung neuen Stils, deren Macht- und Rechtstyp dann Michel Foucault und zuletzt François Ewald ausbuchstabiert haben, trifft vielmehr das Wort Gottfried Kellers zu: "Der Freiheit letzter Sieg wird trocken sein."

# KAPITEL I

# POLEMIK UND POLITIK

Das erste also wäre Bewußtsein der eigenen
gegenwärtigen Situation.

Carl Schmitt

### 1. Politische Theologie - kein ewiger, sondern ein Gegenwartsbegriff

"*Politische Theologie* ist die treffende, die einzig angemessene Bezeichnung für
Schmitts *Lehre*", faßt Heinrich Meier in einem Aufsatz von 1992 noch einmal seine
ausführlich in seinem 1988 erschienenen Buch *Carl Schmitt, Leo Strauss und der
'Begriff des Politischen'* begründete und in seinem 1994 erschienenen Buch *Die
Lehre Carl Schmitts* noch einmal bekräftigte Position zusammen[1]. Der Begriff, so
Meier weiter, "benennt das Zentrum von Schmitts theoretischem Unternehmen", er
"bezeichnet die einheitsstiftende Mitte eines Œuvre, das reich ist an historischen
Wendungen und politischen Windungen, an absichtsvollen Irreführungen und un-
freiwilligen Dunkelheiten"[2]. Der Relativsatz deutet bereits vorsichtig an, daß auch
ein Wissen um das Zentrum und die einheitsstiftende Mitte eines Werks damit rechnen muß, daß es auf Positionen und Begriffe in diesem Werk stößt, die mit diesem
Wissen dissonieren oder jedenfalls nicht umstandslos mit ihm in Einklang zu bringen sind. Die Formel vom *Zentrum* legt die Möglichkeit nahe, solche nicht ohne
weiteres homogenisierbaren Elemente des Werkes der *Peripherie* zuzuschlagen und
sie damit als erklärbare Abweichungen ("Wendungen" und "Windungen", "Irreführ-
rungen" und "Dunkelheiten") von der 'eigentlichen' Lehre zu marginalisieren.

Wenn wir Meier auch darin beistimmen würden, daß die politische Theologie die
"Mitte" des Schmittschen Werkes ist, so müßten wir doch ein um so größeres Fra-

---

1    Meier 1992, 13.
2    Ebd., 7.

gezeichen hinter seine Auffassung setzen, daß diese Mitte *einheitsstiftend* wirkt. Wirkt sie nicht vielmehr differenzstiftend? Ist es tatsächlich *dieselbe* Politische Theologie, der wir in den verschiedenen Schriften Schmitts über die Jahrzehnte hinweg begegnen: in der gleichnamigen Schrift von 1922, die der Bedeutung theologischer und metaphysischer Vorstellungen (Schmitt setzt beides häufig, aber nicht immer, in eins) in der Staatslehre nachgeht und die politische Wirksamkeit solcher Vorstellungen exemplarisch an der "Staatsphilosophie der katholischen Gegenrevolutionäre" aufzeigt, im *Katholizismus*-Essay mit seinem für einen Freund-Feind-Theoretiker ungewöhnlichen Lob der "*complexio oppositorum*" (*RK*, 10) und seiner Kritik an dem die Moderne auf allen Ebenen kennzeichnenden "polarischen Dualismus" (*RK*, 32), im *Begriff des Politischen*, der ausgerechnet in einem solchen "polarischen Dualismus", ja sogar in dem "intensivste[n] und äußerste[n] Gegensatz" (*BdP*, 30) das Kriterium des Politischen schlechthin ausmacht, in Texten nach dem Zweiten Weltkrieg, in denen Schmitt seinen "Fall" als den eines "*christlichen Epimetheus*" (*ECS*, 12) bestimmt, der - im Unterschied zu den souveränen Aktionen des Prometheus - "nur Antwort tut"[3], im *Glossarium*, wo Schmitt das "Ringen um die eigentlich katholische Verschärfung" rückblickend als "das geheime Schlüsselwort meiner gesamten geistigen und publizistischen Existenz" (*G*, 165) angibt, und schließlich in der *Politischen Theologie II* von 1970, die sich ihres Gegenstandes, wie übrigens schon die *Politische Theologie* von 1922, auf dem negativen Weg der Kritik an einer Position vergewissert, die die Möglichkeit einer *christlichen* Politischen Theologie bestreitet - und zwar diesmal nicht unter Verwendung geschichtsphilosophischer, sondern spezifisch theologischer Argumente?

Hatte Carl Schmitt ein zureichendes Verständnis von dem, was er Politische Theologie nannte? Die Frage stellt sich um so nachdrücklicher, als man in allen seinen Schriften vergeblich nach einer Definition der Politischen Theologie sucht. Es fällt überhaupt auf, daß sich Schmitt seinem Gegenstand vorzugsweise *via negativa* nähert, indem er sich mit der Logik der Positionen und Begriffe derjenigen auseinandersetzt, die die Politische Theologie bekämpfen und/oder bestreiten. Nirgendwo gibt Schmitt jedoch *den Begriff* der Politischen Theologie, ja in seiner frühen Schrift von 1922 wird der Ausdruck selbst kaum verwendet (er taucht im Text ganze drei Mal auf), er wird keineswegs als die *Lehre Carl Schmitts* präsentiert[4],

---

3    Schmitt zitiert einen Vers aus dem Einleitungsgedicht zum *Christlichen Epimetheus* von Konrad Weiß: "Vollbringe, was du mußt, es ist schon/ Immer vollbracht und du tust nur Antwort." (*ECS*, 53).

4    Schmitt liefert vielmehr "Vier Kapitel zur Lehre von der Souveränität", die Lehre ist ihm Anlaß bzw. Anknüpfungspunkt für brillant formulierte 84 Seiten, die vier Kapitel sind nur locker aufeinander bezogen. Spätestens an der Rezeption der ersten *Politischen Theologie* fällt auf, daß das Buch bereits in der Weise seiner Komposition jenen unvermeidlichen "Ver-

sondern als das historisch erklärbare Produkt einer spezifischen politischen Konstellation des 19. Jahrhunderts. In seiner Schrift von 1922 ist die Politische Theologie, sofern sie nicht als *analytische Kategorie* im Sinne des Projekts einer "Soziologie" bzw. "Ideologie" juristischer Begriffe (*PTh*, 55) verstanden wird, unauflöslich mit den katholischen Gegenrevolutionären verbunden, sie wird ihnen sogar als ihre *Erfindung* zugesprochen, deren Wirkung in einer *symbolischen* Verschärfung der politischen Auseinandersetzung mit dem "radikalen Gegner aller bestehenden Ordnung": dem atheistischen Anarchismus (*PTh*, 64) besteht. Die publizistische Ausarbeitung der politischen Theologie durch die katholischen Gegenrevolutionäre, so jedenfalls stellt es Schmitt dar, machte die "radikalen Gegner" erst recht auf die theologische Unterlage einer jeden politischen Herrschaft aufmerksam und verschärfte ihren "Kampf gegen Gott", den dann Bakunin "mit skythischer Wucht" fortsetzt (*RK*, 49).

Donoso Cortés stellt nicht zufällig an den Anfang seines *Essays über den Katholizismus, den Liberalismus und den Sozialismus* eine Bemerkung Proudhons, die die Problematik der politischen Theologie aufwirft. Proudhons kritisch gemeinte These bildet den Auftakt für eine umfangreiche Abhandlung, die tatsächlich versucht, hinter allen politischen Begriffen und Positionen einen - dogmatischen oder häretischen - theologischen Subtext freizulegen: "Monsieur Proudhon hat in seinen *Bekenntnissen eines Revolutionärs* die denkwürdigen Worte niedergeschrieben: 'Es ist auffallend, daß wir im Hintergrund unserer Politik stets auf die Theologie stoßen.' Nichts ist hier auffallend außer der Überraschung des Monsieur Proudhon. Die Theologie, die das gleiche ist wie die Wissenschaft von Gott, ist der Ozean, der alle Wissenschaften umfaßt und in sich birgt, so wie Gott der Ozean ist, der alle Dinge in sich begreift und enthält."[5] Die Politische Theologie in Gestalt des *Katholizismus*, wie ihn Donoso Cortés in seinem Essay entwickelte, ist also, wie man sieht, eine *Erfindung* im *politisch-publizistischen Tageskampf* (welche säkularen Dimensionen man ihm auch immer zusprechen mag) und sie ist gleichsam eine vorweggenommene *Reaktion*, die sich in den sprachlichen und argumentativen Mitteln sowie in ihrem nicht selten deliranten Pathos dem publizistischen Gestus ihrer Gegner anpaßt, um überhaupt noch, und sei es als Zielscheibe, wahrgenommen zu werden: "Nachdem die Schriftsteller der Restaurationszeit *zuerst* eine politische Theologie *entwickelt* hatten, richtete sich der ideologische Kampf der radika-

---

teilungsvorgang" vorwegnimmt, dem sich unter den kommunikativen Bedingungen der "occasionellen Welt" (Schmitt) jede Idee und jede Lehre ausgesetzt sieht. Dieser Verteilungsvorgang besteht darin, daß, wie es Robert Musil ausgedrückt hat, "über kurz von keiner Leistung mehr übrig bleibt als ein Aphorismenvorrat, aus dem sich Freund und Feind, wie es ihnen paßt, bedienen" (Musil 1992, 380).

5    Donoso Cortés 1989, 6.

len Gegner aller bestehenden Ordnung mit steigendem Bewußtsein gegen den Gottesglauben überhaupt als gegen den extremsten fundamentalen Ausdruck des Glaubens an eine Herrschaft und an eine Einheit." (*PTh*, 63f. - m.H.)

Die politische Theologie, soviel können wir festhalten, ist offenbar an eine bestimmte *politische Situation* gebunden, die dadurch gekennzeichnet ist, daß die theologischen Begriffe, Vorstellungen und Worte "zu leeren und gespenstischen Abstraktionen" (*BdP*, 31) geworden sind. Es handelt sich bei der Politischen Theologie ja auch keineswegs um eine kanonisierte Sparte der in verschiedene Disziplinen ausdifferenzierten Theologie, sondern um eine ziemlich späte, Schmitt scheint anzunehmen: im Gefolge der achtundvierziger Revolution des letzten Jahrhunderts entstandene und bis auf den heutigen Tag - besonders bei Theologen - umstrittene *Reaktionsbildung theologischer Publizisten* auf die seit den Zeiten der Aufklärung geläufige Denunziation der Theologie als eines verkappten Herrschaftswissens. Die politische Theologie ist der Versuch, die - aus theologischer Perspektive - transzendenzlosen modernen Sozialtheorien (Liberalismus, Sozialismus, Anarchismus) *auf ihrem eigenen Gebiet zu stellen und zu schlagen*. Statt sich von den modernen politischen Theorien beobachten und entlarven zu lassen, wendet die Theologie nun umgekehrt ihre Begriffe und Unterscheidungen auf die politischen Theorien an, die sie als eine überholte Ordnung des Wissens schon verabschiedet hatten. Donosos *Essay* ist der Versuch, die modernen sozialen und politischen Theorien so zu lesen, daß sie als *häretische* Antworten auf dieselben Fragen erscheinen, die der "Katholizismus" *richtig*, nämlich in Übereinstimmung mit einem ursprünglichen, integren Wissen, dem Wissen der Kirche, beantwortet. *Politische Theologie* beschreibt bei Donoso, der den Begriff im übrigen nicht verwendet, ein spezifisches *Lektüreverfahren*, das seine Gegenstände, die heterogenen politischen Gedankengruppen, soweit *homogenisiert*, daß ihre *Vergleichbarkeit* sichergestellt ist. Nicht zufällig vergleicht Donoso die miteinander konkurrierenden Ideenkomplexe im Hinblick auf "Lösungen" für *dieselben* Probleme. Das heißt aber, daß die Theologie, die in diesen Ideenwettkampf geschickt wird, ihr begriffliches Komplexitäts- und Artikulationsniveau auf ein Maß zurückführen muß, das die Vergleichbarkeit nicht gefährdet. Politische Theologie ist keineswegs das Resultat einer schlichten Politisierung der 'alten' Theologie, sondern kommt auf dem Wege einer gezielten Selektion bestimmter theologischer Bauelemente bzw. "Codefragmente" (Deleuze/Guattari) zustande, die in eine neo-archaistische *Synthese* eingehen, die genauso artifiziell ist wie die Synthesen der konkurrierenden politischen Ideengruppen. *'Politische Theologie' ist etwas absolut Modernes*. Sie ist erst, grob gesprochen, seit der Französischen Revolution und den in ihrem Gefolge sich rapide modernisierenden Kommunikationsverhältnissen möglich (eine Veränderung, die Donoso unter dem Stichwort *Diskussion* registriert) und keineswegs die epochenübergreifende Alternative zu einer idealtypisch kontrastierten politischen Philosophie.

'Politische Theologie' ist ein *Residualbegriff*. Er bezeichnet das an der überlieferten Theologie, was von ihr übrigbleibt, wenn sie in den Kampf um die politische 'Ideenführerschaft' hineingezogen wird und sich - wie die übrigen Ideengruppen auch - von einer der vielen *Randtotalitäten*, die Inseln im Meer der modernen Kultur sind, wieder zur Zentraltotalität aufschwingen will. Aber die Möglichkeit einer solchen zentralen Position besteht inzwischen nicht mehr. Antonio Gramsci, einer der scharfsinnigsten Analytiker der katholischen Kirche und ihrer (Ideen-)Politik, hat die Problematik, der das Phänomen der politischen Theologie entspringt, wie kein zweiter auf den Punkt gebracht. In dem Maße, wie es der Kirche nicht mehr gelingt, im Kampf mit ihren Gegnern "das Feld und die Mittel der Auseinandersetzung" festzulegen, muß sie "das ihr von außen aufgenötigte Feld akzeptieren und Waffen gebrauchen, die dem Arsenal ihrer Gegner entnommen sind (die Massenorganisation) [man muß hinzufügen: das Sich-Messen mit den konkurrierenden irreligiösen Theorien und die Übernahme bestimmter ihrer Elemente, Vf.]. Die Kirche ist in der Defensive, d.h. sie hat die Selbständigkeit der Bewegungen und der Initiativen eingebüßt, sie ist keine ideologische Weltmacht mehr, sondern eine untergeordnete Kraft."[6] Nachdem es der Kirche jahrhundertelang gelungen war, die häretischen Kräfte auf Orden *einzugrenzen*, wie Gramsci schreibt, um zu verhindern, daß sie "zur Religion überhaupt" werden, sieht sie sich plötzlich selbst auf einen großen, weltumspannenden *Orden* eingegrenzt. Von einer ehemals "totalitären Auffassung der Welt" - totalitär hier im Sinne von 'total', ohne ernsthafte ideologische Konkurrenz operierend - ist sie "zu einem bloßen Teil derselben" geworden[7]. An die Stelle einer Strategie der *complexio oppositorum*, deren Überlegenheit gerade darin bestand, sich in wichtigen, theologischen wie politischen Fragen *nicht zu entscheiden* (*RK*, 6-12), tritt die verzweifelte Suche nach "Zeichen der Distinktion", wie Gramsci im Kontext einer Analyse der *Action Française* schreibt, deren Motto auch dem Werk Carl Schmitts vorangestellt werden könnte: *politique d'abord*.[8] In dem Augenblick, da die katholische Kirche zum "Katholizismus" mutiert, also den Akzent auf die doktrinär-weltanschauliche Einheit und 'Unverwechselbarkeit' im Streit der konkurrierenden nicht-religiösen Ideologien legt, büßt sie entweder ihre Hegemoniefähigkeit, das heißt: ihre Herrschaft über weite Teile der von Gramsci so genannten *subalternen Klassen*, die Masse der Nicht-Intellektuellen, ein - oder ihre

---

6    Gramsci 1991a, 183.
7    Ebd.
8    Ebd., 123.

*dogmatische Reinheit*, wie kein geringerer als Fürst Metternich bei der Lektüre von Donso Cortés' *Essay* sofort erkannte.

Schmitts politisch-theologischer Ziehvater bewirkte in der Konsequenz eine *Jakobinisierung der katholischen Lehre* - der freilich keinerlei politische Wirkung beschieden war, weil Donoso die Operation am untauglichen Objekt vornahm. Die serielle Anordnung der politischen Lehren im Titel des *Essays* - unterstrichen noch durch die semantische Angleichung des Katholiz*ismus* an die konkurrierenden und bekämpften Lehren - dementiert die doktrinäre Superiorität, die er für eine der drei *Ismen* reklamiert. Bereits im Titel manifestiert sich so der *defensive* Charakter des politisch-theologischen Projekts. Der Katholizismus bewirkt eine Flexibilisierung ("Elastizität") der katholischen Lehre, die durch eine Polemik in Permanenz verschleiert werden soll, eine semantische und soziale Entgrenzung (Einbeziehung ursprünglich nicht zugehöriger "Dinge und Personen" in die Lehre), die genau den von Donoso ausdrücklich erwünschten Effekt des "absoluten Widerspruchs" zur sozialen und diskursiven Umwelt (der absolute 'Bestimmbarkeit' des Sinns voraussetzt) und der Ausschaltung aller Differenzen aus dem Binnenraum der Lehre hintertreibt. Der Ismus passe auch deshalb nicht zur katholischen Kirche, so Metternich, weil deren "Grundlage keinerlei Parität erlaubt"[9]: damit hat er den Effekt einer symbolischen Gleichstellung der katholischen Lehre mit den anderen in der Öffentlichkeit konkurrierenden Ismen, den der Titel des *Essays* gleichsam emblematisch realisiert, präzise benannt. Der Katholizismus ist strukturell gesehen der Versuch, die Gegensätzlichkeit der katholischen Lehre zu den übrigen politischen Doktrinen dadurch kommunizierbar zu machen, daß man sie zuvor mit diesen Doktrinen auf einen *gemeinsamen Nenner* bringt, den man durch die Konstruktion geistesgeschichtlicher Filiationen plausibilisiert.

Äußerliches Kennzeichen dieses Autoritätsverlustes der katholischen Kirche ist also die *Doktrinisierung* ihrer politischen Praxis, die Erzeugung von Einheit durch Differenz unter Inkaufnahme von permanenten Bezugnahmen auf die Positionen und Begriffe, von denen man sich abgrenzt. Im Vollzug ihrer Herstellung wird diese politische Einheit also beständig dementiert. Was Antonio Gramsci zu Maurras schreibt, trifft uneingeschränkt auch auf Donoso Cortés - und eben auf Carl Schmitt zu: "Maurras gilt als großer Staatsmann und als sehr großer Realist. In Wirklichkeit ist er nur ein umgekehrter Jakobiner."[10] Vor allem an Schmitts Theorie der souveränen Diktatur, aber auch an seiner *Verfassungslehre* kann man die Präzision dieses Wortes vom *umgekehrten Jakobinertum* überprüfen. Die Verwendung der Figur des *pouvoir constituant* ebenso wie die Erfindung einer auf *sub-*

---

9     Donoso Cortés 1989, 384f.
10    Ebd., 122.

*stantieller Gleichheit* beruhenden Demokratietheorie sind Bestandsstücke des politischen Jakobinismus, die, wie Gramsci schreibt, "zu ihrer Zeit [...] höchst realistisch" waren: "Sie wurden dann abgeschnitten von Zeit und Ort und auf Formeln reduziert: sie waren etwas anderes, ein Gespenst, vergebliche und tote Worte."[11] Schmitt selbst hatte von den "politischen Begriffen, Vorstellungen und Worten", die alle "einen *polemischen* Sinn" haben und "an eine konkrete Situation gebunden" sind, gesagt, daß sie "zu leeren und gespenstischen Abstraktionen [werden], wenn diese Situation entfällt" (*BdP*, 31). Damit ist nicht gemeint, daß sie *wirkungslos* werden, aber ihre Wirkung ist eben eine *ganz andere* als die ursprünglich von ihnen ausgehende. Statt als Ferment einer politischen Assoziationsdynamik zu fungieren, die ganz unterschiedliche gesellschaftliche Gruppen und Schichten mitreißt, die selbst bei den 'unbeteiligten' Zuschauern eine, mit Kant zu reden, "*Teilnehmung* dem Wunsche nach, die nahe an Enthusiasm grenzt"[12], erzeugt, bringt der umgekehrte Jakobinismus eine politische Identität durch Abstoßung und Ausgrenzung, durch "Deassimilierung"[13] ("Homogenität") hervor.

Gramsci analysiert diesen Mechanismus am Beispiel der Action Française: "Léon Daudet hat geschrieben, daß die große Stärke der Action Française die unerschütterliche Homogenität und Einheit ihrer Führungsgruppe gewesen ist. Immer einer Meinung, immer politisch und ideologisch solidarisch. Das ist freilich eine Stärke. Aber von sektiererischem und freimaurerischem Charakter, nicht von dem einer großen Regierungspartei. Die politische Sprache ist zu einem Jargon geworden, eine Atmosphäre heimlicher Zusammenkunft hat sich gebildet: indem ständig dieselben Formeln wiederholt, dieselben erstarrten geistigen Muster gehandhabt werden, denkt man am Ende tatsächlich auf dieselbe Weise, weil man am Ende gar nicht mehr denkt. Maurras in Paris und Daudet in Brüssel äußern, ohne Absprache, dieselbe Phrase zum selben Ereignis, aber die Absprache war schon vorher da: sie waren schon zwei Phrasenmaschinen, die seit zwanzig Jahren aufgezogen waren, um dieselben Phrasen im selben Moment zu sagen."[14] Indem Schmitt das Politische am Beispiel der katholischen Kirche an den Merkmalen der (ästhetischen, juristichen und weltgeschichtlichen) Form, des Ethos, des Pathos, der Überzeugung, der Idee, der Personalisierung, der Kraft zur Repräsentation, der repräsentativen Rede festmacht und alle diese Eigenschaften in einen unversöhnlichen Gegensatz zur wissenschaftlich-technisch-ökonomischen Sphäre bringt, in der die modernen Gesellschaften ihren Schwerpunkt haben, reduziert er die politische Sprache eben-

---

11   Ebd.
12   Kant 1981, 358.
13   Gramsci 1993, 943.
14   Gramsci 1991a, 123.

falls auf einen *Jargon*, auf *Formeln* und *erstarrte geistige Muster*, von denen nicht
recht zu sehen ist, wie sie unter den modernen Bedingungen überhaupt noch 'greifen' kann: Die "Kraft zur Repräsentation" ist unter den obwaltenden Umständen
gleichbedeutend mit einer äußersten Schwäche, wie Schmitt im übrigen sehr wohl
ahnt, wenn er diese Kraft als eine "mittelalterliche Fähigkeit" bezeichnet und zugibt,
daß sich der Eindruck aufdrängt, die Kirche "repräsentiere überhaupt nur noch die
Repräsentation" (*RK*, 26). "Vor Automaten und Maschinen kann man nicht repräsentieren so wenig wie sie selber repräsentieren oder repräsentiert werden können"
(*RK*, 30), schreibt Schmitt, obwohl er doch zu Beginn seines Essays das Wort von
der "'päpstlichen Maschine'" zitiert, das freilich von einem Protestanten in denun-
ziatorischer Absicht geprägt wurde, und obwohl doch dem Publikum die repräsentative Kraft der Kirche und der Politik genau als jene "Phrasen*maschine*" erscheint,
von der Gramsci spricht.

Man wird nur dann in der Politischen Theologie kein *rezentes* und *residuales*
Projekt erkennen wollen, wenn man den Begriff für die Beschreibung des Verhältnisses von Religion und Politik vor ihrer modernen - gesteigerten - Ausdifferenzierung verwendet. Daß in vormodernen Gesellschaften Religion in einem für uns
heute nur noch irritierenden Maße an Politik beteiligt war, daß die Theologie in der
Phase der Entstehung der modernen Territorialstaaten das "Zentralgebiet" der Politik war, nämlich zentraler politischer Einsatz und Streitgegenstand, daß sich die
Politik bis in die Neuzeit hinein weithin sichtbar der religiösen bzw. sakralen Formensprache bedient, alles das und noch vieles mehr kann man als Hinweis auf die
Existenz einer *politischen* Theologie werten. Bei genauerem Hinsehen zeigt sich
dann aber, daß es richtiger wäre, von einer *Sozialen Theologie* zu sprechen, da ja
die Gemengelage, die in traditionalen Gesellschaften zwischen Theologie und *Politik* herrscht, auch an *rechtlichem, wirtschaftlichem, künstlerischem* und anderem
Handeln zu beobachten ist. Für die vormodernen Kommunikationsverhältnisse
trifft deshalb durchaus zu, daß, wie Donoso formuliert, "ein jeder, der explizite von
irgendeiner Sache spricht", weiß oder doch wissen kann, "daß er implicite von Gott
spricht"[15]. Nicht nur politische, sondern alle gesellschaftlichen Operationen sind in
traditionalen Gesellschaften dadurch gekennzeichnet, daß sie stets religiösen Sinn
mitmeinen. "Ihre ursprüngliche Sicherheit hatte die Religion in der Gesellschaft"[16],
faßt Niklas Luhmann diesen Sachverhalt zusammen. Politische Theologie *als Doktrin* gibt es daher erst, seitdem man sie braucht - und dann greift sie nicht mehr,
was man bei Carl Schmitt schon daran sieht, daß dort, wo er keinen analytischen,
begriffs- oder säkularisierungsgeschichtlichen Gebrauch von ihr macht, die Politi-

---

15    Donoso Cortés, 1989, 7.
16    Luhmann 1989, 259.

sche Theologie nur *indirekt*, über die *nostalgische* Vergegenwärtigung ihrer gegenrevolutionären Präzeptoren zum Zuge kommt.

Ich werte es als ein Zeichen der *Modernität* der von Carl Schmitt gehandhabten
Politischen Theologie, daß sie den theologischen Bezug gleichsam nur symbolisch
und pauschal mitführt, ohne sich - anders als Donoso Cortés - in einer mehr als lai-
enhaft-assoziativen Weise auf die theologischen Begriffe und Unterscheidungen
einzulassen[17]. Es ist zweifellos eine Verharmlosung, wenn Schmitt im nachhinein
als den Bezugspunkt seiner Politischen Theologie "ein wissenschaftstheoretisches
und begriffsgeschichtliches Problem: die Struktur-Identität der Begriffe theologischer und juristischer Argumentationen und Erkenntnisse" (*PTh II*, 22) angibt, aber
anders verhält es sich mit der Auskunft, daß die Schrift aus dem Jahre 1922 "kein
theologisches Dogma" betrifft: dieser Hinweis ist ernst zu nehmen, weil die Politischen Theologien, selbst dort, wo sie sich intensiv dogmatischer Figuren bedienen,
stets dadurch gekennzeichnet sind, daß sie ein eklatantes *Mißverhältnis* zur Sphäre
des Dogmas aufweisen. Schmitt hat an Donosos unorthodoxer, eigentümlich über-
steigerter Interpretation des Dogmas der Erbsünde - von dem Heinrich Meier
glaubt, daß es "der Dreh- und Angelpunkt"[18] der Politischen Theologie Schmitts
sei - gezeigt, daß der spanische Katholik auf diese Weise vor allem *ästhetische*
Funken aus der Theologie zu schlagen wußte. Die dogmatisch nicht gedeckte Uni-
versalität des Sündenbewußtseins[19] ließ sich in eine Serie apokalyptischer "Bilder"
(*PTh*, 75) ausmünzen, die in ähnlicher Weise an die Entscheidungs- bzw. Handlungsbereitschaft der Leser appellieren sollten, wie die paradiesischen Utopien der
Sozialisten und Anarchisten. Wenn man wie Heinrich Meier die "Sache der Politischen Theologie"[20] enthistorisiert, kann man kaum noch auf die Frage antworten,
warum denn der Begriff ausgerechnet in der Zwischenkriegszeit seine erstaunliche
Karriere antritt (nachdem Bakunin mit seiner *Théologie politique de Mazzini et
l'Internationale* von 1871 den Begriff noch nicht lancieren konnte) und welche aktuelle Funktion ihm in dieser von nahezu allen Intellektuellen als *kritisch* und *krisenhaft* bezeichneten Zeit zuwächst.

---

17   Das gilt auch und gerade von jenen Begriffen (wie dem *Kat-echon*, dem *Aufhalter* des Anti-
     christen), die man heute gern als Schlüsselbegriffe der Schmittschen Theoriebildung
     präsentiert.

18   Meier 1988, 66.

19   "[...] vielmehr spricht das Dogma, zum Unterschied von der protestantischen Lehre einer
     völligen Korruption des natürlichen Menschen, nur von einer Verwundung, Schwächung oder
     Trübung der menschlichen Natur." (*RK*, 11) Die "politische Theorie", so können wir folgern,
     kreiert ihre *eigenen* Dogmen.

20   Meier 1992, 7.

*2. Das Spiel der Unterscheidungen und seine Überbietung durch den "intensivsten und äußersten Gegensatz"*

Schmitt selbst hat in seiner *Politischen Theologie II* von 1970 auf die "umfangreiche Krisen-Literatur dieser Jahre von 1918-1933" (*PTh II*, 17) hingewiesen, die den diskursiven Hintergrund nicht nur für den intellektuellen Werdegang Erik Petersons abgibt, gegen dessen These von der *Erledigung jeder Politischen Theologie* Schmitt anschreibt, sondern auch für seine eigenen Bemühungen um einen Begriff des Politischen, der der epochal veränderten Lage standhält. Schmitt und Peterson ziehen unterschiedliche Konsequenzen aus derselben Krisendiagnose. Die *existentielle* Unterscheidung von Freund und Feind, die Schmitt zum Kriterium des Politischen macht, antwortet auf den allgemeinen Zusammenbruch der *symbolischen Grenzverläufe* - Schmitt spricht auch anschaulich von "Mauern" - zwischen den 'beiden Reichen', Theologie und Politik, Kirche und Staat. Da die überkommenen Institutionen immer weniger in der Lage sind, das 'Existentielle' zu binden - der Staat verlor das "Monopol des Politischen" (*PTh II*, 24), so wie die Kirche das Monopol des Theologischen bzw. Religiösen einbüßte -, lag es nahe, eine Erneuerung der Politik von ihrer Fähigkeit zu erwarten, an dem Spiel der laufenden Dissoziationen und Re-Assoziierungen, das die neue 'Diskussions'-Kultur kennzeichnet, die den "Austausch antinomischer Sätze" zu einer "Dauereinrichtung" gemacht hat[21], teilzunehmen und es gleichzeitig durch die Erfindung einer 'äußersten Gegensätzlichkeit' zu überbieten.

Der Politik wie der Theologie waren in der Perspektive der Weimarer Krisologen ihr abgrenzbarer Gegenstand, ihr spezifisches Sachgebiet, ihre 'Materie' abhanden gekommen, genauer: die "juristisch institutionalisierten Subjekte" (*PTh II*, 18), die verbindlich die Definition und Abgrenzung der Gebiete regelten, lösten sich auf. Begriff und Gegenstand verhielten sich nicht länger kongruent zueinander, die "institutionellen Sicherungen", die bis zum Ersten Weltkrieg einigermaßen in Takt geblieben waren, zerbrachen, eine "Erschütterung der Entscheidungsinstanzen" (*PTh II*, 18) zerstörte jede kommunikative Sicherheit[22] über das, was Theologie und Politik, Kirche und Staat eigentlich ausmachen. Das juristische Unterscheidungsverfahren wird durch eine neuartige, kommunikative Auflösungs- und Rekombinationstechnik ersetzt. Wir treten in das Zeitalter der *Unreinheiten* ein, des Verlustes der "pureté oppositionnelle" (Derrida): Plötzlich gab es "keinen *Staat*

---

21  So formuliert unübertroffen Paul Valéry in den *Cahiers* (Valéry 1988, 91).

22  Die souveräne Dezision beansprucht nicht nur das Handlungs-, sondern, wichtiger noch, das *Interpretationsmonopol*: Quis iudicabit? Quis interpretabitur? Der Souverän "entscheidet sowohl darüber, ob der extreme Notfall vorliegt, als auch darüber, was geschehen soll, um ihn zu beseitigen" (*PTh*, 12f.).

mehr, der 'rein politisch', und keine *Theologie* mehr, die 'rein theologisch' war. Der Bereich der *Gesellschaft* und des *Sozialen* ergriff beides und löste die Unterscheidung auf." (*PTh II*, 18f.) Mit den Begriffen der *Gesellschaft* und des *Sozialen* hat Schmitt die entscheidenden *Gegenbegriffe* seiner Politischen Theologie genannt, die zugleich *Anknüpfungspunkte* für sie sind. Von ihnen aus bestimmt sich Sinn und Funktion des Schmittschen politischen Denkens insgesamt. Nach dem Wegfall der "juristisch institutionalisierten Subjekte", die in ihren Zuständigkeitsbereichen Sinn verbindlich festlegten, geraten die modernen Gesellschaften in einen "ungerichteten Zustand" (Musil), wo alle Begriffe und Unterscheidungen von den - nicht mehr juridisch übercodierten - "streitenden Subjekten" her bestimmt werden: "Geistlich-Weltlich, Jenseits-Diesseits, Transzendenz-Immanenz, Idee und Interesse, Überbau und Unterbau lassen sich nur noch von den streitenden Subjekten her bestimmen." (*PTh II*, 23f.) 'Gesellschaft' und 'Soziales' sind für Schmitt weniger soziologische Begriffe als vielmehr *Symbole*, die auf eine von juridischen Kommunikationsnormierungen emanzipierte Kultur der "streitenden Subjekte" abstellen, eine Kultur, die durch "unaufhörlich wechselnde politisch-polemische Spannungen und Frontenbildungen" (*PTh II*, 22) gekennzeichnet ist und die auch die wichtigsten öffentlichen Angelegenheiten in Anlässe zur Erzeugung von "Intensitäten" verwandelt.

Man hat den Zusammenhang von *Politik und Polemik* bei Schmitt bislang nicht auf seine historisch-kulturellen Möglichkeitsbedingungen hin untersucht. Für die meisten Schmitt-Interpreten (und wohl auch für Schmitts eigenes Selbstverständnis, das bekanntlich vom Denken in großen geistesgeschichtlichen Linien geprägt war) handelt es sich bei diesem Zusammenhang schlicht um die Aktualisierung eines Hobbes-Topos, der auf die kommunikativen Voraussetzungen des konfessionellen Bürgerkriegs abstellt. In seiner kürzesten und metaphorisch prägnantesten Form findet sich dieser Topos in *De Cive*: "Die Zunge des Menschen aber ist gleichsam die Trompete des Krieges und Aufruhrs"[23]. Nun insistiert Schmitt jedoch auf dem "*polemischen* Sinn" aller mit der Sphäre des Politischen zusammenhängenden Begriffe unter historisch-kulturellen Bedingungen einer *Normalisierung des symbolischen Bürgerkriegs* (des Bürgerkriegs der Zungen), die die politischen Ausdrücke und Vorstellungskomplexe "zu leeren und gespenstischen Abstraktionen" (*BdP*, 31) degenerieren lassen. So kann man, wie Schmitt am Beispiel des sozialistischen Juristen Karl Renner erläutert, auf der einen Seite die Miete einen *Tribut* des Mieters an den Hauseigentümer nennen, die 'Tributzahlungen', die der Versailler Vertrag Deutschland auferlegt, auf der anderen Seite mit dem technisch-neutralen Begriff der 'Reparationen' entpolitisieren. Statt als Quelle politischer Vi-

---

23   Hobbes 1977, 127.

talität und Intensität zu fungieren, aktualisiert sich der "polemische Sinn" unter den
veränderten kulturellen Bedingungen auf eine Weise, die zur politischen Auslau-
gung und semantischen *Dequalifizierung* aller politischen 'Terminologien' führt.
Seit Hobbes und den Zeiten der konfessionellen Bürgerkriege hat sich ein grundlegender Funktionswandel politischer Polemik, die zu "Tagespolemik" (*BdP*, 32)
wird, ebenso wie der "streitenden Subjekte", die sich zu "Parteien" institutionalisieren, vollzogen. Neben der diskursiven Normalisierung, die die "im Gefecht stehenden"[24] politischen Begriffe und Vorstellungen "so unscharf" werden läßt, "wie
Gestalten in einer Waschküche"[25], kann man auch eine organisatorische 'Verküm-
merung' der politisch-kriegerischen Konfliktmatrix beobachten. Statt sich dem "äußersten Punkt, der Freund-Feindgruppierung" (*BdP*, 30) zu nähern, äußert sich der
politische Gegensatz nur noch "in den kümmerlichen Formen und Horizonten der
parteipolitischen Stellenbesetzung und Pfründen-Politik" (*BdP*, 32) - ausgerechnet
die existentielle Konfliktsorte, über die Schmitt das Politische definiert, vermischt
sich bis zur Ununterscheidbarkeit mit den "sehr interessante[n] Gegensätze[n] und
Kontraste[n]", den "Konkurrenzen und Intrigen aller Art", denen der *politische*
Gegensatz, "auf Grund dessen von Menschen das Opfer ihres Lebens verlangt
werden könnte" (*BdP*, 35f.), doch *prinzipiell* entzogen sein sollte.

Mit dem Begriff der "Intensität" verfügt Schmitt nun über einen *gemeinsamen
semantischen Nenner* zwischen der neuen 'normalistischen' (symbolisch gesprochen: 'verkümmerten') Politik, die auf Tagespolemik und institutionalisierter Par-
teienkonkurrenz basiert, und dem klassischen, vom souveränen Staat abstrahierten,
"die reale Möglichkeit der physischen Tötung" (*BdP*, 33) implizierenden Politiktyp.
Nicht mehr die Attribute des klassischen, aus den konfessionellen Bürgerkriegen
hervorgegangenen Staates (Souveränität, Dezision etc.) macht Schmitt zum Ausgangspunkt seines *Begriffs des Politischen* (wiewohl sie allesamt 'durch die Hin-
tertür' wieder Einzug halten), sondern dasjenige *Zeichen*, das den "äußersten Intensitätsgrad" symbolisiert: die *Feindschaft*. Die den *Begriff des Politischen* durch-
ziehende Semantik des *Gradualismus* und der *Eskalation* - "jede konkrete Gegensätzlichkeit ist um so politischer, je mehr sie sich dem äußersten Punkte, der
Freund-Feindgruppierung nähert" (*BdP*, 30) - macht deutlich, daß es sich bei der
Freund-Feind-Unterscheidung nicht lediglich um die Übersetzung des an die Existenz des souveränen Staates gebundenen *ius belli* ins Anthropologische handelt,
sondern um die Stiftung eines symbolischen *Kontinuums* zwischen den basalen
kommunikativen Verfeindungs- bzw. Dissoziationsprozessen, die zur elementaren
Soziokultur gehören (Tagespolemik) - "Ein radikaler Dualismus herrscht wirklich

---

24    Musil 1992, 374.
25    Ebd., 458.

auf jedem Gebiet der gegenwärtigen Epoche" (*RK*, 14) -, und der Bestimmung *des* Feindes durch den Staat (*ius belli*). Das Schmittsche "Kriterium" ist gleichsam ein Instrument, mit dem er den gesellschaftlichen Raum nach "Gegensätzen" abtastet, die "stark genug" sind, "die Menschen nach Freund und Feind effektiv zu gruppieren" (*BdP*, 37). Es geht Schmitt darum, das Politische wieder aus der Position der *Unterordnung* unter bzw. der *Vermischung* mit den unabsehbar detaillierten Interessenlagen der 'Gesellschaft' zu befreien - aber nicht auf dem Wege der souveränen 'staatspolitischen' Abstraktion von den heterogenen Interessenlagen, sondern durch die Anknüpfung an das ungeheure *Konfliktpotential*, das diese 'ungerichtete' und dezentrierte Gesellschaft ständig erneuert.

Die Legierung der (staatlichen) Politik mit den "dicksten Interessen" der Menschen (Musil) führt nämlich, wie Schmitt sehr genau gesehen hat, nicht nur zu *sekundären*, sondern sogar zu *tertiären* - also noch abgeleiteteren - Formen der Politik, bei denen jeder Bezug auf eine politische "Idee" zum taktischen Mittel verkommt: "Schließlich entwickeln sich noch weiter abgeschwächte, bis zum *Parasitären* und Karikaturhaften entstellte Arten von 'Politik', in denen von der ursprünglichen Freund-Feindgruppierung nur noch irgendein antagonistisches Moment übriggeblieben ist, das sich in Taktiken und Praktiken aller Art, Konkurrenzen und Intrigen äußert und die sonderbarsten Geschäfte und Manipulationen als 'Politik' bezeichnet." (*BdP*, 30) Man muß diesen Satz mit einer noch schärfer akzentuierten Feststellung Robert Musils aus dem Jahre 1921 zusammenhalten, um sich zu vergegenwärtigen, daß der eigentliche Ausgangspunkt der politischen Begriffsbildung Schmitts die Beobachtung des *Indirektwerdens* staatspolitischer Verhaltensweisen und Redeformen ist: "Man braucht [...] nur einen Blick auf die innere Politik zu werfen, um zu sehen, wie alles Ideelle nicht geht, wie nur die dicksten Interessen die Menschen zusammenzuhalten vermögen, und wie lästerlich gepaart in unsren politischen Parteien sich gealterte Ideenschönheiten von stofflichen Bedürfnissen aushalten lassen."[26] Wenn die offizielle Politik sich also nicht davor scheut, die Feindschaft auf "irgendein antagonistisches Moment" zu reduzieren, so daß sie als ein taktisch bzw. manipulativ handhabbarer symbolischer Code einsetzbar ist, dann muß sich das Politische von dem mit der Gesellschaft fusionierten Staat trennen, sich 'deinstitutionalisieren' und sich mit den "streitenden Subjekten" zu verbinden suchen, die allein noch über das zur Feindschaft nötige *affektive Potential* zu verfügen scheinen. Da die "Ideen" (zu denen eben auch die Theologeme und Mythologeme gehören) nun einmal, wie Schmitt seit der *Politischen Romantik* weiß und in der *Politischen Theologie* von 1922 noch einmal wiederholt, die Kristallisationskerne *politischer Entschiedenheit* sind, wählt er sein Kriterium des Politischen so,

---

26  Musil 1981a, 1074.

daß es mit der Reproduktionslogik einer Kultur kompatibel ist, die nicht mehr durch transzendente, der Gesellschaft insgesamt vorgeordnete und invariant gehaltene Normierungen integriert wird. Diese neue Reproduktionslogik ist eine Differenzierungs- und Distanzierungslogik, die ihre Integrationsleistung nicht über die Eliminierung, sondern über die Ermutigung und Verstärkung von Abweichung erbringt: 'Feindschaft' ist ein symbolischer Indikator für die Umstellung der gesellschaftlichen Integrationstechnik von *Einheit* auf *Differenz* - ein Symbol, das diese Umstellung aus der Perspektive der *erlebenden* Subjekte artikuliert.

Dort, wo es in der modernen, funktional ausdifferenzierten (Schmitt sagt: in "autonome Sachgebiete" zerfallenden) Gesellschaft quer zu den Funktionsbereichen zur Entstehung von 'Gemeinschaften' bzw. 'Gruppierungen', also zu sozialen *Assoziations- und Dissoziationseffekten* kommt, zu einem Typ von 'heißen' Differenzen ("äußerster Intensitätsgrad"), sind *Ideen* die Träger dieses Geschehens, genauer: die Typik dieser basalen Vergemeinschaftungen reflektiert und reagiert - gerade auch, was ihre kurze soziale Zerfallszeit betrifft - auf das unvermeidliche Differenzierungs- und Distanzierungsgeschehen, das jedes neue Ereignis im kulturellen Ideenhaushalt umwogt. Robert Musil hat von einem kulturellen "Verteilungsvorgang" gesprochen und seinen Mechanismus so beschrieben: "Wenn ein bedeutender Mann eine Idee in die Welt setzt, so wird sie sogleich von einem Verteilungsvorgang ergriffen, der aus Zuneigung und Abneigung besteht; zunächst reißen die Bewunderer große Fetzen daraus, so wie sie ihnen passen, und verzerren ihren Meister wie die Füchse das Aas, dann vernichten die Gegner die schwachen Stellen, und über kurz bleibt von keiner Leistung mehr übrig als ein Aphorismenvorrat, aus dem sich Freund und Feind, wie es ihnen paßt, bedienen."[27]

### 3. Zwischen System und Aphorismus: Carl Schmitts Schreibdilemma

Auch vom *Begriff des Politischen* blieb "über kurz" nicht "mehr übrig als ein Aphorismenvorrat, aus dem sich Freund und Feind, wie es ihnen paßt, bedienen". Im "Vorwort" zur Neuausgabe von 1963 reflektiert Schmitt ausdrücklich auf den von "Tagespublizistik" und "massenmediale[r] Öffentlichkeit" (*BdP*, 16) getragenen *Verteilungsvorgang*, der seine Schrift ergriff. Natürlich beschwert er sich: "In diesen Bereichen wird alles den nächsten Zwecken des tagespolitischen Kampfes oder Konsums angepaßt. Hier wird die Bemühung um eine wissenschaftliche Encadrierung einfach absurd. In diesem Milieu hat man aus einer vorsichtigen, ersten Absteckung eines Begriffsfeldes ein primitives Schlagwort gemacht, eine soge-

---

27    Musil 1992, 379f.

nannte Freund-Feind-Theorie, die man nur vom Hörensagen kennt und der Gegen-
partei in die Schuhe schiebt. Hier kann der Autor nicht mehr tun, als den vollständigen Text nach Möglichkeit in Sicherheit bringen." (*BdP*, 16). Hier wird man sofort einwenden müssen: *welchen* Text? Denn die dritte, 1933 publizierte Ausgabe
erhält eine ganze Reihe von begrifflichen und argumentativen Adaptionen an die
neuen "Zwecke des tagespolitischen Kampfes oder Konsums". Freund und Feind
waren sich im übrigen sofort nach dem Erscheinen der Schrift darüber im klaren,
daß Schmitt hier, in den begeisterten Worten Ernst Jüngers, "eine besondere
kriegstechnische Erfindung gelungen" sei: "eine Miene, die lautlos explodiert". Wie
kaum mit einer zweiten seiner 'theoretischen' Schriften begibt sich Schmitt mit dem
*Begriff des Politischen* in genau das "Milieu", vor dem er 1963 den Text "in Sicherheit bringen will". Gerade die "provozierende Thesenhaftigkeit" (*BdP*, 13) der
Schrift, von der Schmitt 1963 zurecht spricht, zeigt, daß sie sich eben *nicht* "in erster Linie [...] an Kenner des *jus publicum Europaeum*" wendet, sondern ihre wahren Adressaten die "streitenden Subjekte" sind, die den Raum der massenmedialen
Öffentlichkeit bevölkern und die das "Wort", das schlägt, schätzen. Ernst Jüngers
briefliche Reaktion vom 14. Oktober 1930 ist gerade unter dem Aspekt der rhetorischen Performanz des Schmittschen Textes, die mit dem Gestus "einer vorsichtigen, ersten Absteckung eines Begriffsfeldes" am wenigsten zu tun hat, äußerst auf-
schlußreich: "Ihrer Schrift 'Der Begriff des Politischen' widme ich das folgende
Epigramm: *Videtur*: suprema laus. Denn der Grad ihrer unmittelbaren Evidenz ist
so stark, daß jede Stellungnahme überflüssig wird und die Mitteilung, daß man
Kenntnis genommen hat, dem Verfasser genügt." Und etwas später heißt es: "Ich
schätze das *Wort* zu sehr [gemeint ist unmittelbar die "Feststellung des konkreten
Freund-Feind-Verhältnisses", aber die Hervorhebung weist darauf hin, daß der
völkerrechtliche Nicht-Experte Jünger den Text unter dem Gesichtspunkt seines
verbalen *impact*, seiner evidenzstiftenden Wortmagie, liest, Vf.], um nicht die vollkommene Sicherheit, Kaltblütigkeit und Bösartigkeit Ihres Hiebes zu würdigen, der
durch alle Paraden geht."[28]

Im "Vorwort" zur Neuausgabe von 1963 erörtert Schmitt nicht zufällig auch die
veränderten *wissenschaftlichen Kommunikationsbedingungen*, die ihn, wie er offen zugibt, in eine *dilemmatische* Lage manövriert haben: "Die Zeit der Systeme ist
vorbei. [...] Heute kann man nicht mehr so bauen." Mit Blick auf den *Nomos der
Erde* stellt Schmitt nüchtern fest, daß der "geschichtliche Rückblick" die einzige,
heute noch mögliche Form der Partizipation an der großen Systematik ist. Aber zu
diesem Rückblick sah sich Schmitt erst nach dem 'Scheitern' seiner Reaktivierungsbemühungen der klassischen (Staatlichkeits-)Ideen genötigt. Wenn diese

---

28 Zitiert nach Meier 1988, 542.

Reaktivierungsbemühungen jedoch nicht mehr systematisch "gebaut" sein konnten, welche Form hatten sie dann? Muß man nicht schon aus der bloßen Tatsache der stupenden Karriere des *Begriffs des Politischen* in der "massenmedialen Öffentlichkeit" auf eine spezifische Struktur dieser 'intervenierenden' Texte schließen, die sie dazu qualifizierte, daß sich, um noch einmal Musil zu zitieren, "Freund und Feind, wie es ihnen paßt, bedienen" konnten? Wenn auch von Schmitts 'Hauptwerk' nicht mehr übrigblieb "als ein Aphorismenvorrat", dem man mehr als dreißig Jahre danach einen - ursprünglich aber gar nicht vorhandenen - *Zusammenhang* wiedergeben muß (denn nichts anderes heißt: den "*vollständigen* Text nach Möglichkeit in Sicherheit bringen"), dann stellt sich die Frage, ob der *Begriff des Politischen* seinen kommunikativen Erfolg in der Öffentlichkeit nicht eben der - im nachhinein verleugneten - 'Entscheidung' seines Autors für den Aphorismus verdankt. Erinnern wir uns, daß bereits Hugo Ball, der die erste große Rezension zu Schmitts bis 1924 erschienenen Werk schrieb, auf eine "gewisse Aphoristik"[29] als einen Grundzug der Schmittschen Schriften hinwies.

1963 stellt Schmitt, keinen Widerspruch duldend, fest, daß ihm - "als Juristen" - "der Sprung in den Aphorismus" unmöglich sei. Und er fährt fort: "In dem Dilemma zwischen System und Aphorismus bleibt nur ein Ausweg: das Phänomen im Auge behalten und die immer von neuem sich aufwerfenden Fragen immer neuer, tumultuöser Situationen auf ihre Kriterien zu erproben. Auf diese Weise wächst eine Erkenntnis an die andere und es entsteht eine Reihe von Corollarien. Ihrer sind bereits viele [...]" (*BdP*, 17.). Diesseits der persönlichen Entscheidung für oder gegen die Form des Aphorismus gibt es offenbar einen *diskursiven Zwang*, der dazu führt, daß selbst die deklarierte Alternative zum Aphorismus - bei dem man nicht nur an Nietzsche, sondern auch an den Kommentar der Tageszeitung denken muß - Strukturmerkmale der aphoristischen Produktion wiederholt. Was Schmitt als "Ausweg" angibt, faßt nur einige der wichtigsten Merkmale dessen zusammen, was man die laufende gesellschaftliche Selbstbeschreibung nennen kann, die Tagespublizistik und massenmediale Öffentlichkeit organisieren: ohne besondere theoretisch-methodologische Vorkehrungen "das Phänomen im Auge behalten", sich den Blick nicht durch ein "System" verstellen zu lassen, sondern die - sich ohnehin ständig wandelnden - "Mustervorstellungen" (Musil) und diskursiven Schemata der jeweils aktuellen Lage (die *neuen* Fragen immer *neuer* Situationen) anpassen und nötigenfalls austauschen (es gibt einen massenmedialen Experimentalismus, ein normales 'Erproben der Kriterien'[30]). Die Serialität und Unabschließbarkeit des

---

29    Ball 1983, 102.

30    Zur Problematik des tagespublizistischen Experimentalismus und seiner Überlegenheit über
      die 'nachholende' wissenschaftliche Reflexion, wie sie etwa unter dem Titel der Politische-

Erkenntnisprozesses formuliert Schmitt ganz offen, wenn er davon spricht, daß "eine Erkenntnis an die andere" wächst - wobei die Metapher des Wachsens einen nicht mehr glaubhaft zu machenden organischen Zusammenhang zwischen den Elementen der Serie ("eine *Reihe* von Corollarien") suggerieren soll. "Ihrer sind bereits viele" - und, so können wir hinzufügen, es werden *täglich* mehr, denn mit dem Zusammenbruch des Zeitalters der klassischen Staatlichkeit hat sich auch die 'Zerfallszeit' der "konkreten Situation", von der Schmitt ja sein ganzes Denken abhängig macht, soweit verkürzt, daß ihr 'tumultuöser' Rhythmus zu einer Anpassung der Beobachtungstechniken an die Verfahren der massenmedialen Öffentlichkeit zwingt. Die Sensibilität für die 'konkrete Situation' und die Schnelligkeit der Reaktion - 'Aktualität' - sind *die* entscheidenden Merkmale öffentlicher Kommunikation im Unterschied zu den spezialisierten Wissensfeldern. Genau diese Merkmale macht Schmitt zu den Kriterien seines "Auswegs" aus dem Dilemma zwischen System und Aphorismus.

Der Aphoristiker, dem Schmitts Absage an den "Sprung in den Aphorismus" insgeheim gilt, auch wenn er nicht genannt wird, hatte 1881 in einem Brief selbstkritisch die folgende Beobachtung mitgeteilt: "ich selber als Ganzes komme mir so oft wie der Krickel-krakel vor, den eine unbekannte Macht übers Papier zieht, um eine *neue Feder* zu probieren"[31]. Diese neue Feder ist offensichtlich keine Angelegenheit der persönlichen Wahl. Wer den Zusammenhang des Politischen mit der *Publizität* erkennt, wie Schmitt es tut, muß sich im Zeitalter der *Publizistik* übers Papier ziehen lassen, wenn er politisch 'wirken' möchte. Der "Krickel-krakel" ist die unvermeidliche Gestalt einer Schrift, die sich auch nach dem Ende der Systeme und ihrer 'repräsentativen' Codierungen (Schmitts "große Form") noch im Bann der konkreten Situation bewegt - einer konkreten Situation, die *konstitutiv* und *unaufhebbar* "Zwischensituation" (*BdP*, 12) geworden ist. Die "Lage liegt nicht mehr", wie Ernst Jünger formulierte, genauer müßte man sagen: sie liegt *dazwischen*, ist immer auf dem Sprung. Statt, wie im Zeitalter der vergangenen Staatlichkeit, einen Dauer und Stabilität symbolisierenden *Status* zu bezeichnen, der nur in Ausnahmefällen bedroht ist und nur durch die dem 'Souverän' vorbehaltene Reaktivierung einer außergesellschaftlichen 'Substanz' oder 'Normalität' wiederhergestellt werden kann, beschreibt die 'konkrete Situation' unter den von Schmitt diagnostizierten nachklassischen Bedingungen den 'täglich' wechselnden 'Schau- und Bauplatz' gesellschaftlicher Morphogenese. Der Begriff der 'konkreten Situation'

---

Kultur-Forschung betrieben wird, verweise ich auf die wichtige Untersuchung Benno Wagners, die den bezeichnenden Titel trägt: *Im Dickicht der politischen Kultur* (Wagner 1992).

31   Nietzsche 1977, 1174.

wechselt von der Seite der *Form* auf die des *Mediums*, Schmitt nennt diese Seite "Unform" (*BdP*, 12). Die Situation ist sozusagen erwartbar unruhig oder, wiederum mit Schmitt: "tumultuös", man muß sie stets aufs neue fixieren (im mehrfachen Sinne), um zu Formbildungen zu kommen. Sie stellt jene "Materie" bzw. - mit einem von Ernst-Wolfgang Böckenförde gebrauchten Ausdruck, den Schmitt in der *Politischen Theologie II* zustimmend zitiert - jenes "Material" (*PTh II*, 26) zur Verfügung, das die spezifisch politische Vergemeinschaftung dann für *ihre* Formbildung verwenden kann.

## 4. Ein Leben unter Ideen

Die Paradoxie des von Musil beschriebenen kulturellen *Verteilungsvorgangs* liegt darin, daß der um Ideen und Werte ausgetragene Streit, wie er für die publizistischen modernen Öffentlichkeiten typisch ist, nicht in einen Zustand gesellschaftlicher *Anomie*, sondern in den permanenter kultureller *Modulation* mündet, deren Phasen sich dem "Intensitätsgrad" nach unterscheiden lassen. 1970 wiederholt Schmitt noch einmal seine These, daß dem Politischen nach dem Zusammenbruch der "überkommenen Institutionalisierungen" (*PTh II*, 24), den er auf den Beginn des Ersten Weltkriegs datiert, der *Gegenstand* abhanden gekommen ist, eine Behauptung, die die Unmöglichkeit reflektiert, ihm im Zeitalter der kulturellen "Vielspältigkeit" (Musil) und des "Geschiebes und Gemenges, wo jegliches gleichviel und gleichwenig gilt"[32] (Heidegger), eine zentrale *Idee* bzw., wie Schmitt auch sagt, eine *Substanz* zuordnen zu können, die die konkurrenzlose Entscheidungs- und Repräsentationsfähigkeit des *Staates* wieder herstellen könnten: "Das Kriterium des Politischen aber kann *heute noch nicht* eine neue Substanz, eine neue 'Materie' oder ein neues autonomes Sachgebiet sein. Das einzige wissenschaftlich noch vertretbare Kriterium ist *heute* der Intensitätsgrad einer Assoziation oder einer Dissoziation, das heißt: die Unterscheidung von Freund und Feind." (*PTh*, 25 - m.H.) Das Kriterium des Politischen gibt sich hier noch einmal deutlich als das einer "Zwischensituation", wie Schmitt treffend im "Vorwort" zur Neuausgabe des *Begriffs des Politischen* von 1963 schreibt, zu erkennen. Die Freund-Feind-Unterscheidung gilt *bis auf weiteres*: Schmitt stellt für eine nicht näher bestimmte Zukunft durchaus die Erneuerung eines Politikbegriffs in Aussicht, der nicht darauf angewiesen ist, daß ihm die *Gesellschaft* das "Material" zur Verfügung stellt, aus dem er dann souveräne Funken schlagen kann. Der *Begriff des Politischen* formuliert sein Kriterium für eine "verwirrte Zwischensituation von Form und Unform"

---

32    Heidegger 1976, 101.

(*BdP*, 12)[33], deren Beginn Schmitt exakt datiert (1914) und deren Ende er erwartet. Eine "Zwischensituation" kann für ihn, der an der Möglichkeit klassischer Unterscheidungen festhält - und die frei flottierende Unterscheidung von Freund und Feind ist der Statthalter des Klassischen unter den Bedingungen des Autoritätsschwundes aller institutionalisierten Instanzen, die sie verbindlich handhaben könnten (in Form des *ius belli*) - per definitionem nur eine *vorübergehende*, zeitlich befristete Situation sein, die, weil endogen unruhig bzw. instabil, von einer Situation abgelöst werden wird, die den permanenten gesellschaftlichen 'Grenzüberschreitungen' wieder '"Mauern"' (*PTh II*, 24) entgegensetzt.

Kein geringerer als Hugo Ball hat diese Problematik im Kern erkannt. Seine berühmte Rezension, die 1924 im *Hochland* erschien, ist zwar bezeichnenderweise mit "Carl Schmitts Politische Theologie" überschrieben; aber es ist vielleicht noch bezeichnender, daß Ball gleich im ersten Absatz Schmitt mit Emphase einen "Ideologen" nennt und entscheidende Hinweise für die hier vertretene Auffassung beibringt, daß Schmitts Verhältnis zu den *inhaltlichen* Merkmalen einer - vor allem im Blick auf Schmitts Nachkriegsschriften (*Glossarium*) als katholizistisch bewerteten - Politischen Theologie ein spezifisch *ideologisches* war. Schmitt, so Ball, "ist mit seltener Überzeugung Ideologe; ja man kann sagen, daß er diesem Wort, das unter Deutschen seit Bismarck eine üble Bedeutung hat, wieder zu Ansehen verhelfen wird."[34] Jenseits bestimmter inhaltlicher, weltanschaulicher Parteinahmen, die man mit dem Begriff der Ideologie verbindet, zielt Ball auf eine besondere *formale Kompetenz* bei Schmitt. Schmitt wird zum 'Ideologen', weil er sieht, wie "alles Ideelle" nicht mehr geht und daß die Zufuhr neuer Ideen oder die Restauration alter Ideenschönheiten - wie sie auf theologischer Seite exemplarisch Erik Peterson versuchte - den in der *Politischen Romantik* analysierten Zustand der 'Ideenanarchie' nicht von sich aus beseitigen kann. Ball hat die zeitdiagnostische Dimension der *Politischen Romantik* - die sich zur nachfolgenden *Politischen Theologie* verhalte wie die '"Kritik der reinen Vernunft' [...] zur 'Kritik der praktischen Vernunft'"[35], ein Vergleich, der den Proportionen der beiden Schriften nicht unangemessen ist - klar erkannt: "Eine allgemeine Vertauschung und Vermengung der Begriffe, eine schrankenlose Promiskuität der Worte und Werte ist nicht nur für die Romantik bezeichnend; sie ist seit der Romantik zum Allgemeingut der Gebildeten geworden." Der Ideologe wird auf einer formalen Ebene durch seinen Gegensatz zum "allgemeinen Nebelwesen" bestimmt.[36]

---

33  An anderer Stelle im selben "Vorwort" heißt es: "Die Schrift antwortet auf die Herausforderung einer Zwischenlage." (*BdP*, 13)

34  Ball 1983, 100.

35  Ebd., 104.

36  Ebd., 102.

Der Ideologe im Sinne Balls ist dadurch gekennzeichnet, daß er dem "mitteleuropäischen Ideenvorrat"[37], wie es bei Musil in bewußt quantifizierend-neutralisierender Perspektive heißt, nicht lediglich weitere Ideen hinzufügt. Seine "Doktrin" versucht, den neuen, allgemein als krisenhaft empfundenen kulturellen Differenzierungs- und Synthetisierungsmechanismus ("schrankenlose Promiskuität der Worte und Werte"), zu studieren (*Politische Romantik*), um das Terrain zu bereiten für ein erneuertes *Leben unter Ideen*. Entscheidend ist Balls Formulierung, daß Schmitt "zum Politiker und schließlich zum Theologen" *wird*, d.h. er *ist* es keineswegs von allem Anfang an. Die Überlegenheit Balls über viele Versuche, eine bestimmte *Lehre* als Antriebskraft und Zentrum des Schmittschen Denkens auszumachen, liegt darin, daß der vom Dadaismus zum Katholizismus konvertierte Literat ein Gespür für das *Problem* hatte, auf das Schmitt mit seiner Politischen Theologie antwortete. Dieses Problem liegt nicht darin, daß die Gegenwart durch einen Mangel an Ideen oder ein Unvermögen, Ideen überhaupt zu "perzipieren" (*PTh*, 82), sondern vielmehr durch einen *Ideenüberfluß* gekennzeichnet ist, der zu einer Art *ideologischem Patt* führt: "Keine Ideologie herrscht", hat Robert Musil diese Lage in einem Essayfragment aus dem Jahre 1923 auf den Begriff gebracht. Der Nihilismus, den Ball diagnostiziert ("In einer Zeit, die das Nichts anbetet, indem sie die Ideologie bekämpft oder belächelt"[38]), ist ein *struktureller*, der mit der präzedenzlosen Fähigkeit der massenmedialen Öffentlichkeit zur uneingeschränkten *Vergleichzeitigung* aller historisch entwickelten Ideengruppen zusammenhängt.[39] Musil hat den "geistigen Inhalt der Gegenwart" auf eine Weise beschrieben, die auch Balls Bemerkung, daß der Ideologe "ein persönliches, fast ein privates System" habe, "dem er Dauer verleihen möchte"[40], als hellsichtige Reflexion der *partikularisierenden* Effekte dieser kulturellen Lage erkennen läßt: "Der ideologische Zustand ist ungeheuer partikularistisch, ja individualistisch. Bestandteile der großen alten Ideologien wie des Christentums oder des Buddhismus wie der Unzahl verschiedener Ideologien, die in einzelnen philosophischen und künstlerischen Persönlichkeiten vereint gewesen sind, fliegen sozusagen in der Luft herum. Keine Ideologie herrscht. In-

---

37   Musil 1992, 373.

38   Ball 1983, 100.

39   Diese Lage wird daher durch die Metaphorik der "schrankenlosen Promiskuität der Worte und Werte" besser beschrieben als durch die Nihilismus-Begrifflichkeit, die den 'heutigen Zustand' in Kategorien des Ideen-Mangels bzw. Ideen-Entzugs analysiert. Die Nihilismus-Diagnose bezieht ihre Evidenz denn auch eher aus einer selten explizit gemachten Einschätzung der *psychischen Effekte*, die diese Ideenproliferation auslöst: hier schwebt vielen Kulturkritikern offenbar eine Art gesellschaftsweite kulturelle Dauerdepression vor.

40   Ebd.

dividuelle Teile werden individuell ausgelesen [d.h. selegiert, Vf.]. Man kann es eine unausdrückbare Vielspältigkeit nennen."[41]

Die "Tendenz zum Absoluten", die Ball bei Schmitt feststellt, wirft sich denn auch bezeichnenderweise auf das *Recht*: die "Rechtsideologie" möchte nämlich dem unkoordinierten Ideenpluralismus dadurch entgehen, daß die Idee wieder ein Maß an Bestimmtheit und *fixité* zurückgewinnt, die ihre ungehemmte kulturelle *Verwertung* verhindert. Die "gesicherten", also dem Zweifel und der Kritik offenbar entzogenen "Rechtsbegriffe", mit denen Schmitt operiert, haben nun allerdings die besondere Eigenschaft, daß sie nicht nur die *fixité* der Idee wiederherstellen: vielmehr "umschließen [sie] in ihrer Vernunft alle höheren irrationalen Werte. Die Juristik, wie Schmitt sie interpretiert, ist die rationale Präsenzform der Ideen."[42] Schmitt erweitert mithin die Form der juristischen Begriffe (Entscheidung, Ausnahmezustand, Souverän) so, daß sie als *Rahmen* für die ansonsten ungebunden im kulturellen Raum zirkulierenden ideologischen Fragmente zur Verfügung stehen. Die Suprematie der Idee über das Leben gewinnt man nicht durch die souveräne Mißachtung des kulturellen Ideenhaushaltes zurück, sondern allenfalls auf dem Wege einer Kopplung der "Juristik" - die aufgrund ihrer gesellschaftsweit verbindlichen Begriffs- und Unterscheidungstechnik diese Suprematie am deutlichsten symbolisiert - mit den "höheren irrationalen Werten". Ball hat das Projekt Schmitts unübertroffen charakterisiert, wenn er davon spricht, daß Schmitt "seine Rechtsbegriffe", die an einen "gegebenen Staate" gebunden seien, "nach ihrer *Vergesellschaftung* mit allen anderen höheren Kategorien (Philosophie, Kunst, Theologie) progressiv zu ermitteln"[43] suche. Die "gesicherten Rechtsbegriffe", so Ball, stehen bei Schmitt stets am Anfang, die "irrationalen Werte", so darf man ergänzen, dagegen am Schluß. Damit hat er präzise das Kompositionsprinzip der *Politischen Theologie* beschrieben, die mit einer "Definition der Souveränität" beginnt, die Präsenz der Souveränitätsproblematik dann bis in die Niederungen der alltäglichen "Rechtsverwirklichung" verfolgt, um der positivistischen Souveränitätsvergessenheit am Ende die "Staatsphilosophie der Gegenrevolution" und die Apologie der "absoluten Entscheidung" entgegenzusetzen. "Die völlige Unsentimentalität" des Schmittschen Werkes, so Ball, "erweist sich darin, daß keinerlei Gefühlswerte, nicht einmal die höchsten, als *Ausgangspunkt* gelten."[44] Dafür drängen sie sich aber dann in großer Zahl im weiteren Verlauf dieses Werkes. Das Schlußkapitel über die katholischen Gegenrevolutionäre ist, wie man sofort sieht, von großer Sentimentalität geprägt,

---

41 Musil 1981b, 1381.
42 Ball 1983, 101.
43 Ebd., 101 - m.H.
44 Ebd. - m.H.

es muß geradezu als Beispiel für eine dezisionistische Gefühls- bzw. Affektenlehre gelten. Hugo Ball hat auch erkannt, daß die zurecht diagnostizierte "Tendenz zum Absoluten" bei Schmitt, seine "Grundüberzeugung, daß Ideen das Leben beherrschen"[45], "nicht aus einem festgegründeten Glauben, sondern aus Konsequenzen entsteht" und "daß der Glaube und die Theologie seines Werkes in energischen Folgerungen zwar und mit raschen Schritten, aber immerhin doch erst im Verlaufe seines Schaffens errungen werden. Die ersten Schriften scheinen außerhalb der Kirche entstanden oder wenigstens konzipiert zu sein."[46] Alles kommt daher auf eine Analyse der *Prämissen* - die Beschreibung der "konkreten Situation" - an, die Schmitt zu dem Mittel der Politischen Theologie greifen lassen.

## 5. Das Wunder des Antichristen

Die Politische Theologie ist nur eine mögliche - in den Augen Schmitts zunehmend: die *konsequenteste* - Lösung für das umfassendere Problem, die Suprematie des Geistes über das 'Leben', d.h. ein auf transzendenten, präskriptiven Normen[47] beruhendes Wertesystem wiederherzustellen. Im dritten Abschnitt seiner Studie zu *Theodor Däublers "Nordlicht"*, die den zeitdiagnostischen Horizont seines Werks insgesamt absteckt, erkennt Schmitt in der Prozessualisierung ehemals fixer Normen, in der Etablierung einer neuen *sublim differenzierenden* Unterscheidungstechnik gleichsam die epistemologischen Voraussetzungen jener Signatur des

---

45　Ebd., 100.

46　Ebd., 108. Bereits zuvor hieß es: "Schmitt ist Theologe und römischer Katholik keineswegs bereits bei seinem ersten Schritte." (Ebd., 102) Die Möglichkeit einer eigenständigen *souveränen* neben der auf die päpstliche Ermächtigung zurückgehenden *kommissarischen* *Diktatur* ist für Ball der entscheidende Hinweis auf eine - vom katholischen Standpunkt aus betrachtet - "gewisse Verwirrung" des Buches über die *Diktatur*. Ein *homo a deo excitatus* ist eine eo ipso häretische Figur, weil ein solcher Mensch sich selbst ermächtigt und damit ein Usurpator ist: "Und so nötigt die Konsequenz zu der Aussage, daß Schmitt in diesem Buche noch an eine Souveränität außerhalb der Kirche glaubt, während man als römischer Katholik an dem Satze festhalten muß, daß innerhalb der Politik nur eine kommissarische Diktatur irrational zu begründen ist" (Ebd., 110). Schmitt sollte in den zwanziger Jahren die von Ball als häretisch verurteilte Verbindung des Politikers mit dem "Kriegsgott" (statt mit dem "Friedensfürsten") zur Richtschnur seiner theoretischen Reflexion machen: "Das Irrationale kann niemals in direkten Bezug zum Staate treten. Das ist der Sinn der Kirche als Institution und der kommissarischen Diktatur. Der souveräne Diktator ist nur innerhalb der Kirche zu begründen." (Ebd.)

47　im Unterschied zu immanenten, deskriptiven oder sogar: *post*skriptiven Normalitäten, die den Gegenständlichkeiten, in die sie regulierend eingreifen, *nicht äußerlich* sind.

Zeitalters, die er auf die theologisch ausgedeutete Formel von der *schauerlichen Verwechselung* bringt: "Eine allgemeine Vertauschung und Fälschung der Werte beherrschte die Seelen. An die Stelle der Unterscheidung von gut und böse [Paradigma der 'harten', qualitativen Unterscheidung, die keinen Gradualismus, kein mehr oder weniger zuläßt, Vf.] trat eine sublim differenzierte Nützlichkeit und Schädlichkeit" (*DN*, 65). Die neue Sozialmoral der "Versicherungsgesellschaften" (François Ewald), die die (göttliche) Vorsehung durch die *Vorsorge* ersetzen, ist eine Technik der Abschätzung und Quantifizierung von Nutzen und Schaden; an die Stelle der individuellen Zurechnung von Schuld setzt diese neue 'solidaristische' Moral die "Sozialisierung der Schadenskosten, eine Kollektivierung des Übels über ein Prinzip der sozialen Solidarität"[48]. Der zum "Vorsorgestaat" (*État providence*) mutierte klassische souveräne Staat basiert auf einer im 19. Jahrhundert entstandenen juristischen Technologie, die es der Gesellschaft erlaubt, noch aus den von ihr angerichteten bzw. ihr zugerechneten Schäden Nutzen zu ziehen[49]: "Alles hat eine Funktion, alles ist die Ursache von allem, nichts ist damit von sich aus strafbar. Die Beurteilung unter dem Gesichtspunkt des Sozialen ist in einer Art positivistischen Optimismus gefangen, der sie dazu verleitet, alles, auch das, was Schäden hervorruft, zu rechtfertigen. In dieser Logik konnte etwa Durkheim das Verbrechen als 'einen Faktor der öffentlichen Gesundheit', als 'integrierenden Bestandteil einer jeden gesunden Gesellschaft' bezeichnen. Eine Neutralisierung der Werte also, die sich auch in der Verwendung des Risikobegriffs ausdrückt."[50] Der Risikobegriff erlaubte, jedenfalls theoretisch, die Quantifizierung *aller* vorstellbaren Schadenstypen. Nicht nur Verbrechen, auch Aufstände und Kriege - spezifische mit der Existenz einer staatlich sanktionierten öffentlichen Ordnung verbundene Gefahrenquellen - verwandelten sich auf diese Weise ebenfalls in soziale Risiken - mit der Perspektive auf Entschädigung. "Damit war der Ausnahmefall der Souveränität durch das Solidaritätsprinzip ersetzt worden, welches dadurch endgültig Anerkennung gefunden hatte", kommentiert Ewald diesen Vorgang gleichsam an die Adresse Carl Schmitts gerichtet.

Man darf dieses spezifisch versicherungstechnologische "Solidaritätsprinzip", das sei hier nur im Vorbeigehen bemerkt, nicht mit der Vertragstheorie Rousseauscher Provenienz verwechseln, die eine individualistische Grundlage voraussetzt. Darauf, daß der moderne Staat selbst "ausgehend vom Versicherungsgedanken konzipiert wird", daß die Gesellschaften ihre Probleme "in Funktion der Grund-

---

48    Ewald 1993, 457.
49    Ein Blick auf den Umgang der zeitgenössischen Industriegesellschaften mit ihren ökologischen Selbstgefährdungen zeigt die ökonomische Profitabilität nicht nur der Schadenserzeugung, sondern auch der Schadensbeseitigung.
50    Ebd., 439.

sätze einer verallgemeinerten Risikotechnologie analysieren", daß sie sich also nicht mehr an einer extrasozialen, prädiskursiven und ultrastabilen Metanorm (z.B. 'Natur') orientieren können, wie es die liberalen Politiken mit ihrem Verdacht gegen die staatliche Macht forderten, reagiert Schmitt mit der abwehrenden Formel vom "Zeitalter der Sekurität", das seine Stabilität nicht länger den außergesellschaftlichen Instanzen der "Natur und Gnade" (*DN*, 62) anvertraut. Die Menschen, so Schmitt, die sich vom Antichrist, dem *Nachäffer* Christi und "unheimlichen Zauberer" täuschen lassen, "sehen nur den fabelhaften Effekt: die Natur scheint überwunden, das Zeitalter der Sekurität bricht an; für alles ist gesorgt, eine kluge Voraussicht und Planmäßigkeit ersetzt die Vorsehung, die Vorsehung 'macht' er, wie irgendeine Institution." (*DN*, 66) Schmitts Zeitdiagnose verbleibt überwiegend im literarisch-metaphorischen Element. Sie verfügt keineswegs über die begrifflichen Mittel, den neuen gesellschaftlichen Zustand in seiner - durchaus labilen - *Positivität* zu denken.

Indem Schmitt das neue Zeitalter in Kategorien der widergöttlichen Usurpation und der illegitimen Mimesis denkt - "Seine [des Antichristen, Vf.] geheimnisvolle Macht liegt in der Nachahmung Gottes" (*DN*, 66) -, koppelt er die modernen "Mächte des Falschen" (Deleuze) immer noch an eine Instanz des Wahren. Diese Mächte des Falschen "ersetzen" nun aber keineswegs die alte Macht des Wahren, die "Voraussicht" ist nicht einfach die Nachfolgerin, das "Säkularisat" der göttlichen Vorsehung. "Sie wollen den Himmel auf der Erde" (*DN*, 64), stellt Schmitt mißbilligend fest, aber dieser Himmel ist eben nicht mehr der alte, theologische. Der irdische Himmel *funktioniert* anders als der göttliche. Schmitt sieht das - auf der metaphorischen Ebene -, wenn er im "Betrieb" die "Signatur" des Zeitalters zu erkennen meint (*DN*, 63). Die Metapher des Betriebes hat nun allerdings bei Schmitt - wie übrigens schon bei Max Weber - einen ambivalenten Status: einerseits registriert sie die 'Paradiesferne' der neuen, industrialistisch basierten Gesellschaftsformation, deren spezifische Konfliktsorten in den Betrieben ihren Ursprung haben; andererseits soll sie die Fähigkeit der 'transzendenzlosen' Gesellschaft bezeichnen, ihre internen Abläufe nach dem Muster industrieller Organisation *perfekt* zu regulieren. Der sektoriell verankerte Begriff des (industriellen) Betriebes wird zur gesellschaftsweit verbindlichen Organisationsform totalisiert. In der Tat wäre dann "für alles gesorgt". Die moderne Gesellschaft wäre damit in das Zeitalter der *Hyperstabilität* eingetreten. Sämtliche büro- und technokratischen Utopien träumen von einer *Organisationsgesellschaft*. Aber 'Sekurität' heißt für die modernen 'Versicherungsgesellschaften' nicht Abnahme oder gar völlige Abwesenheit der Gefahren, sondern ihre durchgängige Behandlung als - kompensationsfähige - *Risiken*. Die Welt wird keineswegs immer berechenbarer und sicherer auf der Ebene der *Ereignisse*, sondern lediglich auf der des *Umgangs* mit ihnen. Ewald formuliert das so: "Die Philosophie des Risikos schlägt eine besondere Beurteilungsweise vor. Eine Art Nullpunkt der Bewertung, eine mit ihrer Bekräftigung Hand in Hand gehende Neutralisierung der Werte."[51] Schmitt begreift "Sekurität" nicht als *Prozeß-*, sondern als *Zustands*kategorie: anders als er durch ihre Parallelisierung mit der Vorsehung suggeriert, ist die "kluge Voraussicht" gerade auf den Fall eingerichtet, daß sich das 'Schadensereignis' *nicht* vorhersehen und rechtzeitig vermeiden läßt.

Es gilt also, die *operative* Ebene der Versicherungsgesellschaft von der Ebene ihrer *symbolischen* Selbstrepräsentation zu trennen. Schmitt unterscheidet im 3. Abschnitt der *Däubler*-Studie sehr genau diese beiden Ebenen, ohne daß ihm die Bedeutung dieser Unterscheidung hinreichend bewußt würde. Die operative Ebene wird durch das Symbol des Betriebs bzw. an anderer Stelle durch das der "knirschenden Maschine" (*DN*, 65) markiert, die Ebene der kulturellen bzw. 'geistigen' Selbstdarstellung, des gesellschaftlichen 'Lebensgefühls' durch die biblischen Metaphern des "Himmels auf der Erde" oder auch des "Turmbaus eines irdischen Himmels" (*DN*, 65). Die Herrschaft des Antichrist scheint, wie sehr sie auch zu verurteilen sein mag, immerhin auf einer "Idee" zu beruhen, genauer: sie ist der zwar 'häretische', aber geistig anspruchsvolle Versuch, ein Trugbild zu erfinden, das von der ursprünglichen - christlichen - Idee nicht mehr zu unterscheiden ist; das mit der Verwirklichung dieses himmlischen Zustandes betraute Organisationsgefüge beruft sich dabei allerdings "nicht auf eine Idee, sondern höchstens auf ein paar Banalitäten" und macht immer nur geltend, "daß alles sich glatt und ohne unnütze Reibung abwickeln müsse" (*DN*, 64). In Wahrheit bewegt sich auch der Antichrist bereits auf der Bahn der *Zersetzung der Idee* ("Banalitäten"), statt eine *Gegen-Idee* zu repräsentieren. Der neue Antichrist ist nicht zu fürchten, weil er offen für das Böse Partei ergriffe, sondern weil er den Inbegriff des Guten zu erneuern unternimmt, weil er das Gute dem Transzendenzplan entreißt: "Die 'Sünde', jedwedes Distanz-Verhältnis zwischen Gott und Mensch ist abgeschafft - *eben das ist die 'frohe Botschaft'*. [...] Nicht ein 'Glaube' unterscheidet den Christen: der Christ handelt, er unterscheidet sich durch ein *andres* Handeln."[52] Nichts sei falscher, so Nietzsche, als auf Jesus die Semantik des 'Helden' und des Herrschaftlichen anzuwenden. Der neue Antichrist bezieht seine Stärke aus seiner symbolischen Schwäche: er ist nichts weniger als er selbst, ununterscheidbar von demjenigen, dem er sich entgegensetzt. Das Böse verliert wie das Gute seinen eigentümlichen *Rang*. Der Antichrist läßt sich nicht mehr als säkularer Gegenspieler Gottes, als *Gegen-Souverän* stilisieren: "Was ist das Grausige an ihm? Warum ist er mehr zu fürchten als ein mächtiger Tyrann, als Timur Lenk oder Napoleon? Weil

---

51  Ebd., 270.
52  Nietzsche 1988b, 205.

er Christus nachzuahmen weiß und sich ihm so ähnlich macht, daß er allen die Seele ablistet." (*DN*, 65f.)

Der neue Antichrist ist ein Mann der Oberfläche und der "fabelhaften Effekte", ein "unheimlicher Zauberer" - und ein Mann mehr (der Macht) des *Wortes* als der *Idee*. Seine Überlegenheit über die Ideen beruht darauf, daß er Mittel zu ihrer Erzeugung und Auflösung kennt. Obwohl also das Böse im neuen Zeitalter alle Züge der Bosheit abgelegt und sich im Gegenteil dem "Glück der Menschheit" (*DN*, 65) verschworen hat, obwohl es die Ideen nicht im Namen 'der Materie' oder des Nichts bekämpft, sondern sie nur unablässig *erneuert, vermehrt* und *banalisiert*, hält Schmitt an seiner sozusagen kontrafaktischen mythologischen Stilisierung fest, weil andernfalls die rapide Ausbreitung des Falschen und der Fälschung sich nicht länger von der Zone der Wahrheit unterscheiden ließe. Heidegger hat dieses spezifisch heutige 'Böse' als das "Dämonische" bezeichnet. Er definiert es als das "Andrängen von Solchem, was angreifend jeden *Rang* und jedes welthaft Geistige zerstört und als Lüge ausgibt", also weniger seinen symbolischen Gegenspieler, das Gute, zerstört als die Unterscheidung selbst auflöst, die die Unverwechselbarkeit ihrer beiden Seiten garantiert.

Die Überlegenheit des Teufels ist jedenfalls nicht länger die des revolutionären *Verneiners* (dem allenfalls mit souveränen Bejahungen beizukommen wäre), sondern die des *Skeptikers*, der seine Macht aus seinem Wissen von der Oberflächlichkeit des Sinns, von der Entstehung des Sinns an der Oberfläche, gewinnt. Die Gestalt des Antichrist, dessen Macht nicht zum geringsten darin liegt, daß er auch "höheren kulturellen Bedürfnissen Rechnung [trägt]", vermischt sich mit den Figuren des "Radoteurs" und des "Conferenciers", den Experten der Fälschung des 'Wortes'. Der Antichrist "weiß jede Wahrheit dadurch ad absurdum zu führen, daß er sie von einem widerlichen Radoteur vorbringen läßt und hält auf der anderen Seite seine Conferenciers, die über Religion, Kunst und Philosophie elegant dozieren und deren geschickter Analyse kein Heiliger und kein Held, auch nicht Christus am Kreuze entgeht. Kein Glaube kann ihnen widerstehen; sie zermürben einem die Sprache im Munde, weil sie den Logos nicht sehen wollen; sie fühlen sich überlegen, weil sie Skeptiker sind. Die Menschen glauben ihnen, daß alles in der Welt eine durchaus menschliche Sache ist und man sich vor Großartigkeit und Feierlichkeit nicht bange machen dürfe." (*DN*, 67) In einem Kapitel des *Mann ohne Eigenschaften*, das die "Erste ausführliche Begegnung mit dem Bösen verspricht", beschreibt Musil eine "namenlose Lebensstimmung, die nicht gerade wenig Menschen heute im Blut liegt", mit Worten, die wie ein Echo auf die gerade zitierten Formulierugen Schmitts klingen: "Es ist nun einmal so, daß zumindest der zweite Gedanke eines jeden Menschen, der vor eine überwältigende Erscheinung gestellt wird, und sei es auch, daß sie ihn durch ihre Schönheit überwältige, heute der ist: du wirst mir nichts vormachen, ich werde dich schon kleinkriegen!"[53]

"Die Menschen sind arme Teufel geworden; 'sie wissen alles und glauben nichts'. Sie interessieren sich für alles und begeistern sich für nichts", kommentiert Schmitt mit kulturkritischer Geste die moderne "Verkleinerungswut", der "alles menschlich Hohe" zum Opfer falle. Aber das *Interessante*, das Schmitt noch im *Begriff des Politischen* dem existentiellen "Ernst" entgegensetzen wird, ist keineswegs das Gegenteil der Begeisterung, sondern die Form, die sie unter den Bedingungen der modernen Kultur annimmt. Das Interessante ist die "Lust", wie Musil formuliert, der "Höhe ein Bein zu stellen und sie auf die Nase fallen zu sehen"[54]. Musil beginnt das Kapitel mit einer "Vorgeschichte" der aktuellen Gestalt des Bösen, also der Entstehung der modernen Wissenschaft bzw. dem "Erwachen aus der Metaphysik zur harten Betrachtung der Dinge"[55], die die ehemals von überwältigenden Erscheinungen in Atem gehaltene Zivilisation mit dem Geist der "Nüchternheit" angesteckt habe. Er beschließt die Rekapitulation dieser Vorgeschichte mit einer ironischen Bemerkung, die man wie eine nachträgliche Regieanweisung zu Schmitts theologisch grundiertem zeitdiagnostischen Szenario, das er im Schlußabschnitt der *Däubler*-Studie entwirft, lesen kann: "Man könnte nach dieser Vorgeschichte nicht ganz mit Unrecht meinen, es sei das Wunder des Antichrist, in dem wir uns mitten darin befinden"[56].

Die Praxis der von Schmitt so perhorreszierten "Conferenciers", deren "geschickter Analyse" keine Erscheinung im Bereich des 'Geistes', wie überwältigend sie auch immer sein mag, entgeht, zielt auf nichts anderes als darauf, "im Zauberkunststück der menschlichen Illusionen gewissermaßen den Trick bloß[zu]-legen"[57]. Schmitt rühmt den modernen Antichristen mit gequälter Ironie wegen der "fabelhaften Effekte", die er hervorbringt, und ahnt, daß die Voraussetzung dieser Erfolge darin besteht, die Phänomene insgesamt, also auch die geistigen, unter dem Aspekt ihrer Bewirkung zu betrachten: "sie hatten soviel Erstaunliches 'gemacht'", kommentiert er diesen erfolgreichen "Diesseits-Aktivismus", wie es später in seiner Rede über das *Zeitalter der Neutralisierungen und Entpolitisierungen* heißen wird. Es lohnt, sich die Metaphern genau anzusehen, die Schmitt verwendet, um die Vorgehensweise des Antichristen auf dem Terrain zu beschreiben, auf dem es nicht um Technik - "große Städte, Luxusdampfer und Hygiene" - (*DN*, 67), sondern um den "Geist" bzw. den *Sinn* und seine Erzeugung geht. Der Antichrist zerrt den

---

53 Musil 1992, 305 u. 306.
54 Ebd., 303.
55 Ebd., 302.
56 Ebd.
57 Ebd., 304.

"Logos" an die *Oberfläche* und setzt ihn auf diese Weise mit einem Feld in Verbindung, das ihm radikal äußerlich ist, das keine Ähnlichkeit mit ihm hat und das trotzdem die Bedingung der Möglichkeit seiner Erzeugung ist. Auch Musil weist in seinem Kapitel über die "Erste ausführliche Begegnung mit dem Bösen" daraufhin, daß der aus theologisch-metaphysischer Perspektive paradoxe Erfolg der modernen Naturwissenschaften sich ihrer spezifischen Vorgehensweise verdankt, die "nicht anders als oberflächlich genannt werden kann", weil sie sich, statt in die "Geheimnisse der Natur einzudringen", denen sich das Wissen in den vorausgegangenen "zwei Jahrtausenden religiöser und philosophischer Spekulation" verschrieben hatte, mit der "Erforschung ihrer Oberfläche" begnügt. "Das Dasein begann in eine Welt hineinzugleiten, die ohne jene Tiefe war, aus der jeweils das Wesentliche auf den Menschen zu- und zurückkommt"[58], kommentiert der Philosoph denselben Befund. Aber ist eine Welt ohne Tiefe notwendigerweise eine banale Welt? Ist die Oberfläche ohne jedes Geheimnis? Wenn dem so wäre: worauf mag sich dann das Wort Paul Valérys beziehen: *Das Tiefste ist die Haut*?

Ohne den Bezug auf das A-logische, das Paradox, den 'Unsinn' ist der Sinn nicht herzustellen, er ist überhaupt nichts, was aus sich selbst heraus zu verstehen oder zu erzeugen ist: "Der Sinn ist niemals Prinzip oder Ursprung, er ist hergestellt. Er ist nicht zu entdecken, wiederherzustellen oder neu zu verwenden, er ist durch neue Maschinerien zu produzieren. Er gehört zu keiner Höhe und findet sich in keiner Tiefe, sondern ist Oberflächeneffekt, von der Oberfläche als der ihm eigenen Dimension nicht zu trennen."[59] Schmitt lokalisiert den Sinn, wie wir noch zeigen werden, vorzugsweise in der *Tiefe*, so etwa den Willen des Volkes, den *pouvoir constituant* in einem "unerschöpflichen Urgrund" bzw. "Abgrund" (*Vl*, 79f., vgl. auch *D*, 142f.), das Politische in einer "existenziellen" bzw. "seinsmäßigen Wirklichkeit", die jeder symbolischen bzw. Signifikanten-Ordnung vorausliegt[60], oder

---

58  Heidegger 1976, 35.

59  Deleuze 1993a, 99.

60  Daß der Begriff des Staates den Begriff des Politischen voraussetzt, bedeutet vor allem, daß das Politische die topische Dimension der Tiefe bewohnt, die der in der Höhe lokalisierte traditionelle Staat von sich aus nicht zu erreichen vermag. Wenn die Französische Revolution für Schmitt die Geburtsstunde des Politischen ist, dann eben deshalb, weil das, was sich in ihr ereignete, den Staat gar nicht tangierte: "Hier entstand kein neues politisches Gebilde, kein neuer Staat. Der französische Staat bestand vorher und existierte weiter." (*Vl*, 78) Das Ereignis fand für Schmitt ausschließlich in der symbolischen Dimension statt, die er aber nicht als eine solche benennen mag (er spricht stattdessen von einer "existenziellen Wirklichkeit"): das Volk *dekonstituiert sich*, weist die Benennungen und Klassifizierungen, denen es in der 'Standes'-Gesellschaft unterworfen war, zurück und wird reine *pouvoir constituant*. Sie wird es aber nur, um das - aus der Perspektive des Staates gesprochen - symbolische 'Vakuum', das durch die Subversion des alten Benennungs- und Klassifizierungssystems entstanden war,

das Recht im "Sinnreich der Erde" (*N*, 6), wie es im "Vorwort" zum *Nomos der Erde* heißt. Das "politische Pathos", das Schmitt bei Schriftstellern wie Tocqueville feststellt, artikuliert sich bezeichnenderweise in Sätzen von einer "unterirdische[n] Spannung" (*BdP*, 68), wie sie etwa seine Schilderung des *Ancien régime* unmittelbar vor dem Ausbruch der Französischen Revolution kennzeichnet: "[...] man spürte nichts von der Revolution; es ist merkwürdig, die Sicherheit und Ahnungslosigkeit zu sehen, mit der diese Privilegierten von der Güte, Milde und Unschuld des Volkes sprachen, *als 1793 schon unter ihren Füßen war* - 'spectacle ridicule et terrible'." (*BdP*, 68 - m.H.) Die Revolution ist ein Ereignis, das nicht nur 'von unten' kommt, weil es gegen die, die 'oben' stehen, die "Privilegierten" gerichtet ist, es kommt aus noch tieferen Regionen, die der direkten Wahrnehmung entzogen sind (unter den Füßen beginnt das 'Sinnreich der Erde'). Das Zentralsymbol der Däublerschen Dichtung, dem die Menschheit auf ihrer Wanderung durch die historischen Zeiten zustrebt, das "Nordlicht" ist ebenfalls ein *terranes Symbol*: es ist das Sonnenlicht, "das am Pol, wo die Erdrinde am dicksten ist, aus dem Innern der Erde ausströmt. Es ist also gesiebtes Sonnenlicht und das Eigenlicht der Erde." (*DN*, 10)

Der Schmittsche Antichrist ist nun dadurch gekennzeichnet, daß er den Sinn an die Oberfläche zerrt und ihn als einen "fabelhaften Effekt" handhabt. Seinen Umgang mit dem Sinn, der "Wahrheit" kennzeichnet Schmitt auf der allgemeinsten Ebene durch die Operation des *ad-absurdum-Führens*. Der Antichrist überführt also die Wahrheit keineswegs einfach der Lüge, er beschränkt sich nicht darauf, ihr eine andere, *seine* Wahrheit entgegenzusetzen: weil auch die Wahrheit ein Phänomen des Sinns ist, der vom Unsinn und Paradox nicht zu trennen ist. Es existiert eine "Art von Kopräsenz" zwischen Sinn und Unsinn, wie Gilles Deleuze formuliert[61], eine Beziehung, die nicht der zwischen Wahrheit und Falschheit entspricht. Der Unsinn ist nicht einfach die Abwesenheit von Sinn, ein Sinn-Vakuum, das als Mangel oder als das 'Absurde' zu bezeichnen wäre, sondern dasjenige am Sinn, was ihm äußerlich bleibt und ihn gerade dadurch hervorbringt: "Es gibt zuinnerst einen Un-Sinn des Sinns, aus dem der Sinn selbst resultiert."[62] Welcher "Maschinerien" bedient sich der Antichrist, um den Sinn der Wahrheit immer wieder mit den ihn bedingenden Unsinn in Berührung zu bringen? Schmitt spricht von den "widerlichen Radoteuren" und den "Conferenciers, die über Religion, Kunst und

---

sofort wieder mit einer mythischen Narration zu schließen, die gewährleistet, das sich der Tod des Königs nicht zum Zerfall des politischen Körpers auswächst: "Ein Volk nahm mit vollem Bewußtsein sein Schicksal selbst in die Hand und traf eine freie Entscheidung über Art und Form seiner politischen Existenz." (*Vl*, 78)

61 Ebd., 94.
62 Deleuze 1975, 276.

Philosophie elegant dozieren". Statt den Sinn der (z.B. theologischen) Lehre, ihre Wahrheit 'stabil zu halten', statt dafür zu sorgen, daß sich die Praxis des Lehrens nicht vom System der Lehre, von der (ungeschriebenen) Schrift des "Logos" (man kann ihn nur "*sehen*", nicht lesen) entfernt, dozieren die Conferenciers *elegant*, was sie nicht könnten, wenn die Wahrheit nur Wahrheit (oder deren Gegenteil) wäre und nicht vielmehr auch ein Sinnphänomen, das noch ganz anderen - z.B. ästhetischen - Operationen zugänglich ist. "sie zermürben einem die Sprache im Munde, weil sie den Logos nicht sehen wollen", fährt Schmitt fort und artikuliert mit der Unterscheidung von *Sprache*, die sich zermürben läßt, also von der sie erfüllenden 'Wahrheit' abgezogen werden kann, und *Logos* genau jene Bewegung, die den Sinn von den alten Wesenheiten, deren Ausdruck er zu sein hatte, trennt - eine Operation, die übrigens auch der Heideggerschen Deutung des heraklitischen *Logos*-Begriffs zugrundeliegt, obwohl der philosophische Logos nicht mit dem theologischen Logos des Johannes-Evangeliums verwechselt werden darf: "Die Menschen kommen zum Logos nicht durch, wenn sie es auch mit den Worten, *épea* versuchen." Sie kommen nicht zu ihm durch, *weil* sie es mit den Worten versuchen, statt auf seinen Anspruch zu hören, was etwas ganz anderes ist als das Hören auf Wörter. Die Verschiebung des *Hörens* in die *Hörigkeit* als der einzigen, dem *Logos* gegenüber angemessenen Position restituiert das *vertikale Privileg* gegen die Tendenz des bloßen Hörens, das sich "verstreut und zerstreut"[63].

Es ist im übrigen keineswegs so, daß Schmitt kein Sensorium für den Sinn als "Oberflächen- und Stellungseffekt"[64] hätte, wie gerade die Analyse des künstlerischen Sprachgebrauchs bei Däubler beweist. Der konsequente Bruch des *Nordlichts* mit dem "Naturalismus der Sprache" (*DN*, 45), ihre Befreiung von den Sprachkonventionen des Alltags, kommentiert Schmitt mit unverhohlener Bewunderung für den auf diese Weise erzeugten "künstlerischen Effekt" (*DN*, 49) so: "Für den, der im Ernst alle künstlerische Wirkung aus der Sprache herausholen will, werden Assonanzen, Reime, Alliterationen [also "Stellungseffekte", Vf.] das Ein und Alles, der Ausdruck ihrer wesentlichen Schönheit, eine herrliche Absage an den Naturalismus des alltäglichen Verständigungsmittels. Für den Dichter gibt es kein anderes Mittel als die Sprache" (*DN*, 50), d.h. die - im Verhältnis zur Fülle und Tiefe des metaphysisch bzw. theologisch Bedeuteten - *Oberfläche* und ihre "Maschinerien", die literarischen Verfahren. Daß der Sinn nicht nur "eine Wirkung im kausalen Sinne, sondern eine Wirkung im Sinne einer 'optischen Wirkung', einer 'Klangwirkung' oder besser eines Oberflächeneffekts, Stellungseffekts,

---

63   Heidegger 1976, 99.
64   Deleuze 1993a, 97.

Spracheffekts" ist[65], wie Deleuze sagt, kann Schmitt jedoch nur für den Augenblick zugeben, da er dem Leser einen Eindruck von der Sprachgewalt des Däublerschen Epos zu geben versucht; Schmitt ist weit davon entfernt, die poetische Rede
zu verwerfen, er wiederholt keineswegs die platonische Geste, sondern begnügt
sich damit, die Oberfläche wieder mit einer Tiefe auszustatten, deren Ausdruck sie
wäre. Die Oberfläche ist plötzlich nur noch "schöne Form", "das Wesentliche ist
Offenbarung, Geschenk, Gnade. Der Dichter ist die Feder eines Andern, der
schreibt, eine 'Adlerfeder', ein Werkzeug. Er vollzieht, was ihm befohlen." (*DN*,
59f.)

Daß Schmitt die Politische Theologie als *Ideo-Loge* entwickelt, hat sie denn
auch, so meine These, vor dem Schicksal bewahrt, das manch andere der politisch-
theologischen Entwürfe der Zwischenkriegszeit erfuhren: dem Vergessen. Was
Hugo Ball als die "Grundüberzeugung" Schmitts beschreibt, ist der Versuch, der
als krisenhaft und 'chaotisch' erfahrenen, neuen Ökonomie des Wissens, die
selbstreferentiell operiert und ihren Zusammenhang durch permanenten Kontakt
und Austausch bzw. Vertauschung ("Promiskuität") ihrer Elemente 'autopoietisch'
hervorbringt, dadurch wieder einen 'Halt' zu geben (*Einhalt* zu gebieten, müßte es
eigentlich heißen), daß sie an eine externe, der Wissensdynamik selbst entzogene
Instanz, die unter solchen Titeln wie Geist, Ideen, Wert, Form, Substanz etc. figu-
riert, rückgebunden wird: "das Leben", so beschreibt Ball die Haltung des
Ideologen Schmitt, kann "niemals nach seinen Bedingungen, sondern nur nach
freien, unbedingten, ja bedingenden Einsichten, eben nach Ideen, geordnet und
aufgebaut werden. [...] Die Exaltierung und Hartnäckigkeit dieser seiner Überzeugung macht die Größe des Ideologen aus."[66] Mit dem *Begriff des Politischen* vollzieht Schmitt insofern eine entscheidende Änderung, als er die leitende, 'haltgeben-
de' Idee, die er zunächst im Bereich des *Rechts* und der juristisch institutionalisierten Großsubjekte (Staat; Kirche) fand, durch einen "existenziellen Sinn" ersetzt,
den die Gesellschaft bzw. die sie bildenden "Menschen" gleichsam aus sich heraus
erreichen können. Es sind ihre "Gegensätzlichkeiten", die 'das Politische' zu
*Feindschaften* umfingiert, so daß der untergegangene 'Staat über den Parteien' als
'Ein-*Parteien*-Staat' rekonstruiert werden kann. Dem verpönten "absoluten Naturalismus" bzw. Immanentismus (*PTh*, 81), der das Symbol ist, unter dem Schmitt
den Prozeß der Selbstreferentialisierung aller gesellschaftlichen Kommunikation
bringt, stellt er nicht länger einen "absoluten Transzendentalismus" entgegen. Stattdessen bleibt die Transzendenz nun im Horizont der Immanenz. Wenn Schmitt
1970 Erik Petersons Versuch, sich aus der Krise der überkommenen Wissens- und

---

65  Ebd., 97.
66  Ball 1983, 100.

Institutionenordnungen "in eine krisenfeste theologisch-dogmatische Sicherheit" zu retten (*PTh II*, 22), für wenig überzeugend hält, dann gilt selbstverständlich auch für sein eigenes Projekt einer *Politischen Theologie*, daß es nicht aus einer gesicherten theologischen Dogmatik oder Offenbarungslehre heraus formulierbar ist. Schmitt fühlt sich ja Peterson gegenüber deshalb so überlegen, weil er von sich behauptet, den Zustand der *Krise* ernster genommen zu haben und radikalere Konsequenzen aus ihr gezogen zu haben, die nicht auf die Restauration der überkommenen institutionalisierten Trennungen hinauslaufen. Der "Intensitätsgrad einer Assoziation oder Dissoziation" verwandelt den Streit über die richtige theologische Lehre genauso in sein "Material" wie all die übrigen möglichen Konfliktstoffe, die die politische Gegensätzlichkeit nähren können. Schmitts Begriff des Politischen ist daher auf keiner Theologie *gegründet*, sondern auf einer *auch* theologisch interpretierbaren Konfliktmatrix, die in hohem Maße symbolisch anschließbar ist an die endogenen gesellschaftlichen Konfliktsorten. Wie der Kierkegaardsche Gerichtsrat seinem Freund, dem Ästhetiker, der sein Leben in den Differenzen hat, ruft der Rechtslehrer Carl Schmitt der Gesellschaft zu, deren Wesen dabei ist, sich in "eine Vielfalt" aufzulösen und eine "Legion" zu werden[67]: "entweder - oder; *aut - aut*"[68].

*Total* ist die politische Einheit, so schreibt Schmitt 1933 unter Berufung auf ein von Goethe überliefertes, berühmtes Napoleon-Zitat, weil "*der Mensch* in der politischen Teilnahme ganz und existenziell erfaßt wird. Die Politik ist das Schicksal." (*BdP III*, 21) Scheinbar handelt es sich bei dieser Formel um eine besonders 'totalitäre' Variante der politischen Theologie, die die politische Gemeinschaft vollständig nach dem Modell der *Glaubensgemeinschaft* modelliert. Stutzig macht allein der Adressat dieses politischen Totalismus: "der Mensch"! Dreimal nennt Schmitt in diesem Passus der 3. Ausgabe des *Begriffs des Politischen* von 1933 den *Menschen* als das eigentliche 'Subjekt' des Politischen und bestätigt damit die These von Leo Strauss, der in Schmitts "Bejahung des Politischen als solchen" einen "Liberalismus mit umgekehrten Vorzeichen"[69] gesehen hatte. Daß der Mensch in der politischen Teilnahme ganz und existenziell "erfaßt" wird, heißt nämlich keineswegs, daß er lediglich Objekt einer besonders intensiven Unterjochung ist. Ganz im Gegenteil insistiert Schmitt darauf, daß es der "Mensch" ist, der in dem Konstitutionsprozeß der politischen Gemeinschaft die *Initiative* ergreift. So bestehe der wahre Sinn der Praxis des *Eides*, der von Schmitt als "guter Prüfstein des politischen Charakters einer Gemeinschaft" bezeichnet wird, darin, "daß ein Mensch sich *ganz*

---

67    Kiekegaard 1988, 708. Kiekegaard nennt diejenigen, denen eine solche Vervielfältigung ihres Wesens widerfährt, auch die "unglücklichen Dämonischen" (Ebd.).

68    Ebd., 704.

69    Strauss 1932, 748.

einsetzt, oder sich durch einen Treueschwur 'eidlich (und existenziell) verwandt' macht." (*BdP III*, 22) Heinrich Meiers richtige Einsicht in den *individualistischen Ausgangspunkt* des Schmittschen politischen Totalismus[70] verweist darauf, daß es sich bei Schmitts Politischer Theologie *nicht* um den 'ewigen Gegenspieler' einer ebenso invarianten Politischen Philosophie handelt, sondern daß Schmitts politische Theorie den Horizont der liberal-exzentrischen, sozial dekontextualisierten Subjektposition voraussetzt und nicht überschreitet.

"Ganz und existentiell 'erfaßt' zu werden" ist nichts anderes als eine Umschreibung der Sehnsucht des spezifisch liberalen Individuums, zu deren Befriedigung das ganze Arsenal der überlieferten symbolischen Formen zur Verfügung steht. Der *kompensatorische* Charakter des Schmittschen Totalismus könnte offenkundiger nicht sein. Wie sich der politisch-theologische Totalitätsanspruch unter den Bedingungen der modernen Gesellschaften transformiert, hat unübertroffen Franz Kafka in einem Kapitel seines Romans *Der Proceß* gezeigt, das "Im Dom" überschrieben ist. Während Josef K. in der leeren Kirche auf den italienischen Geschäftsfreund der Bank wartet, dem er die Sehenswürdigkeiten der Stadt zeigen soll (darunter eben auch den Dom), beobachtet er, wie ein Geistlicher die Vorbereitungen für eine Predigt trifft: "Aber konnte denn wirklich gepredigt werden? *Konnte K. allein die Gemeinde darstellen?* Wie, wenn er ein Fremder gewesen wäre, der nur die Kirche besichtigen wollte? Im Grunde war er auch nichts anderes. Es war unsinnig daran zu denken daß gepredigt werden sollte, jetzt um elf Uhr, an einem Werketag, bei graulichstem Wetter."[71] Aber "wenn es die Pflicht des Geistlichen war zu einer bestimmten Stunde ohne Rücksicht auf die Umstände zu predigen"? K. versucht, sich der Situation zu entziehen und wird kurz vor Erreichen des Domausgangs von der "Stimme des Geistlichen" abgefangen: "Eine mächtige, geübte Stimme. Wie durchdrang sie den zu ihrer Aufnahme bereiten Dom! Es war aber nicht die Gemeinde, die der Geistliche anrief, es war ganz eindeutig und es gab keine Ausflüchte, er rief: 'Josef K.!'"[72] Unter den Bedingungen der nach-souveränen Gesellschaften verwandelt sich selbst die Politische Theologie in eine *Individualisierungsmacht*, die auch in Abwesenheit einer Glaubensgemeinschaft, also buchstäblich im leeren Raum operiert. Die autoritäre, keinen Widerspruch duldende Geste des Geistlichen, der K. "mit dem scharf gesenkten Zeigefinger auf eine Stelle knapp vor der Kanzel" weist, so daß K. "den Kopf schon weit zurückbeugen [mußte] um den Geistlichen noch zu sehen", ändert nichts daran, daß sich statt einer Predigt ein - *Gespräch* anschließt: "'Ich habe Dich hierherrufen lassen', sagte der

---

70   Meier 1994, 62f.

71   Kafka 1990, 285 - m.H.

72   Ebd., 286.

Geistliche, 'um mir Dir zu sprechen.'"[73] *Diktatur ist nicht länger der Gegensatz zu Diskussion.*

## 6. Der Rathenau-Effekt

In Robert Musils Roman *Der Mann ohne Eigenschaften* ist es nicht zufällig ein Militär, der General Stumm von Bordwehr, der der kulturellen Situation frei flottierender Ideen dadurch Herr zu werden versucht, daß er ein "Grundbuchsblatt der modernen Kultur" anzulegen versucht - und dabei scheitert, weil die "Ideen ununterbrochen überlaufen, hin und zurück"[74], sich bald dieser, bald jener "im Gefecht stehenden Gedankengruppe" andienen. Der General kommt bei seinem Versuch, "Ordnung in den Zivilverstand" zu bringen, zu dem überraschenden Ergebnis, daß die Ideen gleichsam zu "weich" sind, um sich als distinkte Objekte der geistigen Perzeption darzubieten. Die Ideen *mäandern*, statt sich in wohlunterschiedenen Gruppen zu präsentieren, die den Denkenden beständig zur Wahl zwischen ihnen auffordern. Sie sind nicht länger Generatoren der *Entscheidung*, die existentiellen Disjunktionen, die früher in ihrem Namen erfolgen und sich bis zur "blutigen Entscheidungsschlacht" steigern mochten, werden im *Zeitalter der Neutralisierung* von einem publizistischen "Verteilungsvorgang" ergriffen, der Zuneigungen und Abneigungen differentiell dirigiert und die gesamte Sphäre der Ideen in einen occasionell handhabbaren, d.h. zitierbaren "Aphorismenvorrat" verwandelt. Darin besteht die "Entthronung der Ideo*kratie*"[75]: es bietet sich das "ergreifende Schauspiel einer ungeheuren Produktion von Erlebnissen, die sich frei verbinden und lösen"[76].

In der Perfektionierung der publizistischen Maschine, die "fortwährend eine ungeheure Oberfläche, die aus Ein- und Ausdrücken, Gebärden, Gehaben und Erlebnissen besteht"[77], erzeugt, hat Musil die maßgebende operative Voraussetzung, die kommunikationsgeschichtliche Möglichkeitsbedingung für den zeitgenössischen *Ideenfuror* erkannt. Das auf dieser Oberfläche laufend hervorgebrachte Phänomen der "unzeitgemäßen Verbindungen" stellt sich als Effekt einer synchronen Rekom-

---

73    Ebd., 288.

74    Musil 1992, 374

75    Ebd., 407 - m.H.

76    Ebd., 409. So die präzise Phantasie Arnheims, für den die "letzte Problematik" in der "Verlegung des Geistes an die Peripherie" besteht, also nicht einfach, wie bei Schmitt, im Wechsel der "Zentralgebiete", die der Geist durchläuft, um im 20. Jahrhundert bei der Sphäre der Technik anzukommen.

77    Ebd., 408.

bination von Ideen dar, einer Neutralisierung ihrer "angestammten" Verteilung auf der diachronen Achse historischer Abfolge. Das Phänomen "unzeitgemäßer Verbindungen" provoziert jene relativistischen Konsequenzen, die sich für Schmitt im Symbol des "Ausgleichs" verdichten, das Max Scheler sogar zu einer zeitgemäßen Philosophie inspirierte: "Man findet solche unzeitgemäßen Verbindungen heute überall. Während zum Beispiel die Toten schon im Benzintrab auf den Friedhof befördert werden, verzichtet man doch nicht darauf, bei einer schönen Kraftleiche oben auf dem Wagendeckel einen Helm und zwei gekreuzte Ritterschwerter anzubringen, und so ist es auf allen Gebieten; die menschliche Entwicklung ist ein lang auseinandergezogener Zug [...]; große Gedanken, die widerspruchslos geglaubt würden, gibt es aber heute nicht mehr, denn diese skeptische Gegenwart glaubt weder an Gott noch an die Humanität, weder an Kronen noch an Sittlichkeit - oder sie glaubt an alles zusammen, was auf das gleiche hinauskommt."[78] Die Skepsis der Gegenwart ist keine Frage der - individuellen - Haltung, sondern ein strukturell induziertes Phänomen, das niemandem zum Vorwurf gemacht werden kann, es sei denn der Gesellschaft und ihren Kommunikationsverhältnissen im Ganzen, die immer weniger die Konstanz des kommunizierten Sinns zu garantieren vermögen. Was man auch wahrnimmt, denkt oder sagt, es ist von einem irreduziblen Möglichkeitshorizont umgeben, der die Frage nicht verstummen läßt: warum gerade so und nicht anders? "Es gibt im Medium des Sinns keine Endlichkeit ohne Unendlichkeit."[79] Das "Übermaß an Anschlußmöglichkeiten"[80], die jeder aktuell kommunizierte Sinn mitführt, registriert Schmitt unter dem Stichwort einer "Expansion des Ästhetischen" (*PR*, 20). Die "neue Kunst", die *romantische* Kunst findet ihr Telos nicht in einer perfekten *Form*, sie entzieht sich vielmehr der "Verpflichtung zu einer großen und strengen Form" (*PR*, 20) und gewinnt dadurch die Möglichkeit, "sich in tumultuarischer Buntheit aller Formen einfühlend zu bemächtigen und sie doch nur als ein belangloses Schema zu behandeln" (*PR*, 20).

Anders als in der *Politischen Romantik* spricht Schmitt im Vortrag über "Das Zeitalter der Neutralisierungen und Entpolitisierungen" in geschichtsphilosophischer Absicht nur noch von der "Zwischenstufe des Ästhetischen", die "zwischen dem Moralismus des 18. und dem Ökonomismus des 19. Jahrhunderts" liege. Erneut stellt Schmitt in dem Text die Frage nach der *Bedeutung der Romantik* - nun allerdings präziser: der Romantik des *19. Jahrhunderts*. Das soll vor allem heißen: die Romantik ist nicht mehr das Problem des 20. Jahrhunderts, weil das 20. Jahrhundert angetreten ist, um auf erweiterter Stufenleiter ("Imperialismus") zur Ein-

---

78  Ebd., 432.
79  Luhmann 1995, 175.
80  Ebd., 173.

fachheit und Klassizität des Politischen ("Großraum", "Nomos") zurückzufinden. Die Romantik gehört ins 19. Jahrhundert, das Schmitt ein "Säkulum scheinbar hybrider und unmöglicher Verbindung von ästhetisch-romantischen und ökonomisch-technischen Tendenzen" (*BdP*, 83) nennt. Daß die nicht auf die Sphäre der Kunst begrenzte, nicht bloß einen bestimmten Stil bezeichnende Bedeutung des Romantischen genau diesen Eintritt der modernen Gesellschaften in die Phase "hybrider und unmöglicher Verbindungen" reflektieren könnte, kommt Schmitt also sehr wohl in den Sinn.

Mit dem nächsten Satz wehrt er diese Einsicht allerdings wieder ab, weil sie das geschichtsphilosophische Vier-Stadien-Schema - "vom Theologischen zum Metaphysischen, von dort zum Humanitär-Moralischen und schließlich zum Ökonomischen" - stört, das die Entwicklung des europäischen Geistes auf "vier, große, einfache, säkulare Schritte" (*BdP*, 80) festlegen zu können glaubt. In Wahrheit jedoch wird das *19. Jahrhundert* - hier als Eigenname verstanden - zum entscheidenden Stolperstein dieser Vier-Stufen-Sequenz, was Schmitt unfreiwillig einräumt, wenn er seine geschichtsphilosophische Definition der Romantik der romantischen Operationsweise entgegenstellen muß: "In Wirklichkeit bedeutet die Romantik des 19. Jahrhunderts - *wenn wir das ein wenig dadaistische Wort Romantik nicht in romantischer Weise zum Vehikel der Verwirrungen machen wollen* - nur die Zwischenstufe des Ästhetischen zwischen dem Moralismus des 18. und dem Ökonomismus des 19. Jahrhunderts, nur einen Übergang, der vermittels der Ästhetisierung aller geistigen Gebiete bewirkt wurde, *und zwar sehr leicht und erfolgreich.*" (*BdP*, 83 - m.H.) Mit der Wendung von dem "ein wenig dadaistischen Wort Romantik", deren gezielter Anachronismus ihrerseits die 'Unform' der hybriden und unmöglichen Verbindungen realisiert, hat Schmitt bereits eines der wichtigsten ästhetischen Vorzeichen des *20. Jahrhunderts* genannt, in dem der romantische Impuls der permanenten Auflösung und Kreation von Formen nicht nur die künstlerischen Gattungen und Themen, sondern den Körper der Sprache selbst erfaßt. Vor allem aber unterscheidet der Satz zwischen der Romantik, deren geschichtsphilosophische Definition Schmitt geben will, und der "romantischen Weise", also zwischen fremdreferentieller Beobachtung und selbstreferentieller Operation. Schmitt muß einräumen, daß seine Perspektive auf die Romantik mit der (occasionellen) Weise der romantischen Handhabung von Sinn kollidiert: die romantische Operationsweise produziert "Verwirrungen", wie es lapidar heißt, wobei Schmitt anzudeuten scheint, daß es lediglich eines "entscheidenden und deshalb ordnenden und gruppierenden Begriffes", einer "begrifflichen Fixierung" (*PB*, 45) bedarf, um diese Verwirrung zu beseitigen.

Aber, wenn man den Satz zu Ende liest, kommen Zweifel an der *Kraft* des Begriffes auf, durch einen entschiedenen Zugriff dem Romantischen einen eindeutigen

Platz zuzuweisen. Das Romantische wird von Schmitt als eine "Zwischenstufe" und ein "Übergang" fixiert, ihm wird also ein lediglich interimistisches Sein zugestanden, obwohl Schmitt gleichzeitig und im Widerspruch dazu eine ganz ungewöhnliche Wirksamkeit dieser Macht der Verwirrung, die das Romantische ist, eingestehen muß. Es bewirkt den "Übergang" nämlich durch eine "Ästhetisierung *aller* geistigen Gebiete" (und damit auch des Theologischen!) - "und zwar sehr leicht und erfolgreich". Was sagt es über die Stärke des Geistes aus, wenn er so leicht die Beute der occasionellen Kommunikation wird? Die Zwischenstufe führt in Wahrheit einen Zustand herauf, der keine weitere "Stufe", kein neues "Zentralgebiet" ist, sondern vielmehr das *Zwischen* selbst zum Signum des Zeitalters macht. Nicht im geschichtsphilosophischen, sondern im ontologischen Sinne ist der erreichte Zustand "Zwischenstufe": *Zwischen-Stufe*, "Säkulum scheinbar hybrider und unmöglicher Verbindung".

Mit dem *Begriff des Politischen* schreibt Schmitt gegen die von Robert Musil so genannte "Interessenfusion Seele-Geschäft" an, die für den Staatsrechtslehrer das Ergebnis der "Expansion des Ästhetischen" ist. So ist es kein Zufall, daß wir an entscheidender Stelle bei Schmitt ausgerechnet dem Namen Walther Rathenaus begegnen (*BdP*, 76), der, wie man weiß, Musils Figur Paul Arnheim, die im *Mann ohne Eigenschaften* jene "Interessenfusion" symbolisiert, zahlreiche Züge geliehen hat. Zwischen "Ethik ('Geistigkeit') und Ökonomik (Geschäft)" (*BdP*, 70), so Schmitt, zerreiben die typisch liberalen Begriffe das Politische - und seit den frühen *Schattenrissen*, jenem satirischen Text, den Schmitt unter einem Pseudonym zusammen mit Fritz Eisler verfaßte, verschmelzen die "polaren Seiten" der liberalen Weltanschauung für ihn in der Person *Walther Rathenaus*. So verwundert es denn auch nicht, daß Schmitt, als er 1930 durch Vermittlung Franz Bleis die Druckfahnen von Musils *Mann ohne Eigenschaften* liest, "fast ausschließlich" an der Figur des *Paul Arnheim* interessiert ist. In einem Brief an Adolf Frisé erinnert sich Schmitt 1975: "Meine persönliche Begegnung mit Musil in Berlin stand allzu ausschließlich unter dem damals (1930) für mich fast ausschließlichen Interesse an der Figur Walther Rathenaus[81]; nur unter diesem (für Musil verengenden) Horizont habe ich damals auch die Druckfahnen des Romans gelesen, die ich von Fanz Blei erhielt."[82] 1913, ein Jahr bevor Musil das erste Mal Walther Rathenau begegnete, der ihn sofort zu einer literarischen Szene "erleuchtete", in der Rathenau in "Paul

---

81   Adolf Frisé ergänzt: "[= Dr. Paul Arnheim im MoE]" und verweist auf eine Tagebucheintragung vom 11. Januar 1914, die die Eindrücke einer ersten Begegnung Musils mit "Dr. W. Rathenau" festhält (Musil 1983a, 295f.).

82   Musil 1983b, 1200.

Arnheim, man glaubt sogar Paul v. Arnheim"[83] unbenannt wird, erscheinen Carl
Schmitts *Schattenrisse*, deren zweites Bild "Walther Rathenau" porträtiert.[84] Auf
Carl Schmitt trifft zu, was der Erzähler im *Mann ohne Eigenschaften* von Ulrich
sagt: "Er mochte Arnheim nicht ausstehen, schlechtweg als Daseinsform nicht,
grundsätzlich, das Muster Arnheim. Diese Verbindung von Geist, Geschäft,
Wohlleben und Belesenheit war ihm im höchsten Grade unerträglich."[85] Aber während Ulrich im Laufe des Romans *lernt*, daß die *Negation* dieses irritierenden Mu-
sters nicht über dasselbe hinausführt, sondern nur noch tiefer in es hinein, setzt
Schmitt auf die Kraft eines "äußersten Gegensatzes", die die hybride und unmögliche Verbindung, die Arnheim verkörpert, auflösen soll, obwohl dessen Macht gerade in seiner Fähigkeit besteht, noch den äußersten Gegensatz symbolisch zu in-
korporieren. Carl Schmitt geht es mit der liberalen Systematik und ihrem "besonderen Pathos" (*BdP*, 72), das, wie er mit einem drastischen Wort Franz Oppenhei-
mers formuliert, auf die "'Ausrottung des Staates'" (*BdP*, 75) zielt, wie Ulrich in
einer Schlüsselszene des Romans mit Arnheim[86]: es scheint ihm "nichts leichter zu
sein, als an ihm ein Verbrechen zu begehn, denn mit seinem Bedürfnis nach Bild-
haftigkeit lockte dieser Mann auch diese alten Texte auf die Szene! 'Nimm einen
Dolch und erfülle sein Schicksal!'"[87] *Der Begriff des Politischen* ist dieser alte
Text, den die Systematik liberalen Denkens bzw. das Muster Arnheim auf die
Szene lockt. Das liberale Bedürfnis nach einer Bildhaftigkeit, die ihm nicht zusteht,
ja dem eigentlichen Impuls des Liberalismus scheinbar zuwiderläuft, hatte bereits in
der *Politischen Theologie* Schmitts - allerdings zitierten - Affekt gegen die Figur
des *Bürgerkönigs* gespeist, die ihm als Inbegriff des politischen Synkretismus erschien. Ihm hält er das alte Bild der "blutigen Entscheidungsschlacht" entgegen - so

---

83   Ebd., 992. Im selben Jahr erscheint auch Musils Besprechung von Rathenaus Buch *Zur
     Mechanik des Geistes* unter dem Titel "Anmerkung zu einer Metapsychik" (Musil 1981c).

84   In der vorangestellten "Systematischen Tabelle" wird Rathenau als einziger der porträtierten
     exemplarischen Gestalten der modernen Bildung der Gruppe "E." zugeordnet, die "Nicht-
     Deutsche" überschrieben ist (*SR*, 6). Schmitts Antisemitismus dürfte auch eine Rolle in dem
     "intensiven Gespräch" gespielt haben, das er mit Musil im Dezember 1930 führte. Bei dem
     Gespräch, das in Schmitts Berliner Wohnung stattfand - im Anschluß an eine Tagung der
     Friedrich-List-Gesellschaft "über die Beurteilung des damaligen Nationalsozialismus" -, ging
     es, Schmitts Tagebucheintragung zufolge, um das "Thema: sein Roman und die Wiener
     Juden" (Musil 1983b, 1199f.).

85   Musil 1992, 176f.

86   Wiewohl er im *Begriff des Politischen* widerwillig "die erstaunlich konsequente und, trotz
     aller Rückschläge, heute in Europa noch durch kein anderes System ersetzte Systematik
     liberalen Denkens" preist (*BdP*, 70).

87   Musil 1992, 645.

wie Ulrich in Gedanken mit dem Dolch spielt, als ihm Arnheim zum Eintritt in die "Unternehmungen meiner Firma"[88] auffordert.

In den *Schattenrissen* stattet Schmitt seine Figur "Walther Rathenau" mit Eigenschaften aus, die Musil auch Paul Arnheim verleihen wird. Beide Autoren sehen die Funktion ihrer jeweiligen Figur in der selbstbewußten *Repräsentation* des Ausgleichs zweier eigentlich unvereinbarer, wie Schmitt im *Begriff des Politischen* sagt: *polarer Seiten*, nämlich "Geistigkeit und Geschäft" (Schmitt) bzw. "Seele und Wirtschaft" (Musil). Schmitts satirisches Rathenau-Porträt von 1913 (*SR*, 12-14) steigert die symbolische Ausgleichsfunktion zu der Inszenierung einer "geistigen Promiskuität" (*RK*, 12), die noch das kleinste Detail der Existenz Rathenaus prägt, also auch den Raum, den er bewohnt. Dieser Raum, ein "Privatkontor", erfüllt nahezu das Kriterium einer *Monade*: er ist zwar nicht fensterlos, aber "die hohen gotischen Fenster" zeugen von dem Willen, das, was draußen ist, nur nach Maßgabe äußerster, vor allem: anachronistischer Stilisierung, die sich sogar der ästhetischen Formensprache der Kirche bedient, nach innen dringen zu lassen. Das Licht ist "fein gesiebt", der "Lärm des mechanistischen Zeitalters", wie es in Anspielung auf Rathenaus *Kritik der Zeit* heißt, nur "abgedämpft" zu hören. Jeder Zentimeter des *Innenraumes* ist künstlerisch gestaltet[89], allerdings unter Verzicht auf ein vereinheitlichendes kompositorisches Prinzip. Der Raum dient ausschließlich der Versammlung und Ausstellung heterogenster künstlerischer Stile: er soll die "Kulthur", wie Schmitt schreibt, also die Wal*ther*-Ra*the*nau-Kultur symbolisieren, die sich in der Signalisierung bzw. Zitierung ihrer selbst erschöpft - und eben damit ihre 'Substanz' in die "Quintessenz doppelschichtiger Kulthur" verwandelt.[90] Das Privatkontor als ein Privatmuseum.

Der zweite Teil des Porträts zeigt, daß die "Promiskuität", die den Wohnsitz Rathenaus beherrscht, auch seine geistige Produktivität charakterisiert:

"Walther, der an diesem Tage neben seinen geschäftlichen, literarischen und kulturellen Erfolgen auch das vierzigste Lebensjahr erreicht hatte, legte die Goldfeder aus der Hand, mit der er soeben ein Kapitel über Kautschuk und Thranszendenz elegant beendigt hatte. Der Aufsatz war für ein vielgelesenes Weltblatt und somit bestimmt, Gemeingut aller Gebildeten zu werden."

Stellen wir dieser Passage die Sätze gegenüber, mit denen Musil Paul Arnheim einführt:

---

88    Ebd., 640.
89    "Die Fußstapfen keiner Innenkunst hatten diesen Raum unbeleckt gelassen."
90    "Aus jedem Stuhlbein quoll die Quintessenz doppelschichtiger Kulthur, jede Maser war mit maßvollem Formempfinden gemästet."

"Dr. Paul Arnheim war nicht nur ein reicher Mann, sondern er war auch ein bedeutender Geist. Sein Ruhm ging darüber hinaus, daß er der Erbe weltumspannender Geschäfte war, und er hatte in seinen Mußestunden Bücher geschrieben, die in vorgeschrittenen Kreisen als außerordentlich galten [mit Schmitts Wendung, die leitmotivisch die *Schattenrisse* durchzieht: die dabei waren, "Gemeingut aller Gebildeten" zu werden, Vf.]. Die Menschen, die solche rein geistigen Kreise bilden, sind über Geld und bürgerliche Auszeichnung erhaben; aber man darf nicht vergessen, daß es gerade darum für sie etwas besonders Hinreißendes hat, wenn ein reicher Mann sich zu ihresgleichen macht, und Arnheim verkündete in seinen Programmen und Büchern noch dazu nichts Geringeres als gerade die Vereinigung von Seele und Wirtschaft oder von Idee und Macht. Die empfindsamen, mit der feinsten Witterung für das Kommende begabten Geister verbreiteten die Meldung, daß er diese beiden, in der Welt gewöhnlich getrennten Pole in sich vereine, und begünstigten das Gerücht, daß eine moderne Kraft auf dem Wege und berufen sei, einstmals noch die Geschicke des Reichs und wer weiß vielleicht der Welt zum Besseren zu lenken."[91]

Wie bei Musil folgt auch bei Schmitt auf die Bestimmung des spektakulären 'geistigen Projekts', dem sich Rathenau-Arnheim verschrieben hat - die 'extreme' Zusammenstellung von "Kautschuk und *Th*ranszendenz" als Aufsatzthema treibt das Projekt der "Vereinigung von Seele und Wirtschaft" auf die satirische Spitze -, eine metaphorische Wendung, die den "reichen Mann", der bei Schmitt von Beruf "Bankdirektor" ist, als weltpolitischen *Lenker* zeigt - wobei Schmitt noch deutlicher als Musil die ausschließlich *symbolische* Existenz dieses Lenkers akzentuiert, die sich einer in die Selbstwahrnehmung übergegangenen stereotypen Fremdzuschreibung verdankt:

"Darauf suchte das Auge des Bankdirektors die Fäden, die in seinem Zimmer zusammenliefen. Er ergriff sie, und so saß er nun wieder vor seinem Felsblock [ein "Felsblock aus schwarzem Granit" dient Rathenau als Schreibtisch, Vf.], die Fäden in der Hand, nüchtern, ehern, konziliant."

Die Formel von den "zusammenlaufenden Fäden" taucht immer dann in der öffentlichen Rede auf, wenn sie die Zentren wirtschaftlicher und/oder politischer Macht imaginiert: Schmitts Rathenau hat sie sich vollkommen zu eigen gemacht, ohne allerdings die heroische Pose ("Er ergriff sie") mit einer *Tat* ausfüllen zu können. Er bleibt weiterhin vor seinem Schreibtisch *sitzen*, an dem er zuvor den Aufsatz für ein "vielgelesenes Weltblatt" verfaßt hat. Bei Rathenau gerät alles zur *Ausstellung*, sogar die Ausübung seiner Macht folgt der Regie einer sich selbst dementierenden *Phrase* bzw., wie es bei Musil heißt, eines *Gerüchts*.

Wenn Schmitt den Weg über das Ästhetische, über den "noch so sublimen ästhetischen Konsum und Genuß" als den sichersten und bequemsten Weg zu der allgemeinen Ökonomisierung der Kultur bezeichnet, dann wird er in dieser Auffassung durch Musil bestätigt, der in der Figur des Großindustriellen und "Großschriftstel-

---

91    Ebd., 108.

lers" Arnheim das Ästhetische, genauer heißt es bei Schmitt: den "romantischen Ästhetizismus" als Diener und "typisches Begleitphänomen" des Ökonomischen auftreten läßt. Die "Geistesverfassung, die in Produktion und Konsum die zentralen Kategorien menschlichen Daseins" (*BdP*, 83), also nicht nur der wirtschaftlichen Sphäre findet, ist die Arnheims, der sich das "Zeitgehirn durch Angebot und Nachfrage ersetzt [dachte], den umständlichen Denker durch den regelnden Kaufmann"[92]. Arnheim "war berüchtigt dafür, daß er in Verwaltungsratssitzungen die Dichter zitierte und darauf bestand, daß die Wirtschaft etwas sei, das man von den anderen menschlichen Tätigkeiten nicht absondern könne und nur im großen Zusammenhang aller Fragen des nationalen, des geistigen, ja selbst des innerlichsten Lebens behandeln dürfe"[93]. Indem Arnheim (genauer: das *Muster* Arnheim) mit Nachdruck die Relevanz des Ästhetischen und des "geistigen Lebens" (Schmitt) insgesamt für die traditionell zur Gegensphäre der Kunst stilisierte moderne Wirtschaft behauptet, bewirkt er in der Konsequenz die allgemeine Ökonomisierung des Geistes. Diese ist nämlich nur die Kehrseite des 'idealistischen' Projekts einer Vergeistigung der Wirtschaft. Arnheim prognostiziert den durch die medientechnischen Umwälzungen seiner Zeit hervorgebrachten neuen Kunstformen wie dem Film eine "ganz große Zukunft", wenn sie es erreichen, daß sich "größere kommerzielle Interessen - etwa elektrochemische oder solche der Farbenindustrie - damit verknüpfen"[94].

So ist es denn auch kein Zufall, daß Arnheim zwar ein Freund der Künstler, aber ein noch größerer Freund der *Journalisten* ist, da das Prinzip der "allgemeinen Ökonomisierung des geistigen Lebens" nirgendwo so rein verwirklicht ist wie im Bereich der Massenmedien, deren Produktionstechniken auch in das Feld der professionellen Literatur und Kunst zurückstrahlen. Von der Zeitung kann man sagen, was Musil Arnheim zuschreibt, nämlich daß sie symbolisch integriert, was in der Gesellschaft in die verschiedenen Funktionsbereiche auseinanderfällt: "Was alle getrennt sind, ist Arnheim in einer Person"[95], Arnheim, der sich im Besitz eines besonderen Geheimnisses weiß, das Musil das "Geheimnis des Ganzen"[96] nennt - und das Schmitt in der liberalen, sozusagen "quantitativ-totalen" Form als Schwindel verwirft, um es nach 1933 als das Geheimnis des *Begriffs des Politischen* zu entdecken, freilich jetzt in seiner "qualitativ-totalen", d.h. totalitären Form, die die symbolische repraesentatio mundi, wie sie die Publizistik durch das Spiel der Differenzen und Kontraste erzeugt, real-politisch, also auf dem Wege des

---

92  Ebd., 409.
93  Ebd., 192.
94  Ebd., 645.
95  Ebd., 188.
96  Ebd., 194.

gewaltförmig durchgesetzten identitären Oktrois herzustellen verspricht: "In-zwischen haben wir das Politische als das Totale erkannt" (*PTh*, 7). Das basale journalistische Verfahrensprinzip ist bereits strukturell im seriellen Aufbau der Zeitung verwirklicht: Politik neben Wirtschaft neben Feuilleton neben Sport neben "Modernes Leben" neben "Reisen" etc. Und die "humanistischen Augenblicke"[97], als deren Meister Musil Arnheim präsentiert, die Augenblicke, in denen der Mensch, wie Schmitt schreibt, "ganz und existenziell erfaßt wird" (*BdP III*, 21), finden sich allen Sparten der Zeitung gleichermaßen beigemischt: philosophische Forderungen und literarische Anschauungsformen, die Sprungbretter der imagi-nären Totalisierung - Arnheim fällt durch sein ausgeprägtes "Bedürfnis nach Bild-haftigkeit" auf[98] -, sind "sogar in die sachlichsten Unterredungen" eingeflochten[99]. Ihre Funktion besteht darin, mannigfaltige Äquivalenz- und Analogiebeziehungen zwischen den heterogenen Aussagefeldern, in die das gesellschaftliche Wissen auseinandergefallen ist, zu stiften, um es auf diese Weise zu retotalisieren, d.h. gemeinsinnfähig zu machen. Musil hat diese Funktion des modernen journa-listischen Interdiskurses, der die imaginäre Verknüpfungsleistung der synchron wie diachron dispersen Wissenselemente erbringt und zu diesem Zweck den Ideen-verkehr aufs äußerste steigert, nicht nur klar erkannt, er hat auch die eminenten philosophischen Konsequenzen benannt, die die journalistische "complexio opposi-torum" (Schmitt), die den aktuellen *pouvoir spirituel* verkörpert, für die mensch-liche Welterkenntnis hat. Seinem Freund Walter, der den Ruin einer integralen *Bildung* im Goetheschen Sinne für die Zersplitterung und Widersprüchlichkeit der modernen Kultur verantwortlich macht und sehnsüchtig das "Bestreben, etwas Ganzes zu sein"[100], verteidigt, muß Ulrich erklären: "'Das gibt es nicht mehr' [...]. Du brauchst bloß in eine Zeitung hineinzusehn. Sie ist von einer unermeßlichen Undurchsichtigkeit erfüllt. Da ist die Rede von so vielen Dingen, daß es das Denkvermögen eines Leibniz überschritte. Aber man merkt es nicht einmal; man ist anders geworden. Es steht nicht mehr ein ganzer Mensch einer ganzen Welt gegenüber, sondern ein menschliches Etwas bewegt sich in einer allgemeinen Nährflüssigkeit.'"[101]

Das Bild von den in einer "allgemeinen Nährflüssigkeit" aus Zeichen schwim-menden Menschen registriert die Unmöglichkeit, unter den Bedingungen der wis-senschaftlich-technischen Zivilisation den Menschen weiterhin als eine Form be-greifen zu können, die ihm eine extramundane Position garantiert, von der aus er

97   Ebd., 191.
98   Ebd., 645.
99   Ebd., 192.
100  Ebd., 217.
101  Ebd.

sich die Welt "aneignet": die Transzendenz der Form Mensch ("*ganzer* Mensch") ist der Immanenz des dequalifizierten Mediums Mensch ("menschliches *Etwas*") gewichen. Das Arsenal der künstlerischen und philosophischen Formen, in dem sich der Prozeß der "Bildung des Menschen" vollziehen sollte, ist im Zeitalter der Massenkommunikation längst vollständig profanisiert, wie Arnheim im Gespräch mit Ulrich nüchtern feststellt: "Der künftige Dichter und Philosoph wird über das Laufbrett der Journalistik kommen! Ist Ihnen noch nicht aufgefallen, daß unsere Journalisten immer besser und unsere Dichter immer schlechter werden?"[102]

Völlig illusionslos hat Carl Schmitt ausgerechnet in seinem *Glossarium*, in der Eintragung vom 8. Oktober 1947, die Einsicht Arnheims in den Prozeß einer intensiven wechselseitigen Durchdringung von Kunst und Journalismus für das "Zeitalter des Kapitalismus" bestätigt. Schmitts Bestätigung, die nicht ohne einen Zug von Bitterkeit ist, muß um so höher bewertet werden, als sie im konkreten Fall ausgerechnet das Werk derjenigen Dichter betrifft, die er am höchsten schätzte: Theoder Däubler, dessen Hauptwerk, *Das Nordlicht*, er 1916 eine kleine Studie gewidmet hatte, und Konrad Weiß, dessen *Christlicher Epimetheus* das nach dem Zweiten Weltkrieg zementierte Selbstverständnis Schmitts als eines politischen Katholizisten entscheidend geprägt hatte. Schmitts Eintragung vom Oktober 1947 ist unmittelbar ausgelöst durch seine (erneute) Lektüre von Däublers Roman *L'Afrikana*, der allerdings, wie man heute weiß, tatsächlich von dessen Freund und Mitarbeiter Eckart Peterich verfaßt wurde - für eine Reihe von weiteren Prosaarbeiten, aber auch für die unmittelbare journalistische Arbeit Däublers hat man das Verfahren einer Arbeitsteilung zwischen Ideenspender (Däubler) und Verfasser (Peterich, später auch Friedrich Podszus) nachgewiesen.[103] Schmitts Urteil wäre zweifellos noch schärfer ausgefallen, wenn er vom literarischen "Betrug" des Dichters gewußt hätte, den er in einem Aufsatz aus der gleichen Zeit (1946) als einen "Genius europäischer Sensibilität" und "große[n] europäische[n] Dichter" feiert, "der die geistige und artistische Vollendung französischer und italienischer Kunst in sich aufgenommen hatte, unendlich moderner als alle Aestheten und Literaten, deren ganzer Stolz es war, modern zu sein" (*ECS*, 46). Kaum ein Jahr später notiert Schmitt:

"Ekelhafter Nachgeschmack dieser Africana von Th. Däubler, als wäre man in ein Tingel-Tangel geraten, geführt von einem 5-Groschen-d'Annunzio. Er gehört also doch zu dem schauerlichen Milieu, in dem ich schon seit 1912 bis 1919 festsaß; auch für ihn war ich gut genug, eingebuttert zu werden. [...] Ich war zu naiv und vom Lande. Sonderbare Ablösung Däublers durch Haecker und

---

102  Ebd., 646.
103  Instruktiv zu Däublers Biographie und seiner literarischen Produktionsweise: Rietzschel 1988.

Konrad Weiß; *aber sie alle, Däubler, Haecker, Weiß waren Journalisten von Beruf. So sehen also die Figuren des heutigen pouvoir spirituel in concreto aus*; Soziologie der Intelligenz im Zeitalter des Kapitalismus." (*G*, 28 - m.H.)

Die Figuren des heutigen pouvoir spirituel kommen alle über das "Laufbrett der Journalistik". Nur wer zu naiv ist und vom Lande kommt, verkennt, in welchem Maße die Journalistik die "Welt des Schreibens und Schreibenmüssens" (Musil) revolutioniert hat, eine Wahrheit, die Schmitt den zeitgenössischen "Calibans", von denen er sich betrogen fühlte (wie Prospero in Shakespeares *Sturm*), entgegenschleudert, wobei er es allerdings unterläßt, die Prinzipien seines eigenen Schreibens im Lichte dieser Wahrheit zu überprüfen. Mitte 1951 notiert er in sein *Glossarium*: "Als ob Caliban, der seinen Herrn so oft wechselt, nicht auch sein Vokabularium wechseln könnte. Die Calibans können heute lesen und schreiben [der Shakespearesche Caliban konnte lediglich sprechen, Vf.]; das ist sehr wichtig. Sie können sich der Philosophie und der Dichtung bemächtigen, als wäre die Geistesgeschichte ein Bordell und die Literaturgeschichte eine Kaschemme. Da treten sie mit dem Schlagring auf und imponieren den dazugehörigen Damen" (*G*, 317), man kann hinzufügen: wie Arnheim seiner Muse Diotima, die ihren Salon zwecks Beförderung der "Parallelaktion" den Calibans von Kakanien zum ungehemmten Ideenaustausch geöffnet hat. Der eigentümliche Effekt einer radikalen *Dereferentialisierung* aller Ideen und Begriffe, Schmitt würde sagen: ihrer *Entortung*, ihrer Einspeisung als 'Themen' in den Kreislauf des "ewigen Gesprächs", ist das Kennzeichen einer Geistes- und Literaturgeschichte, die in das Stadium der Journalistik übergegangen ist. Musil beschreibt diesen Effekt so:

"Die Welt des Schreibens und Schreibenmüssens ist voll von großen Worten und Begriffen, die ihre Gegenstände verloren haben. Die Attribute großer Männer und Begeisterungen leben länger als ihre Anlässe, und darum bleiben eine Menge Attribute übrig. Sie sind irgendeinmal von einem bedeutenden Mann für einen anderen bedeutenden Mann geprägt worden, aber diese Männer sind längst tot, und die überlebenden Begriffe müssen angewendet werden. Deshalb wird immerzu zu den Beiwörtern der Mann gesucht."[104]

Auch wenn es nicht darum gehen kann, den Caliban-Vorwurf einfach an Schmitt zurückzuadressieren, wird man doch fragen müssen, ob nicht auch das Verfahren seiner Texte dazu verführt, daß man auf sie "hereinfällt", so wie Schmitt von einem ungenannten Caliban berichtet (Heidegger?), auf den er hereingefallen sei, "weil er Parmenides zitieren konnte" (*G*, 317): Schmitt wußte wie kaum ein anderer Staatsrechtslehrer Bodin, Hobbes, Spinoza, Hegel, Donoso Cortés und andere Größen

---

104  Musil 1992, 326.

der politischen und juristischen Ideengeschichte zu zitieren und zu collagieren[105] ...
Vor allem aber wimmeln seine Texte von jenen "großen Worten und Begriffen, die
ihre Gegenstände verloren haben", zu denen natürlich vor allem auch die bunten
Bilder und Symbole, die Ikonen und Idole, die Paradigmen und Phantasmen, die
Embleme und Allegorien gehören, an denen die "Geschichte der politischen Theorien" so reich ist (*L*, 9) und deren Rolle bei der Herstellung eines spezifisch dezisionistischen Pathos man im Schlußkapitel der *Politischen Theologie* beobachten
kann.

Schmitt selbst spricht von den Worten und Begriffen, die ihre Gegenstände verloren haben, ohne deshalb funktionslos geworden zu sein: etwa in seinem "Vorwort" zum *Begriff des Politischen* von 1963, wo er illusionslos feststellt, daß mit
dem Zeitalter der Staatlichkeit auch der ganze "Überbau staatsbezogener Begriffe zu
Ende [geht]", dieselben Begriffe aber dennoch "beibehalten [werden] und sogar
noch als *klassische* Begriffe" (*BdP*, 10).[106] Nicht nur die spezifische Rhetorik
Schmittscher Rechtfertigungstexte aus der NS-Zeit, etwa der berüchtigte Artikel
"Der Führer schützt das Recht" von 1934, bedient sich jener "Beiwörter", zu
denen, wie es bei Musil heißt, immerzu "der Mann gesucht wird".[107] Die tragenden
staatstheoretischen Konzepte und die ganze Problematik des Politischen entspringen dem Versuch, den vagabundierenden "klassischen" Worten und Begriffen, die
ihre Gegenstände eingebüßt haben, die aber weiterhin "zu hunderten" in den Köpfen nicht nur der Schreibenden "umherhängen", eine neue 'Heimstatt' zu geben:
Souveränität, Ausnahmezustand, Entscheidung, Ernstfall, Feind, Existenz, Volk,
Form, Repräsentation, politische Einheit, Totalität etc., allen diesen Begriffen ist
eine widerspruchslos geteilte Bedeutung längst abhanden gekommen, es sind Begriffe, die ihre Anziehungskraft gerade aus ihrer mangelnden Präzision gewinnen,

---

105 Den Collagecharakter des Schmittschen 'Dezisionismus', der Elemente des Hobbesschen und
des Cortésschen Diskurses kombiniert, ohne nach der Kompatibilität ihrer metaphysischen
Grundstellungen zu fragen, hat Günter Maschke herausgearbeitet und auf die präzise Formel
von der "Zweideutigkeit der 'Entscheidung'" gebracht (Maschke 1988, 193-211). Statt
Schmitt nun die wissenschaftliche oder philosophische Unangemessenheit eines solchen
Vorgehens vorzuhalten, wäre zu überlegen, ob er nicht unfreiwillig die registrierte herr-
schaftstechnische Wendung zur "plakatmäßig eindringliche[n] Suggestion" bzw. zum
"'Symbol'" (*LP*, 11) auf dem Boden der politischen Theoriebildung nachvollzieht.

106 Die ganze Existenz Arnheims ist übrigens ebenfalls um das kompensatorische Projekt der
Wiedergewinnung eines "klassischen Begriffs" zentriert: der "Seele"; auch bei ihm leitet sich
dieses Projekt aus einer entsprechenden Diagnose ab, derzufolge "sich die Welt seit zwei
Menschenaltern in der größten Umwälzung befinde: die Seele geht zu Ende" (Musil 1992,
568).

107 Vgl. dazu meine ausführliche Analyse in Kapitel IV, 2. Abschnitt.

Begriffe "so unscharf [...] wie Gestalten in einer Waschküche"[108] - obwohl Schmitt ausgerechnet mit diesen Begriffen, denen er eine architektonische Potenz zuschreibt, die politischen Meinungen und Ansichten fixieren zu können glaubt, die andernfalls in einem "chaotischen Gewimmel" (*PB*, 46) untergehen würden. Wenn Schmitt allerdings von der "*Intensität* eines entscheidenden und deshalb ordnenden und gruppierenden Begriffes" (*PB*, 45) spricht, dann belegt dieser Rückgriff auf ein energetisches Vokabular gerade den Zusammenhang dieser Begriffe mit der Sphäre des "ewigen Gesprächs", von der sie doch durch einen Abgrund getrennt sein sollen, um die Festigkeit und kommunikative Uneinnehmbarkeit der durch sie markierten *Positionen* zu garantieren. Über die Worte und Begriffe, die ihre Gegenstände verloren haben, wird am leidenschaftlichsten konversiert, weil sie längst zu *Symbolen* geworden sind, zu Anknüpfungspunkten für etwas ganz anderes als das, was sie früher bedeuten mochten.

Wenn Schmitt versucht, gegen die neutralisierende Verwischung bzw. Verwirrung der politischen Begriffe ihre klassische Form unter den radikal gewandelten historischen Bedingungen wiederherzustellen bzw. ihnen unter diesen Bedingungen eine neue, die Sphäre des Existentiellen er- und umgreifende Form zu geben, muß er sich die Frage gefallen lassen, ob er zu diesem Zweck nicht auf das genuin journalistische Verfahren angewiesen ist, das darin besteht, den "leergewordene[n] Balg eines großen Worts [...] nach der Mode des Tages [auszustopfen]"[109]. Was kann die "Erkenntnis des Feindes" unter Bedingungen bedeuten, die seine Personalisierung nicht länger zulassen[110], weil der "Gegner", wie es bei Musil heißt, durch die "flüssig-luftartige Unfestheit des allgemeinen Zustandes selbst, sein Zusammenströmen aus unzähligen Gebieten, seine unbegrenzte Verbindungs- und Wandlungsfähigkeit"[111] gebildet wird? Hat nicht auch das Unterfangen Schmitts,

---

108  Ebd., 458.

109  Ebd.

110  Was nicht heißt, daß man nicht auch heute noch gegen die Feinde von gestern bzw. ihre zeitgenössischen Widergänger kämpfen kann. Aber solche, wie man weiß, durchaus noch möglichen Kriege haben etwas Posthumes, welche aktuelle Funktion ihnen auch immer zuwachsen mag: der Konflikt und sein Austragungsmodus gehören nicht derselben Zeit an, das blutige Spektakel erlaubt keinerlei Rückschlüsse auf diejenigen Mechanismen, die es möglich machten. Die Feindschaft ist nicht die Bedingung der Möglichkeit des Krieges, sondern ein pseudotranszendentales, auf abstraktivem Wege gewonnenes Kriterium: sie verlegt den Krieg lediglich von der Aktualität des blutigen Geschehens in die Potentialität bzw. Eventualität einer existentiellen Disposition und stiftet auf diese Weise zwischen beiden Punkten ein Kontinuum, eine Eskalationslinie. Die Feindschaft kann den Krieg weder erklären noch hervorbringen, weil sie der Krieg noch einmal ist, seine Verdopplung, seine Spiritualisierung.

111  Ebd., 454.

dadurch in den "immer neue[n], tumultöse[n] Situationen" Halt zu finden, daß man "das Phänomen" bzw. "die Wirklichkeit, daß es Feindschaft zwischen Menschen gibt" (*BdP*, 15), im Auge behält, etwas von jener Vergeblichkeit, die Musil meta-phorisch so ausdrückt: "In diesem Wechsel der Erscheinungen Halt finden zu wollen, ist so schwer wie ein Nagel in einen Brunnenstrahl zu schlagen"[112]?

Den Roman des Zeitalters der Neutralisierungen und Entpolitisierungen hat, so meine These, Musil mit seinem *Mann ohne Eigenschaften* geschrieben. Musil zeigt uns, wie das Politische in Gestalt der "Parallelaktion" längst in den Zustand der Simulation oder des (medientechnisch reproduzierbaren) *Schemas* eingetreten ist. Kakanien ist in Wahrheit nicht die Dämmerung der alten, sondern die Morgenröte der neuen, paradoxen Politik der Entpolitisierung, die sich allenfalls noch durch die Intensitäten des Nationalen ihres klassischen Bezugs zum "Modell einer nach innen geschlossen befriedeten, nach außen geschlossen als Souverän gegenüber Souver-änen auftretenden politischen Einheit" (*BdP*, 11) versichert. Aber selbst vom Na-tionalismus der in Kakanien lebenden Völker gilt: "Er war mehr ein geschichtlicher als ein wirklicher Vorgang"[113]. Wenn Carl Schmitt in seiner *Leviathan*-Studie den Niedergang der europäischen Staatlichkeit in die Symbolik eines blutigen Massa-kers kleidet - die Zerschneidung des Leviathan durch die wie "Messer" funktionie-renden Organisationen der indirekten Gewalten, die das "Fleisch" als Beute unter sich verteilen (*L*, 118) -, beschreibt Musil denselben Vorgang aus entdramatisierter Perspektive, die den anonymen und dispersen Transformationsprozessen des Poli-tischen viel näher kommt. So berichtet er, "daß Kakanien, ein Staat, der ursprüng-lich so gut wie jeder und besser als mancher andere gewesen war, im Lauf der Jahrhunderte ein wenig die Lust an sich selbst verloren hatte."[114] Die fremdrefe-rentielle Perspektive, die die Krise der klassischen Staatlichkeit einem externen Verursacher ("Feind") zurechnet, der in Gestalt einer Bürgerkriegspartei auch *intern* operieren kann, weicht bei Musil einer noch dazu ironisch gebrochenen selbstrefe-rentiellen Sichtweise ("Unlust an sich selbst"). An anderer Stelle ist von Kakanien als dem Staat die Rede, "der sich selbst nur noch mitmachte", der die klassischen politischen Anrufungen nur noch deshalb reproduziert, weil sie von ihm weiterhin erwartet werden: *Politik als ob*. "Irgendwie hing alles als Schema in der Luft, in das man hineinlief"[115], resümiert Musil die conditio humana unter gesellschafts-strukturellen Vorzeichen, die Schmitt als eine *Occasionalisierung des Sinns* bezeichnen würde.

---

112  Ebd.
113  Ebd., 529.
114  Ebd., 514.
115  Ebd., 528.

Daß die "neue Kunst" alle Formen als *belanglose Schemata* behandelt, hatte Schmitt ihr in der *Politischen Romantik* vorgeworfen. Die eigentümliche Kraft des Romantischen, die die Kehrseite ihrer repräsentativen Impotenz ist, besteht darin, daß sie "alle sachlichen Gegensätze und Unterschiede, Gut und Böse, Freund und Feind, Christ und Antichrist, zu ästhetischen Kontrasten und Mitteln der Intrige eines Romans" macht und sie "ästhetisch in die Gesamtwirkung eines Kunstwerks" einfügt (*PR*, 21). Auch die politische Unterscheidung von *Freund* und *Feind* entgeht nicht der Ästhetisierung, ja, schlimmer noch, ihre mühelose Ästhetisierbarkeit wirft ein Licht auf die prätendierte *Sachlichkeit* dieser Unterscheidung außerhalb der künstlerischen Sphäre. Denn worin liegt der Skandal der "Ästhetisierung aller geistigen Gebiete"? Allein darin, daß im Zuge der Autonomisierung der modernen Kunst alles in ihrer Umwelt Vorfindliche zum Thema bzw. zum 'Anknüpfungspunkt' für die künstlerische Produktivität werden kann? Oder nicht vielmehr darin, daß die Kunst der modernen Gesellschaft exemplarisch die Künstlichkeit, d.h. Kontingenz aller Operationen dieser Gesellschaft vor Augen führt? Die "allgemeine Ästhetisierung" (*PR*, 21) verwandelt die Welt ja nicht in ein Gesamtkunstwerk, vielmehr setzt sie sie permanent dem Kontingenzdruck anderer möglicher Welten aus.[116] Es gibt also auch weiterhin, abgegrenzt von der Kunst Politik, Wirtschaft, Recht etc., die nach Maßgabe eigener Unterscheidungen operieren. Aber diese Un-

---

116  Vgl. vor diesem Hintergrund die Bestimmung der gesellschaftlichen Funktion der Kunst bei Luhmann: "Sie liegt *im Nachweis von Ordnungszwängen im Bereich des nur Möglichen.*" (Luhmann 1995, 238) Das heißt aber: Kunst steigert das Bewußtsein dafür, daß das Mögliche dem Realen gegenüber nicht ontologisch defizitär ist, weil es mit diesem das Merkmal des Nicht-Beliebigen teilt. Es klingt wie ein impliziter Kommentar zu Schmitts 'traditionalistischer' Perspektive auf die Romantik (die trotz allem, wie gezeigt, eine theoretisch instruktive Definition des Romantischen gestattete), wenn Luhmann wenig später fortfährt: "Was in der Kunst sichtbar wird, ist nur die Unvermeidlichkeit von Ordnung schlechthin. Daß hierbei transhierarchische Strukturen, selbstreferentielle Zirkel, transklassische Logiken [allesamt Beispiele für occasionelle Ordnungsbildungen im Sinne Schmitts, Vf.] und alles in allem größere Freiheitsgrade in Anspruch genommen werden, entspricht den gesellschaftlichen Bedingungen der Moderne und zeigt an, daß eine in Funktionssysteme differenzierte Gesellschaft auf Autorität und auf Repräsentation verzichten muß. Die Kunst zeigt, daß dies nicht, wie Traditionalisten befürchten könnten, auf einen Ordnungsverzicht hinausläuft." (Ebd., 241). Diese Furcht spricht aus Schmitts Kritik der Romantik (die ich von seiner Definition unterscheide): die "Widerspruchsfülle des Romantischen" (*PR*, 21) findet ihr Pendant in einer "individualistisch aufgelösten Gesellschaft", also in einem Sozialitätsvakuum, dem Schmitt das Bild einer sozialen Ordnung gegenüberstellt, in der die "ganze Last" des Geistigen "in verschiedenen Funktionen hierarchisch verteilt war" (*PR*, 26). Die kulturkritisch gängige Rede von der 'aufgelösten' Gesellschaft zeugt von der Weigerung Schmitts, seine Einsicht in die transklassische Struktur des Occasionellen soziologisch auszumünzen, wozu es nur einer kleinen umschaltenden Bewegung bedurft hätte.

terscheidungen verlieren jeden Anspruch auf "Sachlichkeit" oder Realitätsadäquanz, sie kommen erstmals *als Unterscheidungen*, die auch anders gewählt werden könnten, in den Blick - und sehen sich deshalb auf den Status von *Schemata* reduziert. Für die Unterscheidung allerdings, die Schmitt dem Politischen zuordnet, kommt noch hinzu, daß sie sozusagen intrinsisch auf die Sphäre des Ästhetischen verweist: das Ästhetische, davon kann alle anti-ästhetische Polemik Schmitts nicht ablenken, ist im Politischen *abwesend anwesend*, wofür die Semantik der *Intensität* ein Indikator ist. Die Erzeugung "äußerster Intensitätsgrade" kann nur unter Einsatz ästhetischer Mittel gelingen - und wenn sie in der Politik stattfindet, dann muß diese sich der ästhetischen Kontraste und der Mittel der Intrige bedienen, um die "Wirklichkeit" des Feindes allererst entstehen, das dramatische Spiel zwischen Protagonist und Antagonist, das die Welt des Erzählbaren beherrscht, in blutigen Ernst umschlagen zu lassen. Mit dem Konzept des "Intensitätsgrades" bzw. des "intensivsten und äußersten Gegensatzes" (*BdP*, 30) öffnet Schmitt seinen Begriff des Politischen den Mächten der Unterhaltung und des Interessanten, von denen er ihn doch eigentlich durch einen Abgrund getrennt wissen wollte. Der *Begriff des Politischen* scheitert am ästhetischen Indifferenzpunkt der Unterscheidung von Spiel und Ernst. "Die Ausnahme ist *interessanter* als der Normalfall" (*PTh*, 22).

Die Kraft zu einem existenziellen bzw. totalen (den ganzen Menschen erfassenden, seine "Todes- und Tötungsbereitschaft" erfordernden) Engagement, an die Schmitt das Politische zu binden versuchte, ist unter den Bedingungen massenkommunikativer Nachrichtenproliferation mit ihren psychosozialen 'Zerstreuungseffekten' nicht mehr aufzubringen. Schmitt reagiert darauf mit einer Betonung der "seinsmäßigen Wirklichkeit" und "realen Möglichkeit" des Freund-Feind-Gegensatzes, der, wie es in charakteristisch defensiver Wendung heißt, "auch heute noch wirklich" (*BdP*, 29) sei. Warum muß man die *Wirklichkeit* dieses Gegensatzes eigens betonen, warum muß man sie zu einer "realen *Möglichkeit*" abmildern, wenn er doch ontologisch ('seinsmäßig') verwurzelt ist? Von den Menschen Kakaniens gilt wie von denen "an allen Orten der Erde": sie liefen "zwischen einer ungeheuren Aufregung von Geräusch, Geschwindigkeit, Neuerung, Streitfall und allem, was sonst noch zur optisch-akustischen Landschaft unseres Lebens gehört, in einer unentschiedenen Gemütslage umher; wie alle anderen Menschen lasen und hörten sie täglich einige Dutzend Nachrichten, die ihnen die Haare sträubten, und waren bereit, sich über sie zu erregen, ja sogar einzugreifen, aber es kam nicht dazu, denn einige Augenblicke später war der Reiz schon durch neuere aus dem Bewußtsein verdrängt; [...] Ihre Ansichten waren Zufälle, ihre Neigungen waren längst da, irgendwie hing alles als Schema in der Luft, in das man hineinlief, und sie konnten nichts von ganzem Herzen tun oder lassen, weil es kein Gesetz ihrer Einheit gab"[117].

Wenn Schmitt die "Todes*bereitschaft* und die Tötungs*bereitschaft*" der Angehörigen eines Volkes zum Kriterium des ius belli macht (*BdP*, 46 - m.H.), dann sind die Kakanier nicht deshalb ein in "unentschiedener Gemütslage" verharrendes Volk, weil sie ein "schwaches Volk" sind, das "die Mühen und das Risiko der politischen Existenz fürchtet" (*BdP*, 54), sondern weil die "optisch-akustische [Medien-]Landschaft" die für die Weckung solcher Bereitschaften nötigen Anlässe bzw. "Reize" derart stark diversifiziert, daß für den Übergang vom Zustand der *Eventualität* in den der *Aktualität*, von der Bereitschaft zur Ausführung (von der Feindschaft zum Krieg) schlicht keine Zeit bleibt. Statt moralisch erschlafft zu sein, sind die Kakanier durchaus "bereit", sich über die auf sie in Form von "Nachrichten" einstürmenden Ereignisse "zu erregen, ja sogar *einzugreifen*", "aber sie konnten zu diesen Abenteuern nicht hingelangen, weil sie in einem Büro oder einer anderen Berufsanstalt gefangen saßen, und wenn sie gegen Abend freikamen, so explodierte ihre Spannung, mit der sie nichts mehr anzufangen wußten, in Vergnügungen, die ihnen kein Vergnügen bereiteten"[118]. Schmitt polemisiert gegen das "Spiel" der modernen, nicht länger an die Religion oder den Staat angelehnten Künste im Namen des "Einbruchs" bzw. der Durchschlagskraft des in Analogie zum religiösen Wunder imaginierten politischen Ernstfalls, der *Ausnahme*. Aber die Opposition von Spiel und Ernst ist selbst eine durch und durch ästhetische, der Ernst ist längst *perforiert*[119]. Das kann man schon daran erkennen, daß es Schmitt nicht gelingt, den Ernst des Politischen ohne Bezugnahme auf die Kategorien des *ästhetischen Genusses* zu definieren. Die unter diesem Gesichtspunkt entscheidende Stelle im *Begriff des Politischen* sagt vom politischen Ernstfall: "Von dieser extremsten Möglichkeit her gewinnt das Leben der Menschen seine spezifisch *politische* Spannung" (*BdP*, 35). Der Begriff der *Spannung* ist ebenso wie der der *Intensität* geradezu der Leitbegriff künstlerischer und massenmedialer Wirkungsabsicht. Unter den Bedingungen kakanischer Normalität explodiert diese Spannung gerade nicht in bewaffneten Kämpfen, sondern in "Vergnügungen", wobei dieser Begriff eher eine soziale Institution meint und keineswegs den 'wahren' psychischen Zustand derer angeben muß, die sich ihnen aussetzen.

Von einer Welt, die die "Intensität" politischer Freund-Feind-Unterscheidungen nicht mehr kennen würde, sagt Schmitt mit offensichtlichem Abscheu, daß es in ihr "mancherlei vielleicht noch sehr interessante Gegensätze und Kontraste geben

---

117  Ebd.
118  Ebd.
119  Die Formel vom "'perforierten Ernst'": ebd., 636.

[könnte], Konkurrenzen und Intrigen aller Art, aber sinnvollerweise keinen Gegensatz, auf Grund dessen von Menschen das Opfer ihres Lebens verlangt werden könnte und Menschen ermächtigt werden, Blut zu vergießen und andere Menschen zu töten" (*BdP*, 35f.). Die Logik dieser Argumentation verdankt sich einer souveränen Verkennung der Funktionsweise der modernen demokratisierten Politik, die sich der Gefolgschaft des *Publikums* kommunikativ nicht zuletzt dadurch versichert, daß sie ästhetische Formen ("interessante Gegensätze", "Kontraste" und "Intrigen") einsetzt, um die spezifisch *politische* Spannung zu erzeugen. Diese Verkennung überrascht um so mehr, als Schmitt doch in seiner *Parlamentarismus*-Schrift die "plakatmäßig eindringliche Suggestion", kurz: das "Symbol" als das eigentliche Element der politischen Kommunikation erkannt hatte (*LP*, 11). Statt den Gegenpol der "extremsten Möglichkeit" (des 'Gespanntseins' auf den Krieg) abzugeben, spielt die "Unterhaltung" (*BdP*, 54) nicht nur beständig mit dieser Möglichkeit, sie stellt das "Schema" (Musil/Schmitt) dieser Unterscheidung auch der Politik zur Verfügung, die nicht aufhört, soziale Konfliktlagen immer wieder mit Gesichtern (Freund/Feind) auszustatten.[120] Auf diese Weise werden die sozialen und psychischen Erschütterungen, die von gesellschaftsstrukturellen Umbrüchen und Turbulenzen ausgehen, mittels "interessanter Gegensätze" (Wir/Die; links/rechts) und "Kontraste" (politische 'Farbenlehre') sowie natürlich "Intrigen" (die durchaus weltpolitisches Ausmaß annehmen können) abgefangen.

Nach dem Zusammenbruch der im Kalten Krieg entwickelten und gepflegten politischen Großidentitäten entsteht, wie Phönix aus der Asche, sofort eine neue beobachtungsleitende "Superdifferenz"[121]. Auch wenn sich den Beteiligten die neue Ost/West-Differenz, die sich in kaum einer Kommunikation über unsere Post-Wende-Gegenwart vermeiden läßt, als spontane und einzig angemessene Reaktion auf die "sozialen Kometeneinschläge" des politischen und gesellschaftlichen Umbruchs aufdrängt, wenn sie also gerade deshalb überzeugt, weil sie den "größeren Eindruck" und die "stärkeren Affekte" (Schmitt) hervorruft, erkennt ein professioneller Beobachter der Gesellschaft schnell die "ungeheuerliche Simplifikation angesichts der Weltgesellschaftlichkeit der hier anfallenden Komplexität". Zugleich erkennt er aber auch, daß es sich bei dieser Superdifferenz um "eine sozial und psychisch fungierende Simplifikation" handelt, "die sich (das gehört zu ihren Vorteilen) nur schwer beobachten läßt, weil die Beobachtung selbst diesem Schema

---

120 "Seinen kommunistischen Feind malte der italienische Fascismus mit einem grausigen Bild, dem mongolischen Gesicht des Bolschewismus; es hat größeren Eindruck gemacht und stärkere Affekte hervorgerufen als das sozialistische Bild vom Bourgeois." (*LP*, 88f.)
121 die Peter Fuchs jüngst eindringlich in ihrer "fatalen Wirksamkeit" vorgeführt hat (Fuchs 1995).

aufsitzt, vor allem, wenn sie nicht am grünen Tisch verfertigt wird, sondern angesiedelt ist in den Niederungen der sozialen Realität."[122]

Statt politisches Urphänomen bzw. irreduzible Tatsache zu sein, hat die
Freund/Feind-Unterscheidung, der monströseste Generator einer sich selbst be-
kräftigenden Realität, die Funktion, unter Zuhilfenahme "alle[r] verwertbaren anderen Unterscheidungen" (*BdP*, 28) 'abstrakte' (welt-)gesellschaftliche 'Friktionszo-
nen' bildhaft so zu veranschaulichen, zu fiktionalisieren, daß die Logik des *Aktionsbildes*[123], die nicht zuletzt die militärische Phantasie beflügelt, an sie anschließbar ist. Superdifferenzen provozieren den Ruf nach einem handlungsförmigen
Zugriff auf die Gesellschaft in ihrer Totalität, indem sie sie gegen alternative Beob-
achtungs- und Beschreibungsmöglichkeiten, die immer auch alternative Weisen des
Abarbeitens von 'unfaßbarer' Komplexität anregen, abzuschirmen versuchen.
Heutzutage sehen die "Tatmenschen", so Musils Mann ohne Eigenschaften, wie
"Kegelspieler aus, die mit der Gebärde eines Napoleon imstande sind, neun
hölzerne Dinger umzuwerfen. Es würde mich nicht einmal wundern, wenn sie am
Ende gewalttätig übereinander herfielen, bloß wegen der ihnen über den Kopf
wachsenden Unbegreiflichkeit, daß alle Taten nicht genügen!"[124] Zwar verwarf
Carl Schmitt den "Massenglauben eines antireligiösen Diesseits-*Aktivismus*" (*BdP*,
93 - m.H.) - allerdings nicht, wie er Jahrzehnte später signalisieren wird, in
christlich-epimetheischer Absicht, im demütigen Vertrauen auf die unerforschlichen
Wege der göttlichen Vorsehung, sondern im Namen einer Politik, die *stärker* zu
sein beanspruchte als ihr antireligiöser Widersacher, mit diesem aber die Methode
des Vorgehens teilt: die Indienstnahme der Technik für ihre (in diesem Fall: religiös
ausgeflaggten) Ziele. Als die größte Sünde wider das Politische gilt Schmitt in
jedem Fall der "Verzicht auf den Kampf" (*BdP*, 95).

---

122  Ebd., 105.
123  Vgl. dazu das Kapitel IV dieser Arbeit.
124  Musil 1992, 741.

KAPITEL II

# DIE FIXE IDEE

*1. Die Öffentlichkeit in der Epoche des Simultanen*

Mit einer Formulierung Schmitts aus der *Politischen Theologie* kann man sagen, daß es das Signum der Zeit ist, "daß sie der Entscheidung ausweichen will" und den Widerspruch, der logisch unerträglich sein mag, dadurch 'entschärft', daß sie ihn *verräumlicht*. Die von Foucault so genannten *Normalisierungsgesellschaften*, die sich durch den "Austausch antinomischer Sätze" reproduzieren, sind daher strukturell *diskutierende Gesellschaften*. Allerdings darf man der von diesen Gesellschaften praktizierten Diskussion nicht jene rationalistische Fiktionen unterschieben, denen sich sozialphilosophische Theorien der Öffentlichkeit verschreiben: weder sind es die zum Publikum versammelten Privatleute, die die alte, repräsentative Öffentlichkeit ablösen, indem sie ihre 'Meinung' an deren Stelle setzen, noch wird dieser öffentliche 'Meinungsbildungsprozeß' (der dann später, einer bekannten Logik des Verfalls entsprechend, von den ökonomischen Interessen mächtiger sozialer Gruppen kolonialisiert und depraviert wird) durch das Prinzip des 'zwanglosen Zwangs des besseren Arguments' (Habermas) reguliert. Die 'normalistische' Diskussion terminiert in keinem Konsens, statt den Sieg des stärkeren über das schwächere Argument herbeizuführen, funktioniert sie wie eine Maschine zur Vervielfältigung der Argumente und Ideen, die sie in einen permanenten Kontakt miteinander bringt. An die Stelle der *Selektion* tritt die *Invention*, das sich Widersprechende wird in die Form des *Nebeneinander* überführt, die *Entscheidung* bzw. das 'Duell' wird durch Relationen und Konjunktionen ersetzt, durch die Ebene, die der Semiotiker Peirce als "Drittheit" bezeichnet.

   Michel Foucault hat davon gesprochen, daß unsere gegenwärtige Epoche - im Unterschied zum 19. Jahrhundert, dessen große Obsession die Geschichte war - "die Epoche des Raumes" ist: "Wir sind in der Epoche des Simultanen. Wir sind in der Epoche der Juxtaposition, in der Epoche des Nahen und Fernen, des Nebeneinander, des Auseinander." Foucault beschreibt die Geschichte der Entwicklung des Raumes seit dem Mittelalter bis in die Gegenwart: von der "Ortung" (ein zentraler Begriff Schmitts im *Nomos der Erde*[1]) über die "Ausdehnung" (den von Koyré so genannten Übergang von der geschlossenen Welt zum unendlichen Universum) hin zur "Lagerung" bzw. "Plazierung"[2]: "Wir sind in einer Epoche, in der sich uns der Raum in der Form von Lagerungsbeziehungen darbietet". Wenn das 19. Jahrhundert auch von der Geschichte besessen war, so kündigt sich doch bereits in ihm, vor allem in seiner Literatur, das Bewußtsein von der Erlahmung des historischen Schwunges und des Eintritts in eine Epoche des Raumes an, nicht länger der leere Raum der Physik, sondern der durch neuartige Lagerungs- und Nachbarschaftsbeziehungen gekennzeichnete *soziale Raum*. Es existieren bereits im 19. Jahrhundert literarische Bilder von diesem neuen Raum, der durch komplexe "Relationenensembles" (Foucault) definiert wird; bei Honoré de Balzac finden wir eines dieser Bilder, das uns deshalb interessieren muß, weil es zeigt, wie auch die *Öffentlichkeit* sich den Anforderungen dieses neuen, "heterogenen Raumes", von dem Foucault spricht, anpaßt. Dieser Raum bringt die Widersprüche und Antithesen in die schizophrenisierende Form des Nebeneinander ihrer Glieder, so daß wir verstehen, wenn Foucault sagt, daß wir durch ihn "aus uns herausgezogen werden" und daß sich in ihm die "Erosion unseres Lebens, unserer Zeit und unserer Geschichte abspielt, dieser Raum, der uns zernagt und auswäscht".[3]

Balzacs minutiöse Beschreibung der Pariser *Galeries-de-Bois* befindet sich im zweiten Buch der *Verlorenen Illusionen*. Es handelt sich bei diesen Galerien um einen Raum, der durch Lagerungsbeziehungen gekennzeichnet ist, die aufs äußerste verdichtet sind. Balzac beschreibt ihn als einen Raum der "wunderbarsten Gegensätze" und der "ungeheuerlichen Vermischung", und man wird sehen, daß diese Vermischung neben ihrer sozialen Bedeutung auch eine sexuelle Konnotation hat, so daß sich Balzacs Raum als eine präzise Inszenierung der Formel Schmitts von der "geistigen Promiskuität" (*RK*, 12)[4] erweist - Balzac spricht davon, daß der Anblick dieses "phantastischen Baus alles [bot], was die Pariser Schmutzigkeit an Sonderlichkeiten hervorgebracht hat"[5]. Neben der Heterogenität seiner Elemente kennzeichnet die Galerien ihre äußerste *Fülle*: die "Enge" ist so groß, daß selbst die "Zwischenräume" mit Elementen des benutzten Raumes angereichert sind. Es gibt keine Leere, die Nachbarschaftsbeziehungen haben eine solche Dichte - Foucault

---

1  Vgl. dazu das Kapitel V dieser Arbeit.
2  Die entsprechenden französischen Ausdrücke lauten der Reihe nach: *localisation, l'étendue* und *l'emplacement* (Foucault 1994, 753).
3  Foucault 1990, 38.
4  Balzac 1978, 290.
5  Ebd., 285.

spricht von "Stapelungen" (*stockages*) - erreicht, daß die 'saubere' Trennung und Unterscheidung der Elemente oft kaum möglich ist: die *Galeries-de-Bois* sind ein "gemeiner Bazar", eine aus "Baracken" und "Bretterbuden" zusammengewürfelte Anhäufung von Geschäften aller Art, vor allem aber des *Buchhandels.*

Auf den Räumen zwischen den Läden vegetierten "die seltsamsten Erzeugnisse einer der Wissenschaft unbekannten Botanik", "vermengt mit denen der nicht weniger florierenden verschiedenen Gewerbe. Ein Makulaturbogen bedeckte einen Rosenstrauch, so daß die Blumen der Beredsamkeit einbalsamiert waren von den verkümmerten Blüten dieses schlecht gepflegten, doch mit Abwässern gedüngten Gartens. In dem Laubwerk hingen Prospekte und Bänder in allen Farben. Modereste erstickten die Vegetation"[6]. Erste Ebene der "Vermischung", der "Promiskuität", die wir die *ontologische* nennen können: Vermischung des 'Natürlichen' und des Artifiziellen ebenso wie ihre unvermittelte Verbindung, Übereinanderlagerung, Stapelung, die beides in vollständiger Äußerlichkeit beläßt. Die Kultur ist hier nicht länger Kultivierung der Natur, sie faßt, mit einer Formulierung Schmitts, in keinem Boden mehr Wurzel: "Der Fußboden [...] der Galeries-de-Bois war der natürliche Boden von Paris, bereichert durch den künstlichen Boden, der an den Stiefeln und Schuhen der Passanten herbeigetragen wurde. Zu jeder Zeit stießen die Füße gegen Täler und Berge hartgewordenen Schlamms, den die Kaufleute unablässig wegkehrten und der den Neulingen das Gehen beschwerlich machte."[7] Natürlicher und künstlicher Boden wie zwei Schichten, die sich jedoch unablässig miteinander vermischen. Auf der *Verachtung des (Erd-)Bodens* ('hartgewordener Schlamm') ist Schmitt zufolge auch die heutige industrielle Zivilisation gegründet, und es ist kein Zufall, daß gerade bei der Beschreibung dieses Zustandes sein Text unmerklich literarische Züge annimmt: "Heute erscheint die Natur als der polarische Gegensatz zu der mechanischen Welt der großen Städte, die mit ihren steinernen, eisernen und gläsernen Kristallen [oder eben, wie bei Balzac, mit ihren Baracken und Bretterbuden, Vf.] wie ungeheure Kubismen auf der Erde liegen." (*RK*, 14).

Natur und Kultur werden als eine *Lagerungsbeziehung* aufgefaßt - und die Exteriorität der beiden Elemente, die durch bloße Nachbarschaft (relational statt existenziell) miteinander verbunden sind, faßt Schmitt als das Kennzeichen jener Zivilisationen auf, die "auf jedem Boden zu leben" verstehen (*RK*, 15). Diese von Schmitt als 'protestantisch' apostrophierte Ausbeutungsbeziehung zur Natur unterscheidet er strikt vom "römisch-katholischen Naturbegriff": "Römisch-katholische Völker scheinen den Boden, die mütterliche Erde, anders zu lieben; sie haben alle ihren 'terrisme'. Natur bedeutet für sie nicht den Gegensatz von Kunst und Men-

---

6    Ebd.
7    Ebd., 286.

schenwerk, auch nicht von Verstand und Gefühl oder Herz, sondern menschliche
Arbeit und organisches Wachstum. Natur und Ratio sind Eins. Der Weinbau ist das
schönste Symbol dieser Vereinigung, aber auch die Städte, die aus solcher Geistes-
art gebaut sind, erscheinen wie natürliche gewachsene Produkte des Bodens, die
sich der Landschaft einfügen und ihrer Erde treu bleiben." (*RK*, 15) Die Metaphern
des Organischen bzw. des Wachstums taugen nicht mehr zur Beschreibung der
modernen Industriestädte, die tendentiell an beliebigen Orten entstehen können.
Man denke nicht nur an Industriestädte in Wüsten, sondern auch an so künstliche
Arbeits- und Lebensformen, wie sie auf Ölbohrinseln existieren, die jeden Kontakt
zum 'Boden' verloren haben.

Neben dieser "Promiskuität" auf ontologischer Ebene (die Städte können sich mit
beliebigen Böden 'vermischen') beschreibt Balzac sodann die neuen Lagerungsbeziehungen zwischen den *sozialen Funktionen*, darunter eben auch die *Öffentlichkeit*. Balzac, der die Galerie auch "ein Zigeunerlager" nennt, erklärt, daß diese
*mobile* und *provisorische* Physiognomie "wunderbar zu den verschiedenen Gewer-
ben [paßte], die sich unter diesem frechen und schamlosen Schuppen tummelten,
der von Geschnatter und närrischer Heiterkeit erfüllt war und wo seit der Revolution von 1789 bis zur Revolution von 1830 *immense Geschäfte* gemacht wurden.
Zwanzig Jahre lang tagte gegenüber, im Erdgeschloß des Palais, die *Börse*. So
nahmen hier die *öffentliche Meinung*, die Reputationen wie auch die politischen
und finanziellen Affären Anfang und Ende. Vor und nach der Börse gab man sich
in diesen Galerien ein Stelldichein. [...] *Hier gab es Buchhändler, Dichtung, Politik
und Prosa, Modehändler und schließlich Freudenmädchen*, die nur am Abend ka-
men. Hier erblühten die Neuigkeiten und die Bücher, der junge und der alte Ruhm,
die Verschwörungen der Tribüne und die Lügen des Buchhandels. Hier wurden die
Novitäten dem Publikum verkauft, das sich darauf versteifte, sie nur hier zu kau-
fen. Hier wurden an einem einzigen Abend mehrere tausend Exemplare irgendeines
Pamphlets von Paul-Louis Courier verkauft oder die 'Abenteuer der Tochter des
Königs', jener erste Schuß, den das Haus Orléans auf die Charte Ludwigs XVIII.
abgab."[8] "Wenn die Hierarchie der geistigen Sphäre sich auflöst, kann alles zum
Zentrum des geistigen Lebens werden" (*PR*, 21), schreibt Schmitt in der *Politischen Romantik*, auch ein aus Baracken und Bretterbuden bestehender "Bazar",
wäre diesem Satz noch hinzuzufügen. Das Geistige tritt ebenso wie das Politische
*neben* die übrigen, 'profanen' Funktionen der Gesellschaft, es bewegt sich "zwischen Ethik ('Geistigkeit') und Ökonomik (Geschäft)" (*BdP*, 70), die Politik hat
ihren Platz zwischen Börse und Literatur; aus "dem politisch geeinten *Volk* wird
auf der einen Seite ein kulturell interessiertes *Publikum* [bei Balzac symbolisiert

---

8     Ebd., 286f. - m.H.

durch den "Buchhandel" und seine "Novitäten, Vf.], auf der andern teils ein *Be-triebs- und Arbeitspersonal* [symbolisiert durch das "Paris der Bankiers und der Kaufleute", Vf.], teils eine *Masse* von *Konsumenten* [bei Balzac symbolisiert durch die "Literaturhungrigen" und die zwischen Literatur und Politik oszillierenden "Pamphlete", Vf.]." (*BdP*, 71).

Die Vermischung der ontologisch und sozial differenzierten Bereiche wird abge-schlossen durch die 'gefährlichste' aller Nachbarschaften, der Interferenz der Ge-samtheit der *öffentlichen* Funktionen mit dem Reich der *intimen* Kommunikation: Gipfel der kulturellen Promiskuität, die Sexualität selbst verläßt den ihr zugewiese-nen Platz, die Sphäre des Privaten, und mischt sich in Form der Prostitution unter die Öffentlichkeit. Schmitts Affekt gegen die "vielen Synthesen" (*RK*, 12) und ge-gen eine "occasionalistische" Geisteshaltung, wie sie sich seiner Meinung nach ex-emplarisch in der Romantik verkörpert, gilt natürlich erst recht jenen durch die Prostitution gestifteten, flüchtigen Geschlechter-Synthesen, deren Basis der "An-laß", die "Gelegenheit", der "Zufall" ist. Rufen wir uns in Erinnerung, wie Schmitt in der 2. Ausgabe der *Politischen Romantik* den Begriff der *occasio* - Gegenbegriff zur *causa* - definiert: "Es ist ein auflösender Begriff, denn alles, was dem Leben und dem Geschehen Konsequenz und Ordnung gibt [...] ist mit der Vorstellung des bloß Occasionellen unvereinbar." (*PR*, 22) Die auflösende Wirkung der occasiona-listischen Geisteshaltung, die Balzac zunächst auf der ontologischen, dann auf der sozialen Ebene demonstriert hatte, erreicht ihren Höhepunkt auf der Ebene der Körper und Geschlechter, dort also, wo die "Promiskuität" aufhört, eine bloße Metapher zu sein. Balzac vergleicht die Prostitution mit der verheerenden Wirkung des *Feuers*: "jede Unvorsichtigkeit konnte in einer Viertelstunde diese Republik sonnengedörter Bretter in Flammen aufgehen lassen; ohnehin war sie schon von der Prostitution wie entflammt und mit Gaze, Musselin und Papier vollgestopft, die zuweilen von einem Luftzug durcheinandergewirbelt wurden."[9] Die "Welt ohne Substanz" (*PR*, 25), deren Struktur Schmitt in seinem "Vorwort" zur *Politischen Romantik* analysiert, ist die Welt der Oberflächeneffekte, eine Welt ohne jede Tiefe und feste Verbindungen, ohne "Konsequenz und Ordnung", aus "Gaze, Musselin und Papier", also leichten, ephemeren Materialien bestehend, durch einen bloßen Zufall (statt eines 'zureichenden Grundes', einer effektiven *causa*) jederzeit bis zur Unkenntlichkeit veränderbar.

"Diese ungeheuerliche Vermischung hatte etwas Prickelndes an sich, die unemp-findlichsten Menschen waren davon berührt", resümiert Balzac seine Beschreibung dieses Ortes und seiner "infamen Poesie"[10]. Bereits Balzac entwirft die Topogra-

---

9   Ebd., 287.
10  Ebd., 290.

phie eines urbanen Ortes, von dem man mit Musil sagen könnte, daß ihm etwas abhanden gekommen ist. Was? "Ein Vorzeichen" scheint weggefallen, die Wirkungs-
kraft jener *causa* erlahmt zu sein, die die Welt als eine geordnete und berechenbare
beschreibbar macht. Auch bei Musil finden wir das Bewußtsein eines neuen, "heterogenen Raumes", der die Widersprüche durch die Lagerung des sich Widersprechenden, durch die synchrone *Konfigurierung* der heterogenen Elemente umfunk-
tioniert. "Dicht neben den Straßen, wo alle dreihundert Schritte ein Schutzmann den
geringsten Verstoß gegen die Ordnung ahndet, liegen andere, die die gleiche Kraft
und Gesinnung fordern wie ein Urwald. Die Menschheit erzeugt Bibeln und Ge-
wehre, Tuberkolose und Tuberkulin. Sie ist demokratisch mit Königen und Adel;
baut Kirchen und gegen die Kirchen wieder Universitäten; macht Klöster zu Kasernen, aber teilt den Kasernen Feldgeistliche zu. [...] Es ist das die bekannte Sache
mit den Widersprüchen, der Inkonsequenz und Unvollkommenheit des Lebens."[11]
Daß sie demokratisch mit Königen und Adel zu sein versuchte, offenbarte für Donoso Cortés und Carl Schmitt "die innere Unsicherheit und Halbheit dieser liberalen
Bourgeoisie des Julikönigtums. Ihr liberaler Konstitutionalismus versucht, den
König durch das Parlament zu paralysieren, ihn aber doch auf dem Thron zu lassen, also dieselbe Inkonsequenz, die der Deismus begeht, wenn er Gott aus der
Welt aussschließt, aber doch an seiner Existenz festhält" (*PTh*, 75f.) Unsicherheit,
abwartende Halbheit, Inkonsequenz, Ausweichen, Schwanken, Kompromiß: mit
diesen und anderen Vokabeln versucht Schmitt eine einschneidende Transformation
der politischen Kultur und des öffentlichen Raumes als das Ergebnis einer fundamentalen 'Charakterschwäche' zu präsentieren. Lorenz von Stein hatte diese Entwicklung auf die von Schmitt zitierte Formel vom "'unlösliche[n] Verschwimmen
der feindlichen Elemente ineinander'" (*PTh*, 77) gebracht und sie, ähnlich wie
Musil, allerdings ohne dessen offensichtliche Ironie, kurzerhand für ein Kennzeichen (der Fülle) des 'Lebens' ausgegeben. Daß sich die Gesellschaft insgesamt als
ein Kommunikationszusammenhang formiert, daß es keine wie auch immer gedachten außer- bzw. übergesellschaftlichen Instanzen mehr geben wird, die die Gesellschaft hervorbringen, den sozialen Zusammenhang stiften bzw. über seine
'Grenzen' und seine 'Identität' entscheiden, daß die Gemeinschaften ohne die Figur
des *Gesetzgebers* auskommen müssen, ist die eigentliche Botschaft der vielfältigen
Entwicklungslinien, die Schmitt mit dem Begriff der "liberalen Metaphysik" gei-
stesgeschichtlich zu fassen versucht. "Eine Klasse, die alle politische Aktivität ins
Reden verlegt, in Presse und Parlament, ist einer Zeit sozialer Kämpfe nicht gewachsen." (*PTh*, 75) Diese politische Einschätzung Carl Schmitts war offensichtlich vorschnell, weil sie das Ausmaß drastisch unterschätzte, in dem bereits die

---

11   Musil 1992, 27.

*Formierung* sozialer Positionen, der revolutionären wie der gegenrevolutionären, auf die publizistische Rede angewiesen war. Donoso Cortés hält seine berühmte *Rede über die Diktatur* nicht zufällig vor dem spanischen Parlament.

Es sind die Mächte des Geräuschs und des Falschen, die im 19. Jahrhundert 'das Politische' aufsaugen und jeden Versuch eines externen Zugriffs auf die Gesellschaft im ganzen, wie ihn die traditionelle Staatssemantik suggeriert, zuschanden werden lassen. Schmitt spricht von *liberaler Metaphysik*, aber in Wahrheit geht es allein um die Beschreibung und Verurteilung der desorientierenden Auswirkungen einer (massen)kommunikativen "Flutwelle", die im 19. Jahrhundert über alle gesellschaftlichen Positionen und Räume, auch die politischen, hinwegschwappt und sie auf dem *einen* gesellschaftlichen Immanenzfeld situiert. Was an der kommunikativen Proliferation vor allem erlebt wird, ist ihre "Unabschließbarkeit"[12], ein Phänomen, das Schmitt im Blick hat, wenn er von der liberalen Hoffnung spricht, die "definitive Auseinandersetzung, die blutige Entscheidungsschlacht [...] ließe sich durch eine ewige Diskussion ewig suspendieren." (*PTh*, 80) Die ewige Suspension durch die ewige Diskussion: das heißt auch, daß die Anschlußmöglichkeiten gesellschaftlicher Kommunikation immer unberechenbarer werden, daß die "politischen Einzelheit[en]" ebenso wie die metaphysischen Wahrheiten "diskutiert und transigiert" werden (*PTh*, 80), daß, mit einem Wort, "die menschliche Gesellschaft sich in einen ungeheuren Klub verwandelt" (*PTh*, 80), was soviel heißt wie: sie stellt sich *als* menschliche Gemeinschaft nur noch kommunikativ her, nämlich, mit einem Begriff Kierkegaards, der soziologisch weiterzudenken wäre: als "Wechselwirtschaft"[13].

Man darf freilich die im 19. Jahrhundert emergierende Realität der Kommunikationsgesellschaften nicht, wie Schmitt, mit den liberalen Programmatiken verwechseln, die, was beim damaligen technischen Stand der Kommunikationsmedien nicht sonderlich überrascht, die kollektiven Redeformen nach dem Muster des *Gesprächs* bzw. der *Diskussion* vorstellten und auf diese Weise utopisch aufladen konnten. Die Realität dieser Kommunikationsgesellschaften verlangt eine Beschreibung in Kategorien der *Information* und nicht der *Interaktion*, in Kategorien von *Sender* und *Empfänger* und nicht in Kategorien des symmetrisch organisierten *Austauschs* von *Argumenten*. Michel Serres hat auf unsere Unfähigkeit hingewiesen, das zu benennen, was die Gesellschaft 'im innersten zusammenhält', ja überhaupt zu definieren, was das "Kollektiv" nach dem Zerfall aller der Kommunikation entzoge-

---

12  Fuchs 1992, 113.

13  Kiekegaard 1988, 329-349, besonders 339, wo er eine extensive von einer intensiven Dimension der Wechselwirtschaft unterscheidet. Für die intensive Wechselwirtschaft ist der Zustand der sozialen Indeterminiertheit bzw. der Stimulation durch das sich zufällig bietende Ereignis typisch: sie sichert das "vollkommene Schweben" (Ebd., 343).

nen *Prä-texte* und (extra)sozialen *Subjekte*, die seine Ordnung hervorzubringen und zu garantieren vermöchten, noch ist:

"Wir verstehen nichts vom Kollektiv, noch von der Gesamtheit. [...] Das Kollektiv ist kein gewöhnliches Objekt, es ist weder einer Definition noch einer Einteilung noch eines Außen fähig. Es ist auch kein Subjekt: Wer von uns wäre dieses Subjekt? Wer wäre dieses Wir? Wer ist es? Was sagt es? Wo ist es? Diese Gesamtheit ist kein Subjekt, sie ist kein Objekt, sie steht also außerhalb unserer Erkenntnisfunktionen. Wir wissen nicht, was das heißt: *wir*. Wir wissen nicht, was es konstituiert. Wir wissen nicht, was zwischen uns hin und her geht; wir wissen nicht, was zwischen uns abläuft. Wenn es keine Erkenntnis gibt, wie könnte es dann möglich sein, daß es einen Willen gibt? Dieser allgemeine Wille ist ein Automorphismus, darunter verstehe ich die Projektion oder Reproduktion dessen, was ich in mir ablaufen zu sehen glaube, in dieses neue mythische Subjekt: das Wir. Er ist eine rücküberssetzte Egologie. Wer garantiert denn, daß das Wir dieselben Attribute, dieselben Fähigkeiten hat wie das Ich? [...] Wir haben hinsichtlich des Kollektivs denselben Irrtum begangen wie hinsichtlich Gottes, wir haben ihn nach dem Bilde des Ich geschaffen. Nach dem Bilde unserer Seele gelegentlich, wenn man ihm einen Willen, einen Intellekt und Entscheidungsfähigkeit beilegt [...]; aber oft nach dem Bilde des Körpers: das große Tier, der mystische Körper, Leviathan, biologische Modelle, das Tier. Nein, wir wissen vom wir nur so viel, wie wir vom Ich, von Körper und der Seele wissen. *In summa* wissen wir gar nichts, und wiederum ist das Kollektiv dunkel und macht Lärm."[14]

Was will Schmitt mit der *Politischen Theologie* und dem *Begriff des Politischen* verhindern, was will er aufhalten? Den Prozeß der *Vergesellschaftung des Staates*, an dessen Ende die kollektive *black box* steht, aus der der Lärm steigt (die massenkulturelle "Unterhaltung", die Schmitt so perhorresziert[15], ist nur eine seiner Varianten), wie Serres schreibt: keine wirkliche Auflösung des sozialen Zusammenhaltes, aber doch eine so weitgehende Abstraktion aller kollektiven Beziehungen, daß kein Individuum sich mit seinem Körper, seiner Seele oder seinem Ich mehr in dem 'Ganzen' wiederzuerkennen oder, wie Kierkegaard schreibt, "festzurennen" vermag. Das Kollektiv als *black box*, also der zeitgenössische Zustand der 'fortgeschrittenen' Industrie- bzw. heute: Informationsgesellschaften, ist jene "'soziale Einheit'", von der Schmitt im *Begriff des Politischen* spricht, eine Formel, mit der er die vollständige *Disjunktion* zwischen existentiellem Erleben und öffentlichem 'Kollektiv' markiert. Die "Bewohner einer Mietskaserne oder die an dasselbe Gaswerk angeschlossenen Gasbezieher oder die Reisenden des gleichen Autobus" sind Schmitts Beispiele für die "soziale Einheit", die einen Zustand äußerster *Serialität* bzw. vorübergehender, flüchtiger *Verknüpfung* der in ihr Zusammengeschlossenen

---

14  Serres 1984, 187f.

15  und die der Kierkegaardsche Ästhetiker bezeichnenderweise zum Definiens seiner Anthropologie macht: "Ich nehme an, daß des Menschen Bestimmung ist, sich zu unterhalten" (Kierkegaard 1988, 336).

anzeigen soll. Wenn die *Erlebnisgesellschaft* die Nachfolge des *souveränen Staates* und des von ihm implizierten Modells politischer Vergemeinschaftung angetreten hat, hat sich, entgegen der Suggestion des neuesten soziologischen Schlagwortes, das Erleben endgültig von *der Gesellschaft* (als eines öffentlich vorgeschriebenen Modells 'kollektiver Existenz') zurückgezogen. Die Menschen haben die Gesellschaft vergessen, indem sie sie zum "Resonanzboden"[16] herabsetzen.

## 2. Ideenflucht und Weltauflösung

> Dauer übersteigt unsere Mittel.
>
> Paul Valéry

Wenn Schmitt von der heute herrschenden "Art ökonomisch-technischen Denkens" beklagt, daß sie "eine politische Idee gar nicht mehr zu perzipieren" vermöge - wobei er den "Kern" dieser Idee als "die anspruchsvolle moralische Entscheidung" definiert (*PTh*, 82f.) -, dann handelt es sich bei diesem korrekt diagnostizierten Unvermögen nicht um den Mangel eines bestimmten Denkens, sondern um den Effekt einer wechselseitigen Neutralisierung bzw. Paralysierung der Ideen als Folge ihrer publizistischen Überproduktion. Statt eines Ideenschwundes, an dessen Ende die "technische Präzision" (*RK*, 28) als allein legitime Form übrigbliebe, wie Schmitt fürchtet, erleben wir im Gegenteil die Auswirkungen einer Ideeninflation, einer Ideenmobilisierung, einer ungeheueren Steigerung der Ideenzirkulation, der Schmitt in der *Politischen Theologie* mit der dezisionistischen Geste des Beendens, des Abschneidens jeder weiteren 'Diskussion' begegnen zu können glaubt. "Diktatur ist der Gegensatz zu Diskussion" (*PTh*, 80), heißt es lapidar, sie arrettiert das "ewige Gespräch", den kommunikativen Generator der Ideen. Was Schmitt unter dem geistesgeschichtlichen Stichwort 'Romantik' rubriziert, ließe sich auf die präzisere Formel einer *Informatisierung der Ideen* bringen. Gerade das Element, das für Schmitt den "Kern der politischen Idee" ausmacht, "die anspruchsvolle moralische Entscheidung", wird den Ideen durch den Aufstieg der modernen Informationsmächte *entzogen*: Extraktion des transzendenten Formelements, der "Pose" aus dem Ideenkörper, also jenes hevorgehobenen Moments, das es erlaubt, die Idee zu *subjektivieren*, sie als eine 'Willensmaschine' aufzufassen, die jeden, der sie bedenkt, vor eine Entscheidung stellt. Die Idee '*horizontalisiert*' sich, gewinnt allenfalls noch Kontur durch die Bezugnahme auf vorausgegangene und zukünftige

---

16   Ebd., 342.

Ideen, begibt sich, wenn man so will, auf eine abschüssige Bahn. In dieser konkreten Situation bewundert Schmitt an Donoso die Reduktion der Idee auf die reine *Pose der Entscheidung*. Das heroische Bild der 'Gegenrevolutionäre', das Schmitt zeichnet und das keineswegs der tatsächlichen Praxis ihrer 'Ideenpolitik' entspricht, isoliert das Moment der Entscheidung von allen 'inhaltlichen', die 'Legitimität' berührenden Elementen der 'Idee', weil die Erfahrung der Unabschließbarkeit des mit der Gesellschaft koextensiv gewordenen "Gesprächs" jeden 'Inhalt' der Kontingenz aussetzt, so daß, einem Wort Valérys zufolge, die solchen Kommunikationsbedingungen ausgesetzten Gehirne zu "Mistbeet[en] für eine Unzucht von Fragezeichen"[17] werden. Die einschlägige Formulierung Schmitts, die nicht zufällig auf die *Aktualität* der gegenrevolutionären Position Bezug nimmt, lautet: "Die aktuelle Bedeutung jener gegenrevolutionären Staatsphilosophen aber liegt in der Konsequenz, mit der sie sich entscheiden." (*PTh*, 83)[18] Die "aus dem Nichts geschaffene absolute Entscheidung" ist das Bild der *reinen Pose* bzw. der *absoluten Wahl*, denn es inszeniert die Absolutheit bzw. die Transzendenz eines souveränen Subjekts, das sich zutraut, auch das ideen- bzw. kommunikationsverlorene gesellschaftliche Immanenzfeld zu re-subjektivieren, so daß "der Augenblick des letzten Kampfes" kommen kann (*PTh*, 83). Die Ereignisse auf dem historisch-gesellschaftlichen Feld wieder nach dem Modell des *Aktionsbildes* zu organisieren (wobei diese Aktion auch ein "inneres Handeln"[19] meinen kann), ist der eigentliche Einsatz der Politischen Theologie. Bei den katholischen Gegenrevolutionären beobachtet Schmitt ein Verfahren der *Ideenfixierung*, die Informatisierung der Ideen soll wieder rückgängig gemacht werden, indem jede Position innerhalb der Kommunikation auf eine implizite *politisch-theologische Parteinahme* zurückgeführt wird: "radikale Begrifflichkeit" (*PTh*, 59) bzw. "radikale Geistigkeit" (*PTh*, 79) besteht in nichts anderem als in der *Beziehung* der variablen, sich beständig modifizierenden 'Reden', die im öffentlichen Raum zirkulieren, auf die Pole eines identischen metaphysischen bzw. theologischen Schemas.

Im "Vorwort" zur *Politischen Romantik* hatte Schmitt angesichts eines bestimmten Definitionsvorschlags des Romantischen, den er dann freilich im weiteren *nicht* übernahm, davon gesprochen, daß "jede Äußerung im Geistigen, bewußt oder unbewußt, ein - rechtgläubiges oder häretisches - Dogma zur Prämisse hat" (*PR*, 5). Daß der "Satz von der natürlichen Güte des Menschen" die Negation des Dogmas der Erbsünde impliziert, ist offenbar; weniger klar jedoch ist, ob Schmitts eigene

---

17  Valéry 1990d, 161.
18  Damit erfüllen sie das Kriterium der "absoluten Wahl", das darin liegt, "daß es beim Wählen nicht so sehr darauf ankommt, das Richtige zu wählen, als auf die Energie, den Ernst und das Pathos, womit man wählt" (Kierkegaard 1988, 716).
19  Ebd., 803.

Definition des Romantischen als eines *occasionalistischen Weltbezuges* überhaupt noch eine dogmatische Perspektivierung zuläßt. Die Stärke der Schmittschen Begriffsbestimmung liegt ja darin, daß der Occasionalismus ein kommunikatives Phänomen beschreibt, das die ideengeschichtliche Verortung 'geistiger' Positionen insgesamt fragwürdig erscheinen läßt, weil das Occasionelle ein neuartiges, präzedenzloses Verfahren der Auflösung und Rekombination von Ideen beschreibt. Die radikale Begrifflichkeit bestimmt Schmitt als "eine bis zum Metaphysischen und zum Theologischen weitergetriebene Konsequenz" (*PTh*, 24), aber gerade dieser *Konsequenz*, die vielleicht das entscheidende Begriffsbild der *Politischen Theologie* ist ('Begriffsbild', weil in ihr ein logischer und ein subjektiv-willensmäßiger, affektiver Sinn zusammenkommen), entzieht die occasionelle "Welt ohne Substanz und ohne funktionelle Bindung" (*PR*, 25) die Operationsbasis: "Jetzt erst kann alles zum Anlaß für alles werden und wird alles Kommende, alle Folge in einer abenteuerlichen Weise unberechenbar" (*PR*, 24), beschreibt Schmitt das Zirkulieren der Information in dem neuen 'interdiskursiv'-publizistischen Öffentlichkeitsraum.

Der Occasionalismus ist Schmitts Formel für die unabsehbare *Possibilisierung des Realen*, für die Unmöglichkeit, den Bereich des kommunikativ Anschlußfähigen im voraus festzulegen, der eine kommunizierte Idee begleitet und der die Konturen der Idee selbst, ihren 'Gehalt' eigentümlich verschwimmen läßt. Die Ideen fliehen zwar nicht, aber sie werden flüchtig und verändern ihre Wirkungsart: nicht mehr die *Konsequenz,* die *Pose,* sondern die *Nichtigkeit* charakterisiert den informatorischen Akt, seine Wirkung besteht, paradox gesagt, in seiner Wirkungslosigkeit. Deleuze formuliert es so: "was die Information allmächtig werden läßt (die Zeitung, später das Radio und schließlich das Fernsehen), ist ihre Nichtigkeit, ihre radikale Wirkungslosigkeit. Die Information bedient sich ihrer Wirkungslosigkeit, um ihre Macht zu errichten. Ihre Macht besteht darin, wirkungslos, aber dafür um so gefährlicher zu sein."[20] Diese *informatorische Wirkungslosigkeit* registriert Schmitt mit Beschreibungen wie "Welt ohne Substanz und ohne funktionelle Bindung, ohne feste Führung, ohne Konklusion und ohne Definition, ohne Entscheidung, ohne letztes Gericht, unendlich weitergehend, geführt nur von der magischen Hand des Zufall, *the magic hand of chance.*" (*PR*, 25). Was nutzt die dezisionistische Pose angesichts der informatorischen Fluidisierung und Auflösung der Welt?

Ausgerechnet in einem Brief an Papst Pius IX aus dem Jahre 1853 hat Donoso Cortés die Erkenntnis ausgesprochen, daß die Information, konkret: die Zeitung *alles ist,* "*gerade weil sie nichts ist*". Ich zitiere die Schlußpassage dieses Briefes, die die Lage der Nach-48er Zeit anders als der *Essay über den Katholizismus, den Liberalismus und den Sozialismus* nicht in politisch-theologischen, sondern in me-

---

20  Deleuze 1991, 344.

dienhistorischen Kategorien bestimmt, die erkennen lassen, daß die Macht der Information mit den gesellschaftlichen Grenzziehungen auch die dogmatischen bzw.
politisch-theologischen Distinktionen verwischt, denn nicht nur die Liberalen und
die Anarchisten vom Schlage Proudhons, auch die katholischen Prälaten sind "in
das Gebiet der Zeitungen eingedrungen":

"In diesen Zeiten der Verwirrung aller menschlichen Angelegenheiten und der Aufhebung aller moralischen Grenzen ist es nicht selten, wenn auch über die Maßen schmerzhaft, zu sehen, wie sich
zuweilen der Journalist in den Bischof und der Prälat in den Journalisten verwandelt. Von diesen
Grenzüberschreitungen sind die der Zeitungen die weniger gefährlichen und die am meisten unvermeidlichen; sie sind die am meisten unvermeidlichen, weil die Zeitung eine neu in die Zivilisation
eingeführte Triebkraft ist, ohne daß die gegenwärtige Zivilisation schon Zeit gehabt hätte, ihr eine
Sphäre zuzuweisen und ihr Bild zu vervollkommnen; eine Zeitung ist alles, gerade weil sie nichts
ist: sie kann weder von der Politik sprechen, ohne daß es schiene, sie regiere den Staat, noch von
der Moral, ohne daß es schiene, sie übe das Predigeramt aus, noch von der Religion, ohne daß es
schiene, sie lenke die Kirche. Sie scheint alles zu sein, was sie nicht ist, und sie ist nichts von
dem, was sie zu sein scheint. [...] Wenn die Prälaten in dieses Gebiet [der Zeitungen, Vf.] eindringen und sich in Journalisten verwandeln, gerät im Staate wie in der Kirche alles in Verwirrung.
Die Prälaten nehmen dann von den Zeitungen die Leidenschaften an, die ihnen fremd sind, und lassen dafür in den Zeitungen die Würde, die ihnen eigen ist; ihre Pastoralbriefe sind im Stile von
Flugschriften geschrieben und mitunter in dem von schmähenden Pamphleten; anstatt zu befehlen,
disputieren sie, anstatt zu unterrichten, führen sie Kontroversen und streben nach der Leidenschaft,
anstatt den Leidenschaften das Schweigen aufzuerlegen. [...] Das Übel, scheint mir, fordert rasche
Abhilfe, und damit Eure Heiligkeit in Ihrer Weisheit das Entsprechende anordnen könne, schien es
mir angezeigt, hier, als Zeuge seiner Verheerungen, seine Schwere aufzudecken."[21]

Wir wissen nicht, ob "Eure Heiligkeit" irgendetwas, und falls ja, was sie angeordnet hat, um die gefährlichen *Grenzüberschreitungen* zwischen dem Journalismus
und den gesellschaftlichen Funktionen einzudämmen. Was wir aber wissen, ist,
daß alle eventuellen Bemühungen erfolglos geblieben sind, daß es, von welcher
Seite auch immer entsprechende Versuche unternommen wurden, nicht gelungen
ist, den Mächten der Information "eine Sphäre zuzuweisen", daß sich keine gesellschaftliche Funktion von der journalistischen Kommunikation 'rein' zu halten vermochte. Mehr denn je herrscht heute der Eindruck vor, daß sie nicht nur den Staat
regiert, sondern daß die Existenzgewißheit des Staates einzig noch von seiner journalistischen Beschwörung abhängt. Die neuere Systemtheorie hat ihren Staatsbegriff auf diese medienhistorische Lage eingestellt. Die Zeitung "scheint alles zu
sein, was sie nicht ist, und sie ist nichts von dem, was sie zu sein scheint": wie der
Schmittsche Occasionalist machen die Medien alles zum *Vehikel* ihres aktuellen Interesses, behandeln sie alles "als bloßen Anlaß", identifizieren sich für einen Au-

---

21   "Brief an Seine Heiligkeit Pius IX" (Donoso Cortés 1989, 409f.).

genblick mit dem Gegenstand der Kommunikation, um ihn im nächsten Moment bereits wieder zu vergessen bzw. durch ein anderes 'Thema' zu ersetzen.

Man muß Schmitts Analysen zur occasionalistischen Struktur des Romantischen mit jenem Dialog Paul Valérys zusammenhalten, den "zwei Männer am Meer", ein Mediziner und ein Philosoph, über *Die fixe Idee* (*L'Idée fixe*) führen, um die ganze Tragweite der von dem Staatsrechtslehrer aufgeworfenen Problematik zu begreifen. Seit den Tagen Platons hat sich der philosophische Dialog - und als einen solchen muß man den Valéryschen Text nehmen - nicht nur in seiner Thematik, in den Objekten und Begriffen, sondern vor allem in seiner Vorgehensweise, seiner 'Methodik' und seiner Art und Weise, sich eine bestimmte Konsistenz zu verschaffen, grundlegend verändert. "Dieses Buch ist ein Kind der Eile", beginnt Valéry sein "Vorwort zur Neuausgabe" und gibt damit bereits das Thema des Dialogs vor: die Unmöglichkeit, unter den spezifischen modernen Kommunikationsbedingungen, die durch die Unaufhörlichkeit und Akzeleration des kommunikativen Prozesses gekennzeichnet sind, überhaupt noch *Ideen fixieren*, überhaupt noch zu ihren "Kernen", wie Schmitt schreibt, vordringen zu können. Daß wir Zeugen einer *Entkernung der Ideen*, einer Art semantischer 'Kernschmelze' sind, wäre nicht die schlechteste Metapher, um jenen Zustand des "Zivilverstandes" zu beschreiben, den Musils General Stumm von Bordwehr diagnostiziert, als er die Rückgratlosigkeit der modernen Ideen, die "ununterbrochen überlaufen", beklagt.[22] Die Beschreibung dieses Zustandes in militärischer Metaphorik mit deutlich moralischen Konnotationen registriert den für Schmitt so zentralen Sachverhalt, daß die Ideen zu *kommunikativen Anlässen*, zu *occasiones* werden, die das "ewige Gespräch" in Gang halten, das alles mit allem in Verbindung bringt. Statt nun der Leichtigkeit und - allzuoft - Seichtigkeit solcher Gespräche mit der entschlossenen Rückwendung zu den Ideenkernen, den 'Posen' der Entscheidung, zu begegnen, liefert Valéry die *fixe Idee* - die neben der wörtlichen Bedeutung, nämlich der *fixierten*, festgehaltenen Idee immer auch einen psychopathologischen Sinn mitführt - vollends der Dynamik des "geläufigen Gesprächs"[23] aus.

Valéry operiert in diesem Dialog mit einer extrem occasionalistischen Gesprächstechnik, die dem "Zufall" als Ideengenerator eine zentrale Stellung einräumt: Platonismus unter den Bedingungen der Kontingenz, der Flüchtigkeit, der 'Ungebundenheit' ... Was passiert, wenn die Ideen nicht mehr in die Zeit fallen, wie im Platonismus, um dort ihre Existenz als Ab- oder gar Trugbilder zu fristen, sondern wenn die Zeit in die Ideen eindringt und sie einem unendlichen, unaufhörlichen Differenzierungsprozeß aussetzt, einer Differenzierung, die ihrer Zersetzung gleich-

---

22  Musil 1992, 374.
23  Valéry 1990d, 153.

kommt? Der Doktor erlebt das Eindringen der Zeit, genauer: der "Geschwindigkeit" und "Beweglichkeit" in seinen Geist als einen "Rausch", eine "Vergiftung": "Ich spüre zu deutlich, daß es nichts gibt, was sich in meinem Geist nicht vermehren und verfeinern möchte. Unablässig, ob ich will oder nicht, wird irgendeine Idee, irgendeine Bemerkung, irgendeine Analogie mir zu einem fordernden Gegenüber - zu einer Art Stachel im Geist ..." An anderer Stelle heißt es: "Jeder Tag treibt, was wir zu wissen glaubten, weiter, unterteilt es oder macht es zunichte ..."[24]. Im "Vorwort" nennt Valéry das "Tempo" die "Hauptsache" des Dialogs, der die '"Ideen'" lediglich als "Requisiten" benötigt. Aber genau diese *Funktionalisierung der Ideen durch das 'Tempo'* kennzeichnet die modernen Kommunikationsverhältnisse: "Dem Nachdenken des Lesers werden nicht etwa die 'Ideen' vorgelegt, welche unsere Männer am Meer einander zu- und zurückwerfen, sondern dieser Wechsel selbst: sie sind nur die Requisiten eines Spiels, dessen Hauptsache das Tempo ist."[25] Über den ganzen Text des "Vorworts" ist die Semantik des Tempos verstreut: das Buch - "ein Kind der Eile", "ein Gelegenheitswerk und durchweg improvisiert", eine "hastige Arbeit"; wo das Tempo die Zeit effektiv, sozial verbindlich moduliert, nimmt es die Gestalt des "Termins" an, der "den Geist bedrängt", mit dem Ergebnis, daß dieser "an Strenge nach[läßt]" und aleatorisch, d.h. zufallssensitiv verfährt; seine Klugheit besteht nun darin, "den Augenblick zu nutzen"[26]. Statt eines streng gefügten Dialogs legt Valéry daher ein "Gespräch" mit 'sprunghaften', äußerst lose gekoppelten Wechselreden vor, das den von Schmitt so perhorreszierten Charakter des *Spiels* annimmt: "Unter Leuten, genügend vertraut, um sich über das Maß Ernstes und Unernstes, woraus ihr Wortwechsel besteht, nicht zu täuschen, wird alles in die Leichtigkeit eines bloßen Spiels gestimmt. Wie die Könige, die auf Spielkarten gemalt sind, so werden die schwerwiegendsten Dinge aufs Tapet geworfen, wiederaufgenommen und mit allem Krimskrams der Welt und der Stunde gemischt ..."[27]

Daß die Romantiker eine *Sache* nur als Vehikel eines Gesprächs interessiert, da die Form des Gesprächs schier unerschöpfliche Möglichkeiten der Kombination des Heterogenen bietet, der Erfindung neuer Reihen bzw. Serien, die einander fremde Dinge nach neuen, oft selbst den Gesprächspartnern nicht bewußten Gesichtspunkten zusammenführen, steht im Mittelpunkt der Kritik Schmitts an den auflösenden Wirkungen der romantischen Produktivität. Statt einer logisch klassifizierenden und hierarchisierenden Erkenntnistechnik (etwa nach dem Modell der

---

24    Ebd., 161.
25    Ebd., 154.
26    Kierkegaard 1988, 347.
27    Valéry 1990d, 153.

Unterscheidung von *genus proximum* und *differentia specifica*) favorisieren die Romantiker, die Schmitt im Blick hat, ein 'anarchisches' Verfahren der Erkenntnisproduktion durch mehr oder weniger aleatorische Serienbildungen. Statt Über- und Unterordnung Zusammenstellungen, wuchernde 'Nebenordnungen', 'riskante' Kombinatoriken: "Neben der französischen Revolution, Fichte und Goethe[28] könnte daher auch Burke stehen; Adam Müller hat ihn ja wirklich so neben Goethe gestellt. Auch Napoleon oder Beethoven werden zu romantischen Figuren. Novalis konnte noch den Freund oder die Geliebte nennen. Schlegel und Müller machen ebenfalls beliebige Zusammenstellungen und Mischungen, aber die Romantisierung gelingt ihnen besser bei 'Ideen' [Schmitt setzt sie genauso in Anführungszeichen wie Valéry in seinem "Vorwort", Vf.] , das heißt bei einem bereits in gedanklichen Formulierungen vorliegenden Material, das sie antithetisch ins Gegenteil verkehren, mit anderm Material kombinieren, wirksam stilisieren oder in ähnlicher Weise romantisch verändern." (*PR*, 181).

Friedrich Schlegel hat im ersten Absatz seines Essays "Über die Unverständlichkeit" von 1800 den Ort der Schmittschen Kritik an der romantischen Produktivität, die inzwischen die Exklusivität literarischer Zirkel verlassen und in die Denk- und Redaktionsstuben Einzug gehalten hat, präzise benannt. Schmitt geht es um die *causa*, er hat eine *Sache* und aus ihr bezieht sein Denken den *Ernst,* das sich darum auch nicht als ein spezifischer Beitrag zum (wissenschaftlichen) "Gespräch" über die Romantik versteht, heute würde man sagen: als ein 'Diskussionsbeitrag', sondern als eine Art inappellables Urteil über die Romantik, das sich allerdings dennoch auf die Form der Argumentation angewiesen sieht. Der letzte Satz des anläßlich der zweiten Auflage der *Politischen Romantik* von 1924 geschriebenen umfangreichen "Vorworts" spricht diesen Wunsch, die Überlegenheit der *causa* über die *occasio* wiederherzustellen und die eigene Rede ganz auf den "Einen Gegenstand", wie Schlegel schreibt, zu verpflichten, offen aus. Sein Buch, so Schmitt, verfolge "nicht den Zweck, dem romantischen 'ewigen Gespräch' neue, vielleicht 'gegensätzische' Anregung und Nahrung zu liefern, sondern möchte auf eine ernst gemeinte Frage eine sachliche Antwort geben." (*PR*, 28). "Einige Gegenstände des

---

28  Anspielung auf das berühmte, und wie Schlegel später in seinem Essay "Über die Unverständlichkeit" schreibt, "berüchtigte" Athenäumsfragment 116: "Die Französische Revolution, Fichtes Wissenschaftslehre und Goethes Meister sind die größten Tendenzen des Zeitalters." Der nächste Satz nimmt mögliche Bedenken des Lesers vorweg: "Wer an dieser Zusammenstellung Anstoß nimmt [...]". In der Folgezeit wurde häufig Anstoß an ihr genommen, auch Schmitts Buch ist ein Element in der Serie dieser Polemiken, was Schlegel dann in seinem oben erwähnten Essay von 1800 zu der provokanten Formulierung veranlaßte: "Noch sind wir nicht weit genug mit dem Anstoßgeben gekommen: aber was nicht ist, kann noch werden." (Schlegel 1985, 336f.)

menschlichen Nachdenkens", kommentiert Schlegel Schmitts Redeposition, "reizen, weil es so in ihnen liegt oder in uns, zu immer tieferem Nachdenken, und je mehr wir diesem Reize folgen und uns in sie verlieren, je mehr werden sie alle zu Einem Gegenstande, den wir je nachdem wir ihn in uns oder außer uns suchen und finden, als Natur der Dinge oder als Bestimmung des Menschen charakterisieren."[29] Wir wissen, daß Schmitt im Verlauf der zwanziger Jahre diesen *Einen Gegenstand* im *Begriff des Politischen* fand, nachdem er bereits in den vorausgegangenen Schriften alle Begriffe des öffentlichen Rechts behandelt hatte, die einen äußersten Ernst beschwören und eine äußerste Ernsthaftigkeit verlangen, weil ihr gemeinsamer Gegenstand der *Ernstfall*, die intensivste *causa* (Diktatur, Ausnahmezustand, Souveränität, Dezision) ist. Der *Politischen Romantik* kommt im Kreis der Schmittschen Frühschriften deshalb eine so herausragende Bedeutung zu, weil sie den 'politischen Juristen' Schmitt zwingt, die Meditation seiner *causa* zu unterbrechen und die historische Transformation eines Denkens zu beachten, das seine Selbstgewißheit, wenn überhaupt noch, dann jedenfalls nicht mehr durch einen exklusiven *Gegenstandsbezug* gewinnen kann. Die von den Romantikern lancierte *Gesprächssemantik* zeigt nämlich bereits früh an, daß das Denken seine innere Konsistenz nicht länger durch die Kohäsionskraft des vorgängigen Gegenstandes, sondern durch eine bestimmte, immer auch anders mögliche und daher stets nur provisorische Relationierung des sich permanent verändernden Gedankenmaterials gewinnt, die sich strukturell nicht von der Arrangierung der Redebeiträge in einer Gesprächssituation unterscheidet - und das zu einer Zeit, als die akademische Philosophie das Denken noch als eine Subjekt-Objekt-Relation, also strikt in der Sachdimension, situierte (diese Sache konnte natürlich auch das Subjekt selbst sein, das sich im Akt der Reflexion auf sich selbst zurückwendet).

Diese neue, endogene 'Unruhe' des Denkens beschreiben die Romantiker zunächst nach dem Modell der Gesprächsdynamik. Auch im eigenen Haus befindet sich der Denkende plötzlich nicht mehr "in heiliger Abgeschiedenheit": "Andere Gegenstände würden niemals vielleicht unsre Aufmerksamkeit erregen können, wenn wir in heiliger Abgeschiedenheit jenem Gegenstand aller Gegenstände ausschließlich und einseitig unsre Betrachtung widmeten; wenn wir nicht mit Menschen im Verkehr ständen, aus deren gegenseitiger Mitteilung sich erst solche Verhältnisse und Verhältnisbegriffe erzeugen, die sich als Gegenstände des Nachdenkens bei genauerer Reflexion immer mehr vervielfältigen und verwickeln, also auch hierin den entgegengesetzten Gang befolgen."[30] Die Vervielfältigung und Verwicklung der Gegenstände, auf die sich die "Verhältnisbegriffe" beziehen, bezeichnet

---

29   Ebd., 332.
30   Ebd.

eine kognitive Dynamik, die im Gegensatz zum kontemplativen Reflexionsmodell
steht, bei dem der Denkende gleichsam an seinen Gegenständen 'klebt' bzw. von
ihnen absorbiert wird. Im Unterschied zu heute noch geläufigen Gesprächs- bzw.
Diskurstheorien, die die "gegenseitige Mitteilung" als Insel der Vernunft im Meer
der Praxis begreifen, als einen befriedeten Ort, der die Überprüfung von Geltungs-
ansprüchen ermöglicht, erkennt Schlegel bereits klar die dynamisierenden Kräfte,
die solche "Verhältnisse und Verhältnisbegriffe" in das Denken hineintragen: "Kein
Begriff behält seine Form", hatte Schmitt Adam Müller entgegengehalten, die Reflexion trägt auch in die Einheit des Begriffs das 'Gift' (Valéry) der Unterscheidung. Statt im Gang der Reflexion zu einem *Grund* zu gelangen, zu einer ersten
*causa* dient jeder Gedanke lediglich als ein vorläufiger Haltepunkt, an den sich neue
Gedanken anknüpfen können, "unendlich weitergehend" (*PR*, 25), wie Schmitt
ganz richtig schreibt.

"Geführt nur von der magischen Hand des Zufalls, *the magic hand of chance*"
(*PR*, 25): eine bessere Beschreibung für die Denkbewegung des Valéryschen Dialogs als diese, die Schmitt für die "occasionelle Welt" schlechthin vorschlägt, läßt
sich kaum denken. Das "ungebundene Gespräch" - "'so zu schreiben, wie man
spricht'" -: dieses seriell-digressive Kompositionsprinzip des Dialogs (Valéry
spricht davon, daß er sich den Effekt des "natürlichen Hangs zum Abschweifen" zu
Nutze machen wollte) organisiert auch die occasionelle Welt Schmitts, die "Welt
ohne Substanz und ohne funktionelle Bindung, ohne feste Führung, ohne Konklusion und Definition, ohne Entscheidung". Von den psychologischen Begriffs-
schöpfungen und -definitionen, die der Dialog enthält, sagt Valéry, daß man in ihnen nicht mehr sehen dürfe "als einen bloßen Zeitvertreib", nicht ohne hinzuzufügen, daß auch die "meisten Begriffe der Psychologie um nichts 'brauchbarer', auch
um nichts schärfer als diese" seien[31]. The magic hand of chance: in seinem "Kleinen Brief über die Mythen" von 1929 hat Valéry, die Situation des Schreibenden
zum Ausgangspunkt einer regelrechten *occasionalistischen Kosmologie* genommen, die nicht mit der Fülle des Grundes beginnt, der die Welt bereits keimhaft
enthält, so daß sie in der Folge lediglich noch entfaltet werden muß, sondern mit
dem Zufall, der Kontingenz, deren Funktion in der Schaffung von 'Anschlußmöglichkeiten' für Unvorhersehbares, für *Neues* besteht: "Wenn nur die Feder das Papier berührt, wenn sie nur Tinte enthält, wenn ich mich langweile, mich vergesse
[also mich in der Funktion des zielbewußt Denkenden, der sich seiner *Sache* hin-
gibt, durchstreiche und jenen Zustand der "unmännlichen Passivität" (*PR*, 176) er-
reiche, der für Schmitt das charakteristische Kennzeichen des politischen Romantikers ist, Vf.] - ja, dann schaffe ich schon! Ein Wort, das der Zufall herbeitrug, be-

---

31   Valéry 1990d, 154.

reitet sich ein unabsehbares Schicksal, treibt Satz-Glieder aus sich heraus, und der Satz fordert wiederum einen anderen, der schon vorher hätte dasein sollen: er verlangt nach einer Vergangenheit, die er erschafft, um aus dieser geboren zu werden - nachdem er schon in Erscheinung getreten ist! Und diese Windungen, diese Spiralen, diese Tentakel, diese Fühler, Füße und Anhängsel, mit denen ich das Blatt überspinne: geht die Natur auf ihre Weise nicht ebenso bei ihren Spielen vor, wenn sie inmitten der Strahlen und Atome, darin alles Mögliche und Unvorstellbare in wirren Wirbeln zuckt und wuchert, so viele lebensfähige Keime und Bildungen verschwendet, verwandelt, verbraucht, vergißt und wiederfindet?"[32]

Was Valéry beschreibt, ist eine merkwürdige Produktion, die diesseits der Unterscheidung von Aktivität und Passivität angesiedelt ist, der moralischen Leitdistinktion, mit der Schmitt die politischen Romantiker attackiert. Mit einem zentralen Begriff des Wissenssoziologen Karl Mannheim, der Schmitts Schriften sehr genau las und sich mehrfach auf ihn bezog, könnte man sagen, daß Schmitt in den politischen Romantikern das Paradigma einer "sozial freischwebenden Intelligenz"[33] zeichnet, die von keiner effektiven sozialen oder standesmäßigen Kausalität mehr determiniert wird, die sich "in alle Positionen einfühlen" kann und der daher auch ein "Sichanschließen-Können an klassenmäßig ihnen fremde Gruppen" möglich ist[34]. Die Mannheimschen Metaphern des 'Freischwebens' und des 'Sichanschließen-Könnens' überführen die Schmittsche Occasionalismus-These von der Ebene der Ideen bzw. der Semantik auf die Ebene sozialer Gruppenbildung. Schmitt wirft Adam Müller vor, daß er "ohne eignen *Schwerpunkt* war und auch durch sachliche Erfahrungen und eigne Verantwortlichkeit nicht *gehalten* wurde", daß ihn "keine eigne soziale Substanz belastet" habe und er, der "Attraktionskraft einer sozial herrschenden Schicht" ausgeliefert, lediglich "Resonanz"-Körper einer sozialen Realität war (*PR*, 177 - m.H.). Schwerpunktlosigkeit, mangelnder Halt durch eine *Sache*, soziale Substanzlosigkeit: abgerundet wird dieses Charakterbild durch ein "individual-psychologisch[es]" Urteil, das Müllers "unmännliche Passivität" und seinen "Pantheismus" mit "seiner weiblichen, pflanzenhaften Natur" (*PR*, 176) 'erklärt'.

Was Schmitt den Romantikern im Kern vorwirft, ist folgendes: sie durchschneiden sowohl das Band, das den Intellektuellen mit dem Staat bzw. dem Politischen, genauer: mit einem *öffentlichen Auftrag* verbindet (mit der Sphäre, wo es um die Entscheidung zwischen Recht oder Unrecht geht[35]), als auch das Band, das die

32   Valéry 1989d, 251.
33   Mannheim 1985, 135ff.
34   Ebd., 138.
35   "Das Kriterium liegt darin, ob die Fähigkeit, zwischen Recht und Unrecht sich zu entscheiden, vorhanden ist oder nicht. Sie ist das Prinzip jeder politischen Energie, der

Sprache mit der *causa*, der einen Sache, die not tut, dem "Einen Gegenstand" (Schlegel) verbindet. Müller, so heißt es bei Schmitt, beraube "jedes prägnante Wort seines gegenständlichen Inhalts" (*PR*, 189). Die Romantiker sind unfähig, die Sache und die sie repräsentierende Idee *festzuhalten*. Sie haben die *Oberfläche* als die spezifische Dimension der Sinneffekte entdeckt. Deshalb reduzieren sie 'Ideen', wie Schmitt richtig beobachtet, auf den Status eines bearbeitbaren *Materials*[36], sie nehmen eine ganze Reihe von spezifischen Operationen an diesem Material vor: sie "kombinieren" und "stilisieren", sie "mischen" und lassen "aufschäumen" (*PR*, 203), sie arbeiten mit "paradoxen Umkehrungen" (*PR*, 204) und machen einen äs-thetischen Gebrauch von den Widersprüchen, indem sie ihre Kontrastwirkung ein-setzen, sie musikalisieren die Sprache, um "mit Hilfe des Rhythmus und der Klangwirkung eine suggestive Wirkung haben zu können" - mit Blick auf Adam Müller spricht Schmitt sogar anerkennend von einem "*bel canto* der Rede", das in der "deutschen Prosa" seinesgleichen suche (*PR*, 182). Müllers "'faculté maîtresse' ist das Rednerische", heißt es denn auch resümierend, wobei sich Schmitt sofort genötigt sieht, dieses "oratorische Talent" von anderen Formen der 'großen' politi-schen Rhetorik zu unterscheiden, etwa von der "*raison oratoire*, die Taine in den Reden der Jakobiner findet" - obwohl, wie Schmitt hinzufügt, überraschenderweise auch auf Müller manches zutrifft, "was Taine zur Charakterisierung der raison ora-toire bemerkt hat" (*PR*, 186) -, oder von der "großartigen Rhetorik" Edmund Bur-kes, denn dieser bleibe "Staatsmann mit großer Verantwortlichkeit, der einem Pu-blikum von normalen Menschen eine Sache demonstrieren und sie vor ihm vertre-ten will" (*PR*, 180).

Dieser Zusammenhang, den Schmitt zwischen einem "Publikum von *normalen* Menschen", der *causa* der Rede sowie der politischen Repräsentation des redenden Politikers herstellt, läßt sehr gut erkennen, welche *neue* Dimension es ist, die die Romantiker entdecken. Es ist die Dimension des *Sinns*, die man erreicht, wenn man einen Satz außerhalb seiner Bezeichnungs-, seiner Manifestations- und seiner Bedeutungsfunktion betrachtet, wenn man das Referenzsystem, das er organisiert, 'einklammert', suspendiert.[37] Da ist zunächst "die Beziehung des Satzes zu einem äußeren Dingzustand"[38] bzw. Sachverhalt, die die Frage nach der Wahrheit oder Falschheit des propositional Ausgedrückten erlaubt: Adam Müllers "Abneigung ge-

---

revolutionären, die sich auf das Natur- oder Menschheitsrecht, wie der konservativen, die sich auf das historische Recht beruft." (*PR*, 161)

36  "Für die politische Romantik ist es besonders wichtig, daß das intellektuelle Material, mit dem sich der romantische Affekt zu gestalten sucht, relativ gleichgültig ist." (*PR*, 202)

37  Die folgenden Überlegungen knüpfen an die Untersuchungen an, die Gilles Deleuze in seiner *Logik des Sinns* unternommen hat (Deleuze 1993a).

38  Ebd., 29.

gen das konkrete Detail" (*PR*, 188) - die konkreten, praktischen Fehler, die seine
Darlegungen enthalten: z.B. dort, wo sie sich auf juristische Fragen einlassen -
ignoriert bzw. verletzt die *Bezeichnungsfunktion* der Rede. Die zweite Beziehung
ist die der *Manifestation*: "die Beziehung des Satzes zum sprechenden bzw. sich
ausdrückenden Subjekt", die ihn unter dem Aspekt der "Wahrhaftigkeit" bzw. der
"Täuschung" beurteilbar macht[39]. Die Romantiker sind in der Sphäre der Simulakren und Trugbilder zu Hause. Ihr Geschäft ist das der "Vertauschung der Kategorien", ihre Subjektposition die einer "innere[n] 'Verlogenheit" (*PR*, 222), der Auflösung "alle[r] Gegenständlichkeit" (*PR*, 223) entspricht am entgegengetzten Pol
die "willkürliche Produktivität des Subjekts", eines Subjekts, das Schmitt vom Bild
des "tobenden Ich-Imperialismus eines Philosophieprofessors" (*PR*, 184), nämlich
Fichtes, unterscheidet, weil der Philosoph den Exzeß der Subjekts in den Dienst eines rationalen Strebens stellte, nämlich "die andern Menschen zu seinen Gedanken
zu zwingen": "es war der despotische Drang nach Überwältigung und vernichten-
der Beweiskraft." (*PR*, 190)

Das "geniale Subjekt" der Romantiker ist im Gegensatz dazu das *Subjekt des
Genießens,* das mit der Identität der Gegenstände auch die eigene Identität auflöst,
das sich selbst *occasionalisiert*, sich nicht als Zentrum der Initiative, als substantiel-
les Ego begreift, sondern als Effekt einer unaufhörlichen Variation bzw. Modulation des Realen (und damit auch: seiner selbst) entsteht. Die romantische Subjektivität wird von Schmitt als ein "Begleitaffekt" (*PR*, 225) dechiffriert, weil sie "den
politischen Geschehnissen mit glossierender Charakteristik, Stichworten und Gesichtspunkten, Unterstreichungen und Entgegensetzungen, Anspielungen und
kombinatorischen Vergleichen folgt, oft aufgeregt und tumultuarisch, aber immer
ohne eignen Entschluß, eigne Verantwortung und eigne Gefahr" (*PR*, 224). Der
romantische Satz ist also nicht der Ort, wo sich die innere Wahrheit des Subjekts
manifestiert, das romantische Ich hat die Funktion des "Grundmanifestators"[40],
wie es Deleuze nennt, abgestreift, weil es sich allererst in den Falten der Rede -
aber immer nur vorläufig - konstituiert. Die von Schmitt gescholtene "innere Un-
wahrhaftigkeit" der Romantiker hängt aufs engste damit zusammen, daß sie den
*Sinn* als die spezifische Dimension ihrer Produktivität erkannt haben: daß der Romantiker "produktiv sein will, ohne aktiv zu werden" (*PR*, 223), heißt nichts anderes, als daß er eine Zone der Wirksamkeit entdeckt hat, die die "wirkliche Welt"
(*PR*, 227) überlagert und auf vielfältige Weise mit ihr interferiert, aber nicht mehr
im Bann ihrer Kausalität verharrt. Warum sollte Schmitt den merkwürdigen "Passivismus" der Romantiker so heftig beklagen, wenn er nicht davon ausginge, daß

---

39   Ebd., 30.
40   Ebd.

auch das Modell der "aktive[n] Änderung der wirklichen Welt" (*PR*, 227), auf das
Schmitt Politik festlegen möchte, durch die romantische Produktivität Schaden
nehmen könnte? Scheinbar steht es dem "ehrlichen Gegner", dem "Menschen von
politischer oder moralischer Energie" (*PR*, 222) keineswegs frei, sich einfach über
diesen *produktiven Passivismus* hinwegzusetzen und den "bunten, beweglichen
Schatten" der Romantik (*PR*, 225) zu ignorieren.

Bei der dritten Dimension des Satzes, die Deleuze *Bedeutung* (*signification*)
nennt, handelt es sich um "eine Beziehung des Wortes zu *universellen oder allgemeinen* Begriffen". Bestimmt wird die Bedeutung durch "die Ordnung begrifflicher
Implikation [...], in der der betreffende Satz nur als Element einer - im weitesten
Sinne des Worts - 'Demonstration' Verwendung findet: sei es als Voraussetzung
oder als Schlußfolgerung. [...] Die Demonstration darf nicht im eingeengten Sinn
verstanden werden, nicht syllogistisch oder mathematisch, sondern ebenso im
physikalischen Sinn von Wahrscheinlichkeit oder im moralischen Sinn von Versprechen und Verpflichtungen, wobei im letzteren Fall die Assertion oder Behauptung der Schlußfolgerung durch den Zeitpunkt repräsentiert wird, zu dem das Versprechen tatsächlich eingelöst wurde." Die Demonstration, bekräftigt Deleuze noch
einmal in einer Fußnote, muß auf eine Weise verstanden werden, "die die moralische Bedeutung eines umzusetzenden Programms, eines zu haltenden Verspre-
chens, eines zu verwirklichenden Möglichen noch mitumfaßt"[41]. Ich habe bereits
auf die beiden zentralen Gegenbegriffe der *occasio* bei Schmitt hingewiesen. Die
*causa*: eine bestimmte Vorstellung, von dem, was Recht und Unrecht ist, der Rekurs auf ein moralisches *Prinzip* (seien es nun die Menschenrechte oder ein bestimmtes historisches Recht), das zur Entscheidung zwingt, und die *Konsequenz*
bzw. die *Konklusion*: das Occasionelle ist ein auflösender Begriff, denn es verneint
"alles, was dem Leben und dem Geschehen Konsequenz und Ordnung gibt" (*PR*,
22). Im Unterschied zu den romantischen "Nebelbildern", die sich "'wie Wolken
ineinanderschmelzend'" (*PR*, 179f.), vermischen, will der "Staatsmann mit großer
Verantwortlichkeit" seine Sache *demonstrieren*. Anders als bei den Romantikern ist
der bedeutungsvolle Satz nichts an sich, nichts, was nur existiert, um seine Bedeutung *auszustellen*, sondern Element in einer Argumentationskette, die die Rede *berechenbar* macht und ihr eine "Architektur" verleiht (*RK*, 33). Die Rede dem Ursa-
che/Wirkung-Schema zu unterstellen heißt, sie dazu zu nötigen, ihre Elemente nach
Implikations- und Konklusionsbeziehungen zu ordnen. Es geht darum, auch auf
der Ebene der Rede die "Relation des Phantastischen", die "unberechenbaren Effekte" (*PR*, 120f.) auszumerzen und wieder ein "absolut berechenbares, adäquates
Verhältnis" zwischen den Sätzen zu etablieren. Die Bedeutung eines Satzes liegt

---

41  Ebd., 31f.

nicht in der Wahrheit (Bezeichnungsebene), sondern in der Gesamtheit der Bedingungen, unter denen er wahr *wäre*. Auf einen Satz, der nichts bedeutet, läßt sich die Frage nach seiner Wahrheit oder Falschheit gar nicht anwenden: man sieht nicht, unter welchen Bedingungen er überhaupt wahr oder falsch sein könnte. Bedeutungslose Sätze sind daher nicht falsch, sondern *absurd*.[42]

Daß die Romantiker neben dem politischen (Freund/Feind) und moralischen (Gut/Böse) auch den logischen Binarismus (wahr/falsch) suspendieren, gilt Schmitt als ihre Kardinalsünde. Sie ersetzen den Gegensatz durch den *Kontrast*, das heißt, ein logisches durch ein *topologisches* Arrangement, sie extrahieren die *Negativität* aus dem Widerspruch und entwickeln eine Form, die man mit Deleuze "disjunktive Synthese"[43] nennen könnte. Die Romantiker schreiben das Entweder - Oder in einem Wort, sie berauben es, wie Kierkegaard schreibt, seines "Ornats", in das es als eine "obrigkeitliche Person" gekleidet ist.[44] Wenn sich die Binarismen, also die 'entschiedenen' Gegensätze (die Gegensätze, die zur Entscheidung stehen und zur Entscheidung zwingen) in *disjunktive Synthesen* verwandeln, dann sind ihre Pole nicht mehr Gegenstand der Bejahung oder Verneinung. Umgekehrt beschreibt Schmitt, der den Gegensatz von der (souveränen) Behauptung und der (revolutionären) Verneinung her denkt, diese "'gegensätzische' Struktur der romantischen Manifestationen" so: "Bejahung und Verneinung bedeutet hier nur eine Antithese, einen Gegensatz" (*PR*, 142), das heißt: einen *Kontrast*. "Der Sinn suspendiert die Bejahung wie die Verneinung"[45], er ist das, was man erhält, wenn man die "wirkliche Welt" und ihre Kausalitäten, phänomenologisch gesprochen, *einklammert*, den Satz aus seinem Referenzsystem löst. An anderer Stelle kommt Schmitt ausdrücklich auch auf die logische Dimension der Transformation des Gegensatzes in die Struktur des *Gegensätzischen* zu sprechen. Mit Blick auf Adam Müller heißt es da: "Der 'Lehrer des Gegensatzes' war unfähig, einen andern Gegensatz als den eines ästhetischen Kontrastes zu sehen. Weder logische Distinktionen, noch moralische Werturteile, noch politische Entscheidungen sind ihm möglich." (*PR*, 177) Zusammenfassend läßt sich sagen: Die Rede soll nach Schmitt eine bestimmte Transparenz organisieren, eine *logische* zwischen ihren einzelnen Teilen (Bedeutungsebene), eine *expressive* zwischen der Rede und den inneren Zuständen des Subjekts, das sie verantwortet (Manifestationsebene), eine *repräsentative* zwischen der Rede und bestimmten Zuständen der Welt (Bezeichnungsebene). Die Romantiker entdecken den *Sinn*, weil sie einen Typ von Rede erfinden, der die dreifache

---

42  Ebd., 32.
43  Ebd., 217.
44  Kiekegaard 1988, 705.
45  Deleuze 1993a, 51f.

*causa* - die innerdiskursive bzw. logische, die subjektive und die objektive - außer Kraft setzt. Offenbar gibt es "etwas, *aliquid*, das sich weder mit dem Satz oder den Satzgliedern, weder mit dem Objekt oder dem Zustand der Dinge, den er bezeichnet, weder mit dem Erlebten, der Vorstellung oder der geistigen Tätigkeit dessen, der sich im Satz ausdrückt, noch mit den Begriffen oder selbst den bedeuteten Wesen vermengt"[46], wie Deleuze formuliert.

Was Schmitt an den Romantikern beobachtet und denunziert, ist, daß sie zur "Schicht des Ausdrucks" vorstoßen, die nicht unabhängig vom Satz existiert, aber auch nicht mit ihm zusammenfällt, und von der Husserl bezeichnenderweise feststellt, daß sie "nicht produktiv" ist bzw. deren Produktivität sich im Ausdrücken erschöpft. Schmitts Kritik am *passiven* Charakter der eigentümlichen romantischen Produktivität registriert diesen Zug sehr genau. Die Romantiker bringen nichts eigentlich Neues hervor, sie sind in ihrer Produktion abhängig von 'Sätzen', die andere formuliert haben, ihre Praxis ist die der "eindrucksvollen Umschreibungen" (*PR*, 143), Umschriften dessen, was bereits geschrieben ist (Sätze über Sätze sind nach Deleuze eine Möglichkeit des Zugangs zur Dimension des Sinns[47]). Die Romantiker bilden Sätze über Sätze und stellen auf diese Weise den Sinn der Sätze erster Ordnung aus bzw. bloß, die, solange sie als Sätze erster Ordnung genommen werden, Zustimmung oder Ablehnung von ihren Adressaten verlangen. Es müssen, so Schmitt, "fertige Komplexe von Argumentationen, Bildern, von prägnanten oder richtiger suggestiven Wendungen vorliegen, an denen sich die spezifisch romantische Produktivität entfaltet, um wenigstens äußerlich eine Kette von Schlüssen und Resultaten vorzubringen. Argumentationen, die sich bereits als solche formuliert haben, lassen sich akzentuieren und unterstreichen, rhetorisch tremolieren, 'gegensätzisch' kontrastieren." (*PR*, 178) Die Romantiker sind die Sinnexperten par excellence, weil sie die "wirkliche Welt" nicht interessiert, weil sie nicht "mit den Dingen verwachsen" sind (*PR*, 27) und ihre ganze Aktivität auf den Teil des Seins konzentrieren, der übrigbleibt, wenn man die "wirkliche Welt" von ihm subtrahiert: auf eine eigentümlich dereferentialisierte Rede, einen Bereich des "Nur-Ästhetischen" (*PR*, 21), wie ihn Schmitt nennt, um aber sofort durchblicken zu lassen, welche Kraft, welche Macht in diesem "Nur" steckt. Denn obwohl "weder religiöse, noch moralische, noch politische Entscheidungen, noch wissenschaftliche Begriffe [...] im Bereich des Nur-Ästhetischen möglich [sind]", wir es also mit einer extrem reduzierten Sphäre zu tun haben, gilt andererseits, daß alle diese Ent-

---

46 Ebd., 38.
47 "Ich sage nie den Sinn dessen, was ich sage. Dagegen kann ich aber immer den Sinn dessen, was ich sage, zum Gegenstand eines anderen Satzes machen, dessen Sinn ich dann wiederum nicht sage." (Ebd., 48).

scheidungen und Begriffe, die durch ihre *Sachlichkeit* gekennzeichnet sind, von der Maschinerie des Nur-Ästhetischen - zu der neben den elaborierten Künsten auch der diffusere Bereich der massenmedial organisierten Ästhetik der öffentlichen Repräsentation gehört - aufgegriffen und zu literarischen Codierungsmustern der wirklichen Welt verwendet werden: "Wohl aber können alle sachlichen Gegensätze und Unterschiede, Gut und Böse, Freund und Feind, Christ und Antichrist, zu ästhetischen Kontrasten und zu Mitteln der Intrige eines Romans werden und sich ästhetisch in die Gesamtwirkung eines Kunstwerks einfügen." (*PR*, 21). Die von Deleuze so genannte *Neutralität des Sinns* besteht darin, "alle Oppositionen zu überbieten"[48], sich von keiner terrorisieren zu lassen.

Die Haltung der Romantiker zur "wirklichen Welt" bringt Schmitt an einer Stelle auf den Begriff der "vitalen Inkongruenz" (*PR*, 27). Schmitt hält an der Möglichkeit eines Zugangs zur "wirklichen Welt", einer 'vitalen Kongruenz' von Denken und Handeln fest. Die Occasionalität ist für ihn eine Frage der *Haltung*: wenn man das metaphysische Zentrum ins Subjekt verlegt, behält man eine um ihr Schwergewicht gebrachte, zu 'leichte' Welt zurück, die sich in eine Serie von Punkten aufgelöst hat, von denen jeder für sich der Anfang eines 'unendlichen Romans' werden kann. Indem Schmitt weiter mit dem Subjekt/Objekt-Schema operiert und die Occasionalismus-These in den Zusammenhang einer *Säkularisierungstheorie* einfügt[49], begrenzt er unnötig die Tragweite seiner Erkenntnis. Die *Politische Romantik* macht im übrigen deutlich, *daß es sich bei der Occasionalisierungsbewegung nicht lediglich um einen Austausch der metaphysischen Zentren handelt, sondern um die Auflösung des metaphysischen Schemas insgesamt.* Das Subjekt/Objekt-Schema suggeriert, daß sich die Occasionalisierung auf die Objekt-Seite begrenzen läßt, daß sie die Subjekt-Seite dagegen nicht berührt. Das geniale 'Ich' würde so zum *Herrn* der Occasionalität, obwohl doch in Wahrheit *the magic hand of chance*, die aus dem Verlust der "vitalen Inkongruenz" resultiert, längst die gesamte Welt (einschließlich ihrer Beobachter) führt. Denn die "vitale Inkongruenz" ist nicht nur eine des Subjekts im Verhältnis zum Objekt, sondern eine Inkongruenz des Lebens, verstanden als das Sein im Ganzen. *Occasionalität* bezeichnet, allgemein gesprochen, den Effekt des Heraustretens der Dinge (und der nach dem Dingschema konzipierten psychischen und sozialen Entitäten) aus ihrer Form. "Trop de choses, pas assez de formes" (Flaubert). Wie wir nicht erst seit Freud wissen, enthält auch der Mensch 'zuviel Dinge', um der Form des Subjekts genügen zu können. Nicht zufällig gilt Schmitt die Romantik als ein Synonym für *Formlosigkeit* (*PR*, 25): eine

---

48    Ebd., 56.
49    "Dadurch, daß die letzte Instanz sich von Gott weg in das geniale 'Ich' verlegt, ändert sich der ganze Vordergrund und tritt das eigentlich Occasionalistische zutage" (*PR*, 24).

Formlosigkeit, die nicht nur die ontologische, sondern auch die logische Sphäre affiziert. Denken und Sein treten aus der Form heraus, die ihnen bislang ihre Identität bzw. ihre 'Fixität' garantierte. Der Valérysche Dialog der beiden Männer am Meer reflektiert die Auswirkungen dieser 'romantischen' Formlosigkeit auf das Denken, das nicht länger, wie es eine fast zweitausendjährige philosophische Tradition will, in den Ideen die stabilen Ruhepunkte seiner Aktivität findet.

Die seit Platon mit wenigen Ausnahmen in der Philosophiegeschichte affirmierte *Fixität der Ideen* erlaubte eine Konzeption des Denkens, die dieses als eine im wesentlichen *kontemplative* Tätigkeit auffaßte. Nur wenn die Ideen gleichsam *stillhalten*, kann das Denken sie in den Blick nehmen, fixieren, sich in sie versenken ... Man muß sich die platonische Stiftung des Zusammenhangs zwischen Idee und Form vergegenwärtigen, um die Reichweite des Geplauders[50] zu ahnen, das sich zwischen dem Philosophen-Ich und dem Doktor in Valérys Dialog abspielt. Es ist nicht ohne - objektive - Ironie, daß die Vorstellung der *fixen Idee*, von der der Dialog seinen Ausgangspunkt nimmt, unter den Bedingungen der Moderne nur noch in der psychopathologischen Begriffsbildung einen wissenschaftlich definierten Sinn hat. Die Pointe des Dialogs liegt nun darin, daß der Philosoph, der von quälenden Gedanken verfolgt wird, die Vorstellung einer fixen Idee selbst auf dem eingeschränkten Gebiet der Psychopathologie für unhaltbar erklärt: "Es gibt keine *fixen* Ideen. Was es gibt, ist etwas anderes, das auch einen anderen Namen verdient. '*Fixe Idee*' - ich schwöre Ihnen, daß diese Bezeichnung falsch ist." Auf den Einwurf des Doktors, daß Ideen doch unzweifelhaft "eine Konstante haben" können und "eine Intensität, die beide krankhaft sind", antwortet der Philosoph mit den Grundzügen seiner *Theorie der Ideen*, die er selbst freilich nicht als Theorie, sondern lediglich als Feststellung eines jedermann - qua Introspektion - zugänglichen Wissens verstanden haben will: "Ich stelle nur fest, was jedermann feststellen kann: daß nämlich eine *Idee* unmöglich *fix* sein kann. Überhaupt kann *fix* nur etwas sein, *das nicht Idee ist*. Eine Idee ist eine Veränderung - oder vielmehr eine Form des Veränderns - und sogar ihre unstetigste Form ... [...] Versuchen Sie's doch einmal eine Idee zu *fixieren* ... Ich schaue auf die Uhr ... [...] Nichts im Geist hat Dauer. Ich wette, daß Sie in ihm nichts zum Stehn bringen können: alles was in ihm ist, geht nur durch ihn hindurch ... Aber fast alles kann in ihm wiederholt werden."[51] Der Philosoph konzipiert das Bewußtsein als einen Raum, in dem die Ideen beständig zirkulieren, genauer: indem sie den Status von *Ereignissen* angenommen

---

50    "Der Mensch ist zum Plaudern geschaffen", formuliert der Philosoph im Verlaufe des
      Gesprächs und anthropologisiert damit die romantische Auffassung vom "ewigen Gespräch"
      ähnlich wie Kierkegaard (Valéry 1990d, 174).
51    Ebd., 163f.

haben, die, nachdem sie aufgetaucht sind, sofort wieder zerfallen, um durch neue Ideen ersetzt zu werden. Der Geist hat den "Charakter des Transitiven", d.h. er ist ein Raum, durch den die Ideen *hindurchgehen*: *Transitverkehr*. Der irritierte Doktor assoziiert eine andere Metaphorik:

" - Sie sehen den Geist als eine Fliege, die dahin fliegt, dorthin ..., die sich setzt, wieder auffliegt ...
- Ja. Nicht ganz. Aber die Instabilität - die Diskontinuität - die Unregelmäßigkeit der Fliege gleichen sehr wohl ...
- Dem Geist eines Idioten.
- Dem Normalzustand des unsern. Normal ist nicht das richtige Wort. Dem Zustand des ... *Nicht-Aufmerkens*, der offensichtlich der häufigste ist."

Von diesem Zustand aus bestimmt der Philosoph den Geist als eine *Ordnung der laufenden Substitution seiner Elemente*: "In diesem Zustand kann alles an die Stelle von allem treten. Könnte man den Ablauf des Innenlebens in einer Aufnahme festhalten, man bekäme das Bild einer großen Unordnung, einer Zusammenhanglosigkeit, die schlechthin ... *vollkommen* wäre."[52] Die basalen Operationen des Geistes sind also nicht *kausal*, sondern *occasionell* geordnet. Die Gedanken oder Ideen behandeln sich wechselseitig als Anlässe bzw. Gelegenheiten, keine übergeordnete *causa* verleiht dem kognitiven "Geschehen Konsequenz und Ordnung" (*PR*, 22). Die aktuell präsente Idee verfügt über das Minimum an Anschlußfähigkeit, das nötig ist, damit die 'Autopoiesis' des Denkens nicht abreißt, aber nicht über die Kapazität, die folgenden Ideen kausal hervorzubringen oder teleologisch zu dirigieren. Auch im Bewußtsein kann wirklich "alles zum Anlaß für alles werden" und "alles Kommende, alle Folge [wird] in einer abenteuerlichen Weise unberechenbar", wie Schmitt formuliert (*PR*, 24). Der Philosoph verlangt dem Doktor das Denken eines neuen Typs von *Konnexion* ab, die weder kausal noch teleologisch organisiert ist. Mit Schmitt könnten wir von einer *occasionellen Konnexion* reden, Valéry verwendet den Begriff der *Linie* bzw. des *Linearen*, um einen basalen Zusammenhang zu bezeichnen, der durch kein übergeordnetes Bewußtseinszentrum gestiftet wird, sondern sich in jedem Moment durch kontingente Anschlüsse von neuen Elementen 'fortzeugt'. So erläutert der Philosoph dem Doktor, "daß die innerhalb dieses Zustands aufeinanderfolgenden Bilder oder Formeln miteinander nur ... rein ... *linear* verbunden sind ... Ihre wechselseitige Beziehung besteht lediglich darin, daß eins aufs andre folgt oder eines das andere ersetzt. Will aber zwischen diesen Gliedern eine mannigfaltigere Beziehung entstehn, so muß der Zustand gewechselt werden ... und wir treten in den Bereich der *Aufmerksamkeit*."[53]

---

52    Ebd., 165.
53    Ebd., 166.

*Ideen sind Anknüpfungspunkte - für andere Ideen.* Die klassische Theorie der
Ideen hielt den artifiziellen, lediglich vorübergehend möglichen Zustand der *Aufmerksamkeit* für den gewöhnlichen Zustand des Denkenden. Wenn sie die stabilen,
zeitenthobenen Beziehungen, die sie zwischen den Ideen entdeckte, für *die* Ordnung der Ideen (und zugleich der Dinge) ausgab, dann konnte sie das nur tun, weil
sie den *Selektions-* und *Exklusions*charakter ihres eigenen Tuns nicht mitbe-
dachte[54]. An etwas Bestimmtes denken, so der Philosoph in Valérys Dialog, "bedeutet das nicht, etwas spezialisieren - ein Organ, eine Funktion, ein System,
gleichviel -, das an ... irgendetwas zu denken fähig ist? Heißt das nicht: etwas ein-
schränken, das an sich *umfassender* ist als was auch immer gedacht werden kann"?
Die klassischen Ideenlehren entwickeln komplexe, strikt gekoppelte Formen, ohne
das Medium mitzubedenken, aus dem heraus sie eine bestimmte Konstellation von
Elementen selegieren. Nur im 'materialistischen' Lager der antiken Philosophie
treffen wir bei Lukrez auf eine elaborierte Theorie des Geistes, die die Ideen konsequent temporalisiert.[55] Die platonischen Ideen hingegen erwecken den Anschein
der Horizontlosigkeit. Gegen die archetypisch-platonische Identifikation der Idee
mit der Form insistiert Valéry darauf, daß die Ideen in zwei Zuständen vorkommen,
systemtheoretisch gesprochen: auf *beiden* Seiten der Unterscheidung von Medium
und Form. Ideen im Zustand des Mediums - einem Zustand, dem bewußtseinspsy-
chologisch die Nicht-Aufmerksamkeit entspricht - stellen Kombinationsmöglichkei-
ten zur Verfügung, aus denen dann bestimmte ausgewählt und zu 'Formen' arran-
giert werden können. Gegen die Selbstdarstellung der Platonischen Ideenlehre hat
Gilles Deleuze auf den bereits bei Platon wirksamen, aber verdeckten Zusammenhang von Formenbildung und *Auslese* hingewiesen: "In ganz allgemeinen Begriffen muß das Motiv der Theorie der Ideen auf der Seite eines Willens zur Selektion,
zum Auslesen gesucht werden. Es geht um Differenzierung. Darum, die 'Sache'
selbst von ihren Bildern, das Original von der Kopie, das Urbild vom Trugbild zu
unterscheiden."[56] Die Ideen im Zustand des Mediums sind wie eine beständige
Strömung, die die gewonnenen Formen unterspült. Das Medium darf nun aber

---

54   Einen Ordnungsbegriff, der die Ordnung als ein Selektions- und Exklusionsgeschehen begreift
     und damit nicht länger als einen Perfektionsbegriff behandelt, hat Bernhard Waldenfels
     entwickelt (Waldenfels 1987, vor allem 51-83).

55   "Nichts in der Welt scheint wohl an Geschwindigkeit irgend zu gleichen/ Unserem Geist, der
     im selben Moment, was er denkt, auch schon anfängt./ Also bewegt sich der Geist viel
     schneller als irgendwas andres/ Aus dem Bereiche der Dinge, die unserem Auge sind sichtbar./
     Aber nun kann doch ein Ding, das so leicht sich bewegt, nur bestehen/ Aus ganz kugelig
     runden und allerkleinsten Atomen,/ Die beim leichtesten Stoß sofort in Bewegung sich
     setzen." (Lukrez 1991, 143: III 182-188)

56   Deleuze 1993a, 311.

nicht als eine Art *Formen-Reservoir* verstanden werden, die Ideen verharren, wenn sie nur lose gekoppelt sind, keineswegs im Zustand der erwartungsvollen Passivität, sondern erfüllen ihre Funktion in der permanenten Irritation der einmal gewonnenen Formen. Das, was Luhmann als das "Auflösevermögen"[57] des Mediums bezeichnet, nennt der Philosoph in Valérys Dialog den "unüberwindlichen Drang" des Systems oder der Funktion des Denkens, "sich ihrer Freiheit wieder zu bemächtigen ... [...] Ihrer Freiheit - die darin besteht, *etwas anderes* hervorzubringen - oder zu erleiden. *Etwas anderes*, das ist das Normale, die Regel ... Und dieses 'andere Etwas', dieser Ausdruck der Veränderung, den das Leben des Geistes erfordert, das ist ... die Idee ... Es macht das Wesen einer Idee aus, zu *intervenieren, sich zu ereignen* ..."[58]

Es ist einer der erregendsten Aspekte des Valéryschen Dialogs, zu beobachten, wie er die Kontingenz ("etwas anderes", es gibt immer *etwas anderes*), das Ereignis in die *Normalität* (des Denkens und des Seins) hineinträgt, wie er die Normalität von allen ihren klassischen Attributen: der Invarianz, der Stabilität, der Unbeweglichkeit, der Präsenz bzw. Wirksamkeit einer bestimmenden und 'durchgängigen', ihrer Wirkung vorgeordneten Kausalität, die die Gestalt des 'Willens', der 'Norm', der 'souveränen Entscheidung' etc. annehmen kann, ablöst. Verschiedene kulturtheoretische Untersuchungen aus der letzten Zeit haben die neue Signatur der nicht länger *fixen*, sondern *flexiblen* Normalität als eine "gänzlich neue response auf eine historisch-spezifische challenge" beschrieben, nämlich "auf die 'exponentielle' Dynamik des spezifisch modernen 'Wachstums' bzw. 'Fortschritts'. Normalisierung meint also die routinemäßige, dabei aber selbst dynamische 'Regulierung', 'Stabilisierung' und 'Konsolidierung' des konstitutiven 'produktiven Chaos' der Moderne."[59] Für die moderne Normalitätskultur, wie sie sich im Verlauf des letzten Jahrhunderts herausgebildet hat, ist vielleicht eines der entscheidenden Kennzeichen, daß sie die klassische Vorgängigkeit der *Norm* im Verhältnis zum gesellschaftlichen Feld, auf das sie Anwendung findet, nicht mehr kennt. Es ist nicht mehr möglich, wie Pierre Macherey formuliert, "die Norm selbst vor den Folgen ihres Wirkens und gewissermaßen hinter ihnen und unabhängig von ihnen zu denken"[60]. Die machtanalytischen Arbeiten Michel Foucaults und ihre Fortführung durch François Ewald haben gezeigt, daß selbst die *juristische* Norm - man denke nur an das moderne Sozialrecht, dessen 'Geburt' Ewald eine großangelegte Studie gewidmet hat - von diesem Prozeß des *Immanentwerdens* nicht ausgenommen

---

57   Luhmann 1986b, 6.
58   Valéry 1990d, 166.
59   Link 1992, 63.
60   Macherey 1991, 184f.

wird. Statt einem bestimmten Praxisfeld gegenüberzustehen und es 'von außen' zu
dirigieren, sich ihm gegenüber im Modus der *Präskriptivität* zu verhalten, investiert
sich die Norm vollständig in ihre Wirkungen, hält sie nichts an Macht zurück. Die
moderne Norm funkioniert nicht länger *herrschaftlich*, sondern *aktuell, variabel, im
Vollzug*: sie (prä)existiert nicht außerhalb ihres Wirkungsbereiches. Nicht zufällig
beschreibt Pierre Macherey diesen Funktionsmodus der modernen Norm(alität) mit
dem Begriff der *Intervention*, den Valéry seinerseits für das "Wesen der Idee", das
nicht länger das platonische ist, verwendet. Die moderne Norm *ist* Intervention, sie
ist 'Ereignis', ohne jede Essenz, auch sie fängt, wie der Geist des Lukrez, "im selben Moment, was sie denkt, auch schon an": "Wenn also das Wirken der Norm
nicht auf ein Wirklichkeitsfeld trifft, das ihrer Intervention vorausläge, so wird man
genauso auch behaupten müssen, daß sie nicht selbst dieser Intervention vorgeordnet ist, sondern daß sie ihre normative Funktion nur in dem Maße anordnet, wie sie
diese ausübt."[61]

Daß das Denken aufhört, sich an einen bestimmten Gegenstand, an "Einen Gegenstand" zu binden, und sich stattdessen entlang der Linie einer *beständigen Variation* bewegt, um "*etwas anderes* hervorzubringen", daß die Hervorbringung des
"anderen Etwas" seine eigentliche Antriebskraft geworden ist, wäre mit Schmitt als
seine 'wesensmäßige' *Occasionalität* zu definieren: eine Occasionalität, als deren
Gegenbegriffe für Schmitt die *Norm* und die *Normalität* fungieren: "keine Gesellschaft kann eine Ordnung finden ohne einen Begriff von dem, was normal und
dem, was Recht ist. Das Normale ist seinem Begriffe nach unromantisch, weil jede
Norm die occasionelle Ungebundenheit des Romantischen zerstört." (*PR*, 226)
Wenn es bei Valéry dagegen lakonisch heißt: "*Etwas anderes*, das ist das Normale,
die Regel", dann verweist diese Formel auf den Einbruch des Occasionellen auch in
den Bereich des Rechts und der Politik, die Schmitt für *Kernzonen des Unromanti-
schen* hält. Die Norm, die bei Schmitt immer als eine durch Souveränität gedeckte
Rechtsform gedacht wird - daher die Polemik gegen einen 'positivistischen' Normativismus, die sein ganzes Werk durchzieht -, büßt jede Transzendenz im Verhältnis zum gesellschaftlichen Feld ein, sie verliert ihre symbolische *fixité* und
'motorisiert' sich, wie Schmitt später schreiben wird. "Idee im ... funktionellen
Sinn - Idee als Geschehnis - als Zeichen der grundsätzlichen, organisierten Instabilität unseres ... geistigen Zustandes", erläutert der Philosoph in Valérys Dialog
seine These von der Ereignishaftigkeit und Effektimmanenz des Denkens. Die
Norm im funktionellen Sinn muß genauso als Zeichen der grundsätzlichen, organisierten Instabilität unseres gesellschaftlichen Zustandes aufgefaßt werden: "Nur ändernd können Sie denken", entgegnet der Philosoph dem hartnäckig an der Exi-

---

61   Ebd., 187.

stenz fixer Ideen festhaltenden Doktor. Nur ändernd kann die Gesellschaft sich reproduzieren - und gerade das *Recht* dient ihr als ein wichtiges Mittel, diese Veränderungen herbeizuführen und auf sie zu reagieren. Und der Philosoph schließt diesen Gedankengang mit der Beobachtung ab: "Es ist unendlich schwerer, stillzuhal-
ten, als sich in Bewegungen zu verausgaben. Dauer übersteigt unsere Mittel."[62]

Nun darf die Vorstellung einer Normalitätskultur, die jede Hoffnung auf Rückkehr in eine stabile Gleichgewichtslage fahrengelassen hat, nicht zu dem Bild einer
vollständig flexibilisierten Gesellschaft generalisiert werden, die jede "Fixität"
preisgegeben hat. Die - punktuelle - Fixität beweist nur nichts für die Dauerhaftig-
keit ihres jeweiligen Inhalts. Valéry reformuliert die Fixität als *Wiederholung*, als
einen *Spezialfall der Bewegung*, nicht jedoch als ihr *Gegenteil*: eine fixe Idee *er-
wirbt* die Eigenschaft, "*öfter als ihr zusteht* wieder aufzutauchen ... [...]. In geho-
benerer Sprache würde man sagen, daß die Wahrscheinlichkeit ihrer Rückkehr ins
Bewußtsein modifiziert sei, ... vermehrt - bis zum Übermaß. Ihre 'fixe Idee' ist
nichts andres als eine Idee, die ... bevorzugt, die - gezinkt ist ... Sie kommt beim
Roulette auf zehn Male neunmal heraus ... [...] Ich sagte also, daß diese Idee außer
der Reihe drankommt. Das bedeutet, daß alles ihre Wiederkehr provoziert. Alles ist
ihr recht, was sie wieder ins Rampenlicht bringt."[63] Was Valéry hier unternimmt,
ist, die vermeintliche Notwendigkeit solcher Ideen, die nicht vergehen wollen, in
Kategorien der Wahrscheinlichkeitstheorie bzw. der Statistik zu reformulieren, die
zum Kernbereich der Normalitätskultur gehören. Auch die Fixität ist ein *Effekt*, der
nach denselben Verfahren hervorgebracht wird und mit denselben Begriffen beschrieben werden kann wie die 'normale' Beweglichkeit der Ereignisse. Statt einer
qualitativen, gibt es lediglich eine quantitative Differenz zwischen der Substitution
eines Ereignisses durch ein anderes und der 'Selbstsubstitution' des Ereignisses.


*3. Causa und Occasio: Der Einbruch des Spiels in die Zeit*


Die Romantik, so wie sie Schmitt definiert, reduziert wie das System der modernen
Medien alle 'Sachen' auf 'Themen', auf Kommunikationsanlässe. Daher die unge-
heuere Beweglichkeit und merkwürdige Ungreifbarkeit der mit diesen Medien ver-
schalteten Gesellschaften. Die occasionalistische Haltung zur Welt definiert Schmitt
nicht zufällig als die "Relation des Phantastischen". Diese Relation durchdringt alle
modernen Beschreibungen der Gesellschaft, die die Unmöglichkeit der kausalen
Attribution von Ereignissen im sozialen Feld in Rechnung stellen. Der "entschei-

---

62    Valéry 1990d, 167.
63    Ebd., 164f.

dende Punkt" der Romantik, den Schmitt benennt, ist auch der der modernen Gesellschaften, die jede 'Tiefe' verloren haben und sich allein noch in der horizontalen
Ebene der Verkettung von Kommunikationen reproduzieren: "Wenn nämlich etwas
die Romantik total definiert, so ist es der Mangel jeglicher Beziehung zu einer
*causa*. Sie wehrt sich nicht nur gegen die absolute Kausalität, d.h. gegen ein absolut berechenbares, adäquates Verhältnis von *Ursache und Wirkung*, wie es die wissenschaftliche Mechanik voraussetzen muß: auch die in den Wissenschaften vom
organischen Leben obwaltende Beziehung von *Reiz und Wirkung* bleibt immer
noch in einem gewissen Rahmen berechenbar und adäquat. In der Bedeutung von
'Sache' hat das Wort causa auch noch den Sinn einer teleologischen oder normativen Bindung und eines geistigen oder moralischen Zwanges, der eine adäquate
Beziehung kennt. Ein absolut inadäquates Verhältnis besteht dagegen zwischen *occasio und Wirkung*; es ist - da jede konkrete Einzelheit *occasio* eines unberechenbaren Effekts sein kann, etwa der Anblick einer Apfelsine für Mozart der Anlaß, das
Duett "*la ci darem la mano*" zu komponieren - völlig inkommensurabel, jeder Sachlichkeit sich entziehend, a-rational, die Relation des Phantastischen." (*PR*, 120f.)
Dort wo sich Schmitts *Politische Romantik* davon befreit, "einen Hochstapler zu
entlarven" bzw. "einen armen 'Hasen zu jagen'" (*PR*, 28), wo sie sich nicht in der
Kritik am politischen *Opportunismus* der Adam Müller und Friedrich Schlegel ver-
zehrt, dringt sie zu einer Beschreibung der modernen Gesellschaft vor, einer Gesellschaft, die ein derart hohes Maß an struktureller Variabilität erreicht hat, daß sie
in ihren Reaktionen auf 'externe' Ereignisse völlig *unberechenbar* geworden ist - in
jede gesellschaftliche Prognostik ist heutzutage die "Relation des Phantastischen"
eingeschrieben. Das "Prinzip des unzureichenden Grundes", von dem Musil im
*Mann ohne Eigenschaften* spricht, ist zur ganz alltäglichen Funktionsprämisse moderner Gesellschaften geworden, so daß es nicht verwundert, daß die theoretische
Soziologie sich schon seit einiger Zeit vom Kausalschema distanziert hat und stattdessen das sozial jeweils Vorhandene als eine *kontingente Selektion* aus anderen
Möglichkeiten analysiert.

  Schmitt erläutert seine occasionalistische Bestimmung des Romantischen mit dem
Hinweis auf ein *Blütenstaub*-Fragment (Nr. 65, nicht, wie Schmitt schreibt, Nr.
66) von Novalis, das er leicht gekürzt und abgewandelt zitiert: "'Alle Zufälle unseres Lebens sind Materialien, aus denen wir machen können, was wir wollen, alles ist erstes Glied in einer unendlichen Reihe, [...] Anfang eines unendlichen
Romans.'" (*PR*, 121) Vollständig lautet das Fragment: "Alle Zufälle unseres Lebens sind Materialien, aus denen wir machen können, was wir wollen. Wer viel
Geist hat macht viel aus seinem Leben - jede Bekanntschaft, jeder Vorfall wäre für
den durchaus Geistigen - erstes Glied einer unendlichen Reihe - Anfang eines un-

endlichen Romans."[64] Dieses Fragment, so Schmitt, "gibt die eigentliche Formel des Romantischen", weil sie dessen occasionalistische Grundstruktur offenlegt. Voller Ironie adressiert Schmitt eine Frage, die ins Zentrum seines Politikbegriffs weist, ausgerechnet an dieses Fragment: "Wie ist es dieser Relation [des Phantastischen, Vf.] möglich, die Welt umzugestalten?" Diese Frage ist Schmitts grundlegender Einwand gegen die Romantik und einen 'Weltzustand', der sich auch außerhalb der schönen Literatur zu occasionalisieren beginnt, nämlich in eine, wie es bei Musil heißt, "ruhelose Reihe" transformiert. Schmitts Einsicht in die Derealisierung der Welt und des ihr gegenüberstehenden handlungsmächtigen Subjekts entspricht die von Musil so genannte "Moral des nächsten Schritts"[65]. Ihre Maxime: "Nie ist das, was man tut, entscheidend, sondern immer erst das, was man danach tut!" Das heißt aber, daß es, recht verstanden, niemals zu einer Handlung kommt, die es erlauben würde, den Handelnden als ihren souveränen Initiator zu denken. Die Handlung gehorcht einer Logik der Nachträglichkeit, sie gibt sich nie dem Gegenwärtigen hin, sie ist, ontologisch gesprochen, kein gegenwärtig Seiendes, sondern existiert nur in der Bewegung eines unendlichen Aufschubs. Denn auch der nächste Schritt löst nicht ein, was der vorausgehende zu versprechen schien, die Fülle einer ursprünglichen Initiative, die Fähigkeit, "die Welt umzugestalten": "Aber worauf kommt es nach dem nächsten Schritt an? Doch offenbar auf den dann folgenden? Und nach dem nten auf den n plus ersten Schritt?!" Ein Mensch, so Musils Romanheld Ulrich, der sein Handeln auf diese Logik einstellt, "müßte ohne Ende und Entscheidung, ja geradezu ohne Wirklichkeit leben. Und doch ist es so, daß es immer nur auf den nächsten Schritt ankommt. Die Wahrheit ist, daß wir keine Methode besitzen, mit dieser *ruhelosen Reihe* richtig umzugehen."[66]

Schmitts nostalgisches Beharren auf den handlungsmächtigen Augenblick, den souveränen Moment, der den Zeitenfluß durchschneidet und einen Äon zu gebären vermag, findet sein Pendant in Ulrichs Sehnsucht, "in Geschehnisse verwickelt zu sein wie in einem Ringkampf, und seien es sinnlose oder verbrecherische, nur gültig sollten sie sein. Endgültig, ohne das dauernde Vorläufige, das sie haben, wenn der Mensch seinen Erlebnissen überlegen bleibt."[67]. "La recherche de la Réalité" überschreibt Schmitt einen Abschnitt der *Politischen Romantik* (PR, 77), in dem es um die Exposition der "Struktur des romantischen Geistes" geht. Die Formel, die das 'unglückliche Bewußtsein' des modernen Denkens seit der cartesianischen Auszeichnung des *ego cogito* treffen soll, kennzeichnet zugleich unfreiwillig

---

64    Novalis 1969, 336.
65    Musil 1992, 733.
66    Ebd., 735f. - m.H.
67    Ebd., 738.

Schmitts eigene Suche nach einem Begriff des Politischen, der der umfassenden gesellschaftlichen Derealisierung bzw. Occasionalisierung dadurch Paroli bietet, daß er ihr die "Situation des *wirklichen* Kampfes gegen einen *wirklichen* Feind" entgegenstellt (*BdP*, 49 - m.H.). Novalis' Fragment gibt tatsächlich "die eigentliche Formel des Romantischen", weil es die Umgestaltung der Welt als einen nurmehr poetisch möglichen Akt erkennt: "Die romantische Produktivität lehnt jeden Zusammenhang einer causa bewußt ab und damit auch jede in die realen Zusammenhänge der sichtbaren Welt eingreifende Tätigkeit." (*PR*, 122) Damit ist sie für Schmitt gerichtet, weil sie die Möglichkeit des Politischen in Frage stellt, das gegen die Unabschließbarkeit und Unendlichkeit der Selbstreferenz (Novalis' "unendliche Reihe") auf 'letzten', nicht relativierbaren *Asymmetrisierungen* insistiert.

Asymmetrisierung besagt, "daß ein System zur Ermöglichung seiner Operationen Bezugspunkte wählt, die in diesen Operationen nicht mehr in Frage gestellt werden, sondern als gegeben hingenommen werden müssen"[68]. Dieser Definitionsvorschlag hätte Schmitt zweifellos nicht befriedigt, weil er noch die für die Operation des Systems notwendigen 'Gegebenheiten' bzw. 'Unhinterfragbarkeiten' als Ergebnisse einer *Wahl* beschreibt, die auch anders hätte getroffen werden können, und damit die Abhängigkeit und prinzipielle Revidierbarkeit der operationstranszendenten "Bezugs*punkte*" von der Ebene der 'autopoietischen' Immanenz herausstellt. Die transzendenten Elemente werden bei Luhmann symptomatischerweise in einem occasionalistischen Vokabular präsentiert, das für die romantische Poetologie kennzeichnend ist: neben Anlaß, Anfang, Inzitament und Vehikel zählt auch der "elastische Punkt" zu den "Umschreibungen der *occasio* bei den Romantikern" (*PR*, 122), wie Schmitt feststellt. Bei Schmitt finden wir nicht nur *epistemologische* Asymmetrien, wenn er an der Vorrangigkeit und Überlegenheit der Ursache über ihre Wirkung festhält und ihr eine teleologische oder normative Fassung gibt. Der *Dezisionismus* ist eine wahrhafte Maschine zur Herstellung oder Wiedererrichtung von Asymmetrien auf dem Feld der Politik, die Semantik der Ausnahme mit ihren Konnexbegriffen und -bildern der Entscheidung, des Souveräns, der Durchbrechung, der eingreifenden Tätigkeit, des Einbruchs, der Diktatur, des 'Wunders' etc. markieren symbolisch einen Ort, der sich außerhalb des Verfügungsbereichs der Gesellschaft befinden und von dort ihren Bestand, ihre 'Existenz'fähigkeit garantieren soll.

Noch in der späten *Politischen Theologie II* spürt man Schmitts Aversion gegen die Vorstellung einer autopoietischen Reproduktion der Gesellschaft, einer Gesellschaft, die die Elemente, aus denen sie besteht, laufend selbst erzeugen muß: "Es genügt eine Selbst-Behauptung, Selbst-Bestätigung und Selbst-Ermächtigung, eine

68   Luhmann 1984, 631.

der vielen Wort-Zusammensetzungen mit Selbst, ein sogenannter Autokomposit, um unabsehbare neue Welten aufscheinen zu lassen, die sich und sogar die Bedingungen ihrer eigenen Möglichkeit selber produzieren, wenigstens die Laboratoriumsbedingungen." (*PTh II*, 12). Der Satz ist insofern symptomatisch, als sein erster Teil zeigt, daß Schmitt selbst die Autopoiese nicht anders als *subjektförmig* zu denken vermag, als eine *Konstitutions-* bzw. eine *Gründungsgeste* (das 'Selbst' der Autopoiesis ist jedoch kein subjektförmiges Selbst, das über eine fixe, in einem ursprünglichen Akt der Schöpfung sich artikulierende Identität verfügt, die zugleich die Einheit der geschaffenen Welt garantiert), während der zweite Teil der Vorstellung von Welten, "die sich und die Bedingungen ihrer eigenen Möglichkeit selber produzieren" durch den Zusatz "wenigstens die Laboratoriumsbedingungen" mit kaum verhohlener Ironie begegnet, da derartige Bedingungen ja bekanntlich nicht die des 'wirklichen Lebens' sind, sondern solche äußerster Artifizialität und Fragilität, was für die 'Überlebensfähigkeit' solcher autopoietischen Gebilde nicht viel Gutes verheißen kann.

Während im klassischen Begriff des Anfangs die Fülle des Seins beschlossen ist, enthält der moderne, occasionelle Begriff des Anfangs nur wenig, ist er "substanzlos, wesenlos", "ein konkreter Punkt" (*PR*, 123), wie Schmitt formuliert, der an sich nichts ist und *etwas* nur insofern, als Unabsehbares *auf ihn folgen kann*: der Anfang als *Inzitament, reine Funktion* des Anschließens, "erstes Glied in einer unendlichen Reihe", "Anfang eines unendlichen Romans". Ausgerechnet der Begriff der (transzendenten) "Gesamtentscheidung", die der klassischen Konzeption zufolge den Bestand, d.h. die Existenz der Einheit garantieren soll, begegnet uns in der Konzeption der *Verfassung* bei Schmitt. Er definiert sie als "Gesamt-Entscheidung über Art und Form der politischen Einheit" (*Vl*, 20) und erläutert den Charakter dieser Gesamt-Entscheidung nicht zufällig in einem anthropomorphen Vokabular: "Die Verfassung im positiven [d.h. bei Schmitt stets: im nicht-positivistischen bzw. nicht-normativistischen, Vf.] Sinne entsteht durch einen *Akt der verfassungsgebenden Gewalt*. Der Akt der Verfassungsgebung enthält als solcher nicht irgendwelche einzelne Normierungen, sondern bestimmt durch einmalige Entscheidung das Ganze der politischen Einheit hinsichtlich ihrer besonderen Existenzform. Dieser Akt *konstituiert* Form und Art der politischen Einheit, deren Bestehen vorausgesetzt wird. Es ist nicht so, daß die politische Einheit erst dadurch entsteht, daß eine 'Verfassung gegeben' wird. [...] Immer aber gehört zu dieser Verfassungsgebung ein handlungsfähiges Subjekt, das sie mit dem Willen gibt, eine Vefassung zu geben." (*Vl*, 21) Man sieht, daß es Schmitt um eine Einheit mit bestimmten Eigenschaften geht - Schmitt spricht von "Form und Art der politischen Einheit", die Gegenstand der Verfassungsgebung seien -, "über deren Bestand oder Nichtbestand eine Gesamtentscheidung fällt" - Schmitts "Akt der verfassungsgebenden Gewalt".

Aus dem Sachverhalt, daß Verfassungen eine politische Einheit bzw. den Staat 'verfassen', diesen also "als zu verfassendes Realobjekt voraus[setzen]"[69], schließt Schmitt, daß sie diesem Objekt gleichsam emanieren. Die Explikation des "positiven Verfassungsbegriffs" durchzieht nicht zufällig eine Polemik gegen die - als positivistisch bzw. normativistisch denunzierte - Auffassung der Verfassung als eines "autologischen Textes", d.h. eines Textes, der *sich selbst gibt* und diese paradoxe Figur, an der Schmitt Anstoß nimmt, "mit Berufung auf den Willen Gottes oder den Willen des Volkes symbolisch externalisiert"[70].

Die selbstreferentielle Architektur der Verfassungstexte und die spezifische "Absolutheit" - zu unterscheiden von der *existentiellen* Absolutheit der Verfassung -, die aus der Unmöglichkeit resultiert, sie in anderen als mythischen Anfängen zu gründen, beantwortet Schmitt mit der Einführung einer *Asymmetrie in die Verfassung*, nämlich der Unterscheidung von Verfassung als existentieller Entscheidung bzw. Substanz und Verfassung als Verfassungsgesetz bzw. normativer Regelung. Da Verfassungsrecht qua definitionem 'höchstes' und in diesem Sinne unabgeleitetes Recht ist, ist es nicht mehr möglich, die Frage nach seiner *Geltung* durch den Hinweis auf die nächsthöhere Rechtsebene zu beantworten. In dieser Situation weicht Schmitt von der Geltung auf die *Genesis* aus und orientiert sich dabei, ohne die Tragweite eines solchen Vorgehens einzusehen, an der fremdreferentiellen Symbolik, mit deren Hilfe die Verfassungstexte sich einen Ursprung geben, um den Eindruck zu vermeiden, sie seien ihr eigener Anfang: "Die Verfassung ist also insofern nichts Absolutes, als sie nicht aus sich selber entstanden ist. Sie gilt auch nicht kraft ihrer normativen Richtigkeit oder kraft ihrer systematischen Geschlossenheit. Sie gibt sich nicht selbst, sondern wird für eine konkrete politische Einheit gegeben. [...] daß eine Verfassung *sich selber gibt*, ist offenbar unsinnig und absurd. Die Verfassung gilt kraft des existierenden politischen Willens desjenigen, der sie gibt. Jede Art rechtlicher Normierung, auch die verfassungsgesetzliche Normierung, setzt einen solchen *Willen* als existierend voraus." (*Vl*, 22) Aber wo existiert dieser Wille, wenn nicht wiederum im Verfassungstext, zu dessen autologischer Struktur es eben gehört, "daß die Verfassung selbst die Proklamation der Verfassung enthält"[71]? Schmitt weist darauf hin, daß die Verfassung neben den Gesetzen auch einfache *Sätze* enthält, wie (am Beispiel der Weimarer Verfassung): "Das deutsche Volk hat sich diese Verfassung gegeben"; "die Staatsgewalt geht vom Volke aus", "Das Deutsche Reich ist eine Republik", Sätze, die weder "Verfassungsgesetze" noch "Rahmengesetze oder Grundsätze" sind: "Aber deshalb sind

---

69    Luhmann 1993a, 478.
70    Ebd., 472f.
71    Ebd., 473.

sie nicht etwas Geringes oder Unbeachtliches. Sie sind *mehr* als Gesetze und Normierungen, nämlich die konkreten politischen Entscheidungen, welche die politische Daseinsform des deutschen Volkes angeben und die grundlegende Voraussetzung für alle weiteren Normierungen, auch diejenigen der Verfassungsgesetze, bilden. [...] Sie machen die Substanz der Verfassung aus." (*Vl*, 24) Wille, Entscheidung, Existenz - "Es gibt keine Verfassung ohne solche existenziellen Begriffe" (*Vl*, 23) -, Substanz: die verfassungstheoretischen Leitdistinktionen Schmitts könnten nicht *asymmetrischer* (Vorrang des Existentiellen vor dem Normativen) gebaut sein. Das Existentielle ist per definitionem das *Vorrangigste* und daher der nicht weiter auflösbare, nicht zu 'hintergehende' Anfang. So jedenfalls will es die Symbolik ihrem Sinn nach, was sie für die Funktion einer *Entparadoxierung* der verfassungsrechtlichen Selbstreferenz, wie man sieht, geradezu prädestiniert.

Daß die Verfassung lediglich ein rechtlicher Ausgangs*punkt* sein könnte, dem als solcher keinerlei außerrechtliche *Substanz* zukommt, diese Auffassung hat Schmitt seit der frühen *Politischen Theologie* bekämpft. Im juristischen Positivismus erkennt er die theoretische Ratifizierung des gesellschaftlichen Prozesses der *Punktualisierung bzw. Occasionalisierung des politischen Grundes* - ob dieser Grund nun den Namen des Staates, der politischen Einheit oder der Verfassung trägt. Für eine juristische Betrachtung wie die Kelsens "gibt es weder wirkliche noch fingierte Personen, sondern nur Zurechnungspunkte. Der Staat ist der Endpunkt der Zurechnung, der Punkt, an dem die Zurechnungen, die das Wesen der juristischen Betrachtung sind, 'haltmachen können'. Dieser 'Punkt' ist zugleich eine 'nicht weiter ableitbare Ordnung'." (*PTh*, 28) Beim *Punkt* landet man, wenn man den Weg der wissenschaftlichen Entmythologisierung und Desanthropomorphisierung bis zu Ende gegangen ist. Dann ist der Staat "weder der Urheber noch die Quelle der Rechtsordnung; alle solche Vorstellungen sind nach Kelsen Personifikationen und Hypostasierungen, Verdoppelungen der einheitlichen und identischen Rechtsordnung zu verschiedenen Subjekten." (*PTh*, 28) Der Zentralvorwurf gegen den juristischen Positivismus Kelsenscher Provenienz hat die Form der Retourkutsche und lautet knapp: *mathematische Mythologie*. Schmitt nennt sie, nicht ohne Ironie, 'interessant' und kennzeichnet sie durch eine Serie von Äquivalenzen: nach dieser Mythologie soll "ein Punkt eine Ordnung und ein System und identisch mit einer Norm sein" (*PTh*, 29). Hellsichtig beobachtet er an der "reinen Rechtslehre" Kelsens, daß sie Zentralbegriffe der philosophischen Semantik Alteuropas weiter mitführt - "Worte wie Ordnung, System, Einheit" (*PTh*, 29) -, dabei jedoch die klassischen *ontologischen* Vermutungen über das 'Wesen' dieser Begriffe abstreift und ihnen völlig neu konzeptualisierte Gegenstände unterschiebt: eine Zweideutigkeit, die Schmitt, nicht ohne Grund, mit der Mathematik in Verbindung bringt, und die

Ernst Cassirer in seiner berühmten Schrift von 1910 als einen Übergang von *Substanz-* zu *Funktionsbegriffen* beschrieben hatte.

Alle Texte Schmitts sind von der Problematik dieses Übergangs affiziert. In einem Brief an Hans Winkelmann, den er im *Glossarium* unter dem Datum vom 10.6.48 mitteilt, bestätigt er noch einmal die massive Präsenz dieses Motivs im Denken seiner Generation: "Vergessen Sie nicht: eine ganze Generation hindurch wurde uns nicht nur von Technikern und Industriellen, sondern von bedeutenden Philosophen bewiesen und angepriesen, daß der große Fortschritt in der Funktionalisierung besteht, im Übergang von Substanz- zu Funktionsbegriffen. Erinnern Sie sich an das Buch von Ernst Cassirer: 'Substanzbegriff und Funktionsbegriff' (1910)! Der Primitive denkt in Substanzen, der Zivilisierte in Funktionen!" (*G*, 160f.) Die *Occasionalisierung* der Wirklichkeit ist nicht zuletzt auch ein *epistemologisch* zu beschreibender Vorgang, an dessen Ende die vollständige Auflösung des lebensweltlich verbürgten und philosophisch garantierten (homogenen) Objekt- bzw. Ding-Schemas steht. Gaston Bachelard hat am Beispiel der modernen Physik und Chemie die Enstehung eines völlig neuartigen Konzepts von *Materie* nachgezeichnet, das nicht länger im Bann der "*übermäßigen Bildhaftigkeit*" steht, "die in diesem harmlosen Wort *Ding* beschlossen ist"[72] und dem philosophischen *chosisme* den Garaus macht. Aus der klassischen Wissenschaft der Körper und Dinge, wie sie uns lebensweltlich gegeben sind, ist eine Wissenschaft der Phänomene geworden, was etwas ganz anderes ist als eine Phänomenologie. Bachelard schlägt den Neologismus *Phänomenotechnik* vor, der darauf abzielt, daß alle modernen Wissenschaften die Schwelle von den positivistischen *Fakten*-Wissenschaften zu den *Effekten*-Wissenschaften überschritten haben, indem sie die von ihnen untersuchten Phänomene radikal entsubstantialisieren und als Wirkungen komplexer (z.B. molekularer) Substrukturen analysieren: Eine Welt ohne Eigenschaften.

"Mathematischer Mythologe", dieses Urteil könnte im übrigen auch Ulrich, dem Mathematiker und *Mann ohne Eigenschaften* gesprochen werden - von Walter, der ja nicht zufällig die Romanperson ist, dem der Romantitel im Verlauf eines Gesprächs über Ulrichs 'Wesen' einfällt. Occasionalist ist Ulrich, weil er, wie man sagen würde, 'keinen inneren Bezug' zu den Gegenständen seiner Reflexion unterhält: "er kann in jedem Augenblick tüchtig über alles nachdenken", seine Intelligenz ist eine *methodologisch-erobernde*. Wie die romantische Subjektivität, deren Bild Schmitt entwirft, verfügt auch Ulrich über alle möglichen Eigenschaften, aber so, daß man den Eindruck hat, "sie gehören doch nicht zu ihm. Wenn er zornig ist, lacht etwas in ihm. [...] Jede schlechte Handlung wird ihm in irgendeiner Beziehung gut erscheinen." Der Mann ohne Eigenschaften ist ein *funktionaler Analyti-*

---

72    Bachelard 1993, 67.

*ker.* Er benutzt "Relationierungen mit dem Ziel, Vorhandenes als kontingent und Verschiedenartiges als vergleichbar zu erfassen."[73] Walter formuliert das so: "Immer wird für ihn erst ein möglicher Zusammenhang entscheiden, wofür er eine Sache hält. Nichts ist für ihn fest. Alles ist verwandlungsfähig". Der Mann ohne Eigenschaften praktiziert eine strikt *relationale* Erkenntnistechnik. Gegenstände, Substanzen, Qualitäten sind die Effekte hochabstrakter Arrangements von Elementen, die *auch anders* miteinander verknüpft werden könnten. Walter kann eine solche Erkenntnistechnik lediglich zum Anlaß einer gutgemeinten Kritik der zynischen Vernunft nehmen: "Erst werden aus den vier Elementen einige Dutzend[74], und zum Schluß schwimmen wir bloß noch auf Beziehungen, auf Vorgängen, auf einem Spülicht von Vorgängen und Formeln, auf irgendetwas, wovon man weder weiß, ob es ein Ding, ein Vorgang, ein Gedankengespenst oder ein Ebengottweißwas ist! Dann besteht zwischen einer Sonne und einem Zündholz kein Unterschied mehr, und zwischen dem Mund als dem einen Ende des Verdauungskanals und seinem anderen Ende auch keiner!"[75] Daß unter dem Gesichtspunkt der Erzeugung eines bestimmten Effekts die heterogensten Gegenstände (Sonne/Zündholz) sich funktional äquivalent verhalten, ihre *qualitativ* ungeheuren Differenzen mithin vollständig verschwinden, relativiert die gesamte Welt der wahrgenommenen und erlebten Dinge, die als bloße Ausgangs- bzw. Anknüpfungspunkte für die wissenschaftliche Erkenntnis fungieren und durch keine Similarität mit dem Ergebnis dieser Erkenntnis, einem "irgendetwas", verknüpft sind.

Woran Männer wie Musils Romanfigur Walter und Carl Schmitt Anstoß nehmen, wenn sie das wissenschaftliche Auflöse- und Rekombinationsvermögen als 'gegenstandsinadäquat' kritisieren - man könnte mit Schmitt tatsächlich die moderne Wissenschaft durch "den bewußten Verzicht auf ein adäquates Verhältnis zur äußern, sichtbaren Welt" (*PR*, 123) definieren -, läßt sich mit dem Begriff der *inkongruenten Perspektive* bezeichnen. In Musils Roman artikuliert Walter exemplarisch die Reaktion der Welt, die sich mit inkongruenten Perspektiven überzogen fühlt. Ulrich untergräbt Walters "intuitive Evidenzen", so etwa die von der "Einheit" und den "lebendigen Formprinzipien", die alle Dinge, vor allem aber 'den Menschen'

---

73   Luhmann 1984, 83.
74   Schmitt erwähnt die physikalisch-chemische Auflösung des klassischen Elementbegriffs auf den ersten Seiten von *Land und Meer*: "Die moderne Naturwissenschaft hat die vier Urelemente aufgelöst; sie unterscheidet heute über neunzig, ganz anders strukturierte 'Elemente' und versteht darunter jeden Grundstoff, der mit den heutigen chemischen Methoden nicht zerlegt oder aufgelöst werden kann. Die Elemente, mit denen sie auf praktischem wie theoretischem Gebiet arbeitet, haben also mit jenen vier Urstoffen nur das Wort gemein." (*LM*, 12)
75   Musil 1992, 65f.

'durchherrschen' müssen. So erscheint ihm Ulrich als Symbol des "aufgelöste[n] Wesen[s], das alle Erscheinungen heute haben", einschließlich des Menschen, der, wenn man ihn zerlegt, "aus zwei Dutzend Eigenschaften, Empfindungen, Ablaufarten, Aufbauformen und so weiter" besteht.[76] "Alles aber unfühlbar. Zum Schluß bleiben überhaupt nur Formeln übrig. Und was die menschlich bedeuten, kann man nicht recht ausdrücken; das ist das Ganze", resümiert Walters Lebensgefährtin Clarisse die Wissenschaftstheorie Ulrichs in knappen Sätzen, um vom irritierten Walter prompt das Bild der "natürlichen Lethargie", welche den wissenschaftlichen Gegenständen längst abhanden gekommen ist, als Programm individueller Lebensführung entgegengehalten zu bekommen: "Ich versichere dir, ich *habe* den Mut, wenn ich nach Hause komme, einfach mit dir Kaffee zu trinken, den Vögeln zuzuhören, ein bißchen spazierenzugehn, mit den Nachbarn ein paar Worte zu wechseln und den Tag ruhig ausklingen zu lassen: Das ist Menschenleben!"[77]

Wie präsent dieses Motiv der Auflösung in natürlicher Einstellung 'gegebener' Objekte im Akt ihrer inkongruenten Perspektivierung auch bei Schmitt ist, kann man dem "Vorwort" zu den *Schattenrissen* entnehmen.[78] In dem Vorwort, das das soziologische Signum der Zeit in dem "unheimlich unterirdisch unaufhaltsam arbeitende[n] Prozeß der Differenzierung" (*SR*, 8) erkennt, wird der Beitrag der modernen bildenden Künste, konkret des Impressionismus und Kubismus, für die Einübung in inkongruente Perspektiven, die zur Auflösung des klassischen Dingschemas führen, so beschrieben: "Ist es doch unserer Zeit vorbehalten gewesen, daß lüsterne Franzosen die geheiligte Form des menschlichen Leibes sowie der Dinge überhaupt zu zerbrechen suchten, um unseren Auge[79] durch eine kleinliche Aneinandersetzung von Farben - von ihnen in dünkelhaftem Hochmut 'Farbenkultur' genannt - aufs tiefste zu beleidigen." Die Fußnote zu dem Satz ergänzt: "Wir meinen natürlich Cézanne und den noch schlimmeren Picasso." (*SR*, 7f.)[80]

---

76   Ebd.

77   Ebd., 67.

78   Der Titel spielt auf Kierkegaards *Entweder-Oder* an, dessen erster Teil u.a. die "Schattenrisse. Psychologischer Zeitvertreib" enthält (Kierkegaard 1988, 197-254).

79   Die Autoren verwenden häufig *Auge* als Maskulinum: der fehlerhafte Artikel hebt das Auge als Symbol der überkommenen kulturellen Perzeption hervor *und* signalisiert zugleich Distanz.

80   Das ganze "Vorwort" zu den *Schattenrissen* ist aus der Perspektive des durch die künstlerische und wissenschaftliche Gegenstandsauflösung und Maßstabsverrückung Irritierten und Aufgestörten geschrieben, die zugleich satirisch übersteigert wird: "Durch verschrobene, unverständliche, dilettantische, anmaßliche, dickleibige Werke sucht man uns den mühsam erworbenen Maßstab zu verrücken, wird der sauer verdiente Feierabend blasphemisch geschändet" (*SR*, 8). Nicht nur das Motiv der Feiertagsschändung, sondern auch die angebotenen Auswege aus der Krise, zu denen die Utopie des *Kindes* gehört - "*und auch dem*

Schmitts Auseinandersetzung mit der Vaihingerschen *Philosophie des Als-Ob* hatte ihn für das Eindringen von Fiktionalitäten und Simulakren in den Bereich der Ontologie, des Seienden im Ganzen, schon früh sensibilisiert: "Die Fiktion ist ein Kunstgriff, ein Weg, den die Menschheit in allen Wissenschaften tausendmal beschreitet, um durch falsche Annahmen zum richtigen Ziel zu kommen, eine Methode, die vor allem in der Mathematik und den Naturwissenschaften ihren Wert und ihre Berechtigung längst gezeigt hat. Es ist also kein Zeichen von 'Exaktheit', wenn man unbesehen jede Fiktion zurückweist: man schadet dadurch nur sich selber. Das Rechtsleben verdankt zahllose Fortschritte der Fiktion."[81] Der "Mangel jeglicher Beziehung zu einer *causa*" ist Schmitts Formel für die vollständige *Selbstreferentialisierung der modernen Gesellschaft,* für die Unmöglichkeit, daß diese Gesellschaft jemals ein anderes als ein "absolut inadäquates Verhältnis", ein *fiktives* Verhältnis zu ihrer Umwelt, zu ihrem 'Außen' haben wird. Mit seiner Leitdistinktion *causa/occasio* reflektiert Schmitt präzise den Wechsel von einer fremd- zu einer selbstreferentiellen Operations- und Beschreibungstechnik der modernen Gesellschaft. Die hohe strukturelle Autonomie dieses Gesellschaftstyps führt dazu, daß die Gesellschaft, wann immer sie auf ein Ereignis in ihrer Umwelt, auf eine Ursache reagiert, sie es nur nach Maßgabe ihrer eigenen Unterscheidungen tut und damit eben: auf sich selbst reagiert. Wir haben es, metaphorisch gesprochen, mit einer *durchschnittenen Kausalität* zu tun: Ursache und Wirkung sind auseinandergerissen und gegeneinander verschoben, die Ursachen werden zu (unspezifischen) 'Anlässen', die ihre Wirkung nicht kontrollieren können, was allerdings keineswegs den Rückschluß zuläßt, daß die in occasiones, in "elastische Punkte" transformierten Ursachen ohnmächtiger geworden sind. Da nämlich ihr Auftauchen seinerseits nicht kontrollier- bzw. vorhersehbar ist, können sie unter Umständen regelrechte *Effektexplosionen* auslösen: daß Ursache und Wirkung ihr gemeinsames Maß verloren haben, daß keine 'sinnvolle' Proportionalität, keine

---

*Kinde gehört das Jahrhundert noch*!" (*SR*, 8) - ebenso wie die Bemühung des reformpädagogisch reaktivierten humanistischen Pathos der "harmonische[n] Persönlichkeitsdurchbildung" (*SR*, 9) haben ihre präzisen Pendants in der Art und Weise, wie Musil seine Figur Walter ausstaffiert. Walters Utopie des gelungenen "Menschenlebens", die er gegen Ulrichs occasionalistische Existenzform wendet, ist eine Feiertags- und Kinds-Utopie. Sie beginnt, "wenn ich nach Hause komme" und kann ihre archaistischen Komponenten - "Einfachheit, Erdnähe, Gesundheit" - nicht anders als durch den Wunsch nach einem Kind symbolisieren, "weil ein Kind es ist, was einen fest an den Boden bindet." (Musil 1992, 67) Die von Walter propagierte Subjektivitätsform wird schließlich überhöht durch die Annahme eines "lebendigen Formprinzips", das die Einheit des Menschen begründet (Ebd., 64) und durch den Hinweis auf das, "was Goethe Persönlichkeit nennt" (Ebd., 63).

81   Schmitt 1913, 803.

Symmetrie mehr zwischen ihnen herrscht, daß kleine Ursachen große Wirkungen und große Ursachen kleine Wirkungen haben können, daß ein "absolut inadäquates Verhältnis" zwischen ihnen besteht, verschärft vor allem, wie Schmitt klar sieht, das Problem der *Kontrolle* bzw. der *Berechenbarkeit* dieser 'phantastischen' Relation.

Dieser 'romantischen' Relation setzt Schmitt die *politische Relation* entgegen, die durch die Fähigkeit definiert ist, "die Welt umzugestalten". Die Semantik und Symbolik des Politischen suggeriert die Möglichkeit einer "in die realen Zusammenhänge der sichtbaren Welt eingreifende[n] Tätigkeit" (*PR*, 122), d.h. einer direkten kausalen Einflußnahme, einer 'Steuerung', also Beherrschung der Gesellschaft durch eine ihr äußerliche bzw. transzendente, 'repräsentative' Instanz. Gegen den operativen Eigensinn und die autopoietische Geschlossenheit der gesellschaftlichen Kommunikation setzt Schmitt auf den Moment des *Einbruchs*, in dem es einer souveränen *causa* gelingt, die selbstreferentiellen Reproduktionszirkel zu *dirigieren* (statt sie lediglich zu irritieren). Die Schmittsche *Ausnahme-Semantik* basiert auf der traditionellen Vorstellung 'souveräner', 'durchlaufender' bzw. eingreifender Kausalitäten - ein Ereignis in der Umwelt eines Systems bzw. einer strukturierten Ordnung *übersetzt* sich in ein 'entsprechendes' Ereignis innerhalb des Systems. Der von der neueren Systemtheorie vorgeschlagene Begriff der *Resonanz*, der an die Stelle des Aktion/Reaktion-Paradigmas tritt, erteilt der Vorstellung eine Absage, als könnten Systeme *mit* ihrer (statt: *über* ihre) Umwelt kommunizieren, und hält dagegen, daß sie von Ereignissen bzw. Anlässen aus der Umwelt bestenfalls irritiert, aufgeschaukelt, in Schwingung versetzt werden.[82] Der Begriff trifft im übrigen genau die von Schmitt analysierte Spezifik der romantischen Produktivität, von der es heißt, daß sie "den bewußten Verzicht auf ein adäquates Verhältnis zur äußern, sichtbaren Welt", auf Kommensurabilität bzw., systemtheoretisch gesprochen, auf "vollständige Punkt-für-Punkt-Übereinstimmungen" mit der Umwelt[83] enthält (*PR*, 123). Schmitt fährt fort: "Alles Reale ist nur ein Anlaß. Das Objekt ist substanzlos, wesenlos, funktionslos, ein konkreter Punkt, um den das romantische Phantasiespiel schwebt. Dieses Konkrete bleibt als Anknüpfungspunkt immer vorhanden, aber in keiner kommensurablen Beziehung zu der allein wesentlichen romantischen Abschweifung." (*PR*, 123). Der Begriff der *Resonanz* übersetzt die Metapher der "romantischen Abschweifung" in Gesellschaftstheorie. Er markiert ein kommunikatives Verhalten, das im Spektrum zwischen reiner *Kontingenz* und adäquater *Reaktion* angesiedelt ist. Die *causa* wird zur *occasio*, zum bloßen "Anknüpfungspunkt", zum "ersten Glied in einer unendlichen Reihe" (Novalis)

---

82  Zum Konzept der *Resonanz* vgl. Luhmann 1986a, 40ff.
83  Ebd., 41.

depotenziert und damit ihrer Imperativität (nicht: ihrer Wirksamkeit) beraubt. Tropologisch gesprochen, könnte man sagen, daß das Modell der Resonanz eine *metonymische*, auf bloßer Kontiguität beruhende Relation an die Stelle einer *metaphorischen* Beziehung setzt, die eine Ähnlichkeit, Entsprechung, Adäquanz zwischen Ursache und Wirkung, Aktion und Reaktion garantiert. Deshalb kann Schmitt schreiben: "Die Beziehung des Occasionalismus ist eben, paradox formuliert, die Beziehung der nicht-faßbaren Beziehung, die Beziehung der alle Möglichkeiten offen lassenden Nicht-Beziehung, der Viel-, ja der Alles-Deutigkeit, eine im Grunde phantastische Beziehung." (*PR*, 124)

KAPITEL III

# DIE METAPHYSIK DES ANTI-NATURALISMUS:
# CARL SCHMITT UND PAUL VALÉRY

> Höher als alle anderen schätze ich
> die disjunktiven Geister.
>
> Paul Valéry
>
> Distinguo ergo sum.
>
> Carl Schmitt

## 1. Napoleon oder die Politik aus klassischem Geist

Tatsächlich hat Paul Valéry niemals Carl Schmitt gelesen. Zumindest ist nicht bekannt, daß er ihn gelesen hat. Spekulationen über eine mögliche Beeinflussung des
französischen Denkers durch den deutschen Staatsrechtslehrer sind damit von vornherein der *philologische* Boden entzogen. Wenn ich im folgenden eine solche Lektüre stellvertretend unternehme, muß ein solches Vorhaben also starke methodolo-
gische Einwände gewärtigen. Solchen Einwänden wäre entgegenzuhalten, daß zwei
Denker nicht selten eine *Problematik* teilen, die ihre Diskurse jedenfalls partiell ineinander zu übersetzen erlaubt, ohne daß diese gemeinsame Problematik philologisch bzw. 'quellenkritisch' abgesichert werden könnte. Es gibt das Phänomen einer Rezeption ohne philologisch dokumentierbare Rezeptionsspuren. Darüberhinaus ist an die erkenntnisfördernde Funktion von heuristischen *Fiktionen* zu erinnern - und zwar gerade *mit* Carl Schmitt, der uns meistens als ein großer Kritiker
der "Fiktionen und Normativitäten" im Namen der "seinsmäßigen Wirklichkeit"
entgegentritt (*BdP*, 28f.). Carl Schmitt hat jedoch nicht immer so kritisch über die
Rolle von Fiktionen gedacht, wie es seine Polemik gegen den juristischen Positivismus, der das politische *Sein*, die Existenz des Staates durch seine Identifikation
mit einem 'Normengeflecht' verfehlt, vermuten läßt. Wir können uns tatsächlich

auf Schmitt, den späteren politischen Existentialisten berufen, wenn wir für einen
Moment so tun, *als ob* Paul Valéry den deutschen Staatsrechtslehrer gelesen hätte.
In einem frühen, aus dem Jahre 1912 stammenden Aufsatz mit dem Titel "Richard
Wagner und eine neue 'Lehre vom Wahn'" bekräftigt Schmitt unter Berufung auf
die Ergebnisse der Vaihingerschen *Philosophie des Als Ob* die Unentbehrlichkeit
der *Fiktionen* für das menschliche Denken: "Das Buch untersucht die Bedeutung
der Fiktion, d.h. einer bewußt falschen und willkürlichen Annahme, für das menschliche Denken, insbesondere auch für die Ästhetik und Ethik, und kommt dabei
zu dem Ergebnisse, daß fast alle unsere Erkenntnisbegriffe Betrachtungen 'Als Ob'
und daß solche Fiktionen auch in der praktischen Philosophie unentbehrlich sind."
Und Schmitt fügt als Quintessenz seiner Vaihinger-Lektüre dem Gesagten die War-
nung hinzu: "Es war ein großer Irrtum, zu meinen, mit dem Nachweis ihrer Irrealität seien sie widerlegt."[1]

Die folgenden Überlegungen gehen davon aus, daß Valéry zweifellos einer der
besten Leser Schmitts gewesen wäre, wenn er nur die Gelegenheit gehabt hätte,
von dessen Texten Kenntnis zu nehmen. Er wäre ein umso besserer Leser Schmitts
gewesen, als er in den wichtigsten Texten des deutschen Staatsrechtslehrers einen
Begriff der Politik und der Geschichte angetroffen hätte, gegen den er - fast möchte
man sagen (und um die Problematik dieses "fast" soll es im folgenden gehen)[2]: zeit
seines Lebens - mit aller ihm zu Gebote stehenden argumentativen Kraft anschrieb.
*Paul Valéry hätte in Carl Schmitt zweifellos seinen theoretischen Antipoden er-
kannt.* Bekanntlich ist es die Unterscheidung von Freund und Feind, die Schmitt
zufolge "menschlichen Handlungen und Motiven ihren politischen Sinn [gibt]"
(*BdP III*, 7). Von derselben Unterscheidung sagt Valéry in den *Cahiers*: "Eine undifferenzierte Vorstellung politisch-geschichtlicher Herkunft vergiftet die Beziehun-
gen der Völker. Es ist die Vorstellung von *Freund* oder *Feind*"[3]. An einer anderen
Stelle der *Cahiers* heißt es: "Mein Geist ist ein blankes Schwert in der Finsternis.
Es durchbohrt Freund und Feind. Es tötet mich genauso wie die andern. [...]
Meine Wahrheit kennt niemanden."[4] Der Geist Valérys gibt sich als jene Kraft der
*Neutralisierung* und Entpolitisierung zu erkennen, deren umfassende Diagnose sich
Schmitts Arbeiten widmen und deren Bekämpfung ihr eigentlicher Einsatz ist. Das
von Schmitt diagnostizierte Phänomen der Neutralität bzw. der Neutralisierung hat,
wie ich gezeigt habe, einen viel umfassenderen Sinn als der, der ihm gemeinhin
beigelegt wird, wenn man es als Effekt der Säkularisierung und Enttheologisierung

---

1    Schmitt 1912b, 240.
2    Die Gründe für diese einschränkende Formulierung wird der Text im folgenden erhellen.
3    Valéry 1992, 548.
4    Valéry 1987, 139.

des Geistes begreift, der den *Katholiken* Schmitt, den "katholischen Verschärfer", als den er sich einmal selbst bezeichnet, beunruhigt. Wenn wir uns erinnern, daß Edmund Husserl in der *Krisis*-Schrift von der "Enthauptung" der Philosophie durch den Positivismus spricht[5], also von ihrem (wie man allerdings bald sieht: *scheinbar*) effektiven Tod, dann entspricht dieser Diagnose die Beschreibung, die Schmitt von den Auswirkungen des "zu Ende getriebenen Neutralisierungsprozesses" gibt, der nicht nur von beliebigen geistigen Gehalten, sondern am Ende vom Geist selbst, der den Prozeß trägt und vorantreibt, abstrahiert: "Denn mit der Technik war die geistige Neutralität beim geistigen Nichts angelangt." (*BdP*, 92) Schmitt will jedoch ebenso wie Husserl die Scheinbarkeit dieser paradoxen Abstraktion des Geistes von sich selbst erkannt haben, denn für ihn ist der "Geist" ein *Substanz*-Konzept, das sich zwar unendlich spalten aber niemals in "Nichts" auflösen kann. Die in der Zwischenkriegszeit vieldiskutierte "Furcht vor dem kulturellen und sozialen Nichts", so Schmitt, entsprang "eher einer panischen Angst um den bedrohten *status quo* als einem ruhigen Wissen um die Eigenart geistiger Prozesse und ihrer Dynamik" (*BdP*, 93). Wenn der Geist nur in und durch fortwährende *Teilungen* existiert und sich revitalisiert, so garantiert dieser Prozeß gerade seine Fortdauer - nämlich im Modus des *pólemos*. Selbst wo der Geist als ein "Nichts" erscheint, weil sich die Zeit nicht in ihm wiedererkennt, ist er für den sorgfältigen, wissenden Beobachter ein Prinzip der unendlichen Fülle, ein "geheimer, unscheinbarer Anfang" (*BdP*, 94), der Zukunft werden will und zu diesem Zweck die Statthalter des alten, überkommenen Geistes bekämpfen muß.[6] Daß die 'Technik' nie-

---

5    "Der Positivismus enthauptet sozusagen die Philosophie." (Husserl 1982, 8) Der Kritiker des juristischen Positivismus, als der sich Carl Schmitt zeit seines Lebens verstanden hat, hat die mehrfach zitierte Formel "la légalité tue" (die 'positiv' gewordene Legalität, die gegen ihre eigenen Voraussetzungen *neutral* ist und daher auch ihre eigene - legale - Abschaffung, d.h., wie Schmitt drastisch sagt, ihren "Selbstmord" in Kauf nimmt) in einem durchaus umfassenden, die gesamte Gesellschaft und Kultur betreffenden Sinne verstanden wissen wollen.

6    "Denn das Leben kämpft nicht mit dem Tod und der Geist nicht mit der Geistlosigkeit. Geist kämpft gegen Geist, Leben gegen Leben, und aus der Kraft eines integren Wissens entsteht die Ordnung der menschlichen Dinge. *Ab integro nascitur ordo.*" (*BdP*, 95) Das von Schmitt beschriebene "*ritornar al principio*", das jeder "echte[n] Wiedergeburt mit ihrer Rückkehr zu dem einfachen Prinzip der eigenen Art" (*BdP*, 93) zugrundeliegt, motiviert im übrigen auch unübersehbar die "Rückfrage" Husserls "nach dem, was ursprünglich und je als Philosophie gewollt und durch alle historisch mit einander kommunizierenden Philosophen und Philosophien hindurch fortgewollt war". Die Rückwendung auf eine "*letzte Ursprungsechtheit*" muß, mit Schmitt zu reden, "vor dem Komfort und Behagen des bestehenden *status quo* als ein kulturelles oder soziales Nichts" *erscheinen*. Wenn Schmitt davon spricht, daß "alle neuen und großen Anstöße, jede Revolution und jede Reformation [...] aus Askese und freiwilliger oder unfreiwilliger Armut [kommt], wobei Armut vor allem den Verzicht auf die Sekurität

mals die Substanz des Geistes zu affizieren vermag, daß der Geist sich vielmehr durch die "Kraft" zur Geltung bringt, "das großartige Instrumentarium der neuen Technik in seinen Dienst zu stellen" (*BdP*, 93), ist die Überzeugung Carl Schmitts - und der Vergleich mit dem philosophischen Krisologen Edmund Husserl zeigt, daß an dieser Auffassung des Geistes nichts spezifisch *Theologisches* ist.[7]

Paul Valérys Konzept des Geistes, so wie er es vor allem in den *Cahiers* variiert, weiß nichts von dieser sorgfältigen Trennung der Sphäre des Geistigen von der der Technik. Fast könnte man sagen: was ihn am Geist fasziniert, ist seine jedes materialisierte, technische "Gestell" unendlich überbietende Technizität, seine *Operativität*, die es verbietet, ihn *fremdreferentiell* zu definieren. *Der Geist drückt keine Substanz aus.* Von ihm gilt vielmehr: *"Der Geist existiert nur als Folge seiner selbst."*[8] Er funktioniert selbstsubstitutiv bzw. rekursiv, indem er sich immer wieder auf sich selbst anwendet, ohne sich in seinen Operationen von welchem 'Inhalt' auch immer determinieren zu lassen: "Geist oder Erkenntnis sind nur als Wiederholung verständlich. [...] Das kontinuierliche Gesetz besteht darin, den letzten Begriff immer unter Berücksichtigung der vorangegangenen auszudrücken. Das ist eine Rekurrenz."[9]

---

des *status quo* bedeutet" (*BdP*, 93), dann gibt diese Beschreibung genau jene narrative Matrix vor, die Husserl seinem eigenen Unternehmen einer Wendung der Krisis der Philosophie zugrundelegt. Es gilt nichts geringeres, als sich des "Radikalismus des neuen Anfangens", der den Aufbruch der neuzeitlichen Philosophie kennzeichnet, zu versichern, diese (auf die Neuzeit bezogene) ursprüngliche Geste, die ebenfalls bereits den "Sinn einer Renaissance der alten Philosophie" der Griechen hat, diese "Neustiftung" ihrerseits zu erneuern, neu zu denken und dabei zu bedenken, daß "wir Menschen der Gegenwart", die wir diese Aufgabe zu übernehmen haben, uns "in der größten Gefahr [finden], in der skeptischen Sintflut zu versinken und damit unsere eigene Wahrheit fahren zu lassen. In dieser Not uns besinnend, wandert unser Blick zurück in die Geschichte unseres jetzigen Menschentums." Die "skeptische Sintflut", in der die gegenwärtigen "Literatenphilosophen", wie Husserl schreibt, sich einrichten, entspricht dem "Komfort und Behagen des bestehenden *status quo*", wie er einer "Periode der Ermüdung und der Restaurationsversuche" (*BdP*, 79) eigen ist, der "Not" des wahrhaft 'anfangenden' Philosophen entspricht die "Askese" und "Armut" bei Schmitt, eine Armut, die eben - wie bei Husserl die "Not" - der "Verzicht auf die Sekurität des *status quo*" (Schmitt) bzw. auf die fadenscheinigen Gewißheiten und Überzeugungen der "Literatenphilosophen" mit sich bringt, eine Armut bzw. eine Not des Prinzips und aus Prinzip (so wie das Einfache 'ärmer' als das Komplexere ist), die aber das Versprechen eines ungeheuren zukünftigen Reichtums enthält (die *teleologische* Struktur garantiert die Vorläufigkeit der Armut bzw. Not). Vgl. Husserl 1982, 14, 17, 18.

7    Das sei gegen die These Heinrich Meiers gesagt, die trotz ihrer guten Begründung letztlich nicht zu überzeugen vermag.

8    Valéry 1989a, 31.

9    Ebd., 30.

Mit Schmitt zu reden, ist der Valérysche Geist ein "Autokomposit" (*PTh II*, 12), weshalb gilt: "Das Material des Denkens darf nicht mit seinen Operationen verwechselt werden. Eine Vorstellung ist an sich nichts. Aber das Setzen, Wiederholen, Abwandeln, Unterteilen dieser Vorstellung, die Bedingungen ihrer regelmäßigen Wiederholung und vor allem das Beleuchten, Konditionieren oder Bearbeiten durch die *Aufmerksamkeit*, ihre *Analyse* und ihre Verknüpfungen." Deshalb ist ein "isolierter geistiger Zustand" eigentlich "nichts, = 0", "er präsentiert nichts, und was ihn während dieses Nichts oder Quasi-Nichts erfüllt, existiert nur *als Folge*."[10] Kann man sich eine noch weitgehendere *Dequalifizierung des Geistes* vorstellen, der reine Dynamisis ist und in keinem seiner Momente 'greifbar'? Jenes "geistige Nichts", das Schmitt zufolge, wenn auch nur 'scheinbar', den Endpunkt des vierhundertjährigen Neutralisierungsprozesses abgibt, wird von Valéry gleichsam zum *Ausübungsmodus* der Funktion des Geistes erklärt. In jedem seiner Momente ist der Geist im wahrsten Sinne ein Nichts. Mit Heidegger könnte man formulieren: er *nichtet*. Die Arbeit des Geistes ist *Transformation*: "Das grundlegende Faktum des Intellekts ist die Veränderung, die Substitutionen und Transformationen umfaßt".[11] Um sich den ganzen Abgrund zu vergegenwärtigen, der den Schmittschen vom Valéryschen Begriff des Geistes trennt, möchte ich auf den vollkommen verschiedenen Sinn hinweisen, den beide Autoren mit den scheinbar gleichen Thesen von der *pluralen* bzw. *pluralistischen* Verfassung der Sphäre des Geistes verbinden. Schmitt schreibt in seinem Vortrag über "Das Zeitalter der Neutralisierungen und Entpolitisierungen": "Alle Begriffe der geistigen Sphäre, einschließlich des Begriffes Geist, sind in sich pluralistisch und nur aus der konkreten politischen Existenz heraus zu verstehen." (*BdP*, 84) Auf die Frage, wie der Geist vorzustellen sei, antwortet Valéry: "Man kann ihn sich nur als Summe oder Pluralität in Reihe REPRÄSENTIEREN - mit partieller Konservation und beständigen Veränderungen. Weshalb sich das Ich nur als *Null*punkt vorstellen läßt, als eine Null an Qualität und Quantität."[12] Bei Schmitt dringt der Pluralismus nicht wirklich in den Geist ein, es gibt lediglich eine Mehrheit von *Positionen* auf dem Feld des Geistes, jeder einzelne Geist ist in sich *homogen* und ein Prinzip der *Fülle*, ein Zentrum der *Kraft*, das die konkreten Freund-Feind-Gruppierungen bestimmt; der operative Blick, den Valéry auf den Geist wirft, legt die innere Differentialität des Geistes frei, die es gar nicht dazu kommen läßt, daß er als Quellpunkt einer politisch-existentiellen Identität fungieren könnte, die anderen Identitäten feindselig begegnet. Der Geist Valérys

---

10    Ebd., 31.
11    Ebd., 27.
12    Ebd., 31.

verfügt über keine Identität und kein Zentrum[13], er hat keine "existenzielle" Dimension, sondern gehorcht einer nichts als operativen Logik oder genauer: einer Logik des Operativen (das Operative geht der Logik voraus und übersteigt alle Versuche einer Logifizierung des Geistes im Sinne der Logistik). Dem Geist muß daher jede - auch nur vorübergehende - *Homogenität* abgesprochen werden, die Verknüpfung des *Heterogenen* ist geradezu sein Produktionsprinzip: "Die heterogensten und in der Wirklichkeit am weitesten auseinanderliegenden Dinge können im Denken unmittelbar aufeinander folgen."[14]

Wenn Carl Schmitt also im Namen des "Geistes" spricht, wenn auch seine Politik ganz wesentlich *Politik des Geistes* sein will, um den Titel des berühmten Vortrags zu zitieren - dessen Stellenwert in vielem Schmitts Vortrag über das "Zeitalter der Neutralisierungen und Entpolitisierungen" vergleichbar ist -, so bilden doch der Valérysche und der Schmittsche Begriff des Geistes, wie die vorstehenden Anmerkungen überdeutlich machen, eine komplette Disjunktion. Nichts Gemeinsames scheint zwischen den beiden Konzepten des Geistes zu bestehen, die hier im Spiel sind. Und doch, wenn man sich nur die Eröffnungssätze der *Politik des Geistes* in Erinnerung ruft, wird man plötzlich Zeuge einer mächtigen *Rezentrierungsbewegung*, die den Begriff des Geistes ergreift und ihm jene Identität wiederverschafft, die die Gleichung "ratio = operatio"[15] gerade dementiert. Es stellt sich daher die Frage, ob die nicht zu überbrückende Kluft zwischen den Geistesbegriffen Schmitts und Valérys auch das Werk des letzteren durchzieht, ob Valéry also selbst zwischen diesen beiden Begriffen schwankt und das ganze philosophisch-experimentelle Denken der *Cahiers* sowie zahlreicher Essays und Dialoge Valérys - in erster Linie sei hier auf den Dialog *L'idée fixe* hingewiesen - einer untergründig fortwirkenden 'klassischen' Konzeption des Geistes abgerungen ist, der Valéry niemals endgültig den Rücken gekehrt hat. Valéry beginnt seinen Vortrag vom November 1932 mit der Bestimmung unserer "Lage", wie Carl Schmitt sagt, unserer "eigenen kulturellen und geschichtlichen Situation", d.h. mit der "Gegenwartserkenntnis" und bringt - wie Carl Schmitt - sofort den Begriff des *Geistes* ins Spiel. Schmitt stellt in seinem Vortrag von 1929 fest: "Daß alle geschichtliche Erkenntnis Gegenwartserkenntnis ist, daß sie von der Gegenwart ihr Licht und ihre Intensität erhält und im tiefsten Sinne nur der Gegenwart dient, weil aller Geist nur gegenwärtiger Geist ist, haben uns seit Hegel viele, am besten Benedetto Croce gesagt. [...] Das erste also wäre Bewußtsein der eigenen gegenwärtigen Situation." (*BdP*,

---

13    Bei Schmitt verlagern sich die geistigen Zentren im Laufe der Geschichte, das Prinzip der Zentralität des Geistes bleibt jedoch von diesen Verlagerungen unberührt (*BdP*, 84).

14    Valéry 1989a, 22.

15    Valéry 1987, 193.

79). Mit Bezug auf Schmitt ist der letzte Satz des Zitats geradezu in einem axiomatischen Sinne zu verstehen. Seine ganze Theoriebildung setzt den Begriff der "konkreten Situation" und ihre Erkenntnis voraus, ein Begriff, der nicht im Sinne eines banalen *Kontextualismus* zu verstehen ist ('das kann man nur aus dem konkreten Zusammenhang heraus verstehen'), sondern der eine bestimmte *metaphysische* Grundstellung impliziert. Die "konkrete Situation" ist kein beliebiger Kontext, mit dessen Veränderung sich der Sinn bestimmter Begriffe und Positionen lediglich *verschiebt* und *erneuert*, sondern er ist ein Prinzip der Fülle und der Sinngebung, mit dem die Begriffe und Positionen in Kontakt bleiben müssen, weil sie aus sich heraus nichts sind, vielmehr "zu leeren und gespenstischen Abstraktionen werden, wenn diese Situation entfällt" (*BdP*, 31). Die "konkrete Situation" ist auch und nicht zuletzt eine *ethische* Kategorie, die den Geist auffordert, "gegenwärtiger Geist" zu sein und sich nicht durch die "restaurierten Fassaden" täuschen zu lassen, die die "Entwicklung neuer Dinge und neuer Verhältnisse" (*BdP*, 80) verdecken. In der Sprache des Marxismus ausgedrückt, geht es darum, daß der Geist dafür Sorge zu tragen hat, daß der von ihm organisierte "Überbau" in einem Verhältnis der Kongruenz zu der "Basis" steht, die bei Schmitt unter den ganz unökonomischen Titeln des "Seinsmäßigen" und "Existenziellen" firmiert.[16]

Wie bestimmt nun Paul Valéry die "konkrete Situation", welches "Bewußtsein der gegenwärtigen Situation" verrät sein Vortrag? "Ich unternehme es, vor Ihnen die Unordnung erstehen zu lassen, die unser Leben ist. Ich werde mich bemühen, Ihnen das Gegenwirken des Geistes zu zeigen, der diese Unordnung feststellt, seine Selbstbesinnung, wenn er, sein Vermögen und sein Unvermögen bemessend, sich prüft und das Chaos sich vorzustellen versucht, *dem entgegenzutreten seine Natur von ihm verlangt.*"[17] Dieselbe zweifache Aufgabe des "Geistes" wie bei Schmitt: zunächst *Feststellen* der gegenwärtigen Situation, die durch das Grenzbild des "Chaos" vorab gekennzeichnet und im Laufe des Vortrages als "kritischer Zustand" analysiert wird - so wie Schmitt den Endpunkt des Neutralisierungsprozesses vorläufig als ein "geistiges Nichts" beschreibt, als die "Neutralität des kulturellen Todes" (*BdP*, 92); sodann *Gegenwirken*, also diejenige Aktivität, die vorhin gemeint war, als von der *ethischen* Dimension des Geistes die Rede war. Der Geist ist nämlich für Valéry wie für Schmitt ein *Vermögen*, eine "Kraft" - Schmitt spricht von der "Kraft, das großartige Instrumentarium der neuen Technik in seinen Dienst

---

16   Es geschieht mit dem ausdrücklichen Einverständnis Schmitts, wenn wir in diesem Zusammenhang von "Überbau" sprechen. So heißt es im "Vorwort" zur Neuausgabe des *Begriffs des Politischen* von 1963: "Die Epoche der Staatlichkeit geht jetzt zu Ende. Darüber ist kein Wort mehr zu verlieren. Mit ihr geht der ganze *Überbau* staatsbezogener Begriffe zu Ende" (*BdP*, 10 - m.H.).

17   Valéry 1937, 7f.

zu stellen" (*BdP*, 93) -, die dem "Chaos" zwar zeitweilig unterliegen mag, die aber von dem Imperativ angetrieben wird, ihm "entgegenzutreten" und die dazu auch *prinzipiell* in der Lage ist, wie Valéry zeigen wird, denn auch das "Chaos" ist keine dem Geist fremde Macht, sondern (Un-)Geist von seinem Geist. Auch im Chaos trifft der Geist noch auf sich selbst - freilich im Zustand der Auflösung. Wie Jacques Derrida in einem Kommentar zu Heideggers *Einführung in die Metaphysik* schreibt, ein Kommentar, der auf seinem Weg nicht zufällig auch Husserls *Krisis-*Schrift und Valérys Essays über *Die Krise des Geistes* und *Die Politik des Geistes* kreuzt: "Die Entmachtung des Geistes ist also immer eine *Selbst*entmachtung, eine Abdankung oder ein Rücktritt."[18]

Der *transformistische* Begriff des Geistes, den Valéry in den *Cahiers* soweit treibt, daß er alle inhaltlichen, vorstellungsmäßig-materialen Vorstellungen, die der Geist 'absondert', auflöst, wird in den *politischen* Essays zu einer *substantiellen Qualität* reifiziert, er wird, wie es Derrida formuliert, in eine "negative Ökonomie des Geistes" integriert und auf diesem Wege zu einem Konzept der *Militanz*, zu einer - im Sinne Schmitts - *existentiellen* Größe, die sich durch den *Kampf* erhält und erneuert. Der Gegenbegriff dieses *existentiellen* Geistbegriffs ist nicht zufällig der des *Glücks* - und der *politische* Sinn dieser Gegenstellung wird dem Leser Valérys schlagartig bewußt, wenn es heißt: "*glückliche Völker haben keinen Geist* - wenigstens der Regel nach. Sie haben ihn nicht sonderlich nötig."[19] Wir dürfen hinzufügen: ihr Glück hindert sie daran, in die *Geschichte* einzugreifen, Geschichte zu *machen*, also das zu machen, was man auch 'große Politik' nennt. Unversehens fällt Valéry in einen Hegelschen Ton. Weiß doch der preußische Staatsphilosoph von den "Geschäftsführern des Weltgeistes" zu berichten, daß ihr Schicksal "kein glückliches" gewesen ist[20], ist doch die Geschichte selbst nichts anderes als eine "Schlachtbank [...], auf welcher das Glück der Völker, die Weisheit der Staaten und die Tugend der Individuen zum Opfer gebracht worden" ist.[21] Dieser intrinsische Zusammenhang zwischen dem Geist, der Politik und der Geschichte, wie ihn die *Politik des Geistes* aktualisiert, versetzt den radikal entspiritualisierten, prozeduralisierten und entsubstantialisierten Geist Valérys, der uns vor allem in den *Cahiers* begegnet, mit einem Schlag in die Landschaft der großen Geschichtsphilosophie

---

18  Derrida 1988, 77. Zu Valéry vgl. ebd., 74 sowie die lange Anmerkung 63 (Ebd., 140ff.); zu Husserl vgl. ebd., 73 sowie die Anmerkung 62 (Ebd., 138ff.).
19  Valéry 1937, 49.
20  Hegel 1978, 46.
21  Ebd., 35.

zurück, wo sich die Liebhaber Caesars und Napoleons über die Grenze der Jahrhunderte hinweg treffen.[22]

Aber nicht nur an der Freund-Feind-Unterscheidung läßt sich beobachten, wie Valéry sie als Inbegriff des politischen 'Kretinismus' verwirft, ohne daß sich allerdings sein (politisches) Denken dauerhaft von ihrer Logik rein halten könnte, wie die gerade analysierte Ambivalenz des Geistbegriffes offenbart. Auch andere Elemente des Schmittschen Diskurses verwirft Valéry, ohne doch sein Denken gänzlich von ihnen lösen zu können. "Souverän ist, wer über den Ausnahmezustand entscheidet", setzt Schmitts *Politische Theologie* ein, die sich als "Lehre von der Souveränität" versteht, der es um den Aufweis der Irreduzibilität des "Subjekts der Entscheidung" (*PTh*, 46) geht. Den Souveränen welcher Provenienz auch immer gilt dagegen Valérys ganze Verachtung: "Schaut ihnen ein wenig in die Augen des Geistes, diesen Großen, die die Welt besitzen, den großen Führern und Häuptlingen der Völker, und auch den großen Führern der Seelen und des Verstandes. Priestern, Gelehrten, Dichtern - und ihr werdet sehen, daß ihre Vorhaben und ihre Reden, ihre Ziele, ihre Ideengebäude nichts sind als eine hauchdünne Farbschicht auf zitternder Gaze - hinter der sich die Gewißheit verbirgt, daß sie nichts wissen und die ganze Schwäche ihrer wirklichen Stärke. [...] In jedem Mächtigen muß die Furcht nisten, sein wirkliches Gewicht zu erfahren und den wahren Wert seines Wertes - -"[23]. Auch durch Napoleon läßt sich Valéry zunächst in dieser Einschätzung der "Großen" keineswegs beirren: "Napoleon, das mächtigste Aufputschmittel aus dem Stimulantienschrank Geschichte"[24], heißt es mit der ihm eigenen Schärfe über den *Napoleon-Effekt*, der für ihn unter das

---

22   Die Napoleon-Bewunderung Hegels ist legendär, wie nicht nur das geflügelte Wort vom "Weltgeist zu Pferde" dokumentiert; daß die Napoleon-Bewunderung Valérys der Hegelschen in nichts nachstand, wird uns im folgenden noch näher beschäftigen. Schmitts Napoleon-Bewunderung schließlich ist weniger bekannt und, wenn man seinen Nationalismus berücksichtigt, auf den ersten Blick verwunderlicher. Dennoch ist sie unzweifelhaft. Im *Begriff des Politischen* wird die Niederlage Napoleons als das entscheidende "Datum" angesehen, das die endgültige "Wendung zum Ökonomischen" besiegelt und damit die Entpolitisierung beschleunigt (*BdP*, 73). Napoleon gilt Schmitt durchaus als ein "Aufhalter", wobei die Figur des Aufhalters - trotz ihrer theologischen Abkunft (Niederhalter des Antichristen) - keineswegs auf ihren christlich-theologischen Sinn beschränkt werden darf, sondern auf die Bewahrung "klassischer" Zustände bzw. Formen bezogen ist (so wie das Christentum seine Substanz dazu nutzte, das "klassische" Rom zu erneuern und fortzusetzen). Schmitts wichtigste Äußerung zu Napoleon befindet sich in seinem 1925 geschriebenen Aufsatz "Illyrien. Notizen von einer dalmatinischen Reise", den ich noch einer ausführlichen Analyse unterziehen werde. Vgl. dazu dieses Kapitel, 7. Abschnitt.

23   Valéry 1992, 575.

24   Ebd., 570.

Register einer - unsauberen - Literatur fällt, der sich die Geschichtsschreibung insgesamt verschrieben habe und deren Kennzeichen es sei, daß sie nur aus Worten besteht[25]. Hier ließ sich Valéry - anders als Schmitt - keinen Augenblick beirren. Gerade der Zug, der für Schmitt die Klassizität Napoleons und seiner Politik begründet: daß er "Träger einer großen Überlieferung" war und sein "europäischer Sinn auf das Reich Karls des Großen gerichtet war", macht für Valéry die - tragische - Grenze des Napoleonischen Geistes aus, eines Geistes, dem die Rolle zufällt, die beiden Geistbegriffe, zwischen denen das Valérysche Denken schwankt, symbolisch zu vereinigen. Ich zitiere zunächst Schmitts entscheidende Äußerung zu Napoleon aus einem Aufsatz von 1925 und konfrontiere sie anschließend mit einer Eintragung Valérys in den *Cahiers*, die eine Art Dekonstruktion des napoleonischen Denkens und Handelns vornimmt, ohne daß sich Valéry jedoch jemals von "Napoleons Idee"[26] distanzierte.

Schmitts Urteil findet sich in einem Text, der die literarisch verdichteten Impressionen einer "dalmatinischen Reise" wiedergibt und der den Titel "Illyrien" trägt. Der Name "Illyrien" beschwört den Namen dessen herauf, der ihn 1809 jenen Landstrichen gab, die hauptsächlich auf dem Territorium des heutigen (Ex-)Jugoslawien liegen und die vor 1809 zu Österreich gehörten und ihm nach 1814 wieder zufielen: den Namen *Napoleons*, der mit der Wahl der Bezeichnung "Illyrien" erneut seinen *klassischen* Geist unter Beweis stellt, denn bereits die Griechen verwendeten den Namen und zur Zeit des Kaisers Augustus war "Illyricum" eine römische Provinz. Schmitt schreibt: "Napoleon, das letzte Beispiel klassischen Geistes in der Politik, hat auch hier etwas Großes zu retten versucht und nicht nur gute Chausseen gebaut, die man heute noch dankbar benutzt. Sein Kaisertum war der letzte Versuch einer Repräsentation großen Stils. Nicht seine legitimistischen Gegner, sondern dieser Sohn einer italienischen Insel war der Träger einer großen Überlieferung. Daran ist er gescheitert. [...] aber in seinen Bemühungen lag mehr Sinn für die überlieferte europäische Ordnung, mehr Sinn für Tradition, als in dem Konservativismus des mit England verbündeten alten Adels, der sich einfach an seine Legitimität klammerte, bis das industrielle Zeitalter ihn samt seiner Legitimität in den Fluten der Demokratie ertränkte. Napoleon also, der Kaiser, dessen europäischer Sinn auf das Reich Karls des Großen gerichtet war, traf mit derselben Si-

---

25   "Ich weigere mich, an etwas zu glauben, das allein durch Sprache existiert." und: "Wer sein
      Denken nicht zur äußersten Genauigkeit vorantreibt, bleibt in den Worten hängen." (Ebd.,
      518, 517)

26   "Napoleons Idee: sich seines gesamten Geistes zu bedienen und ihn geordnet und kraftvoll
      zum strategischen Einsatz zu bringen, anstatt sich den Zufällen des Erinnerungsvermögens
      und der Triebregungen anheimzugeben. Strategisches Manöver auf den inneren Linien."
      (Valéry 1987, 406)

cherheit eines klassischen Geistes an der Adria den alten Begriff Illyrien."[27] Wenn Schmitt als derjenige gelten darf, der unter den Bedingungen des 20. Jahrhunderts den klassischen Geist in der Politik erneuern will und der zu diesem Zweck zunächst eine Kritik der *Politischen Romantik* schreiben mußte, dann wiegt das Diktum, Napoleon sei "das letzte Beispiel" eines solchen Geistes um so schwerer - die Klassizität scheint sich offenbar nur *gegen* die kulturellen Auflösungstendenzen des "industriellen Zeitalters" (man beachte die "Flut"-Symbolik) wiedergewinnen zu lassen, das heißt aber, realistisch betrachtet, *gar nicht.*

Jacques Derrida hat in seiner Auseinandersetzung mit Carl Schmitt - die sich im wesentlichen auf *drei* Texte Schmitts konzentriert, die zweifellos zu den wichtigsten gehören (*Der Begriff des Politischen, Theorie des Partisanen, Ex Captivitate Salus*) - diesen eigentümlichen Zug der Schmittschen Theoriebildung, der uns noch weiter beschäftigen wird, erkannt, ohne freilich - in Unkenntnis des übrigen Schmittschen Werkes - das ganze diagnostische Potential einer solchen Theoriebildung aus dem "klassischen Geist" voll auszuschöpfen. Mit einem Ausdruck von Gilles Deleuze und Félix Guattari können wir sagen, daß sich die "Fluchtlinien", die *Deterritorialisierungsvektoren*, die den Staat durchziehen, mit dem Eintritt in das industrielle Zeitalter derart vermehren, daß sie den Zusammenhang von Politik und *status*, wie er für die Neuzeit kennzeichnend ist, zusehends unterminieren. Mit Bezug auf den Staatsrechtslehrer Carl Schmitt, für den die Möglichkeit der Unterscheidung zwischen der Sphäre des Öffentlichen und der des Privaten die unumgängliche Bedingung seines Denkens ist, für den daher das Politische von allen 'privaten' Affekten gereinigt werden muß (um in den paradoxen Zustand einer kollektiven "Intensität" überzutreten, die in keinem Affekt verankert ist, sondern sich selbst hervorbringt und trägt), notiert Derrida daher zurecht eine strukturell *depressive* Position des Theoretikers zu seinem Gegenstand. Schmitts Diskurs bewahrt die Klassizität dann dadurch, daß er seinen Gegenstand gegen die 'romantischen' Auflösungserscheinungen immer aufs neue zu rekonstituieren versucht. Die depressive Position ist nur die Kehrseite einer manischen Aktivität, die der Angst - Derrida spricht von dem "Mut seiner Angst" ("le courage de sa peur") - geschuldet ist, daß keiner der klassischen Begriffe und Unterscheidungen dem historischen Ruin entrinnt. Derrida nennt Schmitt daher treffend einen "veilleur", einen ängstlich in die Zukunft spähenden *Wächter* einer Tradition, deren Begrifflichkeit noch durch keine andere ersetzt ist und die dennoch nicht mehr recht trägt: "Du coup, un tel 'veilleur' aurait été plus sensible que tant d'autres à la fragilité, à la précarité 'déconstructible' des structures, des frontières et des axiomes qu'il voulait à tout prix protéger, restaurer ou 'conserver'." Und Derrida notiert

---

27    Schmitt 1925, 293.

auch den paradoxen Effekt einer solchen Strategie eines Diskurses, der sich beständig gegen die Bewegung rekonstruiert, die ihn ruiniert, eine Strategie, die ich als das *Romantischwerden einer Theorie aus dem klassischen Geist* bezeichnen würde, wobei der Begriff des Romantischen den Zwang zu 'perversen' Allianzen und Kombinatoriken meint, die von den klassischen Begriffen her eigentlich ausgeschlossen sind: "Cette lucidité, à savoir le courage de sa peur, l'a aussi conduit à multiplier, dans l'affolement d'une stratégie défensive, les alliances les plus paradoxales, mettant ainsi à nu des combinatoires formelles dont nous aurions toujours le plus grand besoin de méditer encore aujourd'hui la possibilité".[28] Ich habe bereits in den ersten beiden Kapiteln die Emergenz dieser "formellen Kombinatoriken" erörtert, also ihre *historischen Möglichkeits- bzw. Existenzbedingungen* und zwar mit Blick auf das Wissen über sie, das Schmitts eigene Texte verraten.

Wir müssen einen Augenblick die ambivalente Stellung der Figur Napoleons, so wie sie Schmitt beschreibt, bedenken, denn diese Stellung verrät etwas über Schmitts eigenes Verständnis einer Politik aus "klassischem Geist". Eine solche Politik, obwohl sie rückwärtsgewandt ist, unterscheidet sich nämlich, worauf Schmitt nachdrücklich insistiert, durch den *konstruktiven* Impuls von einer Politik der bloßen Bewahrung des *status quo*. Wenn es, wie Derrida sagt, die Drohung des eigenen Ruins ist, gegen den sich der "discours schmittien" laufend *konstruiert*[29], wenn er sich ohne Unterlaß gegen das *rekonstruiert*, was kommt (die Kraft einer Zukunft, die in Wirklichkeit, wie Schmitt in seiner Analyse des vierhundertjährigen Neutralisierungsprozesses zeigt, bereits in die Phase der Konstitution der modernen Staatlichkeit interveniert, so daß der Zerfall des Staates mit seiner Entstehung *gleichursprünglich* ist), so impliziert diese Beobachtung, daß Schmitt nicht allein mit der bloßen Affirmation der tradierten politischen Semantik 'die Stellung zu halten' versucht. Die Klassizität des Geistes bedeutet keineswegs allein *Konservierung* eines überlieferten Zustands samt der auf ihn bezogenen Begrifflichkeit; sie impliziert vielmehr die Mobilisierung einer *konstruktiven Energie*, die das Alte, das Archaische (Napoleons "Sinn" für das Reich Karls des Großen) nicht bloß ohnmächtig anbetet oder beschwört, sondern es so transformiert, daß es unter den völlig gewandelten historischen Bedingungen wiederauferstehen kann, und das heißt: als *etwas anderes* auferstehen kann als das, was es zu seiner Zeit war. Napoleon war "Träger einer großen Überlieferung", sagt Schmitt, um sofort hinzuzufügen: "Daran ist er gescheitert." Aber man kann bekanntlich auf verschiedene Weise scheitern - und der Theoretiker des *Politischen* kann noch aus Napoleons

---

28    Derrida 1994, 102.
29    "C'est contre la menace de cette ruine qu'il se construit." (Ebd., 107)

Scheitern lernen, daß eine Restitution des Politischen überhaupt nur auf dem napoleonischen Wege, niemals jedoch auf dem der bloßen Restauration des *status quo* erfolgen kann. Ausdrücklich pflichtet Schmitt der Auffassung bei, daß Napoleon "dem kommenden ökonomischen und industriellen Zeitalter ahnungslos gegenüberstand und sich bemühte, die alte europäische Gesellschaftsordnung mit einem Aufgebot politischer Mittel am Leben zu erhalten."[30] Scheinbar konvergiert er in dieser Hinsicht mit dem Interesse des konservativen alten Adels, der durch die Revolution entmachtet worden war und sich das *ancien régime* zurückwünschte. Aber die Geste dieses Adels, für die Schmitt nichts als Verachtung hat, ist die des *Festklammerns* an seiner Legitimität, während Napoleons Intervention dadurch zu einer politischen wird, daß er - paradox genug - das Alte mit neuen Mitteln *neu schafft* bzw. umschafft.

Gescheitert ist er, sofern er sich darin *erschöpfte*, Träger einer großen Überlieferung zu sein und seinem Sinn für das Reich Karls des Großen eine ausschließlich, wie Schmitt später sagen wird, katechontische Wendung gab, ja sofern er überhaupt die Vorstellung eines zukünftigen Europas an die Vorstellung des Reiches band und das "Aufgebot politischer Mittel" zu seiner Errichtung auf ein Aufgebot militärischer Mittel beschränkte. Das Bündnis mit einem untergegangenen Symbol der Geschichte des frühen Mittelalters (Karl der Große) ist offenbar keine per se erfolgversprechende politische Alternative zu dem Bündnis des alten legitimistischen Adels mit England, also mit derjenigen Macht, die den kontinentalen Block Europas einer ganz anderen Revolution aussetzte, als die es war, die das ancien régime hinweggefegt hatte. Die industrielle Revolution wird den Ort des Politischen nicht lediglich umbesetzen, sie wird ihn in einen permanenten Dekonstitutionsprozeß hineinziehen, der die Unterscheidbarkeit des Politischen selbst gefährdet. Die Figur des Aufhalters ist, was immer man theologisch in sie hineinlesen kann, von der Praxis der Restauratoren nur dadurch unterschieden, daß sie, statt sich an das gerade Vergangene zu klammern und zu diesem Zweck die mannigfaltigsten Kompromisse mit den Mächten der Zukunft zu schließen, das endgültig den Geschichtsbüchern Anheimgefallene wiederzubeleben versucht. Insofern kann man dann sagen, daß die katechontische Politik im unvermeidlichen Scheitern ihre Wahrheit erfährt, weil sie jedes politische Bewußtsein der eigenen gegenwärtigen Situation verloren hat. Der Katechont ist bloß die 'fundamentalistische' Variante des Restaurationspolitikers. Beide verstehen nichts vom Zusammenhang zwischen Differenz und Wiederholung in der Politik, weil sie nur in den Kategorien des Widerspruchs und der Identität denken (ihre praktische 'Methode' mag unter Umständen durchaus klüger sein als ihr Denken): Ihr

---

30    Schmitt 1925, 293.

Widerspruch gegen ihre Zeit verführt sie zu der Hoffnung auf die Rückkehr der verlorenen Identität. Wäre Napoleon nichts weiter als der "Träger einer großen Überlieferung" gewesen, hätte er selbst das an dieser großen Überlieferung nicht retten können, was in seiner Gegenwart wiederkehren konnte: Europa. Napoleon wußte, daß es eines "neuen Adels" bedurfte, wie Schmitt schreibt, um es zu schaffen: seine technokratische Vision Europas, die sich um die Bedenken der Ideologen (der Befürworter wie der Gegner der Europa-Idee) nicht schert, beginnt in unseren Tagen Wirklichkeit zu werden. Napoleon ist nicht nur der (gescheiterte) Eroberer Europas, wenn diese Seite seiner Politik auch zweifellos ihre spektakulärste ist; er ist auch der Verfasser und Exporteur des Code civil und der mit ihm verbundenen bürokratischen Erfindungen und Transformationen. Und seine militärischen Pläne konnten überhaupt nur so weit gedeihen, weil er dem Militärischen eine ganz neue Geschwindigkeit und Flexibilität abgewann (auf die Valéry mit dem Begriff des *Manövrierens* zielt), die er mit politischen Anschauungsformen aus der Vergangenheit koppelte, um den neuen Bewegungstyp dem konkreten Herrschaftsgefüge, in dem er agierte, dienstbar zu machen.

Gilles Deleuze und Félix Guattari haben den für die Analyse des Politischen äußerst wichtigen Begriff des "Archaismus mit aktueller Funktion" erfunden, der genau die Linie bezeichnet, auf der sich Schmitts eigenes Denken bewegt. Und nicht nur das Denken Carl Schmitts. Das Politische ist vielmehr, wie wir noch sehen werden, unter modernen Bedingungen unablösbar mit der Produktion von "Neo-Archaismen" verbunden, die aus dem Zerfall der "großen Formen" hervorgehen und die stets aufs neue die zentrifugalen Tendenzen, die "Fluchtlinien" der in ihren Operationen längst azentrisch gewordenen Gesellschaft begrenzen sollen bzw. diesen Fluchtlinien eine selbstdestruktive, im Grenzfall der Faschismen: suizidale Dynamik verleihen. Die "Archaismen mit aktueller Funktion" - nur solche Archaismen sind kulturell überhaupt reproduktionsfähig und zwar nicht aufgrund ihrer 'Archaizität', sondern wegen der Verbindung, ihrer Kopplung mit aktuellen Funktionen - sind, so Deleuze/Guattari, "unsere moderne Art, mit Bauelementen zu hantieren, Muster zu erstellen, Codefragmente erneut einzufügen, alte wiederauferstehen zu lassen, Pseudo-Codes oder Jargons zu erfinden."[31] Genau diese "moderne Art", mit der "großen Überlieferung" umzugehen, lobt Schmitt auch an Napoleon, durch diese Fähigkeit unterscheidet er sich grundsätzlich vom "Konservativismus" des alten Adels, auf dessen Wiederherstellung Napoleon daher politisch auch nicht setzte: "Als die Zeit der modernen Demokratie begonnen hatte und der alte Adel aufgehoben war, konnte die Idee des Adels nur durch einen neuen

---

31   Deleuze/Guattari 1981, 332.

Adel gerettet werden. *Napoleon versuchte, den neuen Adel zu schaffen.*"[32] Daß er damit keinen Erfolg hatte, liegt nicht an seinem Vorgehen als solchem, denn das Alte kann überhaupt nur dadurch überleben, daß es 'neu geschaffen' wird.

Am italienischen Faschismus lobt Schmitt 1929 seine Fähigkeit, eine "geschlossene, ordensmäßige Organisation" geschaffen zu haben, weil nur eine solche Organisation, also die faschistische *Partei*, in der Lage sei, "die Suprematie des Staates gegenüber der Wirtschaft" (*PB*, 112) unter den Bedingungen des 20. Jahrhunderts wiederherzustellen, von denen man mit Recht sagen kann: "Niemals zuvor hat ein Staat in solchem Ausmaß an Macht und Stärke verloren und sich mit ebensolcher Gewalt in den Dienst des Zeichens der ökonomischen Macht gestellt."[33] Weil nun aber, wie Schmitt weiß, keine Zeit ohne Form lebt, "mag sie sich noch so ökonomisch gebärden", so greift sie nach dem Zerfall der großen Form bzw. der klassischen Repräsentation "nach tausend Surrogaten aus den echten Formen anderer Zeiten und anderer Völker, um doch das Surrogat sofort wieder als unecht zu verwerfen" (*PR*, 19). "Vollgeschrieben mit den Zeichen der Vergangenheit, und auch diese Zeichen überpinselt mit neuen Zeichen: also habt ihr euch gut versteckt vor allen Zeichendeutern! Und wenn man auch Nierenprüfer ist: wer glaubt wohl noch, daß ihr Nieren habt! Aus Farben scheint ihr gebacken und aus geleimten Zetteln. Alle Zeiten und Völker blicken bunt aus euren Schleiern; alle Sitten und Glauben reden bunt aus euren Gebärden. [...] Ja, wie solltet ihr glauben *können*, ihr Buntgesprenkelten! - die ihr Gemälde seid von allem, was je geglaubt wurde!" Also sprach Zarathustra[34] - und sprach damit zugleich das Urteil über die Politischen Theologen, sofern sie neuerlich eine Totalisierung des gesamten gesellschaftlichen Feldes anstreben. Deleuze und Guattari stellen zurecht fest, daß es unter modernen Bedingungen nur noch "*Rand*totalitäten"[35] gibt, die Totalität sich also stets *neben* den Teilen befindet, sie aber nicht effektiv vereinigt. Für den modernen Staat, das hat Schmitt denn auch klar gesehen, bleiben nur die Prä-Positionen *neben, über* oder *unter*. Ihm stehen die Rollen des Dieners, Mittlers und souveränen Herrn zur Verfügung - und noch der souveränste Herr bleibt von seinen Knechten *unterschieden*. Das Äußerste, was sich vorstellen läßt, ist die Wiedergewinnung der tyrannischen Stellung, der "Suprematie" des Staates über der Gesellschaft, nicht aber ihre Absorption durch eine "ursprüngliche politische Einheit" (*L*, 21), die jeder Differenzierung vorausliegt.

---

32   Schmitt 1925, 293 - m.H.
33   Deleuze/Guattari 1981, 325.
34   Nietzsche 1988d, 153f.
35   Deleuze/Guattari 1981, 54.

Es ist interessant zu sehen, wie der Anti-Romantiker Schmitt im Laufe der Zeit sich allmählich der Einsicht in die spezifische *politische* Produktivität des Romantischen nähert. Das Romantische ist zwar das Selbstzersetzungsprodukt des Klassischen (der großen Sichtbarkeit und Repräsentation), es ist aber zugleich der Anknüpfungspunkt für eine Politik 'aus klassischem Geist', die allerdings in ihrer Wirkung nur die Umschlagsgeschwindigkeit des Romantischen, den Griff nach den Surrogaten, beschleunigt. Der Betrug, als der sich die zeitweilig wieder-gewonnene (große) Form nur allzubald erweist, verlangt nach immer neuen Zeichen, die die unmögliche politische Einheit vorzustellen erlauben, obwohl sie nur neue Kulissen und Fassaden errichten. Schmitt bindet das Thema der Romantik deshalb auch an das des *Betruges* - und es fällt auf, daß das Phantasma des Betrogenseins in seinen Schriften eine ganz unterschiedliche Beurteilung erfährt. In der *Politischen Romantik* wird das Konstruieren von Kulissen für ein typisches Symptom des formenverachtenden romantischen Geistes ausgegeben, der "alles Formale und Offizielle für einen Betrug halten" muß. Die "Unsicherheit der Zeit und ihr tiefes Gefühl, betrogen zu sein" (*PR*, 19), wird noch als ein Zeichen der Schwäche ausgegeben. Aber Schmitts eigene Kritik des politischen Mischgebildes 'liberale Demokratie' ist von dem gleichen Affekt des Betrogenseins, dem eigentlichen *Ressentiment-Affekt*, durchdrungen: der liberale Bourgeois "schwankt zwischen seinen beiden Feinden [Königtum und Sozialismus, Vf.] und möchte beide betrügen" (*PTh*, 77), im Parlamentarismus werden die politischen Ent-scheidungen in den Hinterzimmern getroffen, das Parlament ist "nicht mehr der Platz, an welchem die politische Entscheidung fällt" (*Vl*, 319), die parlamentarische Diskussion verkümmert zu einem 'leeren Ritual'; die Herrschaft des modernen Imperialismus, eine "auf ökonomischer Grundlage beruhende Herrschaft über Menschen muß gerade dann, wenn sie unpolitisch bleibt, indem sie sich jeder politischen Verantwortlichkeit und Sichtbarkeit entzieht [also 'hinter den Kulissen agiert', Vf.], als ein furchtbarer Betrug erscheinen" (*BdP*, 76).

Durch die totalitären Massenbewegungen des frühen 20. Jahrhunderts läßt sich Schmitt von der spezifischen Produktivität des Ressentiment-Affekts überzeugen. Er bewertet diesen Affekt nicht mehr als ein Zeichen der "Unsicherheit" oder als eine bloße "Stimmung", sondern als einen politischen 'Anknüpfungspunkt' für "Millionen". Die von Schmitt bewunderte "Stärke" des italienischen Faschismus verdankt sich dem millionenfachen (keineswegs nur 'proletarischen', wie Schmitt ausdrücklich anmerkt) Affekt gegen die "Atmosphäre ideologischen Betruges", die durch eine vollständige Entleerung bzw. De-Substantialisierung der politischen Form erzeugt wurde: "Wie alle starken Bewegungen sucht auch der Faschismus sich von ideologischer Abstraktheit und Scheinformen zu befreien und zum konkret Existentiellen zu gelangen. Auch das faschistische Ethos geht von jenem Gefühl des Betrogenseins aus, das man seit dem 19. Jahrhundert überall feststellen kann, das nicht nur ein proletarischer Affekt ist und das nach dem Weltkrieg in romanischen Ländern einen stärkeren Ausdruck gefunden hat als in Deutschland. Der faschistische Staat will mit antiker Ehrlichkeit wieder Staat sein, mit sichtbaren Machtträgern und Repräsentanten, nicht aber Fassade und Antichambre unsichtbarer und unverantwortlicher Machthaber und Geldgeber. Das starke Gefühl des Zusammenhangs mit der Antike ist nicht nur Dekoration" (*PB*, 114). Schmitts Wunsch ist es, die im 19. Jahrhundert verlorengegangene Kongruenz zwischen staatlicher *Repräsentation* (sichtbare Machtträger und Repräsentanten) und politisch-existentiellem *Sein* der Betrogenen wieder hergestellt zu sehen. In seinem Vortrag über das "Zeitalter der Neutralisierungen und Entpolitisierungen" aus dem gleichen Jahr warnt er die Repräsentanten vor der Gefahr, daß sie am Ende nur noch sich selbst repräsentieren: "Der Augenblick glanzvoller Repräsentation [mit Blick auf Napoleon darf man an den Akt der Selbstkrönung zum Kaiser denken, Vf.] ist auch schon der Augenblick, in welchem jener Zusammenhang mit dem geheimen, unscheinbaren Anfang gefährdet ist." (*BdP*, 94)

Der geheime, unscheinbare Anfang symbolisiert dabei jene "neuen Klassen und Massen", die sich in der bestehenden politischen und kulturellen Ordnung nicht wiedererkennen, sich von ihren Repräsentanten 'betrogen' fühlen und sich daher aus ihr in die "Armut" zurückziehen, "wobei Armut vor allem der Verzicht auf die Sekurität des *status quo* bedeutet" (*BdP*, 93). Indem sie sich nicht länger von der bestehenden Repräsentation erfassen lassen, wird ihr Sein *asignifikativ* bzw. 'existenziell': ihre, mit Rousseau zu sprechen, "Rückkehr zur unversehrten, nicht korrupten Natur erscheint vor dem Komfort und Behagen des bestehenden *status quo* als kulturelles und soziales Nichts", als ein Werden, das das (politische) Sein als hohlen Status zurückläßt. Von diesem Werden läßt sich nur noch sagen: "Es wächst schweigend und im Dunkel", d.h. es besitzt weder Sprache noch Sichtbarkeit, es bietet sich deshalb auch nicht als ein gewöhnliches Objekt der (wissenschaftlichen) Erkenntnis dar, da es in gewisser Weise nichts ist, durch alle Raster der kategorialen Identifizierung fällt. Und dennoch ist ihm eine spezifische Aktivität eigentümlich: "es wächst", während seine Umgebung durch dieses Nichts und seine Sogkraft in den Zustand einer "panischen Angst" versetzt wird, der sie erstarren läßt. Das kulturelle und soziale Nichts, das sich in den Fluchtlinien manifestiert, die sich selbst als ein "*ritornar al principio*" begreifen, ist das *romantische Objekt* auf dem Terrain des Politischen. Schmitt erweist sich als *Klassizist*, insofern ihn seine Schadenfreude über die Furcht der Apologeten des status quo nicht daran hindert, die romantische Absetzbewegung (die "neuen Klassen und Massen" geben die überlieferten "großen Formen", in denen sich das Politische bislang bewegte, preis) aus der Perspektive einer zukünftigen Repräsentation zu betrachten. Er verachtet den status quo nur, weil er hofft, daß die Bewegung dessen, was im Dunkel wächst, von den "Mauern"[36] eines zukünftigen, mächtigeren Staates eingehegt wird. Die Dissoziation ist für Schmitt kein Zustand, der einer eigenen Konsistenz fähig ist: sie steht vielmehr *zwischen* einer vergangenen und einer zukünftigen Assoziation.

Während Schmitt also in dem spezifischen Umgang Napoleons (wie in den zwanziger Jahren dieses Jahrhunderts: Mussolinis) mit den "Zeichen der Vergangenheit" (Nietzsche) das untrügliche Merkmal einer Politik aus klassischem Geiste erkennen will und trotz ihrer paradoxen Signatur (wie sie sich in der Formel vom "neuen Adel" auch sprachlich manifestiert) sowie ihres historischen Scheiterns an ihrer Vorbildlichkeit festhält, führt Valéry dieses Scheitern auf das Vorhaben selbst zurück, auf die historische Befangenheit des Konsuls und späteren Kaisers, die seiner *konstruktiven* Energie - Valéry nennt ihn sogar einmal einen "Heros der Technik"[37] - Abbruch getan habe. In der Einschätzung des klassischen Geistes als einer wesentlich erfinderischen, *konstruktiven* Kraft stimmen Schmitt und Valéry überein. Beide begreifen die *Architektur* als den Inbegriff dieser konstruktiven Kraft und messen die Klassizität des Geistes an seiner Fähigkeit zu einer *architektonischen* Artikulation, die sich keineswegs auf das Gebiet der Baukunst beschränkt.[38] Weil für Valéry die *Technik* nicht der Gegenbegriff zum Klassischen ist, sondern eine seiner wichtigsten Quellen, nimmt es nicht wunder, daß er den Grund für das Scheitern Napoleons in dessen *historischem Sinn* sieht, der den "erfinderischen, schöpferischen Impuls" auf die *Nachahmung* überkommener Modelle fixierte und die konstruktive, der Zukunft zugewandte Kraft seines Geistes erstickte.[39] Daß er sich, mit Schmitt gesprochen, schließlich als "Träger einer großen Überlieferung" verstand, mußte ihm zum Verhängnis werden: "Napoleon, *praktisch* veranlagt - Opfer der Geschichte - - das heißt des *Anreizes zur Nachahmung* - zum Einholen - Übertrumpfen - der am Ende in ihm den erfinderischen, schöpferischen Impuls überwuchert hat." Schmitts Satz, daß Napoleons "europäischer Sinn auf das Reich Karls des Großen gerichtet war", das seinerseits eine Reprise des Römischen Reiches sein wollte, wird von Valéry 1944, ein Jahr vor seinem Tod, so kommentiert: "Aber vor Plutarch und Konsorten, da wurde er zum

---

36  "Insbesondere kann der Nomos als eine Mauer bezeichnet werden" (*N*, 40).

37  Valéry 1987, 441.

38  Vgl. dazu dieses Kapitel, 7. Abschnitt.

39  An anderer Stelle freilich ist es die politische Klasse der europäischen Staaten, die sich von der Geschichte nährt und daher die Mission Napoleons, Europa zu einigen und zur Weltherrschaft zu führen, nicht zu 'perzipieren' vermag, wie Schmitt sagen würde: "Il a pensé à l'échelle du monde actuel, n'a pas été compris et l'a dit. Mais il venait trop tôt; les temps n'étaient pas mûrs; ses moyens étaient loin des nôtres." (Valéry 1945c, 28)

kleinen Jungen, und vor der Kulisse des Heiligen Römischen Reiches, dem Szepter, der Goldhand usw. [...] Was sollte er im Jahre 1803 sich ausdenken mit der ungeheuren Macht in seinen Händen, mit all den Möglichkeiten? [...] Der höchste zivile und zugleich militärische Grad sei *Kaiser*, flüstert ihm das Buch der Geschichte ein. Und er *geht rückwärts in seine Zukunft*. Schafft sich einen Pseudostammbaum. Damit erkennt sich alles Vergangene in ihm wieder. Nun kann er seine Gegner nicht mehr verwirren. Er legt seine Karten nieder. Er stellt sich in seinen Grenzen bloß. Er ist durchschaubar geworden. Er geht unter als ein anderer. Er dauert nur fort gemäß dem Teil seiner Person und seines Handelns, der sein eigener war."[40]

Obwohl Valéry bemüht ist, den napoleonischen Geist von allen historischen, d.h. 'kontingenten' Elementen - den "Zufällen des Erinnerungsvermögens"[41], wie es in einer anderen Napoleon-Eintragung heißt - zu reinigen und ihn so posthum sich selbst wiederzugeben (das Napoleonische an Napoleon isolieren: "Napoleons Idee"[42]), stimmt er doch mit Schmitt in dem entscheidenden Punkt überein, daß es das Ingenium Napoleons war, *etwas Neues zu schaffen*, und zwar selbst dort, wo er scheinbar nur den Einflüsterungen der Geschichtsbücher erlag. Man kann sogar sagen, daß Valéry noch stärker als Schmitt das *Souveränitätsmodell* kultiviert, dem Souverän jedoch die Gleichgültigkeit gegen alle 'Legitimitäten', gegen alle vorgegebenen Inhalte, Substanzen und Begriffe zumutet (die Verachtung jeglicher Form von "Besitzstandswahrung"[43]) und damit die Souveränität gleichsam als den *Willen zur ungebremsten Selbstreferenz* begreift. Der Voluntarismus dieser Formulierung verweist auf den Stützpunkt der *Rezentrierung*, der es Valéry erlaubt, diese selbstreferentiell operierende Souveränität wieder an die konventionellen Vorstellungen der *Diktatur* anzuschließen. Das "Genie" definiert Valéry konsequent als "jenes Vermögen, sich neu zusammenzusetzen", als eine wesentlich transformatorische und dynamische Aktivität. Souveränität ist für Valéry eine Kategorie der *Geschwindigkeit*, des Zusammenspiels von sensomotorischen und kognitiven Kompetenzen, die sich wechselseitig steigern. Nicht zufällig ist es das - gänzlich unromantisch gewendete - Bild des *Vogels*, an dem Valéry die Intensität des souveränen Geistes erfährt: "Der Vogel, seine rasende Geschwindigkeit, macht mich schwindelig. Hyperempfindliche, hyperschnelle, hyperwendige Schwalben.

---

40    Valéry 1992, 589.

41    Valéry 1987, 406.

42    Ebd.

43    "Es geht darum, Denkweisen zu reformieren - Empfindungsweisen, die Millionen Jahre *Besitzstandswahrung* hinter sich haben, die uns die Sprache, das Dekorum auferlegt haben, also das, was die größte Macht über einen Menschen hat - eine Veränderung demnach, die das Denken selbst untergräbt, das Ich aufs Spiel setzt ..." (Ebd., 411 - m. H.).

In bin bis zur Raserei neidisch auf diese Beweglichkeit. Im Grunde gewährt die sinnliche Wahrnehmung dieser Vögel, die Selbstverständlichkeit ihrer Flug- und Jagdübungen den größten mir vorstellbaren Genuß; sie ist dazu angetan, Bilder zu vermitteln, die den fabulösen Eigenschaften des 'Geistes' wohl am nächsten kommen - welch unmittelbare Anschauung von Dynamik! [...] welch brillante Annäherung des schnellen Entschlusses an den Akt des *ganzen* Körpers - *was beim Menschen auf den Augen-Blick beschränkt ist*: schon die Geste ist langsam - die Bewegung insgesamt entsetzlich langsam - bei uns.-"[44]

Auch für Valéry ist der Mensch etwas, das überwunden werden soll.[45] Die Vorstellung einer unendlichen Ausdehnung des so kostbaren Augen-Blicks, auf den sich beim Menschen die "brillante Annäherung des schnellen Entschlusses an den Akt des *ganzen* Körpers" reduziert, weist die Richtung dieser Überwindung. Nicht zufällig hat Valéry viele der Eintragungen in den *Cahiers* um die Figur des *Gladiators* gruppiert - für ihn ein Synonym für den - vom Philosophen und vom Wissenschaftler unterschiedenen - *Denker*, der jener "'höhere' Mensch" ist, von dem es heißt, daß er "sich bis ins Letzte organisiert hat"[46] (man beachte die selbstreferentielle Formulierung!). Die Intelligenz dieses nicht mehr menschlichen oder mehr als menschlichen Menschen ist keine bloße *Eigenschaft* mehr, sie hat auch nicht mehr lediglich *instrumentellen* Charakter, sondern ist ihm gleichsam zu einer zweiten bzw. neuen ersten Natur geworden: "Er ist 'intelligent', so wie der Tiger geschmeidig und stark ist, wie die Taube fliegt. Das ist Teil seiner Natur, ohne jeden Ausnahmecharakter - es ist die Artzugehörigkeit in ihm, die fordert, daß er scharfsinnig, scharfblickend, erfinderisch sein muß und sein Geist so unbezwingbar wie das Florett eines Fechtmeisters."[47]

Man könnte fast von einem gewissen *Militarismus des Geistes* bei Valéry sprechen - es handelt sich allerdings um einen *theatralischen* bzw. *sportiven*[48] Militarismus, wie die Gladiator-Metapher andeutet -, wenn man an die zahlreichen Konzepte aus dem militärischen Praxisfeld denkt, mit denen Valéry die Figur des Den-

---

44  Ebd., 412.

45  "Die *Einheit* Mensch erscheint mir weder für mich noch für die andern als notwendig." (Ebd., 108) und: "Meine Betrachtungsweise vermeidet unwillkürlich 'den Menschen'. Jene zusammengesetzte Einheit, der Mensch, sollte immer dann aus dem Spiel bleiben, wenn man auch ohne sie auskommt. Ich kann mir gut ein Geschichtsbuch - der Menschheitsgeschichte - vorstellen ohne eine einzige Person - das heißt ohne empirische figürliche Elemente." (Ebd., 76)

46  Ebd., 421.

47  Ebd., 415.

48  "Gladiator - oder der Sportsmann - Der Philosoph des Spiels - Und der Künstler, Spieler, Seiltänzer [Nietzsche, Vf.] und intellektuelle Athlet." (Ebd., 427)

kers konturiert: "Mathematikbücher interessieren mich nur deshalb, weil sie die einzigen sind, welche die *Manöver des Geistes* zum Gegenstand haben - ohne sich dessen allzu bewußt zu sein." In einem Zusatz zu diesem Eintrag lesen wir: "Vgl. Napoleon - sein Sinn für Manöver."[49] In seinem "Vorwort" zu *Herrn Teste* gibt Valéry folgende Charakterisierung seines "Ausnahmegeschöpfes": "Der Gedanke an die Gesamtheit dessen, was er kann, beherrscht ihn. Er beobachtet sich, er manövriert, er will sich nicht manövrieren lassen."[50] Die Politik der Mathematik bzw. den 'strategisch-operativen' Wissensformen, die keineswegs auf das Militärische beschränkt sind, angenähert zu haben, bevor er sie wieder in die Bahnen des historischen Geistes zurücklenkt, ist für Valéry die eigentliche Leistung Napoleons, definiert sein "Genie". Was ist für Valéry ein "Genie"? "Nichts, was der Auffassung vom Genie mit Protuberanzen und vorgewölbter Brauenpartie mehr entgegenstünde, oder gar der vom Erleuchteten."[51] Die knappste Definition des *Gladiators* lautet: "Gladiator - Das Können an sich."[52] Gladiator, eine Chiffre des *Souveräns*, der beständig alle Konstanten in Variablen transformiert, der seine höchste Lust darin findet, sich den Boden unter den Füßen wegzuziehen, und der in gewisser Weise aus dem *Nichts*, aus der *Unmöglichkeit*[53] heraus operiert - so wie der Schmittsche Souverän das Subjekt einer "reinen, nicht räsonnierenden und nicht diskutierenden, sich nicht rechtfertigenden, also aus dem Nichts geschaffenen absoluten Entscheidung" (*PTh*, 83) ist. Während Schmitt die Aktivität des Souveräns auf die Bemeisterung des *Ausnahmezustandes* einengt, imaginiert Valéry den *Souverän in Permanenz*, der sein Leben in eine einzige, andauernde Herausforderung verwandelt und alle "konkreten Situationen" daraufhin absucht, was sie zur Steigerung seines "Könnens" beitragen.

Ich habe an anderer Stelle gezeigt[54], daß Valérys oft notierte radikale Verwerfung der Politik und der Geschichte, genauer: der *nationalisierten,* auf "primitiven und

---

49  Ebd., 464f. An anderer Stelle heißt es: "Meine Philosophie - Sie besteht aus zwei Kapiteln. [...] Das eine heißt: Experimentieren. Das andere heißt: Exerzieren." (Ebd., 414.)
50  Valéry 1990b, 13.
51  Valéry 1987, 415f.
52  Ebd., 429.
53  "Warum ist Herr Teste unmöglich? - Diese Frage ist ganz eigentlich seine *Seele*. Sie wandelt euch in Herrn Teste. Denn er ist nichts anderes als der Dämon der Möglichkeit selbst." (Valéry 1990b, 12)
54  Balke 1994, 89-103.

anthropomorphen Vorstellungen"[55] beruhenden Politik und der *traditionellen* Ge-schichts*schreibung* (im Sinne der *histoire événementielle*[56]) nur verstanden werden kann, wenn man sie als Reaktion auf die desaströse historische Wirkungsmächtig-keit eines Begriffs des Politischen entziffert, den Schmitt systematisch 'encadriert' hat. Andererseits, bei allem Degout vor dem Politischen, den Valéry kultiviert, bei allem Haß auf die *Unreinheit* und die wissenschaftliche Unhaltbarkeit der Vor-stellungen, mit denen die Politik operiert, die immer noch die Erde flach und nicht rund denkt[57], überraschen nicht nur zeitdiagnostische Gemeinsamkeiten mit Carl Schmitt (wie man an der *Politik des Geistes* zeigen kann, wo der Politik-Begriff keineswegs polemisch gebraucht wird), sondern auch Übereinstimmungen be-grifflicher, ja *metaphysischer* Art, wie die Diskussion der beiden Konzeptionen des *Geistes* gezeigt hat. Ich möchte diese Analyse im folgenden noch vertiefen, weil diese Übereinstimmungen es sogar erlauben, von einer *gemeinsamen philoso-phischen Grundstellung* Carl Schmitts und Paul Valérys zu sprechen.

Um diese These zu erläutern, werde ich zunächst eine gleichsam *methodologi-sche Übereinstimmung* beider Theoretiker erörtern, die einen hohen Symptomwert hat. Nicht nur in seinen Essays, sondern auch in den *Cahiers* präsentiert sich uns Valéry stets als ein *esprit classique*, als ein Denker, der das spezifische Ethos seines Metiers in der Möglichkeit und in dem Sinn für Unterscheidungen findet. "Meine Natur verabscheut alles Vage", heißt es in den *Cahiers*.[58] Der *Gladiator* wird als

---

55   Valéry 1945g, 99. Ich zitiere nach der deutschen Übersetzung von Hartmut Köhler, die demnächst in Band 7 der *Werke* Valérys (*Zur Zeitgeschichte und Politik*) erscheinen wird. Die Nachweise beziehen sich auf die französische Ausgabe.

56   "Les grands événements ne sont peut-être tels que pour les petits esprits. Pour les esprits plus attentifs, ce sont les événements insensibles et continuels qui comptent." (Valéry 1945d, 53) Zum Zusammenhang zwischen Paul Valérys metageschichtlichen Reflexionen und der Geschichtstheorie der *Annales*-Schule vgl. Balke 1993, 235-252.

57   Valéry 1992, 506.

58   Dieser Affekt gegen das Vage begleitet Valéry seit der berühmten Krisennacht von 1892, die bekanntlich zum Ausgangspunkt des Projekts der *Cahiers* wurde, das Valéry bis zu seinem Tode, 1945, fortführte und das am Ende einen Umfang von nahezu 30000 Seiten ange-nommen hatte: "Von 1892 an empfand ich Haß und Verachtung für die VAGEN DINGE, und ich habe mein Leben lang einen unerbittlichen inneren Krieg gegen sie geführt. Das sind jene Dinge, die kein Quentchen Aufmerksamkeit vertragen, weil es sie sogleich auf den Stand zurückschraubt, auf dem sie keinerlei Existenzbasis haben außer dem Namen, mit dem man sie zu bezeichnen vermeinte, und die sich entweder in Nichts auflösen, je fester man an sie denkt, oder sich in Gegenstände des Denkens verwandeln, auf die ganz andere Namen zutreffen." (Valéry 1987, 281)

der "Wille zur Möglichkeit und zur *Reinheit*"[59] definiert. Und an anderer Stelle heißt es: "Die Unreinheit ist mein Antipode - Politik, Religionen - Gebrauch großer Worte (Wahrheit, Gott, Gerechtigkeit -) - 'Meinungen', 'Überzeugungen', 'Glaubenshaltungen' sind für mich Unkraut - *Konfusionen* - das Provisorische für feststehend ausgeben - [...] Ratio = operatio."[60] Das Pathos der Reinheit, der *clarté*[61] und der Präzision geht sogar so weit, daß Valéry die Funktion des Dichters der des Wissenschaftlers annähert bzw. im Wissenschaftler als dem sorgfältigsten Handhaber von Unterscheidungen den Verbündeten einer Poesie ausmacht, die sich nicht länger dem Rausch der Worte überläßt: "Früher einmal habe ich von einem Werk der Kunst geträumt - einem geschriebenen -, bei dem sämtliche Begriffe, die darin Einlaß gefunden hätten, einer vorgängigen Reinigung unterzogen worden wären - wo ich alles, was dem Sinn der Worte zusätzlich anhängt, weggelassen hätte - alle Wörter, die Schatten hinter sich herziehen, alle selbstverständlichen oder gegenstandslosen Urteile und alle undurchführbaren, denkunmöglichen Operationen."[62] Herr Teste führt seine ganze Stärke auf den "grenzenlosen Wunsch nach Sauberkeit", auf seine "Verachtung der Überzeugungen und Götzen", seinen "Abscheu vor der Leichtigkeit" und auf sein "Gefühl für meine Grenzen" zurück. Und wieder verfällt Valéry auf das Register der militärischen Metaphorik, wenn er die Passage

---

59   Ebd., 428. An anderer Stelle wird vom Gladiator eine "Theorie der *Reinheit* und der Synthesen" gefordert: "Klare Trennung der Bestandteile und Operationen." Wichtig ist, daß die Reinheit immer das Ergebnis einer Aktivität, einer "Konstruktion" ist (Ebd., 425).

60   Ebd., 193.

61   "Nichts zieht mich an als die Klarheit", bekennt Herr Teste, der *zugleich* von sich sagt: "Sie wissen, wertes Sie, daß ich ein Geist der dunkelsten Art bin." Die Paradoxie löst sich auf, wenn man die geistige Klarheit, der sich Teste verpflichtet fühlt, als Ergebnis eines äußersten Mißtrauens gegenüber der gewöhnlichen Klarheit begreift, die sich im wesentlichen sprachlich erzeugten Sinn- und Evidenzeffekten verdankt: "Die Dunkelheiten, die man mir zuschreibt, sind nichtig und durchsichtig neben denen, die ich so ziemlich überall entdecke." (Valéry, 1990b, 51f.) "Was gibt es Geheimnisvolleres als die Klarheit?" fragt Sokrates Phaidros in Valérys Dialog *Eupalinos oder Der Architekt*. In Valérys Dialog funktioniert der sokratische Logos *architektonisch*: "Gewisse Völker verlieren sich in ihren Gedanken, für uns Griechen sind alle Dinge Gestalt [d.h. selbst die 'Gedankendinge' werden nach dem Modell der sichtbaren Gegenstände erfahren bzw. 'gesehen': sie sind daher *Ideen*, Vf.]. Wir behalten nur die Beziehung, und wie eingeschlossen in diesen klaren Tag *erbauen* wir ähnlich dem Orpheus mit den Mitteln des Wortes *Tempel* der Weisheit und der Wissenschaft, die allen vernünftigen Wesen genügen mögen. Diese große Kunst verlangt von uns eine wunderbar genaue Redeweise [den *Logos*, Vf.]. [...] Denn was ist die Vernunft anderes als die Rede selbst, wenn die Bedeutung der Ausdrücke *fest begrenzt* ist und *gesichert in ihrer Dauer* und wenn diese *unabänderlichen* Bedeutungen *aneinanderpassen* und sich in klarer Weise *zusammensetzen*?" (Valéry 1990c, 45 - m.H.)

62   Valéry 1987, 303.

mit dem Satz abschließt: "Ich hatte mir eine innere Insel geschaffen, die auszukund-schaften und *zu befestigen* ich meine Zeit verlor ..."[63]

Ausgerechnet in dem 1934 geschriebenen Vorwort zu einem Buch über den por-tugiesischen Diktator Salazar[64] - das Vorwort trägt den Titel "Die Idee der Diktatur", ein Thema, das er dann 1938 unter dem Titel "Betrachtungen über die Diktatur" noch einmal aufgreifen wird - bekräftigt Valéry eingangs noch einmal seinen Widerwillen gegen die Politik insgesamt, die ihre spezifische Produktivität in der Vorliebe für die "Wörter, die Schatten hinter sich herziehen", d.h. im Verwischen der Unterscheidungen beweist, ohne die der Denker sich seines Gegenstandes nicht bemächtigen kann: "Ich weiß fast nichts von praktischer Politik, in der, wie ich vermute, alles zu finden ist, dem ich fliehe. Nichts dürfte so unrein sein, das heißt aus einem derartigen Gemisch von Dingen bestehen, deren Durcheinander ich nicht ausstehen kann, wie Bestialität und Metaphysik, Stärke und Recht, Glaube und Interessen, Nüchternes und Theatralisches, Instinkte und Ideen ..."[65] Mit seiner Diagnose des *unklassischen* Zustands der modernen Politik, ihrer Unreinheit und Konfusion, trifft Valéry einen zentralen Aspekt des politischen Denkens Carl Schmitts, der nicht zufällig mit seiner Studie über die *Politische Romantik* einer größeren Öffentlichkeit bekannt wurde. Politische Romantik heißt hier vor allem: Kritik am *Prozeß des Romantischwerdens der Politik selbst* (Schmitt verwendet für diesen Vorgang, wie wir gesehen haben, den treffenden Begriff des "Occasionellen"[66]) - und keineswegs allein Kritik an den politischen Ideen bzw. an der politischen Ideenlosigkeit der Romantiker. Wie für Valéry hängt auch für Schmitt die Möglichkeit der Erkenntnis von der Möglichkeit "klassischer Begriffe" bzw. von der Möglichkeit einer klassischen (eindeutigen und operativen) Hand-habung von Bezeichnungen und Unterscheidungen ab, denen aber die moderne Politik in ihrem alltäglichen Vollzug immer weniger genügt. *Der Begriff des Politischen* setzt mit einer illusionslosen Diagnose des Transzendenzverlustes des Staates ein, der überhaupt aufhört, "eine klare, eindeutig bestimmte Größe" zu sein und von der Gesellschaft tendenziell ununterscheidbar wird (*BdP*, 23). Valéry schreibt in den *Cahiers*, was so auch Schmitt von sich behauptet hätte: "Ich habe mehr Strenge in verschiedene Dinge bringen wollen, die jedoch von *Nicht-Strenge leben*. Geschichte, Literatur - und sogar - - Gesellschaft (Politik) und auch

63   Valéry 1990b, 10.
64   Antonio Ferro, *Salazar. Le Portugal et son chef*, Paris 1934.
65   Paul Valéry 1945e, 77. Ich zitiere nach der deutschen Übersetzung von Bernd Schwibs, die demnächst in Band 7 der *Werke* Valérys (*Zur Zeitgeschichte und Politik*) erscheinen wird. Die Nachweise beziehen sich auf die französische Ausgabe.
66   Vgl. dazu das Kapitel II dieser Arbeit.

Philosophie. Mir schien, die Zeit verlangte danach."[67] Der "wahre *philosophische* Zustand", so Valéry, besteht "mitnichten in einer Erkenntnis, sondern in einer Disposition zur - - Disponibilität -, zu Unterscheidungen"[68]. Diese Disposition zu Unterscheidungen wird an anderer Stelle in das folgende Bild übersetzt: "Fixiere, klemme vielmehr ein Gedankending zwischen Zangen aus zerebralem Stahl zusammen."[69]

Wie definiert Schmitt das *Klassische*? "Das Klassische ist die Möglichkeit eindeutiger, klarer Unterscheidungen" (*BdP*, 11), im Bereich des Politischen also die von Staat und Gesellschaft, Krieg und Frieden, Feind und Verbrecher etc. Derrida beobachtet daher ganz richtig bei Schmitt "ce souci de la pureté oppositionelle" und hält diese Sorge für ein Merkmal seines Diskurses, das er mit Heidegger teilt.[70] Anlaß zur Sorge besteht genug, denn die "klassischen Unterscheidungen" begegnen seit dem Ende des 19. Jahrhunderts innen- wie außenpolitisch in zunehmenden Maße "immer von neuem sich aufwerfenden Fragen immer neuer, tumultuöser Situationen" (*BdP*, 17), die eine große Herausforderung an die Begriffsbildung des politischen Theoretikers darstellen und nicht länger im Medium des klassischen (staats- bzw. völkerrechtlichen) "Systems" beantwortet werden können. Deshalb kommt Carl Schmitt im *Begriff des Politischen*, in der er die *Unterscheidung* von Freund und Feind als die einzig verbleibende Möglichkeit einer Rettung der Spezifik des "Politischen" anvisiert, zu dem ernüchternden Ergebnis: "Die Epoche der Staatlichkeit geht jetzt zu Ende. Darüber ist kein Wort mehr zu verlieren. Mit ihr geht der ganze Überbau staatsbezogener Begriffe zu Ende, den eine europazentrische Staats- und Völkerrechtswissenschaft in vierhundertjähriger Gedankenarbeit errichtet hat. Der Staat als das Modell der politischen Einheit, der Staat als Träger des erstaunlichsten aller Monopole, nämlich des Monopols der politischen Entscheidung, dieses Glanzstück europäischer Form und occidentalen Rationalismus wird entthront. Aber seine Begriffe werden beibehalten [wir sprechen weiterhin, sozusagen wider besseres Wissen von "Staaten", obwohl ihnen nahezu alle Merkmale der klassischen Staatlichkeit abgehen, Vf.] und sogar noch als *klassische* Begriffe. Freilich klingt das Wort *klassisch* heute meistens zweideutig und ambivalent, um nicht zu sagen: ironisch." (*BdP*, 10) Da jedoch auch Schmitt von dem Ehrgeiz angetrieben wird, für das Zeitalter der *Neutralisierungen*, d.h. der Verschiebung und Verwischung aller letzten Unterscheidungen, die klassischen Begriffe durch ihre Verankerung in einer 'Superdifferenz' weiterhin applikabel

---

67     Valéry 1987, 207.
68     Ebd., 172. Und: "Mein *blindes* Vertrauen in die Klarheit, in die Klärung." (Ebd., 153)
69     Ebd., 149.
70     Derrida 1994, 276.

bzw. 'operativ' zu halten, klingt der Begriff des Politischen heute meistens zweideutig und ambivalent, um nicht zu sagen: ironisch, weil die Gesellschaft die Unterscheidung von Freund und Feind nur noch als ein ästhetisch belangvolles "Schema" behandelt - und zwar selbst dann, wenn sie politische Funken aus ihm zu schlagen versucht.

## 2. Valérys und Schmitts Descartes-Nahmen

Aber, wenn man einen Blick auf den weiteren Fortgang der Argumentation in Valérys Aufsätzen über die Diktatur wirft, ist man überrascht, daß der Wille zur Klassizität, dem Schmitt wie Valéry verpflichtet sind, der starke Affekt gegen die Auflösung von Begriffen und Unterscheidungen, beide in eine merkwürdige Nachbarschaft bringt, die sich nicht etwa nur in der *gemeinsamen Hochschätzung der Diktatur*, sondern in der These eines *intrinsischen* Zusammenhangs zwischen dem Politischen (unterschieden von den 'empirischen' Politiken) und der Diktatur äußert. Die *Politik des Geistes* unterscheidet sich von den sekundären und tertiären Politiken, von der *Karikatur* der Politik, so wie sie Schmitt beschreibt, dadurch, daß sie ein *coup de main* ist, ein Handstreich, ein gewagtes Unternehmen, ein "Abenteuer". "Coups d'état intellectuel [sic] nennt Paul Valéry die Philosophie des Descartes; glänzend; das trifft auch meine zu dezisionistische Art zu denken" (*G*, 34), notiert Carl Schmitt am 22.10.47 in sein *Glossarium*[71]. Mit sicherem Instinkt hat Schmitt diejenige Formel herausgegriffen, in der Valéry die Quintessenz seiner Beschäftigung mit Descartes resümiert. In seinem "Descartes"-Vortrag von 1937, auf den Schmitt offenbar anspielt, wiewohl sich die Formel auch in späteren Aufsätzen zu Descartes findet, heißt es, "daß das Wesentliche des *Discours* nichts anderes ist als die Schilderung der Bedingungen und Folgen eines Ereignisses, einer Art von Staatsstreich, der dieses ICH von allen Schwierigkeiten und von allen parasitären Zwängen oder Vorstellungen befreit, die es belasten, ohne daß es sie angestrebt oder in sich selbst vorgefunden hätte."[72]

---

71  Die selbstkritische Wendung der Notiz ist typisch für die demütig-epimetheische Haltung Schmitts nach 1945. Sie ist ein mögliches *Urteil* (des Autors) über sein bisheriges Denken, dem das ausschließliche Interesse der vorliegenden Arbeit gilt, und markiert damit zugleich den Abstand dieses Denkens zum Glauben eines christlichen Epimetheus.

72  Valéry 1989b, 30. Vgl. auch "Eine Ansicht von Descartes", wo Valéry die "intellektuellen Staatsstreiche" von den "religiösen Bekehrungen" unterscheidet, "die ihnen aufgrund der vorhergehenden inneren Qualen und durch die plötzliche Verkündigung des 'neuen Menschen' ziemlich ähnlich sind". Im Unterschied zu den intellektuellen Staatsstreichen seien die religiösen Bekehrungen an kein bestimmtes Alter gebunden (Valéry 1989c, 42).

Wenn ich im folgenden für die Beschreibung der eigenen intellektuellen Position Valérys den Begriff *coup de main* (statt *coup d'état*) vorziehe, so deshalb, weil Valéry einen symptomatischen Zusammenhang zwischen dem Thema des *Geistes* und dem Thema der *Hand* herstellt. So meditiert Valéry einmal in den *Cahiers*: "Geht nicht dein ganzes Streben dahin, dich ganz und gar in deine eigene hohle Hand zu bringen? Ich bin für Augenblicke - in *meiner hohlen Hand*. Wenn ich dort nicht hineinpasse - dann gibt es keine SCIENTIA ..."[73] Die "hohle Hand", in die sich der Geist selbst zu bringen versucht, ist eine *plastische* Metapher für jenen philosophischen *Egotismus*, den Valéry für "die eigentliche Methode von Descartes" hält. Der Begriff *Egotismus*, den Valéry von Stendhal übernimmt, soll im Unterschied zu dem umgangssprachlichen *Egoismus* eine bestimmte *Prätention* dieses Ichs zum Ausdruck bringen, der den *methodischen* Charakter des cartesianischen Zweifels von einem beliebigen Skeptizismus oder Subjektivismus abhebt, kurz gesagt, von dem, was Carl Schmitt mit der polemischen Wendung von der "Ich-Verrücktheit" (*ESC*, 82, *G*, 21, 26, 28, 48, 98, 104 und passim) belegt. Im *Glossarium* zitiert Schmitt auch Donosos Bonmot: "Dans l'enfer il n'y a pas d'autre pronom que moi" (*G*, 21), ohne zu dieser Zeit noch einen Gedanken darauf zu verschwenden, ob sich die "Ich-Philosophie der deutschen Bildungstradition" (einschließlich der Fichteschen Ich-Pathetik) überhaupt auf derselben Ebene bewegt wie die alltägliche oder narzißtisch übersteigerte ("Ich-Renommist") Verwendungsweise des Pronomens der ersten Person.[74] Diese Polemik gegen die "Ich-Verrückten", die "Ich-Renommisten" und "Ich-Protze" hat noch zuletzt Heinrich Meier als Beleg für die *antiphilosophische* Grundstellung Carl Schmitts gehalten, der als Politischer Theologe sich in demütig-epimetheischer Haltung[75] einzig *Gottes Hand* anempfehlen könnte. Bevor ich diese These diskutiere, die sich symptomatischerweise ausschließlich an Texten Schmitts festmachen läßt, die *nach 1945* entstanden sind, möchte ich noch etwas näher auf die Valérysche Bestimmung des carte-

---

73  Valéry 1987, 67.

74  Vgl. auch Schmitts heterodoxe Rechtfertigung des Selbstmordes in der akuten Bürgerkriegssituation: in einer solchen Situation sei er "der letzte Ausdruck der freiheitlichen Selbstbestimmung des Menschen". Frage: Wie kann ein christlicher Epimetheus an eine solche Selbstbestimmungsfähigkeit glauben und sich ihr humanes Pathos zu eigen machen? Welchen Status hat das "Selbst" dieser Selbstbestimmungsfähigkeit, ist es dasselbe wie das "moi satanique" (*G*, 21) Donosos? Und wieso kann die drohende Ermordung durch den Feind nicht nach dem Modell der christlichen Märtyrer demütig hingenommen werden, zumal ja ohnehin alles von Beginn an entschieden ist und wir nur Antwort tun? Wieso also greift die politisch motivierte Selbsttötung "nicht in Gottes Herrschermacht ein", sondern lediglich "in die menschenmörderischen Anmaßungen meiner Feinde" (*G*, 32)?

75  In *Ex Captivitate Salus* definiert Schmitt seinen "Fall" (im Unterschied zu seinem "Wesen"!) als den "eines *christlichen Epimetheus*" (*ESC*, 12).

sianischen *Cogito* eingehen. Welches ist genau die Dimension, in der dieses *Ich* zu situieren ist? Statt hier mit der philosophischen Unterscheidung *empirisch - transzendental* zu antworten, wie es etwa Husserl tut[76], versucht Valéry eine gleichsam *sprechakttheoretische* Fixierung dieses Ego: das cogito ist der Effekt eines *Befehls*, den das Ich an sich selbst richtet.

Die "Prätention" dieses Ego im Verhältnis zum empirisch vorfindlichen, psychologisch bzw. introspektiv erfahrbaren Ich könnte gar nicht intensiver sein. Valéry schreibt: "Das *Cogito* hat auf mich die Wirkung, als ob Descartes seine egotistischen Vermögen zum Appell aufrufen würde. Er wiederholt es und kommt an mehreren Stellen seines Werkes darauf zurück, als Thema seines ICH, als Weckruf an den Stolz und den Mut des Geistes."[77] Das Ich ist immer das Ergebnis einer *Extraktion*, wie Gilles Deleuze und Félix Guattari schreiben, einer Auswahl aus einer Pluralität von Stimmen, einem "molekularen Äußerungsgefüge", "das in meinem Bewußtsein nicht gegeben ist" und dessen 'auflösenden' Wirkungen daher durch einen "Appell", einen "Weckruf" entgegengetreten werden muß: "ICH ist ein Befehl oder ein Kennwort, eine Losung."[78] Es ist natürlich kein Zufall, daß Valéry in zwei seiner Descartes-Essays den cartesianischen Ich-Appell, der dem unmethodischen, hamletischen Zweifel ein Ende bereitet, mit der Art und Weise vergleicht, wie *Napoleon* sich in kritischen Augenblicken zu ermannen wußte. Die "Einsetzung des neuen inneren Vermögens, das auf der Evidenz gegründet war", "die unnachsichtige Reinigung des Experimentiertisches im Laboratorium des Geistes" (der von Valéry nicht eigens reflektierte Unterschied zwischen diesen beiden Maßnahmen bestimmt im übrigen den Abstand, der ihn von Husserls Descartes-Erneuerung trennt), dieses "System von außergewöhnlichen Maßnahmen", wie Valéry, erneut ins politisch-militärische Register fallend, formuliert, entsprang der "Kraft" eines Mannes, der seiner Existenz "ebenso sicher, und ebenso selbstsicher [war], wie es hundertsiebzig Jahre später ein kleiner Leutnant in seiner Kammer in Valence sein konnte. Descartes aber hatte in einem Zug seine Revolution und sein Kaiserreich geschaffen." Er war mithin noch 'napoleonischer' als Napoleon.[79]

---

76   Für Husserl ist das cartesianische *Ego* ein "transzendentales Ego": "In der Tat, Descartes inauguriert eine völlig neuartige Philosophie: ihren gesamten Stil ändernd, nimmt sie eine radikale Wendung vom naiven Objektivismus zum transzendentalen Subjektivismus", dem sich Husserls eigene Relektüre Descartes', die auf eine cartesianische "Renaissance" setzt, verpflichtet fühlt und dessen "notwendige Endgestalt" sie auf phänomenologischem Boden herbeiführen will (Husserl 1977, 6).

77   Valéry 1989b, 32. Vgl. die fast gleichlautende Formulierung in "Eine Ansicht von Descartes" (Valéry 1989c, 71).

78   Deleuze/Guattari 1992, 118.

79   Valéry 1989c, 40. Vgl. Valéry 1989b, 31f.

Wir haben nun die Frage zu beantworten, ob es sich bei dem philosophischen *Ego* Descartes' um die Morgenröte jener "Paradiese der Entproblematisierung" handelt, über deren Propagandisten Schmitt in einigen seiner späten Texte soviel Hohn und Spott gießt. Ist die "Weisheit der Zelle", so der Titel eines der Aufsätze aus Schmitts *Ex Captivitate Salus*, die die *Erfahrungen der Zeit 1945/47* reflektieren, Schmitts autoritative politisch-theologische Erwiderung auf die Philosophie und die Philosophen, die ja Freunde der Weisheit sind? Ist der Titel also ironisch zu verstehen, da Schmitt nicht aus der Position des Weisen, sondern aus der des (Offenbarungs-)Gläubigen spricht und damit ein Wissen beansprucht, das über jede Weisheit unendlich erhaben (weil infallibel) ist? Zu dem Ergebnis muß man kommen, wenn man sich die Argumentation Heinrich Meiers zu eigen macht. Ich möchte dagegen zeigen, daß es eine bestimmte Vorstellung vom *Leben* ist, der Schmitts ganze Polemik gilt, eine Vorstellung, die er in jenen Texten, wo er sich auf der Höhe seines Unterscheidungsvermögens befindet, keineswegs pauschal als *philosophische* brandmarkt. Auch hier hilft uns der Vergleich mit Paul Valéry weiter, der seinen Herrn Teste sagen läßt: "Ich streiche das Lebendige durch ..."[80], weil es den Präzisionsansprüchen des Denkers niemals Genüge zu tun vermag. Im Falle Schmitts ist es die "Vorstellung vom *Leben*, das kraft seiner natürlichen Richtigkeit die richtigen Formen von selbst aus sich selbst schafft" (*PTh*, 81), dem seine ganze Verachtung gilt: das selbstreferentielle Leben also bzw. das Leben als radikale Selbstreferenz, als 'Autopoiesis', wie man heute sagt. Ein Leben, das jede *Intervention*[81] gleichsam als eine Einmischung in seine 'inneren Angelegenheiten' behandelt, was nur eine 'moralisch-rechtliche' Formulierung für die Nicht-Steuerbarkeit und Nicht-Planbarkeit der modernen Gesellschaften ist: 'Leben' meint hier nicht länger 'handhabbare' Komplexität. Das Leben, das Paul Valéry und Carl Schmitt hassen, verwirrt die Unterscheidungen. Die "Weisheit der Zelle" macht deutlich, daß diese Verwirrung gerade auch den *Status des Menschen* betrifft, dessen traditionelle Abgrenzung nach unten (von den *Tieren*) und nach oben (von den *Engeln*) durch die im 19. Jahrhundert ausbuchstabierten und im 20. Jahrhundert technisch realisierten (oder unmittelbar vor der technischen Realisierungsschwelle stehenden) philosophischen Lebensentwürfen immer weniger gelingt.

Das Credo des von Schmitt als philosophischen Kronzeugen für den Wunsch nach den Paradiesen der Entproblematisierung Aufgerufenen: *Max Stirner* - "ein Ich-Verrückter, offenbar ein schwerer Psychopath" -, lautet schlicht: "Mir geht nichts über Mich." (*ESC*, 81). Auch wenn Valéry häufig mit der Vorstellung der

---

80  Valéry 1990b, 20.
81  Zu diesem Zentralbegriff der Valéryschen Theorie des Geistes vgl. Schmidt-Radefeldt 1991, 85-100.

Überführung der Kräfte des Ich in wirkliches "Eigentum" spielt, zeigt doch die folgende Charakterisierung, die Schmitt von Stirners "letztem Antrieb" gibt, daß die Utopie des "rabiaten Egoisten" von dem Projekt des philosophischen *Egotisten*, wie ihn Valéry im Anschluß an Descartes konzipiert, *grundsätzlich geschieden bleibt.* Das bleibt richtig, obwohl, wie wir noch sehen werden, Schmitt in der "Weisheit der Zelle" eine *geistesgeschichtliche* Verbindung zwischen dem "rabiaten Egoisten" und dem philosophischen Egologen Descartes zieht[82]; man muß diese, einer wenig sorgfältigen Reflexion geschuldeten Ausführungen mit jenen Analysen des philosophischen Diskurses vergleichen, in denen deutlich wird, daß für Schmitt die Philosophie keineswegs jene Nacht ist, in der alle Kühe schwarz sind. Doch kehren wir zunächst noch einmal zur "Weisheit der Zelle" und ihrer Charakteristik der Stirnerschen Utopie zurück:

"Seinen letzten Antrieb hat er in einem Brief ausgesprochen, in dem er sagt: Dann werden wir wieder wie die Tiere des Waldes und die Blumen des Feldes. Das ist die wahre Sehnsucht dieses Ich-Verrückten. Das ist das neue Paradies. Das ist die Natur und das Naturrecht, die Aufhebung der Selbstentfremdung und der Selbstentäußerung in einer problemlosen Leibhaftigkeit. Das adamitische Glück des Gartens der Lüste, den Hieronymus Bosch in weißer Nacktheit auf eine Tafel geworfen hat. Dazu aber noch die Tiere des Waldes und die Blumen des Feldes. Der Mückenflug im Sonnenstrahl. Die ganz natürliche Natur und das Naturrecht der tiefsten Sphären tellurischen Daseins. Das völlig unbelastete Gezwitscher von Rossinis diebischer Elster. Die reine Identität mit sich selbst im Glücksgefühl eines selig beschleunigten Blutkreislaufs. Der *Pan* erwacht und tritt nun auf im erdbewußten Kreis. Max ist einer der ersten Panisken, die später das Feld der deutschen Literatur und die Paradiese ihrer Entproblematisierung bevölkert haben." (*ESC*, 82)

Bedarf es noch eines weiteren Wortes, um zu sehen, daß der cartesianische *Egotist*, der die "Autorität" und das "von außen kommende Sollen" (*PTh*, 81) nicht bedingungslos negiert, sondern sie als *innere* Selbstbeziehung des reflektierenden Subjekts restituiert, keineswegs der 'geistige' Vater der von Schmitt geschilderten *Panisken* ist?

Erinnern wir uns an Valérys Beschreibung der Entstehung seiner "Phantasiegestalt" Edmond Teste: "Sie wurde erzeugt - in einem Zimmer, wo Auguste Comte seine ersten Jahre verbracht hat", heißt es: einen *untheologischeren* Ursprung als den im Laboratorium des frühen Positivismus, der zweifellos von einer (sozialen)

---

82    Diese Thesen nehmen Überlegungen auf, die Schmitt 1936/37 und 1938 anstellte und in denen Descartes als der eigentliche philosophische Verursacher des vierhundertjährigen Neutralisierungsprozesses firmiert, den Schmitt beschreibt; als den "Kern" der Hobbesschen Staatskonstruktion, die diesem Prozeß politischen Ausdruck verlieh, identifiziert Schmitt "die cartesianische Vorstellung vom Menschen als einem Mechanismus mit einer Seele", die Hobbes einfach "auf den 'großen Menschen', den Staat" übertrage, "den er zu einer von der souverän-repräsentativen Person beseelten *Maschine* macht" (*L*, 48f.).

Utopie der "Entproblematisierung" angetrieben wurde[83], kann man sich kaum vorstellen. Schmitts Spott über den Kirchenvater des Positivismus wundert deshalb auch nicht (*RK*, 27). Aber der Geisteszustand Valérys, dem Herr Teste entspringt, ist doch nur zu einem - geringeren - Teil positivistischer Art, wie aus dem folgenden Zitat hervorgeht: "Alles, was mir leicht fiel, war mir gleichgültig und fast feindlich. Es schien mir, die Empfindung der Anstrengung müsse angestrebt werden, und ich schätzte die glücklichen Ergebnisse nicht, welche bloß die *natürlichen Früchte unserer angeborenen Eigenschaften* sind. [...] Dies beweist, daß die Theologie sich ein bißchen überall wiederfindet."[84] Auch die Politik des Geistes hat ihre Theologie - und überall da, wo Carl Schmitt nicht als *Gläubiger* spricht (oder seine Gläubigkeit nicht die Reichweite seiner Überlegungen begrenzt), geht es um diese *geistige Funktion der Theologie* bzw. um das theologische Ferment einer jeden geistigen - im Unterschied zu einer bloß naturalen, 'automatischen' (*RK*, 30) - Aktivität.

Es ist bei Schmitt wie bei Valéry eine bestimmte Konzeption der Natur, der "natürlichen Natur", wie es in charakteristischer Redundanz heißt, der ihre Verachtung gilt: die Vorstellung einer "problemlosen Leibhaftigkeit", eines (paradiesischen) Zustandes ohne jede "Anstrengung", in dem die "natürlichen Früchte" wachsen und gedeihen, ohne daß sie dazu des Eingriffs einer externen Instanz bedürften. Schmitt und Valéry bestimmen die Tätigkeit des Geistes als die der *Erzeugung* und *Vermehrung von Problemen*, als die Fähigkeit, dort Probleme zu sehen, wo der 'Alltagsverstand' sich in lauter entproblematisierten Gewißheiten, sozusagen "auf neutralem Gebiet" bewegt. Das "Streben nach einer neutralen Sphäre", das Schmitt auf die "erstaunliche Wendung" des 17. Jahrhunderts zurückführt, das der "überlieferten christlichen Theologie" den Kampf ansagte und den Schritt zum "System einer 'natürlichen' Wissenschaftlichkeit" getan habe (*BdP*, 88), ist auch für den präzisions- und wissenschaftsbesessenen Valéry eine nicht hinnehmbare Bequemlichkeit, ein Sich-Drücken vor den eigentlichen "Abenteuern" des Geistes. Der Geist ist nicht *neutral*, sondern *politisch*.

Schmitt hat - wie ich gleich zeigen werde: wider eigene bessere Einsicht - dennoch zeitweise die Differenz zwischen dem Egotismus Descartes' und dem Egoismus der "Panisken" symbolisch zu verschleifen versucht. Zu groß war die Versu-

---

83  Der "Geist des Positivismus" bestimmt sich negativ durch seine *antitheologische* Grundstellung und positiv durch "die vollständige und dauerhafte Herstellung der geistigen *Harmonie*" und zwar "dadurch, daß alles auf die Menschheit bezogen wird" (Comte 1979, 41 - m.H.). Die "soziale Überlegenheit" des Positivismus bestimmt Comte mit der paradoxen Formel von der "Organisation der Revolution", d.h. konkret: der "*Versöhnung* von Ordnung und Fortschritt" (Ebd., 105, 115 - m.H.).

84  Valéry 1990b, 8 - m.H.

chung, das cartesianische *ego cogito* als den 'ersten Schritt' auf dem Weg zu einem vollständigen Abbau aller ich-transzendenten, 'objektiven' und unverfügbaren Instanzen, die den Menschen *ganz* in Anspruch zu nehmen vermögen, am Ende: der Wirklichkeit selbst, zu präsentieren. So lesen wir etwa in einer Eintragung des *Glossariums* vom Oktober 1947, einige Monate nach Abfassung der "Weisheit der Zelle": "Die Unwiderleglichkeit Stirners liegt darin, daß ein einzelnes empirisches Ich folgerichtig die Waffe der Ironie zu handhaben weiß. In einem Zeitalter der Ich-Philosophie ist dieses Ich über jeden Angriff erhaben. Ego cogito, ergo ego sum; summ, summ, summ, Bienchen summ herum. Die unendliche Vieldeutigkeit des 'Ich' erlaubt ihm unendliche ironische Verstecke und Ausfälle. Ich bin ich, nur ich allein, und ich also definiere, interpretiere und illustriere mich und dulde keine Interventionen Ich-fremder Größen. Ich bin bald das intelligible und bald das empirische Ich, wer will mir da hineinreden?" (*G*, 28) Schmitts Spiel mit der Äquivokation des cartesianischen "sum" und des "summ" der Biene aus dem Kinderreim vollzieht in Form eines witzigen Wortspiels die Äquivalenz zwischen dem Egotismus Descartes' und dem 'rabiaten' Egoismus Stirners, die damit beide als Philosophen der "natürlichen Natur", als geistige *Entproblematisierer* erscheinen.

Wir müssen schon zu Schmitts früher Schrift *Der Wert des Staates und die Bedeutung des Einzelnen* von 1912 zurückgehen, um uns davon zu überzeugen, daß sein Verständnis des cartesianischen Egotismus, ja daß sein Verständnis der Philosophie überhaupt keineswegs grundsätzlich und durchgängig von der polemischen Perspektive der Politischen Theologie getrübt gewesen ist. Für das Verständnis der *metaphysischen Grundstellung* Carl Schmitts ist diese in der Schmitt-Literatur selten herangezogene Schrift deshalb von so eminenter Bedeutung, weil sie zum ersten Mal in aller Klarheit den "Antinaturalismus" (*WS*, 103) als die fundamentale juristische und metaphysische Position Schmitts zu erkennen gibt. Die Schrift ist auch deshalb von Bedeutung, weil ihr forcierter, autoritärer *Kantianismus* zeigt, wie wenig an dem Vorurteil ist, demzufolge Schmitt das Recht auf einen Ausdruck der Macht, genauer: der überlegenen *Gewalt* reduziere. Auch der später von Schmitt in den Mittelpunkt seiner Analysen gerückte Begriff der *Souveränität* ist ein Begriff des öffentlichen *Rechts* - wenn auch ein "Grenzbegriff" (*PTh*, 11) - und wird von Schmitt ausdrücklich von der geläufigen Definition, die auf Bodin zurückgeht - "Souveränität ist höchste, rechtlich unabhängige, nicht abgeleitete Macht" (*PTh*, 26)[85] - abgesetzt. "Wenn es ein Recht geben soll, dann darf es nicht aus der Macht abgeleitet werden, denn die Verschiedenheit von Recht und Macht ist

---

85  Stattdessen heißt es ganz auf der Linie der frühen Schrift über den *Wert des Staates*: "Die Verbindung von faktisch und rechtlich höchster Macht ist das Grundproblem des Souveränitätsbegriffs." (*PTh*, 27)

schlechthin nicht zu überbrücken" (*WS*, 29), heißt es in *Der Wert des Staates*; und wenig später in grundsätzlich methodologischer Absicht: "Wenn das Recht aus Tatsachen abgeleitet werden kann, so gibt es kein Recht. Die beiden Welten stehen einander gegenüber" (*WS*, 31). Um die Differenz von *Faktizität* und *Geltung*, wie man heute mit Jürgen Habermas sagen würde, in aller Reinheit behaupten zu können, scheidet Schmitt auch den "Zweck" aus der Begriffsbestimmung des Rechts aus, weil er eine *Empirisierung* der Geltungsgründe bewirken würde: "Der Zweck gehört daher nicht in die Definition des Rechts." (*WS*, 33)

Schmitt zielt auf einen *reinen* Begriff der "Norm"[86], der "über dem Mechanismus von Mittel und Zweck" steht (*WS*, 34f.) und in dessen Definition daher auch nicht der (zwecksetzende und mitteleinsetzende) *Wille* Eingang finden darf: "In jedem Hinweis auf einen Willen, auf etwas, das verwirklicht werden soll, liegt ein Durchbrechen der Grenze, die das Recht von der Wirklichkeit trennt, eine Inkonsequenz, die verwirrt und verdunkelt. Denn der Wille kann hier nur ein Phänomen bedeuten, das nicht zum Recht, sondern zum Sein gehört." (*WS*, 35) An anderer Stelle heißt es: "das Recht ist nicht Wille, sondern Norm, nicht Befehl, sondern Gebot, demgegenüber der einzelne Mensch als Gegenstand der Welt der Wirklichkeit später kommt" (*WS*, 37). Schmitts späterer politischer Voluntarismus wird diese Kritik am (empirischen) (Einzel-)Willen als rechtlichem Quellpunkt denn auch nicht preisgeben. Und auch Schmitts in der *Politischen Theologie* zum Ausgangspunkt seines Begriffs der juristischen Form gewählte Problematik der *Rechtsverwirklichung*, die in einem irreduziblen Spannungszustand zur *Rechtsidee* steht, (*PTh*, 41), ist die direkte Konsequenz eines *Rechtsbegriffs*, der jede empirische Beimischung negiert und aus sich selbst heraus keine "Brücke" zum Reich des Seins unterhält: "so kann sich das Recht aus sich selbst heraus nicht verwirklichen wollen" (*WS*, 35). Es ist deshalb auf den *Staat* als Instanz der Überführung der Rechtsgeltung in die soziale Wirklichkeit angewiesen - er ist der "Übergangspunkt der einen Welt zur andern" (*WS*, 52) -, denn die Rechtsnorm selbst "geht nie eine Verbindung mit der Wirklichkeit ein" (*WS*, 68). An die Stelle der klassischen naturrechtlich inspirierten Gegenüberstellung von staatlichem Zwang und individuellem Rechtsanspruch plaziert Schmitt die *Dreiteilung* von Recht, Staat und Einzelnem.

Die Pointe dieser Konstruktion ist, daß nur der Staat, niemals jedoch der 'natürliche' Einzelne, der in dieser Konstruktion den Status eines *factum brutum* hat, Träger bzw. *Subjekt des Rechts* sein kann. Daher kann es für Schmitt auch gar keinen anderen Staat als den "Rechtsstaat" geben, denn "jeder empirische Staat empfängt

---

86   der nicht mit dem *Normbegriff* des Positivismus zu verwechseln ist, der zur Aufnahme beliebiger Inhalte geeignet ist und keinen spezifischen Eigensinn bewahrt.

seine Legitimation als erster Diener des Rechts. Dafür ist er aber auch das einzige Rechtssubjekt im eminenten Sinne, denn er ist der einzige Träger des im Recht zu findenden Ethos." (*WS*, 53) Der Staat ist also nicht souveräner Verfüger *über* das Recht, er hat vielmehr das Recht selbst *zu* seinem Zweck, er liegt dem Recht 'zugrunde', darf es aber niemals als Mittel zu anderen, nicht vom Recht gedeckten Zwecken mißbrauchen. Die Autonomie des Staates besteht einzig in der Aufgabe der *Rechts*verwirklichung - und nicht in der Verwirklichung beliebiger Ziele mithilfe des Rechts, worum es sich ja unter den Bedingungen des modernen (Wohlfahrts-)Staates tatsächlich handelt. Schmitt wendet die Figur des Staates als "einzigem Rechtssubjekt" gegen die für die neuzeitliche Rechtsevolution zentrale Figur der *subjektiven Rechte*, die eben den *dequalifizierten Einzelnen*, d.h. das über kein transpersonales "Ethos" verfügende Individuum, zum (de)zentralen Bezugspunkt der Rechtssetzung machen.[87]

Wie sehr Schmitts Perspektive auf das moderne Recht und den modernen Staat durch die Erfahrung der ungeheuren Freiheitschancen bestimmt ist, die das Institut der *subjektiven Rechte* ermöglicht hat, kann man an folgendem Satz ablesen: "Denn wer die Menschen einzeln oder in ihrer Masse mit erkennendem Blick betrachtet und sieht, wie sie nur trachten, 'voll Hast ihr Einzelglück zu retten' (Däubler), wird ergriffen sein, daß es möglich war, in diese wild auseinanderstiebenden Interessen eine Ordnung zu bringen, auf deren regelmäßigen Gang man sich mit einiger Sicherheit verlassen kann." (*WS*, 84) Die Däublersche Prägung "Einzelglück" ist hochsymptomatisch für Schmitts Einschätzung des Glücks als einer wesentlich *partikularistischen* Größe, die weder im Recht noch im Staat vorkommt - oder sagen wir besser: vorkommen *darf*, obwohl doch bereits die berühmte Formel vom *pursuit of happiness*, die die US-amerikanischen Verfassungsväter in die Konstitution hineinschrieben, zeigt, daß es auch eine wesentlich politische Dimension des Glücks gibt. Das Glück ist eine Existenzmöglichkeit, die wesentlich nur dem "Einzelnen" zukommt, während der Staat über ein "Ethos" verfügt. Noch in der "Weisheit der Zelle" bestätigt Schmitt diesen Zusammenhang zwischen dem radikal Vereinzelten, dem "rabiaten Egoisten" und dem "adamitischen Glück des Gartens der Lüste". Gibt Schmitt deshalb den Begriff des "Einzelnen" völlig preis? Ist der Wunsch nach Singularisierung, nach dem, wie man phänomenologisch sagen könnte, "'Einklammern' der objektiven Welt" und die Hinwendung zu *mir selbst*, zu "meinem Lebensstrom"[88], wie Husserl sagt, gleichbedeutend mit dem Verzicht auf die *normative Sphäre* insgesamt? Ist das Individuum also der konkrete

---

87    Zur Rolle der subjektiven Rechte für den Prozeß der Positivierung des Rechts vgl. Luhmann
      1993a, 291 sowie 483ff.
88    Husserl 1977, 22, 21.

Gegenbegriff des Rechtlichen bzw. Moralischen, so wie es Schmitt versteht, und gehört es damit auf die Seite der puren Faktizität und Kontingenz? Ist das Individuum also nur eine Chiffre für die *Sünde* schlechthin, für die Verwischung der Grenzlinie, die die Sphäre des schlechthin Gesollten von der des bloß Seienden trennt? Schmitt, der sein Vorhaben in dieser Schrift ausdrücklich als ein *philosophisches*, genauer: "rechtsphilosophisches" qualifiziert (*WS*, 49, 50), spricht keineswegs einen pauschalen Bannfluch über den "Einzelnen" aus. Aus der rechtsphilosophischen Betrachtung scheidet allerdings das "empirische Individuum" ganz aus (*WS*, 86), aber ist der *philosophische Begriff des Individuums*, wie wir ihn nicht erst seit Descartes kennen, mit jenem "leibliche[n] konkrete[n] Individuum" identisch, von dem Schmitt in einer poetischen Wendung sagt, daß es "eine gänzlich zufällige Einheit" sei, "ein zusammengewehter Haufen von Atomen, dessen Gestalt, Individualität und Einzigkeit keine andere sind, wie die des Staubes, der vom Wirbelwind zu einer Säule gefügt wird" (*WS*, 102)?

Für Schmitt selbst duldet es keinen Zweifel, daß das Konzept des *Normativen*, das er in *Der Wert des Staates und die Bedeutung des Einzelnen* entwickelt, der Theologie nicht näher als der Philosophie steht. Es deckt vielmehr die irreduzible Theologizität des philosophischen Diskurses auf, deren Wirksamkeit sich gerade an der Kategorie des "Einzelnen" bzw. des Individuums beobachten läßt, wie sie in der Philosophie entworfen worden ist. Die folgende längere Passage, die die philosophiegeschichtliche Distanz zwischen Platon und Kant ausmißt, macht deutlich, wie wenig der spätere Politische Theologe Carl Schmitt, der bereits in dieser Schrift verschiedentlich katholische Motive anklingen läßt und seine Auffassungen an der Rechtsgestalt der Kirche überprüft und erläutert, selbst sich als *Anti-Philosoph* verstanden hat und daß er *wußte*, wie wenig Grund er hatte, sich als ein solcher zu verstehen:

"Für die Erörterung der Bedeutung des Individuums ist es lehrreich, zunächst daran zu erinnern, daß gerade der Spruch 'sei du selbst' die Differenz zwischen einem konkreten Sein und einer zu erfüllenden Forderung und somit die zwei verschiedenen, in verschiedenen Sphären konstituierten Subjekte, die er enthält, prägnant entgegensetzt."

In einer Fußnote zu diesem Satz erläutert Schmitt diese Differenz zwischen den 'zwei Reichen' am Beispiel der Kantischen Ethik und trifft dabei noch den Punkt seiner eigenen späteren Verschleifung dieser Unterscheidung: "Von dem Mißbrauch, wie er mit dem 'sei du selbst' von vielen getrieben wird, die aus dem erhabenen, übermenschlichen Prinzip der autonomen Ethik [dem kategorischen Imperativ, Vf.] den Freibrief für eine indolente oder narcizissistische [sic] Süffisanz entnehmen, kann in dieser Abhandlung selbstverständlich nicht gesprochen werden." Schmitt fährt dann im Haupttext mit einem Platon-Zitat aus dem *Sophistes* fort, das er zunächst im griechischen Original und dann in der lateinischen Übersetzung bringt. Ich setze an dieser Stelle die Schleiermachersche Übertragung:

"Das hat Plato bereits erledigend ausgeführt: 'Denn nachdem wir gezeigt, daß die Natur des Ver-schiedenen *ist* und daß sie verteilt ist unter alles Seiende gegeneinander, so haben wir von jedem dem Seienden entgegengesetzten Teile derselben zu sagen gewagt, daß eben er in Wahrheit das Nichtseiende sei.' (Sophista 258 D)"

Schmitt zitiert den vielleicht entscheidenden Satz des *Sophistes*, der das Resümee der vorangehenden Unterredung zwischen dem Fremden und Theaitetos über den *Status des Nicht-Seienden* enthält. Unmittelbar zuvor hatte der Fremde die *anti-parmenideische* Grundstellung des Ergebnisses betont und noch einmal den Vers des Parmenides zitiert, der die Existenz des Nichtseienden verneint, weil sie un-verständlich sei: "Er sagt doch: 'Nicht vermöchtest du ja zu verstehn, Nichtseiendes seie,/ Sondern von solcherlei Weg halt fern die erforschende Seele'". Indem der Fremde das Nicht-Seiende als das *Verschiedene* bestimmt, indem er das 'Nicht' von der bloßen Negation und vom Nichts unterscheidet und es als eine positive Funktion erkennt, hat er für Schmitt die Existenz des 'Reichs der Ideen' bewie-sen.[89]

Mit seinem nächsten Schritt wendet sich Schmitt Descartes zu:

"Sogar der Satz cogito ergo sum läßt eine Auslegung, die vom einzelnen empirischen Individuum fortgeht und auf eine normative Konstruktion verweist, nicht nur zu, sondern er legt sie auch nahe. Es ist von psychologistischer Seite gegen den Satz eingewandt worden, daß das Tun, aus dem die Existenz gefolgert wird, gleichgültig sei und die Unrichtigkeit darin liege, daß gerade vom Denken und nicht von irgendeiner beliebigen Beschäftigung gesprochen werde. Der Einwand ist insoweit richtig, als der Schluß auf die empirische Existenz meiner Einzelheit aus der Empirie meines Den-kens nicht zu entnehmen ist. Aber das Wesentliche ist hier, daß in dem bewußten Denken *die Hin-gabe an die Gesetze und Werte des richtigen Denkens* liegt, wodurch das zufällige Einzelindividuum verschwindet, um teilzunehmen an einem außerindividuellen Wert, der allein das zum wertenden gewordene Prädikat 'Sein' verdient. Nicht weniger gestattet die Bemerkung Lichtenbergs, es sei vielleicht richtiger zu sagen 'es denkt in mir' statt 'ich denke' die Auffassung, darin einen Ausdruck der überindividuellen Gültigkeit jeder richtigen Norm und der Bedeutungslosigkeit des Einzelnen

89  Obwohl doch in dem Dialog gerade den "Freunden der Ideen" und damit nicht zuletzt sich selbst die gewichtigste Kritik Platons gilt (Platon 1981, 220: *Sophistes* 248a). Daß das Verschiedene *unter alles Seiende verteilt ist*, daß es also nicht das Gegenteil des Seienden ist, sondern gleichsam dessen Ferment und Ingredienz, daß daher auch "die Begriffe sich untereinander vermischen" (Ebd., 233: *Sophistes* 259a), heißt eben, daß man die Unter-scheidung Sein/Verschiedenheit nicht auf die von Schmitt anvisierte Differenz von Sein und Norm abbilden kann, die nicht zufällig *hierarchisch* gebaut ist. Schmitt hat sich, so könnte man sagen, ausgerechnet das am wenigsten geeignete Platon-Zitat ausgesucht, um seine normative Theorie des Individuums zu untermauern.

ihr gegenüber zu finden. So ist der Gedanke des 'stirb und werde' nie verschwunden. *Das Selbst im höchsten Sinne ist ein ethisches Gebilde, nicht der einzelne Mensch.* Daher war es möglich, daß Fichte in seiner Appellation an das Publikum den Nachweis unternehmen konnte, der Glaube an das 'Ich' sei erst der wahre Gottesglaube und der einzige Weg, vom Zeitlichen loszukommen. Daher darf aber auch das Subjekt der Autonomie in der Kantischen Ethik nicht das empirische, zufällige, der Sinnenwelt angehörende Individuum sein, weil es durch kein Interesse an das Gesetz gebunden ist, und die Fähigkeit, Subjekt der Autonomie zu werden, sich nicht aus empirischen Tatsachen, sondern aus seiner Vernunft ergibt. Nur insofern es ein vernünftiges Wesen ist, hat es Autonomie, ist sein Wille ein allgemein gesetzgebender. Was aber ein so erforderliches vernünftiges Wesen ist, bestimmt sich nicht nach empirischen Momenten, es liegt vielmehr seinerseits in einem Wert, den eine Norm, wie Kant sagen würde: ein Gesetz konstituiert. Die objektiv gültige Norm erfüllen heißt, vom Einzelnen aus gesehen, die eigene subjektive empirische Wirklichkeit verneinen. *Die Souveränetät der transzendentalen Einheit der Apperzeption vor dem konkreten Bewußtsein als psychologischem Faktum bedeutet, in die Rechtsphilosophie übertragen, nur die Belanglosigkeit des Einzelnen.*" (*WS*, 86-89 - m.H.)

"Stirb und werde" ist in der Tat ein geeignetes Motto für den Akt des cartesianischen Zweifels, wie man noch an Husserls Beschreibung der *Epoché* erkennt, die ein "universale[s] Außergeltungsetzen ('Inhibieren', 'Außerspielsetzen') aller Stellungnahmen zur vorgegebenen objektiven Welt" verlangt, zu der auch das empirische, psychologische Ich als 'Ort' des Zweifels zählt, also das, was Schmitt "das zufällige Einzelindividuum" nennt. Das "mir vermöge solcher epoché notwendig verbleibende Ich und sein Ichleben ist nicht ein Stück der Welt, und sagt es: 'Ich bin, *ego cogito*', so heißt das nicht mehr: Ich, dieser Mensch, bin. Nicht mehr bin ich der sich in der natürlichen Selbsterfahrung als Mensch vorfindende und, in der abstraktiven Einschränkung auf die puren Bestände der *inneren*, der rein psychologischen Selbsterfahrung, der seine eigene reine *mens sive animus sive intellectus* vorfindende Mensch bzw. die für sich herausgefaßte Seele selbst."[90] Auch Husserl unterscheidet strikt das transzendentale vom psychologischen Ich, so wie Valéry den Egotismus vom Egoismus unterscheidet und Schmitt das empirische Individuum vom Individuum als "normativer Konstruktion". Auch wenn Husserl anders als Descartes das auf dem Wege der Einklammerung gewonnene transzendentale Erfahrungsfeld nicht auf lediglich denkend Vermeintes eingrenzt, sondern als ein reichhaltiges "Bewußtseinsleben" beschreibt, in dem "das Ego sich selbst ins Unendliche und systematisch durch transzendentale Erfahrung auslegen kann"[91], hält er doch an dem grundsätzlich 'unempirischen' und unpsychologischen Charakter dieses 'Lebens' fest. Dieses transzendentale (Bewußtseins-)Leben ist trotz seiner

---

90    Husserl 1977, 22, 26.
91    Ebd., 32. Husserl spricht daher auch von der "Freilegung des unendlichen Feldes transzendentaler Erfahrung" (Ebd.).

von Husserl akzentuierten Reichhaltigkeit, ja Üppigkeit streng zu unterscheiden von jener "Vorstellung vom *Leben*", gegen die auch Carl Schmitt seine metaphysische Grundstellung entwickelt.

Diese Grundstellung ist mit der Philosophie so lange vereinbar, wie diese das *Transzendentale* nach dem Bild des Empirischen - abstraktiv - modelliert und es zugleich als dessen *transzendente* Form auffaßt, die das 'Wesen' des Empirischen enthält, es produziert oder ordnet, aber zugleich durch einen Abgrund von ihm geschieden bleibt. Das so verstandene Transzendentale ist immer auf das Gegenüber einer reinen, formlosen Natur angewiesen, einer "Sinnlichkeit" oder begriffslosen Anschauung, eines chaotischen Seins, das der Intervention einer "Autorität" bedarf, "die ein fremdes, von außen kommendes Sollen der natürlichen und immanenten Wahrheit und Schönheit menschlichen Lebens künstlich oktroyiert" (*PTh*, 81). Das Transzendentale, so wie wir es seit Kant kennen, ist eine Chiffre der *Souveränität* - vielleicht mußte Carl Schmitt Theologe sein, um diese Wahrheit über die Philosophie, die natürlich nicht die *ganze* Wahrheit über die Philosophie ist, auszusprechen.[92]

Gilles Deleuze hat den metaphysischen Charakter der Transzendentalphilosophien, der für den Politischen Theologen Carl Schmitt so leicht assimilierbar ist, in der folgenden "Alternative" gesehen, "die sie uns aufzwingen" und die Carl Schmitt nicht aufgehört hat, seinen Lesern aufzuzwingen: "*entweder* ein undifferenzierter Untergrund, Ungrund, formloses Nichtsein, differenz- und eigenschaftsloser Ab-

---

92  Das Transzendentale immer wieder als das Transzendente mißzuverstehen, ist für Deleuze einer der verhängnisvollsten Züge der modernen Philosophie, der letztlich auf einen nicht überwundenen Platonismus verweist: "Le cadeau empoisonné du platonisme, c'est d'avoir introduit la transcendance en philosophie, d'avoir donné à la transcendance un sens philosophique plausible (triomphe du jugement de Dieu)." Die Wiedergewinnung der Immanenz bedeutet im übrigen alles andere als die Herrschaft eines differenzlosen, 'grauen' Naturalismus, für den die Welt ist, was sie ist. Die Philosophie der Immanenz ist kein Anti-Anti-Naturalismus. Sie hat kein Vertrauen zur Negation und weiß, daß auch die Negation der Negation nicht zu einer neuen Position führt. Daher kommt sie auch nicht ohne ein Kriterium der Auswahl bzw. der Selektion aus, aber dieses Kriterium steht, wie sich am Beispiel der ewigen Wiederkehr Nietzsches zeigen läßt, dem Sein nicht als *Prätention* gegenüber, die jedes Ding danach beurteilt, in welchem Maße es an einer Idealform partizipiert. Vielmehr bezeichnet das Kriterium der Immanenzphilosophie einen bestimmten Zustand dieses Seins selbst, der jedes von außen herangetragene Maß, jedes 'Gesollte', überschreitet, einen Zustand, für den Deleuze den spinozistischen Ausdruck des *Vermögens* (*potentia* im Unterschied zur *potestas*) reserviert: "La sélection ne porte plus sur la prétention, mais sur la puissance. La puissance est modeste, à l'opposé de la prétention. En vérité, seules échappent au platonisme les philosophies de la pure immanence: des Stoïciens à Spinoza ou Nietzsche." (Deleuze 1993b, 171)

grund - *oder aber* ein selbstherrlich individuiertes Sein, eine stark personalisierte Form. Außerhalb dieses Seins oder dieser Form werdet ihr nur Chaos finden ..."[93] Der *Souverän* ist nun das selbstherrlich individuierte Sein par excellence und der Begriff der "juristischen Form", den Schmitt in der *Politischen Theologie* so beharrlich umkreist, ist ganz von der "Person" her gedacht, die "das Wesen der rechtlichen Entscheidung ausmacht" (*PTh*, 40): "Es kommt für die Wirklichkeit des Rechtslebens darauf an, *wer* entscheidet." (*PTh*, 46) Selbst wenn das Politische in die Ab- bzw. Urgründe des Volkes oder der Nation, der *pouvoir constituant* hinabsteigt, bewahrt es die Form einer selbstherrlichen Individuierung, ist es wesentlich *Wille*: "Denn die Nation kann ihre Formen wechseln und sich immer neue Formen ihrer politischen Existenz geben; sie hat die ganze Freiheit politischer Selbstbestimmung, sie kann das 'formlos Formende' sein." (*Vl*, 81)

Das Moment der *Formlosigkeit*, das Schmitt dem Volk als "Urgrund alles politischen Geschehens" (*Vl*, 79) und "Negation des Behördlichen" (*Vl*, 242) attestiert, berührt doch niemals die *Subjekt*funktion der Nation - die Nation als das "Subjekt der verfassungsgebenden Gewalt" (*Vl*, 79) - und läßt damit die teleologische Ausrichtung des außer- bzw. vorkonstitutionellen Geschehens auf die (Wieder-)Herstellung einer transzendenten politischen Form intakt. Schmitt verwendet für die Bestimmung des *pouvoir constituant* zwar ein vitalistisch-energetisches Vokabular ("Lebenskraft", "Energie" "unerschöpflicher Urgrund"), stellt aber zugleich unmißverständlich klar, daß diese unkonstituierte Macht nicht bei sich selbst bleiben kann, daß sie nicht in der Lage ist, eine eigene *Konsistenzebene* hervorzubringen, sondern auf die Aktivität einer transzendenten Instanz angewiesen ist, die ihr in den "wenigen entscheidenden Augenblicken" die Fragen stellt, auf die sie lediglich mit Ja oder Nein ("Akklamation") antworten kann. Im *pouvoir constituant* paart sich die äußerste Kraft und Energie mit einer radikalen Ohnmacht, einer konstitutiven Passivität, Schmitt selbst spricht von "Schwäche": "Die Schwäche liegt darin, daß das Volk über die Grundfragen seiner politischen Form und Organisation entscheiden soll, ohne selbst formiert oder organisiert zu sein [Aber aus der richtigen Erkenntnis, daß das Volk "*nicht* Magistratur" ist, folgt nicht, daß es unformiert und unorganisiert ist, also reine 'pulsierende Materie' des Politischen, Vf.]. Deshalb sind seine Willensäußerungen leicht zu verkennen, zu mißdeuten oder zu fälschen." (*Vl*, 83) Dem subjektzentrierten juristischen Formbegriff steht als Antipode der "absolute Naturalismus" gegenüber, den Schmitt exemplarisch an der anarchistischen Doktrin Bakunins (einem untauglichen Objekt, wie man leicht zeigen könnte) erläutert, die auf einer bestimmten "Vorstellung vom *Leben*" beruhe, "das kraft seiner natürlichen Richtigkeit die richtigen Formen von selbst aus sich selbst schafft"

---

93    Deleuze 1993a, 139.

(*PTh*, 81). Dieses - 'belanglose' - "Leben" muß für den Juristen *sterben*, damit das "konkrete Leben" bzw. das "wirkliche Leben", dessen Philosophie Schmitt zu geben verspricht (*PTh*, 22), entstehen kann.

Aus der Perspektive des Rechtsphilosophen verhält sich das transzendentale Ich zum empirischen wie der Staat zu der Ansammlung Einzelner, aus denen die Gesellschaft entsteht. Das philosophische Ego ist der Effekt eines "Befehls", wie Valéry erkannte, den das Ich an sich selbst richtet, eine "Art von Staatsstreich, der dieses ICH von allen Schwierigkeiten und von allen parasitären Zwängen oder Vorstellungen befreit, die es belasten". Schmitt denkt nun den Staat umgekehrt nach dem Modell der "Konstruktion" des philosophischen Ichs und wendet dieses Modell polemisch gegen die Vorstellung der Vertragstheorien, die den Staat aus dem gemeinsamen Beschluß der empirischen Individuen 'ableiten': "Somit ist nicht der Staat eine Konstruktion, die Menschen sich gemacht haben, er macht im Gegenteil aus jedem Menschen eine Konstruktion. [...] es ist nicht denkbar, daß der Egoismus der Menschen, aus sich selbst über sich hinauswachsend, ein übermenschliches Gebilde für seine Zwecke und Mittel errichtet hätte, um dann von dessen Erhabenheit sofort ins Nichts zurückgeschleudert zu werden. Der Zweck [für die klassischen Kontraktualisten Frieden und Sicherheit der dem Staat Unterworfenen, Vf.] ist so wenig Schöpfer des Rechts oder des Staates, wie die Sonne damit definiert ist, daß sie ein Feuer sei, von frierenden Wilden angezündet, um die Glieder daran zu wärmen. Der Staat ergreift das Individuum und fügt es in seinen Rhythmus ein. [...] Um eine Umschmelzung des Einzelnen handelt es sich also immer, um eine Neuformung auf einem Gebiet, nicht um eine Abstraktion von bloßen Einzelheiten am Einzelnen, auch nicht um eine 'Einengung' der natürlichen Person oder eine 'Freiheit im Rahmen der Gesetze', die als Prägeformen einem 'natürlich' gegebenen Inhalt aufgedruckt würden." (*WS*, 93f.)

Die Metapher der "Umschmelzung" ebenso wie die der "Konstruktion" ist vor allem deshalb symptomatisch, weil sie jeden *induktiven* bzw. *abstraktiven* Zugang zum Individuum *als* Staat, wie man formulieren müßte, verbietet. Zwischen der vom Staat geschaffenen 'Subjektposition' und dem 'natürlichen' Individuum besteht keinerlei Kontinuität, das vom Staat 'ergriffene' und 'umgeschmolzene' Individuum ist, mit der Formulierung Husserls, kein "Stück der Welt"; und wie das transzendentale Ich nicht aus der "abstraktiven Einschränkung auf die puren Bestände der *inneren*, der rein psychologischen Selbsterfahrung" kontinuierlich hervorgeht, handelt es sich auch bei dem vom Staat vorausgesetzten Individuum "nicht um eine Abstraktion von bloßen Einzelheiten am Einzelnen, auch nicht um eine 'Einengung' der natürlichen Person", sondern um eine "Neuformung". Schmitt versucht auf dem Gebiet der Rechts- und Staatsphilosophie ein Pendant zu dem zu schaffen, was Husserl "reine Egologie"[94] nennt, die auf einer "Ich-spaltung", einer Wiedererrichtung der Transzendenz in der Immanenz des reflexiv zugänglichen Erfahrungsfeldes beruht[95].

Wie geht nun Schmitt mit dem Problem des individuellen Freiheitsanspruchs um, aus dem der Rechtsstaat, so wie er gemeinhin verstanden wird, seine Bedeutung schöpft? Die totalitäre Metaphorik der Umschmelzung und der Konstruktion scheint auf eine völlige Verfügbarkeit des Individuums für die Zwecke des Staates hinaus-zulaufen. "Verschwindet demnach der Einzelne im Staat, so könnte es nunmehr erst recht den Anschein haben, als sei jede Kritik am Staate ein leeres Räsonnement." (*WS*, 96) Wie man sieht, fürchtet sich der Etatist Carl Schmitt keineswegs vor den Ansprüchen, die sich mit der Frage nach der *Kritik*, der philosophischen Frage schlechthin, melden. Der Staat mag als *empirischer* sehr wohl der Kritik bedürfen, wie Schmitt einräumt, sein "Wesen" aber, um das es der rechtsphilosophischen Erkenntnis nun einmal zu tun sei, ist selbst "das Ergebnis einer Gesetzmäßigkeit, selbst eine Konstruktion, und die Konstruktion, zu der das Individuum wird, ergibt sich in äußerster Konsequenz aus seiner eigenen. Das Individuum wird nicht sein Spielball, er verleiht keine Würden nach Gutdünken, sondern immer nur in Erfüllung der Gesetze, auf denen seine eigene Würde beruht." Der sich anschlie-ßende Satz ist deshalb von so großer Bedeutung, weil er zeigt, daß Schmitt kei-neswegs genötigt ist, die "Autorität" des Politischen auf Kosten der "Autonomie"

---

94    Husserl 1977, 31. Vgl. auch Derridas Hinweise auf den eidetischen Reflexionsstil Schmitts im *Begriff des Politischen*, die deutlich machen, daß es zwar keine nachhaltige phäno-menologische Rezeption bei Schmitt gibt, wohl aber einen Transzendentalismus, der - außer vom Neokantianismus - auch vom phänomenologischen Klima in der Philosophie der beiden ersten Jahrzehnte dieses Jahrhunderts inspiriert worden sein dürfte (Derrida 1994, 154). Auch Hans-Georg Flickinger operiert mit der transzendentalen Formel der "Bedingung der Möglich-keit", um den spezifischen Einsatz des Souveränitätsbegriffs bei Schmitt zu kennzeichnen: "das Verständnis der Sphäre des Politischen darf nicht von dem im politischen Souveränitäts-begriff mitgesetzten unvordenklichen Grund als Legitimationsquelle abstrahieren; denn die Stiftung politischer Ordnung ist nicht innerhalb dieser Ordnung und deren normativer Rationalität selbst zu legitimieren. Insofern gehört der inneren Logik des Politischen immer ein nicht rational aufzulösendes Element konstitutiv hinzu; *es ist deren Bedingung der Möglichkeit.*" (Flickinger 1990, 78 - m.H.) An der Art und Weise, wie der *Normalitäts*-Begriff nach dem Zweiten Weltkrieg etwa bei dem Schmitt-Schüler Ernst Forsthoff behandelt wird, kann man ablesen, wie der "unvordenkliche Grund" in die politische Ordnung selbst einwandert, *ohne daß sie deshalb einfach mit der positiven Rechtsordnung identifiziert werden dürfte.* Auch weiterhin fallen die Sphäre des Politischen, die Schmitt als eine *existentielle* auffaßt, und die der Rechtsordnung nicht zusammen, aber der Ort ihres Nicht-Zusammen-fallens ist jetzt das gesellschaftliche Immanenzfeld. Vgl. dazu das Kapitel VI dieser Arbeit.

95    Husserl 1977, 37. Diese "Ichspaltung" ist nicht mit einer Ich-Dezentrierung zu verwechseln, da sie in Wahrheit eine Ich-Verdopplung ist.

der vernünftigen Erkenntnis zuzumuten. Bekanntlich ist die Autorität nicht nur eine
Sache des Glaubens, sondern auch auf dem Wege der Vernunft zu erzielen: "Seine
[des Staates, Vf.] Autorität ist nicht ein Faktum, vor dessen furchtbarer Unerklärlichkeit man erschrecken müßte, sondern *ein Sinn, der erkannt und bewußt werden
kann.* Die Bewunderung des Staates beruht auf der Einsicht, daß hier eine große
Idee auftritt und sogar die Massen beherrscht, nicht aber auf der Furcht oder auf
schwärmerischen Interjektionen. Eine Prüfung, wie weit die Idee zur Tat geworden
ist, bleibt daher immer möglich und damit auch eine *vernünftige Kritik.* Nur von
uns selbst sollen wir schweigen. Die Beschwerden, die von einem egozentrischen
Gesichtspunkte ausgehen, verdienen keine Beachtung." (*WS*, 97 - m.H.)

### 3. Betrug und ursprungsechtes Wissen

Was Valéry in seiner *Politik des Geistes* als die "Unmöglichkeit eines Abschlie-
ßens"[96] bezeichnet, ist auch das Grundmotiv von Schmitts Vortrag über das
"Zeitalter der Neutralisierungen und Entpolitisierungen". Die Geschichte unterscheidet sich von den (erzählbaren) Geschichten dadurch, daß sie zu nichts führt,
daß sie weder Anfang, Mitte noch Ende kennt, daß sie ein Weg ist, der nirgendwo
hin führt, ein "Holzweg", *un chemin qui mène nulle part* (ohne deshalb doch
'sinnlos' zu sein, im Gegenteil: ihr Sinn ist von einer derart komplexen Natur, daß
es lächerlich ist, ihm geschichtsphilosophische Fortschritts- oder Verfallsschemata
aufzuzwingen). Valéry ruft im Schlußsatz seines Vortrags die Zuhörer dazu auf,
den Sinn zu bewahren für das "Wagnis, für das Außerordentliche des Abenteuers,
in das das Menschengeschlecht sich eingelassen hat, von den ursprünglichen,
natürlichen Bedingungen der Art sich vielleicht unermeßlich weit entfernend,
unterwegs - wer weiß wohin!"[97] Auch wenn es für Schmitt nicht die "natürlichen
Bedingungen der Art" sind, von denen die Menschheit sich im Laufe der
soziokulturellen Evolution zunehmend entfernt, sondern der Zustand der
'Gotteskindschaft': entscheidend ist, daß beide, Valéry wie Schmitt, die Menschheit auf einer unendlichen Wanderung begriffen sehen, die jede Hoffnung auf das
Erreichen des "absolut und endgültig neutralen Bodens" (*BdP*, 89) bzw. eines
"gesicherten, befriedeten, geordneten, behaglichen Zustandes" (Valéry)[98] ausschließt: "Immer wandert die europäische Menschheit aus einem Kampfgebiet in
neutrales Gebiet, immer wird das neu gewonnene neutrale Gebiet sofort wieder

---

96  Valéry 1937, 53.
97  Ebd., 54f.
98  Ebd., 48.

Kampfgebiet und wird es notwendig, neue neutrale Sphären zu suchen. Auch die Naturwissenschaftlichkeit konnte den Frieden nicht herbeiführen. Aus den Religionskriegen wurden die halb noch kulturell, halb bereits ökonomisch determinierten Nationalkriege des 19. Jahrhunderts und schließlich einfach Wirtschaftskriege." (*BdP*, 89)

Schmitt und Valéry stimmen daher auch in der Signatur überein, die sie ihrem eigenen Zeitalter geben. Für Schmitt scheint der *Betrieb* diesem Zeitalter "die Signatur zu geben, der Betrieb als das großartig funktionierende Mittel zu irgendeinem kläglichen oder sinnlosen Zweck, die universelle Vordringlichkeit des Mittels vor dem Zweck". Mit nicht gerade originellen, aber um so symptomatischeren kulturpessimistischen Untertönen fährt er fort: "Die Menschen sind arme Teufel geworden; 'sie wissen alles und glauben nichts'. Sie interessieren sich für alles und begeistern sich für nichts. Sie verstehen alles, ihre Gelehrten registrieren in der Geschichte, in der Natur, in der eigenen Seele." (*DN*, 63f.) Ganz auf dieser symbolischen Linie bewegt sich auch Valéry, wenn er feststellt: "Übrigens ist einer der auffallendsten Züge der heutigen Welt die *Oberflächlichkeit*; ohne mich allzu großer Strenge schuldig zu machen, kann ich sagen: wir sind aufgeteilt zwischen Oberflächlichkeit und Beunruhigung. Wir haben das schönste Spielzeug, das der Mensch je besessen hat: wir haben das Auto, wir haben das Jo-Jo, wir haben das Radio und das Kino; wir haben alles, was der schöpferische Geist ersinnen konnte, um mit Lichtgeschwindigkeit allerhand an uns heranzubringen, was nicht immer ersten Ranges ist. Wie viele Amusements! Nie gab es so viel Spielzeug! Aber wie viel Beunruhigung! Nie gab es so viel Alarm!"[99]

In Schmitts früher Studie zu *Theodor Däublers 'Nordlicht'* (1916) findet sich das exakte Pendant zu dieser kulturkritischen Analyse. Auch Schmitt bewegt sich zwischen den beiden Polen des *Spiels*[100] bzw. der artifiziellen Oberflächlichkeit und

---

99  Ebd., 50f.

100  Im *Begriff des Politischen* verwendet Schmitt, im offensichtlichen Anschluß an Kierkegaard, den Begriff der "Unterhaltung", dem der existentielle Ernst des Politischen (das Politische, das auf den "Ernstfall" bezogen ist und von ihm seine "Intensität" erhält) gegenübersteht. Die für Schmitts Denken konstitutive Differenz Ernst - Spiel hatte Leo Strauss in seiner Rezension der 2. Ausgabe des *Begriffs des Politischen* von 1932 richtig erkannt und in diesem Zusammenhang auf Schmitts "Ekel" vor einer Welt ohne Ernst hingewiesen, in der es nur "politikreine Weltanschauung, Kultur, Zivilisation, Wirtschaft, Moral, Recht, Kunst, Unterhaltung usw., aber weder Politik noch Staat" (*BdP*, 54) gibt. In den "Hinweisen", die Schmitt der Neuausgabe der Schrift von 1963 beigibt, stimmt er Strauss ausdrücklich zu: "In seiner Besprechung von 1932 [...] S. 745 legt Leo Strauß den Finger auf das Wort *Unterhaltung*. Mit Recht. Das Wort ist hier ganz unzulänglich und entspricht dem damaligen unfertigen Stand der Reflexion. Heute würde ich *Spiel* sagen, um den Gegenbegriff zu *Ernst* (den Leo Strauß richtig erkannt hat) mit mehr Prägnanz zum Ausdruck zu bringen." (*BdP*,

der Beunruhigung bzw. des "Entsetzens". Das Zeitalter ist das des "fabelhafte[n] Erfolg[s]", Schmitt nennt zur Illustration nicht das Jo-Jo oder Radio und Kino, aber doch auch das "Automobil". Der erträumte Himmel auf Erden sei ein Himmel "mit Badeeinrichtungen, Automobilen und Klubsesseln"; als "Krönung des Werkes", das die "großartige Technik" ermögliche, schließlich: "der Mensch kann fliegen, körperlich fliegen" (*DN*, 67). Vor allem aber führt diese kulturelle Entwicklung zu einer bedrohlichen Transformation des Sitzes der *Seele*, d.h. desjenigen anthropologischen Bereiches, in dem traditionell die *Tiefe* situiert wird, die der Gegenwart abgeht: "aus dem Kerker der Seele ist ein behaglicher Sommersitz geworden" (*DN*, 67). Auch für Schmitt steht fest: "Nie gab es so viel Spielzeug!" und nie war die Gefahr größer, daß selbst die 'letzten' und 'ernstesten' Dinge zu einem bloßen Spiel werden. Und auch Schmitt bestätigt den mit einer ins Theologische abgebogenen Semantik den Valéryschen Befund: "Nie gab es so viel Alarm!, wenn er schreibt: "Ein eschatologisches Entsetzen hatte viele ergriffen, bevor die Entsetzlichkeiten des Weltkrieges Realität geworden waren." (*DN*, 68)

---

120) Im folgenden weist Schmitt dann seinerseits auf eine für unsere Argumentation hochsymptomatische Entwicklung hin, die darauf hinausläuft, daß der Bereich des *Spiels* den des *Ernstes* nicht einfach *ersetzt*, sondern gleichsam *kolonisiert* bzw. *überformt*. Wir leben in einer Zeit, in der die "Möglichkeit eines solchen Kampfes", wie es der Krieg ist, keineswegs "restlos beseitigt und verschwunden ist", die Vorstellung eines "endgültig pazifizierten Erdballs" (*BdP*, 35) also nichts von ihrem utopischen Charakter verloren hat. Carl Schmitt hat also in gewisser Weise mit seiner anti-utopischen Grundhaltung *Recht behalten*. Gleichzeitig aber sind die modernen Kriege, deren Zeitgenossen wir sind, immer weniger mit den Kategorien einer *existentiellen Anrufung* zu begreifen. Wo Schmitt die "seinsmäßige Wirklichkeit" der Freund-Feind-Unterscheidung (*BdP*, 29) zu erweisen sucht, machen wir uns heute nichts mehr vor: das Politische im Sinne Schmitts ist der Effekt eines Zusammenspiels einer Vielzahl von *Variablen*, unter denen die ökonomischen und die technischen eine hervorragende Rolle spielen. Das Politische ist wirklich 'leer', keine Kategorie der *Substanz*, sondern zuletzt eine der angewandten *Mathematik*, die sich nur noch notdürftig mit den Überresten der überkommen (aktuell: anti-islamischen) Feindbildrhetorik drapiert. Das haben uns nicht zuletzt die Analytiker des Golf-Krieges von 1990 demonstriert. Vor dieser im Verlauf des Zweiten Weltkrieges einsetzenden Entwicklung, die den Begriff des Politischen *zersetzt* (was etwas anderes ist, als ihn zu *ersetzen*), hat Carl Schmitt keineswegs die Augen verschlossen, wenn er im Zusammenhang der Differenz Spiel - Ernst auch auf die "mathematische Theorie des 'Spiels'" zu sprechen kommt, "die eine Theorie von *games* und ihre Anwendung auf menschliches Verhalten ist, wie sich das in dem Buch von John von Neumann und O. Morgenstern 'Theory of Games and Economic Behavior' (Princeton University Press 1947) äußert. Hier werden Freundschaft und Feindschaft einfach verrechnet und beides entfällt, wie beim Schachspiel der Gegensatz von Weiß und Schwarz nichts mehr mit Freundschaft oder Feindschaft zu tun hat." (*BdP*, 121)

Nun könnte man einwenden, daß Valéry in den Augen Schmitts zu jenen skepti-schen Kritikern der Zeit vom Typ Rathenaus gehört, "deren Verstand jeder Apoka-lyptik fremd, deren Geist aber nicht klein genug war, um das Treiben mitzuma-chen", und die deshalb "klagten, daß der Zeit die Seele fehlte" (*DN*, 69). Bereits zu Beginn des III. Abschnitts seiner *Nordlicht*-Lektüre, der sich der "Aktualität" des Werkes widmet, hatte Schmitt eine wichtige Beobachtung über den Zusammenhang von *Krise* und *Kritik* gemacht, die auf die Komplementarität, ja die Komplizen-schaft beider hinweist: "Wie alles, was ein böses Gewissen hat, weidete sich diese Zeit [und *diese* Zeit hält, wie man an der permanenten Konjunktur der Krisologien sehen kann, bis auf den heutigen Tag an, Vf.] solange an dem Räsonnement ihrer Problematik, bis die Gewissensregungen aufhörten und sie sich wohlfühlen konnte, weil es jedenfalls interessant war. Das Zeitalter hat sich selbst als das kapi-talistische, mechanistische, relativistische bezeichnet, als das Zeitalter des Ver-kehrs, der Technik, der Organisation." (*DN*, 63) Aber Schmitts eigener Diskurs unterscheidet sich durch nichts von diesem "Räsonnement", wie die wenigen Pro-ben, die ich gegeben habe, deutlich machen. Schmitt schreibt zurecht, daß "die Zeit mit einer Kritik nicht überwunden wird" (*DN*, 70f.) - aber eben auch nicht mit ei-nem expressionistischen *Epos*, dessen Komposition, wie Schmitt später selbstkri-tisch feststellen sollte, allzu journalistische Züge aufweist. Symptomatisch für Schmitts eigene Position ist daher die - später von ihm so heftig als reinster Aus-druck des neutralisierten Geistes gebrandmarkte - Semantik des *Ausgleichs* und der *Kompensation*, die genau den Stil der Zeitkritiken reproduziert, gegen die er polemisiert. Nicht nur, daß der 'Gläubige' Carl Schmitt - "In gläubigem Schauen wird die Welt erkannt." (*DN*, 59)[101] - ausgerechnet einem hochgradig artifiziellen, ästhetischen Archaismus, wie es ein modernes Epos (genauer: ein Epos des 20. Jahrhunderts) nun einmal ist, die Kraft zutraut, dem "mechanistischen Zeitalter das Gegengewicht" zu halten, nicht nur, daß er also einem Produkt der jüngsten ästhe-tischen Produktion, dessen künstlerischer Problematik sich Schmitt sogar bewußt ist, den Vorzug vor dem Buch der Bücher gibt, vor allem die Logik der *Antwort*, die Schmitt Däublers Epos entnimmt, verbleibt ganz im Horizont der geläufigen Zeitkritiken: "Ecce saeculum. In ihm entstand Däublers 'Nordlicht'. Es ist so tief, wie die Zeit flach, so groß, wie die Zeit klein, so voll des göttlichen Geistes wie die

---

101  An Schmitts Fortsetzung dieser These kann man den symptomatischen Zwang ablesen, auf den Bereich der ästhetischen Produktivität auszuweichen, um sich grundlegender Kategorien der 'Glaubenserfahrung' zu versichern: "Bei einem Künstler, dessen Wesen Intuition ist, kann es nicht anders sein. Soviel die schöne Form bedeutet, soviel an ihr bewußt erarbeitet werden kann, das Wesentliche ist Offenbarung, Geschenk, Gnade. Der Dichter ist nur die Feder eines Andern, der schreibt, eine 'Adlerfeder', ein Werkzeug. Er vollzieht, was ihm befohlen." (*DN*, 59f.).

Zeit leer davon; die Kompensation des Zeitalters der Geistlosigkeit; mehr als ein Buch der Zeit: das Buch des Aeons." (*DN*, 69). Wenn man weiß, daß der gläubige Katholik Schmitt das gegenwärtige Aeon mit der Verkündigung der frohen Botschaft beginnen läßt, also als das *christliche* bestimmt, dann ist der letzte Satz, nach den Maßstäben des rechten Glaubens geurteilt, eine zweifellos bewußt in Kauf genommene *Häresie*. Das Buch des *Aeons* kann nur *das* Buch sein, die Bibel.

In seiner "Weisheit der Zelle" nimmt Schmitt das Motiv des *irdischen Paradieses* wieder auf - der "Himmel als Ergebnis von Handel und Industrie, der tatsächlich hier auf der Erde liegen soll, in Berlin, Paris oder New York, einen Himmel mit Badeeinrichtungen, Automobilen und Klubsesseln, dessen heiliges Buch der Fahrplan wäre" (*DN*, 64f.) -, um seine extrapolierbaren Realisierungsformen gegen die naiven Vorstellungen der "ersten Panisken" zu kehren; denn statt uns mit der 'Natur' zu versöhnen und jede 'Entfremdung' aufzuheben, werden uns die politisch-technologisch vorbereiteten "neuen Paradiese" vollends *denaturieren*. Carl Schmitt wendet in der Nachfolge der *Schönen neuen Welt* Aldous Huxleys, die ihn nachhaltig beeindruckt hat, wie wir dem *Glossarium* entnehmen können, den Kunstgriff der *negativen Utopie* an oder besser: der Hochrechnung und Extrapolation gegenwärtig bereits existierender Trends, die man ihrem Eigensinn überläßt. Abraham Moles hat mit Blick auf den Philosophen Vilém Flusser von dem Genre der "Philosophiefiktion" gesprochen, die den - seiner Meinung nach phänomenologisch inspirierten - "Kunstgriff des Abstandnehmens bis ins Äußerste treibt"[102], ohne jedoch in die Gefilde der freien, wissenschaftlich unkontrollierten Phantasie auszuweichen.

Der von den "ersten Panisken" erträumte Zustand der Fülle und des Überflusses kann sich, so Schmitt, nur auf dem Wege einer äußersten Abstraktion von der naturalen Grundlage menschlicher Lebenszusammenhänge und ihrer 'spontanen Kreatürlichkeit' realisiert werden: "Der *Plan* erscheint, und Pan hört auf zu schmunzeln. Der Pan versinkt, der Plan tritt auf den Plan. Schönes Beispiel der immanenten Orakelhaftigkeit unserer deutschen Sprache." (*ECS*, 83) Schmitt beläßt es im folgenden keineswegs bei Wortspielen, wenn er die neuen Paradiese beschreibt, die "jetzt locken", also nach der Hochzeit der Panisken: "Dieses Mal die Paradiese einer durchgeplanten Welt, mit allen Herrlichkeiten einer entfesselten Produktivkraft und einer ins Unendliche gesteigerten Konsumkraft, dazu eine großzügig ausgedehnte Freizeit mit entsprechender Freizeitgestaltung. Das Paradies einer technisierten Erde und einer durchorganisierten Menschheit. Die Naturschranke fällt, dafür erfaßt uns die Sozialschranke. Sie erfaßt uns nicht nur, sie verändert uns. Es handelt sich ja nicht mehr darum, die Welt und den Menschen zu erkennen, sondern sie zu verän-

---

102  Moles 1988, 109.

dern" - schließt Schmitt in ironischer Anspielung auf die 11. Feuerbachthese[103] den Gedanken dieses Abschnitts ab.

Es bedürfte einer längeren Reflexion unter anderem auf die Erfahrungen, die die zeitgenössischen westlichen Gesellschaften (von den mittlerweile kollabierten osteuropäischen 'Planwirtschaften' ganz zu schweigen) mit dem "Plan" gemacht haben, um den Realitätsgehalt der Schmittschen Utopie zu bewerten. Vieles spricht dafür, daß der Plan und die Planung zwar in allen Teilbereichen der modernen Gesellschaft an Bedeutung zugenommen haben und noch zunehmen, daß aber die Vorstellung einer *Planbarkeit der Gesellschaft* als ganzer in gleichem Maße an Plausibilität verliert. Um diese Vorstellung zu realisieren, bedürfte es eines sozialen Archimedes, der gleichsam von außen in die Gesellschaft hineinwirkt (weil er sie sich ja zunächst zum 'Objekt' seiner Planung machen muß) - aber die Möglichkeit einer solchen archimedischen Position, eines Supersubjekts, das, weil in jeden sozialen Zusammenhang intervenierend, selber radikal dekontextualisiert gedacht werden müßte, wird nicht nur von der soziologischen Systemtheorie mit guten Gründen bezweifelt. Wenn die Gesellschaft sich insgesamt in ein "Prozeßgeschehen" transformiert - nicht aber notwendig in einen "Prozeß-*Progreß*", wie Carl Schmitt noch in seiner letzten Buchveröffentlichung insinuiert (*PTh II*, 125) -, dann ist mit dieser Beobachtung auch jede traditionelle Gegenstellung eines 'Subjekts' zum gesellschaftlichen 'Objekt' hinfällig geworden. Als Josef K. in Kafkas *Der Proceß*, einem Roman, der diesen Trend zur sozialen Selbstreferentialisierung, der heute mühsam soziologisch nachbuchstabiert wird, im Medium des literarischen Diskurses bereits zu Ende gedacht hat, von zwei Herren abgeholt wird, die ein Urteil zu vollstrecken haben, das nie ausgeprochen wurde, muß er sich eingestehen: "Ich wollte immer mit zwanzig Händen in die Welt hineinfahren und überdies zu einem nicht zu billigenden Zweck. Das war unrichtig"[104].

Entscheidender scheint mir an Schmitts Prognose die Feststellung einer Substitution der Natur- durch die Sozialschranke zu sein, eine Substitution, die auch die 'menschliche Natur' nicht verschont. Gerade weil Schmitt als Jurist von der Verführungskraft der Versprechen des "Naturrechts" wußte, war er sensibel für alle Illusionen, die mit der Berufung auf eine "Natur" verbunden sind, für die heute "alle Voraussetzungen im Naturbegriff und in den Naturwissenschaften [fehlen]. Der Begründungsbedarf, auf den dieser Begriff antworten soll, kann durch gedankenloses Kontinuieren eines Hochtitels der Tradition sicher nicht erfüllt werden."[105]

---

103 Dort heißt es allerdings genauer: "Die Philosophen haben die Welt nur verschieden *interpretiert*, es kömmt darauf an, sie zu *verändern*." (Marx 1981, 7)

104 Kafka 1990, 308.

105 Luhmann 1993a, 517.

Wenn sich auch die *soziale* Wirklichkeit immer mehr als ein selektives Arrangement, als das vorrübergehende Resultat einer Auswahl aus einem Möglichkeitshorizont und in diesem Sinne als *kontingent* präsentiert[106], wird es immer unwahrscheinlicher, daß man sich gegen diese Einsicht durch die beruhigende Versicherung 'letzter', 'natürlicher' Konstanten abzuschirmen vermag. Schmitt interessiert sich stattdessen für die *Dialektik* der neuen, wie es im Anschluß an eine berühmte Formulierung Baudelaires heißt, "künstlichen Paradiese": "Seit zehn Jahren haben wir öfters erfahren, wie schnell die künstlichen Paradiese der Technik sich in echte Höllen verwandeln." (*ECS*, 84) Aber die Hölle ist immer noch ein ziemlich konventionelles und bequemes Schema zur Beschreibung von Wirkungen, an deren Ende vielleicht die Transformation des Menschen als solchen steht - seine Abschaffung nicht in Form der kriegerischen Annihilation, sondern in der der technologischen 'Überwindung'. Das Gedankenexperiment, das Schmitt anstellt, mutet im ersten Moment bizarr an, es führt dann aber zu einer Problematik, die in der heutigen Philosophie, sofern sie sich für die Konsequenzen aus der informationstheoretischen Revolutionierung der Wissenschaften vom 'Geist' interessiert, eine ungeahnte Konjunktur entfaltet hat, wie ich am Beispiel einer weiteren Philosophiefiktion zeigen möchte, die Jean-François Lyotard als Antwort auf die Frage entwickelt hat, "Ob wir ohne Körper denken können". Zunächst aber erteile ich Schmitt das Wort:

"In fünfzig oder hundert Jahren sind die Menschen vielleicht frei von Not. Die heute Lebenden sowieso. Die Andern werden sich nicht mehr für unsere heutige Not interessieren. Darum wollen wir ihnen weder nachlaufen noch vorlaufen [tatsächlich tut Schmitt aber im folgenden genau das, Vf.]. Mich interessiert jetzt im Augenblick nur, ob der Mensch in dem neuen Paradies der Technik nackt oder bekleidet ist. Wahrscheinlich wird die Bekleidungsindustrie einen solchen Aufschwung nehmen und solche Produktivkräfte entfesseln, daß *Wir* uns täglich neue phantastische Kostüme leisten können. Charles Fourier mag sich das im einzelnen ausmalen. Die Prophezeihung der vierten Ekloge Vergils, daß die Wolle der Lämmer von selbst in schönstem Purpur wachse, wirkt dann

---

106 Daß der Ordnungs- oder Systembegriff nicht mehr auf vorgängige, 'höhere' oder 'tiefere' Einheiten bezogen werden, sondern nur noch als ein *selektives* und zugleich *exklusives Geschehen* aufgefaßt werden kann, daß sich die Positivität der Ordnung auch der beliebten Alternative von (Letzt-)Begründbarkeit oder Beliebigkeit entzieht und damit, wie ich denke, sogar der Alternative von Rationalität und Irrationalität, hat Bernhard Waldenfels in einem Buch gezeigt, das die Einsicht in die Kontingenz der Ordnung nicht als einen Makel behandelt, sondern als eine Herausforderung an die philosophischen Beschreibungsmöglichkeiten anzunehmen empfiehlt. Vgl. dazu Waldenfels 1987, besonders die Abschnitte B und C: "Ordnung als Selektion und Exklusion" und "Begründete oder beliebige Ordnung". Zur Problematik des in diesem Zusammenhang zentralen "Satzes vom unzureichenden Grunde" vgl. auch Musil 1992, 133-135 ("Direktor Fischel und das Prinzip des unzureichenden Grundes"), besonders ebd., 134.

altmodisch und geradezu reaktionär. Aber vielleicht ist auch unser Traum von der phantastischen Menge ununterbrochen neuer Kostüme schon altmodisch und reaktionär. Die Technik wird sich so steigern, daß wir uns mit Licht- und Wärmehüllen umgeben können. Wunderbar. Aber noch mehr. Wir werden die Materie unseres Körpers selbst in Strahlung umsetzen. Das ist dann der technisch verklärte Leib, so wie unsere Flieger die technisch vervollkommneten Engel sind. *Wir*, das sind dann natürlich nur die Auserwählten des neuen Paradieses, die neue Elite. Sie sind dann weder nackt noch bekleidet. *Die Unterscheidung verliert ihren Sinn in einer neuen Daseinsstufe.* Sie sind überhaupt keine Menschen mehr. Sie sind das ganz Andere. Einige Theologen sagen heute, Gott wäre das ganz Andere. Aber das ganz Andere ist ganz unberechenbar. Warum soll nicht der neue Mensch das ganz Andere sein? Der Mensch ist bekanntlich etwas, das überwunden werden muß. Warum soll er nicht auf diese Weise überwunden werden? Er wird dann nicht mehr gezeugt und nicht mehr empfangen und nicht mehr geboren. Auch die wackere neue Welt von Aldous Huxley mit ihrer folgerichtigen, hochwissenschaftlichen Nachwuchs-Planung ist dann altmodisch geworden. Auch unsere Frage nach der Definition des Menschen. Alles ist dann nur noch Strahlung." (*ECS*, 85f. - m.H.)

Wie auch sonst bei Carl Schmitt ist es die Zerstörung einer *Unterscheidung*, die Unmöglichkeit einer (abgrenzenden) *Definition*, die den eigentlichen Einsatz seiner ironisch präsentierten Utopie ausmacht. Nicht nur der Mensch wird "altmodisch", sondern mit ihr auch die klassische Art des Zugriffs auf sein 'Wesen'.

Heidegger hat in *Sein und Zeit* den griechischen von dem theologischen "Leitfaden" der Wesensbestimmung des Menschen unterschieden - und für beide Ansätze gezeigt, daß sie das Sein des Menschen "im Sinne des *Vorhandenseins* der übrigen geschaffenen Dinge" mißverstehen. Daß auch die neuzeitliche Anthropologie im Ausgang von der cartesianischen *res cogitans* das menschliche Sein als "etwas 'Gegebenes'"[107] behandelt, macht die Rede Nietzsches verständlich, die Schmitt ironisch zitiert, daß der Mensch etwas ist, das überwunden werden soll. Den Menschen nicht nach dem Modell der Vorhandenheit von Dingen zu bestimmen, muß in den Augen eines klassischen Ontologen, der den Menschen als eine "leiblich-seelisch-geistige Einheit"[108] auffaßt, darauf hinauslaufen, ihn 'aufzulösen': für diese "neue Daseinsstufe" ist die Metaphorik der "Strahlung", der Entmaterialisierung des Körpers, ja der Abstraktion vom Körperlichen überhaupt, gar nicht so falsch gewählt. Schmitt, der Heideggers *Sein und Zeit* gelesen hat, was man nicht zuletzt an den zahlreichen Notaten in seinem *Glossarium* erkennt, schreibt in der zitierten Passage einen *technologischen Subtext* zu einer der zentralen Bestimmungen der Heideggerschen Daseinsanalytik, die das Sein des Menschen bekanntlich wesentlich als *Licht* und *Lichtung* bestimmt. Der "technisch verklärte Leib", der "mit Licht- und Wärmehüllen umgeben" ist, antwortet ironisch auf Heideggers

---

107  Heidegger 1979, 49.
108  Ebd., 48.

Bestimmung des Daseins als (Selbst-)Erschlossenheit: "Es ist 'erleuchtet', besagt: an ihm selbst *als* In-der-Welt-sein gelichtet, nicht durch ein anderes Seiendes [also etwa durch Gott, Vf.], sondern so, daß es selbst die Lichtung *ist*."[109] *Daß es selbst das Licht ist. Daß es 'strahlt'.*

Jean-François Lyotard hat in seinem Gedankenexperiment "Ob man ohne Körper denken kann" ganz im Sinne Schmitts die gern belächelte Verstiegenheit der Rede Zarathustras - "Der Mensch ist etwas, das überwunden werden soll" - als den realen Einsatz einer Vielzahl von miteinander verknüpften technologischen und wissenschaftlichen Forschungen erkannt: "Das zentrale Problem für Technologie und Wissenschaft läßt sich [...] wie folgt umschreiben: für diese *software* [die menschliche Sprache, Vf.] eine *hardware* entwickeln [die nicht mehr die Eigenschaften haben dürfte, die für uns gemeinhin die 'Härte' definieren, Vf.], die nicht mehr von den Lebensbedingungen auf der Erde abhängig ist. Also: ein Denken ohne Körper ermöglichen, das nach dem Tod des menschlichen Körpers weitergeht. [...] *Denken ohne Körper* ist die Bedingung, um den Tod der Körper - der Sonne, der Erde und der vom Körper untrennbaren Gedanken - zu denken. Denken 'ohne Körper' in einem sehr spezifischen Sinn: ohne den komplexen, irdischen, lebenden Organismus, der uns unter dem Namen 'menschlicher Körper' vertraut ist. Selbstverständlich nicht: überhaupt ohne *hardware*."[110] Heidegger hätte zweifellos in diesem Projekt eines Denkens ohne Körper die äußerste Konsequenz des cartesianischen Leib-Seele-Dualismus bzw. der Zwei-Substanzen-Lehre ausgemacht, die geradezu angelegt scheint auf die Durchführung einer *Subtraktion* der *res extensa* von der *res cogitans*. Aber, was den Anti-Cartesianismus Heideggers betrifft, so ist festzuhalten: die Argumentation der §§ 19 - 21 in *Sein und Zeit* ("Die Abhebung der Analyse der Weltlichkeit gegen die Interpretation der Welt bei Descartes") kann nicht darüber hinwegtäuschen, daß Heideggers Vorhaben einer ontologisch erneuerten Daseinsanalytik den destruierenden und zugleich (neu) "anfangenden" (Husserl) Gestus der cartesianischen Philosophie übernimmt, vor allem aber: daß er, was hier nur angedeutet werden kann, an der 'Urintuition' Descartes' festhält, der die Evidenz des *ego cogito* als eine *Selbstdurchsichtigkeit*, ja *Selbstpräsenz*, eben als eine ursprüngliche "Erschlossenheit" auffaßt. Auch das Heideggersche *Dasein* erfährt sein Sein in einem "Licht" und *als* Licht, das nicht das *lumen naturale* Descartes' ist, aber dessen Funktion gleichfalls in der Bestimmung des Seins als *Nähe* bzw. "Ent-fernung" besteht.

Was Carl Schmitt im Kern in seiner "Weisheit der Zelle" erörtert, könnte man unter den Titel einer *Dialektik der Nähe* bringen. Der Wunsch der "Ich-Verrückten"

---

109  Ebd., 133.
110  Lyotard 1988, 819.

nach einer "problemlosen Leibhaftigkeit", nach der "Aufhebung der Selbstentfremdung", nach der "reine[n] Identität mit sich selbst" (*ESC*, 82), schlägt im Prozeß
seiner - technischen - Realisierung in das Gegenteil einer *äußersten Selbstentfer-
nung* um. Diejenigen, die 'ganz sie selbst werden wollen', finden sich plötzlich als
"das ganz Andere" wieder (*ESC*, 86). Bei seiner Suche nach den geistesgeschichtlichen Ursprüngen dieser Entwicklung stößt Schmitt nicht zufällig auf *Descartes*,
der seine Reflexionen ebenfalls "in einsamer Zurückgezogenheit"[111] anstellt - allerdings in einer *freiwillig* gewählten. Schmitt betrachtet Descartes gleichsam als
einen *Zellengenossen*. Beide finden sich zum "Selbstgespräch" verurteilt und beide
wissen von den *Betrugsmöglichkeiten* eines solchen Zurückgeworfenseins auf sich
selbst: "Im tiefsten Kern der Zelle steckt das Selbstgespräch und der Selbstbetrug"
(*ESC*, 87), schreibt Schmitt, um dann fortzufahren: "Grauenhaft ist die Angst des
Descartes, der in seiner einsamen Stube am Ofen philosophiert und nur daran
denkt, dem bösen, betrügerischen Geist zu entgehen, dem spiritus malignus, vor
dessen Tücken wir niemals sicher sind, am wenigsten, wenn wir uns sicher fühlen.
[...] Wer nur daran denkt, dem Betrug zu entgehen, läuft geradenwegs in ihn hinein." (*ESC*, 87f.) So wie die Panisken, die von den "Paradiesen der Entproblema-
tisierungen" träumten, vom *Plan* um ihre Träume betrogen wurden. Um dem spiritus malignus zu entgehen, flüchtet Descartes in die Sicherheit seines zweifelnden
und reflektierenden Ego: "Aber es gibt einen, ich weiß nicht welchen, allmächtigen
und höchst verschlagenen Betrüger, der mich geflissentlich stets täuscht. - Nun,
wenn er mich täuscht, so ist es also unzweifelhaft, daß ich bin. Er täusche mich,
soviel er kann, niemals wird er doch fertigbringen, daß ich nichts bin, solange ich
denke, daß ich etwas sei."[112] Schmitt scheint sagen zu wollen: weil Descartes als
Philosoph der *Glaube* fehlt, weil er mit dem universalen *Zweifel* beginnt und alles
in diesen Zweifel hineinzieht, selbst Gott, kann er jene Gewißheit nicht erreichen,
die einzig dem Gläubigen möglich ist, dessen Glauben jeden Zweifel an der Güte
Gottes im Keim erstickt. Die 'absolute' Sicherheit, die Descartes verlangt, ist außerhalb des (Offenbarungs-)Glaubens gar nicht zu gewinnen, die "Angst des Descartes" ist nur durch *Demut* zu beseitigen. Aber auch der Gläubige Carl Schmitt
sagt von sich: "Immer wieder bin ich dem Betrug erlegen. Immer wieder bin ich
ihm entgangen." (*ESC*, 88)

Und was noch wichtiger ist: auch Schmitt präsentiert den *Feind* seit seinen
frühesten Reflexionen als einen "höchst verschlagenen *Betrüger*". Es geht Schmitt
wie Descartes um die Ermöglichung einer *Sphäre absoluter Gewißheit* und damit
um eine *ursprüngliche Unterscheidung*, die nur zu bewahren ist, wenn sie der

111  Descartes 1977, 31.
112  Ebd., 43.

Gefahr *absoluter Täuschung* ausgesetzt wird. Statt von absoluter Gewißheit oder gar Evidenz spricht Schmitt von der "Kraft eines integren Wissens", aus dem die "Ordnung der menschlichen Dinge" entstehe: *"Ab integro nascitur ordo."* So lautet der Schlußsatz aus Schmitts Vortrag über "Das Zeitalter der Neutralisierungen und Entpolitisierungen". Wenn man einwirft, daß es für den Politischen Theologen doch zweifellos der *Glauben* ist, der mit diesem "integren Wissen" gemeint ist, so muß man das nicht bestreiten. Aber vor dem Hintergrund des kulturellen Szenarios, das Schmitt in dem Vortrag entwirft, besteht kein Zweifel daran, daß es sich im Falle Descartes' (vor allem: im Falle der Descartes-Renaissance) wie in dem Schmitts um die Ermöglichung der *Integrität eines bestimmten Wissens* handelt, das jedem kommunikativen Zugriff, jeder semantischen Verschiebung und Auflösung zu widerstehen vermag. Ein integres Wissen kann man auf *theologischem*, aber eben auch auf *philosophischem* Wege zu erreichen versuchen: der Wunsch nach der "Ursprungsechtheit" eines bestimmten Wissens läßt sich jedenfalls nur in Unkenntnis der Philosophiegeschichte des 20. Jahrhunderts als per se unphilosophisch bzw. offenbarungstheologisch abqualifizieren. So wie Descartes sicher ist, daß der spiritus malignus die Sphäre des *ego cogito* nicht zu affizieren vermag, so ist Schmitt überzeugt, daß er in seinem Glauben über ein Kriterium verfügt, das es ihm erlaubt, Christus von seinen illegitimen *Nachahmern* zu unterscheiden.

Unter den modernen Bedingungen, so wie sie Schmitt im Kapitel über die "Aktualität" des Däublerschen *Nordlichts* bestimmt, reicht der bloße Glaube allein nicht aus, um den Versuchungen des Antichristen zu widerstehen. Denn der Feind ist zwar "eine objektive Macht" (*ESC*, 89), wie Schmitt in *Ex Captivitate Salus* schreibt, ihn kann man nicht betrügen (indem man ihn als "Nicht-Ich" dem "Ich" entgegensetzt und sich dann mit ihm zu 'verbrüdern' sucht), aber er ist eben selbst ein *Betrüger* und verwischt beständig die Grenze zwischen sich selbst und dem wahren Heilsbringer. Der Gläubige befindet sich 'aktuell' in keiner anderen Lage als der zweifelnde Philosoph. Auch er muß seinen Glauben stets aufs neue einer Prüfung unterziehen, kann ihn nicht einfach als ein 'natürliches Erbe' antreten und verwalten, will er nicht der Macht der "fabelhaften Effekte" erliegen, hinter denen sich der 'Feind' verbirgt. Was ist das Großartige am Antichrist, fragt Schmitt in seiner *Nordlicht*-Studie: "Was ist das Grausige an ihm? Warum ist er mehr zu fürchten als ein mächtiger Tyrann, als Timur Lenk oder Napoleon? Weil er Christus nachzuahmen weiß und sich ihm so ähnlich macht, daß er allen die Seele ablistet. [...] Die Menschen, die sich von ihm täuschen lassen, sehen nur den fabelhaften Effekt; die Natur scheint überwunden, das Zeitalter der Sekurität bricht an; für alles ist gesorgt, eine kluge Voraussicht und Planmäßigkeit ersetzt die Vorsehung; die Vorsehung macht 'er', wie irgendeine Institution." (*DN*, 65f.) Mit anderen Worten: der 'Feind' hat seine klassischen Feindqualitäten, seine "Sichtbarkeit" (die Schmitt ununterbrochen kontrafaktisch einklagt), sein klassisches Profil eingebüßt. Wenn der Feind doch, wie es der *Politische Theologe* voraussetzen muß, eine so "objektive Macht" ist, warum gibt es dann so selten ein Einverständnis darüber, wo er sich manifestiert?


## 4. Die Emergenz der Bio-Macht

"Das ganze System, in dem du eines der wesentlichsten Stücke warst, ist nur noch Bruch und Trümmer", sagt Faust zu Mephistopheles in Paul Valérys *Mein Faust*[113]. Und etwas später fügt er hinzu: "Das Böse ist gewaltig im Kurs gesunken."[114] Der Valérysche Teufel muß die Lektion noch lernen, die Schmitt uns über den "unheimliche[n] Zauberer", der die Welt umschafft und das Antlitz der Erde verändert (*DN*, 66), gibt. Das 'Böse' ist in einem solchen Ausmaß zum basalen, die operativen Vollzüge der Gesellschaft bestimmenden Reproduktionsprinzip geworden, daß man sich *der Welt insgesamt entgegenstellen*, eine archimedisch-extramundane Position fingieren muß[115], um das Böse überhaupt noch *als Böses* erkennen zu können. Der theologische Gegenbegriff zum Bösen hat jeden Halt in der Immanenz verloren, so daß der Gläubige versucht ist, die Immanenz in toto als böse zu verurteilen. Der *klassische Dämon* (Valéry) muß sich sagen lassen, "daß man höheren Orts einmal der Ansicht sein könnte, du seist ein Agent, dessen Eifer erkalte, der seine Methoden nicht auffrische, der wenig einbringe"[116]. Wenn die Zeit insgesamt *flach* geworden ist und sich nur noch in der Dimension der *Oberflächlichkeit*, der *Effekte* entfaltet, dann bedarf es des Teufels nicht mehr, um die Menschen von dem einzigen, was not tut, abzulenken. Der Teufel muß, überspitzt gesagt, nicht länger um die Seelen kämpfen, weil die moderne Seele sich nicht länger durch die Gegenstellung zur *Sünde* konstituiert, sondern durch ihre Kultivierung, genauer: ihre *Normalisierung*: "Du mußt doch selber zugeben, daß du dir wie einer, der sich verlaufen hat, vorkommst und ohne Befugnisse inmitten all dieser Leute, die sündigen, ohne es zu wissen, ohne etwas dabei zu finden, die keine Vorstellung von der Ewigkeit haben, die ihr Leben tagtäglich zehnmal aufs Spiel setzen, um sich an ihren neuen Maschinen zu ergötzen, und die tausend Zauberstücke vollführen, die deine Magie sich niemals hätte träumen lassen, die aber heute jedes Kind, jeder Schwachkopf zuwege bringt ... Und die mit Hilfe all dieser Wun-

---

113 Valéry 1990e, 277.
114 Ebd., 279.
115 Mit dem Wort "Rom" kann man sich dann der Illusion hingeben, diesen extramundanen Standort in die Welt wiedereingeführt zu haben.
116 Ebd., 277.

der einen unbeschreiblichen Geschäftsumsatz erzielen ..." Mephistopheles erkennt schließlich: "Ich fürchte, sie haben begriffen."[117]

Indem Schmitt die spezifische Macht des 'Antichristen' von der politischen Macht der Tyrannen unterscheidet, macht er deutlich, daß das 'Böse' unter den modernen Bedingungen der wissenschaftlich-technischen Zivilisation nicht mehr auf dem Wege des *Kampfes*, der *Überwältigung* und der *Eroberung* in die Welt kommt. Diesen Sachverhalt setzt auch der Valérysche Faust dem Dämon auseinander: "Im Grunde bist du unendlich einfach. Einfach wie ein Tiger, der ganz reißende Gewalt ist und aus nichts als einem räuberischen Instinkt besteht. Alles verdankt er den Hammeln und Ziegen: seine Muskeln und Fangzähne, seine Verschlagenheit und seine ungeheure Geduld. Auch in dir steckt nicht mehr, du Seelenfresser, der seine Beute nicht zu kosten weiß. Du ahnst nicht einmal, daß es außer Gut und Böse noch manches andere in der Welt gibt."[118] Der Schmittsche Antichrist beweist eben dadurch seine Überlegenheit über den Valéryschen Dämon, daß er nicht das Böse über das Gute triumphieren läßt, sondern die Unterscheidung selbst aufhebt, indem er das Böse im Namen des Guten tut. Anders gesagt: *die Ununterscheidbarkeit ist für Carl Schmitt das Böse schlechthin*, die Zone der Indifferenz, die Unfähigkeit der Menschen, zu unterscheiden, um sich entscheiden zu können. Valéry läßt seinen Teufel nicht zufällig "sehr elegant" auftreten - und statt des klassischen Schwefels, den er noch bei Goethe verbreitet, duftet er nun ganz anders. "Eine minimale Veränderung des klassischen Schwefels, und ich verströme den lieblichsten Wohlgeruch"[119], kommentiert er diese Veränderung in seinem Auftreten, die allerdings noch nicht, wie ihm Faust demonstriert, auf seine "Methoden" durchgeschlagen hat: "Aber deine Methoden sind veraltet, deine Physik ist lächerlich ..."[120] In dem ganz unklassischen Auftreten des Teufels erkennt auch Schmitt sein Erfolgsrezept bei den Menschen: "Er wird sich freundlich, korrekt, unbestechlich und vernünftig zeigen, alles wird ihn als Glück der Menschheit preisen und sagen: ein großartiger und gerechter Mensch!" (*DN*, 66) Statt als reißendes Tier sich auf seine Beute zu stürzen, erscheint er bei Schmitt in der Gestalt des "Conferenciers", dessen "geschickter Analyse kein Heiliger und kein Held, auch nicht Christus am Kreuze entgeht" (*DN*, 67). "Gerade dann, wenn ich als Scheusal erscheine, braucht man sich am wenigsten zu entsetzen"[121], läßt Valéry seinen Mephistopheles sagen.

---

117  Ebd., 277f.
118  Ebd., 270f.
119  Ebd., 266.
120  Ebd., 270.
121  Ebd., 280.

Bei Valéry wie bei Schmitt ist es eine völlig neue Form der *Machtausübung*, die letztlich im Diskurs über den Dämon und die Auflösung seiner klassischen Gestalt auf dem Spiel steht. Die politische Macht funktioniert nicht länger nach dem Modell des *reißenden Tieres*, eine Metapher, die lediglich die traditionelle Fixierung des Politischen auf den Begriff der *Souveränität* Rechnung trägt. "Eines der charakteristischen Privilegien der souveränen Macht war lange Zeit das Recht über Leben und Tod."[122] Mit diesem Satz beginnt Michel Foucault das Schlußkapitel des ersten Bandes von *Sexualität und Wahrheit*, das sich mit einer säkularen Transformation der politischen Macht befaßt, deren im 19. Jahrhundert sich herausbildende Form nicht länger in Kategorien der Souveränität und des Rechts über Leben und Tod zu begreifen ist. "Der Souverän übt sein Recht über das Leben nur aus, indem er sein Recht zum Töten ausspielt - oder zurückhält. Er offenbart seine Macht über das Leben nur durch den Tod, den zu verlangen er imstande ist. Das sogenannte Recht 'über Leben und Tod' ist in Wirklichkeit das Recht, sterben zu *machen* und leben zu *lassen*. Sein Symbol war ja das Schwert. [...] Die Macht war vor allem Zugriffsrecht auf die Dinge, die Zeiten, die Körper und schließlich das Leben; sie gipfelte in dem Vorrecht, sich des Lebens zu bemächtigen, um es auszulöschen."[123] Von diesem Modell der politischen Macht hat Carl Schmitt niemals lassen wollen. Die von Michel Foucault beschriebene Transformation der klassischen politischen Macht in die moderne *Bio-Macht* ist der eigentliche Hintergrund für jene von Schmitt diagnostizierten Entpolitisierungs- und Neutralisierungstendenzen, gegen die er die klassischen Begriffe und Unterscheidungen permanent zu *re-konstruieren* versucht.

Man muß die Bemerkung Foucaults zur Funktionsweise des souveränen Machtmechanismus mit den entscheidenden Stellen des *Begriffs des Politischen* zusammenhalten, um zu sehen, daß es Schmitt im Kern um die Sicherung des *ius belli* geht, um die souveräne Kompetenz par excellence, die nötigenfalls auch den Krieg gegen die eigenen Untertanen miteinschließt: "Die Begriffe Freund, Feind und Kampf erhalten ihren realen Sinn dadurch, daß sie insbesondere auf die reale Möglichkeit der physischen Tötung Bezug haben und behalten. Der Krieg folgt aus der Feindschaft, denn diese ist seinsmäßige Negierung eines anderen Seins. Krieg ist nur die äußerste Realisierung der Feindschaft. Er braucht nichts Alltägliches, nichts Normales zu sein [der Souverän kann das Recht zum Töten *ausspielen*, aber auch *zurückhalten*, wie Foucault sagt, Vf.], auch nicht als etwas Ideales oder Wünschenswertes empfunden zu werden, wohl aber muß er als reale Möglichkeit vorhanden bleiben, solange der Begriff des Feindes seinen Sinn hat." (*BdP*, 33) Daß

---

122  Foucault 1977, 161.
123  Ebd., 162.

die klassische Macht mithin wesentlich "Zugriffsrecht" war, wie Foucault sagt, das in dem "Vorrecht" zur Verfügung über das Leben der Untertanen gipfelt, klingt bei Schmitt fast gleichlautend so: "Der Staat als die maßgebende politische Einheit hat eine ungeheure Befugnis bei sich konzentriert: die Möglichkeit Krieg zu führen und damit offen über das Leben von Menschen zu verfügen. Denn das *ius belli* ist eine solche Verfügung: es bedeutet die doppelte Möglichkeit: von Angehörigen des eigenen Volkes Todesbereitschaft und Tötungsbereitschaft zu verlangen, und auf der Feindesseite stehende Menschen zu töten." (*BdP*, 46)

Das neue Machtregime, das auf die souveräne Macht folgt, löst diese keineswegs einfach ab, substituiert sie also nicht vollständig, sondern billigt dem Recht zu töten 'nur' noch eine lediglich *subdominante Position* zu: "Die 'Abschöpfung' tendiert dazu, nicht mehr ihre Hauptform zu sein, sondern nur noch ein Element unter anderen Elementen, die an der Anreizung, Verstärkung, Kontrolle, Überwachung, Steigerung und Organisation der unterworfenen Kräfte arbeiten: diese Macht ist dazu bestimmt, Kräfte hervorzubringen, wachsen zu lassen und zu ordnen, anstatt sie zu hemmen, zu beugen oder zu vernichten." Auch das Töten auf staatlichen Befehl bekommt damit eine völlig neuartige Bedeutung[124], da es zu seiner Legitimation auf die Inszenierung einer kollektiven Bedrohung des "Gesellschaftskörpers" angewiesen ist. Im Bewußtsein der Vergesellschaftung der Kriegsfunktion hat Schmitt nach 1945 mehrfach auf die *humane Leistung der klassischen völkerrechtlichen Hegung des Krieges* hingewiesen, die den Feind zwar zu bekämpfen gestattete, ihn aber doch von einem Verbrecher unterschied, so als könne die Rückkehr zum souveränen Machtregime die Gesellschaft vor den Exzessen der Bio-Macht bewahren. Als könne sich eine Gesellschaft für den einen oder anderen Machttyp *entscheiden*.

Es ist also kein Zufall, daß Schmitt das "Grausige" des modernen, wissenschaftlich-technisch zugerüsteten Antichristen ausgerechnet in Kontrast zur Machtausübung der großen Tyrannen (darunter wieder einmal Napoleon) bestimmt, die gleichsam mit offenem Visier kämpfen, die nichts als "reißende Gewalt" (Valéry) sind und nicht wissen, daß es außer Sieg und Niederlage noch manches andere in der Welt gibt. In Valérys *Mein Faust* stoßen wir nun ganz unzweifelhaft auf die Problematik der "tiefgreifende[n] Transformation dieser Machtmechanismen" (Foucault), wie aus folgendem Dialog zwischen Faust und Mephistopheles hervorgeht, der sein genaues Pendant in Foucaults Analysen des neuen Macht-Regimes hat:

---

124 Sie ist nicht mit dem bequemen Schema der "Regression" auf die 'überwundene' souveräne Stufe zu erfassen, wie Foucault ausdrücklich feststellt: "Wenn der Völkermord der Traum der modernen Mächte ist, so nicht aufgrund einer Wiederkehr des alten Rechts zum Töten, sondern eben weil sich die Macht auf der Ebene des Lebens, der Gattung, der Rasse und der Massenphänomene der Bevölkerung abspielt." (Ebd., 164)

"FAUST [...] Ich kann dir nicht verheimlichen, daß du ziemlich altmodisch wirkst. Du machst dir offensichtlich keinen Begriff, von welcher erschreckenden Neuartigkeit dieses Zeitalter des Menschen ist.

MEPHISTOPHELES Der Mensch bleibt immer der gleiche, und ich auch. Ich verharre.

FAUST Du verharrst im historischen Irrtum. Bislang waren die geistigen Mittel des Menschen so schwach, daß er nur die Oberfläche der Dinge berührte und sich an der Substanz des Lebens noch kaum vergriff. Der größte Herrscher konnte nur töten und bauen. Alles, was der Meinung nach die engen Schranken dieser Macht überstieg, galt schon als übernatürlich."[125]

Diese in meinen Augen zentrale Passage aus *Mein Faust* verweist nicht nur auf das Problem der *Bio-Macht*, sondern auch auf das der *Philosophie*, so wie Foucault diesen Begriff im Anschluß an Nietzsche erneuern wollte. Dem essentialistisch argumentierenden Teufel ("Der Mensch bleibt immer der gleiche", d.h. sein Wesen ist vom Gang der Geschichte nicht zu affizieren) erläutert Faust die "erschreckende Neuartigkeit dieses Zeitalters", die nicht ohne Auswirkungen auf die überkommenen Begriffe sein kann. Foucault hat von der Philosophie gesagt, daß sie - "zumindest seit Nietzsche - die Aufgabe des *Diagnostizierens* hat und nicht mehr eine Wahrheit zu sagen sucht, die für alle zu allen Zeiten gültig ist. Ich versuche eben zu diagnostizieren: die *Gegenwart zu diagnostizieren*."[126] Dabei geht es Foucault selbstverständlich nicht um einen Kommentar zu den laufenden Ereignissen, der ja ohnehin immer schon von den Massenmedien besorgt wird, sondern um eine *Ontologie der Gegenwart*, die nicht ohne komplizierte begriffliche Transformationen und Erfindungen zu haben ist. Ein solches Philosophieverständnis erfordert vor allem die Verabschiedung aller Varianten eines Begriffsrealismus, demzufolge "jede geschichtliche Entwicklung stets innerhalb des Umfangs des Begriffes liegt"[127]. Der im Hinblick auf *das* Politische begriffsrealistisch argumentierende Schmitt verhielt sich zur Staatssemantik äußerst nominalistisch. Hier war er nämlich, anders als Kierkegaard, keineswegs der Meinung, "daß der Inhalt des Begriffs den Begriff nicht entthronen", sondern nur "bereichern" könne[128]. Schmitt weiß, daß nach der Entthronung des Staates als des "Modells der politischen Einheit" jeder Staatstheoretiker unfreiwillig zum *Staatsironiker* werden muß (*BdP*, 10). Valérys Ingenium beweist sich nun gerade darin, daß er die Neuartigkeit der Situation mit dem radikal veränderten Status in Verbindung bringt, den das *Leben* in der gegenwärtigen Ordnung der Dinge einnimmt. Denn in dem Maße, in dem, wie es Carl Schmitt formuliert, eine "allgemeine Vertauschung und Fälschung der Werte" die Seelen beherrscht (*DN*, 65) und "jede Wahrheit", jeder "Glaube", ja der

---

125 Valéry 1990e, 274.
126 Caruso 1974, 13.
127 So die Definition Kierkegaards (1988, 165).
128 Ebd.

"Logos" selbst an die Oberfläche steigt (d.h. dadurch jede 'Tiefe' einbüßen, daß sie allgemein kommunikativ verfügbar werden), gelingt es den Wissenschaften, in jene Bezirke vorzudringen, die von dem traditionellen Wissen nicht erreicht wurden, und sie der technischen Verfügung auszuliefern.

Vor allem ist symptomatisch, daß auch Valéry das Problem des wissenschaftlich-technischen Zugriffs auf das *Leben*, genauer: auf die "Substanz des Lebens" mit dem Problem der Macht bzw. der Herrschaft verbindet. Die wissenschaftliche Entdeckung des Lebens, die Entwicklung eines statistischen Dispositivs, das in der Lage ist, auch die *Massenphänomene der Bevölkerung* und nicht nur den individuellen Körper zu kalkulieren (Fortpflanzung, Geburten- und Sterblichkeitsraten, Gesundheitsniveau, Lebensdauer, Wanderungsbewegungen, Siedlung, etc.), ist zunächst ein *fait social*, genauer: ein *fait politique*. Es rüttelt an den Grundfesten des überlieferten *Begriffs des Politischen*. "Der größte Herrscher konnte nur töten und bauen" - wir werden noch sehen, daß auch Schmitt die Souveränitätsfunktion der klassischen Macht mit ihrer *architektonischen Potenz* in Verbindung bringt. So formuliert er etwa in dem bereits zitierten Reisebericht "Illyrien": "Große Architektur ist immer der untrügliche und anscheinend auch unentbehrliche Ausdruck eines wirklichen Staates. Weder ein Bauerndorf noch der Weltmarkt vermögen derartiges hervorzubringen."[129] Von der modernen Bio-Macht gilt nun, daß ihre "höchste Funktion nicht mehr das Töten, sondern die vollständige Durchsetzung des Lebens ist. Die alte Mächtigkeit des Todes, in der sich die Souveränität symbolisierte, wird nun überdeckt durch die sorgfältige Verwaltung der Körper und die rechnerische Planung des Lebens."[130]

Daß es vor allem *das Klassische* - die Möglichkeit der (ontologischen, im Sein verankerten) *Unterscheidung* - ist, das mit der Emergenz der modernen Bio-Macht auf dem Spiel steht, hat Valéry ebenfalls klar gesehen, wenn er seinen Faust erklären läßt: "Diese Seele, die sich jedem aufdrängte als das allmächtige Gefühl eines unvergleichlichen und unzerstörbaren Wertes, als unstillbares Begehren und Vermögen zu genießen, zu leiden, sich selbst gleichzubleiben, und das durch nichts beeinträchtigt werden konnte - diese Seele ist entwertet."[131] Carl Schmitt spricht davon, daß der neue 'Geist' der Zeit "alles auf die Formel seines Bewußtseins bringt und keine Geheimnisse und keinen Überschwang der Seele gelten läßt" (*DN*, 64). Was der "Seele" aber vor allem zu Leibe rückt, das ist die Auflösung des moralisch-theologischen Schemas gut - böse, das nicht etwa beseitigt, aber auf einer Skala abgetragen wird, die es aus einer *qualitativen* in eine *quantitative* Unterschei-

---

129 Schmitt 1925, 294.
130 Foucault 1977, 166f.
131 Valéry 1990e, 276.

dung überführt: "An die Stelle der Unterscheidung von gut und böse trat eine sublim differenzierte Nützlichkeit und Schädlichkeit." (*DN*, 65). Mit der Wendung von der *sublimen Differenzierung* trifft Schmitt genau die Operationsweise des von Foucault so genannten *Normalitätsdispositivs*, das die klassische, qualitativ-exkludierende Unterscheidungstechnik durch ein quantitativ-inkludierendes Differenzierungsverfahren ersetzt, das mit "kleinsten Differenzen" und ihren "Übergängen" arbeitet. Die Unterscheidung *Normal/Pathologisch* hat in unserer Kultur deshalb einen solch hohen Stellenwert, weil sie einmal eine Reduktion aller sonstigen Oppositionen (Gut - Böse, Erlaubt - Verboten, Kriminell - Nichtkriminell) gestattet und weil sie zum anderen auf der Basis der Annahme einer grundsätzlichen Kontinuität beider Werte der Unterscheidung funktioniert: sie stimuliert eine Kultur, nach Techniken zu fahnden, die das Pathologische zu renormalisieren erlauben, statt es einfach zu annihilieren.

Vor diesem epistemologisch-machttechnischen Hintergrund muß man die Fortsetzung der Erläuterungen Fausts verstehen: "Das Individuum liegt im Sterben. Es ertrinkt in der Zahl. Die Unterschiede verschwinden vor der Anhäufung der Lebewesen. Laster und Tugend sind nur noch unmerkliche Verschiedenheiten [Schmitts 'sublime Differenzierungen', Vf.], die in der Masse dessen verschwimmen, was sie 'das Menschenmaterial' nennen. Der Tod ist nur noch eine statistische Eigenschaft dieser gräßlichen lebenden Materie. Er verliert seine Würde und seine ... klassische Bedeutung."[132] Man muß diese Darlegung Fausts lediglich entmoralisieren, sie von ihrer kulturkritischen Patina befreien, um die Ebene jener Positivitäten zu erreichen, die Foucault zum Gegenstand seiner Analyse der nachklassischen Machtformation macht. Daß mit der Institutionalisierung der Normalitätsdispositive im 19. Jahrhundert[133] eine neue "Ära" begonnen hatte, daß es sich bei diesem Prozeß um ein Ereignis von weltgeschichtlichem Rang handelt, um eine wirkliche "Neuartigkeit", die auf klassische Geister zweifellos "erschreckend" wirken mußte, hat Foucault mit größter Klarheit ausgesprochen: "Der abendländische Mensch lernt allmählich, was es ist, eine lebende Spezies in einer lebenden Welt zu sein, einen Körper zu haben sowie Existenzbedingungen, Lebenserwartungen, eine individuelle und kollektive Gesundheit, die man modifizieren, und einen Raum, in dem man sie optimal verteilen kann. *Zum ersten Mal in der Geschichte reflektiert sich das Biologische im Politischen (Pour la première fois sans doute dans l'histoire, le biologique se réfléchit dans le politique).* Die Tatsache des Lebens ist nicht mehr

---

132  Ebd., 276f.

133  denen Schmitt, der natürlich nicht über diesen *Begriff* verfügte, wohl aber die von ihm gemeinte Sache erfaßt hatte, eine frühe Satire: *Die Buribunken* gewidmet hat. Vgl. dazu meine Analyse in diesem Kapitel, 6. Abschnitt.

der unzugängliche Unterbau, der nur von Zeit zu Zeit, im Zufall und in der Schicksalhaftigkeit des Todes ans Licht kommt. [...] Jahrtausende hindurch ist der Mensch das geblieben, was er für Aristoteles war: ein lebendes Tier, das auch einer politischen Existenz fähig ist. Der moderne Mensch ist ein Tier, in dessen Politik sein Leben als Lebewesen auf dem Spiel steht."[134] Mit der Metapher vom Leben als "Unterbau" (*sousbassement*) der bisherigen, klassischen Politik bedient sich Foucault derselben Topik wie Valérys Faust, der Mephistopheles darüber belehrt, daß die neue Politik die "Oberfläche der Dinge" durchstößt, um zur "Substanz des Lebens" vorzudringen.

Ingeborg Villinger hat gemeint, Carl Schmitt könne, "ausgehend von seinem Begriff des Politischen, dessen Wesensmerkmal die Sichtbarkeit von Macht und Entscheidung ist, die mit Beginn des 19. Jahrhunderts sich formierende unsichtbare Lebensmacht nicht mehr als politische Macht er- und anerkennen"[135]. Dem möchte ich widersprechen, denn es ist kein Zufall, daß Schmitt bereits in der *Politischen Theologie* den Begriff des *Lebens* ins Zentrum seiner Überlegungen zum Begriff der *Ausnahme* rückt, ja daß er sogar seine eigene Perspektive auf das Phänomen der Ausnahme und des extremen Falls ausdrücklich als die einer "Philosophie des konkreten Lebens" bestimmt: "In der Ausnahme durchbricht die Kraft des wirklichen Lebens die Kruste einer in Wiederholung erstarrten Mechanik." (*PTh*, 22) In seinem Vortrag über das "Zeitalter der Neutralisierungen und Entpolitisierungen" wird Schmitt diese frühe, vitalistische Entgegenstellung von Leben und Mechanik (d.h. Tod) kritisieren und als ein typisches Symptom jener "Kulturuntergangsstimmung" bewerten, die die "uns vorangehende Generation" (*BdP*, 92) kennzeichnete. Die Schlußpassage des Vortrags formuliert nun exakt jene *Paradoxie* der modernen Bio-Macht, die darin besteht, daß die Macht in dem Maße, wie sie auf das Recht des Souveräns, sterben zu lassen, verzichtet, Blutbäder und Völkermorde geschehen läßt - "nicht durch eine Rückkehr zum alten Recht des Tötens, sondern im Gegenteil im Namen der Rasse, des Lebensraums, der Lebens- und Überlebensbedingungen einer Bevölkerung"[136]. *Das Leben selbst wird zum Ort der politischen Dissoziation*: weil es in der Politik von nun an um das Leben selbst geht, weil sich zum ersten Mal in der Geschichte das Biologische im Politischen reflektiert, nimmt es jenen "äußersten Intensitätsgrad" (*BdP*, 27) an, durch den sich die Freund-Feind-Gruppierung vor allen anderen Assoziationen auszeichnet.

Schmitt weiß, "daß *heute* der schrecklichste Krieg nur im Namen des Friedens, die furchtbarste Unterdrückung nur im Namen der Freiheit und die schrecklichste

---

134  Foucault 1977, 170f.
135  Villinger 1992, 211.
136  Deleuze 1987, 128.

Unmenschlichkeit nur im Namen der Menschheit vollzogen wird" (*BdP*, 94). Schmitt hat die moderne Lebensmacht als das paradoxe Phänomen gedacht, als das sie auch bei Foucault firmiert: sie ist jene Macht, die *unter Umständen* (nicht: *per se*) das Politische in eine *exzessive* Dynamik hineintreibt, die es über sich selbst hinaustreibt. Von den "'endgültig letzten Kriegen der Menschheit'", unter deren Flagge die Lebensmacht gerne ihre Kriege gegen die 'Kriegstreiber' organisiert, schreibt Schmitt: "Solche Kriege sind notwendigerweise besonders intensive und unmenschliche Kriege, weil sie, *über das Politische hinausgehend*, den Feind gleichzeitig in moralischen und anderen Kategorien herabsetzen und zum unmenschlichen Scheusal machen müssen, das nicht nur abgewehrt, sondern definitiv *vernichtet* werden muß, *also nicht mehr nur ein in seine Grenzen zurückzuweisender Feind* ist. An der Möglichkeit solcher Kriege zeigt sich aber besonders deutlich, daß der Krieg als reale Möglichkeit heute noch vorhanden ist, worauf es für die Unterscheidung von Freund und Feind und für die Erkenntnis des Politischen allein ankommt." (*BdP*, 37) Obwohl Schmitt also die Gefährdung des klassischen *Status* des Politischen durch seine Integration in die moderne Lebensmacht eingesteht (das Politische geht hier über sich selbst hinaus), subsumiert er andererseits auch die vitalen Massaker noch unter sein 'Kriterium', weil sie dem Politischen eine nie zuvor dagewesene 'existentielle' Intensität verleihen. Jener Prozeß, der das Politische über sich selbst hinaustreibt, ist zugleich das stärkste Faktum für die unverminderte Gültigkeit der Freund-Feind-Unterscheidung. Das Politische kann unter den Bedingungen der Bio-Macht nur überleben, wenn es sich einer Dynamik anvertraut, die es seiner klassischen Gestalt radikal entfremdet. Nach 1945, im *Nomos der Erde*, kann Schmitt dann angesichts der Konsequenzen des zurückliegenden nazistischen Weltanschaungs- und Vernichtungskrieges die völkerrechtliche Leistung der *Hegung des Krieges*, die auf der Unterscheidung von Feind und Verbrecher basiert, als eine "Rationalisierung und Humanisierung von stärkster Wirkung" (*N*, 114) feiern, obwohl er sehr genau weiß, daß die Bedingungen für die Geltung des Jus Publicum Europaeum längst entfallen sind.

*Der Begriff des Politischen* antwortet auf das Eindringen der modernen Lebensmacht in das überkommene souveräne Institut des *ius belli*: "Nie waren die Kriege blutiger als seit dem 19. Jahrhundert und niemals richteten die Regime - auch bei Wahrung aller Proportionen - vergleichbare Schlachtfeste unter ihren eigenen Bevölkerungen an. Aber diese ungeheure Todesmacht kann sich zum Teil gerade deswegen mit solchem Elan und Zynismus über alle Grenzen ausdehnen, weil sie ja nur das Komplement einer positiven 'Lebensmacht' darstellt, die das Leben in ihre Hand nimmt, um es zu steigern und zu vervielfältigen, um es im einzelnen zu kontrollieren und im gesamten zu regulieren. Kriege werden nicht mehr im Namen eines Souveräns geführt, der zu verteidigen ist, sondern im Namen der Existenz aller. Man stellt ganze Völker auf, damit sie sich im Namen der Notwendigkeit ihres Lebens gegenseitig umbringen."[137] Nur von diesen Sätzen Foucaults aus erschließt sich die eigentümliche Schlußpassage des Vortrags über das "Zeitalter der Neutralisierungen und Entpolitisierungen", in dem Schmitt so großen Wert darauf legt, das "Zeitalter der Technizität" nicht einfach als "seelenlose Mechanik" oder "kulturellen" bzw. "geistigen Tod" zu verdammen. Wir wissen, so Schmitt, "daß es falsch ist, ein politisches Problem mit Antithesen von mechanisch und organisch, Tod und Leben zu lösen. Ein Leben, das gegenüber sich selbst nichts mehr hat als den Tod, ist kein Leben mehr, sondern Ohnmacht und Hilflosigkeit. Wer keinen anderen Feind mehr kennt als den Tod und in seinem Feinde nichts erblickt als leere Mechanik, ist dem Tode näher als dem Leben, und die bequeme Antithese vom Organischen und Mechanischen ist in sich selbst etwas Roh-Mechanisches. Eine Gruppierung, die auf der eigenen Seite nur Geist und Leben, auf der anderen nur Tod und Mechanik sieht, bedeutet nichts als einen Verzicht auf den Kampf und hat nur den Wert einer romantischen Klage. Denn das Leben kämpft nicht mit dem Tod und der Geist nicht mit der Geistlosigkeit. Geist kämpft gegen Geist, Leben gegen Leben, und aus der Kraft eines integren Wissens entsteht die Ordnung der menschlichen Dinge. *Ab integro nascitur ordo*." (*BdP*, 95)

Diese Sätze Schmitts tragen einer epistemologischen Neubestimmung des Verhältnisses von Leben und Tod Rechnung, wie sie die medizinische Erfahrung im 19. Jahrhundert ermöglichte. *Der Tod hört auf, das Ende des Lebens zu sein.* Er büßt seine absolute Gegenstellung gegen das Leben ein, man beginnt zu erkennen, daß er "vielfältig und zeitlich gestreut" ist, in jedem Fall aber zu Unrecht mit der Sphäre des Mechanischen und Physikalischen symbolisch gleichgesetzt wird. Der Tod ragt in das Leben hinein, und selbst wenn das Individuum bereits gestorben ist, halten sich noch die "hartnäckigen Inselchen des Lebens"[138] und harren ihrer letzten Stunde. In der *Geburt der Klinik* hat Foucault dieses neue Denken des Todes an den Namen *Bichats* geknüpft: "Bichat hat den Begriff des Todes relativiert, hat ihn seiner Absolutheit beraubt, welche ihn zu einem unteilbaren, entscheidenden und unwiderruflichen Faktum gemacht hatte; er hat ihn sich in das Leben verflüchtigen lassen, indem er ihn in partielle und langsam fortschreitende Tode auflöste, die erst nach dem eigentlichen Tod abgeschlossen sind. Aus dieser Tatsache machte er aber eine wesentliche Struktur des medizinischen Denkens und Wahrnehmens: der Tod ist das, dem sich das Leben *entgegensetzt* und in dem es sich *auseinandersetzt*; bezogen auf ihn ist es lebendige *Opposition* und daher *Leben*; in ihm findet es seine *Exposition* und damit seine *Wahrheit*. [...] Der Vitalismus beruht auf einem

---

137  Foucault 1977, 163.
138  Foucault 1976, 156.

'Mortalismus'."[139] Auch der *Begriff des Politischen* beruht auf einem *Mortalismus*, nämlich auf einer gegenüber der "romantischen Klage" der Kulturpessimisten völlig verschiedenen Auffassung des *Todes*, der ein für allemal von der Sphäre des Anorganischen und Mechanischen unterschieden ist. Der Tod ist dasjenige am Leben, dem es seine spezifische "Spannung" verdankt, er ist nicht das absolute Gegenteil des Lebens. Vielmehr ist er jene Kraft, die bewirkt, daß sich das Leben sich selbst entgegensetzt, daß es sich mit sich selbst auseinandersetzt. Wenn das Leben nichts als Leben wäre, wüßte man nicht, wie der "Kampf" in es hineinkommt. Wenn der Tod dem Leben wesentlich entzogen und fremd gegenüberstünde, hätte das Leben keine Chance, ihn jemals zu besiegen, ja es würde in der Konsequenz den "Verzicht auf den Kampf" bedeuten, wie Schmitt schreibt: "Denn das Leben kämpft nicht mit dem Tod", nämlich insofern nicht, als er das ganz Andere des Lebens ist. Es kann mit ihm nur kämpfen, wenn es eine ursprüngliche Bezogenheit des Lebens auf den Tod gibt, wenn das Leben den Tod immer schon impliziert. Auf der Grundlage der biomedizinischen *Auflösung der Unterscheidung von Leben und Tod*, genauer: der Juxtaposition ihrer beider Glieder, rekonstruiert Schmitt einen Begriff des Politischen, der die obsolet gewordene *qualitative* Differenz von Leben und Tod in die Immanenz des Lebens wiedereinführt und auf diese Weise die Bedingung der Möglichkeit des Kampfes "Leben gegen Leben" gewinnt. Das "integre Wissen" ist die Erkenntnis des Lebens als "lebendige *Opposition*" (Foucault).

## 5. "Die Buribunken" - *Versuch über die Schriftmacht*

Sieht man einmal von dem 1954 veröffentlichten "Gespräch über die Macht und den Zugang zum Machthaber" ab, sucht man bei Schmitt vergebens nach einer expliziten *Theorie der Macht*. In seinem Vorbehalt machttheoretischen Reflexionen gegenüber dürfte sich der passionierte Max Weber-Leser Schmitt nicht zuletzt durch eine einschlägige Formulierung des Soziologen bestätigt gesehen haben, der "Macht" in *Wirtschaft und Gesellschaft* als einen im Sinne Schmitts *unklassischen* (weil diffusen, nicht deutlich abgrenzbaren) Begriff einführt: "Der Begriff 'Macht' ist soziologisch amorph. Alle denkbaren Qualitäten eines Menschen und alle denkbaren Konstellationen können jemand in die Lage versetzen, seinen Willen in einer gegebenen Situation durchzusetzen."[140] Weber weicht daher für die Zwecke seiner politischen Soziologie auf den 'präziseren' Begriff der *Herrschaft* aus, die von an-

---

139  Ebd., 158f.
140  Weber 1980, 28f.

deren Formen der Willensdurchsetzung durch das Kriterium der *befehlsförmigen* Ausübung unterschieden ist. Aber obwohl Schmitt in seinen Texten häufig den Begriff der Herrschaft in Anspruch nimmt, ist er doch wie im Fall der Macht kaum Kristallisationspunkt theoretischer oder definitorischer Anstrengungen.

Wenn Schmitt zeit seines Lebens wenig versucht war, an die Herrschaftssoziologie Webers terminologisch explizit anzuknüpfen, dann deshalb, so glaube ich, weil ihn das Bewußtsein der historischen Vorläufigkeit des modernen staatsbezogenen Politikbegriffs die generalisierende soziologische Begriffssprache meiden ließ, der für den Politischen Theologen zumal der Ruch des "geistigen Neutralismus" (*BdP*, 87) anhaftete. Weder "Macht" noch "Herrschaft" haben in der Terminologie Max Webers einen besonderen Bezug zur Sphäre des Politischen bzw. des Staates. Unter den Bedingungen des neuzeitlichen Staates, wie er als das Ergebnis der konfessionellen Bürgerkriege in Europa seit dem 16. Jahrhundert allmählich Form annahm, konnte für Schmitt eine Theorie der politischen Macht bzw. eine Soziologie der Herrschaft nur die Gestalt einer "Lehre von der Souveränität" annehmen. Das Geheimnis der Macht bzw. der Herrschaft lag seit der Bildung zentralisierter Territorialstaaten, die erfolgreich das *ius belli* für sich monopolisierten, im "Grenzbegriff" (*PTh*, 11) der Souveränität und nirgends sonst. Aber noch bevor Schmitt seine um diesen Grenzbegriff zentrierte *Politische Theologie* ausarbeiten sollte, wußte er bereits, daß ihre klassische Phase unwiderruflich abgelaufen war und daß es nun allenfalls noch darum gehen konnte, das Regime der Souveränitätsgesellschaft unter den Bedingungen einer ganz anders gearteten Machtökonomie zu rekonstruieren, für die Schmitt zunächst keinen Namen fand, deren Wirkungsweise er aber im Medium des literarischen Diskurses zu 'inszenieren' versuchte.

Schmitts 1917 geschriebener "geschichtsphilosphischer Versuch" *Die Buribunken* ist eine frühe Satire auf jene bereits im 19. Jahrhundert erfundene 'normalistische' *Wissens-Macht*, deren Analytik Michel Foucault dann in den siebziger Jahren schreiben sollte. Foucault hatte in der *normativen Individualisierung*, deren Funktionsweise exemplarisch am Ritual der *Prüfung* abgelesen werden kann, jenen Mechanismus ausgemacht, "der eine bestimmte Form der Machtausübung mit einem bestimmten Typ der Wissensformierung kombiniert"[141] und damit jenen Macht-Wissen-Nexus herstellt, der an die Stelle des klassischen Souveränitätsrituals tritt, das nach der militärischen Logik von Befehl und Gehorsam funktioniert. Die 'normative Macht', die nicht ohne weiteres mit der vielzitierten "Disziplinarmacht" zusammenfällt, bewirkt zunächst eine überraschende *Umkehrung der Ökonomie der Sichtbarkeit*, die den klassischen Souverän in ein alles überstrahlendes Licht, in die Helle des fortdauernden Triumphes tauchte, von dem nur wenig auf die ihm Un-

---

141  Foucault 1981, 241.

terworfenen fiel; die Disziplinarmacht dagegen "setzt sich durch, indem sie sich unsichtbar macht, während sie den von ihr Unterworfenen die Sichtbarkeit aufzwingt"[142]. Mit der Ökonomie der Sichtbarkeit wälzt sich auch die (diskursive) Ökonomie des *Sagbaren* um: die Prüfung macht die Individualität *dokumentierbar*, indem sie sie in ein "Netz des Schreibens und der Schrift" einfängt. Die sorgfältige *Dokumentation* der Machtunterworfenen mit Hilfe eines ganzen Schwarms 'kleiner' "Notierungs-, Registrierungs-, Auflistungs- und Tabellierungtechniken"[143] ergänzt und ersetzt schließlich die zeremonielle *Repräsentation* des souveränen Machtinhabers. In dem Maße, wie die moderne Disziplinarmacht als *Schriftmacht*[144] an komplexe Aufzeichnungsapparate angeschlossen ist, konstituiert sie das 'Individuum' als immer weiter auflösbares Wissensobjekt und plaziert es gleichzeitig in ein statistisch gewonnenes Vergleichsfeld, "das die Messung globaler Phänomene, die Beschreibung von Gruppen, die Charakterisierung kollektiver Tatbestände, die Einschätzung der Abstände zwischen den Individuen und ihre Verteilung in einer 'Bevölkerung' erlaubt"[145]. Die Dokumentationstechniken der Disziplinarmacht gestatten es, aus jedem Individuum einen '*Fall*' zu machen, was eine folgenreiche "Umkehrung der politischen Achse der Individualisierung" voraussetzt[146]: War die "gemeine Individualität"[147] lange Zeit unterhalb der Wahrnehmungs- und Beschreibungsschwelle geblieben, war es über Jahrhunderte hinweg ein Privileg und Ritual der herausgehobenen politischen Macht, betrachtet, beobachtet und erzählt zu werden, erreichte "die Individualität ihren höchsten Grad in den höheren Bereichen der Macht und am Ort der Souveränität"[148], so löst die Disziplinarmacht die Individualisierungsprozeduren von der überkommenen Heroisierungsfunktion und stellt sie dem Geschäft der Ermittlung kleiner und kleinster Unterschiede zwischen den Individuen zur Verfügung.

Ich möchte nun zunächst meine These erläutern, warum - anders als etwa Reinhart Koselleck behauptet - *Die Buribunken* nur vordergründig eine Satire auf den Historismus sind.[149] In Wahrheit legt der Text im Medium des literarischen

---

142  Ebd., 241.
143  Ebd., 246.
144  Ebd., 244.
145  Ebd., 245.
146  Ebd., 248.
147  Ebd., 246.
148  Ebd., 248.
149  "Es handelt sich um eine von Einfallsreichtum und Anspielungen überschäumende Parodie auf den Historismus und die Fortschrittsgläubigkeit, wie sie in den Programmen damaliger wissenschaftlicher und gesellschaftlicher Organisationen ihren Ausdruck fanden." (Koselleck 1985, 8)

Diskurses Zeugnis ab vom Problem des Eintritts der "gemeinen Individualität" in das Feld des Wissens, von der Entstehung jener "ruhmlosen Archive"[150], die das Ergebnis einer Ausweitung der politischen Beobachtung auf 'alles, was passiert', sind. Von der Polizeigewalt wünschen sich die Theoretiker der Disziplinarmacht, daß sie, wie Foucault schreibt, "'alles' erfassen [muß]: allerdings nicht die Gesamtheit des Staates oder des Königreiches als des sichtbaren und unsichtbaren Körpers des Monarchen, sondern den Staub der Ereignisse, der Handlungen, der Verhaltensweisen, der Meinungen - 'alles, was passiert'. [...] Mit der Polizei befindet man sich in einer infinitesimalen Kontrolle, welche die oberflächlichsten und flüchtigsten Erscheinungen des Gesellschaftskörpers zu erfassen sucht"[151]. François Ewald hat in seiner großangelegten Studie über die Geburt des modernen *Vorsorgestaates* ausführlich die epistemologischen Voraussetzungen der neuen Machtformation beschrieben. Im Kern bestehen sie in der Kombination der *Statistik*, die als "politische Arithmetik" bereits in der überlieferten "Polizeiwissenschaft" eine bedeutende Rolle spielte, mit dem *Wahrscheinlichkeitskalkül*. Die Bedeutung Adolphe Quételets, des berühmten belgischen "Sozialphysikers", liegt in der konsequenten Anwendung des mathematischen Wahrscheinlichkeitskalküls auf die von der Statistik zur Verfügung gestellten Daten. Obwohl man schon lange gelernt hatte, die Bevölkerungen zu zählen, erhielt man doch lediglich "passive Summen" (Ewald), deren Aussagekraft zu wünschen übrig ließ. Die Anwendung des Wahrscheinlichkeitskalküls (in Gestalt der von Quételet ausgearbeiteten "Theorie der Mittelwerte") modifizierte nicht nur die interne Struktur der Statistik - sie wandelte sich von der deskriptiven zur numerischen Statistik -, sondern hatte auch ihre Ausweitung auf beliebige soziale Gegenstände sowie die immer intensivere Erhebung von Daten im Gefolge. Kein Gebiet war ihr mehr prinzipiell verschlossen und je tiefer sie ein Feld durchdrang, desto präziser mußten die Berechnungen ausfallen: "Diese universelle Statistik muß die Gestalt eines unendlichen Inventars annehmen. [...] Mit dem Paar Statistik-Wahrscheinlichkeitskalkül treten wir in den Kreislauf eines beständigen Anwachsens immer zahlreicherer und präziserer Aufzeichnungen, in die Spirale der Beobachtung ein - eine ständige und ständig erneuerte, sich selbst immer wieder in Schwung bringende Aufzeichnung. Die Utopie des unendlichen Inventars, der perfekten Zählungen, der lückenlosen Erfassung. *Am besten, ein jeder beobachtete sich ständig und durchgehend von Kindesbeinen an und zeichnete gleichzeitig alles auf.*"[152] Die Herstellung eines solchen "unendlichen Inventars", eines "unermeßliche[n] Polizeitext[es]", der "die Gesellschaft mittels einer kom-

---

150  Foucault 1981, 246.
151  Ebd., 274.
152  Ewald 1993, 180f. - m.H.

plexen dokumentarischen Organisation abzudecken" versucht[153], ist nun aber genau der harte Kern des *buribunkologischen Projekts*, dessen imaginäre Vorgeschichte Schmitt in seinem "Versuch" zu skizzieren vorgibt.

Das 'Telos' des buribunkologischen Projekts liegt in der vollständigen Transformation des *Lebens* in *Schrift*. Die möglichst lückenlose Registrierung aller das einzelne Individuum betreffenden Ereignisse soll allmählich übergehen in die Praxis einer permanenten Selbst-Registrierung, deren Gegenstand folglich nur noch sie selbst sein kann, ein perfekter durch keine Fremdreferenzen mehr unterbrochener Zirkel, in dem allein Buchstaben auf Buchstaben reagieren: "Erst in der Sekunde, in welcher der einzelne Buchstabe aus der sinn- und bedeutungslosen Gleichgültigkeit der Tastatur auf die belebte Zusammenhangsfülle des weißen Blattes schlägt, ist eine historische Realität gegeben, erst diese Sekunde ist die Geburtsstunde des Lebens" (104)[154]. Der Wahlspruch des Buribunken: "Ich bin ein Buchstabe, der sich selbst schreibt" (103). Die Buribunkologie hält ihre Anhänger dazu an, auf dem Wege der *Tagebuchführung* ihr Selbstverhältnis dokumentarisch auszubeuten, um so rückhaltlos mit dem "Weltgeist" verschmelzen zu können, der mittlerweile zu einer "schreibenden Macht" (105) geworden ist.

Bei seinem Versuch, die Vorgeschichte der "Selbst-Historisierung" der 'gemeinen Individualität' zu schreiben, stellt Schmitt fest, daß die Ahnen der Buribunkologie, Don Juan und sein Diener Leporello, offenbar noch nicht über die, mit Foucault zu reden, diskursiven Verfahren der 'absteigenden' Individualisierung verfügen. Das angelegte Register über die unzähligen Verführungen Don Juans ist noch als *episodisch* strukturierter Bericht über die außerordentlichen amourösen Abenteuer eines Libertins angelegt und enthält uns die entscheidenden Informationen über den 'Fall' Don Juan, seine *psychologische* Besonderheit, vor. Schmitt vermißt in Leporellos Registerführung die "buribunkische Filmhaltung" (93), das "Bestreben nach zuverlässiger Detailforschung" (95), die statistische Gliederung des Zahlenwerks sowie die "Darstellung der Entwicklung" (94), die zwischen den aufeinanderfolgenden Verführungen erst das "geistige Band" stifte. Vor allem aber beklagt er den Mangel eines jeden "spezifisch historischen Interesse[s] an der Individualität des einzelnen Vorgangs oder der einzelnen Persönlichkeit" (94) und beschreibt damit exakt die Abwesenheit jener Diskursformation, die das Individuum einer infinitesimalen Beobachtung unterwirft.

---

153  Foucault 1981, 275.

154  Die Ziffern in Klammern ohne weitere Angaben verweisen auf die entsprechenden Seiten der "Buribunken" (Schmitt 1918).

Erst Ferker, "als Sohn kleiner Leute geboren" (97), gelingt es, das "Tagebuch zu einer ethisch-historischen Möglichkeit" (96) zu machen und den unüberholbaren kategorischen Imperativ des Buribunkentums zu formulieren: "Sei dir selbst Geschichte! Lebe, daß jede deiner Sekunden in deinem Tagebuch eingetragen werden und deinem Biographen in die Hände fallen kann!" (96). Und wenn wir lesen, daß "der große Ferker" selbst sich am Ende seines Lebens gegen das Ethos der buribunkischen *Veridiktion* versündigte, weil er sich nicht dazu verstehen wollte, die "Perversionen" seines Herzens "sine ira et studio in das Buch der Geschichte einzutragen" (99), also "die seelischen Leiden, statt sie niederzuschreiben und durch eine Publikation abzureagieren", in sich verschloß (100), dann erinnern wir uns, daß die von Foucault beschriebenen 'absteigenden' Individualisierungsprozeduren ihr bevorzugtes Objekt in der Vielgestaltigkeit des Nicht-Normalen, des Pathologischen fanden: "wenn man den gesunden, normalen, gesetzestreuen Erwachsenen individualisieren will, so befragt man ihn immer danach, was er noch vom Kind in sich hat, welcher geheime Irrsinn in ihm steckt, welche tiefe Verbrechen er eigentlich begehen wollte"[155]. Die Perversionen und die seelischen Leiden, die Gestalten des Verbrechens und des Bösen, die unser Inneres bevölkern und jederzeit unsere Handlungen bestimmen können, sie alle haben aufgehört, der große Gegenspieler der Macht zu sein, der nur gewaltsam niedergehalten zu werden vermag.

Die Positivierung und Entdramatisierung des *Pathologischen* ist die vielleicht entscheidendste Wirkung der mit dem 'normativen Schema' operierenden Macht. Das Pathologische wird nicht mehr wie in der klassischen Metaphysik als *privatio boni* zum Verschwinden gebracht oder zu einer unbeeinflußbaren teuflischen Macht dämonisiert, sondern als ein reich gegliederter Gegenstand des Wissens entdeckt. Das Problem der Staatwerdung, wird Schmitt später schreiben, sei beim Menschen "unendlich schwieriger" als bei den Tieren, "weil dieser seine Sexualität nicht aufgibt und damit seinen ganzen rebellischen Individualismus behält" (*L*, 58). Daß sich der souveräne Staat nur im beständigen Kampf gegen die menschliche Sexualität, die symbolisch als 'Energiespender' für seine antistaatlichen (und ineins damit: antisozialen), d.h. 'bösen' Affekte vorgestellt wird, behaupten kann, zeigt am deutlichsten den *pränormalistischen* Charakter der souveränen Macht, die sich in den negativen Akten der Repression und der Niederhaltung, der Abschöpfung und der Abwehr eines machtvollen, in der menschlichen Natur verankerten Gegenübers manifestiert, das sich dem regulierenden Zugriff entzieht. Die normative Individualisierung der neuen Macht kennt nun ein solches Äußeres nicht mehr: "Das Anormale ist von keiner anderen Natur als das Normale. Die Norm, der normative Raum kennt kein Draußen. Die Norm integriert alles, was über sie hinausgehen wollte -

---

155  Foucault 1981, 249.

niemals kann etwas oder kann jemand, welche Differenz es oder er auch immer zur
Schau stellt [wie rebellisch sein Individualismus auch immer sein mag, Vf.], sich
als äußerlich ausgeben und eine Alterität in Anspruch nehmen, derart, daß es oder
er ein anderer wäre. [...] Für ein Denken der Norm ist die Anomalie nicht anormal.
Sie zeugt nicht von einer Differenz, die so stark wäre, daß es in der Natur Scheide-
linien geben könnte"[156].

Ferkers Nachfolger, Schnekke, jedenfalls hat die Furcht seines Vorgängers vor
dem schrankenlosen Polizeitext endgültig überwunden, er "ist nichts mehr als Ta-
gebuchführer" (101) und ihm gelingt es auch, der Praxis rückhaltloser individueller
Selbstkontrolle ein kollektives Statut zu geben, sie für den Aufbau eines gesell-
schaftsweiten "Vergleichsfeldes" (Foucault) zu nutzen, in dem die Informationen
systematisch gesammelt und einem Prozeß zentralisierter Auswertung zugeführt
werden: die Verstaatlichung der Individualisierungsmechanismen: "Denn mitten in
seinem ununterbrochenen Tagebüchern fand Schnekke bei seinem starken Allge-
meingefühl und seinem universellen Instinkt Gelegenheit, das Tagebuch aus der
verengenden Verknüpfung mit der Einzelperson zu lösen und zu einem Kollektiv-
organismus zu gestalten. Die großzüge Organisation des obligatorischen Kollek-
tivtagebuchs ist sein Werk" (101).

Obwohl Carl Schmitt sich also weitgehend der expliziten machttheoretischen Argumentation enthält, ahnt man vielleicht vor dem Hintergrund dieser Analyse der
"Buribunken", in welchem Maße er sich einem fundamentalen Wandel in der *Ausübungsmodalität der Macht* bewußt war, der keinen der für die Beschreibung des
neuzeitlichen Staates zur Verfügung stehenden klassischen Begriffe unangetastet
läßt, sie vielmehr allesamt in ein ironisches Licht taucht. Immer wenn sich Schmitt
der Problematik moderner Machtverhältnisse widmet, ohne notwendigerweise den
Namen der Macht ins Spiel zu bringen, immer wenn er sich in die Region begibt, in
der das Politische mit dem Leben und seinen Technologien 'reagiert', zeigt er ein
höchst waches Bewußtsein für die Historizität des seine Analysen leitenden
Kategorienapparates. So fragt er sich in seinem *Gespräch über die Macht und den
Machthaber*, was es wohl für die Souveränität des Souveräns bedeutet, wenn man
sich klar macht, in welchem Maße dieser für seine Entscheidungsfindung auf die
Information *anderer* angewiesen ist, die sich damit vielleicht als die eigentlichen
Souveräne herausstellen. Und was mag es erst für die Position des Souveräns
bedeuten, wenn die Funktion der Informanten, der "Indirekten", durch den Einsatz
von "Maschinen, die schneller und besser rechnen als jedes menschliche Gehirn",
*technisiert* wird (*GMM*, 15)? Schließlich gehört zum Bereich der souveränen
Entscheidung nicht nur das *quis iudicabit*, sondern auch das *quis interpretabitur*.

---

156  Ewald 1991, 168f.

Die Technisierung aller politischen Funktionen entlarvt im 20. Jahrhundert die Figur der souveränen politischen Person als eine *Fiktion* - wobei Schmitt davor warnt, allzu rasch die Geste der Verabschiedung zu bemühen.

Aus seinen Texten kann man lernen, daß alles darauf ankommt, die Beobachtung der Entwertung vormals wirkungsmächtiger "metaphysischer Bilder" und der an ihren Horizont gebundenen "radikale[n] Begrifflichkeit" (*PTh*, 59) nicht vorschnell zu verallgemeinern. Es gilt, eine genaue Bestimmung der Reichweite von symbolischen Devaluierungsprozessen vorzunehmen, in Kategorien von Dominanzwechseln, Funktionsverschiebungen, komplexen ('unsauberen') Überlagerungen und Rekombinationen zu denken, statt Geschichte als einen Prozeß fortlaufender Totalsubstitutionen zu schreiben. Nichts Überliefertes dauert unverändert fort: mit dem Begriff der Tradition verstellt man sich systematisch den Zugang zu den gewagten Wiederaufnahmen, Umcodierungen und Montagen der überlieferten semantischen und institutionellen Bestände. Zweifellos ist die Vorstellung souveräner politischer Gewalt nicht nur eine logische Zumutung (worauf besonders nachdrücklich Hans Kelsen hingewiesen hat, allerdings in der irrtümlichen Annahme, hiermit dieser Vorstellung den Todesstoß versetzt zu haben[157]), sondern auch (worauf ebenfalls Kelsen hingewiesen hat) ein *Archaismus* -, den man allerdings nicht schon dadurch erledigt, daß man ihn religionssoziologisch oder psychoanalytisch entlarvt. Man sollte stattdessen lieber nach seinen verhängnisvollen aktualhistorischen Einsatzmöglichkeiten forschen.

---

157  In seinem für die Problematik der politischen Theologie wichtigen Aufsatz "Gott und Staat" aus dem Jahre 1923, der in einer überraschenden Nähe zu Schmitts *Soziologie* des Souveränitätsbegriffs steht (obwohl er gleichzeitig dessen Aktualisierung der politischen Theologie verwirft), weist Kelsen auf die logische Widersprüchlichkeit der Vorstellung einer Vielzahl *souveräner* Staaten hin, da es eine Souveränität im Plural offenbar nicht geben kann: Die Jurisprudenz habe erkannt, "daß der Staat, sofern er als souverän erklärt, d.h. verabsolutiert, als höchstes Rechtswesen vorausgesetzt wird, das *einzige* Rechtswesen sein muß, weil Souveränität des einen Staates - denkt man den Begriff der Souveränität konsequent zu Ende - die Souveränität jedes anderen Staates und damit jeden anderen Staat als souveränes Gemeinwesen ausschließt" (Kelsen 1923, 272).

## 6. Die Architektur des Politischen

> Das Schönste, das es gibt, ist
> notwendigerweise tyrannisch ...
> Paul Valéry

Die Rekonstruktion und symptomatologische Lektüre der Descartes-Rezeptionen Carl Schmitts und Paul Valérys setzt uns nun in den Stand, die eigentümliche Nachbarschaft der beiden Theoretiker, fast möchte man sagen: ihre gegenstrebige Fügung auch in ihrem Begriff des Politischen besser zu verstehen. Wenn Valéry das Politische als der Zustand der Unreinheit und Konfusion par excellence erschien, dann teilt er diese Intuition durchaus mit Carl Schmitt, der aus einer ganz ähnlichen Diagnose der 'Vermischung' des Politischen mit politik'fremden' Handlungen und Motiven den Schluß zog, daß es nötig sei, das Politische in seiner "Selbständigkeit" und Unableitbarkeit, mit anderen Worten: in der Art seiner Gegebenheit als 'reines' *Phänomen* wiederzugewinnen. Das Politische von den anderen Sachgebieten und deren Kriterien zu unterscheiden, mit denen es sich historisch bis zur Ununterscheidbarkeit vermischt hat, heißt für Schmitt, es als die 'letzte', unverfügbare Unterscheidung schlechthin zu bestimmen. *Das Politische besteht in der Möglichkeit der Unterscheidung.*

Bevor ich die Gründe für diese merkwürdige Nachbarschaft aufzuhellen versuche, die uns die metaphysische Grundstellung Carl Schmitts in aller Deutlichkeit vor Augen stellen wird (und gleichzeitig, wie der Blick auf Paul Valéry lehrt: ihre Unabhängigkeit von einem bestimmten Offenbarungsglauben), sei noch auf einen anderen Zug hingewiesen, der beiden Denkern gemeinsam ist und den ich gegen Ende des letzten Abschnitts bereits angedeutet habe. Der Wille zur Klassizität äußert sich symbolisch bei Valéry wie bei Schmitt in der Faszination, die die Sphäre des *Architektonischen* auf sie ausübt, und in dem Versuch, den Geist selbst als ein wesentlich 'architektonisches' Vermögen zu begreifen bzw. die Funktionsweise des menschlichen Erkennens und Handelns nach dem Modell des *Bauens* zu beschreiben. Wir werden sehen, daß es nicht beliebige Bauten sind, an denen Valéry und Schmitt das Wesen menschlichen Erkennens und Handelns erläutern, sondern politische und religiöse Bauten, Paläste und Tempel. Auf die gerade zu Ende gehende Ära der klassischen Souveränitäts-Gesellschaften, wie sie Foucault nennt, zurückblickend, erklärt Valérys Faust dem Mephistopheles, wie wir gesehen hatten: "Der größte Herrscher konnte nur töten und bauen." Wie bei Schmitt verknüpft auch Valéry das Thema des Architektonischen mit der Politik - und die Politik mit der Fähigkeit zur "Dauer", die bei Schmitt der "Freiheit" entgegengesetzt wird. Bereits in seinem Vortrag über die *Politik des Geistes* hatte Valéry sich darüber beklagt, daß wir, "wenn wir Einkehr in uns halten, wir Künstler, [...] in uns nichts mehr von jener hohen Tugend [finden], die in alten Zeiten bei den Schöpfern des Schönen war: dem Willen zur Dauer."[158] In seinem Dialog *Eupalinos oder Der Architekt* aus dem Jahre 1921 hat Valéry auf nie mehr überbotene Weise seine Philosophie der Kunst exponiert, die eigentlich eine *Philosophie der menschlichen Schöpfungen* ist. Weil die architektonischen Schöpfungen die Schönheit als *ein* Element unter anderen enthalten, überragen sie als künstlerische Schöpfungen die übrigen Kunstwerke, die sich damit begnügen müssen, bloß schön zu sein.

Auch Carl Schmitt hatte in seiner *Politischen Romantik* den modernen Künsten ihre selbstreferentielle 'Bescheidenheit' vorgeworfen, wie sie sich exemplarisch in der *l'art pour l'art*-Formel äußere. Schmitt macht die "romantische Bewegung" für die "Vernichtung jeder Form" (*PR*, 17) verantwortlich, für den Verzicht auf "großen Stil" und auf den Willen zur "Repräsentation" (*PR*, 20) - und damit im Kern für die Unfähigkeit zur *Dauer*, wie folgende Passage zeigt: "Die Expansion des Ästhetischen führt auf den ersten Blick zu einer ungeheuren Steigerung künstlerischen Selbstbewußtseins. Von allen Fesseln befreit, scheint die Kunst ins Unermeßliche sich zu entfalten. Eine Verabsolutierung der Kunst wird proklamiert, eine Universalkunst gefordert und alles Geistige, Religion, Kirche, Nation und Staat fließt in den Strom, der von dem neuen Zentrum, dem Ästhetischen ausgeht. Sofort aber vollzieht sich eine überaus typische Verwandlung. Die Kunst wird verabsolutiert, aber gleichzeitig problematisiert. Sie wird absolut genommen, aber durchaus ohne die Verpflichtung zu einer großen und strengen Form oder Sichtbarkeit. Das alles wird vielmehr gerade aus Kunst abgelehnt, ähnlich wie sich Schillers Epigramm zu keiner Religion bekennt, und zwar gerade aus Religion. Die neue Kunst ist eine Kunst ohne Werke, wenigstens ohne Werke großen Stils, eine Kunst ohne Publizität und ohne Repräsentation. Dadurch wird es ihr möglich, sich in tumultuarischer Buntheit aller Formen einfühlend zu bemächtigen und sie doch nur als belangloses Schema zu behandeln, und in einer von Tag zu Tag den Standpunkt wechselnden Kunstkritik und Kunstdiskussion immer von neuem nach dem Wahren, Echten und Natürlichen zu schreien." (*PR*, 20)

Die architektonischen Schöpfungen zeichnen sich also für Sokrates, den Gesprächspartner des Eupalinos in Valérys gleichnamigem Dialog, dadurch aus, daß sie die Schönheit lediglich als *ein* Element unter anderen enthalten. Sie *überragen* die übrigen künstlerischen Produktionen durch ein gewisses *Surplus*, indem sie nicht nur die *Seele* bzw. den *Geist* (*esprit*) erregen, sondern auch im Hinblick auf den *Körper* (*corps*) gemacht sind (Nützlichkeits-Aspekt), vor allem aber "mit dem

---

158  Valéry 1937, 52.

Rest der Welt" (*monde*) zu tun haben.[159] Wie ist dieser letzte Aspekt zu verstehen? Was bedeutet die spezifische Welthaltigkeit bzw. Weltbezüglichkeit der Architektur, wenn man berücksichtigt, daß dieser letzte der drei Kardinalpunkte Valérys (Corps-Esprit-Monde: CEM) sich keineswegs bloß auf die Sphäre der äußeren Natur reduziert? Hören wir Sokrates-Valéry zu diesem Punkt etwas genauer: "Anderseits aber muß der, der baut oder schafft, da er es mit dem Rest der Welt zu tun hat und mit der Bewegung in der Natur, die immerfort bemüht sind aufzulösen, zu verderben und umzustürzen, was er hervorbringt - ich sage, er muß ein drittes Prinzip anerkennen und muß versuchen, dieses seinen Werken mitzuteilen als einen Ausdruck des Widerstandes, den sie ihrem vergänglichen Geschick entgegensetzen sollen. Er sucht also den *Bestand* oder die *Dauer*."[160]

Auch Schmitt hatte das Wesen der Architektur wie des großen Staates nicht in der "Freiheit", sondern in der "Dauer" gesehen. Die Architektur ist für Valéry damit auch eine Metapher für die Sphäre der Gesellschaft insgesamt, die sich, wie aus seinen Aufsätzen zur *Diktatur* hervorgeht, der 'Natur' als der Gesamtheit jener Prozesse, die eine bestehende 'konventionelle' Einheit auflösen und unterminieren, entgegensetzt: "Jedes gesellschaftliche System ist mehr oder minder widernatürlich", eigentlich müßte man übersetzen: "ist mehr oder weniger Gegen-Natur (*contre nature*)"[161]. Symptomatisch ist, daß Valéry von der "Bewegung in der Natur" spricht und die Architektur als "Ausdruck des Widerstandes" gegen diese Bewegung begreift. Die Natur wird also hier, um eine Unterscheidung Niklas Luhmanns aufzugreifen, nicht als strikt gekoppelte *Form* betrachtet, wie es die Naturwissenschaften tun, die zu gesetzesförmigen Aussagen über ihren Gegenstand kommen, sondern als *Medium*, das im Verhältnis zu den artifiziellen Formen, die aus der Hand des Geistes hervorgehen, aus Elementen besteht, die loser gekoppelt *erscheinen*. Angesichts der 'Natur' vermag sich die Sozialität insgesamt ihrer Künstlichkeit und damit: ihrer Kontingenz bewußt zu werden, eine mindestens seit Rousseau geläufige Figur. Diese Natur ist das Vexierbild einer Sozialität, die noch als wesentlich *politisch* konstituierte gedacht wird und sich daher den *Fluchtlinien*,

159 Ich kann hier nur darauf hinweisen, daß Valéry in Corps-Esprit-Monde (CEM) die drei Kardinalpunkte bzw. Dimensionen *jeder* Erkenntnis und Aktivität sieht. Alles spielt sich zwischen den Punkten dieses Dreiecks ab: "Der Körper, die Welt, der Geist.- Diese Unterscheidung ist zwar *simpel*, aber doch wesentlich. Sie steckt in jeglicher Erkenntnis. Der Mensch findet beim Erwachen diese drei Gruppen wieder." (Valéry 1989a, 313) Ich kann hier auch nicht erörtern, was es bedeutet, daß diese Kardinalpunkte offenbar im Schlaf und Traum suspendiert sind.

160 Valéry 1990c, 65.

161 Valéry 1945e, 78.

die sie beständig durchqueren, *entgegensetzt*, Fluchtlinien, die Effekte ihres eigenen Reproduktionsmodus sind, also in Wahrheit gar nicht externalisiert werden
können, weil sie nicht 'das Andere' der Gesellschaft sind. Schmitt wie Valéry
konzipieren die Gesellschaft noch wesentlich als eine *Status*-Kategorie, obwohl
beide nur allzu genau wissen, daß sich die modernen Gesellschaften nicht mehr
über die *Exklusion* derjenigen Bewegungen, die sie aufzulösen scheinen, stabilisieren lassen. Valéry hat denn auch an anderer Stelle, in den *Cahiers*, klipp und klar
die epistemologischen Konsequenzen aus dieser Einsicht gezogen, wenn er
schreibt, daß "nichts auf die Dauer schließt" und "daß an irgendeiner Stelle immer
das, was ist, entflieht - entweicht."[162]

Für Valéry erschließt sich das Bauen als eine Kombination aus Befehlen und
Zahlen, Herrschaft und Wissen, der Architekt hat es mit einer Welt zu tun, die sich
ihm wesensmäßig entgegensetzt, so wie der Diktator in einer Situation der allgemeinen gesellschaftlichen Auflösung geboren wird. In einer solchen Situation muß
der Architekt wie der Diktator die Menschen, die seine Pläne ausführen, als seine
im strengen Sinne: *Organe* behandeln:

PHAIDROS [...] Wahre Wunder waren seine [Eupalinos', Vf.] Ansprachen an die Werkleute. In ihnen blieb keine Spur von den schwierigen Erwägungen der Nacht. Er gab ihnen nur Befehle und
Zahlen.
SOKRATES Das ist die Art Gottes selbst.
PHAIDROS Seine Reden und ihre Handlungen paßten so glücklich aneinander, daß man hätte denken können, diese Menschen seien seine eignen Glieder. Du würdest nicht glauben, Sokrates,
welche Freude es für mich war, eine so wohlgeordnete Sache kennenzulernen. Ich kann die Idee
eines Tempels nicht mehr trennen von der seiner Aufrichtung. Wenn ich einen sehe, sehe ich
eine wunderbare Handlung, ruhmreicher noch als ein Sieg und im größeren Gegensatz zu der
armseligen Natur. Zerstören und Aufrichten sind gleich an Wichtigkeit. Es braucht Seelen für
das eine wie für das andere, aber das Bauen ist meinem Geiste teurer."[163]

Das, was entflieht oder entweicht und das eine bestimmte - symbolische - Nähe zur
"Nacht" hat, ist der eigentliche Gegenbegriff zum Bauen bzw. Aufrichten - und
nicht das *Zerstören*. Auch an diesem Zug erkennt man die Nähe der Architektur zur
Sphäre des Politischen, für die in der Tat Zerstören und Aufrichten "gleich an
Wichtigkeit" sind. Es ist kein Zufall, daß Valéry wie Schmitt den "Aktionscharakter
der diktatorischen Tätigkeit" scharf akzentuieren (*D*, 135). Die Maßnahmen des
Diktators sind nach Schmitt wesentlich abhängig "von dem, was der Gegner tut",
seine Aktion ist wesentlich "Gegenaktion" (*D*, 136), so wie auch der Valérysche
Architekt sein Handeln *gegen* die "Bewegung der Natur" ausrichten muß, die im-

---

162   Valéry 1987, 77.
163   Valéry 1990c, 11.

merfort bemüht ist, "aufzulösen, zu verderben und umzustürzen, was er hervorbringt". Die Bezugnahme auf eine "konkrete Gegensätzlichkeit" (*BdP*, 30) ist auch
für die Tätigkeit des Architekten charakteristisch, das Aufrichten ist unablösbar
verbunden mit (vorausgehenden oder begleitenden) Akten der Zerstörung. Das
Bauen ist von einer basalen *Aggressivität* gekennzeichnet, so wie der Staat in Zeiten
der Ausnahme auf seine elementare souveräne Dimension zurückgeworfen wird,
die Schmitt nicht zufällig als eine wesentlich *schöpferische* imaginiert: "In seiner
absoluten Gestalt ist der Ausnahmezustand dann eingetreten, wenn erst die Situation *geschaffen* werden muß, in der Rechtssätze gelten können. Jede generelle
Norm verlangt eine normale *Gestaltung* der Lebensverhältnisse, auf welche sie tatbestandsmäßig Anwendung finden soll und die sie ihrer normativen Regelung unterwirft. [...] Es gibt keine Norm, die auf ein Chaos anwendbar wäre. Die Ordnung
muß hergestellt sein, damit die Rechtsordnung einen Sinn hat. [...] Der Souverän
*schafft* und garantiert die Situation als Ganzes in ihrer Totalität." (*PTh*, 19f.)

Wenn Sokrates in Valérys Dialog das Handeln des Eupalinos, so wie es Phaidros
beschreibt, als die "Art Gottes selbst" charakterisiert, dann vor allem deshalb, weil
auch der Architekt die wundersame Verwandlung von *Chaos* in *Ordnung* bewirkt.
Das Chaos oder, in der staatsrechtlichen Wendung Carl Schmitts, der Ausnahmezustand, ein Nichts an Ordnung, das freilich niemals so absolut sein darf, daß es
die Formierung des Souveräns selbst unmöglich macht[164], ist gleichsam die operative Voraussetzung für die Intervention des souveränen Diktators *und* des nicht
minder souveränen Architekten: "Welche Verwirrung zuerst, die sich in Ordnung
aufzulösen schien!", mit diesen Worten erinnert Phaidros Sokrates an die "Bauten,
die wir am Piräus entstehen sahen"[165], und der "erstaunliche Geist" des Eupalinos
manifestiert sich in der fast magischen Effektivität seiner 'konstruktiven' Rede: "Er
sagte diesen unförmigen Haufen von Steinen und Balken, die um uns herum lagen,
ihre gestaltete Zukunft voraus"[166].

Schmitt hatte in der *Politischen Romantik* die Spezifizität des Romantischen in
der Aufhebung aller "Unterscheidungen" und aller "Gegenständlichkeit" (*PR*,
222f.) lokalisiert[167] und damit genau die Ausgangsposition für den Valéryschen

---

164 Dieses Paradox der Chaos-Metapher hat Schmitt im Auge, wenn er einerseits den Ausnahme-
    zustand mit dem Chaos identifiziert, andererseits jedoch von ihm sagt, daß er "immer noch
    etwas anderes ist als eine Anarchie und ein Chaos", nämlich die Ordnung der Existenz, die
    Kraft zur 'Selbsterhaltung' im Gegensatz zur Rechtsordnung (*PTh*, 19).

165 Ebd., 10.

166 Ebd., 11.

167 Die höhere Amoralität der Romantiker besteht darin, daß sie nicht einfach für die Seite des
    Bösen gegen das Gute Partei ergreifen - obwohl es natürlich auch, wie Schmitt am Beispiel
    Baudelaires zeigt, das Phänomen des romantischen Satanismus gibt (*PTh*, 80f.) -, sondern

'Bauherrn' genannt, so wie ihn Sokrates gegen Ende des Dialogs in Gestalt des Demiurgen imaginiert:

"Betrachten wir also diese große Handlung des Bauens. Bedenke, Phaidros, der Demiurg, da er daran ging, die Welt zu machen, hatte es zu tun mit der Wirrsal des Chaos. Alles vor ihm war gestaltlos. Es gab in diesem Abgrund nicht eine Handvoll Stoff, die nicht unendlich unrein gewesen wäre, und ein Gemisch von zahllosen Stoffen. [...] Er hat Ordnung gebracht in diesen irgendwie strahlenden Kot, wo es nicht ein Teilchen Reines gab, wo alle Kräfte aufgelöst waren, daß Vergangenes und Zukunft, Zufälliges und Wesentliches, Dauerhaftes und Vergängliches, Nachbarschaft und Entfernung, Ruhe und Bewegung, das Leichte und das Schwere, daß alles so durcheinander war wie der Wein und das Wasser, wenn sie in einer Schale gemischt sind. Unsere Gelehrten versuchen immer, ihren Geist diesem Zustand anzunähern, aber der große Gestalter tat das Gegenteil. Er war der Feind der Ähnlichkeiten und jener *versteckten Gleichheiten*, die zu entdecken uns entzückt. Er richtete die Ungleichheit ein."[168]

Wir haben bereits gesehen, in welchem Maße Schmitts Denken seit seiner frühen Studie über *Theodor Däublers "Nordlicht"* vom Thema der "Vertauschung und Fälschung" (*DN*, 65) und der Aufhebung bzw. Verwischung der ('letzten') Unterscheidungen beherrscht wird. Von allem Anfang an gibt er sich als "der Feind der Ähnlichkeiten und jener versteckten Gleichheiten, die zu entdecken uns entzückt", zu erkennen, wenn er etwa unter Anspielung auf die populäre Rezeption des Darwinismus sarkastisch formuliert: "Die Verwirrung war unsäglich: der Affe beweist, daß er vom Menschen abstammt und beruft sich darauf, daß die Affenähnlichkeit des Menschen größer ist als die Menschenähnlichkeit des Affen. Das kann niemand widerlegen." (*DN*, 67) Carl Schmitt beharrt gerade auch in politicis auf der Ungleichheit - wie seine nicht zuletzt unter Berufung auf die *Logischen Untersuchungen* Husserls begründete Theorie der demokratischen Gleichheit zeigt (*Vl*, 235f.).

Nun führt der Valérysche Sokrates allerdings noch einen *zweiten* (menschlichen) Baumeister ein, einen Baumeister zweiter Ordnung, der wie es heißt, "sich gegenüber als Chaos und Rohstoff eben diese Ordnung der Welt [findet], die der Demiurg aus der ursprünglichen Unordnung gezogen hat. Die Natur ist gestaltet, die Elemente sind getrennt; aber irgendetwas mutet ihm zu, dieses Werk für unvollendet zu halten, als ob es wieder vorgenommen werden sollte und in Bewegung ge-

---

daß sie die moralische Unterscheidung von Gut und Böse insgesamt suspendieren: darin liegt ihr "absoluter Naturalismus". Schmitt sagt im übrigen selbst, daß sich der "Satanismus" dieser Zeit nicht halten ließ, weil er "nur eine Vertauschung der Rollen von Gott und dem Teufel" (*PTh*, 81) als den Personifikationen des Guten und des Bösen vornahm. In der *Politischen Theologie* wird Bakunin dann die Rolle des Kämpfers gegen die Unterscheidung von Gut und Böse selbst zugewiesen - zu Unrecht, wie man leicht sieht, wenn man Bakunin liest.

168  Ebd., 81 - m.H.

setzt, um ausgerechnet dem Menschen zu genügen. Er nimmt den Punkt, wo der Gott stehengeblieben war, zum Ausgangspunkt seines Handelns."[169] Sokrates leiht seine eigene Stimme dem 'prometheischen' Baumeister, der seine Mission so beschreibt: "Das Gegenspiel mußte kommen. Ihn [den Schöpfergott, Vf.] kümmerten nicht die Sorgen, die hervorgehen mußten aus dieser Trennung, die herzustellen ihn unterhalten hat oder vielleicht gelangweilt. Er hat euch das Leben gegeben und auch noch die Mittel, allerhand Dinge zu genießen, aber nicht gerade diejenigen, auf die ihr Lust habt. Aber ich komme nach ihm. Ich bin der, der versteht, was ihr wollt, es eine Kleinigkeit besser versteht als ihr selbst; ich werde eure Schätze aufbrauchen mit etwas mehr Folgerichtigkeit und Genie, als ihr es tut; ich werde euch sehr viel kosten, ohne Zweifel, aber alle Welt wird dabei gewinnen. Ab und zu werde ich mich irren, und es wird ein paar Ruinen geben; aber man kann immer und mit großem Vorteil ein verfehltes Werk als eine Stufe ansehen, die uns dem Schönen näher bringt." Phaidros antwortet Sokrates, der mit diesen Worten sein anderes, nicht-philosophisches Ingenium, das er der Philosophie geopfert hat, zum Ausdruck bringen will, halb scherzhaft, halb ernst: "Sie haben Glück gehabt, daß du ein toter Architekt bist."[170]

Es fällt nicht schwer, in diesen Sätzen das Selbstverständnis jenes absoluten *Feindes* zu erkennen, des *Nachahmers Gottes*[171], dessen Abwehr einzig Carl Schmitts Denken zu gelten scheint - wenn man dieses Denken auf die spekulativ-geschichtstheologische Dimension verkürzt, wie sie sich exemplarisch in den Abschnitten II und III von *Theodor Däublers "Nordlicht"* artikuliert. Daß es Schmitt immer nur um den Kampf gegen den "Antichristen" ging, der die christliche Gemeinschaft der (Recht-)Gläubigen in wechselnder historischer Kostümierung herausfordert, ist allerdings schon deshalb abwegig, weil diese Auffassung die Qualität des Politischen - und Schmitt wollte einen *Begriff des Politischen* geben, nicht etwa nur einen Begriff der christlichen Politik - nur solchen Konflikten zugestehen würde, an denen mindestens *ein* christlicher Kontrahent beteiligt wäre. Der Zusammenhang zwischen (im Fall Schmitts: christlichem) *Offenbarungsglauben* und *Feind*-Denken ist jedenfalls nicht zwingender als der zwischen *Philosophie* und

---

169 Ebd., 82.

170 Ebd., 83f.

171 Vom Antichristen sagt Schmitt: "Seine geheimnisvolle Macht liegt in der Nachahmung Gottes. Gott hat die Welt erschaffen, er macht sie nach" (*DN*, 66). Dasselbe Verhältnis wie zwischen dem Valéryschen Demiurgen, dem Weltschöpfer und *ersten* Baumeister und seinem selbsternannten Nachfolger und *Verbesserer*. Das "irgend etwas", das ihm zumutet, das göttliche Werk für unvollendet zu halten, "als ob es wieder vorgenommen werden sollte", könnte man für eine Umschreibung der *Erbsünde* halten. Nicht zufällig spricht Valéry auch vom "Gegenspiel"!

demselben Denken. Emmanuel Lévinas hat darauf hingewiesen, daß uns die Offenbarung einer Transzendenz auf eine Weise in Anspruch nehmen kann, die die vom
Unendlichen Berührten gerade nicht zu einer verschworenen Gemeinschaft, einer,
wie Schmitt schreibt: "echten *participatio*" (*BdP III*, 8) zusammenschweißt, die *den
Glauben zu wissen* vorgibt und ihn gegenüber Andersgläubigen militant durchsetzt.
Der Glaube ist nämlich nicht stärker, sondern schwächer als das Wissen, erst recht
als das Wissen in Gestalt der *Gewißheit*. Das Unendliche berührt das Ich, "ohne
daß dieses es beherrschen könnte, ohne daß das Ich mittels der *Archä* des Logos
das Maßlose des Unendlichen 'übernehmen' könnte. So berührt das Unendliche
das Ich 'anarchisch'"[172], wie Lévinas nicht zufällig im politischen Register formuliert.

Carl Schmitt nennt seinen 'Baumeister' einen "unheimlichen Zauberer" und sagt
von ihm: er "schafft die Welt um, verändert das Antlitz der Erde und macht die
Natur sich untertan. Sie dient ihm; wofür ist gleichgültig, für irgendeine Befriedigung künstlicher Bedürfnisse, für Behagen und Komfort. Die Menschen, die sich
von ihm täuschen lassen, sehen nur den fabelhaften Effekt; die Natur scheint überwunden, das Zeitalter der Sekurität bricht an" (*DN*, 65). Auch Valérys Baumeister
verspricht den Menschen, ihnen diejenigen Dinge zu verschaffen, "auf die ihr Lust
habt" - im Unterschied zu den Genüssen, die die Natur ohnehin bereits bietet.
Schmitt sagt von seinem Antichristen: "Er wird sich freundlich, korrekt, unwider-
stehlich und vernünftig zeigen, alles wird ihn als Glück der Menschheit preisen und
sagen: ein großartiger und gerechter Mensch!" (*DN*, 66) Und auch Valérys Baumeister verspricht, obwohl er nicht vergißt an die "Kosten" zu erinnern, die sein
Wirken verursachen wird: "aber alle Welt wird dabei gewinnen".

Wir stoßen an dieser Stelle ins Zentrum einer *Ambivalenz des Schmittschen Anti-
Naturalismus* vor, die damit zusammenhängt, daß Schmitt nach semantischen
Möglichkeiten sucht, die den *juristischen Dezisionismus* und sein polemisches Verhältnis zur "Natur" bzw. zur "Immanenz des Lebens" von der wissenschaftlich-
technischen *Naturbeherrschung* zu unterscheiden erlauben, die ja ein entscheiden-
der Träger des Entpolitisierungs- und Neutralisierungsprozesses ist. Das Pathos
des *Könnens* und *Machens*, dem Valérys Denken so verpflichtet ist, begegnet
Schmitt häufig mit einem katholisch motivierten Ekel vor der prometheischen Hy-
bris; aber dieser, wenn ich so sagen darf, 'weltanschauliche' Degout verführt den
Theoretiker und Analytiker des Politischen doch in keinem Augenblick dazu, das
Schicksal des Gemeinwesens der göttlichen "Vorsehung" anzuvertrauen, von der
Schmitt andererseits beklagt, daß man sie durch eine "kluge Voraussicht und Plan-
mäßigkeit" zu ersetzen versuche (*DN*, 66). "Das Letzte und Entscheidende kann

---

172  Lévinas 1988c, 114.

nicht 'gemacht' werden" (*DN*, 60), dieser zentrale Satz aus der *Nordlicht*-Studie war zu keinem Zeitpunkt die Maxime des *politischen Theoretikers* und Publizisten Carl Schmitt, der wußte, daß der moderne Staat "in seinem Kern Exekutive" ist, also Handlungs- bzw. Interventionsmacht und der an die Adresse eines *ermüdeten* Europas Ende der zwanziger Jahre sein Urteil richtete, daß auf russischem Boden, wo mit der "Antireligion der Technizität Ernst gemacht wurde", "ein Staat entsteht, der mehr und intensiver staatlich ist als jemals ein Staat des absolutesten Fürsten, Philipps II., Ludwigs XIV. oder Friedrichs des Großen" (*BdP*, 80). "Das *kann man* phantastisch und satanisch *nennen*" (*BdP*, 93 - m.H.), sagt er wenige Seiten später, jedenfalls darf man sich weder in seiner Analyse noch in den eigenen politischen Konsequenzen, die man aus dieser Beobachtung zieht, von einem solchen politisch-*theologischen* Urteil die Wahl der Mittel diktieren lassen, mit denen man dem "Blick des radikaleren Bruders" (*BdP*, 80) begegnet. Man muß den Schluß des Vortrags über das "Zeitalter der Neutralisierungen und Entpolitisierungen" mit der theologischen Geschichtsdeutung zusammenhalten, die Schmitt Theodor Däublers *Nordlicht* angedeihen läßt, um den *Widerstreit* zwischen Politischer Theologie, ihrem *demütigen*, *epimetheischen* Vertrauen auf die Providenz und dem politischen Aktivismus zu erkennen, der bereits mit dem Begriff der *Souveränität* gesetzt ist.

*Tout ce qui arrive est adorable*, dieses Léon Bloy-Zitat, von dem Ernst Jünger berichtet, daß es "das letzte 'nicht profane' Wort Schmitts gewesen sei"[173], ist zunächst einmal leicht als eine typische Altersweisheit zu erkennen und reflektiert zweifellos auch eine bestimmte Dimension des Schmittschen Werkes, die immer dann sichtbar wird, wenn er das Wesen der Katholizität bedenkt. Aber haben wir Schmitt, der sich ja selbst im *Glossarium* als den "katholischen *Verschärfer*" definiert, verstanden, wenn wir die marianische Geschichtsauffassung des Konrad Weiß zum Maßstab der Interpretation machen? Fällt nicht allzuviel durch dieses Sieb? "In gläubigem Schauen wird die Welt erkannt", resümiert Schmitt die Botschaft des Däublerschen Epos, und setzt hinzu: "Der Weg, auf dem die Erkenntnis erreicht wird, ist nie der einer bewußten Gewaltsamkeit." Die geschichtstheologische Reflexion, wie sie Schmitt im Anschluß an das *Nordlicht* anstellt, ist dezidiert *unheroisch* - und zwar nicht nur im säkularen, sondern auch im politisch-theologischen Sinne, wie folgende Anmerkung zu einer Szene aus Däublers Epos belegt: "Die Macht des Tartarus wird nicht durch den Helden besiegt, der wie der Heilige Georg den Drachen des Mittelmeeres, das Ungetüm mit seinem Schwerte durchstößt. Das Letzte und Entscheidende kann nicht 'gemacht' werden. Die Menschen mögen versuchen, der Natur ein Reich der Kultur entgegenzustellen, in dem eine

---

173  Meier 1994, 257, FN 139.

umsichtige Planmäßigkeit Gott und seine Vorsehung ersetzen möchte. Die Natur läßt sich nichts ablisten oder rauben und Gott läßt nicht mit sich handeln. Darum wird das Nordlicht nicht aus eigener Kraft errungen." (*DN*, 60f.) Wenig später bekräftigt Schmitt noch einmal: "Trotzdem bleibt das Letzte nur Geschenk, Übermaß, Gnade. Das Reich des Geistes ist kein Zukunftsstaat, sondern ein *regnum gratiae*. [...] Hier erhebt sich das unlösbarste und unumgänglichste aller Probleme: der Mensch soll tätig sein, aber das Wichtigste erreicht er nur durch die Gnade." (*DN*, 61) Das "Vertrauen auf die eigene Kraft" nennt Schmitt in seiner *Nordlicht*-Studie noch *rationalistisch* (*DN*, 62), aber seine juristischen und politiktheoretischen Arbeiten, die von allem Anfang an so sehr vom Problem der Rechts*verwirklichung* beherrscht sind, stellen die Frage des Politischen doch nicht zufällig immer wieder in Begriffen der *Kraft*, der *Gegenkraft* und des *Kräfteverhältnisses*. Im *Begriff des Politischen* finden wir daher auch keine Spur von einem Vertrauen auf die göttliche Vorsehung. Die politische Entscheidung ist keineswegs immer schon vorentschieden (*BdP*, 39), sondern das Ergebnis eines "wirklichen Kampfes gegen einen wirklichen Feind" (*BdP*, 49).

Im Vortrag über das "Zeitalter der Neutralisierungen und Entpolitisierungen" ist es gerade der "Zweifel an der eigenen Kraft", den Schmitt jenen Kulturkritikern zum Vorwurf macht, die im technischen Zeitalter mit seinen bildungsfeindlichen "Massen" den *kulturellen Tod*, den Tod der Kultur insgesamt erreicht glaubten: "Aber die Angst war doch schließlich nichts anderes als der Zweifel an der eigenen Kraft, das *großartige* Instrumentarium der neuen Technik in seinen Dienst zu stellen, obwohl es nur darauf wartet, daß man sich seiner bedient." (*BdP*, 93 - m.H.) In Wahrheit, so Schmitt, ist die Technik gar nicht der "endgültige Sinn" des "technischen Jahrhunderts": "Der endgültige Sinn ergibt sich erst, wenn sich zeigt, welche Art von Politik stark genug ist, sich der neuen Technik zu bemächtigen" (*BdP*, 94). Man braucht über das Illusionäre dieses *Instrumentalismus*, dem sich Schmitt in solchen Sätzen verschreibt, kein Wort zu verlieren; jedenfalls bedeutet die hier bezogene Position etwas anderes als eine pauschale Diskreditierung oder Verwerfung des Technischen und ist damit im Kern lediglich eine Variante jener totalitären 'Indienstnahme' der Technik, die Schmitt am Sowjetstaat mit Schrecken bewunderte.

Der Geist der Technizität so Schmitt, ist selbst kein technischer: "Er ist die Überzeugung einer aktivistischen Metaphysik, der Glaube an eine grenzenlose Macht und Herrschaft des Menschen über die Natur, sogar über die menschliche Physis, an das grenzenlose 'Zurückweichen der Naturschranke', an grenzenlose Veränderungs- und Glücksmöglichkeiten des natürlichen diesseitigen Daseins der Menschen." (*BdP*, 93) Dieser aktivistischen Metaphysik, die zweifellos nicht Schmitts privatem Glaubensbekenntnis entspricht, kann man *politisch* jedenfalls nicht durch die Hoffnung auf *Gnade* begegnen. Selbst wenn man den Inhalt dieses säkularen Glaubensbekenntnisses perhorresziert, zwingt einen der Feind, ihm auf seinem eigenen Gebiet zu folgen. Und damit befindet man sich eben unweigerlich auf dem Gebiet der "aktivistischen Metaphysik", egal welche neue Wendung oder welchen neuen Inhalt man ihr zu geben beabsichtigt. Die Technik ist nicht neutral, sie ist auf ein politisches Supplement angewiesen; aber die Politik, die sich ihrer bemächtigen will, steht eben auch nicht in einem Verhältnis strikter Äußerlichkeit zu ihr, so als stünde es ihr frei, sie zu gleich welchem Zweck zu verwenden. Das 'Mittel' eröffnet und limitiert zugleich die Möglichkeiten der politischen Indienstnahme - und Schmitt hat sich denn auch, man lese nur seinen Aufsatz "Machtpositionen des modernen Staates" (*VA*, 367-371), keine Illusionen darüber gemacht, daß der politische Kampf um die neue Technik nicht ein Kampf *gegen ihren Geist* im Namen eines *höheren* Geistes sein wird (etwa die von der Technik unbefleckte *Bildung*), sondern ein Kampf, der auf dem 'Boden' dieses Geistes, der längst die Gestalt eines elementaren Massenglaubens, eines popularen *senso commune*, angenommen hat, stattfindet und in dem Versuch seiner (ideologischen) *Dissoziierung* bestehen muß. Worin lag der Zentralvorwurf Schmitts an die Romantiker? Im Kern der von ihnen zelebrierten "phantastischen Überlegenheit des Subjekts steckt der *Verzicht auf jede aktive Änderung der wirklichen Welt*, ein Passivismus, der zur Folge hat, daß nunmehr die Romantik selbst als Mittel unromantischer Aktivität benutzt wird. Trotz ihrer subjektiven Überlegenheit ist die Romantik schließlich nur die Begleitung der aktiven Tendenzen ihrer Zeit und ihrer Umgebung." (*PR*, 227 - m.H.) Vor diesem Schicksal wollte Schmitt seinen Begriff des Politischen unbedingt bewahren - um den Preis, den Geist der Technik in diesen Begriff Einlaß zu verschaffen und am Ende sogar die technologische Substitution der theologischen Figur des Souveräns denken zu müssen, wie das *Gespräch über die Macht und den Zugang zum Machthaber* zeigt.

Ich denke, daß es nicht der urhäretische Wunsch nach der Herstellung eines *Paradieses auf Erden* ist, nicht die Vertauschung oder Verfälschung der Unterscheidung zwischen Transzendenz und Immanenz, die die eigentliche Herausforderung für das Schmittsche Denken darstellt; für den theologischen Geist ist so lange nichts zu befürchten, wie sich die Diesseitsutopien immer noch als Säkularisierungen ihrer religiösen Vorbilder zu erkennen geben, wie sie also mit einer *Prätention* verbunden sind. Was Schmitt an dem entstehenden Sowjetstaat fasziniert, ist, daß selbst das *Glück* noch als ein "normativer Begriff" und als Anknüpfungspunkt für eine Freund-Feind-Unterscheidung fungieren kann. Carl Schmitts Begriff des Politischen setzt nicht den Glauben an die Existenz des Antichristen als des Urbildes und Garanten des Feindes, wohl aber die Existenz einer Sphäre *öffentlicher Ordnung* voraus, die sich den 'privaten' Gefühlen, Wünschen und Interessen aufzwingt bzw. unterschiebt. Dem deterritorialisierten Immanenzfeld wieder eine *zusätzliche Dimension* hinzuzufügen, Anknüpfungspunkte für seine Vereinheitlichung und Totalisierung aufzuspüren - und zwar gerade dort, wo der Grad der Decodierung, der "Isolation" (Kierkegaard) oder, wie man heute auch gerne sagt: der 'Individualisierung', der Zerfall des sozial verbindlichen *Gedächtnisrahmens* (Maurice Halbwachs), der eine "echte participatio" allererst ermöglicht, sein Maximum erreicht hat[174]: das ist Carl Schmitts eigentliches *Problem* - und es ist keineswegs ein spezifisch politisch-*theologisches* Problem.

Wie Schmitt an den Romantikern ablesen konnte, ist der *Affekt* bzw. das "Erotische" (Kierkegaard) das Element der äußersten Gefährdung aller ('normativen') Begriffe und Unterscheidungen, so daß es vor allem nötig war, den Begriff des *Feindes* vor seinem *psychologischen* Mißverständnis zu bewahren. "Denn nicht der Haß macht den Feind der Regierung aus, sondern das Recht"[175], hatte schon Spinoza geschrieben, und Schmitt bekräftigt diese Einsicht mit der Formulierung: "Feind ist auch nicht der private Gegner, den man unter Antipathiegefühlen haßt." (*BdP*, 29) Aber wie sehr Schmitt auch die *Öffentlichkeit* des Feindes betont, die Semantik der *Intensität* und des *Existentiellen* nähert den Begriff doch immer wieder der Sphäre des Affekts an, ja sie situiert ihn eigentlich im Zentrum dieser Sphäre. Schmitt mutet uns zu, eine "hostilité sans affect" zu denken, wie Derrida zurecht bemerkt, eine "aggresivité purement dé-passionnée et dé-psychologisée, une hostilité pure, et finalement purement philosophique"[176], und bestimmt das Politische zugleich als den "äußersten Intensitätsgrad einer Verbindung oder Trennung, einer Assoziation oder Dissoziation" (*BdP*, 27). Derridas Frage: "Mais que serait un affect purement collectif ou communautaire, sans la moindre dimension individuelle ou 'privée', un affect purement public?"[177], legt genau den Finger auf den unmöglichen Begriff eines nicht-empirischen Affekts, ein Problem, das wir sonst nur aus der praktischen Philosophie Kants kennen. Das Empirische bedarf

---

174 In seiner "sozialen Klugheitslehre" hat Kierkegaard diesen Zerfall des sozialverbindlichen Gedächtnisrahmens als die Einübung in die Kunst des Vergessenkönnens beschrieben und in die Maxime gekleidet: "Worauf man achten muß, ist, sich niemals festzurennen und zu diesem Ende immer das Vergessen hinterm Ohr haben." (Kierkegaard 1988, 344) Das philosophische Modell der "echten participatio": die *Freundschaft* (*philía*) kollidiert ebenso wie die religiöse Glaubensgemeinschaft mit einer neuen, occasionellen *Sozialerotik*, "die ebensogut in einer Stunde wie in einem Monat sich begrenzen läßt" und deren spezifisches Ethos im "Mut zum Abbrechen" besteht: "denn damit, daß man fortfährt, ist nur alles zu verlieren und nichts zu gewinnen" (Ebd., 346).

175 Spinoza 1976, 242.

176 Derrida 1994, 146.

177 Ebd., FN 1.

stets einer zusätzlichen Dimension, einer transzendenten oder transzendentalen Ebene, die sich ihm hinzufügt und ihm eine Ordnung bzw. Struktur verleiht. Daß das Empirische seine eigene Konsistenz garantieren könnte, gilt Schmitt als "absoluter Naturalismus", eine Sünde nicht nur gegen die göttliche Autorität, sondern gegen die Sphäre des Normativen, der "moralischen Bewertungen" (*PTh*, 81) insgesamt.

Die Immanenzebene, der Schmitts Feindschaft gilt, ist eine *Ordnung ohne Ordner*[178], ja man kann sich fragen, inwieweit sie nicht die Problematik der *Ordnung* und ihrer Dialektik insgesamt hinter sich läßt. Deleuze hat die Immanenzebene bzw. den "Immanenzplan" (*plan d'immanence*) nicht zufällig dem "theologischen Plan" (*plan théologique*) gegenübergestellt, den er folgendermaßen definiert: "Jede Organisation, die von oben kommt und sich auf eine, wenn auch verborgene, Transzendenz bezieht, nennen wir einen Theologischen Plan: geistiges Vorhaben eines Gottes, aber auch Evolution in den vermeintlichen Tiefen der Natur, oder auch Machtorganisation einer Gesellschaft. Ein solcher Plan kann strukturell oder genetisch und beides zugleich sein: er betrifft immer Formen und ihre Entwicklung, Subjekte und ihre Bildung. [...] Er verfügt immer über eine Dimension mehr, er impliziert immer eine zusätzliche Dimension zu den Dimensionen dessen, was gegeben ist"[179]. Das, was Schmitt in der *Politischen Theologie* so beharrlich als die Spezifik des "juristischen Denkens" verteidigt, die Unverzichtbarkeit einer "Form im substanziellen Sinne" bzw. den "Eigenwert der Form" (*PTh*, 36f.) - "in der Eigenbedeutung des Subjekts [*wer* entscheidet, Vf.] liegt das Problem der juristischen Form" (*PTh*, 46), die das juristische Denken ein für allemal vom naturwissenschaftlichen unterscheiden soll -, charakterisiert präzise die Funktion und die Operationsweise des "theologischen Plans", der sich dem basalen 'Ordnungs'- bzw. Verknüpfungsgeschehen aufzwingt, das Schmitt unter den Titeln der 'bloßen' Regelhaftigkeit und des 'Funktionalismus' technizistisch umzuinterpretieren und abzuwerten versucht: die Immanenzebene kann aus dieser Perspektive niemals ihre eigene Konsistenz sichern.

An dieser Stelle kehren wir zu Valéry und seinem Architekten Eupalinos zurück. Valérys Dialog steht nämlich vor derselben Aufgabe in der Kunst wie Schmitts Denken in der Politik. *Eupalinos oder Der Architekt* ist Valérys Versuch, die Begriffe der Ordnung und der Norm ausgerechnet für jene Sphäre zu retten, die für Schmitt längst der "occasionellen Ungebundenheit" anheimgefallen ist. Valéry will auf dem Terrain des 'Romantischen' selbst die *Disziplin* und die *Prätention* restau-

---

178  Zu dieser von Bernhard Waldenfels vorgeschlagenen Formel vgl. besonders das Kapitel "Ordnung mit oder ohne Ordner" (Waldenfels 1987, 113-134).

179  Deleuze 1980, 80f.

rieren, auch sein Kampf gilt der "Vorstellung vom *Leben*, das kraft seiner natürli-chen Richtigkeit die richtigen Formen von selbst aus sich selbst schafft" (*PTh*, 81). Die Kunst soll wieder als *Problem* begriffen werden, das nur durch eine äußerste Anstrengung zu lösen ist: was Schmitt als das Phänomen des Romantischen be-schreibt, hätte Valéry als eine unzulässige Ent-Problematisierung der künstlerischen Schöpfung gleichfalls auf das schärfste kritisiert. Auch in der Sphäre des Ästheti-schen ergibt sich das Richtige nicht von selbst. Die anti-naturalistische Grundstel-lung, die Schmitt so sehr an Däublers Epos bewundert, hat eine irreduzible *ethische* Dimension, die er auch meint, wenn er den Begriff der Prätention wählt, der immer auf etwas Absolutes verweist. Daß jede Regierung absolut ist, wie Schmitt de Maistre sagen läßt (*PTh*, 83), gilt auch für die *Selbstregierung*, und zwar für die kollektive ("Demokratie") nicht minder wie für die individuelle. Deswegen moniert Schmitt in der *Politischen Romantik* die weitverbreitete Gleichsetzung des Roman-tischen mit einem "'exzessiven Individualismus'". Der romantische 'Individualis-mus' ist kein Begriff der Unterscheidung und deshalb nicht mit dem ursprünglichen Sinn des Individualismus zu verwechseln, von dem man nur sprechen könne, "wenn das Wort als der *Gegensatz* zu einem Kollektivismus oder Sozialem eine *moralische Bedeutung* erhält und autonom im Gegensatz zu *heteronom* bezeichnet. Wohl besteht ein Zusammenhang mit der Autonomie des Individuums, aber durch die Verlegung ins Ästhetische ist der seinem Wesen nach moralische Begriff der Autonomie völlig verändert und *alle solche Unterscheidungen lösen sich auf*." (*PR*, 226 - m.H.)

Der Künstler muß auch für Valéry "fähig sein, sich dem Zauber des Lebens und dem unmittelbaren Genuß zu entziehen. Das Schönste, das es gibt, ist notwendi-gerweise tyrannisch ..." Eupalinos zufolge ist die "wirkliche Schönheit genau ebenso selten [...], wie unter den Menschen derjenige, der imstande ist, eine An-strengung gegen sich selbst zu unternehmen, das heißt ein bestimmtes Selbst zu wählen und sich aufzuerlegen."[180] Am Beginn der Kunst wie am Beginn des Poli-tischen steht eine *Entscheidung* und damit der Wille zu einer *Unterscheidung*: diese Operationen definieren für Valéry wie für Schmitt das Wesen der Ethik. Das Indi-viduum, gerade weil es wie jede vermeintlich unteilbare Einheit beständig von Fluchtlinien durchquert wird und auf die Dauer nicht 'schließt', da es im Kern ein ununterdrückbares Chaos ist, wie Schmitt einmal schreibt (*L*, 34), ist beständig Gegenstand einer ethischen Intervention bzw. "Anstrengung", die es daran hindern soll, daß es 'auseinanderfällt'. "Oder kannst Du Dir etwas Entsetzlicheres denken, als daß es damit endete, daß Dein Wesen sich in eine Vielfalt auflöste, daß Du wirklich zu mehreren, daß Du gleich jenen unglücklichen Dämonischen eine Legion

---

180   Valéry 1990c, 25.

würdest und Du solchermaßen das Innerste, Heiligste in einem Menschen verloren hättest, die bindende Macht der Persönlichkeit?"[181], fragt der Ethiker. Wenn Valéry Musik und Architektur vor allen anderen Künsten auszeichnet, so deshalb, weil sie von sich aus die rein ästhetische Sphäre überschreiten und uns an einer "anderen Welt" teilnehmen lassen, die sich von der Welt der Wahrnehmung, der die Malerei verhaftet bleibt, und der Welt der Alltagssprache, der die Dichtung verhaftet bleibt, unterscheidet. Musik und Architektur sind radikal *anti-mimetisch*, keine "Doppelgänger" bekannter Wesen[182] und schließen schon von ihrer Produktionslogik her jeden Naturalismus aus: "Aber die Musik und die Architektur lassen uns an etwas anderes denken als an sie selbst; sie sind mitten in dieser Welt wie Denkmäler einer anderen Welt oder vielmehr wie da und dort verstreute Beispiele einer Struktur und einer Dauer, die nicht den Wesen zukommt, sondern den Formen und den Gesetzen."[183]

Das von Schmitt ins Zentrum seiner *Nordlicht*-Deutung gerückte Problem des *Anti-Naturalimus*[184], der dann, wie wir gesehen haben, auch in der *Politischen Theologie* anläßlich der Auseinandersetzung mit dem Anarchismus Bakunins das zentrale Motiv ist, durchzieht wie ein Leitfaden auch den *Eupalinos*-Dialog Valérys. An einer Stelle resümiert Phaidros Sokrates' Überlegungen zur Spezifizität der Werke des Menschen - im Unterschied zu denen, die die Natur hervorbringt - in dem Satz, "daß die menschlichen Schöpfungen zurückzuführen sind auf den Widerstreit zwischen zwei verschiedenen Arten von Ordnung, wo die eine, die natürlich ist und gegeben, die andere aushält und erträgt, nämlich die Handlung, die den Bedürfnissen und Wünschen des Menschen entspricht"[185]. Denn diese Bedürfnisse und Wünsche sind keineswegs bloß empirische Gestalten, reine Vorfindbarkeiten; vielmehr sind sie unabtrennbar von einem Moment der *Transzendenz*, kein reines *Leben*, und formulieren "ein fremdes, von außen kommendes Sollen", dem das Sein, die erste Ordnung sich zu fügen hat. Für

---

181 Kierkegaard 1988, 707f. Umgekehrt beschreibt Kierkegaard die Wirkung des ethischen Moments, den er mit einer Selbstgeburt vergleicht, als das Verstopfen aller Fluchtlinien: "Es ist, als würdest Du gefangen und umstrickt und könntest nun nie mehr, in Zeit und Ewigkeit nicht, entrinnen" (Ebd., 762).

182 Valéry 1990c, 38. "Dem Stein und der Luft verständliche Formen mitteilen: sehr wenig dabei von den wirklichen Dingen entlehnen, die Welt so wenig wie möglich nachahmen", so lauten die Produktionsregeln der Architektur und Musik (Ebd.).

183 Ebd., 37.

184 "Im 'Nordlicht' ist der Naturalismus der Sprache der Absicht nach überwunden. Die Sprache wird völlig zum ästhetischen Mittel, ohne Rücksicht darauf, was die gleichen Worte im täglichen Verkehr an Assoziationen mit sich führen." (*DN*, 45)

185 Ebd., 59f.

Schmitt wie für Valéry besteht das Wesen des Geistes in der Bezugnahme auf diese *zweite* Ordnung, weil beide die "Immanenz des Lebens" nicht als ein lateral gegliedertes, heterogen und *differentiell* organisiertes Feld verstehen können, sondern als eine leere, plane Fläche auffassen, die auf eine Instanz transzendenter Einschreibung angewiesen ist. Ist es ein Zufall, daß Phaidros die Wirkungsweise des menschlichen Geistes und den Typ von Ordnung, den er hervorbringt, an folgendem, wie er selbst sagt, "merkwürdigen Beispiel" abliest:

PHAIDROS [...] Erinnerst du dich, Sokrates, jener Tage, die hingingen mit dem Ausrichten, dem Aufstellen in Massen oder Fronten, wenn die Jugend gewöhnt wird an den militärischen Gehorsam und die Einstimmigkeit in der Aktion?
SOKRATES Beim Herkules, ich war Soldat und ein guter Soldat.
PHAIDROS Also diese langen Linien, die von Lanzen starrten, die furchtbare Breite dieser Phalanxstellungen, diese Rechtecke von Waffen, die wir in den staubigen Ebenen bildeten [Bild für die erste Ordnung, in die sich die zweite einschreibt, Vf.], waren das nicht sehr einfache Figuren, während doch jedes ihrer Elemente der zusammengesetzteste Gegenstand der Welt war, der Mensch?"[186]

Ist nicht auch Schmitts "grundsätzliches Beispiel" für die Kühnheit der Däublerschen Sprachverwendung eine *sehr einfache Figur*? Eine bloße Kombination zweier Laute, die zunächst keinerlei Bedeutung trägt, ein Göttername, der in den hochgradig zusammengesetzten Körper der Welt, die Sprache, eingeführt wird und sich wie ein "Herd" ausbreitet, alle ihre Formen affiziert, wie komplex sie auch immer sein mögen. Nicht der Mensch als solcher, wohl aber eine bestimmte Menschen-Form, die sich selbst als Geist auslegt, steht immer mit der Macht des Einfachen in Zusammenhang, die über eine unendlich komplexere Ordnung triumphiert. Vielleicht ist das *Soldatische* doch nichts, was dem Geist gleichsam von außen zustößt, sozusagen als ein Unfall. Muß man nicht sagen: "Hier gilt: 'Das Beste in der Welt ist ein Befehl'" (*VA*, 269)?

Schließen wir diese Überlegungen mit dem Hinweis auf das absolut negativ gewertete Gegenbild ab, das sich der Geist, auch wenn er selbst schon zum "Polypen" geworden ist, umgeben "von den leeren Schalen von tausend ausgenommenen Geistern", stets vor Augen halten muß, um seine Identität zu sichern. Auch der Geist parasitiert, wie Phaidros erkannt hat, denn er lebt von jener Ordnung, die ihn "aushält und erträgt" und ohne die er nichts wäre; aber er plündert dieses unmittelbar gegebene Feld mit großer Energie und einer ungeheuren Konsequenz, die ihn von jenen "Schwämmen" unterscheide, "die ein für allemal an den Säulenhallen in Athen festsaßen und ohne Anstrengungen die Meinungen, die um sie herumfluteten, in sich einsogen und wieder ausschieden. Schwämme in einem Meer von

---

186 Ebd., 59.

Worten, durchdrungen von einem Durcheinander aus Sokrates, Anaxagoras, Melissos und dem letzten, der gerade gesprochen hat! ... Die Schwämme und die Dummköpfe haben das gemeinsam, daß sie festsitzen, o Sokrates!"[187] Damit hat Phaidros exakt den Typus des Romantikers beschrieben, dem Carl Schmitts ganzer Widerwille gilt: Nicht nur sucht der Romantiker einen "völlig amoralische[n], naturhafte[n] Genuß" (*PR*, 223), dem jede *Anstrengung* zuwider ist, vor allem sitzt er gleichsam auf den Meinungen und Positionen, die er rezipiert und zum Anlaß für eigene Produktionen nimmt, ohne jedoch seinerseits *aktiv* zu werden. Der "Passivismus" ist das entscheidende Kennzeichen des romantischen Typus, Schmitt definiert die Romantik insgesamt bündig als "Begleitaffekt" (*PR*, 225), als eine "halb lyrische, halb intellektualistische Begleitung fremder Aktivität" (*PR*, 224). Und noch an der Art, wie er die mangelnde begriffliche und definitorische Prägnanz, den "Verzicht auf Begrifflichkeit und Architektur" in Friedrich Meineckes Buch über die *Idee der Staatsräson in der neueren Geschichte* kritisiert, erkennt man die Spuren des 'anti-romantischen' Affekts gegen den Schwamm und die Schwammigkeit, der Schmitts gesamtes Werk durchzieht und der eben jener *souci de la pureté oppositionelle* entspringt, die Derrida bei Schmitt beobachtet hat.[188]

## 7. Illyrien: *Das Land der "ungeheuerlichen Verbindungen"*

An Schmitts Reisebericht über "Illyrien" von 1925 kann man ablesen, daß er keineswegs einfach nur den *Schwamm* im Namen des Geistes bzw. der 'zentralisierten Persönlichkeit' (Kierkegaard)[189] bekämpft, sondern ein genaues Bewußtsein von den unwiderruflichen Auflösungserscheinungen besitzt, die jene Architekturen heimsuchen, die er unermüdlich zu rekonstruieren versucht. Auf seiner Reise durch "Illyrien" kommt Carl Schmitt auch nach Split: das Bild, das er von der Stadt zeichnet, ist deshalb so symptomatisch, weil es blitzartig eine Problematik erhellt, die kein anderer als Franz Kafka in vielen Texten, vor allem aber in seinem Roman

---

187  Ebd., 70f.

188  "Der Verzicht auf den Begriff enthält nicht nur einen Verzicht auf jede Spannung dialektischer Entwicklung [...], sondern auf eine strenge Architektur überhaupt", wendet Schmitt gegen Meineckes Buch ein. Weil auf "die Intensität eines entscheidenden und deshalb ordnenden und gruppierenden Begriffs verzichtet" wird, entfällt auch ein "Aufbau im eigentlichen Sinne. Eine geistesgeschichtliche Darstellung kann ihre Struktur nur durch Begriffe erhalten." Der "Verzicht auf Begrifflichkeit und Architektur" würde dazu führen, daß die gesammelten "Meinungen und Ansichten in einem chaotischen Gewimmel durcheinander[laufen]" (*PB*, 45f.)

189  "Im Ethischen ist die Persönlichkeit in sich selbst zentralisiert" (Kierkegaard 1988, 728).

*Das Schloß* literarisch reflektiert hat, eine Problematik, die das prekäre Verhältnis von Staatlichkeit bzw. Politik und überkommener herrschaftlich-repräsentativer Architektonik unter den Bedingungen der Gegenwart betrifft. Kafkas "Schloß" ist bei Carl Schmitt ein "Palast": "In Spalato, slawisch Split, lebt in dem großartigen, wahrhaft kaiserlichen Palast, den der alte Diokletian für seine quies Augustorum bauen ließ, heute eine ganze Stadt, deren Bewohner sich in die Mauern und Ruinen eingenistet haben, mit einer Kirche, einem Kloster, mit Kaffeehäusern, Läden und Spelunken. *Das Leben von tausend Menschen krabbelt in den Resten der Wohnung eines Kaisers.* Auch hier zeigt eine große Architektur den großen Staat, den größten, den wir Europäer kennen, die Respublica Romana. Dieser Staat war heidnisch und nicht christlich, wenn auch die Christen beteten: Deus noster propitius esto reipublicae Romanae. Das Mausoleom Diokletians hat man in eine christliche Kathedrale verwandelt. Aber die heidnischen Friese an den Decken bestimmen immer noch den genus loci und wollen über den christlichen Exorzismus triumphieren. Unsichtbar scheint das Christentum mit heidnischen Naturgottheiten und Dämonen aller Religionen immer noch zu kämpfen, obwohl es längst zum Waffenstillstand kam."[190]

Schmitt entwirft das Bild einer zweifachen Transformation, die allerdings die Spuren des vorhergehenden Zustandes keineswegs tilgt. Das heidnische Römische Reich wird christianisiert, genauer: es kommt zu einem "Waffenstillstand", der offensichtlich etwas anderes ist als ein Sieg, zwischen der neuen Staatsreligion und den Volksreligionen. Schmitt, der 1924 durch "Illyrien" reist, trifft in Split auf eine Stadt die sich in den früheren kaiserlichen Palast "eingenistet" hat: die zur Stadt erweiterte "Wohnung eines Kaisers". In Kafkas *Schloß*-Roman, einem der präzisesten literarischen Texte über den Aggregatzustand der Macht im 20. Jahrhundert, wird der Prozeß des 'Hineinwachsens' der Gesellschaft in den Staat (um die üblichen großformatigen Kategorien der Soziologie und Politologie zu verwenden) ebenfalls zunächst als *architektonisches* Problem exponiert: "Im Ganzen entsprach das Schloß, wie es sich hier von der Ferne zeigte, K.'s Erwartungen. Es war weder eine alte Ritterburg, noch ein neuer Prunkbau, sondern eine ausgedehnte Anlage, die aus wenigen zweistöckigen, aber aus vielen eng aneinanderstehenden niedrigen Bauten bestand; *hätte man nicht gewußt daß es ein Schloß ist, hätte man es für ein Städtchen halten können.* Nur einen Turm sah K., ob er zu einem Wohngebäude oder einer Kirche gehörte war nicht zu erkennen, Schwärme von Krähen umkreisten ihn. Die Augen auf das Schloß gerichtet, gieng K. weiter, nichts sonst kümmerte ihn. Aber im Näherkommen enttäuschte ihn das Schloß, *es war doch nur ein recht elendes Städtchen, aus Dorfhäusern zusammengetragen,* ausgezeichnet

---

190  Schmitt 1925, 297 - m.H.

nur dadurch, daß vielleicht alles aus Stein gebaut war, aber der Anstrich war längst abgefallen, und der Stein schien abzubröckeln."[191] Auch bei Schmitt ist wie bei Kafka die "große Architektur" als das Zeichen eines "großen Staates" in den Prozeß der Zersetzung eingetreten. Die große Architektur ist zumindest für den kundigen Beobachter immer noch sichtbar, aber der Gebrauch, den eine andere Kultur von ihr macht, 'entspricht' ihr nicht mehr. Schmitt verwendet die Metaphorik des 'Einnistens' und des 'Krabbelns', um diesen neuen Gebrauch von dem klassischen repräsentativen Status der herrschaftlichen Gebäude, in dem sich heute das Leben einer ganzen Stadt abspielt, abzugrenzen. Kafkas Roman kreist um den Effekt eines architektonischen Oszillierens, eines Oszillierens der Architektonik, die zugleich die überlieferte Architektonik der Macht ist. Schon von allem Anfang an scheitert K. bei dem Bemühen, das Schloß vom Dorf zu unterscheiden: das Schloß ist ein Schloß *und gleichzeitig* "doch nur ein recht elendes Städtchen, aus Dorfhäusern zusammengetragen". Die Wahrnehmung ist hier überfordert (das Schloß ist kein Wahrnehmungs- sondern ein Wissensgegenstand), K. muß sich überdies vom Dorflehrer sagen lassen: "'Zwischen den Bauern und dem Schloß ist kein Unterschied'", aber Dorf und Schloß sind deshalb doch auch nicht einfach dasselbe, wie der Fortgang des Romans zeigt, die Erkundung ihres Unterschiedes ist vielmehr die eigentliche Antriebskraft des Textes.

Von der großen Architektur sagt Schmitt, daß derartiges "weder ein Bauerndorf noch der Weltmarkt" hervorzubringen vermögen. Aber Bauerndörfer und Weltmarkt beweisen ihre Kraft dadurch, daß sie der großen Architektur einen ganz neuen Sinn bzw. aktuelle Funktionen zu geben vermögen, deren Spezifizität man verfehlt, wenn man sie nur negativ als *Profanierung* ehemals großer Formen bestimmt. Denn bereits die christliche Kultur zeichnete sich dadurch aus, daß sie das Römische Reich nicht einfach 'zerschlug' oder, um einen Ausdruck aus der Sphäre des Bauens zu verwenden, 'abriß', sondern einen "Waffenstillstand" mit ihm schloß, d.h. eine Verbindung mit ihm einging, die das Alte auf dem Grund des Neuen weiterhin erkennen ließ. Kafkas fragmentarische Erzählung "Die zwei Aufrufe", die Adorno so sehr imponierte, beginnt mit einer extrem verdichteten Variation zu dieser Problematik der *Dekonstruktion des Architektonischen* (die etwas anderes ist als ihre *Destruktion*) und damit, wenn man wie Schmitt und Kafka um den Zusammenhang zwischen 'großer Architektur' und 'großer Politik' weiß, der *Dekonstruktion des Politischen*: "In unserem Haus, diesem ungeheuren Vorstadthaus, einer von unzerstörbaren mittelalterlichen Ruinen *durchwachsenen* Mietskaserne"[192]. Gilles Deleuze und Félix Guattari haben in ihrer Kafka-Studie zwei "Ar-

---

191  Kafka 1993, 13 - m.H.
192  Kafka 1983a, 45 - m.H.

chitekturstadien" unterschieden, die Kafkas Romane durchqueren und die zugleich zwei Stadien bürokratischer Macht sind: ein Stadium, das sich mittels der Elemente der Höhe, des Turms und der Hierarchie realisiert, und ein anderes, das aus den Elementen der Tiefe, der unendlichen 'Korridore' und der Kontiguität besteht. Die beiden Architekturstadien und die ihnen entsprechenden Bürokratien *durchdringen* einander: "Die moderne Bürokratie tritt gleichsam naturwüchsig in archaischen Formen auf, die sie reaktiviert und verändert, indem sie ihnen aktuelle Funktionen verleiht. Daher rührt die essentielle Koexistenz der beiden Architekturen, die in den meisten Texten von Kafka beschrieben wird: Jedes Stadium funktioniert jeweils im anderen, und beide funktionieren in der modernen Welt. Vertikale Staffelung der himmlischen Hierarchie *und gleichzeitig* horizontale Kontiguität der fast schon unterirdischen Büros."[193]

Auch in Schmitts Split-Bild überlagern sich die "himmlische Hierarchie" der großen Architektur des Diokletian-Palastes und die "horizontale Kontiguität" der Stadt, die aus einer *Serie* von - bereits syntaktisch gleichgeordneten - Bauten besteht, die Schmitt in einem Atemzug nennt: Kirche, Kloster, Kaffeehäuser, Läden, Spelunken ... Im Verhältnis zum kaiserlichen Palast bewirkt die Stadt, die sich in ihm einrichtet, eine *erste* Deterritorialisierung der Macht. Der Palast gibt nur mehr den Rahmen ab für eine Macht, für ein "Leben", das nicht länger *repräsentativ* ist, es sei denn, man denkt an den zeitgenössischen statistischen Sinn von 'repräsentativ'. Aber diese Deterritorialisierung wird von einer entgegenlaufenden Bewegung sofort begrenzt: die sich in den "Resten" der imperialen Reichsmaschine 'einnistende' Bevölkerung *reterritorialisiert* sich, sie erfindet "Neo-Territorialitäten", indem sie sich "ganz an die Erde"[194] (die Schmitt ausdrücklich vom "Blut" unterscheidet), an das Land bindet und, der Sonne zugewandt, die geschichtliche Sphäre insgesamt transzendiert. Für Illyrien ist entscheidend, daß es selbst zu keiner Zeit *Subjekt der Politik* war und sich schon deshalb gezwungen sah, seine kulturelle Identität außerhalb des Politischen zu erfinden. Das Politische ist nun aber für Carl Schmitt durch die Fähigkeit und Bereitschaft zur *Selbst-Unterscheidung*, zur *Grenzziehung* definiert. An dieser Fähigkeit und Bereitschaft mangelt es den Illyriern - und genau daraus ziehen sie ihre Kraft, wie Carl Schmitt bewundernd anerkennt: "Illyrien ist seit anderthalb Jahrtausenden Objekt der Politik. Rom, Byzanz, Goten, Serben, Avaren, Normannen, Venezianer, Türken, Ungarn, Franzosen und Österreicher haben hier *geherrscht* [Dimension der "himmlischen Hierarchie", Vf.]. So entstand eine *ungeheuerliche Verbindung* [Dimension der horizontalen Kontiguität, des 'un-

---

193  Deleuze/Guattari 1976, 104. Vgl. auch ebd., 103, wo die Autoren die beiden Architektur-
      stadien graphisch darstellen.
194  Schmitt 1925, 293.

endlichen' Nebeneinander, Vf.] verschiedenster Rassen, illyrischer Urbevölkerung, Griechen, Kelten, Römer, Germanen, Slawen und Mongolen, eine Luft voll von Dämonen, heidnische Antike, römisches und griechisches Christentum, Gnosis und Islam."[195] Für Carl Schmitt ist es nicht schmerzhaft, von Illyrien als einem *Objekt* internationaler Politik zu sprechen.[196] Im Gegenteil: es ist, wenn man so sagen darf, lustvoll. Diese "ungeheuerliche Verbindung", dieses Völker-Patchwork hat nämlich keineswegs wie "alles menschliche Leben, auch das der höchsten geistigen Sphären [...] wenigstens potentiell einen Staat über sich, der aus solchen Inhalten und Substanzen stark und mächtig wird" (*PB*, 141), wie Schmitt einmal schreibt, was man schon an dem hohen 'Verschleiß' an Herrschaftsformen und Imperien erkennt, die sich das Gebiet zeitweise unterworfen haben. Über Illyrien leuchtet eine andere als die politische Sonne: "In seiner Verbindung von herrlichem Meer, großartigem Gebirge und einer Sonne, die den Kult des Sol invictus begreiflich macht, ist seine Eigenart so fest, daß die geschichtlichen Ereignisse wie ein bunter Schatten zwischen Himmel, Meer und Erde dahinschweben. Die Erde, nicht das Blut, gibt dem Menschen, den Sohn der Erde, seine Gestalt und sein Antlitz."[197]

Wie sein Kommentar zu einem von ihm übersetzten Gedicht des serbischen Dichters Bojić deutlich macht, imaginiert der Reisende Carl Schmitt die 'illyrische' Beziehung zur Erde als eine *nomadische*, in dem Sinne, in dem Emmanuel Lévinas vom Nomadendasein sagt, daß es "keine verhinderte Seßhaftigkeit", sondern "eine irreduzible Beziehung zur Erde: ein Aufenthalt ohne *Ort*" sei[198]. Der Dichter hat die Verse 1915 verfaßt, als er mit dem serbischen Heer auf der "schauerlichen Flucht über die albanischen Berge" war. Den Titel des Gedichtes übersetzt Schmitt mit der Formel *nil admirari*. Für ihn spricht sich in den Versen das "Gefühl der ewigen Kontinuität" aus, eine "römisch-stoische ataraxía und aequanimitas, auch eine orientalisch-wissende Gleichgültigkeit, aber heroisch und aktiv, und ganz an die Erde gebunden. So verstehe ich dieses Gedicht, dessen Motto der Vers des Corneille sein könnte, der über der ganzen Sammlung steht: Rome n'est plus dans Rome. Elle est toute où je suis"[199]. Es gibt also auch ein Rom der Nomaden, eines, das man mit den Füßen davonträgt. Es gibt auch eine nomadische "Anknüpfung" an Rom, die sich wenig um die geographische "Ortung" schert (*N*, 28). Einige Zeilen

---

195  Ebd., 294 - m.H.
196  Anders verhält es sich für den Nationalisten Schmitt mit dem Deutschland der Zwischenkriegszeit, wie z.B. seine Rede über "Die Rheinlande als Objekt internationaler Politik" zeigt, die im gleichen Jahr wie der Reisebericht "Illyrien" erscheint: 1925 (*PB*, 26-33).
197  Schmitt 1925, 294.
198  Lévinas 1988a, 37.
199  Schmitt 1925, 292f.

aus dem Gedicht mögen die dichterische Feier der nomadischen Existenz illustrieren, die einzig dadurch getrübt ist, daß sie die Sehnsucht nach der Seßhaftigkeit
nicht abzuschütteln vermag. Die von Schmitt bewunderte "affektlose Gewißheit unendlicher Dauer", die sich in den Versen ausspreche, ist jedoch zur Gänze einem
*nomadischen Wissen* geschuldet:

> "Nichts Sonderbares, nichts Neues gibt es für uns,
> Alle Länder sind uns nah und vertraut.
> Im hellen Glanz und wenn die Stürme sich über uns sammeln,
> Bleiben wir ruhig, wie mitten in der Heimat.
> [...]
>
> Oft ziehen wir wie eine Prozession mit Trompeten
> Von Stadt zu Stadt und Land zu Land,
> Und oft allein, oft mit den Herden, den Kindern und den Frauen;
> Tragend die Fahne der Macht und des Sturzes.
>
> Eine früh gekannte Skala der Schicksale durchlaufen wir schnell,
> Über die Andere kaum dahinkriechen.
> Darum ist uns heute nichts fremd. Es scheint uns,
> Als wären wir überall einstmals schon gewesen."[200]

Wir haben in Schmitts Reisebericht die Bewegung einer *ersten* Deterritorialisierung
verfolgt, die unablösbar ist von einem Prozeß der Reterritorialisierung: von der
politischen Sonne der kaiserlichen Politik - der Politik des römischen wie des französischen Kaisers, Diokletians und Napoleons - zu einer ganz anderen, unbesiegten
Sonne, vom *Palast* als dem Symbol einer repräsentativen Architektur zu einer *Stadt*
als 'parasitärer' Architektur, von der Dauer und Kontinuität des großen Staates, des
"größten, den wir Europäer kennen", zu einer anderen 'inneren' Größe und Uner-
schütterlichkeit, die sich in einer überwältigenden Landschaft spiegelt. Schmitt akzentuiert besonders stark den *kulturellen Dispersionseffekt* einer multiplen und viel-
sprachigen Lebensform, die sich *unterhalb* der Ebene großer Politik reproduziert
und unschwer als eine *nomadische* zu erkennen ist, wenn dieses Nomadendasein
auch als aufgezwungen und als politisches Schicksal, mit den Worten des Dichters
Bojić: als "Unglück" empfunden wird. Daß Rom nicht mehr in Rom ist, sondern
überall da, wo *ich* bin - es lohnte sich über den Status dieses "Ich" zu reden, das in
der Lage ist, Rom zu tragen, statt (wie es der Politische Theologe annehmen muß)
von ihm getragen zu werden -, dieser Satz markiert den äußersten Punkt der *nomadischen Deterritorialisierung*, für die Schmitt in seiner *Nomos*-Schrift den Begriff
der *Entortung* verwendet.

---

200  Ebd., 293.

Diese erste, von Schmitt bewunderte Deterritorialisierung - bildlich gesprochen: vom *Palast* zur *Stadt* und zum *Land* als "glattem Raum" (die in eine nomadische Bewegung einmündet, wie sie in dem von Schmitt zitierten Gedicht zum Ausdruck kommt: "Von Stadt zu Stadt und Land zu Land") - wird jedoch überlagert von einer *zweiten* Deterritorialisierung, die Schmitt zu verabscheuen vorgibt und deren Faszination er sich gleichzeitig nicht zu entziehen vermag, weil sie den eigentlichen 'Ort' seiner Rede markiert. Die zweite Deterritorialisierung kennzeichnet Schmitt als *Romantisierung* - eine Bewegung, die ihren unmittelbaren Niederschlag in den Werken der romantischen Künstler findet, die jedoch auch die Voraussetzung von Schmitts eigenem *Illyrien*-Text ist: das *Reisen*. "Die Romantik also hat Illyrien verschont", schreibt Schmitt, nicht ohne sofort hinzuzufügen: "Dabei ist das Land in einem dilettantischen Sinne hochromantisch."[201] Worin besteht das eigentliche Verbrechen der Romantiker, das Schmitt seit seiner frühen Monographie über die *Politische Romantik* nicht aufhört zu geißeln? Um es auf den Punkt zu bringen: nicht in ihrer vermeintlichen 'Verstiegenheit' oder 'Weltabgewandtheit', sondern ganz im Gegenteil in ihrer ungeahnten *historischen Wirkungsmächtigkeit*. Nachdem Schmitt festgestellt hat, daß es ihm als "große Wohltat" erscheint, in *Illyrien* - jener Name, den Schmitt verwendet, obwohl ihm keinerlei aktuelle politische Wirklichkeit entspricht, der also eine *politische Fiktion* ist und in einem ganz romantischen Sinne "Anlaß" und "Gelegenheit", also *occasio* für eine politische Reflexion - "nicht auf den Spuren von Byron, Musset und Richard Wagner wandeln zu müssen wie in Venedig"[202], fixiert er noch einmal seine antiromantische Position, die mit einer soziologischen These beginnt: "Wir sehen heute zu deutlich, worin die geschichtliche Wirklichkeit der Romantik besteht. Hier wie überall, in Italien und am Rhein, waren die Romantiker der Vortrupp des bürgerlichen Zeitalters, die Spitze jener Scharen von Reisenden, die schließlich zu einer von Hoteliers organisierten Völkerwanderung wurden."[203]

*Zweite* Deterritorialisierung: der *organisierte* Nomadismus ("Völkerwanderung"), der schon damals, als Schmitt nach "Illyrien" *reiste*, *Tourismus* hieß. "Notizen von einer dalmatinischen Reise" überschreibt Schmitt seinen Text, ohne sich selbst zu jener "Schar von Reisenden" zu zählen, die im Schlepptau der Romantiker (die die kollektiven Sehnsuchtswerte, die bestimmte Länder für sich reklamieren können, im Medium der Dichtung zunächst erst einmal erzeugen mußten) das Land heimsuchen. "Oft ziehen wir wie eine Prozession mit Trompeten/ Von Stadt zu Stadt und

---

201  Ebd., 295.
202  Schmitt fährt fort: "das schließlich von Maurice Barrès in vierter Garnitur noch einmal romantisiert worden ist, sehr hübsch, aber jetzt müßte doch das Maß bald voll sein" (Ebd.).
203  Ebd.

Land zu Land", dichtet der von Schmitt bewunderte Serbe Bojić; aber die von "Hoteliers organisierte Völkerwanderung" verhält sich zu dieser 'ursprünglicheren' nomadischen Existenzweise (oder besser: bei Bojić und Schmitt als nomadisch *imaginierten* Existenzweise) wie die "Polyglossie" des modernen internationalen Verkehrs und der Diplomatie zu der 'schicksalsmäßigen' "Vielsprachigkeit" Illyriens. Das *Hotel* ist für Schmitt das Symbol einer verruchten Deterritorialisierung, weil es die Sphäre der Architektur in den Dienst einer nur mehr *flüchtigen Berührung* mit dem Land stellt. Vom *Palast* über die *Stadt* (mit ihrer zivilen, nicht-repräsentativen Agglomeration von Gebäuden, die verschiedensten Zwecken dienen) und das *Land* (als Schauplatz einer im ständigen Kontakt mit der "Erde" stehenden nomadischen Bewegung) hin zum *Hotel* als dem Träger einer 'absoluten' Deterritorialisierung, die nicht mehr aufgezwungen ist und als "Unglück" betrachtet, sondern 'frei gewählt' wird.[204] Schmitt nutzt die paradoxe Abrechnung mit der Romantik als gesellschaftlichem und kulturellem Phänomen noch einmal, um ihr ihre Unfähigkeit zur "Repräsentation" vorzuwerfen, ohne auf das Spannungsverhältnis zwischen diesem zur Sphäre des *Palastes* gehörenden Begriff und dem Faszinosum Illyrien einzugehen, das sich ebenfalls über die Negation oder genauer: *Dekonstruktion* der repräsentativen Sphäre herstellt (ich erinnere noch einmal an die Metaphorik der "ungeheuerlichen Verbindung", der "Mischung", des "Einnistens" und "Krabbelns").

Die Romantik ist zuletzt nur ein *potenzierter Nomadismus*, wie Schmitt bereits in seiner frühen Monographie erkannt hatte, wenn er die Romantiker als die *von einer Realität zur anderen Gleitenden* beschreibt: "So glitten sie von einer Realität zur anderen, vom Ich zum Volk, zur 'Idee', zum Staat, zur Geschichte, zur Kirche, immer, solange sie Romantiker blieben, die eine Realität gegen die andere ausspielend, niemals sich entscheidend in diesem Intrigenspiel der Realitäten." (*PR*, 132). Ich habe gezeigt, inwiefern es sich bei diesem *Intrigenspiel der Realitäten* (und nicht: Spiel der Romantiker *mit* den Realitäten), wie Schmitt treffend formuliert, um die Auswirkungen grundlegend veränderter Kommunikationsverhältnisse auf die Genese von Sinn handelt, so daß es nachgerade lächerlich ist, diesen strukturellen Sachverhalt denjenigen zum moralischen Vorwurf zu machen, die ihn, noch bevor

---

204  Schmitt wird in dem Titelaufsatz der Sammlung *Ex Captivitate Salus* die Geschichte der Rechtswissenschaft ebenfalls als einen Prozeß beschreiben, dessen einzelne Etappen durch bestimmte *Architektursymbole* markiert sind: von der *Kirche* (die hier den Anfang macht) über den *Palast* - Das Recht "suchte ein neues Haus und fand es im Staat. Die neue Wohnung war fürstlich, ein Palast der Renaissance oder des Barock" (*ESC*, 69) - zum *Hotel* - das als Symbol für die "Gesellschaft" fungiert, bei der die "besser Situierten" unter den Juristen "einquartiert" waren, "nicht mehr in einem Palast, dafür aber in einem um so komfortableren Hotel" - und schließlich in die "Bunker und Baracken des technischen Zeitalters" (*ESC*, 74).

er auf ganzer gesellschaftlicher Breite angelaufen war, am konsequentesten artikulierten.

An der charakteristischen Inflationierung der Ansprüche auf Wirklichkeit, Wahrheit und vor allem: *Echtheit* will Schmitt die typisch romantische Unsicherheit ablesen, wenn es darum geht, sich der Wirklichkeit zu bemächtigen: "Die Realität, von der sie sprechen, steht immer in einem Gegensatz zu einer andern, das 'Wahre', 'Echte' bedeutet die Ablehnung des Wirklichen und Gegenwärtigen und ist schließlich nur das Anderswo und Anderswann, das Andere schlechthin." (*PR*, 132) Aber, sprechen wir es ruhig aus: mit diesem Satz hat Schmitt exakt das semantische Kompositionsprinzip seiner eigenen Texte benannt, die gegen die juristischen Normativitäten und Fiktionen die "seinsmäßige Wirklichkeit"[205] in Anspruch nehmen, eine höchst charakteristische Verdopplung des Wirklichkeitsbegriffs, der etwas über die Unsicherheit verrät, die Schmitt bei seinem eigenen Bemühen an den Tag legt, das Politische als das *ens realissimum* zu präsentieren, wobei hier auch im Sinne Derridas der präsenzmetaphysische Charakter von 'Präsentation' mitbedacht werden sollte. Schmitt denkt das Sein durchgehend als das *Gegenwärtige* bzw. *Vorhandene* oder *Gegebene*, es ist nicht zufällig, daß das Politische als das Sein im eminenten Sinne einen privilegierten Bezug zum *Auge* hat[206], also zu demjenigen Sinn, der traditionellerweise als der Wirklichkeitssinn par excellence verstanden wird und der das Seiende 'zur Vorstellung bzw. Anschauung bringt'. Auch für Schmitt ist das Politische "das Andere schlechthin"[207], nicht nur weil es den Cha-

---

205  "Hier handelt es sich nicht um Fiktionen und Normativitäten, sondern um die seinsmäßige Wirklichkeit und die reale Möglichkeit dieser Unterscheidung" (*BdP*, 28f.), gemeint ist die Unterscheidung von Freund und Feind. Vgl. Derrida 1994, 154f., der Wirklichkeit, Möglichkeit und Präsenz bzw. Gegebenheit oder Vorhandenheit als die drei Kriterien rekonstruiert, die den Schmittschen Begriff der *Eventualität* bzw. der "realen Möglichkeit" definieren.

206  "Die Höhepunkte der großen Politik sind zugleich die Augenblicke, in denen der Feind in konkreter Deutlichkeit als Feind erblickt wird." (*BdP*, 67) Zu den psychoanalytischen Implikationen dieser Beziehung zwischen dem Politischen und dem Register des Optischen vgl. Balke 1990, 56.

207  Diese These steht nicht im Gegensatz zu der, die Schmitt in der "Vorbemerkung zur zweiten Ausgabe" der *Politischen Theologie* von 1934 angreift: die These der protestantischen Theologie, die "Gott in derselben Weise als das 'Ganz Andere' hin[stellt], wie für den ihr zugehörigen politischen Liberalismus Staat und Politik das 'Ganz Andere' sind." Dieser "angeblich unpolitischen Lehre" setzt Schmitt seine Auffassung vom Politischem als dem Totalem entgegen. Aber das Totale ist keine *extensive*, sondern eine *intensive* Kategorie, die auf eine Gesellschaft trifft, deren - mit Heidegger zu reden - *alltäglicher Seinsart* sich das Politische gar nicht erschließt. Schmitts Polemik gegen die Auffassung Gottes als des "Ganz Anderen" trifft lediglich die Auffassung einer prinzipiellen Weltentrücktheit der göttlichen Erfahrung und des göttlichen Handelns, ohne daß er deshalb mit seiner Totalitätsthese einer,

rakter der Ausnahme hat, sondern weil es im Gegensatz zu allen privativen, ja parasitären Modi des Wirklichen steht, die das Politische im Sinne des "äußersten Intensitätsgrades" (*BdP*, 27) zum Verschwinden bringen und "die sonderbarsten Geschäfte und Manipulationen als 'Politik'" erscheinen lassen (*BdP*, 30). Das Politische ist von einem spezifischen "Pathos" nicht ablösbar, das einen allererst in den Stand setzt, den Feind und die Bedrohung durch ihn zu erkennen. Die Wirklichkeit des Politischen ist in Wahrheit, wie Schmitt nur zu gut weiß, allzu selten *gegenwärtig*. Seine eigene Schrift wendet sich in der Situation der zwanziger Jahre an die Deutschen mit dem Appell, den Feind in den Blick zu nehmen, wenn es ihnen nicht so ergehen soll, wie den französischen Aristokraten vor der großen Revolution: "man spürte nichts von der Revolution; es ist merkwürdig, die Sicherheit und Ahnungslosigkeit zu sehen, mit der diese Privilegierten von der Güte, Milde und Unschuld des Volkes sprachen, als 1793 schon unter ihren Füßen war - 'spectacle ridicule et terrible'" (*BdP*, 68). Selbst die Feinde täuschen sich über die Gegenwärtigkeit der Feindschaft. Gerade weil die Feindschaft ein *Phänomen* ist, liegt sie nicht offen zutage wie ein Stück bloßer Faktizität: daher verlangt sie "politische[s] Denken und politische[n] Instinkt" (*BdP*, 67).

Den "leeren und ermüdenden Wiederholungen", die Schmitt den Romantikern vorhält, wenn sie das Echte, Wahre und Wirkliche denjenigen Worten anhängen, die längst "substanzlos" geworden sind (*PR*, 132), begegnen wir auch im *Begriff des Politischen* auf Schritt und Tritt - Derrida spricht von der "récurrence de ce rappel à une 'possibilité réelle'"[208]. Aber diese in verstärkender Absicht gebrauchten Wiederholungen betreffen nicht nur die "reale Möglichkeit" (*BdP*, 29, 33, 34, 35, 36 etc.), sondern auch die "Eventualität eines Kampfes", die "im Bereich des Realen" liegt (*BdP*, 33), den "wirklichen Gegensatz" (*BdP*, 29), die "seinsmäßige Negierung" (*BdP*, 33), den "wirklichen Kampf" etc. Weil spätestens nach den Erfahrungen des Ersten Weltkrieges die üblichen Sinnattribuierungen des Krieges fragwürdig und zerschlissen sind, bleibt Schmitt nur noch die Möglichkeit, den Sinn des Krieges in seinem bloßen *Sein* zu fixieren und damit die Ideologie auf den Status der - heroisch applizierbaren - Tautologie zu reduzieren. Die üblichen Begründungen, die die Staaten anbringen, um die Kriegführung zu rechtfertigen, verfehlen die Spezifizität des Phänomens Krieg, der Krieg ist in Wahrheit *etwas ganz anderes* als all die ideologischen Vorgaben und Ziele, die die Regierungen aufbieten, und ohne deren Einsatz, was Schmitt zu verkennen scheint, ein Krieg nicht

---

wie Heidegger sagen würde, *durchschnittlichen Erschlossenheit* des Politisch-Theologischen das Wort reden würde. Das Politische ist total, aber wesentlich kein Oberflächen-, kein Alltagsphänomen, sondern weist den Charakter einer konstitutiven *Seltenheit* auf, die ihm allerdings nichts von seinem bestimmenden Wesen nimmt.

208  Derrida 1994, 154.

führbar ist. Carl Schmitts Krieg ist der *reine* Krieg, der *wirkliche* Krieg, der allerdings auch nicht mit der Auffassung des Krieges als Wettkampf und Agon zu verwechseln ist, bei der die Gefahr groß ist, daß der *Ernst* des Geschehens zum *Spiel* degeneriert.

Den Romantikern hatte Schmitt ins Stammbuch geschrieben: "Man schafft aber keinen neuen Begriff dadurch, daß man einem alten das Prädikat echt beifügt." (*PR*, 133) Dieser Satz spricht auch das Urteil über den *Begriff des Politischen*, der bereits durch die Wahl des substantivierten Adjektivs die Distanz zu den empirischen Politiken signalisiert, die er *essentialistisch* zu überbieten sucht, wie folgende Formulierung überdeutlich macht: "Der Krieg, die Todesbereitschaft kämpfender Menschen, die physische Tötung von andern Menschen, die auf der Seite des Feindes stehen, alles das hat keinen normativen, sondern nur einen existenziellen Sinn, und zwar in der *Realität* einer Situation des *wirklichen* Kampfes gegen einen *wirklichen* Feind, nicht in irgendwelchen Idealen, Programmen oder Normativitäten. Es gibt keinen rationalen Zweck, keine noch so richtige Norm, kein noch so vorbildliches Programm, kein noch so schönes soziales Ideal, keine Legitimität oder Legalität, die es rechtfertigen könnte, daß Menschen sich gegenseitig dafür töten. Wenn eine solche physische Vernichtung menschlichen Lebens nicht aus der *seinsmäßigen* Bejahung der eigenen Existenzform gegenüber der ebenso *seinsmäßigen* Verneinung dieser Form geschieht, so läßt sie sich eben nicht rechtfertigen. Auch mit ethischen und juristischen Normen kann man keinen Krieg begründen. Gibt es wirklich Feinde in der *seinsmäßigen* Bedeutung, wie es hier gemeint ist, so ist es sinnvoll, aber nur politisch sinnvoll, sie nötigenfalls physisch abzuwehren und mit ihnen zu kämpfen." (*BdP*, 49f - m.H.) Der "existenzielle Sinn" des Politischen liegt nicht in der Situation eines Kampfes gegen einen Feind, sondern "in der *Realität* einer Situation des *wirklichen* Kampfes gegen einen *wirklichen* Feind". Man schafft keinen neuen Begriff dadurch, daß man einem alten das Prädikat *wirklich* anhängt. Statt den öffentlich zugänglichen Sinn, der sich unweigerlich unter den Titeln der Ideale, der Programme, der Normativitäten, der Zweckhaftigkeiten, der Legitimitäten und der Legalitäten artikuliert, in fast schon pazifistischer Manier zu verwerfen, um dann eine Kategorie von Sinn zu kreieren, die sich nur deshalb jeder Verfügbarkeit zu entziehen scheint, weil sie mittels bestimmter angehängter Prädikate erzeugt wird, statt den Sinn, der auch in Sachen Krieg längst an die Oberfläche gestiegen und fadenscheinig geworden ist, wieder in der Tiefe des Seins zu verankern, hätte Schmitt besser eine Maxime Valérys beherzigt, der einmal von den nichts als *seienden* Dingen in den *Cahiers* sagt: "Die Dinge selbst haben keinen Namen, keine Grenzen, keine Größe [sie sind in einem gewissen Sinne "total", Vf.]. Sie gehören zu nichts. Sie sind, sind und sind, und man *muß von ihrem*

*'Sein' erwachen, um sie zu erkennen.*"[209] Schmitt *will* nicht von diesem Sein erwachen, im Gegenteil: er knüpft die Bedeutung wieder an das Sein und versenkt sie in der Substanz.

Gilles Deleuze hat in seiner *Logik des Sinns* die "Neu-Ausrichtung des ganzen Denkens" beschrieben, die die Stoiker mit ihrer Umwälzung der platonisch-aristotelischen Logik bewirkten. Die Kategorien gehören für sie nicht länger dem Sein, sondern einem "Außersein" an, "das das Unkörperliche als nicht-existierende Entität bildet". Während bei Aristoteles "alle Kategorien in Funktion des Seins ausgesagt" werden, situieren die Stoiker die "Ideen" in einer Sphäre, die durch ein *Nichts von Sein*, durch radikale Unkörperlichkeit gekennzeichnet ist und sich als reine *Wirkung* entfaltet. Der Sinn, der an die Oberfläche steigt, ist der Gegenbegriff zum Sein.[210] Die Romantiker haben dieses Bewußtsein vom Effekt-Charakter der Bedeutung nur auf die Spitze getrieben - und Schmitt selbst hat an der Strategie der Entmachtung der Ideen teil, wie die zitierte Passage zeigt. "Immer geht es darum", so schreibt Deleuze, "die Ideen zu entmachten und zu zeigen, daß sich das Unkörperliche nicht in der Höhe, sondern an der Oberfläche befindet, daß es nicht die höchste Ursache ist, sondern die oberflächliche Wirkung par excellence, daß es nicht Wesen ist, sondern Ereignis."[211] Schmitt traut den geläufigen Kategorien nicht, in denen sich das Wesen des Krieges aussagt oder mittels derer seine Rechtfertigung betrieben wird. Er negiert die gesamte Sphäre des gewöhnlichen Sinns, die man dem Krieg abzugewinnen weiß und die seinem "Ernst" nicht mehr gerecht wird: alles nur Parolen! Aber im Hinblick auf seine eigene Sinnzuschreibung verhält er sich alles andere als stoizistisch: hier fungiert das Sein wieder als Quelle eines stummen, aber um so eindringlicheren, 'existentiellen' Sinns, der *als* Sinn nicht in den Blick geraten darf. Aber seine Fadenscheinigkeit ist noch viel weniger zu übersehen als im Fall des abgelehnten "normativen" Sinns, auf den die politischen Regime gemeinhin zurückgreifen, weil er sich der von Schmitt selbst kritisierten *romantischen* Strategie der semantischen Supplementierung alter Begriffe durch Authentizitätsprädikate verdankt.[212]

---

209  Valéry 1988, 46.

210  Deleuze 1993a, 22f.

211  Ebd., 165.

212  Auch die von Schmitt kritisierte romantische Operation der *Punktualisierung des Wirklichen* - "die Wirklichkeit wird punktualisiert und jeder Punkt der Anknüpfungspunkt für einen Roman" (*PR*, 109) - wird von ihm selbst im *Begriff des Politischen* angewandt, wenn er die Freund-Feindgruppierung den "äußersten Punkt" (*BdP*, 30) nennt, wenn er den "ausnahmsweisen" Charakter des "wirklichen Kampfes" betont und dem "Ausnahmefall" in gleichsam methodologischer Absicht "eine besonders entscheidende und den Kern der Dinge enthüllende Bedeutung" zubilligt (*BdP*, 35). Das Sensorium für die Ausnahme ist zweifellos ein Charak-

Die Romantik also hat Carl Schmitt nicht verschont.[213] Ebensowenig, wie sie jenes von Schmitt beschworene, allein im Akt der Beschwörung existierende "Illyrien" verschont hat. Schmitt weiß das nur zu genau und es ist zweifellos ein Zeichen von Redlichkeit, daß er sich keinen Moment über die Romantizität des Gegenstandes seiner "dalmatinischen Reise" täuscht. Der in dieser Hinsicht entscheidende Absatz der Reisebeschreibung beginnt zwar mit der gegenteiligen These, aber bereits der sich unmittelbar anschließende Satz dementiert wie der Rest der Passage die eigene 'Überzeugung'. Freilich vollzieht Schmitt eine dekonstruierende (gegen den expliziten, thetisch akzentuierten Textsinn zeugende) Bewegung, die am Ende wieder in die Ausgangsposition mündet, wobei sich Schmitt erneut des Verfahrens der romantischen Supplementierung (die 'angehängten Prädikate') bedient, um eine anti-romantische Position zu markieren:

"Die Romantik also hat Illyrien verschont. Dabei ist das Land in einem dilettantischen Sinne hochromantisch. Die Landschaft, die blaue Adria, Ragusa und Cattaro, die Einwohner in ihren malerischen Trachten und Haltungen und ihrer Neigung zu einer überaus romantischen Faulenzerei, alles erregt das Entzücken der Reisenden, die beim Anblick der bettelarmen Dalmatiner und Herzegowiner in ästhetischen Kategorien schwelgen. Auch müßte für eine sublime, auf das Akustische gerichtete romantische Sensibilität der Name Illyrien eigentlich einen bezaubernden, geheimnisvollen Klang haben und ein Land wie Orplid auftauchen lassen. Und schließlich, wenn das Romantische auf einer Mischung beruht, wie manche Romantiker versichern [und wie der Romantikkritiker Schmitt selbst den Romantikern vorwirft[214], Vf.], so ist Illyrien der äußerste Grad einer Mischung von Rassen und Schicksalen. Aber in dem Begriff Illyrien steckt etwas *Echtes*, das jeder Romantik unzugänglich bleibt, und die großen Illyrer machen nicht romantische Musik, sondern haben eine Sprache. Sie sprechen freilich in vielen Zungen. Es scheint, als wären ihnen alle euro-

---

teristikum des romantischen Geistes, wie ihn Carl Schmitt versteht. In der "Vorbemerkung zur zweiten Ausgabe" der *Politischen Theologie* von 1934 hat Schmitt diesen Zusammenhang von dezisionistischer Fixierung auf den Ausnahmefall und romantischer Sensibilität eingekannt, ohne daraus jedoch für seinen *Begriff des Politischen* (der im Jahr zuvor in der 3. Ausgabe erschienen war) die geringsten Konsequenzen zu ziehen. Der Dezisionist, so Schmitt, stehe immer in der Gefahr, "durch die Punktualisierung des Augenblicks das in jeder großen politischen Bewegung enthaltene ruhende Sein zu verfehlen" (*PTh*, 8). Es ist nicht bekannt, daß der konkrete Ordnungsdenker Carl Schmitt die These vom "bestimmenden Charakter" des Ausnahmefalls (*BdP*, 35) jemals preisgegeben hätte.

213 Bereits der prominente Rezensent der Aufsatzsammlung *Begriffe und Positionen*, Carl Brinkmann, lobt Schmitt dafür, daß er "wie mit einem Zauberstab die politische Welt gedanklich zu ordnen" verstehe (zitiert nach Lauermann 1990, 100, FN 11).

214 Zu Novalis schreibt Schmitt: "hier mischen sich wahllos naturphilosophische, Fichtesche, ästhetische und politische Assoziationen und schäumen in einem rhythmisch kompakten, sachlich wertlosen Aphorismus auf." (*PR*, 203) Wenig später zitiert er zustimmend das auf Adam Müller gemünzte Wort Solgers von der "'untreuen Vermischung'" (*PR*, 204). Vgl. auch *PR*, 150.

päischen Sprachen vertraut und als läge im illyrischen Geist eine besondere, höchst merkwürdige Art von Vielsprachigkeit."[215]

Wie wenig also die Romantik Illyrien verschont hat, liegt auf der Hand. Nicht nur ist Illyrien "in einem *dilettantischen* Sinne hochromantisch", sondern auch die "*sublime*" romantische Sensibilität kommt auf ihre Kosten - und wenn Schmitt seinen Reisebericht "Illyrien" überschreibt, dann spekuliert er selbstverständlich auf die von ihm so präzise benannten akustischen Valeurs, die dieses Wort transportiert. Als Anti-Romantiker, für den sich Schmitt stets so gerne ausgibt, hätte er sich das Kokettieren mit dem längst *politisch* außer Kurs gesetzten Namen Illyrien verbieten müssen. "Aber in dem Begriff Illyrien steckt etwas *Echtes*, das jeder Romantik unzugänglich bliebt" - dieser Satz ist eine vorbildliche Illustration des bereits erörterten romantischen Prinzips der Erzeugung 'künstlicher', an der Sache selbst nicht ausweisbarer Distinktionen: "Man schafft aber keinen neuen Begriff dadurch, daß man einem alten das Prädikat echt beifügt." Genau das tut Schmitt: dem alten, politisch entwerteten und nur noch eine literarische Existenz fristenden Namen *Illyrien* fügt er das Prädikat *echt* bei, um auf diese Weise zu einem neuen Begriff von Illyrien zu kommen, der gegen die Romantisierung gefeit ist.

Bereits in der *Politischen Romantik* hatte Schmitt einen *intrinsischen* Zusammenhang zwischen romantischer Sensibilität und *Musik* hergestellt, so wenn er etwa mit Blick auf Adam Müller schreibt: "Kein Begriff behält seine Form, alles löst sich auf in oratorische Musik." (*PR*, 194) In seinem Reisebericht wird die sublime von der dilettantischen Rezeption des Phänomens Illyrien dadurch unterschieden, daß erstere sich an dem "bezaubernden, geheimnisvollen Klang" des Namens festmacht, während letztere den aufdringlicheren optischen Reizen von Land und Leuten erliegt. Das "Echte", das "in dem Begriff Illyrien steckt" bestimmt Schmitt daher als die *Negation der Musik* des Begriffs, die er selbst verwertet, und *positiv* als *Sprache*. Aber worin besteht die "Sprache" der großen Illyrer? In einer "höchst merkwürdigen Art von *Vielsprachigkeit*", und daher auch: von *Vielstimmigkeit*, so daß Schmitt die zuvor negierte Sphäre des Musikalischen in die Bestimmung dessen, was an Illyrien *echt* ist, zumindestens allusiv wieder aufnimmt. In den folgenden Absätzen steht er dann wieder vor dem Problem, die illyrische Vielsprachigkeit von dem zu unterscheiden, was gemeinhin unter diesem Begriff verstanden wird. Erneut steht die Realität, um die es ihm geht, im Gegensatz zu einer andern, läuft die Charakteristik des Echten und Wahren auf "die Ablehnung des Wirklichen und

---

215  Schmitt 1925, 295f - m.H.

Gegenwärtigen" hinaus (in diesem Fall die "Polyglossie" der modernen Wirt-
schafts- und Verkehrsgesellschaften[216]).

Illyrien ist recht eigentlich ein Land ohne Grenzen, ein Land der permanenten
Grenzverschiebung, ein Land der ungeheuerlichen Verbindungen, dessen "Buntheit" Schmitt am treffendsten in der shakespeareschen Figur des Othello symbolisiert findet.[217] Daß die moderne Macht den Begriff der Grenze grundlegend neu
definiert, daß sie ihn durch ein Denken in "beweglichen Barrieren"[218] ersetzt, hat
Kafka im *Schloß*-Roman unübertroffen gezeigt. Auch Schmitt reflektiert das Problem der *Grenze* in seinem Reisebericht - und an der Art und Weise, wie er das tut,

---

216 Daß Schmitts Anti-Genf-Affekt, wie er sich noch im Titel seiner Aufsatzsammlung
*Positionen und Begriffe im Kampf mit Weimar - Genf - Versailles 1923-1939* äußert, nicht
nur der politischen Rolle der Völkerbundstadt bei der Festschreibung der Nachwelt-
kriegsordnung in Europa geschuldet ist, sondern einer *ästhetischen* Präferenz, dem Willen zur
Kreation von Distinktionen entspringt, die keinerlei "seinsmäßige Bedeutung" haben, zeigt
das unterschwellige Ressentiment des folgenden Satzes: "Genf ist keine vielsprachige Stadt,
auch wenn man alle Diplomaten und alle Dolmetscher der Erde dort zusammentreibt. Es ist
nicht sein Schicksal, vielsprachig zu sein." (Ebd., 297)

217 Venedig, das ja die Kulisse für Shakespeares Othello abgibt, hat für Schmitt zwar seit dem
12. Jahrhundert "italienischen und nicht mehr illyrischen Charakter. In ihrer Buntheit behält
sie allerdings etwas Illyrisches. Die Menge und die Pracht ihrer Farben ist ja so groß, daß in
dem größten Drama, dessen Schauplatz oder Hintergrund Venedig ist, der Held ein Mohr sein
mußte, weil ein weißes Gesicht im Mittelpunkt von soviel Farbe blaß und schwächlich
erschienen wäre. Die fabelhafte Figur Othello, der schwarze Gatte der weißen Desdemonia,
'der gelben Wüste brauner Sohn', der Krieger ohne Heimat und ohne soziales Milieu, dessen
Eifersucht nur der giftgrüne Schleier ist, in dem sich die Konsequenz eines Heimatlosen-
Schicksals psychologisch verhüllt, der seine Frau nicht erschlägt oder ersticht, sondern
erwürgt, um ihre weiße Reinheit nicht mit rotem Blut zu entweihen, der dunkle Held eines
farbenbunten Schauspiels, der Mohr mit dem germanischen Namen Otto, dem man ein
italienisches Diminutiv angehängt hat, das ihn wie eine Schelle lächerlich macht, der edle
General Othello, der arme, einsame Othello mit seinem germanischen Schicksal - *er gehört
vielleicht symbolisch nach Illyrien.*" (Ebd., 294f.) Und er ist für Schmitt, wie man
hinzufügen darf, das künstlerische Symbol für das Phantasma des nomadisierenden Illyrien
("Kriege ohne Heimat und ohne soziales Milieu"), dessen Name ja bereits, wie wir gesehen
haben, eine genuin ästhetische Dimension aufweist. Alles an diesem Illyrien ist Anknüpfungspunkt für einen unendlichen Roman. Es ist bezeichnend, daß Schmitt das
Shakespearesche Drama nur unter dem Gesichtspunkt seiner *Farbkomposition* ins Spiel
bringt, und, vom Mord an Desdemonia abgesehen, der aber auch nur auf seine koloristischen
Effekte hin gelesen wird, keine narrativen Elemente des Stückes aufgreift. Allein der Effekt
der (*illyrischen*) "Buntheit" wird in diesem kunstvoll gebauten Satz inszeniert. Die "tumul-
tuarische Buntheit" hatte Schmitt als ein phänotypisches Merkmal des Romantischen
bestimmt (*PR*, 227).

218 Deleuze/Guattari, 1976, 105.

234 DER STAAT NACH SEINEM ENDE. DIE VERSUCHUNG CARL SCHMITTS

kann man die Gespaltenheit seiner Haltung dem Phänomen Illyrien gegenüber ablesen. Illyrien, das ist einerseits "der äußerste Grad einer Mischung von Rassen und
Schicksalen" und damit kein Status, sondern ein Prozeß der permanenten Verschiebung, Auflösung und Neuerfindung von Identitäten. Sinnfällig kommt dieser kulturelle Dispersionseffekt vor allem in der "besondere[n], höchst merkwürdige[n]
Art von Vielsprachigkeit" zum Ausdruck, die den "illyrischen Geist" auszeichnet.[219] Aber ausgerechnet dort, wo selbst die Sprache ihre (nationalisiernde) Herr-
schaftsfunktion verliert und eine Vielzahl von Sprechweisen den kulturellen Raum
bevölkern, ohne daß er seine Konsistenzfähigkeit (im Sinne von Deleuze[220]) einbüßte, dort also, wo wir es mit einem Volk von *Übersetzern* zu tun haben, für die
Sprechen immer schon übersetzen heißt[221], das die Fähigkeit hat, "die andere
Sprache wie einen Begleiter neben sich hergehen zu lassen und mit ihr zu sprechen
wie mit einem Menschen, sie aber nicht wie ein Werkzeug in die Hand" nimmt[222],
ausgerechnet an dieser Stelle führt Schmitt die symbolische Funktion der *Grenze*
wieder ein. Die Vielsprachigkeit selbst, deren innere Heterogenität sie eigentlich
denkbar ungeeignet macht für ein Manöver der symbolischen Identitätsstiftung,
dient Schmitt dazu, sie von *anderen* Formen der Vielsprachigkeit zu unterscheiden,
die symbolisch den Komplex des Weltmarktes und der Weltpolitik, d.h. der modernen wissenschaftlich-technisch organisierten *Kommunikation* konnotieren. Vorbereitet wird diese Wendung durch die Antwort auf die selbstgestellte Frage, was
denn diese merkwürdige und durchaus singuläre Vielsprachigkeit der Illyrer möglich mache.

Schmitts Antwort muß man im Lichte der Begriffsbestimmung des Politischen
beurteilen, die er zwei Jahre später vorlegen wird. Der *Feind* wird im *Begriff des
Politischen* bekanntlich näherhin als "der andere, der Fremde" definiert (*BdP*, 27).
Die illyrische Vielsprachigkeit bringt Schmitt nun bezeichnenderweise mit einem
"slawischen Element" in Verbindung, das "eine Kraft der Weichheit und die Gewalt
einer nicht analysierenden, aber durchdringenden Psychologie" bewirke, "*die sich*

---

219 Schmitt 1925, 296.
220 Vgl. Deleuze 1980, 75-84 sowie Deleuze/Guattari 1992, 361-370.
221 "Es kann doch nicht nebensächlich sein und muß eine providentielle Bedeutung haben, daß
    der heilige Hieronymus ein Illyrer war. Der Übersetzer der Heiligen Schrift, der Autor der
    Vulgata, muß in einem höheren Sinne Übersetzer sein als irgendein anderer, der ein noch so
    schönes Werk aus einer Sprache in die andere überträgt. Wenn die Bibel *das* Buch ist, so ist
    die Vulgata *die* Übersetzung." Dem deutschen Übersetzer der Bibel, Luther, fehle, so Schmitt,
    "die Vielsprachigkeit des Illyrers und das sichere Schweben über den Sprachen" (Schmitt
    1925, 296).
222 Ebd., 297.

*mit dem Fremden vereinigt, ohne sich selbst aufzugeben"*[223]. Die Vereinigung mit dem Fremden ist aber das Tabu des Begriffs des Politischen, den Schmitt nur wenig später konzipiert und der sich den Vorwurf gefallen lassen müßte, den Schmitt 1925 so ausdrückt: "Wir Deutsche fühlen das besonders stark, weil wir immer in Gefahr sind, uns entweder hart zu verschließen oder widerstandslos wegzuwerfen und zu verlieren."[224] Wie man vor allem an Schmitts Rezeption des Spinoza-Lehrsatzes "Unaquaeque res, quantum in se est, in suo esse perseverare conatur" (*Jedes Ding strebt, soviel an ihm liegt, in seinem Sein zu verharren*) ablesen kann[225], mißversteht Schmitt das Selbsterhaltungsprinzip in der Regel - der *Illyrien*-Aufsatz ist hier eine, wie wir sehen werden: nicht die einzige Ausnahme - als eine *Alternative* zum Prinzip der "Vereinigung mit dem Fremden", also der *Assoziation*, die nicht in einer vorgängigen Dissoziation begründet ist: "Wenn zwei übereinkommen und ihre Kräfte vereinigen, so vermögen sie mehr und haben folglich mehr Recht auf die Natur, als jeder von ihnen für sich, und je mehr sich so zu einer Verbindung zusammenschließen, desto mehr Recht werden alle haben."[226] Die Reduktion des Seins und seiner Vermögen auf das *Subjekt* der Selbsterhaltung wäre in Wahrheit nach der spinozistischen Logik die 'Selbstaufgabe'. Da das Selbst aber nicht 'einfach', sondern immer schon komplex ist, da es niemals ganz 'bei sich selbst' ist, es sei denn im Tod, sondern den Bezug zum Anderen in sich selbst trägt und in diesem Sinne auch immer schon *vielsprachig* ist, gibt es nur *eine* Gefahr für jedes Sein, die Schmitt in psychologischer Redeweise als das Sich-hart-Verschließen ausdrückt. Schmitts Begriff der Selbsterhaltung, wie er auch seinem *Begriff des Politischen* zugrundeliegt, wird von einer *Ökonomie der Knappheit* regiert, die die "Vereinigung mit dem Fremden" entweder für ganz unmöglich hält oder für eine Seinsmöglichkeit, die zur vorgängigen Sicherung des kollektiven Selbst durch den Akt einer symbolischen Grenzziehung *hinzukommen* kann.

Nachdem Schmitt in mehreren Anläufen die illyrische Vielsprachigkeit von der "Polyglossie" und der "Routine zusammengewürfelter Völker mit regem internationalem Verkehr"[227] abgegrenzt hat, schrumpft das Land der "ungeheuerlichen Verbindung" plötzlich zum "Land der Grenzen", ja zum Land *der* Grenze, zu einem Land, dessen Vielsprachigkeit daraus resultieren soll, daß es ganz Grenze ist. Der besondere Umgang mit der Sprache sei "nur möglich in einem Lande der Grenzen, wo den Menschen die Gemeinsamkeit eines umfassenden Schicksals aus vielen Erfahrungen und insbesondere einem halben Jahrhundert des Kampfes mit dem Islam

---

223 Ebd., 296 - m.H.
224 Ebd.
225 Spinoza 1977a, 272.
226 Spinoza 1977b, 65.
227 Schmitt 1925, 296.

gegenwärtig geblieben ist. In einem viel intensiveren Sinne als Rußland ist der Balkan die Grenze zwischen Asien und Europa."[228] An dieser Stelle muß man den Blick zurückwenden zu der Stelle des Textes, an der Schmitt das Bild Illyriens als einer "ungeheuerlichen Verbindung" malt, und wenn man dem langen Satz, in dem Schmitt die Elemente nennt, die da miteinander in Verbindung treten, bis an sein Ende folgt, dann stößt man - auf den *Islam*: "[...] eine Luft voll von Dämonen, heidnische Antike, römisches und griechisches Christentum, Gnosis *und Islam*." Der Islam ist in der Tat das letzte Glied in der Kette dieses Satzes, *aber er wird eben keineswegs von Schmitt unterschlagen*, der Islam ist Teil der "ungeheuerlichen Verbindung", ja die Positionierung am Schluß des Satzes verleiht ihm sogar noch ein zusätzliches Gewicht.

Gehört der Islam in jene umfassende europäische Synthese, die für Schmitt der Name "Illyrien" evoziert, ist er Teil jener "ungeheuerlichen Verbindung" oder provoziert er vielmehr einen Affekt der Exklusion, der die wahre Grundlage der europäischen 'Identität' ist? Europa und der Islam? Ist es ein Zufall, daß Carl Schmitt und Paul Valéry auch in diesem Punkt zu demselben Ergebnis kommen? Schmitt führt im *Begriff des Politischen* den Islam an, wenn er den Einwand zu entkräften versucht, ob das Kriterium des Politischen, das er vorschlägt - die Unterscheidung von Freund und Feind -, nicht dem christlichen Gebot der Feindesliebe widerspricht. Nach Schmitt macht die entsprechende Matthäus-Stelle (in Wahrheit: die *lateinische Übersetzung* der Stelle) durch ihre Wortwahl (*inimicus* statt *hostis*) deutlich, daß das Gebot lediglich den *privaten* Feind meint: "vom politischen Feind ist nicht die Rede". Die sich unmittelbar anschließenden Sätze wollen mögliche Bedenken gegen dieses 'philologische' und daher: auch philologisch anfechtbare Argument dadurch von vornherein entkräften, daß sie auf die *politische Praxis* des Christentums selbst - und nicht nur einer einzelnen christlichen Nation - verweisen, die stets den privaten vom öffentlichen Feind zu unterscheiden gewußt habe: "Auch ist in dem tausendjährigen Kampf zwischen Christentum und Islam niemals ein

---

228  Ich verzichte an dieser Stelle auf jeden Kommentar zu einem Satz, dessen 'Wahrheit' die gegenwärtigen Ereignisse auf dem 'Balkan' zu illustrieren scheinen und verweise auf den Aufsatz von Slavoj Žižek, "Genieße Deine Nation wie Dich selbst! Der Andere und das Böse - Vom Begehren des ethnischen 'Dings'", der zeigt, das es bei den aktuellen 'ethnischen Konflikten' um die Reinszenierung jener *Grenze* geht, die der Balkan im kollektiven Imaginären Europas seit jeher gespielt hat: "In den 'ethnischen Konflikten' ist nichts Autochthones, denn der Blick des Westens war von Anfang an in ihnen enthalten. Die 'Beobachter' der Europäischen Gemeinschaft [...] übersahen, daß das ganze Spektakel vom 'alten Haß, der plötzlich in seiner ursprünglichen Grausamkeit ausbricht', ein Tanz war, den jene inszenierten, die sich selbst als 'Insel der Ordnung und Vernunft gegen den sezessionistischen Wahnsinn' anbieten wollten." (Žižek 1994, 161)

Christ auf den Gedanken gekommen, man müsse aus Liebe zu den Sarazenen oder den Türken Europa, statt es zu verteidigen, dem Islam ausliefern." (*BdP*, 29) Die kriegerische Abwehr des Islam scheint das entscheidende Konstituens der europäischen "politischen Idee" (*PTh*, 83) zu sein - und zwar keineswegs allein bei Schmitt, sondern auch bei Valéry, wie folgende Eintragung in den *Cahiers* aus dem Jahre 1921/22 belegt, in der es um die *Definition Europas* geht. Nachdem Valéry stichpunktartig einige der Ingredienzien des europäischen 'Geistes' genannt hat ("Rom" ordnet er "Reines Recht" und "*Die Form*" zu, dem "Christentum" die "*Seele*" und "Hellas" "Logos Logik, Formalismus Vernunft"), notiert er: "*Europa beginnt mit den Kreuzzügen. Der Islam.*" Darauf folgt die Evokation jenes mythischen *Asiens*, das wir auch in Schmitts Reisebericht antrafen und dem die eigentliche Feindschaft gilt, die auf eine bestimmte *Politik des Denkens* verweist: "Indien oder die Unreinheit - die Verwirrung." In einem Zusatz heißt es bei Valéry: "Die 'Wahrheit': späte Erfindung. Bedürfnis - Schöpfung. Das strenge Denken."[229]

## 8. Schmitt und Valéry: Zwei Theoretiker der Diktatur

Von der Diktatur sagt Valéry, was der Souveränitätstheoretiker Schmitt, der selbst eine großangelegte Begriffsgeschichte über die *Diktatur* geschrieben hat, nicht besser hätte formulieren können: sie sei ein "Regime - das, wie bereits gesagt, nichts anderes darstellt als die vollständigste Verwirklichung einer in jedem politischen Denken angelegten Intention"[230]. Wie kommt Valéry zu dieser emphatisch gemeinten Wesensbestimmung des Politischen, er, der eine ganze Reihe von Aufzeichnungen zur Politik unter dem bezeichnenden Titel *Les principes d'an-archie pure et appliqué* gesammelt hat, die posthum 1984 publiziert wurden und dessen gesamte Eintragungen zum Thema Politik in den *Cahiers*, es sei noch einmal wiederholt, von einem prinzipiellen Widerwillen gegen die Sphäre des Politischen erfüllt sind, die sich nur durch die Ausbeutung semiliterarischer Wissensbestände und kollektiver Phantasmen im wissenschaftlich-technischen Zeitalter über Wasser halte, und zwar zum Nachteil der Menschheit, die sich in der Ära globaler Interdependenzen - Valéry spricht von der "transformation moderne de la terre", die zu einem "nouveau système de la vie"[231] geführt habe, zur Emergenz der *Weltgesellschaft* - immer weniger *große Politik, Politik im Plural* leisten kann.

---

229  Valéry 1992, 490f - m.H.
230  Valéry 1945e, 82.
231  Valéry 1945g, 98.

Schmitt hat diese von dem Faktum Weltgesellschaft ausgehenden Deterritorialisierungsvektoren im Auge, wenn er feststellt: "Heute ist nichts moderner als der
Kampf gegen das Politische", gegen die "unsachliche Herrschaft der Politik" (*PTh*,
82). Es kann kein Zweifel daran bestehen, daß Valéry für diesen Kampf viel Munition liefert, wenn er etwa das Ende der räumlichen und kommunikativen Begrenz-
barkeit von politischen Ereignissen diagnostiziert, die es erlaubte, daß man eine
Politik machte in dem Wissen, daß ihre Auswirkungen auf den eigenen Herr-
schaftsbereich beschränkt bleiben würden. "Die politische Welt ist ein Pluriversum,
kein Universum" (*BdP*, 54), wendet Schmitt gegen die Welt*staat*utopisten ein - und
verfehlt damit die Realität der Welt*gesellschaft*, die - obwohl sie über keine wirk-
same 'Exekutive' verfügt, sondern sich im wesentlichen als ein erdumspannender
Kommunikationszusammenhang herstellt - durch die "Mauern", die die klassischen
Staaten symbolisch umgeben, hindurchgeht und "die bisherige territoriale Geschlossenheit, Undurchdringlichkeit und *Impermeabilität* der bestehenden Staaten"
ignoriert (*BdP*, 57). Die staatliche Politik muß jetzt nicht mehr nur mit den direkten
Wirkungen ihrer Maßnahmen rechnen, sondern auch mit den *Wirkungen der von
ihr ausgelösten Wirkungen*, die 'anderswo' entstehen. Valéry erkennt in der dadurch für die politischen Akteure entstehenden *Komplexität* eine Lage, die jedem
Kalkül den Boden entzieht: "Il n'est de prudence, de sagesse ni de génie que cette
complexité ne mette rapidement en défaut, car il n'est plus de durée, de continuité ni
de causalité reconnaissable dans cet univers de relations et de contacts multi-
pliés."[232]

Im folgenden wird es darum gehen, zu zeigen, daß Valéry aber auch für den von
Schmitt eröffneten Kampf *gegen* diesen Kampf gegen das Politische Munition geliefert hat. War es Schmitt stets darum zu tun, gegen die Fiktionen eines juristischen Positivismus, der den Staat umstandslos mit der Rechtsordnung identifiziert,
die "seinsmäßige Wirklichkeit" des Politischen, seine Existentialität zur Geltung zu
bringen, so entwickelte Valéry seine Theorie der *Fiducia* (die die Abhängigkeit der
sozialen Ordnung von der Existenz nicht-verifizierbarer, im *Alltagsverstand* veran-
kerter Wissensbestände[233] analysiert), derzufolge das Axiom gilt: "Tout état social

---

232  Valéry 1945a, 22.

233  Die allerdings kontinuierlich reproduziert (d.h. bestätigt) werden müssen und nicht einfach
     von selbst gelten. Der "Simplismus", von dem Valéry auch spricht, ist auf komplexe - heute
     vor allem: massenmediale - Instanzen der öffentlichen Meinungsbildung angewiesen. Die
     Reproduktionsfähigkeit der Politik, so wie sie Schmitt und Valéry beschreiben, steht und
     fällt mit der Wirksamkeit einer *diskursiven Praxis*, eines von bestimmten Experten bzw.
     "'Kundigen'" (Valéry) verwalteten, über schulische und universitäre, aber vor allem auch über
     publizistische und mediale Kanäle distribuierten Wissens: *der Geschichte* als einer Phantasie
     über die Vergangenheit, die sich fortwährend in die Produktion der Zukunft einspeist.

exige des fictions"[234] bzw. "Alle Gesellschaft ist fiducia - *Fiducia* spielt eine ähnliche Rolle wie die *Trägheit*"[235] in der physikalischen Welt, wobei die der Geschichte entnommenen Modelle des Staates, des Volkes und der Nation Valéry als soziale Fiktionen par excellence gelten. An einigen Stellen der *Cahiers* verwendet er auch den Ausdruck *Simplismus* für die Gesamtheit der mit einer Gesellschaft gegebenen "Fiduzwerte": "Der *Simplismus* ist die notwendige Bedingung der gesellschaftlichen Existenz." Nicht nur ist er der Gegenbegriff zum Konzept des *Geistes* - Valéry definiert den Simplismus als das Ensemble der *Einschränkungen*, denen seine Operationsweise unterliegt -, er weist auch eine charakteristische Nähe zu jenen *binären* Unterscheidungen und *Oppositionen* auf, die Carl Schmitt so besonders am Herzen liegen, ja der Simplismus läßt sich geradezu definieren als die Reduktion der Komplexität mittels binärer Schematismen unter Ausschluß dritter Möglichkeiten: "Er ist auch eine undifferenzierte Imago Mundi, bei der die Faktoren reduziert sind. Zum Beispiel (Gut und Böse) = 2, und ganz allgemein alle diese Oppositionen - Wahr-falsch usw. Tapfer-feige."[236]

Ich möchte im folgenden erläutern, warum ich denke, daß eine in ihren Konsequenzen unreflektierte *metaphysische Grundstellung*, die aufs engste mit seinem wissenschaftstheoretischen und ästhetischen Konstruktivismus zusammenhängt und sich, wie wir gesehen haben, auf einen bestimmten Descartes beruft, den großen Analytiker der politischen Irrationalität bzw. der Irrationalität des Politischen dazu verführte, die einzig mögliche Rationalität des Politischen ausgerechnet in der *Diktatur*, genauer: in einem ästhetisch grundierten *Bild* der Diktatur zu suchen. Nicht zufällig reflektiert Valéry über die "Idee der Diktatur" und nicht einfach über die Diktatur als politische Herrschaftsform bzw. als Verfassungsinstitut ("kommissarische Diktatur"). Valéry teilt mit Schmitt die metaphysische Grundstellung eines prononcierten *Anti-Naturalismus*. "Ich bringe keine Bewunderung für die Natur auf"[237], heißt es lapidar in den *Cahiers*. Bei Valéry äußert sich dieser Anti-Naturalismus in der Auffassung, daß noch vor jeder politisch-expliziten Diktatur die Sozialität, die Möglichkeit des, mit Durkheim zu sprechen, *fait social* in einer - stets gefährdeten - tyrannischen Position zur Natur begründet ist. Gesellschaft ist per se diktatorisch, Herrschaft ist - auch diesseits der Schwelle zum modernen wissenschaftlich-technischen Zeitalter - immer Naturbeherrschung, könnte man aus

---

"L'histoire alimente l'histoire", bringt Valéry diesen Zusammenhang auf eine knappe Formel (Valéry 1945a, 17). Vgl. auch Valéry 1992, 591, wo der Mechanismus der *Naturalisierung fiduziärer Werte* analysiert wird.

234  Valéry 1945d, 51.
235  Valéry 1992, 569.
236  Ebd., 495.
237  Valéry 1987, 69.

der Perspektive der *Dialektik der Aufklärung* formulieren. Ich zitiere die entscheidende Stelle aus "Die Idee der Diktatur:" "Jedes gesellschaftliche System ist mehr oder minder widernatürlich, und die Natur arbeitet fortwährend daran, sich ihre Rechte zurückzuholen. Jedes Lebewesen, jedes Individuum, jede Lebensregung ist bemüht, den machtvollen Apparat von Abstraktionen, das Netz von Gesetzen und Riten, das Gebäude aus Konventionen und Übereinkünften, das eine organisierte Gesellschaft definiert, zu zerstören oder aufzulösen. Die Personen, Interessengruppen, Sekten, Parteien untergraben, zersetzen je nach Bedürfnis und Mittel die Ordnung und die Substanz des Staates."[238] Die Unwahrscheinlichkeit des gesellschaftlichen Lebenszusammenhangs erfordert also einen beständigen Kampf, einen zentralisierten Willen, der sich gegen die mit der "Natur" und dem "Leben" gesetzten Auflösungs- und Desintegrationsprozesse durchsetzt. Wir erinnern uns an Schmitts Feststellung aus *Der Wert des Staates und die Bedeutung des Einzelnen*, es sei "nicht denkbar", "daß der Egoismus der Menschen, aus sich selbst über sich hinauswachsend, ein übermenschliches Gebilde für seine Zwecke als Mittel errichtet hätte" (*WS*, 93).

Wenn Schmitt von seiner "Art Soziologie juristischer Begriffe" - die er als Konkurrenzunternehmen zu allen ideologiekritischen Theorien versteht, welche "ein begriffliches Resultat auf den soziologischen Träger zurückführen" (*PTh*, 58) - sagt, daß ihre Voraussetzung "eine radikale Begrifflichkeit" sei, "das heißt eine bis zum Metaphysischen und zum Theologischen weitergetriebene Konsequenz", wenn es das Ziel dieser Soziologie ist, "die letzte, radikal systematische Struktur" rechtlicher Begriffe aufzudecken, dann entspricht dieses Vorgehen auch dem von Valéry, der hinter der Vielfalt gesellschaftlicher Organisations- und politischer Herrschaftsformen eine "letzte, radikal systematische Struktur" freilegt, die unaufhebbar polemische Spannung zwischen "système social" und "nature" bzw. "vie". Schmitts verfassungsrechtliche Untersuchungen aus den zwanziger Jahren bestehen zu einem Gutteil aus Analysen der konkreten Formen des von Valéry beschriebenen Auflösungsprozesses, den der Staatsrechtslehrer unter den Titeln des "Pluralismus", der "Polykratie" und des "Föderalismus" thematisiert.

Für Schmitt handelt es sich bei dem von ihm beschriebenen "Kampf gegen das Politische", in dem sich "Amerikanische Finanzleute, industrielle Techniker, marxistische Sozialisten und anarcho-syndikalistische Revolutionäre vereinigen" (*PTh*, 82), also eine in ihren Motiven äußerst heterogene Koalition, um den paradox anmutenden Versuch - in die Sprache Valérys übersetzt -, das "système social" *als* "nature" bzw. "vie" zu organisieren, das heißt, wie man heute sehen kann, Stabilität nicht mehr auf Statik und "status" (Staat), sondern auf Dynamik zu gründen.

---

238  Valéry 1945e, 78.

Schmitt sieht in Bakunin den exemplarischen Vertreter eines "absoluten Naturalismus". Bakunins "intellektuelle Bedeutung beruht [...] auf seiner Vorstellung vom *Leben*, das kraft seiner natürlichen Richtigkeit die richtigen Formen von selbst aus sich selbst schafft. [...] Alle moralischen Bewertungen führen zur Theologie und zu einer Autorität, die ein fremdes, von außen kommendes Sollen der natürlichen und immanenten Wahrheit und Schönheit menschlichen Lebens künstlich oktroyiert" (*PTh*, 81). Dieser Anti-Naturalismus ist auch die metaphysische Grundstellung Paul Valérys, die darin besteht, - in den Worten von Gilles Deleuze - immer eine "zusätzliche Dimension zu den Dimensionen dessen, was gegeben ist" und das daher seinerseits keineswegs *einfach*, sondern bereits von sich aus *vielfältig* ist, einzuführen[239]. Schmitt reserviert für diese *zusätzliche Dimension*, die das jeweilige Geschehen 'übercodiert', wie Deleuze auch sagt, den Begriff der "Prätention" (*PTh*, 84), den er als ein "fremdes, von außen kommendes Sollen" umschreibt. Die Problematik dieser Prätention, in der Schmitt die Bedingung der Möglichkeit des *Unterscheidens* sieht, reflektiert Deleuze mit den Begriffen des *Immanenz-* und des *Transzendenzplans*. Der Immanenzplan "ist kein Plan im Sinne eines geistigen Vorhabens, kein Projekt oder Programm, es ist ein Plan im geometrischen Sinne, Schnitt, Überschneidung, Diagramm"[240]. Der Transzendenzplan dagegen existiert allein in der zusätzlichen Dimension zu der "*universalen Dimensionalität*" (Merleau-Ponty), die das Sein der Immanenz ist: "Jede Organisation, die von oben kommt und sich auf eine, wenn auch verborgene, Transzendenz bezieht, nennen wir einen Theologischen Plan."[241]

Schmitt wie Valéry halten an der Vorstellung des Geistes als des Ortes der *Planung* fest, die von dem Anwendungsbereich getrennt ist, zu ihm hinzukommt und ihm allererst eine Struktur verleiht. Das Richtige kann sich niemals von selbst ergeben. In seinem Dialog *Eupalinos oder Der Architekt* hat Valéry-Sokrates die Trennung zwischen *Plan* und *Ausführung* zum Kriterium der Unterscheidung zwischen 'menschlicher' und 'naturaler' Produktion gemacht und damit die alte anthropologische These vom Menschen als einem teleologischen Tier noch einmal bestätigt: "Was aber die Gegenstände angeht, die vom Menschen gemacht sind, so verdankt man sie dem Akt eines Gedankens [also eines Vorhabens, das das spätere Werk bereits in nuce enthält, Vf.]. Hier sind die Grundsätze getrennt von der Erbauung, ja sie werden dem Stoff wie durch einen *fremden Tyrannen* auferlegt und durch seine Handlung auf ihn übertragen. Die Natur, wenn sie arbeitet, unterscheidet die Einzelheiten nicht von der Gesamtheit; sie drängt von allen Seiten zugleich,

---

239   Deleuze 1980, 81.
240   Ebd., 75.
241   Ebd., 80.

*verknüpft sich mit sich selbst* ohne Versuche, ohne Rückwege, ohne Vorbilder, ohne eine *bestimmte Absicht*, ohne Rückhalt; *bei ihr ist der Plan nicht getrennt von der Ausführung*; sie geht nie geradeaus und ohne Rücksicht auf die Widerstände, sondern sie *verhandelt* mit ihnen, mischt sie in ihre Bewegung ein, dreht sie um, oder nimmt sie in Gebrauch; so als ob der Weg, den sie wählt, die Sache, die diesen Weg benutzt, die Zeit, die dabei hingeht, und die Schwierigkeiten, die sich entgegenstellen, als ob alles aus dem gleichen Stoff wäre."[242] Im Bauen symbolisiert sich für Valéry das *gespaltene Schaffen*: "Der Plan ist völlig abgetrennt von der Handlung und diese wieder vom Ergebnis."[243]

Schmitts nur am Rande seines Diskurses auftauchende Befürchtung, daß die Kräfte des Immanenzfeldes stärker als die tyrannischsten "Prätentionen" sein könnten, ist durch die Geschichte des 20. Jahrhunderts, der es an Tyrannen wahrlich nicht fehlte, bestätigt worden. Der letzte Nomos, der sich als "Mauer" (*N*, 40) verstand und der diese Mauer sogar architektonisch materialisierte, erlag 1989, zweihundert Jahre nach der Französischen Revolution, den *Fluchtlinien*[244] eines

---

242  Valéry 1990c, 63 - m.H. Waldenfels hat auf die unterschwelligen, selten mitreflektierten metaphysischen Voraussetzungen eines *teleologischen* Handlungsmodells hingewiesen. Menschliches Handeln ist weitaus komplexer als seine konventionelle Beschreibung mit der Zweck/Mittel-Unterscheidung suggeriert. Es gehorcht einer Logik, die Valéry als die der Natur beschreibt: der Logik des *Verhandelns*. Selbst wenn wir den Eindruck haben, unser Handeln zunächst 'im Geist' vorzuplanen, hat es paradoxerweise nur dann Erfolg, wenn es sich nicht auf die Ausführung des Plans beschränkt. Waldenfels schreibt im Anschluß an Merleau-Pontys Konzept des Handelns als einer "*Auseinandersetzung mit der Welt*": "Nicht bloß im sozialen Handeln, sondern in jedem Handeln kommt es zu einem Zusammenwirken mit anderem. Produktives Handeln hat stets etwas von einem Aushandeln; denn hier werden Ziele nicht fertig vorgefunden, noch willkürlich gesetzt, sie bilden sich und bestimmen sich im Laufe der Verwirklichung." (Waldenfels 1985, 130)

243  Valéry 1990c, 64.

244  Den Begriff der "Fluchtlinien" haben Gilles Deleuze und Félix Guattari in *Tausend Plateaus* zur Analyse (mikro)politischer Prozesse entwickelt. Damit tragen sie der Einsicht Rechnung, daß auch in der Politik *nichts auf die Dauer schließt*, daß der Staat, d.h. der Status nur einen geringen Ausschnitt des Politischen repräsentiert und daß er wesentlich durch dasjenige definiert werden muß, *was ihm entwischt*, was er nicht zu verinnerlichen vermag und mit dem er daher 'verhandeln' muß, weil der Bereich des politisch-souverän Entscheidbaren äußerst klein ist. Die politische Entscheidung "versinkt zwangsläufig in einer Welt von Mikro-Determinationen, von Anziehungskräften und Begehren, die sie in einer anderen Weise vorausahnen oder einschätzen muß." Mit der Entwicklung von komplexen Normalisierungs-Dispositiven antwortet die Politik auf die Herausforderung einer exponentiellen Zunahme von Fluchtlinien (endogene 'Unregierbarkeit') (Deleuze/Guattari 1992, 302). "Das Gesetz des Staates ist nicht Alles oder Nichts (Gesellschaften für den Staat *oder* Gesellschaften gegen den Staat), es ist vielmehr ein Gesetz von Innen und Außen." (Ebd., S. 494) Worum es in

globalen Immanenzfeldes (mit dem Weltmarkt als seinem dynamischsten Sektor), die er über Jahrzehnte hinweg vergeblich auszusperren versucht hatte. Die von Michel Foucault beschriebene Emergenz der *Bio-Macht* mit ihren beiden Polen: der individuelle Körper und der Gattungskörper, die beide disziplinarischen Eingriffen und regulierenden Kontrollen unterliegen, ratifiziert von der politischen Seite die von Schmitt verabscheute Vorstellung, daß es eine Machtform geben könnte, die nicht mehr über das moralische Gebot, das ethisch-rechtliche Sollen und die staatliche Repression, also über das *Register des Verbots* (die Lehrbuch-Definition des Staates als des Monopolisten der legitimen Gewaltsamkeit) funktioniert, die nichts mehr "künstlich oktroyiert", und wenn sie es tut, immer weniger damit durchkommt, sondern die die "Norm" als einen produktiven, lebenssteigernden Mechanismus einsetzt, der ganz andere Wirkungen erzeugt (anregen, steigern, etc.), eine Norm, die dem Bereich des Normierten immanent und mit den Wirkungen, die sie auslöst, rückgekoppelt ist.[245] Die Produktivität des modernen Machtregimes ist ein Effekt des vollständigen Abbaus aller Transzendenz und Souveränität in der Politik, der moderne Staat der Industriegesellschaft, ist, wie es der prominente Carl Schmitt-Schüler Ernst Forsthoff ausgedrückt hat, zu einer "Komplementärfunktion der Gesellschaft"[246] geworden. Mit den Worten Foucaults, der diese Hinwendung der modernen Macht zum Leben und die Integration des alten Rechts zu töten in

---

theoretisch-epistemologischer Perspektive bei dem Konzept der Fluchtlinien geht, kann man folgender Eintragung Valérys in den *Cahiers* entnehmen: "Und da es schließlich keine Idee, keinen Zustand, keine Gewißheit gibt, die nicht durch die ohnehin unaufhaltsame Folge der Dinge abgewandelt würden - da es keine noch so dicht gefügte *Kette*, kein noch so geschlossenes, noch so sauber verlötetes Gebilde gibt, das nicht in ein umfassenderes System eingefügt werden könnte, in dem es geöffnet und zerlegt wird [so wie die zeitgenössischen Normalisierungs-Gesellschaften das klassische Souveränitäts-Regime öffnen und zerlegen, Vf.], da nichts auf die Dauer schließt: warum also dieses unvermeidliche Ausscheren nicht vorwegnehmen, warum nicht meinem Instinkt folgen oder dieser Ahnung: *daß an irgendeiner Stelle immer das, was ist, entflieht - entweicht.* Kein System ist so homogen, daß es nicht an irgendeinem Punkt nachgäbe, und keines ist nicht zusammengesetzt, keines ist einfach." (Valéry 1987, 77f. - m.H.)

245  Pierre Macherey hat in einem für das Verständnis der Foucaultschen Machtanalytik zentralen Aufsatz gezeigt, daß man hinter Kant auf den 'Immanentisten' Spinoza zurückgehen muß, um auf eine Philosophie zu stoßen, die die Produktivität der Norm zu denken erlaubt, einer Norm, die zum Feld ihrer Anwendung nicht in einem *äußerlichen* Verhältnis steht. Was es heißt, die Norm nicht länger über das Register des Verbots bzw. des Gesollten zu denken, hat Macherey so formuliert: "Wenn also das Wirken der Norm nicht auf ein Wirklichkeitsfeld trifft, das ihrer Intervention vorausläge, so wird man genauso auch behaupten müssen, daß sie nicht selbst dieser Intervention vorgeordnet ist, sondern daß sie ihre normative Funktion nur in dem Maße anordnet, wie sie diese ausübt." (Macherey 1991, 187)

246  Vgl. dazu Kapitel VI, 1. Abschnitt.

diese neue Machtformation analysiert: "Es geht nicht mehr darum, auf dem Feld der Souveränität den Tod auszuspielen, sondern das Lebende in einem Bereich von Wert und Nutzen zu organisieren. Eine solche Macht muß eher qualifizieren, messen, abschätzen, abstufen, als sich in einem Ausbruch manifestieren."[247]

Was fasziniert Carl Schmitt an den Theoretikern der katholischen Gegenrevolution vom Schlage de Maistres? Daß sie den Staat "auf das Moment der Entscheidung" reduzieren, "konsequent auf eine reine, nicht räsonnierende und nicht diskutierende, sich nicht rechtfertigende, also aus dem Nichts geschaffene absolute Entscheidung" (*PTh*, 83). Das Bild einer solchen "aus dem Nichts geschaffenen absoluten Entscheidung"[248] beeindruckt nicht zufällig auch Valéry, der ohne diese theologische Anschauungsform (creatio ex nihilo) zu verwenden, eine Geschichte erzählt: er, der sonst stets so wortreich die Reduktion der Geschichte auf die Geschichten, der *histoire* auf die *récits* beklagt und darin einen Haupteinwand gegen die Wissenschaftsfähigkeit der Historiographie, des geistigen "Stimulantienschranks", sieht: "L'Histoire justifie ce que l'on veut. Elle n'enseigne rigoureusement rien, car elle contient tout, et donne des exemples de tout."[249] Die Geschichte, die Valéry erzählt, soll das Pathos des Dezisionismus ästhetisch erlebbar machen. Eine Geschichte, deren Held wieder einmal "Bonparte, Premier Consul" ist, den uns Valéry zeigt, wie er den Saal betritt, "in dem sein Staatsrat seit geraumer Zeit höchst verworren über die Organisation der französischen Verwaltung debattiert. Er legt den Säbel ab, setzt sich an eine Ecke des Tisches. Er hört einen Augenblick zu. Dann, mit einem Blick auf einen Schlag Schweigen schaffend und wie von einer Art Eingebung beschwingt, improvisiert er, oder gibt sich wenigstens den Anschein, einen ganzen Plan, vor dem seine Zuhörer, mehr gewohnt zu krittel als schöpferisch zu denken, halb begeistert und halb schockiert sind."[250] "Diktatur ist der Gegensatz zu Diskussion" (*PTh*, 80), definiert Schmitt knapp und liefert mit diesem Satz, emblemtheoretisch gesprochen, die subscriptio zu der pictura, die Valéry entwirft: der Konsul bewirkt das Schweigen der diskutierenden und streitenden Staatsratsmitglieder durch einen bloßen *Blick*, also eine Geste, die um so eindrucksvoller ist, als sie sich keines Wortes bedienen muß. Valéry selbst hat übrigens in den *Cahiers*, wo häufig über die *Politik des Denkens* reflektiert wird, auf die "Elemente der Nicht-Diskussion" hingewiesen, die es in ihm gebe, die

---

247  Foucault 1977, 171.

248  Einer Schöpfung *aus* dem Nichts, die dem schöpferischen Nichts der occasio gegenüberzustellen wäre. Vgl. Kierkegaards Unterscheidung zwischen der eigentlichen Schöpfung, die einen Grund und eine Ursache hat, und dem Anlaß, der nur "negativ schöpferisch" ist, weil er jenes Nichts ist, "das alles zur Erscheinung kommen läßt" (Kierkegaard 1988, 274f.).

249  Valéry 1945b, 35.

250  Valéry 1945e, 80f.

"Bestandteile eines Tyrannen - im antiken Sinn": "Mangels anderer Objekte habe ich lediglich Gedanken tyrannisiert. [...] Und was ist das, ein Tyrann? - Nichts weiter als ein Mann, der klar umgrenzte Vorstellungen hat (oder der es mit seinem Denken unnachsichtig genau nimmt)"[251].

Es ist nun interessant zu sehen, daß Valéry, den man in vielem als einen Dekonstruktivsten des Subjekts, des "Geistes" - "Mein Geist ist unitarisch, in tausend Stücken"[252] - und der Vernunft - "ratio = operatio"[253] - avant la lettre bezeichnen kann, doch an der Funktion eines am Subjekt abgelesenen *Handlungsmodells* für die Konstitution des Politischen (und nicht nur: für seine Imagination) festgehalten hat. Denn worin besteht der Vorschlag, den Napoleon seinem Staatsrat unterbreitet? Wie sind die Regierung und die Verwaltung des nachrevolutionären Frankreichs zu organisieren? Napoleons Antwort entspricht dem Stil seiner 'diktatorischen' Intervention in die Diskussion seiner Minister: so wie in der Art und Weise des Abschneidens jeder weiteren Diskussion (*auctoritas, non veritas facit legem*) die - mit Carl Schmitt zu reden - irreduzible "Eigenbedeutung des Subjekts" (*PTh*, 46) im Entscheidungsakt zum Ausdruck kommt, so bekräftigt auch Napoleons Vorschlag die formbildende Qualität des (souveränen) Subjekts. Es gelte, so der damalige Konsul, den Staat nach dem Bild des Menschen, nach dem Bild dessen, was der Mensch vermag, zu organisieren, genauer: nach dem Bild, das sich Napoleon von "seinem eigenen Denk- und Entscheidungsvermögen" macht, so daß die politische Einheit Organe der Wahrnehmung, der Reflexion und der Ausführung besitzt, "wie sie der Erhaltung eines Lebewesens dienen, dessen klarem und sachbezogenem Geist ständig beschäftigte Sinne und Muskeln zuarbeiten."[254].

Die Spezifik der "Rechtsform", die Carl Schmitt in der *Politischen Theologie* zu bestimmen sucht und die er von der am Ideal der Präzision orientierten technischen und ästhetischen Form unterschieden wissen will, liegt für ihn in der Unmöglichkeit, "alles Persönliche aus dem Staatsbegriff verschwinden" zu lassen (*PTh*, 40): "In dem Gegensatz von Subjekt und Inhalt der Entscheidung und in der Eigenbedeutung des Subjekts liegt das Problem der juristischen Form." (*PTh*, 46) Auch wenn Valéry das Problem der Dezision nicht von der juristischen Seite angeht, weiß er doch um die Wirksamkeit dessen, was Schmitt den "Eigenwert der Form" nennt (*PTh*, 37), der sich in einer spezifischen "Überlegenheit über die Materie des menschlichen Lebens" (*RK*, 12) zum Ausdruck bringt. Während die technische Form "absolut sachlich, das heißt bei den Dingen bleibt" und ein eigenes Ethos nur

---

251  Valéry 1987, 130.
252  Ebd., 57.
253  Ebd., 193.
254  Valéry 1945e, 81.

in der Steigerung der Präzision auszubilden vermag, garantiert die politisch-juristi-
sche Form die Beziehbarkeit der sozialen Verhältnisse, wie komplex auch immer
sie sein mögen, auf den "Gedanken persönlicher Autorität" (*RK*, 29). Repräsentieren heißt, gegen den losgelassenen Funktionalismus der modernen Gesellschaft,
der auch das Politische und damit: Publizität und Personalität zusehends zum Opfer
fällt, die "persönliche Würde" des Repräsentanten wie des Repräsentierten zu behaupten. "Vor Automaten und Maschinen kann man nicht repräsentieren" (*RK*,
30), fügt Schmitt erläuternd hinzu und bringt die Repräsentation in einen direkten
Zusammenhang mit der Möglichkeit der Verbildlichung, die eben Sichtbarkeit voraussetzt. Am italienischen Faschismus bewundert Schmitt 1929, daß der von ihm
organisierte Staat "mit antiker Ehrlichkeit wieder Staat sein [will], mit sichtbaren
Machtträgern und Repräsentanten, nicht aber Fassade und Antichambre unsichtbarer und unverantwortlicher Machthaber und Geldgeber." (*PB*, 114) Mit Blick auf
die Weimarer Verhältnisse heißt es in *Legalität und Legitimität*, einem Essay aus
dem Jahre 1932: "Die Mächte des pluralistischen Parteienstaates haben allerdings
wenig Interesse an der Folgerichtigkeit. Sie bleiben gern im Zwielicht eines Zwi-
schenzustandes, der es ihnen erlaubt, bald als 'Staat' und bald als 'nur soziale Größe' und 'bloße Partei' aufzutreten, alle Vorteile des Einflusses auf den staatlichen
Willen ohne die Verantwortlichkeit und das Risiko des Politischen zu genießen und
auf diese Weise à *deux mains* zu spielen." (*VA*, 338)

Schmitt spricht von dem "Willen zur Nicht-Konsequenz" und benennt damit ge-
nau den politisch-sozialen Zwischenzustand, den auch Valéry beschreibt, um das
Bild des Diktators um so strahlender von diesem Hintergrund abheben zu können.
Das *Bild* des Diktators, wie es ausdrücklich heißt: "Die Vorstellung einer
DIKTATUR ist die unvermeidliche (und gleichsam instinktive) Antwort des Geistes,
wenn er in der Führung der öffentlichen Angelegenheiten keine Autorität, Kontinui-
tät, Einheit mehr erkennt, das heißt die Zeichen des reflektierten Willens und der
Herrschaft des organisierten Wissens. Diese Reaktion ist eine unbestreitbare Tatsa-
che. Das heißt nicht, daß sie nicht auch große Illusionen über das Ausmaß und die
Tiefe des Handlungsvermögens der politischen Macht enthielte; wo reflektierter
Wille und verworrene öffentliche Lage zusammentreffen, ist sie aber die einzig
mögliche."[255] Die Merkmale, die Valéry anführt, um die Konfusion der politischen
Lage zu kennzeichnen, entsprechen bis in die Formulierung hinein den Diagnosen
Carl Schmitts: die Kräfte partikularer Interessen, die sich dem Ganzen unterschieben, der Verlust des Vertrauens in die politischen Institutionen, schließlich die Un-
fähigkeit, eine Nation entsprechend einer "Idee" zu ordnen oder "das Fehlen [...]

---

255 Ebd., 79.

des Menschen, der diese Idee repräsentieren könnte"[256], wie es ganz auf der Linie des Schmittschen Repräsentationsbegriffs heißt.

Wenn sich das Bild der Diktatur auch instinktiv und reflexhaft aufdrängt, ist es doch andererseits das Produkt des Zusammentreffens der "pensée réfléchie" mit der "confusion des circonstances publiques". Wir haben es bei dem Ruf nach dem 'starken Mann' also keineswegs allein mit einem Affekt modernisierungsresistenter, 'primitiver' Massen zu tun, sondern um die Reaktion des "Geistes" samt seiner vornehmsten Erscheinungsform im "Reich des organisierten Wissens", also des wissenschaftlichen Geistes, der ebensowenig wie der Alltagsverstand auf Autorität, Kontinuität und Einheit verzichten kann. Wie zersplittert die Vernunft in ihren konkreten Operationsweisen auch immer sein mag - Valéry definiert den Geist einmal schlicht als "Gruppe und Gefühl dieser Gruppe"[257] -, ohne einen Bezug zur Identität, so will uns Valéry bedeuten, kommt sie nicht aus, und er zeigt zugleich, daß die "Prätention" (Schmitt) einer Identität immer ein eminent *politischer* Akt ist, daß in der Behauptung einer Identität des Geistes, die Valéry symbolisch als "Kopf" präsentiert, jenseits seiner differentiellen Operationsweisen und seiner endogenen Unruhe[258] die eigentliche *Politik des Geistes* liegt.

Für den meditierenden Valéry der *Cahiers* besteht dagegen kein Zweifel am *Fiduzwert* der Identität und damit an der Notwendigkeit ihrer theoretischen Auflösung: "Der elementarste Glaube ist Glaube an die Identität - Wesentlicher Begriff des Selben."[259] Für den Analytiker des Geistes, der dessen 'Wesen' geradezu in der *Komplexität der von ihm gestifteten Relationen* erkennt, der den Geist als ein unbegrenzbares *Gewebe* auffaßt, das sich *azentrisch* reproduziert, kann die 'Identität' als das Prinzip der Knausrigkeit par excellence für die Beschreibung der *Mannigfaltigkeit*, die das Denken ist, nicht ernsthaft in Frage kommen: "Es gibt keinen Urwald, kein Dickicht der Meeresalgen, kein Zellenlabyrinth - das reicher an Konnexionen wäre als der Bereich des Geistes"[260]. An die Stelle des Identitätskonzepts plaziert Valéry in den *Cahiers* daher den Begriff der "*Self-Varianz*", den er u.a. so erläutert: "Sobald das Gehirn nur halbwegs wach ist, ist es der Schauplatz einer Variation, einer unablässigen psychischen Veränderung: *es wird bewohnt von der Instabilität selbst.*"[261] Die Unordnung und Konfusion, die der *Politik* des Geistes

---

256  Ebd.
257  Valéry 1989a, 205.
258  "Als das grundlegende Gesetz des Geistes erschien mir anno 92 oder 93 die Unmöglichkeit der Fixierung. [...] *Das Bewußtsein kennt keine Ruhe.*" (Ebd., 212).
259  Ebd., 162.
260  Ebd., 200.
261  Ebd., 127. An anderer Stelle schreibt Valéry: "Mein erster Punkt ist stets die *Self-Varianz.* Alles, was im Bewußtsein beständig scheint oder beliebig häufiger, beliebig leichter Wieder-

unerträglich ist, gehört in Wahrheit, wie Valéry sehr wohl weiß, zu den internen Operationsbedingungen des Geistes ('order from noise'): "Das Leben des Geistes - Getöse aus tausend, aus sämtlichen Dingen und Stimmen, aus allen einzelnen Versuchen und Versuchungen, aus Millionen von Abbrüchen, Zwischenfällen."[262] Für Valéry entfällt auch die klassische Gegenüberstellung von 'Geist' und 'Mechanik' bzw. 'Maschine' und damit die tiefenstrukturelle Opposition von 'Leben' und 'Tod', auf die mittels dieser Gegenüberstellung angespielt wird: "Ich behaupte, daß es eine 'Mechanik' des Denkens gibt"[263] - aber, und ohne dieses Aber kommt eine Analyse des Valéryschen Laboratoriums des Geistes nicht aus, diese Mechanik funktioniert im Dienst eines 'einfachen' Reproduktionszusammenhangs bzw. "Systems", die geistige Reproduktion erfolgt nicht auf *erweiterter Stufenleiter*: "Ich halte das, was man vage *Gedanke, Erkenntnis* nennt - für notwendigerweise mit der Vorstellung einer gewissen Transformation verknüpft - einen Substitutionsakt - ein 'Funktionieren' ... Doch jedes Funktionieren findet in einem System statt, das wieder zu dem wird, was es war, - das bei dem Zustand wieder einsetzt, von dem aus es sich reproduzieren 'kann' ... Es regeneriert sich. Und schließlich spielt es sich in einer Art Zyklus ab"[264]. Das theoretisch preisgegebene Identitätsprinzip[265] bringt sich hinter dem Rücken des Autors in einer bestimmten *Ökonomie* zur Geltung, in einer 'Sparsamkeit' (Valéry spricht auch von einer "Konservation", an der das 'delirante' Transformationsgeschehen seine Grenze findet[266]), die das geistige Geschehen nötigt, sich von seinem Ausgangspunkt nur zu entfernen, um desto reicher beladen zu ihm zurückzukehren: "Der Geist manifestiert sich in der *Rückkehr* (oder dem Versuch der Rückkehr) des lebenden Systems in einem Zu-

---

holungen fähig, unterliegt gleichwohl einer wesentlichen Unbeständigkeit. Der Geist ist das sich Verändernde, und er besteht nur in der Veränderung." (Ebd., 122)

262  Ebd., 117.

263  Ebd., 248.

264  Ebd., 242.

265  "Man muß sich wohl eine ungeheure Maschinerie vorstellen, und wir mit unserem Ich, unserem Denken, setzen uns naiv an die Steuerung, ins Zentrum. Das stimmt aber nicht. Dieses Ich, dieses Denken sind nur eines seiner Produkte." (Ebd., 132) An anderer Stelle in den *Cahiers* bestimmt Valéry den spezifischen Typ der Konsistenz des Individuums im ausdrücklichen Gegensatz zur Identitätsvorstellung. Seinem Namen zum Trotz ist es nämlich kein Unteilbares: "Mit dem Gedanken der Einheit des Individuums darf man nicht den der Trennung assoziieren - und der Unteilbarkeit des Getrennten - sondern den der Vereinigung, der Überschneidung, der Koinzidenz, - darf es nicht als einen isolierten Punkt betrachten - sondern als einen wahren, durch das Zusammentreffen von Linien bestimmten Punkt. Das Ich ist nicht eines." (Valéry 1990a, 474f.)

266  Ebd., 207.

stand, aus dem er *abgedrängt* worden ist."[267] Aber Valérys Analysen zeigen, daß der Geist selbst diese *Kraft des Abdrängens* ist, daß er nicht jenseits der Drift existieren kann, die sein Element ist.

Es ist offenbar der bei Carl Schmitt, dem exzellenten Max Weber-Kenner, zitierte Geist des "occidentalen Rationalismus", dessen Dämmerung im 19. Jahrhundert einsetzte, den Valéry meint, wenn er schreibt: "Kurzum, sobald der Geist sich - oder seine Wesenszüge, sein überlegtes Vorgehen, seinen Abscheu vor Chaos und Verschwendung von Kräften - in den Schwankungen und Schwächen eines politischen Systems nicht mehr wiedererkennt, ersinnt er zwangsläufig und ersehnt instinktiv das unverzügliche Eingreifen der Autorität eines einzelnen, denn nur im Kopf eines einzelnen ist die klare Übereinstimmung von Wahrnehmungen, Begriffen, Reaktionen und Entscheidungen denkbar, nur im Kopf eines einzelnen kann sie sich organisieren und die Dinge intelligiblen Bedingungen und Maßregeln zu unterwerfen suchen."[268] Nichts geringeres als einen *intrinsischen Zusammenhang zwischen Vernunft und Diktatur/Souveränität* behauptet Valéry hier, genauer: einen Zusammenhang zwischen der Ausübungsmodalität des anthropomorphisierten Geistes[269] (Übereinstimmung zwischen Wahrnehmungen, Gedanken, Reaktionen und Entscheidungen bzw. Ausführungen) und der Funktionsweise des politischen Systems: beide funktionieren auf der Grundlage einer *concordia facultatum*, eines Gleichgewichts bzw. einer Harmonie zwischen den Vermögen, die durch die Identität eines Ichs garantiert wird.[270] Im Fall der Störung dieses Gleichgewichts gilt: "Alle Welt denkt dann bewußt oder unbewußt an DIKTATUR, jeder hält sich im

---

267  Ebd., 131. Symptomatisch auch folgende "Hauptfrage *meiner* Psychologie. Was bewahrt sich durch alle Zustände? was erhält sich im Schlaf, im Traum, in der Trunkenheit, im Entsetzen, dem Liebestaumel? dem Irrsin?" (Ebd., 130)

268  Valéry 1945e, 80.

269  im Gegensatz zum Geist als 'Verfahren', als "*Fähigkeit zu Substitutionen*" (Valéry 1989a, 113) als "Transformationsfähigkeit" (Ebd., 166), der durch eine "furchtbare Unordnung" (Ebd., 165) gekennzeichnet ist und nicht auf die Form des Menschen angewiesen ist.

270  In *Differenz und Wiederholung* hat Gilles Deleuze ein Kapitel der Kritik am "Bild des Denkens" gewidmet, zu dem die Philosophie immer wieder *zurückfindet*. Gerade der emphatisch inszenierte Bruch mit der *Doxa*, der Wunsch, die Philosophie als *Episteme* zu organisieren, führt sie in die Arme des Gemeinsinns zurück: "Das Bild des Denkens ist nur die Gestalt, in der man die *Doxa* universalisiert, indem man sie auf rationale Ebene hebt. Man bleibt aber ein Gefangener der *Doxa*, wenn man bloß von ihrem empirischen Inhalt abstrahiert, während man den Gebrauch der Vermögen wahrt, der ihr entspricht und implizit am Wesentlichen des Inhalts festhält." Das "Modell", das dem philosophischen Bild des Denkens zugrundeliegt, bringt Deleuze auf die Formel: "Übereinstimmung der Vermögen, die im als universal begriffenen denkenden Subjekt gründet und sich auf das Objekt überhaupt wendet" (Deleuze 1992, 175).

stillen für einen werdenden Diktator. Das ist ein primärer und spontaner Effekt, eine Art Reflex, die das Gegenteil des bestehenden Zustandes als ein unbestreitbares, einzigartiges und scharf umrissenes Bedürfnis erscheinen läßt." Daß der Geist auch ein Prinzip der *Ethik* und der *Politik* ist, hat Valéry in den *Cahiers* einmal auf die folgende Formel gebracht: "Unser Geist besteht aus Unordnung, *plus* dem Bedürfnis, Ordnung zu schaffen."[271] Die Bedeutung der Aufsätze über die Diktatur liegt nicht zuletzt in der Offenheit, mit der sie aussprechen, welche politische Dynamik dieses "*plus*" zu entfalten vermag. Valéry schließt den Gedankengang, der sich angesichts einer Situation der *discordia facultatum* aufdrängt, mit dem Satz ab: "Es geht um die öffentliche Ordnung und das Gemeinwohl; diese Ziele gilt es auf dem schnellsten und kürzesten Weg und um jeden Preis zu erreichen. ALLEIN ein ICH kann sich das zur Aufgabe machen."[272] In den *Cahiers* notiert Valéry einmal: "Die Formel: *Der Staat bin ich* hat die Formel erzeugt: *Der Staat ist ein Ich* - das war die schreckliche politische Neuheit. Nachdem der König-als-Mensch abgeschafft war, blieb ein monströser Egotismus zurück"[273]. Ein monströser *Egotismus*, den Valéry jedoch selbst, wie wir gesehen haben, mit Berufung auf den cartesianischen Gründungsakt der neuzeitlichen Philosophie zum Paradigma der philosophischen Vernunft und, wie die Reflexionen über die Diktatur zeigen, gleichfalls zum Paradigma der politischen Vernunft machte.

"Die Ausnahme verwirrt die Einheit und Ordnung des rationalistischen Schemas" (*PTh*, 21), hatte Schmitt festgestellt. Valéry zeigt in seinen Aufsätzen über die Diktatur, daß auch die Vernunft ihre Leidenschaft und Instinkte, ihren Simplismus hat, daß auch die Reflexion reflexhaft reagieren kann, und sich vor dem Ausnahmefall nicht versteckt, sondern im Gegenteil ihm als die eigentliche Herausforderung mit ihren eigenen Mitteln zu begegnen vermag, nachdem sie ihn zuvor erzeugt hat. Statt ein Zeichen des politischen Irrationalismus zu sein, zeigt die Diktatur die Vernunft im Moment ihrer höchsten und äußersten Konzentration - und irritiert damit den moralischen Reflex, der in der Vernunft den einzigen verläßlichen Verbündeten gegen die politische Unvernunft vermutet. Der Ausübungsmodus der Vernunft ist nämlich im letzten - bereits bevor sie politisch wird - 'diktatorisch'. Ihr Element ist unvermeidlich jener mächtige Apparat von Abstraktionen (*le puissant appareil d'abstractions*), der keinen Gegenstand, auf den er angewendet wird, in seinem Eigensein bzw. Eigensinn respektiert: die Vernunft - wie die Sozialität insgesamt - ist "contre nature". Die politische Vernunft verfährt mit den Menschen lediglich so wie die Vernunft insgesamt mit der Natur verfährt: sie reduziert sie auf "Dinge":

---

271  Valéry 1989a, 187.
272  Valéry 1945e, 80.
273  Valéry 1992, 591.

"Auf diese Weise erreicht der (politische) Geist, der immer und überall zum Menschen [so wie er aus dem 'Schoß der Natur' hervorgeht, Vf.] im Gegensatz steht, dem er Freiheit, innere Mannigfaltigkeit und Wandelbarkeit abspricht, unter einem diktatorischen Regime den Höhepunkt seiner Entwicklung."[274]

Carl Schmitt diskutiert dieses Phänomen des Hinübertretens der Vernunft in das ihr eigentlich feindliche Element (der Gewalt und 'Inhumanität') unter dem Stichwort der "Dialektik der Realisierung" und stellt mit Blick auf die Erfahrungen der französischen Revolutionäre fest: "Solange die Idee der Humanität [also einer am Bild des Menschen orientierten Politik, Vf.] eine ursprüngliche Kraft bewahrte, fanden ihre Vertreter auch den Mut, sie mit inhumaner Größe durchzusetzen. Die humanitären Philosophen des 18. Jahrhunderts predigten aufgeklärten Despotismus und Diktatur der Vernunft." (*RK*, 46) Schmitt vergißt allerdings, daß auch der Idee der Humanität der dialektische Zahn gezogen wurde, so daß sie keineswegs "inhuman aufhören muß, nichts als human zu sein" (*RK*, 48). Die Idee einer Politik der Vernunft war ja durch die Erfahrungen mit dem *Terreur* mitnichten diskreditiert und trat ihre eigentliche Karriere erst im 19. Jahrhundert an, im Zeitalter des Philantropismus, des Positivismus und der sozialistisch-technokratischen Utopien vom Typ Fouriers und Saint-Simons.

Auf die "Dialektik der Realisierung", die für Schmitt zum Wesensmerkmal jeder Politik gehört, die einer "Idee", einer Perfektionsformel ("Humanität") verpflichtet ist, antwortet Auguste Comte bereits 1844 in seinem *Discours sur l'esprit positif* mit der Formel von der "Organisation der Revolution"[275]. Die Karriere der "Idee" der Humanität beginnt in dem Augenblick, da sie ihre "ursprüngliche Kraft", ihr "edles Feuer" (*RK*, 46), wie Schmitt schreibt, einbüßt und sich in den *weichen Humanismus* transformiert, von dem Michel Foucault spricht und der seine enorme Wirkungsmächtigkeit gerade dieser Weichheit, dieser Prinzipienlosigkeit verdankt: eine laizistische *complexio oppositorum*. Man darf sich bei der Einschätzung dieses "weichen Humanismus" nicht nur an dem offensichtlichen Degout orientieren, den Foucault ihm als einem *intellektuellen* Phänomen entgegenbrachte: "Zuguterletzt ist dieser Humanismus doch der Prostituierte des ganzen Denkens, der ganzen Kultur, der ganzen Moral und Politik der letzten 20 Jahre gewesen: und wenn man ihn uns nun als Tugendbeispiel vorstellt, so halte ich das für eine Provokation."[276] Foucault, der Archäologe der Humanwissenschaften, beläßt es nämlich selbst keineswegs bei diesem Degout, den ihm eine Intellektuellen-Ideologie einflößt, sondern erinnert an die viel bedeutendere *operative* Dimension des weichen Humanismus,

---

274  Valéry 1945e, 82.
275  Comte 1979, 105.
276  Caruso 1974, 25f.

der sich sogar über die Systemgrenzen den Politikern aufzwingt, dieser Humanismus, "der in den Jahren nach dem Weltkrieg sowohl den Stalinismus wie die Hegemonie der christlich-demokratischen Parteien gerechtfertigt hat"[277]. Die Weichheit dieses Humanismus ist gerade die Voraussetzung für seine Assimilierung durch die "Technokraten": Foucault nennt ihn daher auch den "technokratischen Humanismus", der "die verschiedensten und gefährlichsten politischen Operationen ermöglicht hat"[278]. Seine Gefährlichkeit liegt darin, daß er die Politiken im Zeitalter der *Normalisierungs-Gesellschaften* immer noch so zu präsentieren erlaubt, als ließen sie sich auf das Ziel der Beförderung des menschlichen Glücks beziehen. "In Wirklichkeit sind die Probleme, die sich einem Politiker stellen, Probleme etwa folgender Art: Soll man den Index des Bevölkerungswachstums steigen lassen? Soll man die Schwerindustrie oder die Leichtindustrie fördern? Bietet die Steigerung des Konsums in einer bestimmten Konjunktur Vorteile oder nicht? Das sind die politischen Probleme. Auf dieser Ebene finden wir keine 'Menschen'."[279]

1938, in dem zweiten der hier in Rede stehenden Texte, "Betrachtungen über die Diktatur", beschreibt Valéry, unbeeindruckt durch die historischen Erfahrungen mit den in der Zwischenkriegszeit etablierten Realdiktaturen, noch einmal den Mechanismus der Genese des diktatorischen Affekts aus der (klassischen, 'fixierenden') Vernunft, die sich, anders als die technokratische Rationalität, ihrem Anwendungsbereich autoritativ vorordnet, statt sich in diesem Anwendungsbereich selbst erst zu produzieren. In Zeiten der ängstlichen Erwartung einer Krise bilde sich "unweigerlich in den Köpfen die Vorstellung des Gegenteils von dem aus, was ist - die komplementäre Vorstellung von Auseinanderlaufen, von Verworrenheit, Unentschiedenheit ... (*l'idée complémentaire de la dispersion, de la confusion, de l'indécision* ...) Dieses Gegenteil ist notwendig ein Jemand. Dieser Jemand keimt in allen."[280] Daß es notwendigerweise ein *jemand* ist, der sich als Ausweg aus der verwirrten Situation anbietet, beleuchtet die Bedeutung des *personalistischen Registers* auch für Valéry. Träger einer politischen "Idee", die sich dem Zustand einer "geistigen Promiskuität" (*RK*, 12) entgegenstellt, kann auch für Schmitt nur eine *Person* sein: "Repräsentieren im eminenten Sinne kann nur eine Person und zwar - zum Unterschiede von der einfachen 'Stellvertretung' - eine autoritäre Person oder eine Idee, die sich, sobald sie repräsentiert wird, ebenfalls personifiziert. Gott, oder in der demokratischen Ideologie das Volk, oder abstrakte Ideen wie Freiheit und Gleichheit sind denkbarer Inhalt einer Repräsentation, aber nicht

---

277  Ebd., 25.
278  Ebd., 28, 26.
279  Ebd., 26f.
280  Valéry 1945f, 86.

Produktion und Konsum." (*RK*, 29) Wie bei Schmitt findet sich auch bei Valéry die plausible Opposition von Deliberation und Dezision, von Diskussion und Diktatur, von Funktion und Person - ohne daß Valéry den umständlichen Umweg über eine Politische Theologie gehen müßte. Oder hätte auch, wie man seit Nietzsche vermuten darf, die laizistische Rationalität ihre Theologie? In jedem Fall gilt für den "esprit (politique)" Valérys, daß er, mit Carl Schmitt zu reden, "ein fremdes, von außen kommendes Sollen", eine "Prätention" mit sich führt und nicht darauf vertraut, daß sich "das Richtige von selbst ergibt, wenn man die Immanenz des Lebens nicht mit solchen Prätentionen stört" (*PTh*, 84).

*Dispersion*, *confusion* und *indécision* sind für diese Vernunft die bedrohlichen Anzeichen einer zu beseitigenden Komplexität, weil der Rationalismus dieser Vernunft explizit im Namen eines normativ aufgeladenen Begriffs des "Menschen" und seines theoretischen wie praktischen Weltverhältnisses spricht. Wie Schmitt sieht auch Valéry die Menschen im 20. Jahrhundert als die "Sklaven eines Funktionsablaufs, dessen Fesseln beständig wachsen, dank der Mittel, die wir uns erschaffen, um immer weitgehender auf die alltäglichen Bereiche des Lebens einzuwirken"[281]. Wie sonst vielleicht nur noch die Kritischen Theoretiker der Frankfurter Schule beklagt auch Schmitt die paradoxen, nämlich: irrationalen Effekte "einer aufs äußerste rationalisierten Produktion". Ein "der Befriedigung beliebiger materieller Bedürfnisse dienender Produktionsmechanismus[282] [heißt] 'rational', ohne daß nach der allein wesentlichen Rationalität des Zweckes gefragt wird, dem der höchst rationale Mechanismus zur Verfügung steht." (*RK*, 21f.) Die Spannung zwischen einem "Geist", der wesentlich in Substitutionen oder, wie die Systemtheoretiker heute sagen: in funktionalen Äquivalenten denkt, der eine aufs äußerste gesteigerte "puissance de transformation"[283] sein will, die auch nicht vor der "*Einheit* des Menschen" haltmacht[284], und dem Geist, der sich immer wieder als anthropomorpher rezentriert und deshalb *politisch* wird, ist bei Valéry *unaufgelöst*. Daß die

---

281 Ebd., 88.
282 der auf "Nachfrage seidene Blusen oder giftige Gase" liefert (*RK*, 20).
283 Valéry 1945h, 208.
284 "Die *Einheit* Mensch erscheint mir weder für mich noch für die andern als notwendig." (Valéry 1987, 108) "Ich genieße an den menschlichen Werken nur das Ausmaß an Unmenschlichem, das ich in ihnen finde." Der Satz Valérys könnte als Motto den Archäologien der verschiedenen Humanwissenschaften vorangstellt werden, die Michel Foucault geschrieben hat. Foucault hat diesen Satz gleichsam epistemologisch ernst genommen: "Wenn wir uns daher ernsthaft mit den Humanwissenschaften auseinandersetzen wollen, müssen wir uns vor allem der Illusion entledigen, es gelte den Menschen zu suchen." Ausgerechnet in den Wissenschaften, die seinen Namen tragen, finden wir etwas vom Menschen völlig Verschiedenes (Caruso 1974, 26).

Komplexität der modernen Gesellschaft jede Form ihrer Steuerung im ganzen unmöglich macht, da das eine Instanz voraussetzen würde, die in einem imaginären
Außen der Gesellschaft angesiedelt ist und trotzdem in ihr wirkt, bedeutet den Ab-
schied von jeder Art Souveränitätsdenken. Denn Souveränität ist nichts anderes als
die Fingierung einer der *Beobachtung* prinzipiell entzogenen Position. Nun wird
aber selbst Gott vom Teufel beobachtet. Zwischen den Handlungsvollzügen, die
den gesellschaftlichen Zusammenhang tragen, und dem menschlichen Handeln
bzw. der Selbstbeschreibung dieses Handelns als zweck- und zielorientiert sowie
intentional motiviert gibt es keine gemeinsame Schnittmenge. Das Bild des
Diktators ist ein Phantasma der alteuropäischen Vernunft, über das man allerdings
nicht zu eilfertig hinweggehen sollte, da es eine nicht mehr überzeugende Lösung
für ein *Problem* ist, das nicht nur fortdauert, sondern an Brisanz zugenommen hat.
Wie kann die Gesellschaft auf sich selbst einwirken, ohne daß man eine phantastische Instanz annehmen müßte, die "allein im Vollbesitz des Handelns bleibt"[285]?
Und von der Valéry an einer Stelle sagt, die man für ein unausgewiesenes Carl
Schmitt-Zitat halten könnte: Sie "behält sich vor, in alle Sachbereiche direkt einzugreifen und in jeder Angelegenheit souverän zu entscheiden."[286]

Es ist kein Zufall, daß auch Carl Schmitt in seiner groß angelegten rechtsge-
schichtlichen Untersuchung über *Die Diktatur* im "Aktionscharakter" das entscheidende Kriterium jeder Diktatur sieht, sei sie nun *kommissarischer* oder *souveräner*
Natur.[287] Wie unterschiedlich auch immer im einzelnen das Institut der Diktatur
rechtlich konstruiert wird - und der Aufhellung dieser Unterschiede gilt Schmitts
Aufmerksamkeit vor allem -, die bei Valéry offen ästhetisch konnotierte[288] Vorstellung einer "plénitude de l'action" ist auch für Schmitt das maßgebende Begriffs-
merkmal: "Für eine begriffliche Erfassung der Diktatur muß aber an dem Aktionscharakter der diktatorischen Tätigkeit festgehalten werden. Sowohl bei der souveränen, wie bei der kommissarischen Diktatur gehört die Vorstellung eines durch

---

285  Valéry 1945f., 87.

286  Ebd., 88.

287  Im Mittelpunkt des Buches steht die rechtstheoretische Exposition dieser Unterscheidung
sowie die rechtsgeschichtliche Analyse des Übergangs vom einen zum anderen Diktaturtyp:
"Im 18. Jahrhundert erscheint zum ersten Mal in der Geschichte des christlichen Abendlandes
ein Begriff der Diktatur, nach welchem der Diktator zwar Kommissar bleibt, aber infolge der
Eigenart der nicht konstituierten, aber konstituierenden Gewalt des Volkes [der *pouvoir
constituant* im Unterschied zur *pouvoir constitué*, Vf.] ein unmittelbarer Volkskommissar,
ein Diktator, der auch seinem Auftraggeber diktiert, ohne aufzuhören, sich an ihm zu
legitimieren." (*D*, XVIII)

288  Für ihn verhält sich der Diktator zum Staat wie der Künstler zu seinem Werk: er macht aus
der Gesellschaft "eine Art Werk [...], in dem er sich wiedererkennt. Im Diktator steckt ein
Künstler und in seinen Anschauungen Ästhetik." (Valéry 1945e, 82)

die Tätigkeit des Diktators herbeizuführenden Zustandes zum Begriff. Ihre rechtliche Natur liegt darin, daß wegen eines zu erreichenden Zweckes rechtliche Schranken und Hemmungen, die nach der Sachlage ein sachwidriges Hindernis für die Erreichung des Zweckes bedeuten, in concreto entfallen." (*D*, 135) Und auch Schmitts Konstruktion des diktatorischen Eingriffs nach dem Modell der "Notwehrhandlung", die beweist, daß auf dem Boden des öffentlichen Rechts eine *Psychologie* lauert und damit die entscheidende Grenze zur Sphäre des "Privaten" immer schon durchlöchert ist, hat ihre Parallele in Valérys Akzentuierung der *Instinktivität* und der *Reflexhaftigkeit* der Reaktion auf einen unerträglichen Zustand der politischen Konfusion und Unentschlossenheit. "Wie der Hunger die Vision opulenter Mahle hervorruft und Durst die köstlicher Getränke, so erzeugt in der ängstlichen Erwartung einer Krise die geahnte Gefahr das Bedürfnis nach sichtbarem und nachvollziehbarem Handeln der Staatsmacht und erzeugt bei den meisten das Bild von machtvollem, raschem, entschiedenem Handeln, das frei ist von allen konventionellen Fesseln und passiven Widerständen. Dieses Handeln kann nur das eines einzelnen sein. Nur im Kopf eines einzelnen kann sich die klare Vorstellung von Zweck und Mitteln entwickeln, können sich die Umwandlung der Begriffe in Entscheidungen und die umfassendste Koordination vollziehen."[289] Für die *Psychologie* der Diktatur ist der *Vorrang* der zu beseitigenden vor der zu schaffenden Situation konstitutiv, die Diktatur stellt sich *wesentlich* als reflexhaftes Handeln dar, dem das Gesetz durch die drohende Gefahr bzw. den *Feind* vorgeschrieben wird.

Schmitt drückt diesen Punkt so aus: "Der durch die Aktion des Diktators ins Werk zu richtende Erfolg bekommt dadurch einen deutlichen Inhalt, daß der zu beseitigende Gegner unmittelbar gegeben ist. Die Vorstellung eines herbeizuführenden Zustandes kann *psychologisch* niemals so klar sein, wie die des unmittelbar vorhandenen Zustandes. Durch deren Negation ist infolgedessen eine genaue Umschreibung möglich. Die Abhängigkeit von dem, was der Gegner tut, die Locke zur Begründung der Besonderheit eines *federative power* herangezogen hatte, begründet die eigentliche Natur des Vorgehens. Wie die *Notwehrhandlung* ihrer Definition nach die Abwehr eines gegenwärtigen rechtswidrigen Angriffes ist und durch das Merkmal der Gegenwärtigkeit des Angriffs ihre nähere Bestimmung erhält, so muß auch für den Begriff der Diktatur an der unmittelbaren Aktualität eines zu beseitigenden Zustandes festgehalten werden, und zwar so, daß die Beseitigung als rechtliche Aufgabe erscheint, die eine nur nach Lage der Sache und dem Zweck der Beseitigung bestimmte Vollmacht rechtlich begründet." (*D*, 136 - m.H.) Wenn es auch zur Tradition der politischen Metaphysik gehört, den Staat als einen *Körper* zu fingieren (den *body politic* oder *corps politique*), so besteht doch kein Zweifel

---

289  Valéry 1945f., 86.

daran, daß die 'Reaktion' einer Gesellschaft auf eine 'Bedrohung' nicht nach dem Modell der Notwehrhandlung funktioniert. Es bedarf vielmehr der Investition einer erheblichen Menge von kollektiver Einbildungskraft, damit von den Mitgliedern einer Gesellschaft eine Situation politischer Konflikte so vorgestellt und erlebt werden kann, als gälte es ihr eigenes Leben. Die von Valéry und Schmitt gleichermaßen betonte Unmittelbarkeit und Spontaneität der 'Abwehrreaktion' ist in Wahrheit der Effekt einer hochgradig artifiziellen, "totalen Mobilmachung" (Ernst Jünger), die die Träger der elementaren Soziokultur (Publizistik, elektronische Massenmedien) organisieren.

## 9. Vom Palast zur Laubhütte

Ich werde im folgenden Kapitel einen Text Carl Schmitts aus dem Jahre 1934 analysieren, einen jener vielzitierten, aber selten kommentierten Artikel aus der Phase seiner aktiven Unterstützung des NS-Systems, der die *ästhetische Struktur* des *Handlungsmodells* offenlegt, in dem Schmitt wie Valéry die Essenz des Politischen sehen. Es wird sich zeigen, daß die ästhetische Logik der Diktatur zum Erbe einer auch in der Philosophie ihre Spuren hinterlassenden Literatur gehört, die schon immer von Göttern und Helden redet, "als Großtaten und Kämpfe noch nicht *Aktion* und *Politik* hießen, sondern Heldentum und Abenteuer", wie Emmanuel Lévinas einmal geschrieben hat. Carl Schmitts Projekt besteht darin, auch heute noch, nachdem, wie Lévinas sagt, "die Götter entschwunden sind"[290] und, anders als Heidegger meinte, ihre Rückkehr nicht zu erwarten steht, also unter den Bedingungen der (desubjektivierten) Aktion und der (bürokratischen) Politik von Göttern und Helden zu reden.

Überdeutlich macht das die Schlußpassage von Schmitts zuerst 1942, auf dem Höhepunkt des Zweiten Weltkrieges veröffentlichter *weltgeschichtlicher Betrachtung* (so der Untertitel) *Land und Meer*. Mit Blick auf den Weltanschauungs- und Vernichtungskrieg, den das Deutsche Reich mit dem Ziel einer politischen Unterwerfung Europas und der Ausrottung ganzer Völker führte und in dem Schmitt den Vollzug einer epochalen "Raumrevolution" (*LM*, 103) sah, die die Grundlage der britischen Vorherrschaft in der Welt beseitigen und einen neuen "Nomos der Erde" schaffen würde: ein neues, auf der Koexistenz von füreinander undurchlässigen "Großräumen" beruhendes 'Völkerrecht', lesen wir in *Land und Meer*: "Viele werden darin nur Tod und Zerstörung erblicken. Manche glauben, das Ende der Welt zu erleben. In Wirklichkeit erleben wir nur das Ende des bisherigen Verhältnisses

---

290  Lévinas 1988a, 30.

von Land und Meer [d.h. der britischen Vorherrschaft, die auf der im 19. Jahrhundert vollendeten "Seenahme" Englands beruhte und die die kontinental-'terranen' Mächte in die Defensive drängte, Vf.]. Doch die menschliche Angst vor dem Neuen ist oft ebenso groß wie die Angst vor dem Leeren, auch wenn das Neue die Überwindung des Leeren ist [wo es doch in Wahrheit die *Vollendung* des Leeren, eine Politik der Devastation und Auslöschung, eine Politik des universalisierten Todes war, Vf.]. Daher sehen jene Vielen nur sinnlose Unordnung, wo in Wirklichkeit ein neuer Sinn um seine Ordnung ringt [in Wahrheit waren es nur Wenige, ja die Wenigsten, zumal in Deutschland, die das Geschehen als "sinnlose Unordnung" erkannten, Vf.]. Der alte Nomos freilich entfällt und mit ihm ein ganzes System überkommener Maße, Normen und Verhältnisse. Aber das Kommende ist darum doch noch nicht nur Maßlosigkeit oder ein nomosfeindliches Nichts [Schmitt selbst sind bei der Abfassung dieses Satzes offenbar Zweifel gekommen, wie die einschränkende Formulierung "doch noch nicht nur" deutlich macht, die nämlich logisch voraussetzt: *aber vor allem*, Vf.]. Auch in dem erbitterten Ringen alter und neuer Kräfte entstehen gerechte Maße und bilden sich sinnvolle Proportionen." Und Schmitt beendet die Abhandlung mit dem Vers: "Auch hier sind Götter und walten,/ Groß ist ihr Maß." (*LM*, 107) Es wäre vollkommen falsch, diese Sätze als ein weiteres Beispiel für den oft unterstellten Zynismus des Staatsrechtslehrers Schmitt abzutun. Den *Exterminismus* hatte Schmitt nicht als das Wesen des Nazismus erkannt.[291]

Die Bedeutung dieser zweifellos 'schrecklichen' Sätze Carl Schmitts ergibt sich daraus, daß ihnen ein französischer Philosoph, der von seiner Biographie gesagt hat: "Beherrscht wird sie von der Vorahnung des Nazigrauens und der Erinnerung daran"[292], in beinahe *jedem Punkt* widersprochen hat. Ich meine den französischen jüdischen Philosophen Emmanuel Lévinas. Eine sorgfältige Lektüre des Schmitt-Zitats zeigt im übrigen, wie meine Einschübe in die vorstehende längere Passage deutlich machen sollten, daß Schmitt selbst seinen Aussagen eine gewisse Reserve entgegenbringt. Lévinas' 'Antwort' auf die Beschreibung der aktuellen weltgeschichtlichen Situation macht darüberhinaus deutlich, daß Schmitts Vokabular sehr wohl die *Ebene* trifft, auf der sich eine philosophische Beurteilung der Zeit

---

291   Was nicht zuletzt an seiner Beurteilung der rassistischen Bio-Politik des NS ablesbar ist, als die er die völkische Ideologie *nicht* erkannte, die er vielmehr für den Ausdruck der "Achtung jedes Volkes als einer durch Art und Ursprung, Blut und Boden bestimmten Lebenswirklichkeit" hielt und von der er sich in einem Vortrag vom April 1939 eine "Ausstrahlung in den mittel- und osteuropäischen Raum" erhoffte (*PB*, 312). Die *Drohung*, als die sich dieser Satz für die Bevölkerungen Mittel- und Osteuropas herausstellen sollte, war Schmitt zum Zeitpunkt seiner Äußerung offensichtlich nicht bewußt.

292   Lévinas 1988c, 108.

zwischen 1933 und 1945 bewegen muß. "Aber das Kommende ist darum doch noch nicht nur Maßlosigkeit oder ein nomosfeindliches Nichts", sagt Carl Schmitt. Emmanuel Lévinas Erwiderung auf diesen Satz lautet: "Vor mehr als einem Viertel-jahrhundert wurde unser Leben, und zweifellos mit ihm die Weltgeschichte, unter-brochen. Es gab kein Maß mehr, das Dinge ohne Maß enthalten hätte."[293] *Zweifa-che Maßlosigkeit*: einmal der Wegfall aller ethischen Beurteilungsmaßstäbe, ge-nauer: ihr Entweichen aus den Institutionen, die ihnen normalerweise Geltung ver-schaffen[294], ihre Reduktion auf den Status einer "subjektiven Stimme", die "sich in keiner objektiven Ordnung mehr spiegelt oder bestätigt"[295]. *Es gibt kein Maß mehr.* Schmitt sagt dasselbe und doch etwas ganz anderes, was allein die Modalität seiner Aussage zu erkennen gibt: "Der alte Nomos freilich entfällt und mit ihm ein ganzes System überkommener Maße, Normen und Verhältnisse." An die Stelle der Institutionen und einer Hegelisch gedachten, festgefügten und vom Geist durch-drungenen Sittlichkeit tritt die *Laubhütte*, das Symbol, mit dem Lévinas den klassi-schen Zusammenhang zwischen Geist und Architektur beschwört und, anders als Schmitt, anders als Valéry, zugleich aufkündigt. Die Laubhütte wird dem sozialen Lebenszusammenhang des *Nomadentums* zugeordnet, das Lévinas danach befragt, ob es "nicht Träger eines Sinns [ist], welcher in einem Licht erscheint, das von keinem Marmor zurückgeworfen wird, nur vom Angesicht des Menschen?"[296]

---

293  Lévinas 1988b, 102.

294  "Wer beschreibt die Einsamkeit jener, die dachten, mit ihnen ginge die Justiz zugrunde, bei denen das schwankende Urteil über Gut und Böse nur in den verborgensten Falten des subjektiven Gewissens Kriterien vorfand und kein Zeichen von außen sie erreichte?" (Ebd., 101)

295  Ebd., 105.

296  Lévinas 1988a, 39. Gilles Deleuze und Félix Guattari, deren Buch *Tausend Plateaus* eine "Abhandlung über Nomadologie" enthält, das freilich - anders als Lévinas - gerade den *Krieg* (aber: den *nomadischen* Krieg) zum Ausgangspunkt wählt, hätten nicht besser formulieren können, was Lévinas im Zusammenhang dieser Explikation des Nomadentums und der "Laubhütten in der Wüste" zu Heidegger schreibt: "Die Heideggersche Welt ist eine Welt der Großgrundbesitzer, die über die Lage bedürftiger und elender Menschen erhaben sind, oder eine der Knechte, die nur auf ihre Herren schauen. Die in ihr vorkommende Handlung ist Heldentum. [Dieser Satz trifft, wie das nächste Kapitel zeigen wird, ohne Abstriche auch auf Schmitts Handlungsbegriff zu, Vf.], Wohnen in ihr bedeutet für Prinzen Paläste und für die Götter Tempel". (Ebd.) Wie Deleuze und Guattari betont auch Lévinas die Unmöglichkeit, das Nomadentum als die *Negation* der Seßhaftigkeit zu bestimmen. Vom Ort der Seßhaften ist den Nomaden gar nicht beizukommen: "Nomadentum ist keine verhinderte Seßhaftigkeit; es ist eine irreduzible Beziehung zur Erde; ein Aufenthalt ohne *Ort* [und damit nicht in den Kategorien der reinen Bewegung oder gar der Geschwindigkeit zu denken, die die symme-trische Negation der Seßhaftigkeit sind: es gibt ein nomadisches Beharren, Vf.]." (Ebd., 37)

Nach den Erfahrungen der Zeit zwischen 1933 und 1945 kann man die Moral nicht mehr *bewohnen*.[297] Umgekehrt hat sich die Moral zurückgezogen in die "nach allen Winden offene Laubhütte des Gewissens"[298]. Mit der ungeschützten Laubhütte hat Lévinas das eigentliche *philosophische* Gegenbild zu Schmitts völkerrechtlichen Begriffen des "Großraums" und des "Reiches" entworfen, mit denen er Ende der dreißiger und Anfang der vierziger Jahre "der mächtigen Dynamik unserer außenpolitischen Entwicklung" (*PB*, 306) Rechnung tragen wollte. Denn, wenn Schmitt auch scharf die Differenz des Großraums zum Raum der klassischen Staatlichkeit akzentuiert, wenn er darauf insistiert, daß der Großraum keineswegs lediglich ein quantitativ erweiterter 'Kleinraum' ist, zu dem die technischen Erfindungen des Flug- und Funkwesens den Raum des Staates haben schrumpfen lassen, sondern ein gänzlich anderes Verhältnis zum Raum als der entthronte Staat unterhält, so beweist doch das an der amerikanischen Monroe-Doktrin abgelesene Verbot der "Einmischung raumfremder Mächte", daß Schmitt an den zentralen Merkmalen des klassischen Staates - territoriale Geschlossenheit, Undurchdringlichkeit bzw. Impermeabilität - auch für seinen neuen Begriff einer "konkreten Großraumordnung" festhält.

---

Zur Problematik einer *Nomadologie* und ihres Verhältnisses zum Begriff des *Nomos* bei Carl Schmitt vgl. das Kapitel V dieser Arbeit.

297  Und insofern trifft Schmitts scheinbar nichts als zynische Formulierung: "Der alte Nomos freilich entfällt und mit ihm ein ganzes System überkommener Maße, Normen und Verhältnisse" auch die Stoßrichtung der Überlegungen Lévinas', wenn er schreibt: "Das Judentum ist die Menschheit, die an der Schwelle einer Moral ohne Institutionen steht." Das, was in der Formulierung Carl Schmitts *entfällt*, läßt sich auch für Lévinas nicht einfach *restaurieren*. In einem gewissem Sinne gibt es nach dem namenlosen Schrecken kein Zurück mehr zu den "Formen" und "Institutionen" vor dem "Interregnum", vor der "Quasi-Aufhebung des Seins": "Nichts war mehr objektiv." (Lévinas 1988b, 101) Sicher: "Es gibt wieder eine unbestrittene Meinung, unantastbare Institutionen und eine Justiz." Aber gerade die Unbestreitbarkeit dieser Rückkehr zur 'Normalität' hat aus der Perspektive Lévinas' nicht die Kraft, den "klaffenden Abgrund" aufzufüllen oder auch nur zuzudecken, den die Ereignisse der Zeit zwischen 1933 und 1945 aufgerissen haben. Der Status des Moralischen hat sich seither grundlegend gewandelt, es muß damit leben, daß sein Status darin besteht, keinen Status mehr zu haben: die antisemtische Rede, so Lévinas, ist das "Wort der Auslöschung, durch das das Gute, das sich seines Seins rühmende, in die Irrealität zurückgestoßen wird und sich am Grunde einer Subjektivität zusammenkauert, als vor Kälte starre und zitternde Idee." (Ebd., 106) Von dieser *Irrealität des Guten* muß heute jede ethische Reflexion ausgehen, die bereit ist, sich auf die furchtbare Macht des Historischen und der Politik (als des Elements, in dem sich die Geschichte, das Furchtbare der Geschichte vollzieht) einzulassen, statt in die Kontemplation eines Wertehimmels auszuweichen.

298  Ebd., 105.

*Zweifache Maßlosigkeit*: neben dem Wegfall der ethischen Maßstäbe, dessen,
was Schmitt verächtlich den "alten Nomos" und das "ganze System überkommener
Maße, Normen und Verhältnisse" nennt, neben dem Wegfall des Maßes die *Dinge
ohne Maß*: die Maßlosigkeit der Ereignisse selbst, des Krieges, aber vor allem: der
Vernichtungslager, die Schmitt nicht mitbedenkt (auch nicht anläßlich der beiden,
teilweise veränderten Neuauflagen der Schrift, die 1954 und 1981 erschienen), Ereignisse, in denen sich für Schmitt die Überwindung der "Leere" und die Herauf-
kunft des "Neuen" ankündigt. "Viele werden darin nur Tod und Zerstörung erblik-
ken. Manche glauben, das Ende der Welt zu erleben", schreibt er. Wo die 'Ängstlichen' nur "sinnlose Unordnung" sehen, ringe "in Wirklichkeit ein neuer Sinn um
seine Ordnung". Für Schmitt vollzieht sich auch das Geschehen zwischen 1939
und 1945 unter einem Himmel und unter der Aufsicht der Götter. Nicht nur spricht
er von "sinnvollen Proportionen", die aus dem "Ringen alter und neuer Kräfte entstehen", sondern auch von "gerechten Maßen". Mit Blick auf die Heideggersche
Welt schreibt Lévinas einmal: "Ein Leben von Sterblichen, die Trost aus der Heim-
suchung durch Götter und deren Großartigkeit schöpfen." In dieser Hinsicht unterscheidet sich die Welt Heideggers nicht von der Carl Schmitts: "Auch hier sind
Götter und walten,/ Groß ist ihr Maß." Wie in der Heideggerschen Stadt kommt
auch in der "Großraumordnung" Carl Schmitts, die den Einsatz in dem weltgeschichtlichen "Ringen" bildet, die "Moral der Unterdrückten" nicht vor. Kein Wort
über jene "verdammten Städte", die die "mächtige Dynamik unserer außenpolitischen Entwicklung", die Dynamik der Extermination applanierte: "In verdammten
Städten, wo der architektonische Glanz von den Behausungen abblättert, sind nicht
nur die Götter, sondern die Himmel selbst abwesend."[299] "Vor mehr als einem
Vierteljahrhundert wurde unser Leben, und zweifellos mit ihm die Weltgeschichte,
unterbrochen", schreibt Lévinas und lokalisiert damit das Geschehen der Jahre
1933 bis 1945 auf derselben Ebene wie Carl Schmitt, der seine Erzählung *Land
und Meer* im Untertitel eine "weltgeschichtliche Betrachtung" nennt. Dem "machtvollen Deutschen Reich" (*PB*, 312) obliege es, die - nach der britischen Seenahme -
*zweite planetarische Raumrevolution*, die sich seit dem Ende des 19. Jahrhunderts
technisch und ökonomisch ankündigte, politisch zu vollziehen und zu vollenden.
Wenn man an die Deportationen ganzer, zuvor staatenlos gemachter, entrechteter
Völker denkt, die das NS-Regime in seiner Endphase organisierte, wenn man sich
die schwarzen SS-Utopien von einer 'völkischen Flurbereinigung' Ost- und
Mitteleuropas vor Augen hält, dann überfällt einen schlagartig der dämonische
Sinn, den Schmitts Kennzeichnung der Gegenwart als "einer raumrevolutionären
Zeit" (*LM*, 103) wider Willen enthält.

---

299  Lévinas 1988a, 39, 40.

# KAPITEL IV

# ZERFALL UND REKONSTRUKTION DES AKTIONSBILDES

## 1. Der Spiegel

> Alle Dinge gerieten auf dieselbe Ebene, auf eine
> Fläche, die einem blinden Spiegel gleicht, der
> nicht mehr spiegelt, nichts mehr zurückwirft.
>
> Martin Heidegger

Mit einem Ausdruck von Gilles Deleuze können wir sagen, daß am Beginn von
Carl Schmitts publizistischer Aktivität, die die *Literatur* betraf oder selbst *literarischer* Art war, die Reflexion auf den *Zerfall des Aktionsbildes* steht - und daß die
satirische Form dieser Reflexion bereits einen Hinweis darauf gibt, daß Schmitt in
dieser Auflösung der sensomotorischen Zusammenhänge - eine bestimmte Handlung (Aktion) bewirkt eine Situation, die sich wiederum in einer bestimmten
Handlung (Reaktion) fortsetzt - eine *Krise* sieht, die die Kunst wie die Politik gleichermaßen gefährden, wenn nicht unmöglich machen. Daß diese Diagnose nur insoweit zutrifft, als sie das Ende eines bestimmten Modells der Organisation ästhetischer und politischer Erfahrung ankündigt, hat Schmitt bis zuletzt nicht wahrhaben
wollen. Wir können dieses Modell vorläufig als das einer *heroischen Subjektivität*
definieren - die Heroen sind an der "Konsequenz, mit der sie sich entscheiden" zu
erkennen, sie betreten die Bühne im "Augenblick des letzten Kampfes" (*PTh*, 83) -,
und ich weise gleich an dieser Stelle auf den engen Zusammenhang hin, den Hegel
in seinen *Vorlesungen über die Ästhetik* zwischen dem *Kunstschönen* und einem
bestimmten subjektzentrierten *Handlungstyp* hergestellt hat.

Was Deleuze im Rahmen seiner Theorie des Kinos als den Übergang vom *Bewegungs-* zum *Zeitbild* analysiert, ließe sich mit den von Hegel angebotenen Kate-

gorien als die Wiedergewinnung der "Ruhe des Ideals"[1] beschreiben - mit dem entscheidenden Unterschied allerdings, daß die ästhetische Darstellung dieser Ruhe
keineswegs an ein bestimmtes göttliches oder religiöses Personal gebunden ist.
Hegel vermag bei aller Aufgeschlossenheit für die per se 'unbewegten' Künste wie
Skulptur und Malerei die "Ruhe des Ideals" nur als einen vorübergehenden, defizi-
enten und daher 'aufzuhebenden' Zustand zu würdigen, weil das Ideal nämlich in
Wahrheit einer "in sich differenten, prozessierenden Bestimmtheit"[2] gehorche, für
die er den Begriff der *Handlung* reserviert. Den Zustand der "Ruhe des Ideals"
selbst sieht Hegel dadurch gekennzeichnet, daß das "an sich selbst Wahrhaftige",
d.h. der *Geist* als das gleichbleibende Substrat aller künstlerischen Manifestationen,
"hier nur in *seinem* Dasein als auf sich selber bezogen und nicht aus sich heraus in
endliche Verhältnisse hineingezerrt zur Darstellung"[3] komme. Hegel nennt die Sta-
tionen, die das Ideal durchlaufen muß, wenn es die Menschen wahrhaft ergreifen
soll (seine Theorie des *Pathos*): vom *allgemeinen Zustand*, in dem bereits das "Ungeheuer der Entzweiung"[4] schlummert, geht der Weg über die *Situation*, die in der
"Kollision" gipfelt, und endet in der *Handlung*, die auf die Herausforderung der
Situation antwortet.

Die Hegelsche Theorie des Kunstschönen ist bis ins Mark von einem *anthropologischen Handlungsmodell* affiziert, von dem Hegel zwar weiß, daß es in einem
irreduziblen Spannungsverhältnis zur "Gegenwart unseres heutigen Weltzustandes
und seiner ausgebildeten rechtlichen, moralischen und politischen Verhältnisse"[5]
steht, von dem er aber nicht zugeben will, daß es auch der modernen Kunst nicht
mehr als unüberschreitbare Matrix ihrer Sinnproduktion dient. Von Deleuze, der die
ästhetische Auszeichnung des 'Aktionsbildes' bei Hegel nicht beachtet und sich
auch nicht auf die Hegelschen Überlegungen zur *Krise* des 'Aktionsbildes' unter
den Bedingungen des "prosaischen Weltzustandes" bezieht, kann man lernen, daß
das so verstandene Kunstschöne in unserem Jahrhundert bedingungslos nur noch
vom "Realismus" des klassischen Kinos respektiert wurde, das seine paradigmati-
sche Ausprägung im amerikanischen Film fand. Erst der Umweg über Hollywood
verschaffte der Hegelschen Ästhetik wahrhaft Weltgeltung. So hatte es nicht zuletzt
einen ihn selbst betreffenden Sinn, wenn der Philosoph der Weltgeschichte Amerika als das "Land der Zukunft" pries. In den großen amerikanischen Filmstudios
war das Hegelsche Kunstschöne am Ende wirklich aufgehoben.

---

1    Hegel 1979b, 232.
2    Ebd., 233.
3    Ebd., 232.
4    Ebd., 258.
5    Ebd., 253.

Die Künstler der *bewegten* Bilder wurden bereits durch ihr spezifisches Medium darauf verwiesen, die Bewegung nach dem Vorbild des menschlichen Verhaltens zu organisieren, genauer und in Anspielung auf eine berühmte Definition Max Webers, die seiner gesamten Soziologie zugrundeliegt: nach dem Muster des "subjektiven Sinns", den die Handelnden mit ihrem Verhalten verbinden. Dieser "subjektive Sinn" ist auch der Ausgangspunkt der Hegelschen Definition der *Handlung*: "Die Handlung ist die klarste Enthüllung des Individuums, seiner Gesinnung sowohl als auch seiner Zwecke: was der Mensch im innersten Grunde ist, bringt sich erst durch sein Handeln zur Wirklichkeit". Hegel spricht von der Handlung auch als von "einer in sich totalen Bewegung von Aktion, Reaktion und Lösung ihres Kampfs"[6]. Deleuze hat das Aktionsbild, wie es für den klassischen Film charakteristisch ist, auf die Formel S-A-S' gebracht: "von der Situation über die Aktion zur transformierten Situation"[7]. Diese Formel beschreibt exakt die "prozessierende Bestimmtheit" des Ideals bei Hegel. "Die Situation und ihr Konflikt sind das überhaupt Erregende; die Bewegung selber aber, die Differenz des Ideals in seiner Tätigkeit kommt erst durch die Reaktion hervor"[8], expliziert Hegel die Deleuzesche Formel in der Sprache der Dialektik.

Zur "Situation" werden bestimmte Umstände und Zustände immer dann, wenn sie "von den Individuen ergriffen werden"[9], das heißt, wenn, mit Deleuze gesprochen, "die Qualitäten und Potentiale zu realen *Kräften* im Milieu geworden sind"[10]. Das Deleuzesche "Milieu" entspricht ziemlich genau dem Hegelschen Begriff des "Zustandes überhaupt", d.h. bevor er sich zur Bestimmtheit der "Situation" *partikularisiert* hat. Das Milieu ist also kein *beliebiger Raum*, sondern einer, in dem sich die Qualitäten und Potentiale - Hegel spricht von den "geistigen Mächten" - "unmittelbar in bestimmten geographischen, historischen und sozialen Raum-Zeit-Einheiten" aktualisieren. Bevor der Handelnde auf die Situation reagieren kann, muß diese allererst hergestellt werden. Wie bei Hegel ist auch bei Deleuze die Situation nicht von vornherein 'gegeben', sondern der Effekt einer bestimmten Konstellation (aus Milieu und Individuum). Bei beiden ist die *Situation* die "Mittelstufe zwischen dem allgemeinen, in sich unbewegten Weltzustande ["Milieu", Vf.] und der in sich zur Aktion und Reaktion aufgeschlossenen konkreten Handlung"[11]. Bei Deleuze liest sich die Produktion des *Aktionsbildes* so: "Das Milieu und die Kräfte krümmen sich und wirken auf den Protagonisten, fordern ihn heraus und stellen die Si-

---

6   Ebd., 285.
7   Deleuze 1989, 194.
8   Hegel 1979b, 285.
9   Ebd., 260.
10  Deleuze 1989, 193f.
11  Hegel 1979b, 261.

tuation her, die ihn ganz vereinnahmt. Der Protagonist reagiert seinerseits (das Handeln im eigentlichen Sinne), antwortet auf die Situation und verändert dadurch das Milieu oder seine Beziehung zum Milieu, zur Situation oder zu anderen Personen. Er muß zu einer neuen Lebensform (*habitus*) gelangen beziehungsweise sein Wesen auf die Erfordernisse des Milieus oder der Situation einstellen. Daraus geht eine veränderte oder restaurierte, eine neue Situation hervor. Alles ist individuiert: das Milieu als so oder so gearteter Raum, die Situation als bestimmend und bestimmte, der Protagonist als ebenso kollektive wie individuelle Gestalt. [...] Die Situation und der Protagonist oder die Handlung verhalten sich zueinander wie zwei korrelative und sich zugleich widersprechende Begriffe. Die Handlung ist ein Duell von Kräften, eine Reihe von Zweikämpfen: Kampf mit dem Milieu, mit den anderen, mit sich selber. Die neue Situation, die aus der Handlung entsteht, bildet mit der Ausgangssituation ein Paar. Das ist das Ganze des Aktionsbildes [...]: so verkörpert es die organische Repräsentation."[12]

Wir hatten bereits mehrfach Gelegenheit, auf die überragende Bedeutung des Begriffs der *Situation*, genauer: der *konkreten Situation* im Denken Carl Schmitts hinzuweisen. "Alles Recht ist 'Situationsrecht'" (*PTh*, 20), hatte Schmitt in der *Politischen Theologie* lakonisch festgestellt und damit als seinen Gegner einen 'Normativismus' benannt, der die Frage nach der Geltung des Rechts nur zirkulär zu beantworten weiß, nämlich mit dem Hinweis auf höherrangiges Recht: "der Grund für die Geltung einer Norm kann wiederum nur eine Norm sein" (*PTh*, 29). Der Begriff der *Situation* hat nun deshalb bei Schmitt diese prominente Stellung, weil er eine unüberschreitbare Grenze der Rationalisierung und Neutralisierung des Rechts und der Rechtsverwirklichung bezeichnet. Die politische Situation ist für Schmitt nämlich *per se* die *Ausnahme*situation, in der die von Hegel so genannten "Mächte der Entzweiung" virulent werden und den Juristen daran erinnern, daß die Geltung des Rechts von *Voraussetzungen* abhängt, die es selbst weder herzustellen noch zu garantieren vermag.

Wenn, wie in Bürgerkriegen, die Rechtsordnung insgesamt auf dem Spiel steht, dann zeigt sich: "Es gibt keine Norm, die auf ein Chaos anwendbar wäre. Die Ordnung muß hergestellt sein, damit die Rechtsordnung einen Sinn hat. Es muß eine normale Situation geschaffen werden, und souverän ist derjenige, der definitiv darüber entscheidet, ob dieser normale Zustand wirklich herrscht." (*PTh*, 20) Die Konnexbegriffe, die den Begriff der Situation bei Schmitt spezifizieren - Ausnahme(zustand), Souverän, Dezision: auf rhetorisch brillante Art im Eröffnungssatz der *Politischen Theologie* zu dem Diktum zusammengezogen: "Souverän ist, wer über den Ausnahmezustand entscheidet" (*PTh*, 11) -, verweisen bereits auf die

---

12   Deleuze 1989, 193f.

Zentralität eines bestimmten *Handlungsmodells* für das politische Denken Carl Schmitts. Hegel hat für dieses Handlungsmodell den Begriff des *Heroischen* verwendet - der Begriff trifft präzise die Leistung des Souveräns, von dessen Entscheidung im Ausnahmezustand es heißt: "Die Entscheidung macht sich frei von jeder normativen Gebundenheit und wird im eigentlichen Sinne absolut." (*PTh*, 19) Die *ästhetische Signatur* des Schmittschen Politikbegriffs gibt sich mithin unzweideutig zu erkennen. Das Handlungsmodell, das Schmitt dem Politischen dadurch unterlegt, daß er es über die Figur der souveränen, "durchbrechenden" Entscheidung definiert, hat, wie gerade Hegel gezeigt hat, nicht minder ästhetische Vorbilder als der von Schmitt so vehement attackierte politische "Passivismus", für den er die Romantiker verantwortlich machen zu können glaubt. Souverän ist für Schmitt derjenige, der dem "extremen Fall", der später der *Feind* heißen wird, nicht "fassungslos gegenüber" (*PTh*, 18) steht, also der *Held*, ganz gleich, aus welchen Quellen er die Sicherheit der *response* auf einen historischen *challenge* schöpft.

Der Film versucht im 20. Jahrhundert noch einmal jenes subjektzentrierte Handlungsmodell, das die prinzipielle Möglichkeit einer adäquaten Antwort auf eine Herausforderung gleich welcher Art voraussetzt, zu revitalisieren, obwohl es in den übrigen Künsten bereits im Laufe des 19. Jahrhunderts irreparabel beschädigt worden war. Die problemlose Verkettung der Wahrnehmung mit der Handlung verlor nicht nur in der außerkünstlerischen, alltäglichen Erfahrung zusehends an Plausibilität. Heute kann man vielfach den Versuch beobachten, die modernen Gesellschaften geradezu durch die strukturelle Inhibierung des *sensomotorischen Bildes* zu definieren, mit dessen Hilfe wir immer noch unsere Handlungen *verstehen*, ohne sie doch effektiv in Übereinstimmung mit ihm *organisieren* zu können[13]. Gilles Deleuze hat darauf hingewiesen, daß auch für den Film mit dem Ende des Zweiten Weltkrieges die Tage des Aktionsbildes endgültig gezählt sind, wiewohl natürlich die kommerzielle Filmproduktion bemüht ist, dieses Ende auf eine manchmal unerträgliche Weise zu verlängern. Ich habe bereits eingangs angedeutet, daß auch Carl Schmitts Denken in seinen - literarischen - Anfängen um das Problem des Handlungsbildes und seines Zerfalls kreist, und zwar auf eine derart obsessive Weise, daß man die Hypothese wagen darf, er habe gegen die Einsicht in

---

13  "Diese furchtbare Tatkraft rührt nur davon her, daß man nichts zu tun hat. Innerlich meine ich. Aber schließlich wiederholt jeder Mensch auch äußerlich sein Leben lang bloß ein und dieselbe Tat: er kommt in einen Beruf hinein und darin vorwärts. [...] Es ist so einfach, Tatkraft zu haben, und so schwierig, einen Tatsinn zu suchen! Das begreifen heute die wenigsten. Darum sehen die Tatmenschen wie Kegelspieler aus, die mit den Gebärden eines Napoleons imstande sind, neun hölzerne Dinger umzuwerfen. Es würde mich nicht einmal wundern, wenn sie am Ende gewalttätig übereinander herfielen, bloß wegen der ihnen über den Kopf wachsenden Unbegreiflichkeit, daß alle Taten nicht genügen!" (Musil 1992, 741)

die unwiderrufliche Auflösung der sensomotorischen Situation für den Rest seines Lebens ihre verzweifelte Rekonstruktion betrieben. Ich beziehe mich im folgenden auf einen bislang von der Schmitt-Forschung so gut wie gar nicht wahrgenommenen[14] frühen Text Schmitts aus dem Jahre 1912, eine literarische Erzählung, die in der von Wilhelm Schäfer herausgegebenen Zeitschrift *Die Rheinlande* erschien.

"Der Spiegel", so der Titel der Erzählung, ist gleichsam die Zentralmetapher für eine Erfahrung, die nicht mehr sensomotorischer, sondern vor allem optischer und akustischer Art ist. Durch die Dominanz von *Opto-* und *Sonozeichen* (*opsignes et sonsignes*) ist nun aber nach Deleuze ein Film bestimmt, der das klassische Bewegungs-Bild durch das reine, 'kristalline' Zeit-Bild ersetzt, weil er jedes Vertrauen in das Schema von Reiz (der Situation) und Reaktion (der Handlung) verloren hat. Der Film, der sich nach dem Krieg als *neorealistischer* präsentiert, schwelgt in einem "visionären Ästhetizismus", in der Entdeckung der *Dauer* als der nicht länger an der (räumlichen) Bewegung abgelesenen Zeit: *auch* eine Dialektik im Stillstand, die spannungsreicher sein kann, als die bewegtesten Bilder. Die bewegten Bilder müssen das Laufen wieder verlernen, so kann man vielleicht diese Wendung vom Zeit- zum Bewegungs-Bild auf eine Formel bringen, eine Wendung, die Deleuze auf eine in der philosophischen Filmliteratur einzigartige Weise rekonstruiert hat. Auch Carl Schmitts Erzählung ist ein *optisches Drama*, wie der Titel bereits ankündigt. Der Text steht zwar nicht unter dem Eindruck des damals noch in den Kinderschuhen steckenden Films, aber er wirft eben genau das Problem auf, dem sich ein halbes Jahrhundert später auch der Film, jenes letzte Refugium des sensomotorischen Konnexes in den Künsten, stellen muß.

So wundert es denn auch nicht, wenn wir bei dem Filmphilosophen Deleuze auf eine Beschreibung der Situation des Zeit-Bildes stoßen, die exakt die Matrix der Erzählung Schmitts hervortreten läßt, die keine reine Erzählung ist, sondern zugleich als *exemplum* fungiert, das eine bestimmte (philosophische) These des Erzählers illustrieren soll. Deleuze schreibt: "Man kann nicht dabei stehenbleiben zu sagen, daß das moderne Kino mit der Erzählung bricht. Das ist nur eine Folge, die Ursache liegt woanders. Der Aktionsfilm legt sensomotorische Situationen dar: Es gibt Personen, die in einer bestimmten Situation sind und die, je nachdem, was sie davon wahrnehmen, handeln, unter Umständen sehr heftig. Die Aktionen gehen in Wahrnehmungen über, die Wahrnehmungen setzen sich in Aktionen fort. Nehmen Sie jetzt einmal an, daß eine Person sich in einer - alltäglichen oder außergewöhnlichen - Situation befindet, die jede mögliche Aktion übersteigt oder auf die sie nicht mehr reagieren kann. Das ist zu stark oder zu schmerzhaft, zu schön. Der sensomo-

---

14  Eine wichtige Ausnahme ist Ingeborg Villingers technophilosophisch inspirierter Aufsatz "Politische Fiktionen. Carl Schmitts literarische Experimente" (Villinger 1992).

torische Zusammenhang zerreißt. Man ist nicht mehr in einer sensomotorischen Situation, sondern in einer reinen optischen und akustischen Situation. Das ist ein anderer Bildtyp. [...] Man glaubt nicht mehr so recht an die Möglichkeit, auf Situationen einzuwirken oder zu reagieren, und trotzdem ist man nicht passiv, man erfaßt oder entdeckt irgend etwas Unerträgliches, etwas, das nicht auszuhalten ist, selbst im alltäglichsten Leben." Das neu entstehende *Zeit-Bild* ist ein *autoreflexives Bild*, das auf sich selbst reagiert, statt von sich weg auf eine äußere Wirklichkeit zu verweisen. Es ist deshalb noch lange kein solipsistisches Bild, wenn auch der *Bezug zur Welt* stets problematisch ist: "Das aktuelle Bild, abgeschnitten von seiner motorischen Fortsetzung, tritt in Beziehung mit einem virtuellen Bild, einem mentalen oder Spiegel-Bild (*image en miroir*)."[15]

Ich stelle der weiteren Erörterung die Segmentierung der relativ kurzen Erzählung Schmitts in ihre konstitutiven Handlungselemente voran. Es wurde bereits angedeutet, daß Schmitt die "Geschichte" einem explizit gemachten Erzähler in den Mund legt, der mit ihrer Hilfe eine bestimmte 'philosophische' These veranschaulichen will, mit der der Text einsetzt: "Ich bin überzeugt, daß es garnichts Totes gibt, keine toten Dinge."[16] Wie in Schmitts späterem Vortrag über das *Zeitalter der Neutralisierungen und Entpolitisierungen* konzentriert sich auch diese These, die im folgenden an verschiedenen Beispielen durchexerziert wird[17], auf das Problem des Lebens und seines Verhältnisses zum Tod. Wo verläuft die Grenze zwischen Leben und Nicht-Leben bzw. 'toter' Materie? Hatte nicht Leibniz, dessen Präsenz in der Erzählung durch die ironische Anspielung auf die Figur der "prästabilierten Harmonie" angezeigt wird - und Schmitt war ein Leibniz-Leser, wie die zahlreichen Referenzen auf ihn in seinen Büchern zeigen -, grundsätzliche Zweifel an der pauschalen Gegenüberstellung von Leben und Tod vorgebracht und die Unmöglichkeit des Todes geradezu als die Definition des Lebens verfochten? Hatte Leibniz nicht die kühne These aufgestellt, daß der Tod nur das unendlich *reduzierte* Leben sei, nicht aber dessen absolutes Gegenteil, ein Leben, das lediglich unseren Sinnen entgeht und das weder eine "erste Geburt" noch eine "endgültige Auslöschung", einen "völligen Tod im strengen metaphysischen Sinne" kennt?[18] Hatte er nicht ausdrücklich die "Materie" von dem "Nichts" unterschieden, dem Gott die Welt abgerungen hat, und ihre Spezifizität darin gesehen, daß selbst das "völlig Passive" "zu etwas fähig" ist und in diesem Sinne am Leben teilhat? Und hatte Leibniz zur Ver-

---

15 Deleuze 1993c, 77f.

16 Schmitt 1912a, 61-62. Da die Erzählung nur zwei Seiten umfaßt, wird im folgenden auf die Seitenangabe verzichtet.

17 "Ich lasse mir von keinem abstreiten, daß die Blumenvase, der Holzklotz oder der Bettvorleger ebenso lebendige Wesen, Individualitäten, warum nicht sogar Menschen sind."

18 Leibniz 1966a, 28f.

anschaulichung seiner Monadologie nicht stets die *Spiegel*-Metapher eingesetzt, so, wenn er etwa behauptete, "daß jede Seele in ihrer Weise ein fortwährender Spiegel des Universums ist und in ihrem Grunde eine Ordnung enthält, die der des Universums selbst entspricht, daß die Seelen in unendlich vielfacher Weise, die alle verschieden und alle wahrhaft sind, das Universum variieren und darstellen und es sozusagen sovielmal vervielfältigen als möglich, derart, daß sie sich auf diese Weise der Gottheit nähern, soweit sie das ihren verschiedenen Graden gemäß können"[19]. Schmitts Erzählung ist nicht zuletzt eine satirische Replik auf die Rolle des Spiegel-Bildes in der Leibnizschen Monadologie, wie wir noch sehen werden. Der Spiegel ist für Schmitt gleichsam die zentrale Metapher für das philosophische Denken insgesamt, insofern als die moderne cartesianische und nachcartesianische Philosophie ihr Tun überwiegend mit dem Begriff der *Reflexion* beschreibt und das Bewußtsein als einen "Spiegel der Natur" versteht, dessen Zuverlässigkeit von einer vorhergehenden 'Bewußtseinsspiegelung', einer Zurückwendung des Bewußtseins auf sich selbst, abhängt.

Der Erzähler, der sich selbst als "ein wissenschaftlich denkender Mensch" ausgibt, adressiert seine These, die er wenige Sätze später als die Behauptung der "Identität der sogenannten geistigen Welt mit der sogenannten Wirklichkeit" reformuliert, ausdrücklich an ein philosophisch gebildetes Publikum. Deshalb ist er auch besorgt, daß man seine, "wie ich gern gestehe, etwas seltsamen Theorien" mit einem "naiven, anthropomorphistischen Pandämonismus" verwechseln könne. Solche möglichen Vorbehalte auf seiten seiner Kritiker will der Erzähler jedoch nicht mit einer theoretischen Demonstration, sondern mit einer "wahren Geschichte" ausräumen, die er, wie es heißt, "zufällig" kennt. Aber der Erzähler sieht schnell, daß sich die Vorbehalte der philosophischen These gegenüber auch auf die Geschichte, die sie "stützen" soll, übertragen können. Er begegnet diesem Mißtrauen mit einer Versicherung seiner wissenschaftlichen Integrität und seiner "kritischen Gesinnung" sowie der Einladung an seine möglichen Kritiker, in "eine eingehende Prüfung dessen, was ich vortrage", einzutreten. Mit der Mahnung "Kritisieren ist leichter als zuhören", schließt dieser theoretisch-proleptische Teil der Erzählung ab.

Schmitts Erzählung ist, ähnlich wie seine geschichtsphilosophische Satire *Die Buribunken*, die 1917 in der von Franz Blei und Jakob Hegner herausgegebenen Zeitschrift *Summa* erscheint[20], eine parodistische Verfremdung des *Bildungs*- bzw. *Erziehungsromans* sowie der pädagogischen Dispositive, die dieses literarische Genre reflektiert. Bereits der erste Satz der "Geschichte" führt auf satirische Weise in das Zentrum dieser Pädagogik ein, die die Erziehung als eine sich wesentlich

---

19   Leibniz 1966b, 64.
20   Vgl. dazu meine Analyse des Textes in Kapitel III, 5. Abschnitt.

'innen' abspielende Bildungsgeschichte, als Seelen- oder Herzensbildung konzipiert, ohne deswegen auf die präphilanthropistischen Mittel der 'Außenlenkung' zu
verzichten. Die neue Erziehung will den Zögling *zur Einsicht bringen* - die Verhal-
tensänderung ist nur ihr unmittelbares Ziel, ihr eigentlicher Interventionsraum ist
die 'Gesinnung' bzw. Überzeugung: "Franz Morphenius bekam als Kind viele
Schläge und war schon früh davon überzeugt, daß er sie verdiente." Daß in der Geschichte auch das Schicksal der Philosophie auf dem Spiel steht, wird bereits durch
den Namen angezeigt, den der Erzähler seinem Protagonisten gibt: Morphenius
enthält den Bestandteil *morphé* (Gestalt, Form) und verweist damit auf den Philosophen als "Freund der Ideen", wie er seit Platon bekannt ist und bereits seit Platon, wenn man an den *Sophistes* denkt, ironisiert wird. Obwohl Franz die Schläge
von seinem Vater bekommt, handelt dieser lediglich auf "Befehl" der Mutter, die
den Vater, wie es heißt, "zur Exekution" des Kindes "kommandierte", weil sie "zu
weichherzig" war, "ihn selber zu schlagen". Die Mutter hat sich ganz auf die *psy-
chische Terrorisierung* ihres Kindes verlegt: sie will es zur *Einsicht* zwingen, d.h.
zur Übernahme ihrer eigenen Urteile und Wertschätzungen, selbst wenn diese untereinander jede logische Konsistenz vermissen lassen und nur das massenkom-
munikativ produzierte Ideenchaos im familiären Rahmen wiederholen. Die Mutter
verlangt dem Kind nichts geringeres ab als die völlige Preisgabe seines Eigensinns
und eigenen Urteils.

Schon im Alter von fünf Jahren, als er "der vierjährigen Rosalie Blöing", in die
er sich später verlieben wird, "Schokolade schenkt", zwingt ihn seine Mutter, die
"scheltend dazwischen fuhr", nur ihr seine ganze Zuneigung zu schenken: "Und als
die Mutter ihm hinterher liebevoll ein schönes Buch zeigte, entschloß er sich, ihr in
Zukunft immer zu gehorchen. Und er hat Wort gehalten." Der Erzähler beschreibt
den Besuch einer Gemäldegalerie, den der sechzehnjährige Franz und seine Mutter
unternehmen, in dessen Verlauf sich der *Opportunismus* des Sohnes auf geradezu
groteske Weise manifestiert, wenn er den widersprüchlichen Urteilen seiner Mutter
über ein Bild zustimmt. Franz war nicht nur ein guter Sohn, sondern auch ein
"guter Gymnasiast" - und an dieser Stelle gelingt es dem Erzähler sogar, jenseits
der moralisch-satirischen Perspektivierung des Opportunismus das Problem einer
gewissen Schizophrenie des Erlebens und Handelns als unvermeidliche, 'normale'
Reaktion auf das Phänomen einer extremen Spezialisierung und Multiplizierung der
Wissens- und Praxisfelder (die in der Schule durch den Stundenplan abgebildet und
ad absurdum geführt wird) in den Blick zu nehmen:

"In der Religionsstunde von 8 bis 9 vormittags glaubte er an die Dreieinigkeit (er hätte auch an
eine Vier-, Fünf- und Sechseinigkeit geglaubt), in der zweiten, der Mathematikstunde, lachte er
fröhlich über die Religionsspöttereien des etwas frivolen Lehrers; in der Geschichtsstunde erglühte

er vor Patriotismus, so daß ihm oft Tränen in die Augen traten; und bei der Lektüre des Horaz ge-
noß er sich als kosmopolitischen Halkyonier."

Dogmatische Gläubigkeit steht neben dem Spaß an der Blasphemie, kosmopoliti-
sche Träumereien folgen auf patriotische Aufwallungen. Franz denkt und fühlt im
Takt des Stundenplans - aber, wer wollte ihm daraus einen Vorwurf machen, da
alle Versuche, das extrem ausdifferenzierte moderne Wissenssystem zu retotalisieren, es in eine Synthese zu integrieren, zu einem 'Geist' umzuschaffen, die Form
einer *seriellen* und *fragmentarischen* Einheit annehmen: man durchquert die unterschiedlichen Wissensgebiete *sukzessive* oder man *kombiniert* und *montiert* (in einem elementaren, nicht-künstlerischen Sinne verstanden) Elemente aus heterogenen
Feldern, so daß die Brüchigkeit und Ungefügtheit des Ensembles, das man erhält,
immer mitgesehen bzw. mitgefühlt wird.

Bereits diese erste Sequenz der Erzählung ist durch die Erfahrung von etwas
"Unerträglichem" (Deleuze) gekennzeichnet, das jede mögliche Aktion übersteigt:
die Stärke der Mutter, die schizophrenisierende Macht des schulischen Wissensbe-
triebs zerreißen den "sensomotorischen Zusammenhang", der die klassische Situation kennzeichnet - und vor allem auch die Situation des klassischen Bildungs-
romans, der eine Dialektik von äußeren und inneren Entwicklungsschüben ins
Werk setzt. Aber die Entwicklung des Franz Morphenius ist mit dem Moment an
ihr Ende gekommen, in dem er beschließt, seiner Mutter "in Zukunft immer zu gehorchen". Der Erzähler nennt das Erziehungsziel, das sein 'Held' im Alter von fünf
Jahren bereits erreicht hat, ironisch eine "liebenswürdige Toleranz gegenüber den
Mitmenschen". Die zweite Sequenz beschreibt einen kurzfristigen, offenbar der
Adoleszenzkrise geschuldeten *Rückfall* des Protagonisten in die 'Fehler' der aller-
ersten Kindheit. Auslöser dieses Rückfalls ist wiederum jene Rosalie Blöing, die
den Fünfjährigen schon einmal kurzzeitig seiner Mutter entfremdete. Franz Morphenius befindet sich plötzlich in einem "Zwiespalt": obwohl er sich "endlich ver-
liebte" und der angebeteten Rosalie wegen sogar "auf die ganze übrige Welt zu
verzichten" bereit ist, vermag er nicht zu "leugnen, daß die Mutter mit ihren oft hef-
tigen Erwägungen über das ganze Verhältnis unwidersprechlich richtige Ansichten
entwickelte." Wiederholung der 'Urszene', die die erste Sequenz schildert, und
Steigerung der Unerträglichkeit des Zwiespalts. Als sich abzeichnet, daß "ein Jurist
in fester Position" - man ist versucht, an dieser Stelle an den Zusammenhang von
Jurisprudenz und einem bestimmten theoretischen Verständnis von *Position*[21] zu

---

21   Wie es sich im Titel der Aufsatzsammlung *Positionen und Begriffe im Kampf mit Weimar -
     Genf - Versailles 1923-1939* ausspricht. Ernst Rudolf Hubers "meisterlich" (Manfred
     Lauermann) zu nennende Rezension des Buches, die 1941 erschien, hat die *theoriepolitische*
     Bedeutsamkeit des Begriffs der *Position* bei Schmitt klar erkannt: "Die Position ist die

erinnern, das für Schmitts späteres Denken konstitutiv sein wird - "sich gleichfalls um Rosalie Blöing bewarb", der 'Sieg' der Mutter also erneut unabwendbar zu sein scheint, tritt jenes Ereignis ein, dem die Erzählung ihren Titel verdankt: "Da aber wurde es der Instanz, die Körper und Seele in prästabilierter Harmonie [die Leibniz-Anspielung, Vf.] und Korrespondenz hält, zu viel. Der Körper des Franz Morphenius blieb bestehen und wurde mit der Seele eines Referendars bevölkert, die durch ein Automobilunglück frei geworden war. Niemand bemerkte eine Veränderung. Die Seele des Franz Morphenius aber wurde in einen Spiegel gesteckt."

Erinnern wir uns daran, daß Leibniz auf die ungelöste Problematik des cartesianischen Leib-Seele-Dualismus und der wechselseitigen Interaktion von res extensa und res cogitans mit seiner Konzeption des *Parallelismus* reagiert hatte: "ich habe einen vollkommenen Parallelismus aufgestellt zwischen dem, was in der Seele vorgeht, und dem, was sich in der Materie ereignet, und gezeigt, daß die Seele mit ihren Funktionen etwas von der Materie Verschiedenes ist, daß sie aber doch stets von Organen der Materie begleitet ist und daß auch die Funktionen der Seele stets von Funktionen der Organe, die ihnen entsprechen müssen, begleitet sind und daß das wechselseitig der Fall ist und immer sein wird."[22] In der *Politischen Romantik* wird Schmitt wenige Jahre später schreiben, daß die Darlegung der "geistigen Situation" der Romantik, "wie die jeder wichtigen Situation der modernen Geistesgeschichte, mit Descartes beginnen" muß. Neben der kopernikanischen Wende, die das geozentrische Weltbild entthronte, bewirkte die Philosophie des Descartes "die Erschütterung des alten ontologischen Denkens; ihre Argumentation cogito, ergo sum, wies den Menschen an einen subjektiven und internen Vorgang, an sein Denken, statt an die Realität der Außenwelt. [...] Die moderne Philosophie ist von einem Zwiespalt zwischen Denken und Sein, Begriff und Wirklichkeit, Geist und Natur, Subjekt und Objekt beherrscht, den auch die transzendentale Lösung Kants nicht behoben hat; sie gab dem denkenden Geist die Realität der Außenwelt nicht wieder, weil für sie die Objektivität des Denkens darin besteht, daß es sich in objektiv gültigen Formen bewegt und das Wesen der empirischen Wirklichkeit, das Ding an sich, gar nicht erreicht werden soll. Die nachkantische Philosophie aber griff bewußt nach diesem Wesen der Welt, um die Unerklärlichkeit, die Irrationalität des wirklichen Seins aufzuheben." (*PR*, 78)

Dieser philosophiegeschichtliche Exkurs, mit dem Schmitt ein Kapitel seiner *Politischen Romantik* beginnt, das nicht zufällig "La recherche de la Réalité" über-

---

konkrete Gebundenheit der Theorie an Ort und Zeit, zugleich auch die feste Stellung, die der Theoretiker selbst in Ort und Zeit einnimmt. Es ist der selbstbewußte Anspruch, auch in wechselnden Situationen eine feste Position der Theorie und der persönlichen Haltung bekundet zu haben, der in diesem Buchtitel ausgedrückt wird." (Huber 1941, 4)

22   Leibniz 1966b, 56.

272   DER STAAT NACH SEINEM ENDE. DIE VERSUCHUNG CARL SCHMITTS

schrieben ist, wirft auch ein Licht auf die frühe Erzählung *Der Spiegel*. Alle Lösungen, die die Philosophie als Antwort auf das Problem des Leib-Seele-Dualismus entwickelt hat, heben den *Zwiespalt* selbst nicht auf, den Descartes in die Welt gesetzt hat: denn daß die Seele stets von Organen der Materie begleitet ist (und umgekehrt), besagt nichts darüber, ob nur eine bestimmte materielle Organisation bzw. "Maschine", wie Leibniz auch sagt, einer bestimmten Seele *entspricht*. Ironisch hatte der Erzähler diesen Punkt zu Beginn des Textes so formuliert: "Wenn es Menschen gibt, die man in allem Ernst als Holzklötze oder Bettvorleger definieren kann, warum soll es da nicht Holzklötze und Bettvorleger geben, die Menschen sind?" Es gibt keinen abstrakten Gedanken, so hatte Leibniz geschrieben, "der nicht von einigen materiellen Bildern oder Spuren begleitet wäre"[23] - daß sie auf den *menschlichen* Körper angewiesen wären, um gedacht zu werden, geht aus dieser parallelistischen Konzeption nicht zwingend hervor. Die "Erschütterung des alten ontologischen Denkens", von der Schmitt spricht, wird von dem Effekt einer umfassenden *Derealisierung* begleitet, weil das auf sich selbst zurückgeworfene cogito aus eigner Kraft jene Welt zurückgewinnen soll, in deren Mitte es die alte Ontologie - man denke nur an die Struktur der *great chain of being*[24] - sozusagen naiv plazierte. Der Preis dafür, daß es der ganzen Welt *zugrundeliegen* darf, ist die Weltlosigkeit des so geschaffenen *Subjekts*. Immer[25] wird es fortan in allen Erkenntnistheorien darum gehen, wie sich dieses Subjekt der Adäquanz seiner Ideen über die Welt versichern kann.

Der Problematik dieses konstitutiven Zwiespalts, der, wie etwa an der shakespeareschen Hamlet-Figur abzulesen ist[26], keineswegs bloß epistemologischer, sondern auch *praktischer* Natur ist, also das Verhältnis des Menschen zur Welt insgesamt betrifft, trägt Schmitt in seiner kleinen Erzählung dadurch Rechnung, daß er den Geist in denjenigen Gegenstand einwandern läßt, der den modernen Philosophen immer wieder als Metapher für die Beschreibung ihres zentralen Bezugsproblems dient: das Denken des Denkens in der Gestalt des *Bewußtseins*. Schmitts Text ist eine Erzählung über das *Spiegel-Werden*, d.h. das Philosophisch-Werden nicht nur des Geistes, sondern auch des Körpers. Der Philosoph bekommt den Körper, den er 'verdient': einen Spiegel-Körper. Aber, wird man einwenden: was

---

23   Ebd.

24   Dazu immer noch unüberholt: Lovejoy 1985.

25   Oder beinahe immer: die große Ausnahme ist Spinoza, der trotz oder gerade wegen der Nähe zu Descartes keine *Erkenntnistheorie* ausarbeitet und an vergleichsweise abgelegener Stelle seiner *Ethik* den schlichten Satz *homo cogitat* unterbringt. Vgl. dazu meinen Beitrag zu Pierre-François Moreaus *Spinoza. Versuch über die Anstößigkeit seines Denkens* (Balke 1994, 136-188).

26   der Schmitt nicht zufällig ebenfalls eine Untersuchung gewidmet hat.

disponierte denn die Seele des Schmittschen Protagonisten zum Philosophen? Darin liegt die eigentliche satirische Aggression des Textes: die ersten beiden Sequenzen wollen als eine *éducation philosophique* verstanden werden, die darin besteht, daß sie dem heranwachsenden Menschen jeden *Willen* zur Aktivität nimmt (dieses Thema, das Schmitt über alle Phasen seiner Arbeit hinweg variieren wird), den sensomotorischen Zusammenhang, der die *praktische* Relation zur Welt stiftet, durchschneidet. Franz Morphenius wird uns als ein Mann der *Einsicht* präsentiert, dem der eigene Wille, die Bereitschaft zum Handeln, von seiner Mutter systematisch abgewöhnt wird, ein im übrigen durchaus konventionelles Szenario vieler 'kritischer' Erziehungsromane zu Beginn dieses Jahrhunderts, die uns zeigen, wie die aufbegehrende Jugend *unters Rad* der pädagogischen - familialen wie schulischen - Dispositive gerät.

So verwundert es denn auch nicht, wenn wir lesen, wie sich Franz Morphenius nach seiner Mutation "sofort heimisch in seinem neuen Pflichtenkreise an der Wilhelmstraße" fühlte, wo er im Schaufenster eines Möbelhändlers ausgestellt wird. Die folgende Passage inszeniert, wie man in Abwandlung eines Begriffs von Max Weber sagen könnte, die systematische *Veralltäglichung* des philosophischen Reflexionscharismas:

"Er ließ viele Menschen und Dinge vor sich stehen und an sich vorbei laufen [die Formulierung suggeriert ironisch, daß der gänzlich passive Spiegel selbst initiativ werden könnte: dabei muß er doch wiedergeben, was immer sein 'Gesichtsfeld' durchquert, Vf.]. Er nahm sie in sich auf, gab sie frei und wunderte sich über seine Vielseitigkeit und Rezeptivität. Selbst nachts glühte - ein überzeugender Beweis für sein einsames Nachdenken - eine kleine elektrische Lampe in ihm [d.h. die Lampe von der gegenüberliegenden Straßenseite spiegelt sich in ihm, Vf.] Des Morgens ließ er die Lampe ausgehen und beschäftigte sich wieder mit elektrischen Straßenbahnwagen, Milchkarren und Bäckerjungen. Die Leute liefen zum Geschäft, mittags zum Essen, abends nach Hause oder zum Vergnügen, - der Spiegel, unermüdlich, liebenswürdig und eifrig, gönnte sich keine Ruhe; nichts von dem, was vorbei lief, blieb ihm fremd; er machte sich alles zu eigen."

Auch nachdem der Spiegel verkauft worden ist, setzt er nach einer "kurzen Ruhe" im Möbelwagen seine Reflexionstätigkeit mit demselben Eifer wie zuvor fort - nur die Weltausschnitte, die er spiegelt, haben sich geändert. Im "Empfangszimmer" eines vornehmen Hauses reflektiert er "über junge elegante Kaufleute, die mit ihren seidenen Strümpfen kokettierten, über Assessoren, die in tadelloser Haltung warteten, bis sie freudig begrüßt wurden, über Brautpaare und Eheleute". Bis es zu der *dritten Begegnung* mit Rosalie Blöing kommt, die den Spiegel aus der reinen Kontemplation des Vorfindlichen aufstört und die Seele von Franz Morphenius erneut in einen leidenschaftlichen Zustand versetzt. Die Episode, die Schmitts Erzähler nun schildert ist deshalb so symptomatisch, weil sie den von vornherein hoffungslosen Versuch des *Spiegels* beschreibt, die motorische Fähigkeit, die *potentia agendi* wiederzugewinnen, die bereits der menschliche Körper des Protagonisten nicht mehr besaß und die von einem Spiegel im Ernst niemand erwarten wird. Der Spiegel möchte nicht länger lediglich mit dem Bild, das er jedem Gegenstand zurückwirft, auf eine Situation reagieren, er möchte seine Wahrnehmung motorisch fortsetzen und artikuliert mit diesem Wunsch ein aus der Perspektive Schmitts typisches Allmachtsphantasma der *spekulativen* Philosophie. Sich endlich einen handlungsfähigen Körper zuzulegen, den Raum der Spekulation und den spekularen Raum zu transzendieren, um die "Realität der Außenwelt" (*PR*, 78) wiederzugewinnen, ist das nicht der Traum einer Philosophie, die es satt hat, die Welt nur zu interpretieren?

Um die neue Situation eindringlich vor Augen zu stellen, bedient sich Schmitt eines unscheinbaren literarischen Kunstgriffs. Er verzichtet in dem Augenblick, in dem die erste (und letzte) große Liebe des Protagonisten vor dem Spiegel erscheint, auf den bestimmten Artikel und gebraucht das Wort Spiegel von nun an wie einen *Eigennamen*: "Eines Tages kam Rosalie Blöing. Spiegel zitterte etwas, und eine kleine Wellenbewegung lief über ihn. Er wurde sich jedoch seiner hohen Aufgabe, allem gerecht zu werden, alles objektiv zu würdigen, noch rechtzeitig bewußt und ließ sich auch Rosalie Blöing durch den Kopf gehen." Daß das *Spiegelbild* die Antithese gewesen sein wird, gegen die sich der spätere *Begriff des Politischen* formiert - der Spiegel ist nichts weiter als das Symbol der ungetrübten Neutralität[27] -, erkennt man daran, daß die *Neutralisierung* mit dem ihr entsprechenden Ethos, "allem gerecht zu werden, alles objektiv zu würdigen" sein eigentlicher, und zwar, wie Schmitt ahnt, wenn nicht weiß: *unbesiegbarer Feind* ist. Denn wie bestimmt Schmitt den Feind *des Politischen*, der von dem politischen Feind zu unterscheiden ist? Als den "Fremden" - und nach 1933: als den "Andersgearteten", der "sich streng 'kritisch', 'objektiv', 'neutral', 'rein wissenschaftlich' geben und unter ähnlichen Verschleierungen sein fremdes Urteil einmischen" will (*BdP III*, 8). Die *Existentialität* der politischen Situation ist jedenfalls dadurch gekennzeichnet, daß den "extremen Konfliktsfall [...] nur die Beteiligten selbst unter sich ausmachen [können]" und daß ein solcher Konflikt daher nicht durch den "Spruch eines 'unbeteiligten' und daher 'unparteiischen' Dritten entschieden werden" kann (*BdP*, 27). Sich in *politischen* Situationen wie ein *Spiegel* zu verhalten, der den beiden Konfliktparteien ihr *eigenes* Bild zurückwirft und sie so aus der Starre der

---

27    So auch Villinger 1992, 197. Von der Technik als des - scheinbaren! - Inbegriffs der Neutralität heißt es 1929: "Denn scheinbar gibt es nichts Neutraleres als die Technik. Sie dient jedem so, wie der Rundfunk für Nachrichten aller Art und jeden Inhalts zu gebrauchen ist, oder wie die Post ihre Sendungen ohne Rücksicht auf den Inhalt befördert und sich aus der Technik des Postbetriebes kein Kriterium für die Bewertung und Beurteilung der beförderten Sendung ergeben kann." (*BdP*, 89f.)

wechselseitigen Fixierung befreit, den Bann jener furchtbaren "Augenblicke" aufhebt, "in denen der Feind in konkreter Deutlichkeit als Feind erblickt wird" (*BdP*, 67), käme der Logik des Politischen zufolge, so wie sie Schmitt ausbuchstabiert, dem politischen 'Selbstmord' gleich. Die politische Situation, die zwar nicht einfach mit dem *Krieg* zusammenfällt, sondern lediglich seine "reale Möglichkeit" impliziert, hat doch ihr *immanentes Ziel*, ihr *Telos* in dem, was Schmitt den "wirklichen Kampf" nennt und ist daher im Kern nichts anderes als die Affirmation der *reinen* sensomotorischen Situation, in der sich die *Wahrnehmung* des Feindes, seine *Definition*, unmittelbar in eine bestimmte *Aktion* fortsetzt: "Denn erst im wirklichen Kampf zeigt sich die äußerste Konsequenz der politischen Gruppierung von Freund und Feind. Von dieser extremsten Möglichkeit her gewinnt das Leben der Menschen seine spezifisch *politische* Spannung." (*BdP*, 35)

Auch Spiegel nähert sich in der folgenden Szene bedrohlich jener "äußerste[n] Konsequenz" des Politischen, für einen Moment gewinnt sein Leben eine existentielle Spannung, die sich aber bezeichnenderweise *autodestruktiv* entlädt. Neben Rosalie Blöing tritt nämlich ein "junger Mensch in einem schwarzen Schoßrock" vor Spiegel, dem plötzlich der Gedanke kommt: "wie, wenn der junge Mann Rosalie Blöing um den Hals fassen und küssen würde? Spiegel würde das natürlich nicht gestatten; er würde energisch einschreiten. Er fühlte die Kraft dazu in sich." Der Spiegel wird von einer moralischen Regung erfaßt, einer "Prätention", wie Schmitt dann in der *Politischen Theologie* schreiben wird, das sprachliche Register des Vitalismus ("Kraft", "Energie") und eine äußerste Handlungsbereitschaft ("einschreiten") markieren die Situation als eine solche, die typischerweise eine motorische Fortsetzung findet. Aber Spiegel ist letztlich der *Herausforderung* der Situation nicht gewachsen und kann es aufgrund seiner konstitutiven *Passivität* ja auch gar nicht sein, da er ja der Inbegriff dessen ist, was Leibniz das "völlig Passive" nennt, das allerdings immer noch "etwas mehr als das Nichts ist" und daher über bestimmte Eigenschaften verfügt:

"Der junge Mann kam mit dem Ellenbogen ganz dicht an Spiegel heran. Spiegel war fest entschlossen, sich nichts bieten zu lassen. Der junge Mann wollte Rosalie Blöing küssen. Spiegel spannte alles aufs äußerste und versuchte zu schreien; er konnte sich aber vor Aufregung nicht bewegen. Seine Sinne schwanden, sein Herz sprang. Eine Sekunde später stieß der junge Mann mit dem Ellenbogen in den Spiegel, so daß niemand sich über den zerbrochenen Spiegel wunderte und die Rationalisten scheinbar recht behielten. Aber was weiß so ein Rationalist denn vom wirklichen Leben?"

Ich glaube, daß Carl Schmitts politisches Denken niemals wirklich den Horizont dieses im Medium der Satire dargestellten Szenarios überschritten hat. Alle Elemente, die das Politische ausmachen, sind bereits an dieser kritischen Stelle der Erzählung versammelt: die *feste Entschlossenheit*, "sich nichts bieten zu lassen", die die Dezision als entscheidendes Merkmal der Souveränität evozieren - die "aktuelle Bedeutung" der katholischen Gegenrevolutionäre sah Schmitt "in der Konsequenz, mit der sie sich entscheiden" (*PTh*, 83) -; die *äußerste Anspannung*, die sich in Schmitts Bestimmung des Politischen als des "äußersten Intensitätsgrades" (*BdP*, 27) wiederfindet und in seiner Bestimmung des Ernstfalls als der "extremsten Möglichkeit", die dem *Leben* der Menschen "seine spezifisch *politische* Spannung" gebe (*BdP*, 35); vor allem aber erkennen wir den Grund für Schmitts Bemühen, eine Sorte ausschließlich politischer, rein öffentlicher Affektivität zu kreieren, die ohne jeden Bezug auf den 'privaten' Affekthaushalt des politisch angerufenen In- dividuums auskommt. Derridas Frage: "Mais que serait un affect purement collectif ou communautaire, sans la moindre dimension individuelle ou 'privée', un affect purement public?"[28], trifft ins Zentrum der politischen Theorie Carl Schmitts, die eine Antwort auf diese Frage schuldig bleibt.

Helmut Lethen hat in seinen *Verhaltenslehren der Kälte*, die die *Lebensversuche zwischen den Kriegen*, so der Untertitel, rekonstruieren wollen, auch für Schmitt eine "Wiederkehr der 'kalten persona' des Jesuiten Gracián" diagnostiziert[29]. Man muß allerdings bezweifeln, ob Schmitts paradoxer Affekt des Anti-Affekts mit Be- griffen der Abkühlung, der Disziplinierung und letztlich: der Technisierung der Ge- fühle angemessen beschrieben werden kann. Auch wenn es Schmitt um die Sache des Politischen geht, ist er deshalb doch noch kein Vertreter einer politischen Neuen Sachlichkeit, wie schon seine Vorbehalte gegenüber dem modernen Staat beweisen, der "historisch aus einer politischen Sachtechnik entstanden" ist (*D*, 13). Das Ideal der "absoluten 'Technizität'", mit dem die Neuzeit auch in politicis be- ginnt, wie die Staatsräson-Lehren zeigen, und das sich ganz in der Frage erschöpft, "wie ein bestimmter Erfolg erreicht werden kann, wie man etwas 'macht'" (*D*, 8), ist Schmitt deshalb nicht geheuer, weil es die spezifische Dimension des Rechts und des Politischen insgesamt verfehlt. Denn der politische "Ingenieur" (*D*, 9) er- hebt sich genauso über Recht und Unrecht (*D*, 13) wie der Romantiker, wenn er- sterer aus dieser Indifferenz auch *aktivistische* Konsequenzen zieht, während letzte- rer in einen ästhetischen Passivismus verfällt. Der politische Techniker steht voll- ständig außerhalb der Sphäre des Affekts, während Schmitts Politiker *zugleich in- nerhalb und außerhalb* steht. Dieser ist durchdrungen von einem *Affekt*, der sich von allen empirischen Beimischungen 'privater' Affektivität gereinigt hat. Er ist an einen *Auftrag* gebunden, dessen überpersönliche Dignität ihm die Kraft zum Han- deln gibt, und zwar auch dann, wenn die Bedingungen für einen Erfolg den politi-

---

28   Derrida 1994, 146, FN 1.
29   Lethen 1994, 55ff. Zu Schmitt vor allem 215-234.

schen Ingenieur längst entmutigt haben. Für den Politiker im Sinne Schmitts gibt es keine Situation, auf die er eine Antwort schuldig bleibt. Die Affektivität, die einer solchen Disposition entspricht, garantiert die uneingeschränkte Geltung der senso-motorischen Situation. Gerade die Erfahrung mit den technokratischen Politikstilen unseres Jahrhunderts zeigt im übrigen - die Systemtheorie hat zu dieser Problematik wertvolle Hinweise geliefert -, daß der Begriff der eingreifenden, durchbrechenden Handlung, deren Vorbild für Schmitt die Intervention der göttlichen persona in die Welt ist, wie sie die Vorstellung des *Wunders* verlangt, nur *gegen* den sich selbst paralysierenden 'Machbarkeitswahn' der Sozialingenieure zu profilieren ist. Denn das politische Machen büßt je länger je mehr alle klassisch-personalen Handlungs-merkmale ein. Der Souverän sitzt nun an seinem Arbeitstisch und rechnet - wie Kafkas Poseidon, der keinerlei Realkontakt zu dem Element hat, dessen Verwal-tung ihm "unendliche Arbeit" gibt, und dem die angestammten hoheitlichen Insi-gnien längst abhanden gekommen sind.[30]

Franz Morphenius läßt sich dagegen von der Situation überwältigen: gerade weil er als Spiegel kein Element der Situation übersehen kann, hindert ihn die Vollstän-digkeit der *spekularen Repräsentation*[31] seine Wahrnehmung durch eine Handlung fortzusetzen: "er konnte sich aber vor Aufregung nicht bewegen", so wie auch der Haß, von dem Schmitt die politische Affektintensität ausdrücklich unterschieden wissen will, ohnmächtig machen kann: "Den Feind im politischen Sinne braucht man nicht persönlich zu hassen" (*BdP*, 29). Der satirische Höhepunkt der Erzäh-lung wird an dieser Stelle dadurch erreicht, daß noch das Zerbrechen des Spiegels in eine Zone der Ambivalenz getaucht wird. Selbst der von seinem eigentlichen Ziel abgelenkte, nach innen gewendete destruktive Impuls kann nicht eindeutig als die Ursache für die Zerstörung des Spiegels angenommen werden, weil "eine Sekunde später" - die Zeitangabe bezieht sich zudem nur auf das Zerspringen des *Herzens*, die im Vorsatz beschrieben wird: die Formulierung läßt Raum für die Unterschei-dung zwischen Spiegel-Herz und Spiegel-Körper - der Spiegel von seinem Riva-len, und zwar versehentlich, sozusagen im erotischen Handgemenge, zerbrochen wird.

---

30  Vgl. Kafka 1983b, 73f.

31  Schmitts eigener Repräsentationsbegriff ist als symmetrische Negation des Spiegelbilds konzipiert. Nicht nur, weil die politische Repräsentation ein "unsichtbares Sein" sichtbar machen soll, sondern weil das repräsentierte Sein bestimmten *Ansprüchen* genügen muß: "Etwas Totes, etwas Minderwertiges oder Wertloses, etwas Niedriges, kann nicht repräsentiert werden. Ihm fehlt die gesteigerte Art Sein, die einer Heraushebung in das öffentliche Sein, einer *Existenz*, fähig ist." (*Vl*, 209f.) Während der Spiegel die Gegenstände in ihrem "natürlichen Vorhandensein" (*Vl*, 212) wiedergibt, liegt der politischen Repräsentation ein Kriterium der qualitativen Unterscheidung zugrunde.

Das Leben des Spiegels, das Leben Spiegels ist beendet, das Leben der *Spiegelfragmente* beginnt. Seiner Schilderung ist die Schlußsequenz der Erzählung gewidmet. Leibniz hatte bekanntlich die spinozistische These von der *einen* Substanz bestritten und eine Mehrzahl von Substanzen angenommen, die jeweils aus ihrer Perspektive das Ganze ausdrücken. Für ihn gibt es den Spiegel sozusagen von vornherein nur als einen unendlich fragmentierten, ohne daß dadurch allerdings die Fähigkeit des einzelnen Fragments, die Welt in ihrer Totalität zu repräsentieren, gemindert würde: "Überdies ist jede Substanz gleichsam wie eine Welt im ganzen und ein Spiegel Gottes oder vielmehr des ganzen Universums, das jede in der ihr eigentümlichen Weise ausdrückt, etwa so, wie sich die eine und selbe Stadt, je nach den verschiedenen Standorten des Betrachters, verschiedenartig darstellt. Daher wird das Universum gewissermaßen so viele Male vervielfältigt, wie es Substanzen gibt, und die Herrlichkeit Gottes wird allen diesen so völlig verschiedenen Darstellungen seines Werkes entsprechend vermehrt."[32] "Die vielen kleinen Spiegel hatten jeder sein Schicksal für sich", heißt es in Schmitts Erzählung zu Beginn der letzten Sequenz. Exemplarisch folgt der Erzähler diesen Schicksalen am Beispiel eines Spiegelfragments, das bei einem "Flickschneider" landet, eines anderen, das ein "Quintaner" aufhebt und widmet sich schließlich etwas ausführlicher einer Spiegelscherbe, die "einem Philosophen" in die Hände fällt.

Wie zuvor bleibt der Erzähler auch jetzt bei seiner Strategie der *Subjektivierung* des Spiegels, um dessen aktivistisches Selbstgefühl als die kompensatorische Umdeutung einer restlosen Passivität zu ironisieren. Das Schicksal des philosophischen Spiegelfragments ist seine gewaltsame, allerdings wieder von außen zugefügte, Zerstörung, der Zerfall in "Splitter, die nicht lebensfähig waren" und damit: der *wirkliche Tod*. Dem philosophischen Spiegel (in Wahrheit nur der Spiegel eines Philosophen), "der seine Stammesgenossen durch Genialität und Originalität der Gedanken überragte, war ein natürliches Ende nicht beschieden; er wurde ein Opfer seines Erkenntnistriebes: ein Ziegenbock, den er zur Selbsteinsicht mahnte[33] und der darüber irrsinnig wurde, zerstieß ihn in Splitter, die nicht lebensfähig waren. Er war tatsächlich tot, er existierte nicht mehr als Individuum, denn er hat sich über den Mangel an Nachkommen nicht einmal mehr mit dem Gedanken getröstet, daß den meisten Genies ein derartiges Los beschieden ist."

Die satirische Pointe darf nicht vergessen lassen, daß es Schmitt dabei um eine 'letzte' Alternative geht, die er zeit seines Lebens nicht aus den Augen verloren hat:

---

32  Leibniz 1975, 21.
33  also zum Erlernen jener Einsicht, die Franz Morphenius seit seiner frühesten Kindheit abverlangt worden war und die ihn, unter dem Vorwand, ihn auf sich selbst, auf sein Innerstes, zurückzuweisen, zu einem bloßen "Begleiter" der objektiven Welt werden ließ.

lieber noch ein Ziegenbock sein, der Ausgang einer - wenn auch tierischen - Initiative und Aktivität ist und niemals bereit ist, diese Handlungsmacht einer Erkenntnis, schon gar nicht: einer *Selbst*erkenntnis zu opfern, als dem Dünkel des Genies zu verfallen, das sich in grotesker Selbstverkennung zum Zentrum und Träger der Welt macht. Wie dann vor allem die *Politische Romantik* zeigt, hat Schmitt etwas davon geahnt, daß, mit Michel Foucault zu reden, "das 'Ich denke' nicht nur Evidenz des 'Ich bin' führt"[34], sondern im Gegenteil das Sein des Subjekts in einen Strudel der Derealisierung reißt, so daß schließlich Husserl das "'Einklammern' der objektiven Welt"[35], zu der eben auch der Mensch als "ein Stück Welt" gehört, als kategorischen Imperativ der phänomenologischen Transzendentalanalytik aufstellen konnte.

Die von Foucault analysierte transzendental-empirische Reduplizierung, deren Ort der Mensch ist, vermag - entgegen aller Versprechen - den Hiatus, den 'Zwiespalt' nicht zu überbrücken, den sie mit dieser Unterscheidung produziert: der Mensch wird zum "Ort des Verkennens, jenes Verkennens, das sein Denken stets dem aussetzt, daß es durch sein eigenes Sein überbordet wird"[36]. Das "alte ontologische Denken", von dem Schmitt in der *Politischen Romantik* spricht, war, so gibt es sich jedenfalls in der Rückschau des sympathisierenden Theoretikers zu erkennen, von einem 'naiven' Seinsgefühl gekennzeichnet, das dem eines *Tieres* (man muß sofort hinzufügen: wie es die traditionelle Ontologie versteht!) gar nicht so unähnlich gewesen zu sein scheint. Hätte die alte Ontologie die Kraft gehabt, die der Ziegenbock in Schmitts satirischer Erzählung aufbringt, dann hätte auch sie den erkenntniskritischen Spiegel, den Descartes ihr vorhielt, "in Splitter" zerstoßen. Die dem modernen cogito eigene Bewegung hat nicht nur dazu geführt, daß sie das Denken, wie Schmitt schreibt, von der "Realität der Außenwelt" entfremdete, sie hat ihm nach dem Zusammenbruch der klassischen repräsentativen Ordnung des Wissens im 19. Jahrhundert zudem noch offenbart, daß es in eine "ganze Mächtigkeit einbezogen"[37] ist, die es in der Form der bloßen Selbstreflexion nicht zu durchdringen vermag. Im Innern des Subjekts wiederholt sich also jener Spalt, der sich zwischen der Sphäre des Subjekts und der "Außenwelt" auftut. Das "alte Privileg der reflexiven Erkenntnis" verschwindet und macht einem "objektiven Denken" Platz, das den "Menschen in seiner Gesamtheit" durchläuft - "um den Preis, darin das zu entdecken, was genau nie seiner Reflexion, nicht einmal seinem Bewußtsein gegeben werden konnte: dunkle Mechanismen, gestaltlose Determinationen, eine

---

34   Foucault 1980, 391.
35   Husserl 1977, 22, 26.
36   Foucault 1980, 389.
37   Ebd.

ganze Schattenlandschaft, die man direkt oder indirekt das Unbewußte genannt hat."[38] Das reflexive Cogito vermochte also seine eigene Austreibung, oder wie wir mit Carl Schmitt sagen können: seine effektive *Neutralisierung* nicht zu verhindern.

Welches Schicksal ist schließlich den übrigen Spiegelfragmenten beschieden? Man könnte sagen: statt eines brutalen *physischen* Todes machen sie den Prozeß einer allmählichen *spirituellen* Selbstabdankung durch, die ziemlich genau jenes Ende vorwegnimmt, das Schmitt wenig später süffisant als das typische Schicksal der Romantiker beschreiben wird. Schmitts *Politische Romantik* schließt mit dem Satz: "alles Romantische steht im Dienst anderer, unromantischer Energien und die Erhabenheit über Definition und Entscheidung verwandelt sich in ein dienstbares Begleiten fremder Kraft und fremder Entscheidung" (*PR*, 228). Das Schicksal der nichtphilosophischen Spiegelfragmente beschreibt Schmitt auf eine Weise, die Elemente aus dem neohumanistischen Diskurs der Pädagogik (Persönlichkeit, Entwicklung, Reife) dadurch ad absurdum führt, daß er sie auf eine Klasse von Gegenständen anwendet, nämlich Spiegel, die per definitionem keinen Entwicklungsprozeß durchmachen können:

"Den andern Spiegeln dagegen war es vergönnt, ihre Persönlichkeit auf dem Wege normaler Entwicklung zur Reife zu bringen: sie lösten sich allmählich von der Welt des Scheines und der Körperlichkeit los. Sie erkannten die Nichtigkeit der Welt und aller Dinge, auch die Nichtigkeit ihrer selbst. Sie gaben das falsche Sichdünken 'Ich bin' auf. Der Quecksilberbeschlag löste sich; durchsichtiges Glas blieb zurück. Ihre Seele ging auf in der Weltseele, wo jede Individualität verschwindet."

Das immanente Ziel der Einsicht, das hat Schmitt vom ersten Satz der Erzählung an deutlich gemacht, ist immer *Selbstaufgabe* auf dem Wege eines vorgängigen Rückzugs aus der Welt. Das *cogito* der Philosophen ist zwar ein irreduzibel *normativer* Begriff, es beinhaltet eine "Prätention", ein "Sichdünken", aber alles das gleichsam auf einer zu schmalen, zu schwachen Grundlage. Einer gezielten und permanenten pädagogischen Intervention ist ein solches *cogito*, das nicht zufällig bereits bei Descartes ein Produkt der Mußestunden und des Lebensabends ist, nicht gewachsen. Daß das neue Denken, das mit Descartes seinen Anfang nahm, die "höchste und sicherste Realität der alten Metaphysik", den "transzendente[n] Gott" beseitigte, wie Schmitt feststellt (*PR*, 86), ist, wie man an der praktischen Philosophie Kants ablesen kann, nicht nur ein Problem für Politische Theologen, sondern offenbar auch für Philosophen. Kant jedenfalls erklärte das "Dasein Gottes" - sozusagen posthum - immerhin zu einem "Postulat der reinen praktischen Vernunft".

---

38   Ebd., 393.

Mit dem Schlußsatz seiner Erzählung repliziert Schmitt noch einmal ironisch auf die Philosophie von Leibniz, diesmal auf seine Widerlegung der "Lehre von einem einzigen allumfassenden Geiste", derzufolge die Einzelseele, wenn ihre körperlichen "Organe schlecht geworden sind" (in unserem Fall: das Blindwerden der Spiegel), "zu Nichts zerfallen oder - sozusagen - in den Ozean des allumfassenden Geistes zurückkehren" soll[39]. Leibniz beharrt gegenüber dieser auf Aristoteles zurückgeführten Lehre auf der Individualität und Permanenz der Einzelseele auch nach dem 'Tod' des Körpers, denn dieser Tod ist niemals eine Annihilation, sondern eine unendliche Minderung, eine Subtilisierung des körperlichen Seins (Leibniz spricht von "subtilen Körpern", die sich unter keinen Umständen von der Seele trennen und daher deren Individualität auch über die Schwelle des Todes hinaus zu garantieren vermögen). Wenn Schmitt im Schlußsatz der Erzählung auf die Lehre vom allumfassenden Geist, die Leibniz angreift, anspielt, so wohl deshalb, weil das satirisch inszenierte Scheitern der Spiegel- bzw. Reflexionssubjekte bei ihrem Versuch, zu ihren Lebzeiten eine Identität auszubilden, die sie zur "aktive[n] Änderung der wirklichen Welt" (*PR*, 227) befähigt, nicht dadurch belohnt werden darf, daß sie nach dem Tod den Status von Einzelseelen behalten.

Ich möchte die vorstehende Analyse der Erzählung mit einigen Bemerkungen abschließen, die noch einmal auf das von Deleuze beschriebene Problematischwerden des *sensomotorischen Zusammenhangs* und damit auf den Zerfall des klassischen Handlungsbegriffs und des mit ihm gesetzten ontologischen Weltverhältnisses zurückkommen. Zunächst gilt es, sich klar zu machen, daß Schmitts *satirische* Behandlung der Entstehung von *Spiegel-Bilder*, die an die Stelle von *Bewegungs-Bildern* treten, ein Hinweis darauf ist, daß er bei allem Gespür für die säkulare Dimension der Entmachtung des klassischen Handlungsverständnisses, vollkommen unfähig ist, das Neue, ja das Befreiende zu erkennen, das sich in dieser *universellen Hamletisierung* ankündigt. Daß es etwas gibt, was unser sensomotorisches Vermögen *übersteigt*, wird als - letztlich existentielle - Bedrohung wahrgenommen, der gegenüber man notfalls auch das Ethos des "Ziegenbocks" verteidigen muß, der den philosophischen Spiegel zerbricht. Schmitts Erzählung erinnert von ihrem satirischen Ton her an die Vorbehalte, auf die in Japan und Europa nach dem Zweiten Weltkrieg die neorealistischen Filme stießen, die als erste das Aktions-Reaktions-System des klassischen Films durchbrachen: diesen Filmen mit ihren "allzu passiven, negativen und bürgerlichen Figuren, Neurotikern und Außenseitern", so Deleuze, wurde vorgeworfen, "sie hätten das zur Veränderung drängende Handeln durch eine 'verschwommene' Vision ersetzt"[40]. Aber das Spiegel- bzw. Zeit-Bild

---

39  Leibniz 1966b, 51.
40  Deleuze 1991, 33.

erschöpft sich nicht in purer Passivität, es entfaltet vielmehr durch die Abstraktion von der Bewegung und den Klischees der in ihrem Bann stehenden Bilder etwas, das *wirklicher ist als die wirkliche Welt* und ihre Ontologie, zu deren nostalgischem Fürsprecher sich Schmitt macht. Die Bilder werden nun "eher 'lesbar' als sichtbar"[41], es gibt eine "Unabhängigkeit der Parameter und die Divergenz der Serien"[42], d.h. das Sichtbare ist nurmehr ein Element der Bildkomposition, es verliert sein Privileg, das zudem immer ein "vertikales Privileg" war: "Es ist, als würde das Modell des Fensters ersetzt durch eine opake, horizontale oder verstellbare Fläche, auf die sich Daten einschreiben. Das wäre eine Lesbarkeit, die keine Sprache impliziert, sondern etwas in der Art eines Diagramms."[43]

Die ganze satirische Kraft der Erzählung Schmitts rührt von dem simplen Kunstgriff her, das *Spiegel-Bild* als ein *verhindertes Bewegungs-Bild* zu präsentieren, die 'Passivität' des neuen Bildtyps also als eine blockierte Aktivität aufzufassen: all die stupenden Einsichten, die Schmitt dem Phänomen des romantischen *Occasionalismus* abgewinnt, lassen ihn nur um so energischer an der Einheit jenes sensomotorischen Zusammenhangs festhalten, der "dem Leben und dem Geschehen Konsequenz und Ordnung gibt" (*PR*, 22). Das Occasionelle ist nämlich ein entscheidendes Merkmal des deleuzianischen Zeit-Bildes, insofern als Schmitt in der *occasio* den Gegenbegriff zur *causa* ausmacht und das Nichts des Anlasses als Signum einer "Welt ohne Substanz" versteht, die von der "magischen Hand des Zufalls" geleitet wird (*PR*, 25). Schmitt will nicht sehen, daß in dem Augenblick, wo die "Vielseitigkeit und Rezeptivität", über die sich der zum Spiegel mutierte Franz Morphenius so wundert, aus der binären Relation zur Handlungsmächtigkeit bzw. zum Aktions-Reaktions-System ausschert, das Spiegel-Bild eine ganz eigene Potenz gewinnt, die eine neue, positive Beschreibungssprache verlangt. Der Verlust der Möglichkeit, auf Situationen einzuwirken oder überhaupt zu reagieren, ist die Bedingung der Möglichkeit für eine bislang ungeahnte *Kraft der Kontemplation*. Die Bedeutung des Anlasses in den Bildern der modernen Welt wird verfehlt, wenn man ihn "in logischem Sinne" als "das Zufällige" denkt, statt "im Sinne eines Fetischismus"[44], also *ästhetisch*.

Deleuzes Kommentar zu den Filmen des Japaners Ozu Yasujiro, die selbst im Unbedeutenden das Unerträgliche freilegen, erhellt schlagartig, daß mit der Erfindung des filmischen Zeit-Bildes (das, wie gesagt, in der Literatur bereits lange zuvor erfunden wurde: von den 'Romantikern') die nachhaltige (massen)kulturelle

---

41    Deleuze 1993c, 79.
42    Ebd., 80.
43    Ebd., 81.
44    Kierkegaard 1988, 272.

Dekonstruktion eines Handlungsbegriffs eingeleitet wurde, dessen verzweifelter Apologie Schmitts Lebenswerk gilt, verzweifelt deshalb, weil Schmitt den Begriff des Politischen *potentialisiert* und lediglich seine "reale *Möglichkeit*" gegen eine längst anders organisierte Wirklichkeit aufzeigen will. Deleuze schreibt: "Das Wichtigste ist dabei stets, daß die Figur oder der Zuschauer - aber auch beide zusammen - zu Visionären werden. Die rein optische und akustische Situation evoziert eine Funktion der Hellsicht, die zugleich Phantasie und Konstativum, Kritik und Anteilnahme ist, während die sensomotorischen Situationen, *wie gewalttätig sie auch sein mögen*, sich an eine pragmatische visuelle Funktion richten, *die nahezu alles 'toleriert' oder 'erträgt'*, solange es im Rahmen eines Aktions-Reaktions-Systems geschieht."[45] Der *Begriff des Politischen* ist die letzte große ontologische Verherrlichung der *gewalttätigsten sensomotorischen Situation*, die durch den "wirklichen Kampf", den *Krieg* definiert ist. Durch die 'existentielle' Affirmation seiner *Unerträglichkeit*, die Schmitt nicht verschweigt oder kaschiert, versucht er der sensomotorischen Situation und dem Aktions-Reaktions-System, das er in die Unterscheidung von Freund und Feind übersetzt, jenes *Pathos* zurückzugeben, das im Verlaufe des Ersten Weltkrieges so gründlich zerschlissen worden war. Man muß die Verknüpfung des "wirklichen Kampfes" mit dem Ausnahmefall im *Begriff des Politischen* auch als Einsicht in die zunehmende Delegitimierung des Aktions-Reaktions-Systems verstehen, obwohl Schmitt die Seltenheit der Anwendbarkeit dieses *Schemas* rhetorisch als ein Zeichen für seine Exklusivität, d.h. Nicht-Alltäglichkeit wertet: "Daß dieser Fall nur ausnahmsweise eintritt, hebt seinen bestimmenden Charakter nicht auf, sondern begründet ihn erst. Wenn die Kriege heute nicht mehr so zahlreich und alltäglich sind wie früher [bezogen auf welchen geographischen Raum, wird man sich fragen müssen, Vf.], so haben sie doch in gleichem oder vielleicht noch stärkerem Maße an *überwältigender totaler Wucht* zugenommen, wie sie an zahlenmäßiger Häufigkeit und Alltäglichkeit abgenommen haben. *Auch heute noch* ist der Kriegsfall der 'Ernstfall'." (*BdP*, 35 - m.H.)

Wir wollen an dieser Stelle nicht die Frage erörtern, ob sich hinter dieser *qualitativen* Zunahme der Kriege in diesem Jahrhundert nicht etwas anderes und zwar: ganz neues verbirgt, das wenig mit der unverminderten Geltung des Freund-Feind-Schemas zu tun hat. Die *Pragmatik* der Schmittschen Argumentation ist jedenfalls dadurch gekennzeichnet, daß sie den Leser dazu bewegen will, alle Zweifel an der "Möglichkeit eines solchen Kampfes" zu überwinden: "Nichts kann dieser Konsequenz des Politischen entgehen." (*BdP*, 36) Dieser Satz muß als das verstanden werden, was er ist: eine *Drohung*. Es ist nicht nötig, noch einmal das Vokabular zu durchmustern, das Schmitt aufbietet, um dem in die Brüche gegangenen Aktions-

---

45 Deleuze 1991, 33 - m.H.

Reaktions-System, der Matrix der "konkreten Gegensätzlichkeit", die das Politische bestimmt, *neue Kräfte* zuzuführen: einerseits die Rhetorik der Intensität und des äußersten Punktes (*BdP*, 30) ebenso wie die der "seinsmäßigen Ursprünglichkeit" (*BdP*, 33) und andererseits das Wissen um die "sehr interessanten Gegensätze und Kontraste" (*BdP*, 36), die das ganze Pathos des Existentiellen und Seinsmäßigen in ein grelles Licht der Kontingenz tauchen. Jene Rhetorik und dieses Wissen beweisen, daß Schmitts Text in erster Linie ein extrem elaboriertes semantisches 'Trainingsprogramm' ist, das in der radikalen Bloßlegung des kriegerischen Schreckens, in den das Politische seiner Möglichkeit nach jederzeit terminieren kann, eine Strategie zur Rettung der sensomotorischen Situation sieht, die bei Schmitt terminologisch "konkrete Situation" heißt: "Der Krieg, die Todesbereitschaft kämpfender Menschen, die physische Tötung von andern Menschen, die auf der Seite des Feindes stehen, alles das hat keinen normativen, sondern nur einen existenziellen Sinn, *und zwar in der Realität einer Situation des wirklichen Kampfes gegen einen wirklichen Feind*" (*BdP*, 49 - m.H.). Der existentielle Sinn besteht, wie man sieht, schlicht (und entlarvend) in der Affirmation der abstrakten Matrix der sensomotorischen Situation. Die längst manifest gewordene gesellschaftliche Derealisierung dieser Situation kompensiert Schmitt durch das 'trotzige' Beharren auf ihrer 'Wirklichkeit': die Situation ist wirklich, der Kampf ist wirklich, der Feind ist wirklich!

Schmitts Erzählung *Der Spiegel* eröffnet eine Problematik, die für die *philosophische* Gegenwartsdiagnostik von eminenter Bedeutung ist, weil sie die Verknotung der Philosophie mit einem bestimmten exzeptionalistischen Handlungsverständnis offenlegt, das auch die *Politische Theologie* Carl Schmitts kennzeichnet. Auch Schmitts Erzählung ist ja eine satirische Variation über das Thema der "Entmachtung des Geistes", um eine Wendung zu gebrauchen, die Martin Heidegger im ersten Kapitel seiner *Einführung in die Metaphysik* verwendet. Eine ganze Reihe heute einigermaßen abgestanden wirkender kulturkritischer Topoi dieses Kapitels (von der politischen Akkomodation an den NS-offiziell gepflegten Anti-Bolschewismus und Anti-Amerikanismus einmal ganz abgesehen), das die "Grundfrage der Metaphysik" exponiert, haben vielen Kommentatoren - ich würde sogar so weit gehen, zu sagen: selbst Pierre Bourdieu - den Blick dafür getrübt, daß Heideggers Analyse sich eben nicht auf eine "Variante des 'revolutionären Konservatismus', dessen andere Möglichkeit der Nazismus verkörpert"[46], reduzieren läßt. Die entscheidende Passage dieser heute, gerade auch von Heideggerianern geflissentlich überlesenen 'Zeitkritik' bringt nun ebenfalls das Thema des *Spiegels* ins Spiel - und zwar auf eine Weise, die das von Schmitt in seiner Erzählung ausgearbeitete Problem der *Existenz in der Dimension der Oberfläche* aufgreift und gleichsam einen

---

46    Bourdieu 1975, 110f.

philosophischen Kommentar zu diesem Text schreibt, von dem es sehr unwahrscheinlich ist, das Heidegger ihn gekannt hat.

Die "Weltverdüsterung", die Europa in die metaphysische Zangenlage bringt, läßt Heidegger "in der ersten Hälfte des 19. Jahrhunderts" beginnen, mit dem, was die Philosophiehistoriker gern den "'Zusammenbruch des deutschen Idealismus'" nennen und was Heidegger in charakteristischer *Umkehrung* als das Versagen des Zeitalters vor der "Größe, Weite und Ursprünglichkeit jener geistigen Welt" bestimmt.[47] Die Entwicklung, die mit diesem Versagen des Geistes vor seinen eigenen Ansprüchen (denn die Entmachtung des Geistes kommt aus ihm selber her) anläuft und in der Gegenwart des 20. Jahrhunderts kulminiert, beschreibt Heidegger so:

"Das Dasein begann in eine Welt hineinzuleiten, die ohne jede Tiefe war, aus der jeweils das Wesentliche auf den Menschen zu- und zurückkommt, ihn so zur Überlegenheit zwingt und aus seinem Rang heraus handeln läßt. Alle Dinge gerieten auf dieselbe Ebene, auf eine Fläche, die einem blinden Spiegel gleicht, der nicht mehr spiegelt, nichts mehr zurückwirft. Die vorherrschende Dimension wurde die der Ausdehnung und der Zahl. Können bedeutet nicht mehr das Vermögen und Verschwenden aus hohem Überfluß und aus der Beherrschung der Kräfte, sondern nur das von jedermann anlernbare, immer mit einem gewissen Schwitzen und mit Aufwand verbundene Ausüben der Routine. All dieses steigerte sich dann in Amerika und Rußland in das maßlose Und-so-weiter des Immergleichen und Gleichgültigen so weit, bis dieses Quantitative in eine eigene Qualität umschlug. Nunmehr ist dort die Vorherrschaft eines Durchschnitts des Gleichgültigen nicht mehr etwas Belangloses und lediglich Ödes, sondern das Andrängen von Solchem, was angreifend jeden Rang und jedes welthaft Geistige zerstört und als Lüge ausgibt. Das ist der Andrang von Jenem, was wir das Dämonische (im Sinne des zerstörerisch Bösartigen) nennen. Für das Heraufkommen dieser Dämonie, in eins mit der wachsenden Ratlosigkeit und Unsicherheit Europas gegen sie und in sich selbst, gibt es mannigfache Kennzeichen. Eines davon ist die Entmachtung des Geistes im Sinne einer Mißdeutung desselben, ein Geschehen, in dem wir noch heute mitten innestehen."[48]

Es geht mir im folgenden nicht darum, noch einmal den manifesten Geistesaristokratismus dieser Zeitdiagnostik (die Semantik des "Rangs", des "Vermögens aus hohem Überfluß" im Gegensatz zum 'proletarischen' "Schwitzen") einer Kritik zu unterziehen: den Analysen Bourdieus ist hier nichts hinzuzufügen.[49] Ich glaube,

---

47  Heidegger 1976, 34f.

48  Ebd., 35.

49  In einem Interview von 1988 auf dem Höhepunkt der durch das Buch von Farías entfachten Heidegger-Kontroverse faßt Bourdieu das Ergebnis seiner damals neuaufgelegten Studie aus dem Jahre 1975 treffend in dem Satz zusammen: "Der Irrtum Heideggers gründete in einer Philosophie von der Philosophie: als aristokratische Vision, abgeschnitten von der täglichen Vulgarität, vom Weltlichen und vom Städtischen, vom Banalen und Trivialen und all dem, was man zum Erkennen [der natürlichen und der sozialen Welt, wie sich Bourdieu ausdrückt, Vf.] braucht." (Bourdieu 1988, 726)

daß es fruchtbarer ist, die Heideggersche Diagnose zu *positivieren*, d.h. auf diejenigen Elemente hin zu befragen, die dem Manöver einer geistesaristokratischen Denunziation der modernen wissenschaftlich-technischen Lebenswelt widerstehen. Bourdieu hat übrigens selbst einen Hinweis in diese Richtung gegeben, wenn er bei Heidegger einen Degout vor allem Soziologischen konstatiert:" Die Soziologie ist in der Tat für Heidegger abscheulich, eine Kumulation von Irrtümern: die Statistik, der Durchschnitt, das Banale und Triviale."[50] Heideggers 'Irrtum', so glaube ich, besteht nicht darin, daß er eine in der Tat wichtige und zentrale Veränderung in den kommunikativen Sinnbildungsmechanismen, die grundlegende gesellschaftliche Auswirkungen hat, beobachtet, einen Vorgang, den man sehr wohl als eine "Auflösung der geistigen Mächte" beschreiben kann; sein 'Irrtum' bestand darin, das *Aufsteigen des Sinns an die Oberfläche*, den *Verlust der Tiefe,* als einen philosophischen Schicksalsschlag zu betrachten, den die Philosophie sich auch noch selbst bereitet, statt nach der Möglichkeit eines Denkens zu fragen, das sich auf diese grandiose *Deterritorialisierung des Sinns* einstellt, das nicht der Mächtigkeit des integren, anfänglichen Anfangs vertraut, sondern einer Zukunft, die in jedem Moment beginnt und die kein Bild vorwegzunehmen vermag.

Ich glaube, daß Heidegger jener Beobachtung Nietzsches zu wenig Bedeutung beigemessen hat, die besagt, daß die Griechen, weit davon entfernt über eine "autochthone Bildung" zu verfügen, vielmehr "alle bei anderen Völkern lebende Bildung in sich eingesogen" haben, und daß sie "gerade deshalb so weit [kamen], weil sie es verstanden den Speer von dort weiter zu schleudern, wo ihn ein anderes Volk liegen ließ"[51]. Wie Schmitt ist auch Heidegger von der "Welt ohne Tiefe" angeekelt, die Schmitt eine "Welt ohne Substanz" nennt, (was Heidegger nicht tut, weil die Kategorie der Substanz bereits ein Verfallsprodukt der Umdeutung des Seins in die ousía, die "ständige Anwesenheit" ist[52]), weil sie die Herrschaft der Oberfläche, die mit der Herrschaft der "Ausdehnung und der Zahl" identifiziert wird, heraufführt.

Gilles Deleuze hat in der *Logik des Sinns* die bis auf die Stoiker zurückgehende Vorgeschichte dieses Aufsteigens des Sinns an die Oberfläche geschrieben und in diesem Zusammenhang auch seine kleine Ikonographie der "drei Philosophenbilder" entwickelt. Denn, wie man bei Heidegger sehr deutlich sieht, setzt jedes Denken "Achsen und Orientierungen" voraus und verfügt über eine "Geographie": es steckt "Dimension" ab, "noch bevor es Systeme entwirft". Während der Platonismus die Dimension der *Höhe* bevölkert, nachdem er die *Höhle* verlassen hat, haben

---

50   Ebd., 726.
51   Nietzsche 1988a, 806.
52   Heidegger 1976, 148.

sich die Vorsokratiker - deren Symbol der sich in den Vulkan stürzende Empedo-
kles wäre - auf das "Leben in der Tiefe eingerichtet"[53]. Die Entdeckung der Oberfläche war dagegen den Megarikern, den Zynikern und den Stoikern vorbehalten:
"Es handelt sich um eine Neu-Ausrichtung des ganzen Denkens und all dessen,
was Denken bedeutet: *Es gibt keine Tiefe und keine Höhe mehr.* Die zynischen und
stoizistischen Spötteleien gegen Platon sind nicht zu zählen: Immer geht es darum,
die Ideen zu entmachten [wir sehen: die Entmachtung des Geistes beginnt lange vor
dem Zusammenbruch des deutschen Idealismus, wie ja übrigens auch Heidegger
im Fortgang seines metaphysikgeschichtlichen Aufrisses herausfindet, Vf.] und zu
zeigen, daß sich das Unkörperliche nicht in der Höhe, sondern an der Oberfläche
befindet, daß es nicht die höchste Ursache ist, sondern oberflächliche Wirkung par
excellence, daß es nicht Wesen ist, sondern Ereignis."[54]

Schon mit der stoizistischen Erfindung einer von der Ontologie abgelösten Logik, die Émile Bréhier eine "révolution de la logique" nennt[55], beginnt jener Prozeß
der Konstitution eines *Immanenzfeldes*, das nicht mehr durch ein Privileg der Ver-
tikalität (Heideggers "Rang") gekennzeichnet ist, sondern durch eine komplexe
Verkettung von heterogenen Elementen, die nur auf den, der ihre Logik nicht versteht oder nicht verstehen will, den Eindruck des Chaos oder der Homogenität
macht. Heideggers Aristokratismus, seine beständige Abwehr des *Lateralen*, der
Logik der Relationen und Verkettungen, des *et* zugunsten des *est*, hindert ihn
daran, jene "eigene Qualität", in die das Quantitative umgeschlagen ist, wirklich zu
denken und d.h. nicht nur als Verfall oder Abfall von einer vorausgegangenen, angeblich 'heroischeren' Gestalt des Geistes zu präsentieren. *Die Oberfläche ist nicht
einfach, sondern ein unendlich gefalteter, unendlich differenzierbarer Raum.* Er hat
ebenfalls seine Höhen und Tiefen, die aber immer eine Funktion der Oberfläche
sind und daher *ihre* Höhen und Tiefen bleiben. Das von Leibniz und der barocken
Kultur entwickelte Modell der *Falte* beschreibt die Wiederkehr der Höhe und der
Tiefe auf der Oberfläche am besten: Höhe und Tiefe sind keine zusätzlichen Dimensionen, nichts, was der Oberfläche hinzugefügt wird, sondern bestimmte Wendungen und Windungen der Oberfläche selbst. Die Oberfläche ist eine wesentlich
*operative* Dimension: "Der Barock verweist nicht auf ein Wesen, sondern vielmehr
auf eine operative Funktion, auf ein Charakteristikum (*trait*). Er bildet unaufhörlich
Falten.[56] "Die Oberfläche ist jenes Nichts, "das alles zur Erscheinung kommen

---

53   Deleuze 1993a, 162f.
54   Ebd., 165.
55   Bréhier 1989, 13.
56   Deleuze 1995, 11.

läßt" (Kierkegaard), die Leinwand des Seins, auf der die Dinge für uns sichtbar werden.

Daß also, wie Heidegger richtig sieht, alle Dinge auf dieselbe Ebene gerieten, auf eine Fläche, erfordert die Anstrengung des Denkens, diese Oberfläche in ihrem ganzen Volumen und ihrer ganzen Komplexität zu denken, statt ihr Sein durch eine metaphorische Operation (Oberfläche = Oberflächlichkeit) zu verstellen. Zu dieser Oberfläche gehören, soziologisch gesprochen, auch die von Michel Foucault analysierten *Normalitätsdispositive*, die in der Tat eine "Vorherrschaft des Durchschnitts" herbeiführen, wobei jedoch dieser Durchschnitt nichts mit einer anthropologischen Mediokrität zu tun hat, die Heidegger ja bereits in der Vorherrschaft des Man ausmacht, sondern eine soziale, extrem artifizielle und sozusagen fluide Gegenständlichkeit bezeichnet. Foucault zeigt, daß in allen Teilbereichen der modernen Gesellschaften statistische Durchschnittswerte mit Abweichungstoleranzen ('Grenzwerten') ermittelt und durch Kataloge mit Renormalisierungsmaßnahmen im Fall von Grenzwertüberschreitungen (Denormalisierungen) ergänzt werden. Die Normalisierungsmacht wirkt homogenisierend, was Heidegger symbolisch mit der Formulierung vom "maßlosen Und-so-weiter des Immergleichen und Gleichgültigen" ausdrückt, aber eben auch individualisierend (d.h. differenz- und abweichungsverstärkend), "da sie Abstände mißt, Niveaus bestimmt, Besonderheiten fixiert und die Unterschiede nutzbringend aufeinander abstimmt", statt sie zu ignorieren oder gewaltsam zu reduzieren.[57]

Gerade weil sich die 'Welt', die jeden Außenhalt in einer wie immer gedachten Natur verloren hat, immer stärker als ein kontingentes und situativ veränderliches Konglomerat aus statistischen Werten, kulturellen Normen und technischen bzw. institutionellen Verfahren erweist, weil sie immer mehr, wie Heidegger richtig schreibt, "einem blinden Spiegel gleicht, der nicht mehr spiegelt, nichts mehr zurückwirft"[58], gerade deshalb ist ein Neubedenken des Verhältnisses von *Wissen* und *Glauben* angezeigt, wenn wir uns nicht von dem tragischen Aspekt des *Weltentzugs*, den Heidegger unter dem Titel der "Weltverdüsterung" allzu literatenhaft thematisiert, überwältigen lassen wollen. Auf den sensomotorischen Bruch kann man reagieren, wie Josef K. in Franz Kafkas *Proceß*, der sich schließlich eingestehen muß: "Ich wollte immer mit zwanzig Händen in die Welt hineinfahren und überdies zu einem nicht zu billigenden Zweck. Das war unrichtig."[59] Unrichtig

---

57  Foucault 1981, 237.

58  Der Spiegel ist also nicht nur, wie bei Schmitt, ein Symbol für unsere Unfähigkeit, auf Situationen einzuwirken oder zu reagieren, sondern ebenso ein Symbol für die Situation selbst, die eigentümlich opak wird und sich, wie Valérys *Eupalinos* zeigt, nur noch als Effekt einer Kombination von Zahlen und Befehlen erschließen läßt.

59  Kafka 1990, 308.

nicht in einem *moralischen*, sondern in einem *technisch-operativen* Sinne, weil die
Prozeßhaftigkeit der modernen Gesellschaft einen archimedischen Standpunkt, sozusagen: ein Gegenüber der Welt, von dem aus man in die Welt intervenieren
könnte, gar nicht mehr zuläßt. Die *Unerträglichkeit* dieses Zustandes verführt zu einer gleichsam panischen Anstrengung, die alte sensomotorische Situation wiederherzustellen: "Es war unbedingt nötig, daß K. selbst eingriff. Gerade in Zuständen
großer Müdigkeit, wie an diesem Wintervormittag, wo ihm alles willenlos durch
den Kopf zog, war diese Überzeugung unabweisbar."[60] In dem vielleicht wichtigsten Kapitel seiner philosophischen Untersuchungen über das Kino zeigt Deleuze
einen anderen Weg, auf den Verlust der Welt, der durch den sensomotorischen
Bruch entsteht, zu reagieren: "Das Unerträgliche ist nicht mehr eine höhere Ungerechtigkeit, sondern der permanente Zustand der alltäglichen Banalität. Der Mensch
*ist nicht selbst* eine andere Welt als diejenige, in der er das Unerträgliche verspürt
und in der er sich eingeengt fühlt. [...] Welcher ist also der subtile Ausweg? Nicht
an eine andere Welt glauben, sondern an das Band zwischen Mensch und Welt, an
die Liebe oder das Leben, und zwar im Sinne des Unmöglichen, des Undenkbaren,
das dennoch nur gedacht werden kann: 'etwas Mögliches, oder ich ersticke'. [...]
Artaud hat dieses Unvermögen zu denken niemals als eine bloße Schwäche abge-
tan, die unser Verhältnis zum Denken prägen würde. Sie gehört zum Denken, so
daß wir daraus unsere Denkweise machen müssen, ohne den Anspruch zu haben,
ein allmächtiges Denken wiederherzustellen."[61]

---

60  Ebd., 167.
61  Deleuze 1991, 222. Ausgerechnet in diesem Zusammenhang macht Deleuze auf einen
     merkwürdigen Zug des modernen Kinos aufmerksam, für den sich Carl Schmitt zweifellos
     interessiert hätte und der geeignet ist, in ein Gespräch über die Bedeutung der *Katholizität*
     eines Denkens einzutreten, das weit entfernt wäre von den philosophischen Gemeinplätzen
     über den Offenbarungsglauben und den blinden Gehorsam, den er seinen Adepten abverlangt.
     "Die Politische Theologie setzt den Glauben an die Wahrheit der Offenbarung voraus. Sie
     ordnet ihr alles unter, und sie führt alles auf sie zurück. Indem sie ihre Verbindlichkeit
     verficht, stellt sie sich in den Dienst des Gehorsams. Um ihr oder sich selber zu gehorchen,
     muß sie 'Theorie' aus Gehorsam, für den Gehorsam und um des Gehorsams willen, sein
     wollen." (Meier 1994, 40) Man kann auch von der Katholizität einen Gebrauch machen, der
     nichts zu tun hat mit der Assimilierung des *Glaubens* an ein dogmengestähltes *Wissen* (oder
     gar: an ein reines Gehorsamsverhältnis). Hatte nicht Schmitt von der katholischen Kirche, die
     er als *complexio oppositorum* definierte, gesagt, daß es "keinen Gegensatz zu geben
     [scheint], den sie nicht umfaßt" (*RK*, 10) und gezeigt, daß auch theologische *Sätze*
     (semantische Dimension) niemals außerhalb konkreter *Äußerungsgefüge* (pragmatische
     Dimension) existieren? Selbst die katholische Kirche kennt ein unablässiges Werden und
     weicht beständig von dem Modell ab, das die Theologen dogmatisch zu fixieren versuchen.
     Überall beantwortet sie das Entweder-Oder mit einem Sowohl-Als auch (*RK*, 11). Der

## 2. Die Wiederkehr des heroischen Weltzustandes im 20. Jahrhundert

> Im Diktator steckt ein Künstler und
> in seinen Anschauungen Ästhetik.
>
> Paul Valéry

Es ist kein Zufall, daß Hegel im letzten Satz des Abschnitts seiner *Vorlesungen über die Ästhetik*, der sich mit der (mythischen, d.h. 'vorgeschichtlichen') "Heroenzeit" und der nur in ihr möglichen "individuellen Selbständigkeit"[62] beschäftigt, auf den einzig möglichen Fall zu sprechen kommt, der die Applikation des heroischen Handlungsschemas unter den Bedingungen des nachmythischen, hochgradig arbeitsteilig organisierten gesellschaftlichen Zustandes, den Hegel auch den Zustand der "*gesetzlichen* Ordnung"[63] nennt, erlaubt: dieser Fall ist der "bürgerliche Krieg". Wenn ein Dramatiker seine Stoffe nicht aus der mythischen Vorzeit bezieht und seine Gestalten nicht ausschließlich aus dem "Stand der *Fürsten*" wählt, dann muß er sie, wie es Shakespeare getan hat, "in Zeiten bürgerlicher Kriege" verset-

---

Glaube, den der Mensch heute braucht, der in der Welt ist "wie in einer rein optisch-akustischen Situation", kann keinerlei Gewißheiten mehr für sich in Anspruch nehmen. Der Glaube wäre eher das Modell jenes "scheiternden Denkens" (Heidegger 1981, 34), von dem Heidegger spricht, als der Rückfall in eine die Evidenzen des absoluten Wissens noch übertreffende Hypergewißheit, die durch eine Offenbarung verbürgt ist. "Hat man nicht, wie Nietzsche, den Glauben jeglicher Glaubensgewißheit entrissen, um ihn einem strengeren Denken zu überantworten?" (Deleuze 1991, 229), fragt Deleuze und macht damit deutlich, daß der *neue Glaube*, die *neue Katholizität* den sensomotorischen Bruch, unser konstitutives *Unvermögen*, auf eine Situation reagieren zu können, nicht durch die Berufung auf eine göttliche Autorität oder eine nichts als menschliche Weisheit (von Sokrates sagt man ja bekanntlich, er habe die Philosophie als erster vom Himmel auf die Erde geholt, obwohl er doch selbst von sich behauptet, in göttlichem Auftrag zu reden) zu *heilen* vermag. Wird der Glaube, der heute not tut, erneut unter die Vorherrschaft der göttlichen oder menschlichen Autorität, der Autorität des geoffenbarten Wortes oder der philosophischen Vernunft gebracht, dann erwacht die archaische Gestalt des Antichristen wieder, deren Pendant bei Heidegger "das Dämonische" ist, mit dem das Unerträgliche aufs neue externalisiert werden soll, damit das eigene, "integere Wissen" (*BdP*, 95) um so reiner erstrahlen kann. *Ab integro nascitur ordo* war die Parole nicht nur des Politischen Theologen Carl Schmitts, sondern auch die Heideggers, der allein dem "anfänglichen Anfang" die Kraft des integren Wissens zutraute. Das Problem des modernen, des aktuellen Glaubens entsteht als Reaktion auf die schwindende Bereitschaft, daran "mitzuarbeiten, daß die Philosophie der Form der Wissenschaft näher komme" (Hegel 1979a, 14).

62   Hegel 1979b, 236-252.
63   Ebd., 239.

zen, "in denen die Bande der Ordnung und Gesetze sich auflockern oder brechen". Auf diese Weise erhalten sie "die geforderte Unabhängigkeit und Selbständigkeit wieder. -"[64]

Anläßlich seiner *Hamlet*-Interpretation von 1956 hat Schmitt im Rahmen eines längeren Exkurses zu Walter Benjamins *Trauerspiel*-Buch den Charakter des Shakespeareschen Dramas als "barbarisch" bezeichnet - einen Begriff, den er nicht in einem vordergründig moralischen Sinne verstanden wissen will. Vielmehr handelt es sich beim "Barbarischen" um den Gegenbegriff des "Politischen" *und* zugleich um eine bestimmte Etappe in der "Geistesgeschichte des Begriffs des Politischen", deren Rückkehr auch unter 'polizierten' Bedingungen nicht ausgeschlossen ist. Bei der Erläuterung der "Antithese von Barbarisch und Politisch" [im Sinne von 'Poliziert', Vf.] greift Schmitt auf die Hegelsche Vorstellung eines "Heroenrechts" zurück, wie es für den "ungebildeten [d.h. vorstaatlichen, Vf.] Zustande" charakteristisch sei: "Shakespeares Drama fällt in das erste Stadium der englischen Revolution, wenn man diese - wie es möglich und sinnvoll ist - mit der Vernichtung der Armada 1588 beginnen und mit der Vertreibung der Stuarts 1688 enden läßt. In diesen hundert Jahren entwickelte sich auf dem europäischen Kontinent aus der Neutralisierung des konfessionellen Bürgerkrieges eine neue politische Ordnung, der souveräne Staat, ein *imperium rationis* wie Hobbes ihn nennt, ein nicht mehr theologisches Reich der objektiven Vernunft, wie Hegel sagt, dessen *Ratio* dem Heroen-Zeitalter, dem Heroen-Recht und der Heroen-Tragödie ein Ende macht. (Hegel, Rechtsphilosophie § 93 und 218)."[65] (*HH*, 64f.) Der "barbarische Cha-

---

64  Ebd., 252.

65  Im Abschnitt über das "Unrecht", und zwar unter "C. Zwang und Verbrechen", findet sich die erste Erwähnung des "Heroenrechts" (§ 93), das man bündig als ein paradoxes *Unrecht zur Abschaffung eines allgemeinen Unrechtszustandes* ("Naturzustand, Zustand der Gewalt") definieren kann. Im Anfang war das Unrecht, genauer: ein Zustand vor der Unterscheidung von Recht und Unrecht. Erst durch die Aktion des Heroen wird diese Unterscheidung eingeführt - mit unrechten Mitteln, wie man dann rückblickend sagen können wird. Im "Zusatz" zu § 93 präzisiert Hegel die paradoxe Mission der Heroen, die durch ihre Handlungen den Weltzustand, in dem sie einzig gedeihen können, abschaffen, sich mit anderen Worten selbst überflüssig machen: "Im Staat kann es keine Heroen mehr geben: diese kommen nur im ungebildeten Zustande vor. Der Zweck derselben ist ein rechtlicher, notwendiger und staatlicher, und diesen führen sie als ihre Sache aus. Die Heroen, die Staaten stifteten, Ehe und Ackerbau einführten, haben dieses freilich nicht als anerkanntes Recht getan, und diese Handlungen erscheinen noch als ihr besonderer Wille; aber als das höhere Recht der Idee gegen die Natürlichkeit ist dieser Zwang der Heroen ein rechtlicher, denn in Güte läßt sich gegen die Gewalt der Natur wenig ausrichten." (Hegel 1970, 180) Die zweite von Schmitt erwähnte Stelle, an der Hegel auf die "Heroenzeiten" zu sprechen kommt, betrifft die "Natur des Verbrechens" unter den Bedingungen der bürgerlichen Gesellschaft: der

rakter des Shakespeareschen Dramas" gibt sich also an seinem Zusammenhang mit den "Zeiten bürgerlicher Kriege" zu erkennen, wie Hegel in der *Ästhetik* sagt, die Schmitt allerdings nicht zitiert. Wenn Schmitt das "Barbarische" als Gegenbegriff zum 'Politischen' im Sinne des (staatlich) *Polizierten* verwendet, dann steht dieser Begriffsgebrauch zu einer anderen Beobachtung Hegels in enger Beziehung, die die Auswahl der Shakespeareschen Dramenstoffe betrifft: "Shakespeare z.B. hat viele Stoffe für seine Tragödien aus Chroniken oder alten Novellen geschöpft, welche von einem Zustande erzählen, der sich zu einer vollständig festgestellten Ordnung [Umschreibung für den 'polizierten Zustand' bei Schmitt, Vf.] noch nicht auseinandergelegt hat, sondern in welchem die Lebendigkeit des Individuums in seinem Beschließen und Ausführen noch das Vorherrschende ist und das Bestimmende bleibt."[66] Den beiden Eintragungen im *Glossarium*, in denen Schmitt 1949 das Thema des Heroen aufwirft (*G*, 236, 249), lassen keinen Zweifel daran, daß Schmitt auch mit dem viel ausführlicheren Abschnitt zur "Heroenzeit" aus den *Vorlesungen über die Ästhetik* vertraut war, dem wir das letzte Zitat entnommen haben.

Schmitt positioniert das "Barbarische" zwischen den christlichen Zustand des Mittelalters bzw. dem "theologischen Reich" und dem *imperium rationis*, das durch "Politik, Polizei und Politesse" (*HH*, 65) gekennzeichnet ist: "Shakespeares Drama ist nicht mehr christlich. Es ist aber auch nicht auf dem Wege zu dem souveränen Staat des europäischen Kontinents, der religiös und konfessionell neutral sein mußte, weil er aus der Überwindung des konfessionellen Bürgerkriegs hervorgegangen war." (*HH*, 64) Shakespeares Dramen gewinnen für Schmitt deshalb eine so große Bedeutung, weil sie nicht nur auf die vergessene Vorgeschichte des modernen 'polizierten' Staates verweisen, auf das, was Louis Althusser in einem Vortrag über die "Einsamkeit Machiavellis" die "*ursprüngliche politische Akkumulation*"[67] genannt hat, sondern vor allem auch, weil sie ihn in der Auffassung von der

---

Verbrecher greift in der Person des Verletzten die *ganze* Gesellschaft an, die ja "Eigentum und Persönlichkeit" ihrer Mitglieder *gesetzlich* garantiert: "In den Heroenzeiten (siehe die Tragödien der Alten) sehen sich die Bürger durch die Verbrechen, welche die Glieder der Königshäuser gegeneinander begehen, nicht als verletzt an.-" (Ebd., 372)

66  Hegel 1979b, 249. An anderer Stelle nennt Hegel die heroische Zeit ausdrücklich einen "Zustand der Barbarei und Grausamkeit" - und zwar mit Bezug auf die "fahrenden Ritter", die, "um dem Übel und Unrecht abzuhelfen [...], oft genug selber in Wildheit und Unbändigkeit hinein [geraten]", und mit Bezug auf "die religiöse Heldenschaft der Märtyrer" (Ebd., 251).

67  Althusser 1987, 24. Was Althusser von Machiavelli sagt, trifft ziemlich genau den Charakter des Barbarischen, den Schmitt an Shakespeare hervorhebt: "Hier stehen wir vor einem Mann, der - noch bevor die Gesamtheit der Ideologien die Wirklichkeit mit ihren Geschichten zugedeckt hatten - die Fähigkeit besitzt, diese Gewalt im Geburtsakt des Staates *zu denken* und nicht bloß zu erleben und zu ertragen. Machiavelli taucht damit die Anfänge unserer

Unmöglichkeit einer *Selbstabschließung* der modernen "gesetzlichen Ordnung" be-stärken - Politische Theologie wird bei Schmitt zuletzt ganz offen als "Stasiologie" definiert (*PTh II*, 123). Der "Ausnahmefall" ist für Schmitt sozusagen das staats-rechtliche Tor zum 'Barbarischen', auf das jede 'gesetzte' Ordnung angewiesen bleibt, weil sie aus ihm die Kraft zur 'Selbsterhaltung' bezieht. "Der Ausnahmefall, der in der geltenden Rechtsordnung nicht umschriebene Fall, kann höchstens als Fall äußerster Not, Gefährdung der Existenz des Staates oder dergleichen bezeich-net werden, nicht aber tatbestandsmäßig umschrieben werden. Erst dieser Fall macht die Frage nach dem Subjekt der Souveränität, das heißt die Frage nach der Souveränität überhaupt, aktuell." (*PTh*, 12) Daß "jede Ordnung [...] auf einer Ent-scheidung [beruht]" (*PTh*, 16), die Entscheidung aber sofort die Frage nach ihrem *Subjekt* aufwirft, unterstreicht noch einmal, daß für Schmitt eine selbstreferentiell stabilisierte Ordnung, eine Ordnung also, die in keiner externen Instanz verankert ist und über die niemand im ganzen *verfügen* kann, nur als Utopie vorstellbar ist. Der "*Verzicht auf Möglichkeiten der unilateralen Kontrolle*"[68], wie er für moderne soziale Systeme, einschließlich des *politischen* Systems, selbstverständlich ist, konnte für Schmitt nur bedeuten, daß solche Ordnungen das Risiko eingehen, dem "extremen Fall" *fassungslos* gegenüberzustehen. Daß sich mit einem veränderten, selbstreferentiellen Systemaufbau auch die gesellschaftlichen *Krisentypen* ändern, daß mit anderen Worten keine Ereignisse mehr vorstellbar sind, die gleichsam die Gesellschaft als ganze durchschneiden und ihre 'Existenz' bedrohen (was immer das bei Gesellschaften überhaupt heißen mag), hält Schmitt für eine typisch "ratio-nalistische" Verwirrung: "Die Ausnahme verwirrt die Einheit und Ordnung des ra-tionalistischen Schemas." (*PTh*, 21) In der Ausnahme soll die depotenzierte causa ihre ursprüngliche Souveränität wiedergewinnen, die scheinbar von der occasio usurpiert wurde.

Der "Ausnahmezustand" ist also zweifellos ein *Archaismus* par excellence - wir werden allerdings gleich sehen: ein *Archaismus mit aktueller Funktion*. Denn selbst unter den "gegenwärtigen prosaischen Zuständen" (Hegel) funktioniert dieses Be-griffsbild als ein *exzeptionalistisches Schema*, das für die gesellschaftliche Selbst-beschreibung - verstanden als *repraesentatio identitatis* - unverzichtbar zu sein

---

eigenen Zeit, der Zeit der bürgerlichen Gesellschaftsformationen, in ein grausam grelles Licht." (Ebd., 24f.)

68  So formuliert Niklas Luhmann die "strukturelle Konsequenz, die sich aus einem selbst-referentiellen Systemaufbau zwangsläufig ergibt" (Luhmann 1984, 63). Schmitt hätte dieser Theorie mit ihrer Vorliebe für "Autokompositen", "die sich und sogar die Bedingungen ihrer eigenen Möglichkeit selber produzieren" (*PTh II*, 12), einen argumentativen "Autismus" - so der Vorwurf gegen Blumenbergs *Die Legitimität der Neuzeit* - vorgehalten (*PTh II*, 114).

scheint[69]. Der Ausnahmezustand ist - mit Deleuze zu sprechen - die Situation, die den Protagonisten "ganz vereinnahmt". Nicht zufällig bemüht Schmitt das bereits zu seiner Zeit hochgradig stereotypisierte *vitalistische* Vokabular, um den "Einbruch" dieses Ereignisses in das "Spiel" der gesellschaftlichen Teilbereiche wirkungsvoll zu metaphorisieren: "In der Ausnahme durchbricht die Kraft des wirklichen Lebens die Kruste einer in Wiederholung erstarrten Mechanik." (*PTh*, 22) Und Schmitt bekräftigt die Wirklichkeit der Ausnahme mit einer Formulierung Kierkegaards, die schlicht besagt: "'Es gibt Ausnahmen.'" (*PTh*, 22)[70]

Es ist kein Zufall, daß der Schmittsche Exzeptionalismus seine Evidenz von den Bildern der äußersten Not und Gefährdung bezieht und daher jedem politischen Konflikt die Matrix des Aktionsbildes unterlegt, in dem zwei feindliche "Willen" bzw. "handlungsfähige Subjekte" (vgl. *Vl*, 21f.), zwei Einheiten ohne Risse aufeinandertreffen. Wenn man sich die Insistenz vor Augen hält, mit der Schmitt gegen alle Versuche, die "Rechtsordnung auf das unpersönliche Gelten einer unpersönlichen Norm" zurückzuführen, die *personalistische* Verfassung des Politischen verteidigt (*PTh*, 39f., 45f.), dann verwundert es nicht, daß die dezisionistische *Repersonalisierung* der Politik, wie sie das NS-Regime vornahm, von Schmitt als eine besonders erfolgversprechende Strategie gegen die *Neutralisierung* der Herrschaft und die Abdrängung der Staatsakte unterhalb der Sichtbarkeitsschwelle begrüßt wurde. Schmitt begrüßte in der "Führerdiktatur" die Rückkehr der "individuellen Selbstständigkeit", mit anderen Worten: der *Heroenzeit* in die Politik des 20. Jahrhunderts. Kein Text zeigt das deutlicher als der Aufsatz, den Schmitt aus Anlaß der gewaltsamen Ausschaltung der SA-Führung und von Teilen der 'konservativen Opposition' vom 30. Juni 1934 in der "Deutschen Juristen-Zeitung" unter dem Titel

---

69  Als aktuelles Beispiel sei nur an den Diskurs über den ökologischen 'Ausnahmezustand' (zum Beispiel als Super-GAU metaphorisierbar und auf andere gesellschaftliche Friktionssorten übertragbar) erinnert, der selbst für ausgebuffte Differenzierungstheoretiker die Frage nach der Repräsentation der Gesellschaft *in* der Gesellschaft aufwirft.

70  Der Satz ist Kierkegaards Schrift *Die Wiederholung. Ein Versuch in der experimentierenden Psychologie von Constantin Constantius* entnommen (Kierkegaard 1984, 80). Schmitt bedenkt freilich, anders als Kierkegaard, nirgendwo den Zusammenhang zwischen Ausnahme und *Wiederholung* (stattdessen plaziert er die Wiederholung in eine 'lebensphilosophische' Gegenstellung zur Ausnahme); vor allem aber ist Schmitts Pathos der Ausnahme weit von dem entfernt, was Kierkegaard doch fordert: sie zu *denken*, und zwar auf eine Weise, die den "Normalfall" bzw. die "Regel" (bei Kierkegaard: das "Allgemeine") nicht auf die Rolle eines ästhetischen Kontrastes reduziert. Die Ausnahme ist nicht das Nichts an Regelhaftigkeit, das Irreguläre bzw. vollständig Indeterminierte, kein "Wunder" (wiewohl sie als Wunder *erscheinen* mag), sondern der Effekt einer *Überdetermination*, der Kreuzungspunkt eines ganzen Schwarms von Regeln, der eine Wirkung erzeugt, die den Horizont einer jeden einzelnen von ihnen übersteigt.

"Der Führer schützt das Recht" veröffentlichte. Dieser "fast fünfseitige und überaus artikulierte Text"[71], der keineswegs in seiner propagandistischen Funktion aufgeht und dessen Bedeutung Schmitt noch dadurch unterstreicht, daß er ihn in die 1940 erschienene Aufsatzsammlung *Positionen und Begriffe* aufnimmt[72], ist in der Schmitt-Literatur schon häufiger Gegenstand ausführlicher Erörterungen gewesen, die sich im wesentlichen um die Frage drehen, inwieweit - bei aller grundsätzlichen Rechtfertigung der von Hitler angeordneten und persönlich geleiteten Morde an politischen Gegnern - die Ruchlosigkeit der Schmittschen Apologie nicht insofern gemildert wird, als Schmitt ausdrücklich die Bestrafung aller nicht durch den Führerbefehl ermächtigten "Sonderaktionen" fordert, deren Opfer vor allem in den Reihen der Konservativen zu finden waren, darunter der ehemalige Reichskanzler Kurt von Schleicher, den Schmitt in den Tagen der Präsidialkabinette juristisch beraten hatte: "Dazu gehörte mehr Mut, als man heute meist auch nur ahnt. Schmitt zählte schließlich zu v. Schleichers 'brain trust'. Dieser Aufsatz widerlegt auch die Legende von der Ängstlichkeit Schmitts - hervorstechend ist vielmehr, wie auch bei anderen Gelegenheiten, eine tollkühne Vieldeutigkeit, ganz in der Nähe des Tiers aus der Tiefe [d.h. des Leviathan, Vf.] formuliert ..."[73] Seinen vermeintlichen "Mut" schöpft Schmitt allerdings aus einer offiziellen NS-Quelle, die er im Text auch offen zitiert, um nicht den geringsten Zweifel daran aufkommen zu lassen, daß er seine Verurteilung "nichtermächtigten Handelns" (*PB*, 202) in voller Übereinstimmung mit der Einschätzung des Regimes formuliert: "Nach den Erklärungen des preußischen Ministerpräsidenten Göring vom 12. Juli und des Reichsjustizministers Gürtner vom 20. Juli 1934 ist eine besonders strenge Strafverfolgung solchen unzulässigen Sondervorgehens angeordnet." (*PB*, 202).[74] Selbstverständlich

---

71  So das Urteil Karl Graf Ballestrems, dem ich mich hier anschließe. Ich teile auch Graf Ballestrems Einschätzung, daß der Text "von großer Konsequenz" ist und sich "in klarer Übereinstimmung mit dem [befindet], was Carl Schmitt auch schon vor 1933 über den demokratischen Souverän sagte: Er steht über den Normen und muß, um die politische Einheit zu schützen, notfalls auch gegen die Gesetze handeln." (Ballestrem 1989, 9)

72  Die Mehrzahl der Artikel, die Schmitt in der Zeit zwischen 1933 und 1936 zur staatsrechtlichen und publizistischen Unterstützung des NS-Regimes verfaßt, finden sich in dieser Aufsatzsammlung *nicht* wieder.

73  So die Einschätzung Günter Maschkes in seinem Nachwort zur Neuausgabe von Schmitts *Leviathan*-Studie (Maschke 1982, 190f.).

74  Daß das Regime - und allen voran der 'Führer' selbst - gerade auch das 'ziellose' Ausufern der Mordaktivitäten "ohne jeden ernsthaften Einwand gebilligt" hat, wird von der Forschung heute kaum noch bestritten. So bemerkt Joachim Fest mit Blick auf Hitler: "sicherlich entsprach es auch seiner Intention, nach möglichst allen Seiten zu schießen, um allen Seiten die Hoffnung zu nehmen, von der Krise zu profitieren. Daher die barbarische Ungeniertheit des Querfeldeinmordens, die liegengelassenen Leichen, die demonstrative Evidenz der

erwähnt Schmitt mit keinem Wort die Gruppierung, der die Opfer dieses "unzulässigen Sondervorgehens" zugehören, geschweige denn einzelne Namen, die ihn sofort dem Verdacht politischen Sympathisierens ausgesetzt hätten.

Ich will mich aber im folgenden nicht mit der Person Schmitts und ihren Verstrickungen in das NS-Regime befassen, noch auch die Frage der Schuld erörtern,
die Schmitt zweifellos auf sich geladen hat - mit diesem Text und mit zahlreichen
anderen, die in ihrer politischen Aussage noch weitaus unsäglicher sind als der
Kommentar zu den Ereignissen des 30. Juni 1934.[75] Es geht mir vielmehr um die
Rekonstruktion der *narrativen Logik*, die Schmitt anwendet, um das historische
Ereignis der Ausschaltung der internen Opposition des NS-Regimes ins Bild zu
setzen. Die Konstruktionsregeln, die dabei ins Spiel kommen, könnte man vorläufig als *ästhetischer*, genauer: *fabulatorischer* Natur kennzeichnen. Henri Bergson
hat mit dem Begriff der *Fabulation* all diejenigen "Operationen" des menschlichen
Geistes bezeichnet, die "weder Wahrnehmung noch Gedächtnis noch logische Arbeit des Geistes sind". Bergson spricht auch von "phantasmatischen Vorstellungen"
und sieht in der *Religion* den "Existenzgrund der fabulatorischen Funktion". Ohne
diese Frage hier entscheiden zu können, bleibt für unsere Zwecke festzuhalten, daß
die Fabulation, "wenn sie Wirksamkeit besitzt, wie eine beginnende Halluzination
ist: sie kann der Urteilskraft und dem Reflektieren, also eigentlich intellektuellen
Fähigkeiten, entgegenwirken"[76]. Mir scheint, daß Hegel mit seiner Theorie der *heroischen Handlung* die Elemente einer spezifisch *politischen Fabulation* in aller
Reinheit bereitgestellt hat, der sich Schmitt nach 1933 bedienen kann, um nach dem
"'Zusammenbruch des parlamentarischen Gesetzgebungsstaates'" (*VA*, 263) das
Politische wieder als jenen 'Bezirk' beschreiben zu können, in welchem, mit Hegel
gesprochen, "für die Selbständigkeit partikulärer Entschlüsse ein freier Spielraum
übrigbleibt"[77].

Schmitts Aufsatz in der "Deutschen Juristen-Zeitung" gibt sich bereits im Untertitel bescheiden als *Kommentar* der "Reichstagsrede Adolf Hitlers vom 13. Juli
1934" zu erkennen, der Schmitt offenbar den Rang eines Verfassungsdokuments

---

Täterspuren; und daher auch der ausnahmsweise Verzicht auf jeden Schein des Rechts. Es gab
kein Verfahren, keine Schuldabwägung, kein Urteil, sondern nur ein atavistisches Wüten"
(Fest 1987, 639).

75  Zum gesamten Komplex Schmitt und der Nationalsozialismus immer noch einschlägig
Lauermann 1988, 37-51.

76  Bergson 1992, 84f.

77  Hegel 1979b, 253. Bereits in seinen staatsrechtlichen Einlassungen zur politischen Krise der
späten Weimarer Republik setzte Schmitt auf die Konstruktion eines "Hüters der Verfassung", der freilich ausdrücklich vom "souveräne[n] Herr[n] des Staates" (*H*, 133) unterschieden wurde.

zuerkennt.[78] Nachdem Hitler am 3. Juli 1934, einen Tag nach dem Ende der Massaker, die Verbrechen in Form eines rückwirkenden Ein-Satz-Gesetzes "beiläufig sanktionieren"[79] ließ, hielt er am 13. Juli im Reichstag eine Rechtfertigungsrede, in deren Verlauf er sich offensiv als 'Autor' der Aktionen bekennt: "'Meutereien bricht man nach ewig gleichen eisernen Gesetzen. Wenn mir jemand den Vorwurf entgegenhält, weshalb wir nicht die ordentlichen Gerichte zur Aburteilung herangezogen hätten, dann kann ich ihm nur sagen: In dieser Stunde war ich verantwortlich für das Schicksal der deutschen Nation und damit des deutschen Volkes oberster Gerichtsherr! ... Ich habe den Befehl gegeben, die Hauptschuldigen an diesem Verrat zu erschießen'"[80]. Es ist diese Passage, die Schmitt Thema und Szenario seines Aufsatzes vorgibt.

Doch Schmitt beginnt seinen Aufsatz mit der Vergegenwärtigung eines anderen, 16 Jahre zurückliegenden Ereignisses, eines anderen "entscheidenden Augenblicks", der mit den Vorgängen des 30. Juni auf untergründige Weise verbunden sein soll. Der "Zusammenbruch des Jahres 1918" (*PB*, 203) ist die Situation, die der 'Führer' mit dem Akt der "Gerichtsbarkeit" vom 30. Juni 1934 endgültig überwunden hat, nachdem es dem Weimarer 'System' in 15 Jahren nicht gelungen war: "Immer wieder erinnert der Führer an den Zusammenbruch des Jahres 1918. Von dort aus bestimmt sich unsere heutige Lage. Wer die ernsten Vorgänge des 30. Juni richtig beurteilen will, darf die Ereignisse dieses und der beiden folgenden Tage nicht aus dem Zusammenhang unserer politischen Gesamtlage herausnehmen und nach Art bestimmter strafprozessualer Methoden solange isolieren und abkapseln, bis ihnen die politische Substanz ausgetrieben und nur noch eine 'rein juristische Tatbestands'- oder 'Nicht-Tatbestandsmäßigkeit' übrig geblieben ist." (*PB*, 203) Die "Tat" des 'Führers' gehorcht einem "Entwicklungsgesetz", das Deleuze als typisch für das *Aktionsbild* beschreibt: "*zwischen der Situation und der zukünftigen Handlung muß ein großer Abstand vorhanden sein, ein Abstand, der nur dazu da ist, um überbrückt zu werden* und zwar durch einen Prozeß, der von Rückschlägen und Fortschritten gekennzeichnet ist"[81].

Der 30. Januar 1933 war die erste Antwort auf das 'verdrängte' Ereignis des "Zusammenbruchs" von 1918 - Elias Canetti schreibt: "Der Inhalt der Bewegung

---

78   Vgl. dazu seine Überlegungen zur Antiquiertheit 'geschriebener Verfassungen' im "Staat des 20. Jahrhunderts". Der Verfassungsrechtler hat sich vielmehr an die Enunziationen des Souveräns zu halten (Schmitt 1934, 27).

79   Fest 1987, 643. Das 'Gesetz' lautete lapidar: "Die zur Niederschlagung hoch- und landesverräterischer Angriffe am 30. Juni, 1. und 2. Juli 1934 vollzogenen Maßnahmen sind als Staatsnotwehr rechtens." (Ebd.)

80   Ebd., 644.

81   Deleuze 1989, 211.

war auf konzentrierte Weise in diesem einen Wort enthalten: *Die Niederlage, die zum Sieg werden soll*"[82]: eine Antwort, die vor "Rückschlägen" nicht gefeit ist, und daher immer wieder die "Tat" und den unmittelbaren Eingriff des Helden verlangt, weil die jeweils neuen 'konkreten Situationen' nur Verkleidungen der politisch primordialen 'Ur-Situation' sind, die Schmitt in seiner 1934 entstandenen Schrift *Staatsgefüge und Zusammenbruch des zweiten Reiches. Der Sieg des Bürgers über den Soldaten* hinter den eigentlichen 'Zusammenbruch' des Weltkriegsendes in das autoritäre Bismarckreich, ja sogar in die Vorgeschichte der Reichsgründung verlegt. Im Ersten Weltkrieg entfaltet sich ein "innerstaatlicher Zwiespalt", der erstmals im preußischen Verfassungskonflikt von 1862-1866 aufbrach (der "pathognomische Moment"), dem "Zentralereignis der innerdeutschen Geschichte des letzten Jahrhunderts" (*SZ*, 10), in dem sich der "unlösbare Konflikt von soldatischem Führerstaat und bürgerlichem Rechtsstaat", kurz und ins Mythische abstrahiert: der Dualismus von Bürger ("1848") und Soldat ("1871") manifestiert, der weder eine "Entscheidung" (*SZ*, 11) noch einen "schiedlichen 'Ausgleich'" (*SZ*, 13) brachte, sondern einen "Scheinkompromiß" (*SZ*, 11). Dieser Scheinkompromiß verschleierte lediglich die Permanenz des "offenen Konflikts" und hielt in politisch latent.

Statt mit dem Ende des Kaiserreichs und dem Übergang in die Weimarer Republik auch das auf die kulturellen Verhältnisse des Wilhelminismus zugeschnittene mythische Schema *Bürger - Soldat* aufzugeben, besteht Schmitts Projekt gerade darin, es zur Deutung jener historischen 'Interims'phase deutscher Politik zu verwenden, die erstmals einen demokratischen Verfassungsstaat auf deutschem Boden realisiert. Interessanterweise gibt sich die Schrift nicht nur als Rekonstruktion der 'Pathogenese' - Schmitt spricht ausdrücklich von einer "Krankheitsentwicklung" (*SZ*, 10) - des "zweiten Reiches", sondern im Untertitel klar als ein Beitrag zum 'Zerfallsprodukt' dieser Ära, nämlich der Weimarer Republik, zu erkennen. Die Stoßrichtung des Untertitels ist zweifellos *ironisch*: "Der Sieg des Bürgers über den Soldaten" ist die mythische Formel, die Schmitt für die Geschichte der Weimarer Republik gefunden hat. Ironisch ist sie deshalb, weil der "Sieg des Bürgers" nur eine 'soldatische' Umschreibung für die Niederlage, den "Zusammenbruch", wie es im Haupttitel heißt, des politischen Verbandes insgesamt ist. Ein Sieg des Bürgers kann, jedenfalls in Preußen-Deutschland, immer nur in eine politische Niederlage münden.

Weil sich zum Zeitpunkt der Niederschrift des Textes dieser bürgerliche Sieg längst als eine bloße Episode der jüngsten deutschen Geschichte erwiesen hat, weil mit dem 30. Januar 1933 die 1918 geschlagenen Kräfte des "preußischen Solda-

---

82    Canetti 1990, 201.

tenstaates" in Gestalt des NS-Systems wieder triumphieren - kein anderer als der "Generalfeldmarschall des deutschen Weltkriegsheeres [hat] einen deutschen Solda-ten, aber eben einen *politischen* Soldaten, Adolf Hitler, zum deutschen Reichskanz-ler ernannt" (*SZ*, 49) -, kann Schmitt seiner Schrift den Untertitel "Der Sieg des Bürgers über den Soldaten" geben. Die Formel registriert eine *vergangene* Lage, der Sieg der antipolitischen Kräfte des liberalen Bürgers konnte inzwischen rück-gängig gemacht werden. Der Sieg des Bürgers bedeutete zwar den "Zusammen-bruch" des zweiten Reiches, war aber nicht nachhaltig genug, um den 'Anbruch' des dritten Reiches verhindern zu können. Denn der Sieg des Bürgers war, so Schmitts entscheidende Auskunft, bereits *zu seiner Zeit*, also im Moment des Sie-ges sich selbst gegenüber in historischem Verzug, *vergangen*, "posthum", genauer: er war ein Sieg nur, solange sein Gegner, der preußische Soldatenstaat noch exi-stierte und als Objekt der "geistigen Unterwerfung" (*SZ*, 41) zur Verfügung stand. Mit dem Wegfall dieses antagonistischen Elements, so Schmitt, zeigte sich, daß der auf sich selbst zurückgeworfene bürgerliche Rechts- und Verfassungsstaat über keine politisch konstruktiven Energien, über keine mythisierungsfähige "Substanz" verfügte, um seine eigene Stabilität zu garantieren. Die Weimarer Verfassung "war nur die verspätete Auseinandersetzung mit dem nicht mehr vorhandenen preußi-schen Soldatenstaat, der andere Bestandteil des zweiteiligen Staatsgefüges, der nach dem Wegfall seines Gegenelements hemmungslos in sich abrollte. Die Wei-marer Verfassung gab eine Antwort auf eine entfallene, von der wirklichen Gegen-wart gar nicht mehr gestellte Frage. Der Sieg der liberalen Demokratie, der sich in der Weimarer Verfassung kundgab, war nur posthum. Er war in die Vergangenheit gerichtet, ohne Gegenwart und ohne Zukunft, unwirklich, der Sieg, den ein Ge-spenst über den Schatten seines Gegners davonträgt." (*SZ*, 43)

Der Sieg des Bürgers ist identisch mit dem Zusammenbruch der mythischen Konfliktmatrix bzw. des *Aktionsbildes* als solchem ("Wegfall seines Gegen-elements") - 'mythisch' hier nicht im Sinne Schmitts verstanden, sondern im Sinne einer *Theorie* des Mythos, die die unabdingbare Funktion handlungskonstitutiver Oppositionen sowie die anthropomorphe Darstellung sozialer Träger (z.B. Klassen oder Nationen) für die Konstruktion von Geschichte(n) erkennt, die andernfalls "hemmungslos in sich abrollt bzw. abrollen". "Es gibt formale Grenzen des Mythos, aber keine inhaltlichen." (Roland Barthes) Schmitt konstruiert seine historische Narration um einen *Grundkonflikt*, der zwei soziale Handlungsträger bzw., narratologisch gesprochen, zwei *Aktanten* gegeneinander mobilisiert: auf der einen Seite der preußische Soldaten- bzw. Führerstaat, auf der anderen der bürger-liche Konstitutionalismus bzw. Rechsstaat. Der Kampf, der zwischen beiden tobt, gewinnt vor allem deshalb eine solche unversöhnliche Schärfe, weil er mehr als bloß eine Auseinandersetzung heterogener politischer Organisationsformen ist:

'existenziell' im Sinne Schmitts wird er, weil er einen "unendlich tiefer greifenden Widerstreit wesensverschiedener Menschentypen" (SZ, 13) ausdrückt, womit die sozialen Handlungsträger unversehens anthropomorphisiert sind. Die politisch-organisatorische Differenz verweist auf die 'metaphysisch-anthropologische' Unterscheidung von 'Soldat' und 'Bürger', die sich wiederum auch 'physisch' ausprägt: "Es ging, bis in seine physische Sonderart hinein, um die Gestalt des Deutschen selbst."[83] (SZ, 13).

Für das Aktionsbild, wie es Deleuze definiert hat, ist die starke *sensomotorische Verbindung* charakteristisch, die einen *vegetativen* und einen *animalischen* Pol aufweist: "einerseits muß die Situation den Protagonisten unaufhörlich und in jeder Faser durchdringen, und andererseits muß die ganz von der Situation geprägte Gestalt in unregelmäßigen Abständen 'agieren', das heißt in Handlung ausbrechen. [...] Die Struktur ist die eines Eis: es gibt einen vegetalischen oder vegetativen Pol (die Prägung) und einen animalischen (das *acting-out*)."[84] Schmitt appliziert dieses sensomotorische Schema mit seinen beiden Polen auf die Handlung des 'Führers': "Alle sittliche Empörung über die Schande eines solchen Zusammenbruchs hat sich in Adolf Hitler *angesammelt* und ist in ihm zur *treibenden Kraft einer politischen Tat* geworden. Alle Erfahrungen und Warnungen der Geschichte des deutschen Volkes [also nicht nur die des 'Zusammenbruchs' von 1918, sondern die Summe der 'entscheidenden Augenblicke', die die deutsche Geschichte ausmachen, Vf.] sind in ihm *lebendig*." (PB, 199 - m.H.) In dieser ersten Aussagenfolge reproduziert Schmitt, wie man deutlich erkennt, die Metaphorik des *vegetativen Pols*, der *Prägung*. Deleuze spricht an einer Stelle von einem "schwammartige[n] Vollsaugen", das "ebenso intensiv" sei "wie das brutale Ausagieren extensiv ist"[85]. Bevor Schmitt jedoch die Phase des politischen *acting-out* inszeniert, gilt es zunächst, den *Charakter* des Helden durch seine Fähigkeit, der Situation *entsprechen* zu können, zu definieren, die ihn von "den meisten", die sich in derselben Situation befinden, unterscheidet: "Die meisten fürchten sich vor der Härte solcher Warnungen und flüchten lieber in eine *ausweichende und ausgleichende Oberflächlichkeit*"[86] - also in die Dimension des *Spiegels*. Die abschließenden beiden Sätze dieser narrativen

---

83    Natürlich läßt sich Schmitt - 1934 - die Gelegenheit nicht entgehen, seine symbolische Leitunterscheidung von 'Soldat' und 'Bürger' auch durch den "Gegensatz von *Bildung und Besitz gegen Blut und Boden*" (SZ, 14) anzureichern.

84    Deleuze 1989, 211f.

85    Ebd., 212.

86    Zur Bedeutung der "Ausgleichs"-Vorstellung vgl. Schmitts Hinweis auf Schelers Aufsatz "Der Mensch im Zeitalter des Ausgleichs" von 1927. Schmitt versteht seinen *Begriff des Politischen* rückblickend ausdrücklich als *Antwort* auf Schelers philosophische Zeitdiagnose (PB, 313)

Sequenz fixieren den *animalischen* Pol des Handlungsschemas zunächst im politischen *Gründungsereignis*, das bekanntlich auch Hegel als den zentralen Einsatz der heroischen Tat bezeichnet: "Der Führer aber *macht Ernst* mit den Lehren der deutschen Geschichte. Das gibt ihm das Recht und die Kraft, einen neuen Staat und eine neue Ordnung zu *begründen*." (*PB*, 199f. - m.H.)

In einem unausgesprochenen Akt der Selbstdistanzierung legt Schmitt in einer Tagebuch-Eintragung aus dem Jahre 1948 das Schema bloß, das seine eigenen, die Ereignisse seit 1933 begleitenden Texte strukturiert, und markiert dabei die beiden Pole, zwischen denen sich das Handlungsmodell des "Ernstmachers" entfaltet, mit derselben Metaphorik, die auch Deleuze verwendet, wenn er die Phase des "schwammartigen Vollsaugens" von der des 'tierischen' Ausagierens unterscheidet: "Wie kam nun der Höllensturz in das ganze Unreine? Wir haben ihn erlebt und erkannt. Was ist seit 1918 in Deutschland geschehen? Aus dem Dunkel des sozialen und moralischen Nichts, aus dem reinen Lumpenproletariat, aus dem Asyl der obdachlosen Nichtbildung stieg ein bisher völlig leeres unbekanntes Individuum auf und *sog sich voll mit den Worten und Affekten des damaligen gebildeten Deutschland.* [...] *Es macht Ernst mit tierischem Ernst.* Womit macht es Ernst? Mit den Affekten und Formeln, die sich ihm boten. Umgekehrt waren diese bisher ziemlich rein gedachten Affekte und Formeln überrascht und glücklich, ernst genommen zu werden. Nun hatte man den Ernstnehmer, den Ernstmacher, einen nichts als Realisator, einen nichts als Durchführer und Vollstrecker; den reinen Vollstrecker der bisher so reinen Ideen, den reinen Schergen. Dieses Individuum las ungeheuer viel um zu tanken. In Mirko Jelusichs historischen Romanen lernte es, wie die großen Männer der Weltgeschichte reden ('diese gehirnlosen Dummköpfe' pflegt Julius Caesar bei Mirko Jelusich zu sagen) und Völker vernichten. Also die geistesgeschichtliche Formel dieser 17 Jahre, die große historische Oper der reinen (d.h. nichts als) Vollstreckung des reinen deutschen Genialismus. Ein von der Geschichte zu Tat Verurteilter, das große Thema Schillers und seines Begriffs der Tragik." (*G*, 149 - m.H. )

In seinem Vortrag über das "Zeitalter der Neutralisierungen und Entpolitisierungen" von 1929 schaute Schmitt noch mit ganz anderen als epimetheisch gedämpften Gefühlen in den "Abgrund eines kulturellen und sozialen Nichts", aus dem "immer neue, der überlieferten Bildung und dem überlieferten Geschmack fremde oder sogar feindliche Massen herausgeworfen" wurden (*BdP*, 92). Aus dem, was "schweigend und im Dunkel" wächst und in dessen ersten Anfängen "ein Historiker und Soziologe wiederum nur Nichts erkennen" würde (*BdP*, 94), konnte aus der Perspektive nach 1945 nur ein deliranter "Ernstnehmer" und "Ernstmacher" hervorgehen, der die Geschichte mit der Oper und dem bürgerlichen Trauerspiel, also mit den Geschicht*en*, verwechselt. Das "kulturelle und soziale

Nichts" erweist sich jetzt wirklich als ein *Vakuum* und nicht bloß als das, was sich dem trügerischen Blick der Verteidiger eines bedrohten gesellschaftlichen Zustandes auf jene "neuen und großen Anstöße" darbietet, die freiwillig oder unfreiwillig den "Verzicht auf die Sekurität des *status quo*" (*BdP*, 93) in Kauf nehmen.

Hegel sagt in den *Vorlesungen über die Ästhetik*, im Anschluß an den § 93 der *Rechtsphilosophie*, von den griechischen Heroen, daß sie "in einem vorgesetzlichen Zeitalter auf[treten] oder [...] selber Stifter von Staaten [werden], so daß Recht und Ordnung, Gesetz und Sitte von ihnen ausgehen und als ihr individuelles Werk, das an sie geknüpft bleibt, verwirklichen. In dieser Weise wird schon Herkules von den Alten gepriesen und steht für sie als ein Ideal ursprünglicher heroischer Tugend da", von dem Hegel noch anmerkt, daß er "nicht eben ein moralischer Held" sei und auch "nicht vornehm, wenn wir des Augiasstalles gedenken, sondern er erscheint überhaupt als ein Bild dieser vollkommen selbständigen Kraft und Stärke des Rechten und Gerechten, für dessen Verwirklichung er sich unzähligen Mühseligkeiten und Arbeiten aus freier Wahl und eigener Willkür unterzogen hat."[87] Herkules ist auch deshalb das 'Urbild' des politischen Helden, weil er die Notwendigkeit einer periodischen 'Wiederholung' des Gründungsereignisses der neuen Ordnung verbildlicht, eine Notwendigkeit, die im Falle des NS-Regimes das Verhältnis zwischen dem Ereignis der 'Machtergreifung' und dem der 'Säuberungsaktionen' definiert, für die das längst stereotypisierte Bild des 'Ausmistens des Augiasstalles' parat stand. Denn der vermeintliche "Hochverrat" der, wie sie Schmitt nennt, "Unterführer" wurde publizistisch *zugleich* als Kampf gegen "Korruption, Homosexualität und Ausschweifung" verkauft.[88] Die analysierte Sequenz des Schmittschen Textes entfaltet sich also mustergültig zwischen den beiden Polen der *Aufladung* ("Ansammeln") und der *Explosion* ("Ernst machen"), die den äußeren Situationen des 'Zusammenbruchs' und seiner Nachwirkung sowie der Gründung einer 'neuen Ordnung' entsprechen. Die "politische Substanz" der deutschen Lage verkörpert sich im 'Führer', bestimmt unmittelbar die Individualität seiner Neigung, ergreift seine Triebe, sein Wollen und bricht in die "Tat" aus. Hegel erkennt in dieser "unmittelbare[n] Einheit [...] von Substantiellem und Individualität

---

87   Hegel 1979b, 244.

88   Fest 1987, 643. Die persönliche Beteiligung Hitlers an der Aktion machte deren 'heroischen' Charakter um so sinnfälliger. Die *herkulische* Inszenierung des 'Führer'-Handelns wird besonders an der Kolportage von Hitlers Auftritt in Bad Wiessee deutlich: "'Mit der Peitsche in der Hand', so hat sein Fahrer, Erich Kempka, den Vorgang beschrieben, betrat Hitler 'das Schlafzimmer Röhms, hinter sich zwei Kriminalbeamte mit entsicherter Pistole. Er stieß die Worte hervor: >Röhm, du bist verhaftet!< Verschlafen blickte Röhm aus den Kissen seines Bettes und stammelte: >Heil, mein Führer!< >Du bist verhaftet!<, brüllte Hitler zum zweiten Male, wandte sich um und ging aus dem Zimmer.'" (Ebd., 636).

der Neigung, Triebe, des Wollens" die spezifisch "griechische Tugend", für die charakteristisch sei, daß "die Individualität selbst das Gesetz ist, ohne einem für sich bestehenden Gesetz, Urteil und Gericht unterworfen zu sein."[89] Dieser Satz umschreibt gleichsam das Programm des Aufsatzes von Carl Schmitt, dem es darum geht, alle Ansprüche auf eine richterliche Nachprüfung des 'Führerhandelns' abzuweisen, indem er dieses Handeln selbst zur Quelle des 'höchsten Rechts' erklärt.

Mit Bezug auf die Ereignisse des 30. Juni 1934 schreibt Schmitt daher: "Der Führer schützt das Recht vor dem schlimmsten Mißbrauch, wenn er im Augenblick der Gefahr kraft seines Führertums als oberster Gerichtsherr *unmittelbar Recht schafft*". Die Formel vom "obersten Gerichtsherrn" entnimmt Schmitt direkt der Reichstagsrede Hitlers und läßt im Folgesatz die entsprechende Passage noch zusätzlich als Zitat erscheinen. Dann fährt er fort: "Der wahre Führer ist immer auch Richter. Aus dem Führertum fließt das Richtertum. Wer beides voneinander trennen oder gar entgegensetzen will, macht den Richter entweder zum Gegenführer oder zum Werkzeug eines Gegenführers und sucht den Staat mit Hilfe der Justiz aus den Angeln zu heben." (*PB*, 202 - m.H.) Schmitt reaktiviert in den folgenden Sätzen seine seit der *Politischen Theologie* bekannte Kritik an der "lückenlosen Legalität", deren Ideal ein *technisches* sei, nämlich das des "reibungslosen Funktionierens" und der "Berechenbarkeit" (*PTh*, 38), die vor allem dem Verbrecher zugute komme, weil das "Gesetzesdenken" das staatliche Handeln für den Gesetzesübertreter voraussehbar mache. Schmitts Argumentation gegen die strafprozessuale Isolierung und 'Abkapselung' der Ereignisse des 30. Juni verweist direkt auf eine Passage aus den *Vorlesungen über die Ästhetik*, in der Hegel das Modell des heroischen Handelns am Beispiel der "Bestrafung eines Verbrechers" von dem Verfahren unterscheidet, wie es für die gesetzliche Ordnung charakteristisch ist. In "ausgebildeten Staaten" sei diese Bestrafung "nicht mehr die Sache des individuellen Heldenmuts und der Tugend ein und desselben Subjekts, sondern wird in ihre verschiedenen Momente, in die Untersuchung und Beurteilung des Tatbestandes, in das Urteil und die Vollstreckung des richterlichen Ausspruchs zerschieden, ja jedes dieser Hauptmomente hat selbst wieder seine spezielleren Unterschiede, von denen die Einzelnen nur irgend*eine* Seite zur Betätigung erhalten. [...] Außerdem sind jedem Einzelnen die allgemeinen Gesichtspunkte als Richtschnur für seine Tätigkeit

---

89 Hegel 1979b, 244. Das Gesetz, so wird Schmitt dann im *Nomos der Erde* schreiben, ist "strenge Mittelbarkeit" und steht der "volle[n] Unmittelbarkeit einer nicht durch Gesetze vermittelten Rechtskraft" gegenüber (*N*, 42).

vorgeschrieben, und was er nach diesen Regeln vollbringt, wird wiederum dem Urteil und der Kontrolle höherer Behörden unterworfen."[90]

Für Schmitt ist der 'Führer' der Held, der unter den Bedingungen des ausgebildeten Staates im 'entscheidenden Augenblick' die gesamte Rechtsordnung und den kunstvollen Instanzenzug der richterlichen Bürokratie suspendiert, um "unmittelbar Recht zu schaffen". Die Figur des *unmittelbar Recht schaffenden* Politikers, der das *Ganze* der gesellschaftlichen Ordnung in seiner Hand hat, ist der Kern des Schmittschen Souveränitätskonzepts *und* das Modell des Hegelschen *Kunstschönen* zugleich. Schmitt und Hegel sind sich daher auch einig, daß sich *die souveräne Macht* exemplarisch in der *Rache* manifestiert: die heroische Ausübung des Rechts ist die Rache. Die entscheidende Passage aus dem Aufsatz von Schmitt lautet: "In Wahrheit war die Tat des Führers echte Gerichtsbarkeit. Sie untersteht nicht der Justiz, sondern war selbst höchste Justiz. [...] Das Richtertum des Führers entspringt derselben Rechtsquelle, der alles Recht jedes Volkes entspringt. In der höchsten Not bewährt sich das höchste Recht und erscheint der höchste Grad richterlich rächender Verwirklichung dieses Rechts. Alles Recht stammt aus dem Lebensrecht des Volkes." (*PB*, 200) Das höchste Recht erscheint also in Gestalt seiner richterlich *rächenden* Verwirklichung - wir werden noch auf die Spannbreite der Interpretationen hinweisen, die Schmitt seiner Beobachtung des Eigenwerts der Rechts*verwirklichung* angedeihen ließ.[91]

Daß der juristische Schluß niemals "bis zum letzten Rest aus seinen Prämissen ableitbar ist" (*PTh*, 41), daß das Recht sich nicht selbst verwirklichen kann, war der theoretische Ausgangspunkt für die Bestimmung der "Rechtsform", die vom technischen Formbegriff dadurch unterschieden ist, daß sie ohne die Intervention eines (rechtsanwendenden) *Entscheidungssubjekts* nicht konstruierbar ist. Bereits in der *Politischen Theologie* steigerte Schmitt die Bedeutung der *Entscheidung* für die Rechtsgeltung von einem "selbständige[n] determinierende[n] Moment" (*PTh*, 41) zur *absoluten* Entscheidung (*PTh*, 83). Die "sich nicht rechtfertigende, also aus dem Nichts geschaffene absolute Entscheidung", die gleichsam im eigenen Namen ergeht (sich weder monarchisch noch demokratisch legitimiert), wird in dem Aufsatz von 1934 im Lichte der archaischen Praxis der *Rache* präsentiert, in der sich die "Sittlichkeit und Gerechtigkeit" eines ursprünglicheren, nicht-gesetzlichen Rechts offenbart. Auch Hegel bestimmt das Verhältnis der 'gesetzlichen' zur 'heroischen' Rechtsverwirklichung mithilfe der Unterscheidung von *Strafe* und *Rache*: "Die gesetzliche Strafe macht das allgemeine festgesetzte Recht gegen das Verbrechen geltend und übt sich durch ihre Organe der öffentlichen Gewalt, durch Gericht

---

90   Ebd., 241.
91   Vgl. dazu Kapitel VI, 2. Abschnitt dieser Arbeit.

und Richter, welche als Person das Akzidentelle sind, nach allgemeinen Normen aus. Die Rache kann gleichfalls an sich selbst gerecht sein, aber sie beruht auf der *Subjektivität* derer, welche sich der geschehenen Tat annehmen und aus dem Recht ihrer eigenen Brust und Gesinnung heraus das Unrecht an dem Schuldigen rächen."[92] Wenn Schmitt von der "Tat des Führers" sagt: "Sie untersteht nicht der Justiz, sondern war selbst höchste Justiz", dann klingt diese Formulierung wie ein Echo auf das von Hegel zur Erläuterung der Souveränität des Helden verwendete Schiller-Zitat: "Don Cesar dagegen in Schillers 'Braut von Messina' kann mit Recht ausrufen: 'Es steht kein höhrer Richter über mir', und wenn er gestraft sein will, so muß er sich selber das Urteil sprechen und vollstrecken."[93]

Auch die Vorstellung einer ursprünglichen 'Verbundenheit' des politischen Führers mit 'seinem' Volk, das - im Sinne der Lehre vom *pouvoir constituant* - als "Rechtsquelle" angegeben wird, greift einen zentralen Zug des "heroischen Individuums" auf, den Hegel mit dem Begriff der "plastischen Totalität"[94] kennzeichnet. Das heroische Individuum steht nämlich nicht nur "für das Ganze seiner Tat" ein und kann daher keiner anderen Instanz gestatten, seine Handlung einer Beurteilung zu unterwerfen - immer wieder betont Schmitt, daß dem 'Führer' und seiner 'Bewegung' "das ganze Risiko und die ganze Gefahr des Politischen" zufallen und daß sie damit "'ganz auf sich selbst'" gestellt sind (*PB*, 202)[95] -, es trennt sich ebensowenig "von dem sittlichen Ganzen ab, dem es angehört, sondern hat ein Bewußtsein von sich nur als in substantieller Einheit mit diesem Ganzen." Im *Begriff des Politischen* hatte Schmitt die politische Assoziation nach dem Modell der "echten participatio" konzipiert: "Die Möglichkeit richtigen Erkennens und Verstehens und damit auch die Befugnis mitzusprechen und zu urteilen ist hier nämlich nur durch das existenzielle Teilhaben und Teilnehmen gegeben." (*BdP*, 27) Und Hegel fährt, den Unterschied zu den "ausgebildeten Zuständen" erläuternd, fort: "*Wir* dagegen nach unserer heutigen Vorstellung scheiden uns als Personen mit unseren persönlichen Zwecken und Verhältnissen von den Zwecken solcher Gesamtheit ab"[96]. Gegen eine solche "liberal-individualistische Haltung" gelte es *heute*, so Schmitt, "den neuen Sinngehalt aller öffentlich-rechtlichen Einrichtungen, auch der Justiz, mit größter Entschiedenheit durchzusetzen." (*PB*, 201) Daß der Held stets auf die Unterstützung einer Gemeinschaft oder einer Gruppe angewiesen ist - und das in die-

---

92 Ebd., 242.
93 Ebd., 252.
94 Ebd., 248.
95 Vgl. für die erste Formulierung: Schmitt 1934, 30; die zweite Formulierung ist ein Selbstzitat Schmitts aus seiner Schrift *Staat, Bewegung, Volk. Die Dreigliederung der politischen Einheit* (*SBV*, 22).
96 Hegel 1979b, 247.

ser Angewiesenheit immer auch die Gefahr des 'Verrats' lauert -, zählt ebenfalls, wie Deleuze zeigt, zu den künstlerischen Axiomen des kinematographischen *Aktionsbildes*: "Der Held braucht tatsächlich ein Volk, eine elementare Bezugsgruppe, die ihn trägt, aber auch eine weniger einheitliche und begrenztere Gruppe von potentiellen Helfern, auf die er trifft. Er muß den Schwächen und dem Verrat der einen, den feigen Ausflüchten der anderen begegnen."[97] Der *unmittelbare* Bezug des politischen Führers zu 'seinem' Volk, das ihn "trägt", ist Schmitt so wichtig, daß der Theoretiker der "katholischen Verschärfung", wie sich Schmitt nach dem Zweiten Weltkrieg einmal nennen wird, sogar den katholischen Herrschaftsbegriff als untauglich beiseite schiebt: "Die römisch-katholische Kirche hat für ihre Herrschaftsgewalt über die Gläubigen das Bild vom Hirten und der Herde zu einem theologisch-dogmatischen Gedanken ausgeformt. Wesentlich an diesem Bilde ist, daß der Hirt der Herde absolut *transzendent* bleibt. Das ist nicht unser Begriff von 'Führung'." (*SBV*, 41)

Nachdem Schmitt die geläufigen Herrschaftsbilder und -symbole durchgemustert und allesamt für untauglich befunden hat, die 'Führerherrschaft' zu beschreiben, stellt er fest: "Unser Begriff ist eines vermittelnden Bildes oder eines repräsentierenden Vergleichs weder bedürftig noch fähig. Er stammt weder aus barocken Allegorien und Repräsentationen, noch aus einer cartesianischen *idée générale*. Er ist ein Begriff unmittelbarer Gegenwart und realer Präsenz." (*SBV*, 42) Hatte Schmitt vor 1933 das Verhältnis von Regierung und Regierten in einer *Demokratie* mit dem Begriff der "substanziellen Gleichartigkeit" bestimmt, bedarf es nach 1933 nur einer kleinen semantischen Transformation, um diesen Demokratiebegriff mit der der *politischen Zoologie* des NS-Systems in Übereinstimmung zu bringen: "Auf der Artgleichheit beruht sowohl der fortwährende untrügliche Kontakt zwischen Führer und Gefolgschaft wie ihre gegenseitige Treue. Nur die Artgleichheit kann es verhindern, daß die Macht des Führers Tyrannei und Willkür wird" (*SBV*, 42).

Michel Foucault hat in einer Vorlesung aus dem Jahre 1986, die unter dem Titel *Vom Licht des Krieges zur Geburt der Geschichte* nach seinem Tode veröffentlicht wurde, eine Genealogie des Konzepts der *Rasse* in den politischen Diskursen seit der Entstehung der modernen Territorialstaaten versucht und sich dabei auch mit der Transformation des gegen Ende des 19. Jahrhunderts entstehenden "Staatsrassismus"[98] durch die Nazis und das sowjetische Regime beschäftigt. Im Unterschied zum "diffusen Szientismus" der sowjetischen Transformation, die den "Gesang von den Rassen", der die Fiktion vom einen und ungeteilten Staats-Volk kon-

---

97   Deleuze 1989, 210.
98   der seinerseits bereits aus einer Transformation des "Rassenkampf"-Modells hervorging, das
     im Zuge der englischen Revolution erfunden worden war.

terkarieren sollte, zur "Verwaltungsprosa eines Staates" degenerieren läßt, "der sich schützt, um sein soziales Erbe rein zu erhalten"[99], funktioniert der Nazismus auf der Basis einer "dramatische[n] und theatralische[n] Transformation", einer "Legendendramaturgie", die den Staatsrassismus in eine "ideologisch-mythische Landschaft" versetzt. Sie ist, wie Foucault schreibt, "derjenigen der Volkskämpfe nahe, die das Thema des Rassenkampfes einst getragen und hervorgebracht hatte." Unter den zahlreichen Motiven, mit denen sich der Staatsrassismus hier umgibt, nennt Foucault ausdrücklich auch das der "Wiederkehr der Heroen" und erinnert in diesem Zusammenhang an die Vorstellung vom "Erwachen der beiden Friedriche und all derer, die die *Führer* der Nation gewesen sind"[100].

Mit seiner Unterscheidung von (parteiförmig organisierter) *Bewegung* und *Volk* reproduziert Schmitt genau die von Deleuze beschriebene Differenz zwischen der "elementaren Bezugsgruppe" des *Volkes* (die nur *im Akt der politischen Bezugnahme* des 'Heroen' existiert[101]) und einer "begrenztere[n] Gruppe von potentiellen Helfern", also im Falle des NS-Systems: der Partei und ihren Gliederungen. Es ist die parteiförmig organisierte *Bewegung*, die das 'Volk' erst zum *politischen* Volk macht, d.h. in die 'Gefolgschaft' des 'Führers' verwandelt. Schmitt nennt die Partei denn auch *staats- und volkstragend*. Die Ausschaltung innerparteilicher Machtkonkurrenten wird als ein Ereignis *erzählt*, das eintreten mußte, um einem *Verrat* bzw. einem "Treubruch" (Schmitt) zu begegnen: "Innerhalb des Gesamtbereichs jener drei Tage treten diejenigen richterlichen Handlungen des Führers besonders hervor, durch die er als Führer der Bewegung den besonderen, gegen ihn als den höchsten politischen Führer der Bewegung begangenen Treubruch seiner Unterführer gesühnt hat." (*PB*, 202)

Hegel unterscheidet in seinen *Vorlesungen über die Ästhetik* die "Heroenzeit" von den "gegenwärtigen prosaischen Zuständen", die nur noch wenige "Bezirke" kennen, "in welchen für die Selbständigkeit partikulärer Entschlüsse ein freier Spielraum übrigbleibt"[102]. Die Politik, daran läßt Hegel keinen Zweifel, gehört nicht mehr zu jenen Bezirken, wie man vor allem an der veränderten Funktion der "Monarchen unserer Zeit" beobachten könne, die nicht länger, "wie die Heroen der mythischen Zeitalter, eine an sich *konkrete* Spitze des Ganzen [sind], sondern ein mehr oder weniger abstrakter Mittelpunkt innerhalb für sich bereits ausgebildeter

---

99  Foucault 1986, 53.
100 Ebd., 52.
101 An sich, d.h. außerhalb seiner Funktion als politischer Resonanzboden für den 'Führer', ist das Volk, daran läßt Schmitt keinen Zweifel, "die im Schutz und Schatten der politischen Entscheidungen wachsende *unpolitische* Seite" der dreigliedrigen politischen Einheit (*SBV*, 12).
102 Hegel 1979b, 253.

und durch Gesetz und Verfassung feststehender Einrichtungen. Die wichtigsten Regentenhandlungen haben die Monarchen unserer Zeit aus den Händen gegeben; sie sprechen nicht selber mehr Recht, die Finanzen, bürgerliche Ordnung und Sicherheit ist nicht mehr ihr eigenes spezielles Geschäft, Krieg und Frieden wird durch die allgemeinen auswärtigen politischen Verhältnisse bestimmt, welche ihrer partikulären Leistung und Macht nicht angehören"[103]. Schmitt versprach sich von dem neuen Typ politischer Führung, wie ihn das NS-System praktizierte, eine politisch-praktische Revision des Satzes *le roi règne et ne gouverne pas*. Zeigten die Ereignisse der 'Nacht der langen Messer' nicht unzweideutig, daß der Souverän des 20. Jahrhunderts nach einem rechtsstaatlichen Zwischenspiel sich wieder in den Besitz der "wichtigsten Regentenhandlungen" gesetzt hatte? Sprach er nicht wieder selber Recht?

Nun verschließt jedoch auch Schmitt nicht die Augen vor der Tatsache, daß die "Tat des Führers" keineswegs eine Rückkehr der "Heroenzeit" signalisiert, sondern ihren *Ausnahmecharakter* gerade dadurch erhält, daß sie den 'normalen' gesetzlichen Zustand zwar für eine genau definierbare Dauer *durchbricht*, aber keineswegs *in toto* suspendiert. Nicht die *heroische Geste*, sondern die strikte Beachtung der *Legalität* - die gleichzeitig im Namen eines "substanzhaften Rechts" als "leere Gesetzlichkeit" bekämpft wurde - ist, wie Schmitt nicht erst nach 1945 erkannt hat, für das 'Hineinwachsen' der NS-Bewegung in den Staat charakteristisch. Die politische *Fabulation* tritt keineswegs, oder allenfalls *nachträglich* im Medium des publizistischen Kommentars, an die Stelle der *rechtlichen* Codierung des politischen 'Willens'. Eine strategische Funktion kommt dem heroischen Handlungsschema nur in solchen Fällen zu, in denen das staatliche Handeln nicht juristisch gedeckt ist oder dies zumindest für die - internationale - Öffentlichkeit zweifelhaft ist. "Daß seit Sonntag, dem 1. Juli nachts, der Zustand 'normaler Justiz' wiederhergestellt ist, hat die Rede [Hitlers, Vf.] nochmals sichergestellt." (*PB*, 202) Die Legalität braucht, um zu funktionieren, keineswegs *lückenlos* zu sein: das *politische* System ist nicht mit dem *Rechtssystem* identisch, aber um auf die Dauer erfolgreich politische Gewalt ausüben zu können, kommt kein politisches System darum herum, sich rechtliche Deckung zu verschaffen. Weder bei seiner Installierung noch auf dem Höhepunkt seiner kriegerischen Expansion verzichtete das NS-System auf die Legitimitätsprämien der Legalität (*SBV*, 8; *VA*, 443). Denn die Legalität ist der, wie Schmitt bereits 1933 feststellte, "Funktionsmodus des staatlichen Beamten- und Behördenapparates" (*SBV*, 8) und der mythische 'Führerwille' ist ein Nichts, wenn er nicht die Sprache dieses Apparates zu sprechen weiß.

---

103  Ebd., 253f.

Für die Funktionsweise der Bürokratie ist es allerdings ebenfalls unumgänglich, daß sie ihre Entscheidungen dem 'Publikum' verständlich macht, daß sie neben dem juristischen Code, der die bürokratieinterne Kommunikation steuert, noch eine Symbolik pflegt, die 'im Volk' verstanden wird: eine Symbolik und das entsprechende *Personal*, das in der Lage ist, sie zu verkörpern. "Die zivilisierten modernen Staaten definieren sich durch Prozesse der Decodierung und Deterritorialisierung. *Doch was sie auf der einen Seite deterritorialisieren, reterritorialisieren sie auf der anderen*"[104], schreiben Deleuze und Guattari und tragen damit der spezifischen Spannung zwischen dem bürokratischen *Auflöse- und Rekombinationsvermögen* und dem Rechnung, was Carl Schmitt das "Bedürfnis nach Legitimierung" (*VA*, 443) nennt. Der *Axiomatisierung* des Rechts, die Schmitt unter den Titeln der "Beschleunigung", der "Motorisierung" und der 'Flexibilisierung' diskutiert - "Das Gesetz verwandelt sich in ein Mittel der Planung, der Verwaltungsakt in einen Lenkungsakt" (*VA*, 407) -, läßt die alten Codes, die sie zerstört, zugleich wieder als *archaische Segmente mit aktueller Funktion* neu entstehen. Es ist bezeichnend, daß sich Schmitt schwertut, den paradoxen Zusammenhang zwischen axiomatisiertem Recht ('Legalitätssystem') und archaischer "Führer-Allmacht" zu denken: einerseits ist die "Führer-Allmacht" extremste Konsequenz einer reinen 'Legitimation durch Verfahren' - nach dem Ermächtigungsgesetz mit seiner "faktische[n] und pauschale[n] Legalisierungswirkung" "war jeder legale Weg einer Rückgängigmachung der Machtergreifung verbaut" (*VA*, 442) -, andererseits behauptet Schmitt die "fundamentale Unvereinbarkeit von Führer-Allmacht und staatlicher Legalisierungsordnung" (*VA*, 437): "Der absichtliche Subjektivismus und damit die fundamentale Abnormität seines Regimes ist wirklich beispiellos und unvergleichlich." (*VA*, 436) Allerdings kennt auch das 'abnormste' System "Ansätze zu formalen Ausprägungen" (*VA*, 434), weil es für die bürokratische Organisation wichtig ist, zu wissen, welche von den zahllosen (u.U. sich widersprechenden) Erlässen, Anordnungen und 'Führerbefehlen' maßgebend sind.


*3. Die großen politischen Verbrecher und die Verüber großer politischer Verbrechen*

Wir haben bereits eingangs die These vertreten, daß Schmitts Projektion des *Aktionsbildes* auf politische Vorgänge vom Bewußtsein der 'Unzeitgemäßheit' eines solchen Vorgehens begleitet ist. Am Beginn seines Werkes steht ein Text, der nicht zufällig literarischer Natur ist und der die *Krise des Aktionsbildes* zum Thema hat.

---

104 Deleuze/Guattari 1981, 332.

Gilles Deleuze hat mit Blick auf die Geschichte des Films in diesem Jahrhundert eine paradoxe Gleichzeitigkeit des Aktionsbildes mit seiner Krise konstatiert: "Wäre denn eine Krise des Aktionsbildes überhaupt etwas Neues? War sie nicht für den Film ein Dauerzustand?" Vor allem die filmspezifischen Möglichkeiten des Orts-wechsels ließen den Wunsch aufkommen, "die Einheit der Handlung einzuschrän-ken oder sogar ganz aufzuheben und Handlung, Drama, Intrige oder die ganze Ge-schichte über Bord zu werfen und in den Bestrebungen, die sich in der Literatur be-reits durchsetzten, noch weiter zu gehen." Die SAS'-Struktur stand in Frage, denn: "es gab keine globale Situation mehr, die sich in einer entscheidenden Handlung verdichten konnte, sondern die Handlung oder Intrige durfte nur eine Komponente in einem dispersiven Ganzen, in einer offenen Totalität sein"[105]. Die "Verkettungen zwischen Situation und Aktion, Aktion und Reaktion, Reiz und Antwort, kurz: alle sensomotorischen Verbindungen, die das Aktionsbild ausmachten"[106], lösen sich auf.

Die Installation der diversen Diktaturen im Europa der Zwischenkriegszeit er-weckte noch einmal den Anschein, als finde die Politik zu den alten, 'heroischen' Zeiten souveräner Entscheidungen und ihrer Exekution zurück[107]. Es sind vor al-lem die literarischen Spezialisten dieses Jahrhunderts, die, anders als die professio-nellen Historiker, keinen Moment daran zweifelten, daß es sich bei Mussolini, Sta-lin, Hitler, um nur die berüchtigsten 'Diktatoren' zu nennen, keineswegs um Wie-dergänger Alexanders, Caesars oder selbst Napoleons handelte. So stellte Bertolt Brecht mit Bezug auf Hitler fest: "Die großen politischen Verbrecher [...] sind vor allem keine großen politischen Verbrecher, sondern die Verüber großer politischer Verbrechen, was etwas ganz anderes ist. [...] Sowenig das Mißlingen seiner Un-ternehmungen Hitler zu einem Dummkopf stempelt, so wenig stempelt ihn der Um-fang dieser Unternehmungen zu einem großen Mann." Der Anschein der Größe, den die politische Personnage dieser Regime erweckt, so Brecht, geht allein auf das Konto des *Umfangs ihrer Unternehmungen*: Dieser Umfang, der allein *statistisch* zu ermessen ist und dem ein ausschließlich *quantitativer* Sinn zukommt, wird von der politischen Fabulation als Ausdruck der *qualitativen* Besonderheit einer 'Füh-rerpersönlichkeit' imaginiert. Dabei müssen solche Leute des Umfangs der Unter-nehmungen wegen "nicht besonders tüchtig sein, denn er bedeutet doch nur, daß

---

105  Deleuze 1989, 275.

106  Ebd., 276f.

107  Für Schmitt bleibt Hitler auch nach dem Ende des NS-Systems das Paradigma des "Ernstnehmers" und "Ernstmachers", des "reinen Vollstreckers" (*G*, 149), wenn er auch *jetzt*, nach dem Scheitern des "reinen Täters" die Tat verurteilt, weil sie ein "*Werk ohne Glaube*" gewesen sei. Der Politische Theologe macht nun die Theologie zum *Richter* über den Politiker.

eben ein riesiger Haufe von intelligenten Leuten aufgeboten wurde, so daß die Krisen und Kriege zu Ausstellungen der Intelligenz der Gesamtbevölkerung werden."[108]

Selbst für den nie dagewesenen Umfang des kriegerischen Gemetzels, den das 20. Jahrhundert gebracht hat, gilt die Beobachtung Foucaults: "Die alte Mächtigkeit des Todes, in der sich die Souveränität symbolisierte, wird nun überdeckt durch die sorgfältige Verwaltung der Körper und die rechnerische Planung des Lebens."[109] Auch dort, wo sich die "alte Mächtigkeit des Todes" am hemmungslosesten auszutoben schien, in den Vernichtungslagern des NS-Systems, wird das Massentöten "überdeckt durch die sorgfältige Verwaltung der Körper und die rechnerische Planung des Lebens": die Perversität dieses Tötungsregimes manifestiert sich gerade darin, daß sich die Register der Bio-Macht das alte, souveräne Recht zu töten *unterwerfen* und es nicht mehr im Rahmen der klassischen Freund-Feind-Matrix funktionieren lassen. Die delirante Selbstdestruktivität, die die souveräne Macht zu töten im Nazismus entfaltet, verdankt sich gerade ihrer *Kopplung* mit den neuen Regulierungsweisen der Bio-Macht. Die Bio-Macht schafft nicht etwa das politische Töten ab, sie setzt vielmehr einen Begriff des *Lebens* voraus, das seine eigentliche Mächtigkeit in einer Situation der permanenten Todesdrohung unter Beweis stellen muß: "Man muß dahin gelangen, daß die gesamte Bevölkerung dem Tode ausgesetzt wird."[110] Auch Schmitt inszeniert in seinem Text über die Ereignisse des 30. Juni 1934 die Begegnung zwischen der mythischen Figur des souveränen 'Führers' und "reinen Vollstreckers", der unmittelbar Recht schafft, und der neuen Bio-Macht in dem entscheidenden Satz: "Alles Recht stammt aus dem *Lebensrecht* des Volkes." (*PB*, 200)

Brechts Unterscheidung zwischen den "großen politischen Verbrechern", von oder besser: *mit* denen eine trivialromantische Geschichtsauffassung handelt[111], und den "Verübern großer politischer Verbrechen", setzt einen Wechsel von der *personalen* zu einer *funktionalen Betrachtungsweise auch des Bösen in der Geschichte* voraus. Das Verbrechen *übersteigt* die 'Verbrecher' und macht sie zur *Variabel* eines Geschehens, das eine ganz andere Beschreibungssprache als die einer subjektzentrierten, 'interaktionistischen' Geschichtsbetrachtung verlangt. Hannah Arendts Formel von der "Banalität des Bösen" indiziert die Notwendigkeit eines solchen Wechsels der Beschreibungssprache, wobei zu beachten ist, daß das Pen-

---

108  Brecht 1982, 1177f.

109  Foucault 1977, 166f.

110  Foucault 1993, 66.

111  "Der erste Napoleon beschäftigte die arme Phantasie dieser Deutschen natürlich nicht durch den Code Napoléon, sondern durch die Millionen seiner Opfer. Die Blutsflecken stehen diesen Eroberern gut zu Gesicht, wie Schönheitsflecken." (Brecht 1982, 1177f.)

dant der *moralischen* Banalität der Organisatoren des Grauens die *Komplexität* eines mörderischen Geschehens ist, das vollständig 'in die Funktionale gerutscht' ist, um noch einmal Brecht zu zitieren. "Banalität des Bösen" heißt nicht, daß das Böse *einfach* ist, sondern daß es seinen Aggregatszustand so verändert hat, daß die konventionelle moralische Geste buchstäblich leerläuft. In Auschwitz ist etwas geschehen, was sich dem moralischen Beurteilungssystem entzieht oder besser: das es auf eine unwiderrufliche Weise beschädigt, ja zerrüttet hat. Emmanuel Lévinas hat unser Bewußtsein dafür geschärft, daß selbst nachdem die alten Werte, von denen die Verbrecher verkündet hatten, daß sie endgültig außer Kurs gesetzt seien, wieder rhetorischen Glanz und institutionelle Stärke zurückgewonnen haben, eine einfache Rückkehr zu diesen Werten, philosophisch gesprochen, mehr denn je verbaut ist. Der *klaffende Abgrund*, den die Ereignisse zwischen 1933 und 1945 in Europa aufgerissen haben, bleibt: nichts kann ihn "auffüllen oder auch nur zudecken".[112]

Die "großen politischen Verbrechen" haben gleichsam die *Farbe des Bösen* verändert: sie ist nicht mehr schwarz und vermag nicht länger den Hintergrund abzugeben, vor dem die moralische Integrität der Guten um so heller strahlt, sie ist vielmehr *grau* geworden. In einem der wichtigsten Texte über die Vernichtungslager des NS-Systems hat Primo Levi die Metapher der *Grauzone* verwendet, um die Problematik zu kennzeichnen, die die Todesfabriken gerade auch dem 'moralischen' Denken stellen. Wenn man in den Vernichtungslagern gewöhnlich den äußersten Exzeß eines *Feinddenkens* wüten sieht, so gibt sich das Grauen bei näherem Hinsehen als Effekt einer völligen Auflösung der Freund-Feind-Unterscheidung und der stabilen Erwartungen, die an die Existenz eines 'Feindes' geknüpft sind, zu erkennen. Wie Brecht macht auch Primo Levi auf die Unzulänglichkeit einer "populärwissenschaftliche[n] Geschichtsbetrachung" aufmerksam, die uns "herkömmlicherweise in der Schule vermittelt wird" und die durch eine ausgeprägte "manichäische Tendenz, die die Zwischentöne scheut und der Komplexität aus dem Wege geht", gekennzeichnet ist. Diese Geschichtsbetrachtung, so fährt Primo Levi fort, "neigt dazu, den Strom der Ereignisse in der Menschheitsentwicklung auf Konflikte zu reduzieren, Konflikte auf Zweikämpfe, auf 'wir' und 'sie', hie Athener und dort Spartaner, hie Römer und dort Karthager". Das Denken des Grauens verlange nun aber nichts geringeres, als daß wir mit dem "Bedürfnis" brechen, "die Welt in 'wir' und 'sie' aufzuteilen" und das "Schema einer Freund-Feind-Einteilung"[113] jedem anderen überzuordnen. Daß die Zentren des 'Bösen' zu *Grauzonen* werden, heißt nichts anderes, als daß die Macht zu töten die Grenze zwischen Op-

---

112  Lévinas 1988b, 102.
113  Levi 1993a, 33.

fern und Tätern überschreitet und 'Tötergemeinschaften' über diese Grenze hinweg stiftet.

Die Situation in den Lagern erneuert keineswegs die klassische rechtlich-politische Funktion der *Marter*, wie sie Michel Foucault in seiner Studie über die *Geburt des Gefängnisses* so minutiös analysiert hat. Bekanntlich weist Foucault mit seiner Formel vom "Fest der Martern" auf den *Exzeß* der Strafvollstreckung hin, wie sie die 'absoluten Monarchien' praktizieren, einen Exzeß, der mit der Vorstellung einer ausschließlich *kompensatorischen Funktion* der Strafe in diesen frühneuzeitlichen Souveränitäts-Gesellschaften, wie sie das moderne Strafrecht ('Wiedergutmachung') vertritt, unvereinbar ist. Die Vollstreckung der Strafe, so Foucault, "ist kein Schauspiel des Ebenmaßes, sondern des Übergewichts und des Übermaßes. In dieser Liturgie der Strafe muß die emphatische Bejahung der Macht und ihrer inneren Überlegenheit vollzogen werden. Und diese Überlegenheit ist nicht einfach die des Rechts, sondern die der physischen Kraft des Souveräns, der sich auf den Körper seines Gegners stürzt und ihn besiegt: indem er das Gesetz gebrochen hat, hat der Übeltäter die Person des Fürsten angegriffen; und diese bemächtigt sich nun - vermittels ihrer Beauftragten - des Körpers des Verurteilten, um ihn gebrandmarkt, besiegt, gebrochen vorzuführen. Die Strafzeremonie ist also 'terrorisierend'."[114] Diese terrorisierende Strafzeremonie klingt auch in dem Szenario der 'rächenden Rechtsverwirklichung' nach, das Schmitt den Ereignissen vom Juni 1934 unterlegt. In seiner Studie über *Die Ordnung des Terrors. Die Konzentrationslager* hat Wolfgang Sofsky die "schiere Gewalt" als eines der Kennzeichen "absoluter Macht", wie sie für die Todesfabriken charakteristisch sei, angeführt: "Absolute Aktionsmacht droht nicht, sie verletzt, verstümmelt, tötet. Mitnichten ist die Gewalt ein Anzeichen der Schwäche. [...] Gewalt und Grausamkeit sind die Essenz ihres Terrors. Damit beweist sie die permanente Verletzbarkeit der Unterworfenen, die vollkommene Zerstörungsmacht über den Menschen."[115] Aber der "Krieg zwischen dem Verbrecher und dem Souverän", wie ihn das klassische Strafritual der absoluten Monarchien inszeniert, setzt nicht nur die *Öffentlichkeit* der Zeremonie voraus, die damit eingebunden ist in ein Legitimationssystem der politischen Herrschaft. Das Ritual läßt vor allem nicht den geringsten Zweifel am *aussschließlichen Privileg des Souveräns*, seine Rache an dem Verbrecher zu üben - oder sie durch einen plötzlichen Gnadenakt zu suspendieren: "Zwar hat er den Gerichten die Ausübung seiner Gerichtshoheit anvertraut, doch hat er diese Hoheit

---

114  Foucault 1981, 65.
115  Sofsky 1993, 35.

nicht veräußert. Er behält sie voll und ganz - zur Aufhebung der Strafe oder auch zu ihrer Verschärfung."[116]

Genau hier liegt die entscheidende Differenz zum System der Machtausübung, wie es das NS-System praktiziert, das das souveräne Recht zu töten über die ganze Gesellschaft 'verstreut' und selbst die Opfer der 'absoluten Macht' in deren Ausübung einzuschließen versucht. Der Souverän ist gleichsam überall, jeder kann seine Macht ausüben, jeder kann sein Opfer werden. Foucault spricht von der "vollständigste[n] Entfesselung der mörderischen Macht": "Diese Macht, zu töten, die den gesamten Gesellschaftskörper der Nazi-Gesellschaft durchzieht, offenbart sich zunächst, weil die Macht über Leben und Tod nicht nur dem Staat übertragen ist, sondern einer ganzen Reihe von Individuen, einer beachtlichen Menge von Menschen (die *SA*, die *SS* etc.). Im Extremfall hat im Nazi-Staat sogar jeder das Recht über Leben und Tod seiner Nachbarn, und sei es allein durch ein denunziatorisches Verhalten, das es in der Tat gestattet, denjenigen, der neben uns lebt, auszuschalten oder ausschalten zu lassen."[117] Noch die Terrorisierten zu Bundesgenossen der Terrorisierer zu machen - darin besteht die eigentliche Perversion des Systems der Vernichtungslager, wie Primo Levi erkannt hat. Darin liegt auch der Grund für jene "Scham", von der der Gerettete unweigerlich ergriffen wird, weil er *in der Regel* zu jenen gehörte, die die "Grauzone" bevölkerten: "Überlebt haben vorwiegend die Schlimmsten, die Egoisten, die Gewalttätigen, die Gefühllosen, die Kollaborateure der 'Grauzone', die Spione. [...] Die Besten sind alle gestorben."[118]

Das Lager-System operierte auf eine satanische Weise *differentiell*, d.h. es verhinderte die effektive symbolische Repräsentation des unvorstellbaren Geschehens nach dem *Freund-Feind-Schema*: "Nun war das Netz menschlicher Beziehungen innerhalb der Lager nicht einfach: Es war nicht auf zwei Blöcke reduzierbar, auf Opfer und Verfolger." Es bot daher auch kaum Ansatzpunkte für die Bildung von

---

116 Foucault 1981, 71.

117 Foucault 1993, 66. Die Vernichtung der 'minderwertigen Rassen' wird komplettiert durch eine Politik, deren ausdrückliches Ziel der *Krieg* ist, der als eine Art kollektiver 'Bewährungstest' für die eigene, 'überlegene Rasse' fungiert: "Die Vernichtung der anderen Rassen ist eine Seite des Projekts. Die andere Seite war, die eigene Rasse der absoluten und universellen Todesgefahr auszusetzen. Das Risiko, zu sterben, das Der-totalen-Vernichtung-ausgesetzt-Sein, ist ein festgeschriebenes Prinzip unter den wesentlichen Gehorsamspflichten der Nazis, und unter den wesentlichen Zielen der Politik. *Man muß dahin gelangen, daß die gesamte Bevölkerung dem Tode ausgesetzt wird.* Angesichts von Rassen, die vollständig ausgerottet oder endgültig versklavt sein werden, wird nur dieses universelle Dem-Tode-Aussetzen sie wirklich als überlegene Rasse konstituieren und endgültig regenerieren können." (Ebd. - m.H.)

118 Levi 1993b, 84.

Widerstand nach dem Modell des *Aktionsbildes*, für das eine Situation typisch ist, die Deleuze mit dem Begriff des *Binoms* belegt: "Ein Binom liegt vor, wenn ein bestimmter Kräftezustand auf eine entgegengesetzte Kraft verweist, besonders wenn eine der Kräfte oder beide vom Willen begleitet sind und in ihrer eigenen Wirkung die Wirkung der anderen Kraft antizipiert: der Handelnde ist in seinem Tun von den Vermutungen abhängig, die er hinsichtlich des Tuns des anderen hegt."[119] Primo Levi hat die Lager-Situation auf eine Weise beschrieben, die das Fehlen einer solchen *binomischen Struktur* als ihr entscheidendes Merkmal erkennen läßt. Für die "Neuankömmlinge", schreibt Levi, "war der Eintritt ins Lager ein Zusammenprall, und zwar wegen des Unerwarteten, das er mit sich brachte. Die Welt, in die man hineinstürzte, war nicht nur grauenvoll, sondern darüber hinaus auch noch unentzifferbar: Sie entsprach keinem der bekannten Modelle, der Feind war draußen und drinnen zugleich, das 'wir' verlor seine Grenzen, es gab keine zwei gegnerischen Parteien, man erkannte nicht nur eine Grenzlinie, sondern viele und unklare, vielleicht unzählige, jeweils eine zwischen dem einen und dem anderen." Die Entdeckung, daß diejenigen, die man als die "Verbündeten" im Kampf gegen die Täter betrachtete, auf die eine oder die andere Weise in das System integriert waren, von dem sie ihr Überleben erhofften - das offenbar nur noch als eine Spielart des Todes vorstellbar war -: diese Entdeckung "war so übermächtig, daß jede Widerstandsfähigkeit auf der Stelle zusammenbrach"[120]. Die *Unentzifferbarkeit* der Lagerwelt macht jeden Versuch, das Handeln des 'Gegners' zu antizipieren und daran sein eigenes Handlungskalkül zu orientieren, zunichte: eine *binomische Strukturierung* der Situation kann nicht zustandekommen. Die Funktion der *Grauzone* liegt genau darin, die Binomisierung, die eigentlich unter den Bedingungen der evidenten 'objektiven' Trennungslinie zwischen Opfern und Tätern spontan 'greifen' müßte, wirkungsvoll auszuschließen. Die "hybride Klasse der Häftlinge als Vollzugspersonen [...] ist eine Grauzone mit unscharfen Konturen, die die beiden Bereiche von Herren und Knechten voneinander trennt und zugleich miteinander verbindet."[121] Daß es möglich war, daß SS-Angehörige und Gefangene der Sonderkommandos vor den Krematorien, den "Toren der Hölle", *Fußball spielen*, symbolisiert den vollständigen Zusammenbruch des 'Wir'-'Sie'-Schemas und den perversen Versuch einer 'metaphysischen' Assimilierung der Opfer an die Täter.[122]

---

119 Deleuze 1989, 195.
120 Levi 1993a, 35.
121 Ebd., 39f.
122 Ebd., 54.

KAPITEL V

# LAND UND MEER

## 1. Nomos und Nomadologie

> Denn mein unbenanntes seliges Gefühl wird eher aus
> einem fernen, einsamen Hirtenfeuer mir hervorbrechen
> als aus dem Anblick des gestirnten Himmels.
>
> Hugo von Hofmannsthal

Nur einmal im Verlauf seiner Überlegungen, die dem *Nomos* gewidmet sind, streift Schmitt die Beziehung des Nomos zum *Nomaden*. Nicht in dem wichtigen Corollarium, das den Titel "Über die Bedeutung des Wortes Nomos" trägt, wo Schmitt allen möglichen wortgeschichtlichen Wegen und Abwegen nachgeht, sondern in einem Aufsatz aus dem Jahre 1953, der den Nomos dreifach als *Nehmen, Teilen* und *Weiden* bestimmt, begegnen wir derjenigen sozialen Lebensform, die als einzige den Nomos in ihrem Namen trägt: "Das Suchen der Weideplätze und das Weiden des Viehs, das Nomaden wie Abraham und Lot betrieben", führt Schmitt als ein Beispiel für das *Nemein* (das zugehörige Verb zu *Nomos*) im Sinne von *Weiden* an. Merkwürdigerweise leitet Schmitt die Überlegungen zu dieser Sinnkomponente mit dem Satz ein: "Das ist die produktive Arbeit, die sich normalerweise auf der Grundlage des Eigentums betätigt." (*VA*, 491) Schmitt erweitert die Bedeutung dieses *Weidens* auf metaphorischem Wege zu einem völlig ahistorischen Konzept, das nicht nur die Spezifik des *eigentumslosen* Wirtschaftens der Nomaden nicht berücksichtigt, sondern den Eigentum voraussetzenden Zivilisationstyp eine Reihe von weltgeschichtlich ausgebildeten Lebens- und Arbeitsformen eröffnen läßt, an deren Ende "die gewerbliche und industrielle Arbeit Friedrich Wilhelm Krupps in seinen Fabriken" steht: "alles das ist *Nemein* im dritten Sinne unseres Wortes: Weiden, Wirtschaften, Nutzen, Produzieren." (*VA*, 492)

Schmitt geht es in dem Aufsatz von 1953 ebenso wie in dem Corollarium von 1950 darum, den "ursprünglichen Sinn des *Nomos* für Probleme des menschlichen Zusammenlebens fruchtbar [zu] machen" (*VA*, 490). Zu diesem Zweck kreiert er den Mythos vom *verlorenen ursprünglichen Sinn* und nimmt seine Zuflucht zu gewagten, und wie man sagen muß: im Kern haltlosen etymologischen Spekulationen über eine Urbedeutung des Wortes, die nirgends bezeugt ist, die Schmitt aber um so unnachgiebiger vertritt, weil er einer vermeintlichen *Verwechselung* des *Nomos* mit der *Norm* bzw. dem *Gesetz*, die bereits in der Antike eingesetzt habe, entgegentreten will: "Ich möchte dem Wort seine erste Kraft und Größe zurückgeben, obwohl es im Lauf der Zeit, und schon in der Antike, seinen ursprünglichen Sinn verloren hat und schließlich zu einer substanzlosen, allgemeinen Bezeichnung jeder irgendwie gesetzten oder erlassenen, normativistischen Regelung und Anordnung herabgesunken ist." (*N*, 36). Die phonetische Nähe des deutschen Wortes *nehmen* zu dem griechischen Wort *nemein* bestärkt Schmitt in seiner Auffassung, daß die Urbedeutung von *Nomos* die *Nahme* ist, und zwar konkret: die *Landnahme*. Das Bewußtsein dieses Zusammenhangs, der nie bestanden hat, schwindet allerdings bereits bei den Griechen: "Daß Nomos und Landnahme zusammenhängen, kommt mit den Sophisten nicht mehr recht zum Bewußtsein. Bei Platon hat der Nomos bereits den Sinn eines 'Schedon', einer bloßen Regel (Politikos 294 B). Platons 'Nomoi' haben schon etwas von dem utopischen Plan-Charakter moderner Gesetze." (*N*, 37) Wohin Schmitt auch blickt: Aristoteles, Theophrast, Xenophon, überall ist das Bewußtsein des ursprünglichen Zusammenhangs *Nomos - Nahme* getrübt, wenn nicht vollkommen geschwunden.

Wie bei Heidegger gibt es auch bei Schmitt die Konstruktion einer "griechischdeutschen Achse"[1]. Und wie bei Heidegger vermag von den "beiden verschwisterten Sprachen - dem Griechischen und dem Deutschen -, denen der größte geistige Reichtum zu eigen ist, [...] nur die eine beim Namen zu rufen, was beiden gemeinsam gehört"[2]: im Falle Heideggers ist es, wie Derrida zeigt, der *Geist*, im Falle Schmitts der *Nomos*. Nirgendwo haben die Griechen den Nomos bei seinem eigentlichen Namen genannt: Das Deutsche ist die einzige Sprache, in der sich der Nomos selbst nennt. Zwar gibt es ein Wissen um die spezifische Bedeutung des Nomos auch in anderen Sprachen, denen allerdings die phonetische Nähe zu dem rechtswissenschaftlichen Urwort abgeht. So schreibt Schmitt in einer Anmerkung zu dem Aufsatz von 1953, nachdem er Ciceros Übersetzung des griechischen Wortes *Nomos* durch das lateinische Wort *Lex* als eine der "schwersten Belastungen unserer occidentalen Kultursprache" bewertet hat: "Doch hat das Wort 'Neh-

---

1     So die treffende Formulierung Jacques Derridas (Derrida 1988, 85).
2     Ebd., 85f.

men' und 'Nahme' jedenfalls im Französischen noch eine ursprüngliche Kraft be-
wahrt, so in 'prendre une ville' und 'prendre une femme'. Im Völkerrecht des See-
krieges hat sich die 'gute Prise' erhalten, die in den deutschen Prisenordnungen mit
'Wegnahme' des Schiffes übersetzt wurde." (*VA*, 502) Über die *Virilität* der
Nahme und des Politischen überhaupt, die vor Derrida bereits ausführlich Nicolaus
Sombart kommentiert und zum Zentrum einer 'geschlechtspolitischen' Schmitt-
Deutung gemacht hat[3], brauchen wir hier kein weiteres Wort zu verlieren. Ich
weise nur auf das Urteil des Althistorikers und Schmitt-Kenners Christian Meier
hin, der jeden sachlichen Gehalt der Spekulationen über den ursprünglichen Sinn
des Wortes *Nomos* abstreitet: "Die von ihm [d.h. Carl Schmitt, Vf.] behauptete ursprüngliche Bedeutung des Wortes 'Nehmen - Teilen - Weiden' ist nirgends bezeugt, vielmehr nur etymologisch zu erschließen. In historischer Zeit bedeutet das
Wort Sitte, Brauch, Herkommen."[4] Diese bezeugbare Bedeutung ist für Schmitt
bereits ein Symptom des Verfalls, weil sie auf die Vorherrschaft des *Gesetzes*, des
politisch bewußt 'Gesetzten' reagiert und ihm gegenüber nachträglich eine Sphäre
des politisch Unverfügbaren konstituieren will: Sitte, Brauch und Herkommen sind
bloße "Gegenbegriffe gegen Gesetz, die von dieser Art von 'Gesetzlichkeit' antithetisch oder dialektisch bestimmt sind": "Es ist daher ebenso wenig zweckmäßig,
das Wort Nomos, statt durch Gesetz, durch Worte wie Sitte, Gewohnheit oder
Vertrag zu verdeutschen." (*N*, 41) Aber, wie man schnell sieht, verläßt auch
Schmitts *Nomos*-Interpretation mit keinem Wort den Bannkreis der "Künstlichkeit
des bloß positivistisch *Gesetzten* und *Gesollten*" (*N*, 39), deren Antithese bzw.
Negation der Begriff sein soll. Der *Nomos* ist für Schmitt ein *Begriff der Unterscheidung* und daher ohne Bezugnahme auf das von ihm Unterschiedene gar nicht
zu verstehen.

Das Gesetz ist für Schmitt das "Unglückswort" par excellence (*N*, 42), weil es
dem ursprünglichen Zusammenhang zwischen *Ordnung* und *Ortung*, der "Raumhaftigkeit des Wortes Nomos" (*N*, 44), keinerlei Rechnung trage. Der *Nomos*, das
rechtswissenschaftliche Glückswort, ist dagegen "Ausdruck und Bestandteil einer
wesentlich räumlich gedachten und konkreten *Messung*" (*N*, 37), denn *nemein* be-

---

3    "Vous chercheriez en vain une figure de femme, une silhouette féminine, et la moindre
     allusion à la différence sexuelle." (Derrida 1994, 179.) Aber diese 'Aussperrung' des Weib-
     lichen aus dem eigenen Diskurs ist nicht mit einer einfachen Abwesenheit zu verwechseln,
     sondern verweist in Wahrheit auf die von Derrida so genannte "phallogozentristische" Präsenz
     bzw. Präsentation der Frau: die Frau muß *genommen* werden so wie der Soldat die Stadt
     (ein)nimmt. Die 'ideologische' Anrufungskraft des Militärischen ist ohne die Investierung der
     sexuellen Differenz, die zur sexuellen *Hierarchie* stratifiziert wird, nicht zu erklären. Vgl.
     auch Sombart 1991.
4    Meier 1988, 553.

deutet neben "Weiden" auch "Teilen". Da Schmitt das Weiden ausschließlich im Horizont des Teilens und Verteilens denkt (die Nahme ist ja nicht nur die Besetzung eines Territoriums, sondern impliziert immer einen Anspruch, eine *Prätention*, die sich *gegen andere* 'Nutzer' richtet), statt umgekehrt, entgeht ihm die *intransitive* Bedeutung des Verteilens: das *Sich Verteilen* völlig. Diese *intransitive* Bedeutung entspricht nun aber genau der *nomadischen Praxis der Beweidung*, die keineswegs eine ursprüngliche *Nahme* und anschließende *Festlegung des Eigentums* voraussetzt. Die nomadische 'Nahme' eines Territoriums vollzieht sich nicht im Hinblick auf seine gleichzeitige *Teilung*. Die Nahme bleibt provisorisch, sie duldet nicht die Intervention eines ersten Maßes, "das alle weiteren Maße in sich enthält" (*N*, 16), sie läßt den Landvermessern nicht die Zeit, die sie brauchen, um die Weiden einzuzäunen oder einzuhegen: die Nomaden sind inzwischen schon weiter gezogen. Man kann den Boden auch anders nutzen als dadurch, daß man sich auf ihm niederläßt. Die Teilung wird eingeklammert, weil sie die Emergenz einer "konkreten Gegensätzlichkeit" (*BdP*, 30) zur Bedingung hätte, die nur durch die Umformung des "im eigentlichen Sinn differentiellen, ursprünglichen Raums" entstehen kann: "Damit Kräftegegensätze oder Formbegrenzungen Gestalt annehmen, ist zunächst ein tieferes reales Element notwendig, das sich als eine formlose und potentielle Mannigfaltigkeit definiert und bestimmt."[5] Schmitt denkt die Nahme, wie wir gesehen haben, immer vom Rechtsinstitut des kollektiven oder privaten *Eigentums* aus: Nahme ist *Aneignung*, der Akt des Sich-zu-eigen-machens dessen, was fremd bzw., wie Schmitt auch sagt, *wild* ist. "Die Landnahme begründet Recht nach doppelter Richtung, nach Innen und nach Außen. Nach Innen, das heißt innerhalb der landnehmenden Gruppe, wird mit der ersten Teilung und Einteilung des Bodens die erste Ordnung aller Besitz- und Eigentumsverhältnisse geschaffen. [...] Nach Außen steht die landnehmende Gruppe andern landnehmenden oder landbesitzenden Gruppen und Mächten gegenüber." (*N*, 16)

    Auch Gilles Deleuze hat der Problematik des *Nomos* in seinen Büchern eine bedeutende Rolle eingeräumt. Anders als Schmitt ist sich der französische Philosoph allerdings des zweifachen Sinns der *Verteilung* bewußt, die das griechische *nemein* ins Spiel bringt. Beide, Deleuze wie Schmitt, beziehen sich übrigens auf die Studie von Emmanuel Laroche: *Histoire de la racine nem - en grec ancien*, die 1949 erschien. Schmitt zitiert die Studie von Laroche in den für die *Verfassungsrechtlichen Aufsätze* angefügten Bemerkungen zu seinem Aufsatz "Nehmen / Teilen / Weiden". In der 1. Bemerkung, die den "philologischen Erörterungen" gilt, zu denen die "Anknüpfung an das griechische Wort *Nomos*" führt, findet sich zwar der Hinweis auf das Buch von Laroche, aber Schmitt verzichtet auf jede Stellungnahme zu sei-

---

5    Deleuze 1992, 76.

nem Inhalt. Wir können einer entscheidenden Stelle aus *Differenz und Wiederholung* den Grund entnehmen, warum Schmitt die Ambivalenzen derjenigen Bedeutung nicht erörtert, die ja auch er an zweiter Stelle dem Wort *Nomos* gibt.

Diese zweite Bedeutung ist auch für Schmitt in Wahrheit die *erste*, denn die *Nahme* vollzieht sich, wie wir gesehen haben, bei ihm von vornherein im Horizont des "ersten, grundlegenden Vorgangs der Teilung und Verteilung, der *divisio primaeva*". Schmitt fügt präzisierend hinzu: "Abstrakt gesprochen: *Nomos* ist Recht und Eigentum, d.h. der Anteil an den Lebensgütern." (*VA*, 491) Schmitt wirft die Frage erst gar nicht auf, was denn eine *Nahme* wäre, die sich ausschließlich im Horizont des *Weidens* ereignete, die also die *divisio primaeva*, den spezifisch *juristischen* Akt, einfach umginge. Für Schmitt stellt sich diese Frage nicht, weil für ihn feststeht, daß sich produktive Arbeit "normalerweise auf der Grundlage des Eigentums betätigt" (*VA*, 491). Aber gerade die Bezugnahme auf den Begriff des *Nomos* macht es nicht sehr wahrscheinlich, daß Schmitt die Möglichkeit einer spezifisch *nomadischen* Verteilung, einer *intransitiven* Verteilung, ja den Zusammenhang zwischen *Nomos* und *Nomadismus* (*nomás*, "auf der Weide befindlich") einfach *übersehen* hat. Wie immer bei Schmitt haben wir es auch im Fall seiner Theorie des *Nomos* (denn es handelt sich um eine Theorie, nicht um die Freilegung eines ursprünglichen Sinns) mit einer klaren begriffspolitischen Entscheidung zu tun, mit der Festlegung einer vorgängigen *Position*, als deren Ausdruck und Verteidigung sich der *Begriff* versteht.

Deleuze markiert genau jene *Ambivalenz* des Problems der *Verteilung*, die Schmitt mit seiner Begriffsfestlegung unterschlägt: "E. Laroche zeigt, daß die Idee der Verteilung in nómos-némo nicht in einem einfachen Verhältnis zu derjenigen des Aufteilens (témno, daío, diairéo) steht. Der pastorale Sinn von némo (weiden lassen) impliziert erst später ein Aufteilen des Lands. Die homerische Gesellschaft kennt weder Umzäunung noch Besitz des Weidelands: Es handelt sich nicht um eine Verteilung des Lands auf das Vieh, sondern im Gegenteil darum, das Vieh selbst zu verteilen, es hier und dort über einen unbegrenzten Raum, Wald oder Berghang hinweg aufzuteilen. Der nómos bezeichnet zunächst einen besetzten Ort, allerdings ohne genaue Grenzen (etwa das Umland einer Stadt). Daher auch das Thema des 'Nomadischen'."[6] Eine Verteilung, die jeder Aufteilung vorausgeht, ein *Sich-Verteilen* statt einer *Aufteilung*, ein Weiden ohne vorherige Einzäunung des Weidelandes, ein *besetzter*, kein *umgrenzter* Ort: *gegen* diesen "pastoralen Sinn" des Wortes *Nomos*, der im übrigen ebenso seine historischen Wandlungen durchgemacht hat, wie auf der anderen Seite der Eigentumsbegriff, hat Schmitt seine eigene Nomos-Interpretation angelegt.

---

6    Ebd., 60, FN 7.

Vor allem aber ignoriert Schmitt mit vollem Bewußtsein den 'nomologischen' Hintergrund der *homerischen Gesellschaft*, die "weder Umzäunung noch Besitz des Weidelands" kennt. Schmitt hat seinem *Corollarium* ebenfalls eine Reflexion auf den "Nomos bei Homer" (*N*, 45-47) beigegeben, in deren Zentrum eine wiederum philologisch unhaltbare Auslegung steht, die diesmal eine "bekannte Stelle am Anfang der Odyssee I, 3" (*N*, 45) betrifft. Dort, wo es von dem "vielgewanderten Mann" heißt, daß er "Vieler Menschen Städte gesehen und *Sitte* (nóon) gelernt hat", müßte es Schmitt zufolge eigentlich heißen, daß er "Vieler Menschen Städte gesehen und *Nomos* gelernt hat". "Daß Nomos sonst bei Homer nicht vorkommt, ist kein ausschlaggebendes Argument", wehrt Schmitt mit autoritativem Gestus jeden Einspruch sofort ab. An der Begründung, die er für seine Lesart gibt, ist für unseren Zusammenhang vor allem interessant, daß Schmitt von den *Städten*, die Odysseus kennengelernt hat, auf den eigentlich gemeinten *Nomos* schließt. *Nous*, so Schmitt, würde jeder Stadt einen "Geist" zuordnen, den Odysseus "'erkannt'" habe, der listenreiche Held wäre dann "so etwas wie der erste Sozialpsychologe gewesen, eine Art Vorläufer eines Montesquieu und Herder": "Eine wahrhaft rührende Verschriftstellerung des alten Seefahrers!" (*N*, 46) In Wahrheit produziert Schmitt diesen Effekt der Verschriftstellerung durch eine anachronistische Projektion des modernen, neokantianisch eingefärbten Erkenntnisbegriffs (Odysseus ein "Neukantianer avant la lettre!", höhnt er denn auch) auf den homerischen Begriff des *Nous*. Für seine eigene Deutung ist nun aber charakteristisch, daß er dem *Nomos* eine Nähe zur *Stadt* und des von der Stadt aus organisierten Landes zuschreibt, obwohl doch der pastorale Sinn, der mit diesem Wort und der ihm korrespondierenden nomadischen Praxis in der homerischen Gesellschaft verbunden war, auf den durch keine (Stadt-)Mauern begrenzten Raum, auf das "Umland einer Stadt", wie Deleuze schreibt, also auf die Weiten des *ausgegrenzten* Raums zugeschnitten war. *Der Nomos kann geradezu als der Gegenbegriff der Polis gelten.* Schmitt scheint das auch zu sehen, wenn er die von den Machthabern der Polis erlassenen *Gesetze* vom *Nomos* unterscheidet[7], aber er bindet den Nomos doch an die Stadt und das von ihr beherrschte Umland (die Landwirtschaft ist, wie uns die Ethnologen versichern, eine *städtische* Erfindung) - und zwar an den *Konstitutionsakt* der Stadt im Unterschied zur *konstituierten* Stadt. Die *Konstitution* ist bei Schmitt stets ein Akt der *Begrenzung* oder *Einhegung*, der Formierung und Fixierung einer subjektförmigen *Identität*, sie ist immer an eine Bewegung der Verknappung und Konzentration, ja Kontraktion gebunden.

---

7    Auch Gilles Deleuze und Félix Guattari schreiben in *Tausend Plateaus*, daß es sich bei den Kräften, die das *Außen* des Staates ausmachen, "um einen *Nomos* [handelt], der etwas ganz anderes ist als das 'Gesetz'" (Deleuze/Guattari 1992, 494).

"Einen Raum ausfüllen, sich in ihm aufteilen, ist sehr verschieden von einer Aufteilung des Raums." Der nomadische Nomos kommt "ohne Besitztum, Umzäunung und Maß" aus und ist trotzdem kein 'Chaos', sondern verweist auf eine ganz andere *Pragmatik des Raums*. Statt den Raum einem Regime der *Einkerbung* (*striage*) und Verknappung zu unterwerfen und ihn damit zu ökonomisieren - "weil Wirtschaften immer noch eine gewisse Knappheit", also den Ausschluß der meisten von seiner Nutzung voraussetzt (*VA*, 500) -, gibt es auch die Möglichkeit, ihn so zu verwenden, daß *alle* "den größtmöglichen Raum bedecken". Und Deleuze fügt hinzu: "Selbst wenn es sich um den Ernst des Lebens handelt, würde man von einem Spielraum, von einer Spielregel sprechen, im Gegensatz zum Raum wie zum *nomos* der Seßhaftigkeit."[8] In ihrem gemeinsam geschriebenen Buch *Tausend Plateaus* haben Deleuze und Guattari das Problem des *Nomos* ins Zentrum ihrer "Abhandlung über Nomadologie" gestellt. Der *Nomos* bringt die Problematik *zweier Räume* ins Spiel, von denen wir noch sehen werden, daß sie einander keineswegs *äußerlich* sind, daß die Zunahme des einen Raumtyps nicht unweigerlich die Abnahme des anderen nach sich zieht. Deleuze und Guattari unterscheiden den "glatten" von dem "gekerbten Raum" - *l'espace lisse* und *l'espace strié*.[9] Während es für Schmitt nur den besiedelten Raum auf der einen und den - imaginären - (noch) unbewohnten, vollständig dequalifizierten "Expansionsraum", den "Spielraum freien Bodens" (*N*, 50)[10] gibt - ein solcher ist für Schmitt auch die "Neue Welt", die von den europäischen Mächten im Zuge der ersten Raumrevolution 'genommen' wurde[11] -, beschreiben Deleuze und Guattari die komplexen Verhältnisse der *Über-*

---

8    Deleuze 1992, 60.

9    Vgl. dazu das Kapitel 14 von *Tausend Plateaus*: "1440: Das Glatte und das Gekerbte" (Deleuze/Guattari 1992, 657-693).

10   wobei dieser "Spielraum" nur dem blutigen Ernst der Eroberung und der Rivalität zwischen den erobernden Mächten stattgibt.

11   Natürlich weiß Schmitt, daß die "Neue Welt" keineswegs *unbewohnt* war, aber er spricht den indianischen Bewohnern die *geistige* Existenz ab und reduziert sie damit wie das Land selbst auf den Status eines Objekts der *Entdeckung*. Dem *konkreten*, geschichtlich gebundenen Begriff der "Entdeckung" wird man nach Schmitt nur gerecht, wenn man die fundamentale geistige *Asymmetrie* berücksichtigt, deren Ausdruck er ist: "Entdecken kann nur, wer geistig und geschichtlich überlegen genug ist, um mit seinem Wissen und Bewußtsein das Entdeckte zu begreifen." (*N*, 102) Dieser Satz verdiente einen ausführlichen Kommentar, in dessen Zentrum die Anmaßung stünde, die *nicht* in dem Zusammenhang von Entdeckung und Beutemachen besteht, sondern in der Unterstellung, daß das Beutemachen eine *Erkenntnis* der Beute voraussetzt. Auch Schmitt ist die Komplexität der Gründe, die dafür verantwortlich ist, daß die Konquistadoren so leichtes Spiel hatten, nicht bewußt. An seiner Erwiderung auf die Argumentation Franciscos de Vitoria, daß es "dasselbe ist, ob die Europäer indianisches Land oder die Indianer europäischen Boden auffinden" (*N*, 102), erkennt man die Unfähigkeit

*lagerung* zweier *heterogener* Räume, zwischen denen es *Übergänge* gibt, die sich aber nicht ineinander übersetzen oder transformieren lassen: "der Raum der Seßhaftigkeit wird durch Mauern, Einfriedungen und Wege zwischen den Einfriedungen eingekerbt, während der nomadische Raum glatt ist und nur mit 'Merkmalen' markiert wird, die sich mit dem Weg verwischen und verschieben"[12]. Schmitt lehnt den *politischen Gesetzesbegriff*, der der *Polis* entspricht und sich als Vehikel eines Neutralisierungsprozesses von 'abendländischer' Dimension erwiesen hat, ab, um seine Matrix jedoch um so unnachgiebiger in den vor-politischen Raum des Nomos zu projizieren. Die Stadt mit ihren "exkludierenden Verteidigungsanlagen" (*N*, 22) ist bereits *vor* ihrer Gründung wirksam und bildet den Inhalt des *Nomos*. Das *Gesetz* ist nur der unendlich *abgeschwächte* oder zersetzte Nomos, aber nicht sein Gegenteil. Deleuze und Guattari weisen - wie Schmitt - darauf hin, daß der Nomos erst seit Solon "das Prinzip von Recht und Gesetz (Thesmoí und Dike)" bezeichnet und "später mit dem Gesetz selbst identifiziert" wird. Aber eben weil sie die Gegenstellung des Nomos gegen das Gesetz und die Sphäre des Juridischen insgesamt ernst nehmen, verfallen sie nicht darauf, den *Nomos* statt dem (geschriebenen, positiven) Recht um so hartnäckiger der *Idee* des Rechts zuzuordnen. Denn die "erste Messung und Teilung der Weide, d.h. die Landnahme" (*N*, 40), ist nur der erste Akt eines Rechts, das sich dann unter den Bedingungen der konstituierten *konkreten Ordnung* weiter ausdifferenziert: immer geht es um eine *Messung* bzw. *Zumessung*. In dieser Hinsicht erkennt man keinen Bruch zwischen dem *Nomos*,

---

Schmitts, die "geistige Überlegenheit" des Eroberers positiv zu spezifizieren. Sie reduziert sich für Schmitt auf die Praxis der "kartographischen Aufnahmen", die in der Tat eine wichtige Voraussetzung der Eroberungsfeldzüge war, aber die Widerstandslosigkeit der indianischen Bevölkerung nicht zu erklären vermag. Weil die Neue Welt, wie Schmitt schreibt, "einfach 'genommen' werden konnte", schließt er aus der Einfachheit dieses Vorgangs auf die Einfachheit seiner Ursache: er nennt diese Ursache "die wissensmäßige Kraft der christlich-europäischen Rationalität" (*N*, 103). In Wahrheit hatten die Bewohner der Gebiete, die Cortés durchquert, 'gute Gründe' (die sich allerdings von ihren Konsequenzen her gesehen als verhängnisvolle Gründe erwiesen: aber es bleiben doch *Gründe*), dessen Eroberungsabsichten nicht sonderlich ernst zu nehmen - und zwar, "weil sie bereits erobert und kolonisiert worden" waren, nämlich "von den Azteken. [...] Cortés ist für sie deshalb bei weitem nicht der Inbegriff des Übels, sondern erscheint ihnen oft als das geringere Übel und, unter Berücksichtigung der gegebenen Verhältnisse, sogar als Befreier, der es ihnen ermöglicht, das Joch einer besonders hassenswerten, weil so hautnahen Tyrannei abzuwerfen". So die Argumentation in Tzvetan Todorovs Buch *Die Eroberung Amerikas. Das Problem des Anderen* (Todorov 1985, 75).

12    Deleuze/Guattari 1992, 524.

so wie ihn Schmitt versteht, und dem *Gesetz*. Was gab es aber vor dem Gesetz?[13]
"Vorher dagegen gab es eine Alternative zwischen der Stadt oder Polis, die von den
Gesetzen regiert wurde, und der Umgebung als Ort des Nomos. Eine ähnliche Alternative findet sich bei Ibn Khaldun: zwischen *Hadara* als städtischem Leben und
*Badiya* als Nomos (das, was nicht Stadt ist, sondern prä-urbane Landschaft, Pla-
teau, Steppe, Berge oder Wüste)."[14]
Ich möchte im folgenden die These vertreten, daß Schmitt den Gesetzes-Begriff
deshalb perhorresziert, weil er gleichsam eine *sekundäre Nomadisierung* jener Kategorien ermöglicht, mit deren Hilfe Schmitt den Nomos definiert. Die rechtsgeschichtliche Entwicklung beispielsweise des *Eigentumsinstituts* beleuchtet diese
Deterritorialisierungsbewegung vielleicht am eindringlichsten. Für das *römische
Zivilrecht* kann man zeigen, daß es in zunehmendem Maße Abstraktionen entwik-
kelt, die es von "anschaulichen Tatbeständen unabhängig machen und damit eine
rechtseigene Evolution ermöglichen"[15]. Für die Ausdifferenzierung eines spezifischen *Eigentums*begriffs, der auf die Konnotationen einer ursprünglichen Aneignung, einer "manicipatio", verzichtet, hat Luhmann diesen Abstraktionsprozeß so
beschrieben: "Ein besonderer Eigentumsbegriff war solange kaum nötig gewesen,
als alle lebenswichtigen Bestände unter dem Begriff 'familia' zusammengefaßt
werden konnten: Frau und Kinder, Sklaven und Vieh, Haus und Land. Und lange
noch mag es genügt haben, Eigentum als Besitz, als Herrschaft über das Eigene zu
begreifen und gegen Eingriffe zu schützen, also Täter zu ermitteln und zu bestrafen
oder zur Herausgabe oder Wiedergutmachung zu zwingen. Erst relativ spät kommt
es zur ausschlaggebenden Unterscheidung von Eigentum und Besitz, also zu einer
rein juristischen Konstruktion hinter den sichtbaren Besitzverhältnissen, die auf
ihre Weise dann ebenfalls [rechtlichen, Vf.] Schutz verdienen. [...] Erst damit werden Rechtstitel unabhängig von der eigenen Stärke und Kampfkraft des Rechtsin-
habers. [...] Und dann kann man in Prozessen auch unabhängig von der Besitz-
frage darüber streiten, wer Eigentümer einer Sache ist."[16] "Daß ich etwas in meiner
selbst äußeren Gewalt habe, macht den *Besitz* aus"[17], definiert Hegel, und unterscheidet davon das *Eigentum*, das als Rechtsinstitut von vornherein die Möglichkeit

---

13  Um nicht die Bedenken der Psychoanalytiker und Ethnologen zu erregen, sei hier gleich
    betont, daß es sich um den *juristischen* Begriff des Gesetzes handelt und daß der nomadische
    Nomos natürlich nicht die Negation der Sphäre der Kultur bedeutet, also die Imagination
    eines *Naturzustandes*, sondern einem anderen Gesetzes-Register unterliegt, das nicht der Logik
    des "*suum cuique*" (*VA*, 491) gehorcht.
14  Deleuze/Guattari 1992, 524.
15  Luhmann 1993a, 264.
16  Ebd., 266f.
17  Hegel 1970, 107 (§ 45).

der "Entäußerung" impliziert: "Das ganze kann auch so aufgefaßt werden, daß die
Entäußerung eine wahre Besitzergreifung ist"[18], wie Hegel mit einer eindrucksvoll
paradox gebauten Formulierung die letzte Konsequenz des Eigentumsinstituts auf
den Begriff bringt. Eigentum unterscheidet sich vom Besitz bzw. vom "rechtsbegründenden Ur-Akt" der Nahme dadurch, daß es ohne einen faktischen Kontakt
zwischen Eigentümer und Eigentum auskommt: Eigentum ist keine "ontonome"
Kategorie, sie eröffnet im Gegenteil eine Dynamik, die bodenlos ist. "Die Hand ist
dieses große Organ, das kein Tier hat, und was ich mit ihr fasse, kann selbst ein
Mittel werden, womit ich weiter greife"[19], formuliert Hegel, der immerhin noch
einen dialektischen Zusammenhang zwischen ursprünglicher Besitznahme und dem
selbstreferentiell gebauten Rechtsinstitut des Eigentums annimmt und *insofern*
ebenfalls noch die Figur eines ersten Maßes gebraucht, "das alle weiteren Maße in
sich enthält". Aber die Rechtsgeschichte läßt keinen Zweifel daran, daß kein direkter Weg von der Besitznahme zum Eigentum führt und daß das Eigentum, wie man
an den jede Anschaulichkeit transzendierenden Formen ablesen kann, die dieses
Rechtsinstitut heute ausbildet (komplexe Logik der Übertragung von Nutzungs-
rechten etc.), nicht aus einem ursprünglichen Akt der *Nahme* hervorgeht.

Der *Nomos*, die *Nahme* als der "Ur-Typus eines konstituierenden Rechtsvorgan-
ges" schafft "den radikalsten Rechtstitel, den es gibt, den *radical title* im vollen
und umfassenden Sinne des Wortes" (*N*, 17), schreibt Schmitt, ohne mit einem
Wort auf die Spannung einzugehen, die zwischen dem *pastoralen, nomadischen*
Sinn des Nomos und der Logik der Inbesitznahme und Einhegung besteht, auf die
Schmitt das Wort festlegen will. Weil das Recht in seiner europäischen Evolution
zu einem immer höheren Grad an "Künstlichkeit" und *Deontologisierung* geführt
hat - eine Umschreibung für die zunehmende Tendenz zu einer selbstreferentiellen
Schließung des Rechtssystems, die gemeinhin unter dem Titel der *Positivierung* des
Rechts behandelt wird -, sucht der Jurist Schmitt nach einem Recht, das sich
gleichsam *als Recht* durchstreicht, das jede Bezugnahme auf "Satzungen und Setzungen", also auf arbiträre Normierungen vermeidet. Den Sündenfall des Rechts
muß Schmitt daher schon im Augenblick seiner Genese feststellen: "Die Zerstörung
des ursprünglichen Sinnes [des Nomos, Vf.] wird durch eine Reihe von Distinktionen und Antithesen bewirkt. Unter ihnen ist die Entgegensetzung von Nomos
und Physis die wichtigste. Durch sie wird der Nomos zu einem auferlegten Sollen,
das sich vom Sein absetzt und sich ihm gegenüber durchsetzt." (*N*, 38) Auch wenn
sich eine Theorie des Rechts nicht von diesen metaphysischen Distinktionen abhängig machen sollte, wenn sie also nicht die Gestalt einer neokantianisch gepräg-

---

18    Ebd., 141 (§ 65, Zusatz).
19    Ebd., 121 (§ 55, Zusatz).

ten Theorie der Norm*geltung*, des Norm*sollens* oder des Rechts*wertes* annehmen muß, wenn man Schmitt also in diesem wichtigen Punkt zustimmt, dann folgt daraus doch nicht, daß man zu einem mythischen *Recht ohne Gesetz* Zuflucht nehmen müßte. Aus der unübersehbaren Kontingenz des Rechts flüchtet Schmitt in die "volle Unmittelbarkeit einer nicht durch Gesetze vermittelten Rechtskraft", die aber strikt unterschieden wird von dem beliebigen "Recht des Stärkeren" oder dem, "was man heute in Deutschland die *normative Kraft des Faktischen* nennt" (*N*, 42).

Schmitts wertvolle Einsicht in die Unmöglichkeit einer *Selbststabilisierung des Rechts*, die schon seiner *Politischen Theologie* zugrundeliegt, wird dadurch um ihre Früchte gebracht, daß er den Ort der Stabilität immer nur als *Supplement* des Rechts zu denken vermag: als *Normalität*, als *Existentialität*, als *konkrete Ordnung*, als *Einheit von Ordnung und Ortung*, d.h: als *Nomos*. Die Bedeutung des Schmittschen Denkens liegt in dem Beharren auf einem, wenn man so will: 'kairologischen'[20] Moment an Unverfügbarkeit über die Dynamik des Politischen und der Geschichte, auf dem Wissen von der Unmöglichkeit ihrer juristischen oder technischen Beherrschung oder Steuerung. Das Recht ist ohne den Bezug auf ein *Außen* nicht zu denken, das Gesetz kann sich nicht selbst geben und auch seine Reproduktionsfähigkeit nicht selbst garantieren. Aber wie denkt Schmitt dieses Außen? Ob unter dem Titel der *Normalität* oder dem des *Nomos*, er denkt es stets als eine Art *Verdopplung*, einen Abklatsch des Innen. Die Polemik gegen die *Setzung* und die *Durchsetzer* ändert nichts daran, daß Schmitt auch die jeder 'bewußten' Setzung vorausliegende Ordnung nach dem Modell des heroischen *Subjekts* und seines unüberwindbaren *Willens* denkt. Die *Theologizität* des Schmittschen Diskurses verweist ja gerade auf die Bedeutung der Figur des *absoluten Willens*, der der Grund dafür ist, daß es zu einem Austausch politischer und theologischer Konzepte kommen kann. Wenn der staatsrechtliche Begriff des *Souveräns* eine säkularisierte theologische Kategorie ist, wie Schmitt behauptet, dann muß es etwas in der theologischen Vorstellung Gottes geben, das diese Säkularisierung *ermöglicht*. Wie wir spätestens seit Spinoza wissen, ist das der Begriff des *Willens*, "dieser vertrackteste und gefährlichste aller modernen Begriffe und Unbegriffe"[21], wie Hannah Arendt geschrieben hat. Die Theologie ist bei genauerem Hinsehen nur eine Gestalt der Anthropologie: "Manche stellen sich Gott wie einen Menschen vor", schreibt Spinoza[22], indem sie Gottes Macht mit der Macht der Könige vergleichen. Schmitt operiert mit den Vorstellungen der Fülle, der Unmittelbarkeit und der Kraft, um je-

---

20  Nicht zufällig betont Schmitt die Einmaligkeit und Ereignishaftigkeit des ordnungsbegründenden Ur-Aktes: der Nomos ist ein "konstituierendes geschichtliches Ereignis" (*N*, 42).

21  Arendt 1965, 290.

22  Spinoza 1977a, 177 (*Ethik*, II, 3, Anm.).

nes Außen der 'gesatzten' Rechtsordnung zu denken und modelliert es damit exakt nach dem Bild des "politischen Machthabers" (*N*, 45), dem es grundsätzlich entzogen sein soll. Dem politischen Machthaber setzt Schmitt den *Machthaber des Politischen* entgegen, der konstituierten Ordnung die konstituierende: er verbleibt im Rahmen einer spekularen Bezugnahme des Innen auf das Außen und des Außen auf das Innen.[23]

In Wahrheit ist das Außen keine kompakte Homogenität, die einem zerstreuten, pluralisierten Innen vorgeordnet ist, es zerstören oder günstigstenfalls einhegen kann. Das Außen ist kein "Zaunwort" (*N*, 44), kein *Konstitutions-*, sondern ein *Konnexionsbegriff*. Es ist nicht die ursprüngliche Vorhandenheit, die sich im Laufe der Geschichte zunehmend zersetzt, sondern eine von allem Anfang an *differentielle Größe*: es ist das, *was der Nahme entgeht* und ohne dessen Existenz jeder Akt der Nahme ins Leere griffe. Der *Nomos* befindet sich immer *zwischen* den Dingen, nicht in ihnen oder gar vor ihnen, er ist jene Macht, die "Allianzen" stiftet zwischen heterogenen Elementen, ohne sie auf eine vorgängige Identität bzw. Form zu verpflichten. Das Neue, das Schmitt nur als Ergebnis eines subjektförmigen Aktes zu denken vermag, gehorcht nicht der Logik der *Konstitution*, sondern der *Konjunktion*. Es gilt in der Tat, jene Elemente zu entdecken und zu beschreiben, die eine *konstituierte Ordnung* ständig dem "Bereich des fest Geordneten, des bereits Konstituierten" (*N*, 50) *entreißen*, ohne daß diese Elemente deshalb *von außen* über die Totalität der Situation verfügen könnten. Schmitt zog aus der richtigen Einsicht, daß die politischen Machthaber nicht über die Ströme verfügen können, die die eingezäunte staatliche Ordnung durchqueren, auf die Verfügbarkeit der positiven Ordnung *von außen*: der Souverän ist jene Figur, die von außen in die konstituierte Ordnung *einbricht* und ihre berechenbaren Abläufe einer totalen Erschütterung aussetzt, die nur mit der im Begriff des Wunders enthaltenen "Durchbrechung der Naturgesetze" (*PTh*, 49) vergleichbar ist. Die 'technische' Selbstabschließung der artifiziellen politischen und rechtlichen Systeme, deren "Autismus" Schmitt so verabscheute, führt er nicht auf ein Feld der Singularitäten zurück, einen "differentiellen, ursprünglichen Raum", der eine andauernde und uneinholbare Sogwirkung auf die positiven Ordnungen ausübt und ihre Neuzusammensetzung ermöglicht, sondern er *verdoppelt* sie durch die Figur einer ursprünglichen Form der *Selbsteinschließung*, wo die Grenzen einer politischen Formation ganz buchstäblich zu *Mauern* und *Zäunen* werden. Diese ursprüngliche Form der Selbsteinschließung, die gleichermaßen räumlich wie 'existentiell' zu verstehen ist - Deleuze und Guattari sprechen vom

---

23   "Was aller Philosophie fehlt, ist ihr *Außen* (d.h. ihr Außen nur denken zu können, wenn sie es als Außen unterdrückt und in ein Innen umformt)" (Althusser 1995, 12).

totalitären Modell des Staates als eines "geschlossenen Gefäßes"[24] -, garantiert die artifiziellsten Systembildungen, solange sie noch Reste von deren *Substanz* bewahren; andernfalls ist der Ausnahmefall gegeben, der nur durch die "Kraft eines integren Wissens" und Handelns zu überwinden ist. *Ab integro nascitur ordo* ist vor allem eine aktivistische Parole, die die Wiederkehr der "ersten Kraft und Größe" unter den Bedingungen eines korrupten bzw. zersetzten Zustandes in Aussicht stellt.

Wir beobachten bei Schmitt den paradoxen Versuch, das *Neue* als eine *Wiederkehr des Ältesten* zu denken. Damit steht er unter den Denkern, wie Philosophen wissen, in diesem Jahrhundert nicht allein. "Der kommende Nomos der Erde wird keine Ausgrabung frühneuzeitlicher Institutionen sein" (*N*, 38), wehrt Schmitt zwar ab, aber sein ganzer Traktat ist doch darauf angelegt, die anstehende neue "Raumrevolution" nach dem Vorbild der *ersten* zu denken. Vor allem aber: die völkerrechtliche Arbeit greift weit hinter die frühe Neuzeit in die 'vorgeschichtliche' Zeit zurück und entnimmt ihr das Modell der politischen Ordnung überhaupt. Am Anfang steht der *Raub*, wie uns schon Pindar lehrt. In dem von Schmitt zitierten Fragment 169 "handelt es sich um den Raub von Rindern, eine Tat des mythischen Ordnungsstifters Herakles, durch welche dieser, trotz aller Gewaltsamkeit der Tat, Recht geschaffen hat." (*N*, 42) Der Satz ist hochironisch, denn Schmitt weiß sehr wohl, daß die Nahme immer ein Raub ist und daß die Gewaltsamkeit kaum im Gegensatz zur Rechts(ordnungs)stiftung steht. Die Perhorreszierung der *Gewalt* muß man dem Theoretiker der Souveränität und des auf den "wirklichen Kampf" hin ausgerichteten Politischen nicht abnehmen. Den Zusammenhang zwischen diesem Politischen und der Bereitschaft, zu töten und sich dem Tod auszusetzen, hat Schmitt in aller Deutlichkeit ausgesprochen. Darüber ist kein Wort zu verlieren.

Wenn Schmitt von der heutigen Lage als einer "völlig zersetzten" (*N*, 41) spricht, dann hätte er diesen Befund nur entmoralisieren und positivieren müssen, um zu jenen ordnungstransformierenden und -schaffenden Kräften vorzustoßen, an denen ihm so viel lag. Aber weil er den Zustand - ähnlich wie Heidegger, der den "Andrang von Jenem, was wir das Dämonische (im Sinne des zerstörerisch Bösartigen) nennen"[25], diagnostizierte - für einen der maximalen Entfernung von einem anfänglichen Zustand der Fülle und Selbstpräsenz des Rechts hielt, mußte er auf die Kräfte des *symmetrischen Widerspruchs* hoffen, statt jenen *Fluchtlinien* nachzuspüren, die den status quo beständig aus dem Gleichgewicht bringen. In Wahrheit gibt es nur *eine* Ordnung, die *in der Auflösung existiert* und sich aus den Zonen ihrer Ohnmacht beständig als eine andere rekonstituiert. Nicht der Kontakt zu einer ursprünglichen Fülle, Unmittelbarkeit oder Kraft, auch nicht zum *Boden der patria*

---

24 Deleuze/Guattari 1992, 306.
25 Heidegger 1976, 35.

garantiert die Situation in ihrer Totalität, sondern ihre Fähigkeit zur *Verknüpfung* unterschiedlicher Elemente, die den irreduziblen, ontologischen Pluralismus der (innen)politischen Situation ausmachen (und zu dem nicht nur, nicht einmal in erster Linie die Parteien und Verbände gehören ...), ihre Fähigkeit zur *Transformation* und Metamorphose.

Politische Macht entsteht und regeneriert sich durch den Verzicht auf das Phantasma der Souveränität - auf der Grundlage ihrer Machtlosigkeit. Der *Nomos*, der in der Tat nicht mit der positiven Rechtsordnung verwechselt werden darf, weil er sie überschreitet, entsteht *zwischen den Dingen*; der *ordo ordinans* ist jene Bewegung des *ordo ordinatus*, die diesen daran hindert, daß er "auf die Dauer schließt", um noch einmal eine Formulierung Paul Valérys aufzugreifen: es bedarf keiner ursprünglichen, den Dingen vorausgehenden und sie aus sich entlassenden *Kraft*, um den ordo ordinans zu denken, weil es "dieses unvermeidliche Ausscheren" gibt, weil "an irgendeiner Stelle immer das, was ist, entflieht - entweicht. Kein System ist so homogen, daß es nicht an irgendeinem Punkt nachgäbe, und keines ist nicht zusammengesetzt, keines ist einfach."[26] Die *politische Einheit*, den bevorzugten Erkenntnisgegenstand Schmitts, gibt es strenggenommen gar nicht. Er ist die ontologische Fiktion par excellence. Das Ausscheren, das Entfliehen, Entweichen oder Nachgeben ist nämlich kein *Defekt* einer kompakten politischen Einheit, sondern das Element des Politischen selbst, das Schmitt zeit seines Lebens gesucht hat, das er auch manchmal fand, ohne es jedoch wirklich *denken* zu können.

Daß die Ordnung in der Tat immer wieder neu geboren werden muß und geboren wird, geben wir Carl Schmitt also gerne zu; daß dies aber nur dadurch geschehen kann, daß man sich "mit dem Ursprung und Anfang zu verbinden" weiß (*N*, 39), statt mit den ohnehin wirksamen, *synchronen* Kräften der Deformation und Dekonstitution, die *zwischen* den Dingen wirken, halte ich für die große Schwäche des Schmittschen Denkens, die dazu führt, daß er sich stets jenen *Bewegungen* anschließt, die die Kraft und das Außen als Perfektionsbegriffe der *Ontologie*, als Begriffe des *Seins* und des *Ursprungs* imaginieren und sie damit der kretinhaften Alternative des *Entweder-Oder*, der Situation des *Duells*, der *blutigen Entscheidungsschlacht*, der *Freund-Feind-Unterscheidung* unterwerfen: alles öffentlichkeitswirksame Bilder und Archaismen, mit denen die bedrohten Machthaber, die Schmitt doch *aufzuhalten* vorgibt, operieren, um den *status quo* unter allen Bedingungen zu bewahren. Wir dürfen nicht vergessen, daß auch die NS-Bewegung, wie Schmitt notierte, *legal* an die Macht gekommen ist[27], weil der Staatsapparat

---

26  Valéry 1987, 77f.

27  "Die deutsche Revolution war legal, d.h. gemäß der früheren Verfassung formell korrekt. Sie war es aus Disziplin und deutschem Sinn für Ordnung." (*SBV*, 8)

nach jener mythischen *Substanz* förmlich, ja 'formell' gierte, die er in der Endphase der Weimarer Republik nicht mehr selbst hervorzubringen in der Lage war und die nötig war, um den - mit Antonio Gramsci zu sprechen - *hegemonialen* gesellschaftlichen status quo aufrechtzuerhalten. Immer erweist sich das Schmittsche *Außen* als Supplement und Komplement jenes *Innen*, dem es eigentlich *entgegengesetzt* und prinzipiell *entzogen* sein soll.

Schmitt unterscheidet im *Nomos der Erde* mehrfach die ordnungsstiftende *Nahme* von den "bloßen schnell sich selbst zerstörenden Gewalttaten" (*N*, 50) - aber diese Unterscheidung bleibt rhetorisch, weil er es jedesmal unterläßt, ein Kriterium dafür anzugeben, daß die Nahme nicht zur selbstzerstörerischen Gewalttat 'entartet'. Die Wahrheit ist: unter den Bedingungen des 20. Jahrhunderts ist die Nahme der *Archaismus* par exellence - und Schmitt hat sich offenbar geweigert zu sehen (*PB*, 312), daß der Zweite Weltkrieg der ungeheuerliche Versuch war, von deutscher Seite die Nahme *in Europa* als völkerrechtlichen Ur-Akt zu wiederholen, Europa als einen "von rechtlichen Hemmungen befreiten Aktionsraum", als eine "vom Recht ausgenommene Sphäre der Gewaltanwendung" zu behandeln (*N*, 66) - so wie Europa selbst zuvor den "offenen Boden nicht-europäischer Fürsten und Völker" (*N*, 120) behandelt hatte. "*Die Kolonie ist die raumhafte Grundtatsache des bisherigen europäischen Völkerrechts*" (*VGO*, 54), hatte Schmitt 1941 geschrieben und damit gleichzeitig eine Handlungsanweisung gegeben (auf die das NS-Regime freilich nicht zu warten brauchte, um loszuschlagen), wie die Weltmachtstellung Deutschlands, das nach dem Ersten Weltkrieg alle Kolonien verloren hatte, wiederzugewinnen sei: indem man *ganz Europa in eine Kolonie des 'Großdeutschen Reiches' verwandelte*. Die *Nahme* ist eine archaisierende Übersetzung einer brutalen historischen Tatsache: Kolonialisierung. Die exterministische Tendenz der NS-Politik ergab sich aus dem Versuch, jenes Szenario, das Hannah Arendt als die "Gespensterwelt des Schwarzen Erdteils" so eindrucksvoll beschrieben hat, auf den europäischen Kontinent zu übertragen: "Der Unterschied zwischen dem, was in der schemenhaften, halb irrealen tropischen Welt der Kolonien, und dem, was in Europa vor sich ging, war nur, daß es in Europa einige Jahrzehnte brauchte, die ethischen Standards der Gesellschaft zu zerstören, während hier alles mit der Geschwindigkeit eines Kurzschlusses ablief."[28]

Hannah Arendts *Elemente und Ursprünge totaler Herrschaft* sind - wie übrigens auch ihr übriges Werk - außerordentlich stark durch bestimmte Begriffe und Positionen Carl Schmitts geprägt, dessen Nazi-Engagement sie in ihrem Urteil über die wissenschaftliche Bedeutung des Staatsrechtslehrers nicht beirrte. Carl Schmitt, "der zweifellos der bedeutendste Mann in Deutschland auf dem Gebiet des Verfas-

---

28   Arendt 1986, 315.

sungs- und Völkerrechts war", hat "sich die allergrößte Mühe gegeben [...], es den
Nazis recht zu machen. Es ist ihm nie gelungen"[29]. Vor allem übernimmt Arendt
von Schmitt die These von der *Raumhaftigkeit* des Rechts sowie die Auffassung
eines *intrinsischen Zusammenhangs* zwischen Politik und *Boden* bzw. zwischen
Politik und *Grenze*. "Mit Landnahmen und Städtegründungen ist nämlich stets eine
erste Messung und Verteilung des nutzbaren Bodens verbunden. So entsteht ein
erstes Maß, das alle weiteren Maße in sich enthält." (*N*, 16) Den von Schmitt behaupteten Zusammenhang von Ortung und Ordnung sprengt Arendt zufolge der
moderne Imperialismus, indem er ganze Territorien und Völker *nahm*, ohne ihnen
eine politische Verfassung zu geben. Mit Blick auf die *Burenherrschaft* in Südafrika
schreibt sie: "Die Verwandlung von Eingeborenenstämmen in Arbeitssklaven äh-
nelte nur sehr äußerlich der Eroberung und Beherrschung eines Volkes durch ein
anderes. Keine eigene Organisationsform irgendeiner Art hielt das eroberte Volk
zusammen; kein Territorium wurde definitiv gewonnen und definitiv besiedelt.
*Weder Schwarze noch Weiße hatten ein Gefühl für den Boden, auf dem sie lebten*;
weder die einen noch die anderen brachten es zu einer staatlichen oder auch nur
kommunalen Organisation."[30] Was Arendt am Beispiel der Burenherrschaft beschreibt, ist der Modus einer Politik der Nahme unter den Bedingungen der *Bio-
Macht*, die die Gestalt einer *terroristischen Nomadisierung* annimmt. Arendt erläutert jenes Phänomen, das Gilles Deleuze und Félix Guattari am Beispiel des deutschen Faschismus als die Transformation der *Fluchtlinie* in die *Todeslinie* beschreiben. Ausgerechnet von den Fluchtlinien, die "eine Art von Mutation oder Schöpfung vorstellen", geht "eine seltsame Verzweiflung aus, so etwas wie ein Geruch
von Tod oder Opfer"[31]. Statt sich mit den anderen Linien zu verbinden, besteht bei
der Fluchtlinie, die die "Mauer durchbricht" - Erinnern wir uns noch einmal an
Schmitts: "Insbesondere kann der Nomos als eine Mauer bezeichnet werden" (*N*,
40) -, stets die Gefahr, daß sie "*sich in Zerstörung verwandelt, in schlichte und einfache Vernichtung, in eine Lust am Vernichten.*"[32]

Wenn man am Faschismus besonders gut diese *suizidale* Tendenz der Fluchtlinien beobachten kann (der *Bewegungs*charakter ist trotz aller Blut-und-Boden-
Rhetorik alles andere als imaginär, wenn man nur an die Phänomene des Blitz-
kriegs und der Massendeportationspraxis denkt), liegt es nahe, ein Loblied der
Grenze, des Zauns oder gar der Mauer zu singen. Man vergißt dann allerdings, daß
die politische Vernichtungslinie trotz ihrer Maßlosigkeit sich stets im Auftrag einer

---

29   Ebd., 544, FN 53.
30   Ebd., 317f. - m.H.
31   Deleuze/Guattari 1992, 312.
32   Ebd., 313.

globalen Neuordnung, eines neuen Nomos der Erde präsentiert. Im 20. Jahrhundert gibt es keine Politik gegen die Fluchtlinie: daran ändert auch das enorme Risiko
nichts, daß ihre Mutationskräfte in Destruktionskräfte umschlagen können. Mit seinem *Begriff des Politischen* hatte Schmitt dieser Entwicklung Rechnung tragen
wollen und daher das Politische als eine allen Normen und Werten vorausliegende
Intensitätskategorie gefaßt: "Der Begriff des Staates setzt den Begriff des Politischen voraus. Staat ist nach dem heutigen Sprachgebrauch der politische Status eines in territorialer Geschlossenheit organisierten Volkes." (*BdP*, 20) Das Politische
erhält man, wenn man vom Staat diese Merkmale des Status ("Zustand eines Volkes") und der territorialen Geschlossenheit abzieht: dann behält man einen "äußersten Intensitätsgrad" (*BdP*, 27) zurück, der in beliebige Gegensätze investiert werden kann und ihnen eine Dynamik verleiht, die im "wirklichen Kampf" kulminiert.[33]

Hannah Arendt hat in ihrem nur zu verständlichen Horror vor den Bewegungsdiktaturen gleichsam Schutz hinter den Mauern des Nomos gesucht - eines Nomos
der für sie freilich nur gerechtfertigt ist, wenn die Nahme in eine politische Ordnung überführt wird, die Nehmer und Genommene rechtlich verbindet. Man ist
überrascht, zu welchen Formulierungen Arendt sich versteigt, um den Terror, den
die Buren über die schwarze Bevölkerung Südafrikas ausüben, als die Wirkung ihrer Unfähigkeit darzustellen, sich zu *territorialisieren,* sich in bestimmte Grenzen
einzuschließen und eine politische Ordnung zu gründen, den *Raum der Öffentlichkeit* zu konstituieren, der mit der dauerhaften Regierung auch die Schaffung oder
Anerkennung eines Volkes mit bestimmten Rechten und Pflichten voraussetzt. Die
Flucht der Buren ist die Flucht nicht vor einer bestimmten Politik, "vor dem Verbot
der Sklaverei", das die Engländer erlassen, sondern vor der Sphäre des Politischen
überhaupt, die sie durch das "rassische Überlegenheitsgefühl"[34] ersetzen. Hannah
Arendt stellt die Strategie der Buren so dar, als hätten sie gleichsam versucht, die
Position jener Stammeshäuptlinge einzunehmen, "deren Herrschaft sie im Begriff
standen zu vernichten"[35].

An dieser Stelle manifestiert sich nun die ganze Ambivalenz der Abhandlung über
die *Elemente und Ursprünge totaler Herrschaft*: für Hannah Arendt üben die Buren
nämlich Mimikry an den Herrschaftsstil jener nomadischen Stämme, auf die der

---

33  Vgl. auch Vollrath 1989, 155: "Politisch ist, wer so handelt, wie der Staat zu handeln
vermochte, als der Staat noch Staat war. Carl Schmitt löst die staatlichen Merkmale von der
Institution ab und stellt sie dadurch allen Subjekten zur Verfügung, die sich ihrer bedienen
wollen und bedienen können, und seien solche Subjekte Partisanen oder Terroristen."
34  Arendt 1986, 321.
35  Ebd., 320.

"Expansionsimperialismus"[36] bei seinen Beutezügen trifft. Der "schlechte Boden", so Hannah Arendt, "brachte die aus einer festen, bodengebundenen, dörflichen Organisation stammenden holländischen Bauern in kürzester Zeit sehr nahe an die nomadisierende Hirten- und Jägerexistenz ihrer barbarischen Umgebung, isolierte auf jeden Fall die einzelnen Familien so sehr, daß der burische Volkssplitter schleunigst in weitere Splitter, in einzelne Familien klanartig auseinanderfiel. Was diese Familien daran hinderte, sich in einander bekriegende Stämme zu verwandeln, war einzig die Anwesenheit der schwarzen Stämme, die zahlreicher als sie, eine ständige Gefahr für die gesamte weiße Bevölkerung bildeten. Die Unterlegenheit der schwarzen Nomadenstämme gegenüber den europäischen Kolonisten war in Afrika ebenso deutlich wie in anderen Kontinenten, in denen die weiße Kolonisation siegte. Nur daß hier, im Gegensatz zu Amerika und Australien, die Eingeborenen zu zahlreich waren, als daß sie hätten vernichtet werden können, und daß daher die Sklavenwirtschaft sich außerordentlich schnell als die einzige ökonomische Form herausstellte, um sowohl mit der Eingeborenenfrage als auch der Armut des Bodens fertig zu werden."[37]

In einer Formulierung, die an Célines *Reise ans Ende der Nacht* erinnert[38], entwirft Hannah Arendt folgendes Szenario der Begegnung derjenigen, "die der Zivilisation und damit der Wirklichkeit und Verantwortlichkeit ihrer eigenen Welt entronnen waren", sich also, mit Carl Schmitt zu sprechen, auf eine Reise *beyond the line*[39] begeben hatten, mit denen, die den kolonialisierten Raum bewohnen: "Inmitten einer dem Menschen durchaus feindselig gegenüberstehenden Natur und unter einer erbarmungslosen Sonne waren sie auf Wesen gestoßen, die weder Vergangenheit noch Zukunft, weder Ziele noch Leistungen kannten und ihnen daher genauso unverständlich blieben wie die Insassen eines Irrenhauses."[40] Der Faschismus, das "Unerhörte und Grauenhafte der Geschichte der Buren und ihrer Verwandlung aus einem Volk in einen weißen Rassestamm"[41], so will uns Hannah Arendt sagen, ist Ergebnis einer Art *Ansteckung* der ursprünglich "bodengebundenen" Kolonisatoren durch die "sehr zahlreiche Eingeborenenbevölkerung", die das "Leben jagender Nomaden" führt. Den Buren ist vorzuwerfen, daß sie,

---

36   Ebd., 312.

37   Ebd., 317.

38   Hannah Arendt selbst zitiert eine Passage aus Joseph Conrads *Herz der Finsternis*, die die radikale Alterität der Eingeborenen-Gespenster effektvoll inszeniert.

39   Zur völkerrechtlichen Entlastungsfunktion dieser Figur vgl. *N*, 62: "Jenseits der Linie beginnt eine 'überseeische' Zone, in der, mangels jeder rechtlichen Schranke des Krieges, nur das Recht des Stärkeren galt."

40   Ebd., 315.

41   Ebd., 317, FN 10.

anders als andere Kolonisatoren, das Programm der Kolonialisierung, das die *Seßhaftmachung der Urbevölkerung* impliziert, 'verraten' und sich stattdessen selbst in Nomaden, in Terror-Nomaden verwandelt haben, die "unter schwarzen Barbaren" leben, "über die sie absolut, in absoluter Willkür und Gesetzlosigkeit" herrschen.[42] Die Politik ersetzte der "Treck", eine Reaktion vor allem "auf die Versuche der Regierung, das Land zu bemessen und zu begrenzen. Wovor die Buren in neue unkultivierte Gebiete entflohen, war die Grenze selbst."[43]

Indem die Buren den Boden verrieten, wurden sie selbst zur *Rasse*, in dem Sinne, in dem auch Hitler das Wort benutzte und den Hannah Arendt für seine "präzise Bedeutung" hält: "Das Wort Rasse hat eine präzise Bedeutung, sobald man es aus dem Nebel der pseudowissenschaftlichen Theorien herausnimmt und auf die Stämme bezieht, welchen alle eigenen geschichtlichen Erinnerungen und alle der Erinnerung werten Taten fehlen. Damit wird Rasse zu einem wesentlich politischen Begriff, der sich auf eine bestimmte politische Organisationsform bezieht. In diesem Sinne benutzte Hitler das Wort 'Rasse', wenn er immer wieder betonte: 'Eine Rasse sind wir nicht, eine Rasse müssen wir erst werden'; aber auch andere Nazi-Schriftsteller, von denen viele nicht zufällig Auslandsdeutsche afrikanischer Herkunft waren, haben ähnlich gedacht. Wirkliche Rassen in diesem Sinne scheinen auf der Erde nur in Afrika und Australien vorgekommen zu sein; sie sind bis heute die einzigen ganz geschichts- und tatenlosen Menschen, von denen wir wissen, die einzigen, die sich weder eine Welt erbaut noch die Natur in irgendeinem Sinne in ihren Dienst gezwungen haben."[44] Was wäre diesen Ausführungen Arendts nicht alles entgegenzuhalten, die von einer souveränen Unkenntnis der zur Zeit der Abfassung dieser Sätze bereits verfügbaren ethnologischen Literatur zeugen! Die "präzise Bedeutung", die Arendt dem Begriff der Rasse zuschreibt, ist in Wahrheit eine durch und durch *phantasmatische*, weil es keine geschichts- und tatenlosen Völker gibt, selbst wenn keine Spuren oder Quellen überliefert scheinen oder wenn vorliegende Spuren und Quellen durch das diskursive Raster unserer Historiographie fallen. Wie ist jenes ungeheure Mißverständnis zu erklären, daß die nomadisierenden Stämme Afrikas und Australiens zu primordialen Faschisten erklärt? Der Satz, den Arendt Hitler in den Mund legt, gibt darüber Aufschluß: Rasse-Werden bedeutet für Hannah Arendt eine Art politischer und menschlicher Selbstauflösung, ein *Schatten-Werden*, eine umfassende Derealisierung. Werden ist ein unendlicher Mangel an Sein. Aber wenn *Hitler* zum Äußerungssubjekt dieser Aussage wird, dann bedeutet sie etwas ganz anderes: nicht Selbstauflösung,

---

42  Ebd., 319.
43  Ebd., 321.
44  Ebd., 322f.

sondern Selbstbehauptung durch *Selbstreinigung*, die Produktion einer universellen und homogenen Herren-Rasse, die alles, was sie nicht selbst ist, ausscheidet. Eine Rasse sind wir für Hitler deshalb nicht, weil wir noch *zuviel Rassen* in uns haben, weil wir noch zu unrein, zu komplex und vielfältig, zu "angesprenkelt" sind, wie Nietzsche einmal sagt, und unser Sein daher einem unabschließbaren, nur durch die Vernichtung beendbaren Konzentrationsprozeß unterwerfen müssen.

Die intensive Verbindung zwischen der Politik und dem Boden als patria, der "ein Volk als einen politischen Körper konstituiert"[45], erhellt schlagartig die Präsenz der Schmittschen *Nomos*-Problematik im Diskurs Hannah Arendts: ihr Buch, das mehrfach an wichtigen Stellen auch auf Schriften Schmitts verweist, nimmt diese Schriften, soweit sie dem NS-System gewidmet sind, als Belege für die Schmitt widersprechende (aber die *Matrix* seiner Analysen bestätigende!) These, daß die "große politische Bewegung" kein "ruhendes Sein" enthält, sondern es konsequent verfehlt (*PTh*, 8), ja auf der Flucht vor ihm ist. Für Hannah Arendt ist jede Fluchtlinie, die dem Gehege des Politischen, dem *öffentlichen Raum* entkommen will, eo ipso eine Vernichtungslinie. Sie nimmt den Zusammenhang von Staat und *Status* noch ernster als Carl Schmitt und übernimmt von diesem ebenfalls die Fundierung der Politik durch einen "bestimmten Boden"[46]. Der ungeheure Preis dieser Strategie eines Verstopfens und Blockierens aller Fluchtlinien und Deterritorialisierungsvektoren liegt in einer völligen Verkennung der *Spezifizität des Nomadischen*, der *nomadischen Bewegung*, der sie alle politische Konsistenz abspricht und stattdessen in den Orkus des historischen und kulturellen Nichts verstößt. Es gibt bei Hannah Arendt eine *Geopolitik*, die Bestimmung des Politischen als des Ortes der Verwurzelung des Menschen. *Das Nomadische ist das Antipolitische par excellence*: für Hannah Arendt stehen die Nomaden am "Nullpunkt der Geschichte" und ihre faschistischen Nachfolger möchten zu diesem Nullpunkt der Geschichte, der der Nullpunkt der Zivilisation ist, zurückkehren - so sieht das Szenario aus, das sie entwirft und über dessen mythischen Charakter wir kein Wort mehr zu verlieren hätten, wenn eben nicht Hannah Arendt diese Auffassung vertreten hätte, dazu noch in einem Buch über die *Elemente und Ursprünge totaler Herrschaft*.

Pierre Clastres hat gezeigt, daß man die Staatenlosigkeit der 'primitiven' Gesellschaften nur als einen *politischen Akt* verstehen kann - und nicht als einen Akt gegen die Politik oder gar als eine Unfähigkeit zur Politik.[47] Ein Begriff des Politi-

---

45  Ebd., 321.

46  "Die Beziehung zu einem bestimmten Boden, zu der *patria*, welche ein Volk als einen politischen Körper konstituiert, war bei ihnen [den Buren, Vf.] von vornherein durch eine reine Stammesgebundenheit ersetzt worden." (Ebd.)

47  "Als vollständige, fertige, erwachsene Gesellschaften, und nicht länger infra-politische Embryos, haben die primitiven Gesellschaften deshalb keinen Staat, weil sie ihn ablehnen,

schen, wie der Hannah Arendts, der sich gegen den exterministischen Exzeß des NS-Staatsrassismus auf die Wiederanbindung der Politik an den Boden, die *patria*, und auf die Sistierung jeder Bewegung, jeder Mutation oder Schöpfung, die über den politischen 'Status' hinausdrängt, versteift, offenbart seine *Gewaltsamkeit* in der Aggressivität gegen jene, die andere als staatliche Formen der politischen Koordination erfunden haben und auch einen anderen Gebrauch von jenem Boden machen, als die Staatsbürger. Nur aus deren Perspektive erscheinen sie ja als Bodenlose. Gilles Deleuze und Félix Guattari unterscheiden die *selbstmörderische* Logik des *Faschismus*, der jede Fluchtlinie in eine Zerstörungs- und Vernichtungslinie verwandelt (konkret: den Staat in ein Anhängsel einer Kriegsmaschine) von der Operationsweise der *totalitären* bzw. *autoritären* Staaten, die nach dem Modell des *geschlossenen Gefäßes* operieren und alle möglichen Fluchtlinien verstopfen. Bei Hannah Arendt kann man eine zweifellos durch Carl Schmitt inspirierte Neigung erkennen, auf die *Perversion der 'großen Bewegung'*, die das NS-System organisiert hat, mit einer Rückkehr zum *Nomos des geschlossenen Gefäßes*, der Mauer, des Zauns oder "Mannrings", wie Schmitt auch schreibt, zu antworten. Freilich, ein geschlossenes Gefäß, in dem die rechtliche Gleichheit der Eingeschlossenen den Verzicht auf die Bewegung kompensieren soll.

## 2. Glatte Räume und die Entortung des Absoluten

Mit ihrem Hinweis auf José Emperaires Buch *Les nomades de la mer* von 1954 geben Deleuze und Guattari ein weiteres Beispiel für einen *glatten* Raum und erlauben uns zugleich, die Frage, ob Schmitt nicht doch über einen wirklichen Gegenbegriff zu dem "Zaunwort" *Nomos* und der ihm entsprechenden Einheit von Ordnung und Ortung verfügt, zu stellen. Wenn wir an die suggestive Formulierung *Land und Meer* denken, mit der Schmitt seine *weltgeschichtliche Betrachtung* überschrieb, dann liegt die Vermutung nahe, daß auch Schmitt - wie Deleuze und Guattari[48] - im *Meer* ein Modell des *glatten* Raumes gesehen hat. "Das Glatte verfügt immer über ein Deterritorialisierungsvermögen, das dem Gekerbten überlegen ist", schreiben Deleuze und Guattari, und formulieren damit ein Wissen, das sich überraschenderweise auch bei Schmitt findet. Gleich zu Beginn des *Nomos der Erde* bringt Schmitt die Unterscheidung zwischen dem glatten und dem gekerbten Raum ins Spiel: der Boden, wie Schmitt zurecht schreibt (obwohl er die Differenz des

---

weil sie die Teilung des Sozialkörpers in Herrscher und Beherrschte ablehnen." (Clastres 1994, 99)

48    Deleuze/Guattari 1992, 663-666.

Bodens zur *Erde* systematisch ausblendet), zeigt "feste Linien, in denen bestimmte Einteilungen sinnfällig werden". Nachdem er die *Erdhaftigkeit des Rechts*, also seine Angewiesenheit auf einen gekerbten Raum bekräftigt hat, wechselt er zu dem Paradigma des glatten Raums, das ausschließlich aus der Perspektive des gekerbten Raums beschrieben wird und dem jede eigene Qualität zu fehlen scheint: "Das *Meer* kennt keine solche sinnfällige Einheit von Raum [lies immer: *gekerbten* Raum, Vf.] und Recht, von Ordnung und Ortung. [...] In das Meer lassen sich auch keine Felder einsäen und keine festen Linien eingraben. Die Schiffe, die das Meer durchfahren, hinterlassen keine Spur. 'Auf den Wellen ist alles Welle'. Das Meer hat keinen Charakter in der ursprünglichen Bedeutung des Wortes Charakter, das von dem griechischen Wort *charassein*, eingraben, einritzen, einprägen kommt. Das Meer ist frei." (*N*, 13f.) Und deshalb für das Völkerrecht strenggenommen kein geeignetes Objekt. *Land und Meer* - verhalten sie sich in der Ökonomie des Schmittschen Denkens wie Gott und Teufel? Und wenn auch hier wieder die politisch-theologische Lesart viel Evidenz für sich in Anspruch nehmen könnte, gibt es denn keine Hinweise darauf, daß Schmitt auch einmal mit dem Teufel einen Pakt geschlossen hat? Statt immer nur mit jenen Souveränen, die sich im Glanz eines göttlichen Lichts zu präsentieren wußten, den nach-christlichen politischen Erlöserfiguren, die mit den längst zersetzten und eilig zusammengeklaubten Eschata die staatlichen Höllenmaschinen zu schmieren wußten?

Ja, Schmitt hat wenigstens in einem Text unübersehbar[49] einen Pakt mit dem Dämon geschlossen, mit dem Gegenspieler des politischen Souveräns, ein Gegenspieler, der mehr ist als die symmetrische Negation des Souveräns. Keine revolutionäre Verneinung einer souveränen Behauptung, keine souveräne *Gegenidentifikation*, sondern das *Ziehen einer aktiven Fluchtlinie*, die Bewegung eines unendlichen Entzugs, dem ein ebenso unendlicher Wunsch nach *Folge* entspricht. "Der Walfisch hat uns geführt." (*LM*, 34) So lautet der vielleicht singulärste Satz im Werk Carl Schmitts, der sich sonst stets von anderen Führern führen ließ. Natürlich bringt der Walfisch das Thema des *Leviathan* ins Spiel, das Hobbes ausgerechnet als Symbol für seine Konstruktion des absolutistischen Staates gewählt hatte, der sich des unbedingten Gehorsams seiner Untertanen (wenn auch nicht ihrer Gedanken, die in dem Raum eines unverfügbaren *Innen* eingeschlossen werden) versichert.

Der Leviathan erscheint "in den eigentlich mythenkräftigen Vorstellungen immer als ein großes Wassertier, als Krokodil, Walfisch, oder allgemein als ein großer

---

49    Nicolaus Sombart hat seine Entdeckung der 'Kehre' Carl Schmitts sofort wieder mit psychoanalytischen und matriarchatstheoretischen Versatzstücken, die seine Interpretationsperspektive konstituieren, zugeschüttet (vgl. Sombart 1991, 295-342).

Fisch, der Behemoth aber als Landtier, z.B. als großer Stier oder Elefant" (*L*, 11).
Heinrich Meier hat Schmitts Haltung zum Leviathan-Symbol als eine Fortschrei-
bung der "Leviathan-Deutung des christlichen Mittelalters bis zur Scholastik" (*L*,
15) bewertet. In der Haltung zum Leviathan offenbart sich Meier zufolge der politisch-theologische Kern der Lehre Carl Schmitts. Wie beschreibt Schmitt selbst
diese mittelalterliche christliche Leviathan-Interpretation? Sie werde "ganz von der
theologischen Auffassung beherrscht, daß der Teufel durch den Tod Christi am
Kreuze den Kampf um die Menschheit verloren hat, indem er, durch die Knechts-
gestalt des im Fleische verborgenen Gottes getäuscht, den Gottmenschen am
Kreuze verschlingen wollte, dabei aber durch das Kreuz wie durch einen Angelhaken gefangen wurde. Der Teufel wird hier als der Leviathan, d.h. als ein großer
Fisch dargestellt, der von Gott geködert und gefangen wird." (*L*, 15) Schmitt 'illu-
striert' diese Deutung noch durch den Hinweis auf "die herrliche Zeichnung im
'Hortus delicarum' der Äbtissin Herrad von Landsberg (12. Jahrhundert) [...], wo
Gott als Fischer, Christus am Kreuz als Köder am Angelhaken und der Leviathan
als geköderter Riesenfisch abgebildet sind" (*L*, 16). Wegen dieser christlichen
Grundstellung zum Leviathan, so Meier, ist Schmitt dem neuzeitlichen Staat, den
Hobbes unter diesem Symbol präsentiert, *von allem Anfang an skeptisch, ja feindlich gesonnen*. Ich glaube, daß Heinrich Meier völlig recht hat, wenn er die geläufige These vom *Etatisten* Carl Schmitt bezweifelt. Es sind nicht immer echte Tränen, die Schmitt weint, wenn er das Stranden, Zerschneiden und Verteilen des Leviathan in melodramatischer Manier inszeniert (*L*, 118, 122): "Wenn der 'irdische
Gott' von seinem Throne stürzt und das Reich der objektiven Vernunft und Sittlichkeit zu einem 'magnum latrocinium' wird, dann schlachten die Parteien den
mächtigen Leviathan und schneiden sich aus seinem Leibe jede ihr Stück Fleisch
heraus." (*PB*, 133) Schmitts *Interesse* gilt trotz aller etatistischen Rhetorik vieler
seiner Schriften jenen Kräften, die über den Staat hinausführen. Der zentrale Satz
aus der *Leviathan*-Schrift lautet denn auch: "Nichts Göttliches läßt sich äußerlich
erzwingen." (*L*, 95)

Anders als Meier unterstelle ich allerdings bei Schmitt ein Wissen darum, daß die
Religionen und auch die christliche Offenbarunglehre keineswegs ein geschichts-
enthobenes Privileg auf die Verfügung über dieses Göttliche besitzen, das Schmitt
weiter als das "Innerliche", das "Private", kurz: die "Seele" bestimmt. Schmitt
spricht von der "Gegenkraft des Schweigens und der Stille", die, obwohl sie nicht
über die stupenden Machtmittel des staatlichen Gewaltmonopolisten verfügt, jeder
"nur öffentliche[n] und nur äußerliche[n] Macht" überlegen ist (*L*, 94). Immer entzieht sich etwas dem Staat, der als *öffentliche* und *souveräne* Ordnung nur das beherrscht, was er zu *vereinnahmen* vermag. Deleuze und Guattari sprechen vom
Staat als einem *Vereinnahmungsapparat* (*appareil de capture*), für den die Bezug-

nahme auf ein *Außen* konstitutiv ist, also auf etwas, das ihm beständig entgeht und das er beständig 'hereinzuholen' versucht. Es bedürfte keines Staates ohne dieses Außen - und Schmitt hat nicht nur Recht, wenn er die *Nahme* als den *(staats)rechts-begründenden Ur-Akt* (Deleuze und Guattari sprechen vom *Urstaat*) auszeichnet, er hat vor allem auch mit seiner Einschätzung recht, daß die politische Welt ein *Pluriversum* ist und daher einen "die ganze Menschheit umfassenden Welt'staat'", einen Hypersouverän nicht zulasse (*BdP*, 54).

Doch wie genau ist dieses *Außen* beschaffen? Es ist offenbar ein komplexer Begriff, der eine heterogene Sache bezeichnet, so daß es unstatthaft ist, wie Schmitt im *Begriff des Politischen* verfährt, dieses *Außen* auf die *Außenpolitik* zu reduzieren. Denn die Sphäre des staatlichen Außen wird nicht nur durch *andere Staaten* gebildet, sondern vor allem durch *das Andere des Staates*. "Das Gesetz des Staates ist nicht Alles oder Nichts (Gesellschaften für den Staat *oder* Gesellschaften gegen den Staat), es ist vielmehr ein Gesetz von Innen und Außen. Staat bedeutet Souveränität. Aber die Souveränität herrscht nur über das, was sie verinnerlichen, sich räumlich aneignen kann. Es gibt nicht nur keinen universellen Staat, sondern das Außen der Staaten läßt sich auch nicht auf die 'Außenpolitik' reduzieren, das heißt auf alle zwischenstaatlichen Beziehungen."[50] *Auch die (Gegen-)Kräfte des Innerlichen und Privaten, die "Seele eines Volkes", gehören zu diesem Außen.* Man muß sich vor dem Irrtum hüten, daß das Innerliche und Private etwas sei, das lediglich in die Sphäre des *Subjekts* falle und damit im Verhältnis zum machtvollen Staat von nur residualer Bedeutung sei. Selbst "ohne Plan und Organisation" können die mannigfaltigen Gegenkräfte zu einer "Front" zuzammenschießen, "der es keine große Mühe macht, den positiv gemeinten Mythos vom Leviathan zu besiegen und in ihren eigenen Triumph zu verwandeln" (*L*, 96).

Freilich neigt Schmitt allzu sehr dazu, die Wirksamkeit der 'privaten' Gegenkräfte nach dem Modell des am Staat abgelesenen Politischen zu denken, wie die "Frontsymbolik" deutlich macht. Aber die Gegenkräfte funktionieren nicht nach dem Modell des Krieges bzw. Bürgerkrieges, sie repräsentieren nicht den keimhaften Gegen-Staat im Staat, gehorchen nicht der binären Logik des *Widerspruchs*, sondern der der *Differenz* und der *Fluchtlinie*: dem Staat entkommen, eine andere Linie ziehen, die selbst den Staat noch mitreißt. Wenn Schmitt in seinem theoretischen Diskurs der Freund-Feind-Unterscheidung das Privileg des äußersten Intensitätsgrades vorbehält, dann macht er sich den (onto)logischen common sense zu eigen, der vergißt: "Nur mit Bezug auf das Identische, in Abhängigkeit vom Identischen ist der Widerspruch *die größte* Differenz. Trunkenheit und Taumel sind vorgetäuscht; das Dunkle ist schon von Anfang an geklärt. [...] Unter der Flachheit der

---

50    Deleuze/Guattari 1992, 494.

Negation liegt die Welt der 'Disparation'."[51] So ist es kein Zufall, daß es für Schmitt nicht die rückwärts gewandten, der christlichen res publica des Mittelalters entstammenden politisch-theologischen Kräfte sind, an denen der Leviathan scheiterte, sondern die "zukunftsreichen Energien" einer Seemacht, die das Hobbessche Projekt in ihrem Bereich zu Makulatur werden ließ, bevor es irgendeine staatsbildende Wirkung entfalten konnte: "Das Mißgeschick des Bildes vom Leviathan liegt darin, daß der Staatsbegriff des Hobbes in England seit 1660 dem monarchischen Absolutismus und damit den Stuarts zugeordnet war, also zu einer Politik gehörte, die mit Hilfe des grundbesitzenden Adels auf englischem Boden den kontinentalen, spanisch-französischen Staatsgedanken verwirklicht hätte, jedoch von den stärkeren und der englischen Nation gemäßeren Kräften der See und des Handels besiegt wurde. [...] Die zukunftsreichen Energien der Seemacht standen auf der Seite der Revolution. Die englische Nation wurde ihrer Herr und wuchs in die Weltmachtstellung hinein, ohne die Formen und die Mittel des staatlichen Absolutismus. Der englische Leviathan ist nicht Staat geworden." Er ist vielmehr zu "Weltmachtstellung" herangewachsen, indem er den Leviathan *verhinderte*, der sich überall an seinem Horizont abzuzeichnen begann.

England hat sich mit anderen und zukunftsreicheren Kräften als denen des Staates verbunden. Es hat sich mit einer anderen als der militärischen *Kriegsmaschine* verbündet und damit all die kontinentalen Staaten überflügelt, die vornehmlich ihre Souveränitätsfunktion kultivierten. Das Beispiel Englands ist für Schmitt deshalb so instruktiv, weil es zeigt, daß die Macht sich aus ganz anderen Quellen als die der staatlichen Gewalt und einem staatlich in Regie genommenen christlichen pouvoir spirituel zu speisen vermag. Wenn der 'Urstaat' - im Sinne der ursprünglichen *Nahme*, die jeder territorialen Herrschaftsordnung vorausgeht und zugrundeliegt - und mit ihm das Recht nur auf dem *Land* zu entstehen vermag, wenn auch anthropologisch gilt: "Der Mensch ist ein Landwesen, ein Landtreter" (*LM*, 7), dann kann man das ganze Wagnis der Insel ermessen, sich mit den *Kräften des Meeres* zu verbinden und eine *maritime Existenz* zu erfinden: eine Macht, die statt festgegründet zu sein, einem Element entspringt, das "keinen Charakter" hat, also in einem radikalen Sinne *anarchisch* ist, weil auf den Wellen alles Welle ist. Das Meer ist auch für Schmitt das Paradigma eines absoluten *Immanenzfeldes*, das sich jedem Anspruch, jeder *Prätention* schon dadurch entzieht, daß es, jedenfalls zunächst, nicht als Einschreibungsfläche taugt.

Deleuze und Guattari haben ganz wie Schmitt die Funktion des *Urstaates* - des "rechtsbegründenden Ur-Aktes" (*N*, 16) - darin gesehen, "den Raum, über den er herrscht, einzukerben oder die glatte Fläche als Kommunikationsmittel in den

---

51    Deleuze 1992, 330, 334.

Dienst des eingekerbten Raumes zu stellen. Es ist das vitale Interesse jedes Staates, nicht nur das Nomadentum zu besiegen, sondern auch die Migrationen zu kontrollieren [das große politische Problem der westlichen Welt nach der Auflösung des Ost-West-Gegensatzes, Vf.] und ganz allgemein einen Rechtsbereich gegenüber einem 'Außen' geltend zu machen, gegenüber der Gesamtheit von Strömen, die die Ökumene durchqueren. Überall, wo es nur geht, verbindet sich der Staat mit einem Prozeß der Vereinnahmung von Strömungen jeder Art, Bevölkerungen, Waren oder Handel, Geld oder Kapital etc. Überdies sind noch feste Wege mit genau definierten Richtungen notwendig, die die Geschwindigkeit begrenzen, den Verkehr regeln, die Bewegung relativieren und die relativen Bewegungen der Subjekte und Objekte im Detail messen. [...] Schwerkraft, *Gravitas*, ist das Wesen des Staates. Das bedeutet nicht, daß der Staat keine Geschwindigkeit kennt, sondern daß er darauf angewiesen ist, daß noch die schnellste Bewegung nicht mehr der absolute Zustand eines sich bewegenden Körpers ist, der einen glatten Raum besetzt, sondern zum relativen Merkmal eines 'bewegten Körpers' wird, der in einem eingekerbten Raum von einem Punkt zum anderen geht. In diesem Sinne ist der Staat unaufhörlich damit beschäftigt, die Bewegung aufzulösen, wieder zusammenzusetzen und zu transformieren oder die Geschwindigkeit zu regulieren."[52] Der Staat ist die "Kraft, *qui tenet*" (*N*, 29), der *Aufhalter* (*Kat-echon*) par excellence - und alle diejenigen, die sich in uferlosen Kommentaren zu den Kommentaren verlieren, die Schmitt selbst bereits zum christlichen Geschichtsbild des Kat-echon abgegeben hat, verfehlen das Wesentliche: *daß jeder Staat Aufhalter ist* - im Namen welcher Ideen auch immer, was nicht bedeutet, daß er die Bewegungen dem Stillstand anzunähern versucht, sondern daß er keine Bewegung duldet, die sich nicht einem Kontrolldispositiv unterwirft. Genauer gesagt: der Staat ist unter den zeitgenössichen Bedingungen weniger Aufhalter als *Auflöser*.

Schmitt hat gerade am Verhältnis der späteren Seemacht England zum Meer eine Entwicklung beschrieben, die von einem Zustand ausgeht, in dem die "Seeschäumer" "wirkliche Kinder des Meeres waren", die sich "mit dem Element der See identisch [fühlten]" (*LM*, 24), und in einem Zustand endet, in dem die Herrschaft über das zum *Objekt* gewordene Meer total geworden ist. Und diese Herrschaft funktioniert auf der Basis einer technisch perfektionierten Ausnutzung des *glatten Raumes* als eines Kommunikationsraumes. Die von Deleuze und Guattari beschriebene *Dialektik* des glatten Raumes wird von Schmitt in *Land und Meer* zum Gegenstand einer faszinierenden dramatischen Narration gemacht: "Es ist als ob das Meer nicht nur der Archetypus aller glatten Räume gewesen ist, sondern der erste dieser Räume, der eine Einkerbung erdulden mußte, die ihn in zunehmendem Maße

---

52   Deleuze/Guattari 1992, 531f.

unterwarf und ihn hier oder da, erst von der einen und dann von der anderen Seite mit Rastern überzog. Die Handelsstädte haben an dieser Einkerbung [Navigation, Kartographierung, Vf.] Anteil gehabt und oft neue Erfindungen beigesteuert [Schmitt diskutiert sie ausführlich in *Land und Meer*, Vf.], aber nur Staaten konnten sie zuende führen und sie auf die globale Ebene einer 'Wissenschaftspolitik' erheben. Es hat sich immer mehr etwas *Dimensionales* herausgebildet, das sich das *Direktionale* unterordnete oder es überlagerte."[53]

Die Unterscheidung dimensional/direktional hat, wie wir gleich sehen werden, ihr genaues Pendant bei Carl Schmitt. Die Entwicklung von der direktionalen (auf der Basis einer operativen, 'standortrelativen' Geometrie funkionierenden) zu einer dimensionalen Seefahrt kulminiert in einem Zustand, den Schmitt so beschreibt: "Das Meer ist heute nicht mehr ein Element wie zur Zeit der Waljäger und Korsaren. Die heutige Technik der Verkehrs- und Nachrichtenmittel hat aus ihm einen Raum im heutigen Sinne des Wortes gemacht. Heute kann, in Friedenszeiten, jeder Reeder täglich und stündlich wissen, an welchem *Punkt* des Ozeans sein Schiff auf hoher See sich befindet." (*LM*, 106 - m.H.) Die Einkerbung des Meeres durch die Navigation basiert auf dem "*Punkt* der Position, den man durch eine Reihe von Berechnungen auf der Grundlage einer genauen Beobachtung der Sterne und der Sonne bekommt", also durch die Ausrichtung des Blicks *nach oben*, durch die Wiedererrichtung eines vertikalen Privilegs auch für die Seefahrt. Die "empirische und komplexe nomadische Navigation" dagegen bezieht "die Winde, die Geräusche, die Farben und Klänge des Meeres" mit ein.[54] José Emperaire kennzeichnet das *direktionale*, auf das Immanenzfeld des Meeres vertrauende Segeln der "Nomaden des Meeres" mit folgenden Worten: "Sie fassen eine Reiseroute nicht in ihrer Gesamtheit auf, sondern in fragmentarischer Weise, indem sie die verschiedenen, im Laufe der Reise aufeinander folgenden Etappen von Lagerplatz zu Lagerplatz nebeneinander anordnen. Für jede dieser Etappen schätzen sie die Dauer und die aufeinander folgenden Richtungsänderungen ein, durch die sie markiert werden."[55]

Die Pragmatik des *glatten* Raumes ist durch die Dominanz der *Linien* über die *Punkte* gekennzeichnet: "Die Linie ist nicht die Verbindung zwischen zwei Punkten, sondern der Punkt ist der Kreuzungspunkt mehrerer Linien."[56] Die "feine Topologie", die dem glatten Raum korrespondiert, beruht nicht auf "Punkten oder Objekten", sondern, wie Deleuze/Guattari am Beispiel von Sand- und Schneewüsten erläutern, auf Haecceïtates [d.h. auf Diesheiten bzw. reinen Ereignissen, Vf.],

53   Ebd., 665.
54   Ebd., 664.
55   Zitiert nach Deleuze/Guattari 1992, 526f, FN 56.
56   Deleuze 1993c, 233.

auf einem Zusammenwirken von Verhältnissen (Winde, Wellenbewegungen von
Schnee oder Sand, das Singen des Sandes und das Krachen des Eises, die taktilen
Eigenschaften von beiden); es ist eher ein taktiler oder vielmehr 'haptischer' und
klanglicher als ein visueller Raum."[57] Schmitt hat die Variabilität und Polyvozität
der Richtungen, die den glatten Raum kennzeichnen, genau erkannt - ebenso wie er
erkannt hat, daß die See*herrschaft* mit der Wiedereinführung der Dimensionalität in
diesen Raum und damit: mit der Aufgabe der maritimen Existenz bzw. mit dem
Verlassen des maritimen *Elements* erkauft ist. *Land und Meer* ist deshalb ein durchaus singuläres Buch und überragt den *Nomos der Erde*, weil es - anders als dieser -
die *Raumrevolution*, die von der englischen "Wendung zum Meer" bewirkt wurde,
nicht, oder jedenfalls: nicht vollständig mit der Eroberung und anschließenden
*Nahme* der "Neuen Welt" und des Meeres verwechselt. Es gibt eine Dimension der
Raumrevolution, die einer ausschließlich völkerrechtlichen Betrachtung dieses Ereignisses völlig entgeht. *Das Konzept der Raumrevolution ist nicht von vornherein
politisch-theologisch ausgerichtet*, obwohl es sich bei dieser Revolution durchaus
um die Offenbarung eines "Absoluten" handelt. Aber die Theologie hat eben kein
Monopol auf die Eröffnung des Absoluten.

Das Personal, das die Wendung zum Meer trägt und das Schmitt so viel Bewunderung abnötigt, weist unübersehbar *nomadische* Züge auf. Die Piraten, Korsaren,
Privateers, Merchant-Adventurers (*LM*, 43), die "Flibustiers" und "wilden Bucca-
neers" (*LM*, 41), die "Rochellois" und "Seegeusen" (*LM*, 44), die den unbewohn-
baren Raum des Meeres bevölkern und für die Schmitt den Namen *Seeschäumer*
kreiert, sie alle befinden sich, mit Deleuze/Guattari zu reden, "in einem *absolut lokalen* Bereich, in einem Absoluten, das sich lokal manifestiert und in einer Serie
von lokalen Vorgängen mit unterschiedlichen Orientierungen erzeugt wird"[58]; es
handelt sich um ein Absolutes vor seiner *Konvertierung durch eine Religion* - und
Schmitts *Land und Meer* ist ein Buch über den Vorgang dieser Konvertierung, der
politisch-theologischen Kolonialisierung eines Absoluten, das vollkommen unabhängig von ihr in die Welt gekommen ist.

Schmitt läßt keinen Zweifel daran: alle Seeschäumer "haben einen politischen
Feind, nämlich die katholische Weltmacht Spanien". Und weiter: "Sie stehen also
in einer großen, weltgeschichtlichen Front, in der Front des damaligen Weltprotestantismus gegen den damaligen Weltkatholizismus" (*LM*, 44). Aber *erschöpft sich
die maritime Existenz in dieser politisch-theologischen Gegenstellung zum Weltkatholizismus? Ist sie das Wichtigste an dem "elementaren Aufbruch auf das Meer"?
Schmitt macht deutlich, daß der Calvinismus als radikalster geistiger Exponent des

---

57   Deleuze/Guattari 1992, 526.
58   Ebd.

Weltprotestantismus seine politische Dynamik nur entfalten konnte, weil er sich mit den "elementaren Energien der See" *verband*, zu denen er keineswegs *von sich aus* eine besondere Nähe hat. Schmitt spricht vom "Zusammentreffen" - und pathetischer - von der "weltgeschichtlichen Brüderschaft, die den politischen Calvinismus mit den aufbrechenden maritimen Energien Europas verbindet." Der Calvinismus, die politisch-theologische 'Häresie', vermochte diese maritimen Energien nicht von sich aus *hervorzubringen*, er konnte sie lediglich *konvertieren*. Schmitt läßt keinen Zweifel daran, daß man den "Gegensatz der elementaren Kräfte" nicht von der politisch-theologischen Gegensätzlichkeit her verstehen kann, wohl aber die *Intensität* der politischen Gegensätzlichkeit von dem Gegensatz der elementaren Kräfte her: "Auch die religiösen Fronten und die theologischen Kampfparolen dieser Zeit tragen *in ihrem Kern* den Gegensatz der elementaren Kräfte, die eine Verlagerung weltgeschichtlicher Existenz vom festen Lande auf das Meer bewirkt haben." (*LM*, 84f. - m.H.) Die *Raumrevolution*, die Verlagerung weltgeschichtlicher Existenz vom festen Land auf das Meer ist ein Vorgang 'eigenen Rechts', der aus der Perspektive der politisch-theologischen Front, in die er einrücken wird, nicht zu erfassen ist. Der Gegensatz von *Land und Meer* ist nicht in einem vordergründig-geographischen Sinne gemeint, aber er ist eben auch nicht durch eine politisch-theologische Kampflinie determiniert, sondern zieht umgekehrt die konfessionspolitischen Spaltprodukte (Jesuitismus, Calvinismus) in seinen Bann. Das, was sich im *Meer* und in der *maritimen Existenz* zu Wort meldet, bringt die Dynamik eines *Werdens* ins Spiel, die alle politisch-theologischen Einsätze mit sich reißt: "Der Calvinismus war die kämpferische neue Religion; *ihn ergriff der elementare Aufbruch auf das Meer als den ihm gemäßen Glauben.* Er wurde der Glaube französischer Hugenotten, holländischer Freiheitshelden und englischer Puritaner. Er war die religiöse Überzeugung des Großen Kurfürsten von Brandenburg, eines der wenigen deutschen Fürsten, die einen Sinn für die Seemacht und Kolonien hatten. Die binnenländischen calvinischen Gemeinden in der Schweiz, in Ungarn und in anderen Ländern waren, weltpolitisch gesehen, ohne Bedeutung, *wenn sie nicht im Gefolge jener maritimen Energien standen.*" (*LM*, 82f. - m.H.)

Der maritime Aufbruch war bereits als solcher ein "Erfolg" (*LM*, 84): mit dem Land hatte er nämlich auch die ihm zugeordnete "geistige" bzw. *geistliche Sprache* und die sich auf ihrer Grundlage bildenden politisch-theologischen Frontlinien hinter sich gelassen. Erst in dem Augenblick, in dem die Seeschäumer in "den Bereich der politischen Weltgeschichte" eintreten wollen, "mußten sie auch in die geistige Sprache ihrer Zeit eintreten" (*LM*, 84). Es gibt keine *Teleologie* zwischen der Wendung zum Meer und der politisch-theologischen Reterritorialisierung, obwohl Schmitt, der die Hinwendung zum Meer von ihrem weltgeschichtlichen Ergebnis *beurteilt*, das Zusammentreffen zwischen maritimer Existenz und politischer Theologie rückblickend als eine 'Notwendigkeit' von providentieller Dignität hinzustellen bemüht ist: "Sie konnten nicht einfach Waljäger, Segler und Seeschäumer bleiben. Sie mußten sich ihren geistigen Verbündeten, den kühnsten und radikalsten Verbündeten suchen, denjenigen, der mit den Bildern der früheren Zeit am echtesten ein Ende machte [Anspielung auf den calvinistischen Ikonoklasmus, Vf.]." (*LM*, 84)

### 3. Ein ungeheures Anteilnehmen: Werden und monströse Allianzen

In Wahrheit ist die *maritime Existenz* eine Kategorie, die gar nicht in die *Geschichte* und die sie dominierenden signifikanten Zeichenregime[59] fällt. Deleuze hat für diesen der Geschichte entzogenen oder sich ihr permanent entziehenden Erfahrungsbereich den Begriff des *Werdens* (*devenir*) vorgeschlagen[60] - und von ihm aus auch die Geschichte neu definiert, nämlich als das negative Ensemble der Bedingungen, denen das Werden abgerungen werden muß. In einem Gespräch mit Toni Negri hat Deleuze die Unterscheidung Geschichte/Werden mit einem Hinweis auf Nietzsche erläutert, dessen Kategorie des "Unzeitgemäßen", das trotzdem *in der Zeit* wirkt, dem Werden am ehesten entspricht: "Nietzsche sagte, daß nichts Wichtiges ohne eine 'Dunstschicht des Unhistorischen' zustande kommt. Das ist kein Gegensatz zwischen Ewigkeit und Geschichte, auch keiner zwischen Betrachtung und Aktion: Nietzsche spricht von dem, was zustande kommt, vom Ereignis selbst oder vom Werden. Was die Geschichte vom Ereignis erfaßt, ist seine Verwirklichung in Zuständen, aber das Ereignis in seinem Werden entgeht der Geschichte. Die Geschichte ist nicht das Experimentieren, sie ist nur das Ensemble fast schon negativer Bedingungen, die das Experimentieren mit etwas möglich machen, das der Geschichte entgeht."[61] Die Geschichte ist also durchaus notwendig für die Entstehung des *Werdens*, aber das Werden bleibt ihr *äußerlich* und reißt sie günstigstenfalls mit sich. Kants Theorie des *Geschichtszeichens* - die man als den Versuch des Aufspürens eines "Phänomens in der Menschengeschichte" definieren könnte, eines Phänomens, das die (schrecklichen) Zustände, in denen es sich realisiert, unendlich

---

59    Zum Konzept der "Zeichenregime" und ihrer Typologisierung vgl. das Kapitel 5 "587 v. Chr. - 70 n. Chr. Über einige Zeichenregime" in *Tausend Plateaus* (Ebd., 155-203).

60    Zum Begriff des *Werdens* vgl. auch Maurice Blanchots Begriff des "Unmöglichen" (*l'impossible*), der offensichtlich durch Überlegungen aus *Differenz und Wiederholung* inspiriert ist (Blanchot 1969, 65).

61    Deleuze 1993c, 244.

überschreitet - verweist gleichfalls auf die Unterscheidung zwischen der Geschichte und dem Werden bzw., wie Kant explizit sagt, dem "Experiment"[62].

Die "elementaren Energien der See" verhalten sich zum calvinistischen Zeichenregime wie das Werden zur Geschichte. Und so ist es kein Zufall, daß Deleuze und Guattari in dem Kapitel von *Tausend Plateaus*, das verschiedenen Spielarten des *Werdens* gewidmet ist, auch jenes Buch rühmen, das für Schmitt die "Entscheidung des Menschen für das Element der See" wie kein zweiter Text vor Augen stellt: Hermann Melvilles *Moby Dick*. "*Moby Dick* ist insgesamt eines der größten Meisterwerke des Werdens; Kapitän Ahab hat ein unwiderstehliches Wal-Werden, das aber gerade die Meute oder den Schwarm umgeht und sich direkt durch eine monströse Allianz mit dem *Einzigen*, mit dem Leviathan, mit Moby Dick vollzieht. Es gibt immer einen Pakt mit dem Dämon".[63] Die monströse Allianz mit dem Leviathan - die etwas ganz anderes ist als die Unterwerfung unter die Autorität des staatlichen oder theokratischen Souveräns -, der Pakt mit dem Dämon ist genau jener Aspekt an Melvilles Werk, den auch Schmitt in den Vordergrund stellt. Zunächst jedoch beginnt er seine Überlegungen zu Melvilles *Moby Dick* mit einem Hymnus auf "die ersten Helden einer neuen maritimen Existenz", die "Waljäger und wagende[n] Segler" - wobei entscheidend ist, daß der Status des Helden keineswegs nur den Jägern, sondern auch dem *Gejagten* zugesprochen wird: "Hier muß ich zunächst ein Wort zum Lobe des Wals und zum Ruhm der Waljäger sagen. Es ist nicht möglich, von der großen Geschichte des Meeres und von der Entscheidung des Menschen für das Element der See zu sprechen, ohne des fabelhaften Leviathan und seiner ebenso fabelhaften Jäger zu gedenken. Das ist freilich ein gewaltiges Thema. Weder an den Wal noch an den Walfischjäger reicht mein schwaches Lob heran. Wie kann ich es wagen, von zwei Meereswundern, von dem mächtigsten aller lebenden Tiere und von dem kühnsten aller menschlichen Jäger in angemessener Weise zu erzählen?" (*LM*, 29).

Die "große Geschichte", die die 'Eroberung der Meere' zur Folge hatte, kann nicht erzählt werden, ohne daß man zuvor in den Bereich der *Fabel* und des *Fabelhaften* eintaucht, in dem sich jenes *Werden* abspielt, das die anschließende Ge-

---

62  Kant 1981, 357, 358, 361. Kant spricht von einem "Phänomen in der Weltgeschichte", das sich *nicht mehr vergißt*, von einer Begebenheit, die "zu groß" ist. Vor allem aber widerspricht er allen Argumentationen "wohlmeinender Menschen", die die Legitimität des Werdens von den - vermuteten oder tatsächlichen - Ergebnissen seiner historischen Verwirklichung abhängig machen, weil Kant weiß, daß die historische Verwirklichung niemals die Verwirklichung des *Werdens* ist, daß das Werden also niemals an der Geschichte gemessen werden darf. Das *Werden* ist, wie Deleuze auch sagt, eine "Gegen-Verwirklichung" (Deleuze 1993c, 244).

63  Deleuze/Guattari 1992, 332.

schichte, die Geschichte einer *Nahme*, der *Seenahme* (und in ihrem Gefolge: der Nahme der 'Neuen Welt) ist, erst möglich macht. Die Schmitt-Forschung hat bislang völlig ignoriert, daß das Spannungsverhältnis Geschichte - Werden von Schmitt sehr bewußt thematisiert worden ist und sich vor allem auch *narratologisch* niederschlägt. Der Skandal, der darin liegt, daß Schmitt für eine "weltgeschichtliche Betrachtung", die *Land und Meer* doch dem Untertitel nach sein will, die literarische Form der *Erzählung* wählt, ist bislang nur von Nicolaus Sombart bemerkt worden. Schmitt will diese Wahl auch nicht als ein Eingeständnis seiner historiographischen Inkompetenz verstanden wissen, er macht bereits durch den unmittelbar auf das Titelblatt folgenden Zusatz "Meiner Tochter Anima erzählt" deutlich, daß das, worum es ihm bei dieser weltgeschichtlichen Betrachtung geht, auf das Genre der Erzählung, der "mächtigen Erzählung", wie Schmitt schreibt, der Legende, der Fabel, vielleicht sogar des Märchens angewiesen ist. Etwas bringt sich in der Weltgeschichte zur Geltung, was der Geschichtsschreibung entgeht und was daher auch ihren Rahmen sprengt. Die Semantik der *Energie* und der *Existenz* deutet auf diese Kräfte hin, die ein unabsehbares Werden in Gang setzen, das die Geschichte nicht selbst erzeugen kann, auf das sie aber angewiesen ist - und sei es nur, um es ab- bzw. zurückzudrängen oder um Kapital aus ihm zu schlagen.

Nicht Jules Michelet, der den Wal familiarisiert und ödipalisiert[64] und ihm damit jene Qualitäten nimmt, die eine "monströse Allianz" mit ihm ermöglichen, sondern Hermann Melville hat den Abgrund aufgerissen, aus dem der Wal blitzartig vor seinen Jägern auftaucht und sie der höchsten Gefahr aussetzt: "Melville aber ist für die Weltozeane, was Homer für das östliche Mittelmeer ist. Er hat die Geschichte des großen Wals, Moby Dick, und seines Jägers, des Kapitäns Achab, in einer mächtigen Erzählung 'Moby Dick' (1851) geschrieben und damit das größte Epos des Ozeans als eines Elements gedichtet." (*LM*, 30) Das Pathos des *Elementaren*, das Schmitt durchgängig in *Land und Meer* beschwört, könnte zu dem 'ideologiekritischen' Mißverständnis verführen, hier werde der Bereich der Geschichte auf das Spiel *naturaler Gewalten*, die sich der Verfügungsmacht der Menschen entziehen, reduziert. Aber das Ereignis, um das es Schmitt geht, jenes *Werden*, das sich in der Tat der 'Verfügungsmacht der Menschen' entzieht, entsteht gerade durch ein 'perverses' Überschreiten der Grenzen, die die *Natur* zieht: das *Werden* ist nämlich nicht nur dasjenige, was die Geschichte überschreitet, sondern auch das, was den Gesetzen der Natur 'entflieht'. Schmitt nennt den Wal ein "seltsames Ungeheuer"

---

64 "Michelet, der französische Lobredner des Wals, beschreibt in seinem Buch vom Meer das Liebes- und Familienleben der Walfische mit besonderer Rührung. Der männliche Walfisch ist der ritterlichste Liebhaber der weiblichen Wale, der zärtlichste Gatte, der sorglichste Vater. Er ist das humanste aller Lebewesen, humaner als der Mensch, der ihn mit barbarischer Grausamkeit ausrottet." (*LM*, 31f.)

und will damit "das Erstaunliche" zum Ausdruck bringen, "daß ein solcher warm-
blütiger Riese dem Element des Meeres ausgeliefert ist, ohne daß seine physiologi-
sche Anlage ihn dazu bestimmt" (*LM*, 31). Die "perverse Allianz" zwischen Wal
und Walfänger ergibt sich gerade daraus, daß sie beide einen Raum bevölkern, in
dem sie, die beide keine "Fische im zoologischen Sinne des Wortes" sind (*LM*,
33), eigentlich gar nicht zu Hause sind. Die 'Hochzeit' zwischen Wal und Walfänger ist *widernatürlich*, sie realisiert sich "'außerhalb des programmierten Körpers'"[65], weil sie drei Elemente zusammenfügt, die weder ihrer Herkunft noch ihrer Zukunft nach - die Zukunft besteht im "Zustand der industriell gewordenen
Walöl-Gewinnung und Walkadaver-Verwertung" (*LM*, 32) - füreinander bestimmt
sind.

"Das Werden gehört immer zu einer anderen Ordnung als der der Abstammung.
Es kommt durch Bündnisse zustande." Während das Evolutionskonzept vom
Phantasma des *Aufstiegs* vom weniger zum höher Differenzierten beherrscht wird
(und damit das Schema des *regressiven* Abstiegs nur umkehrt), erzeugt das *Werden*
Komplexität durch Verknüpfung des *Heterogenen* und setzt sich über die Grenzen,
die die Arten und Gattungen trennen, hinweg, eine Evolution nicht durch Abstammung und Erbschaft, sondern durch *Ansteckung* und *laterale Kommunikation*:
"Wir würden diese Form der Evolution, die zwischen Heterogenen abläuft, lieber
als 'Involution' bezeichnen, vorausgesetzt, man verwechselt die Involution nicht
mit einer Regression. Das Werden ist involutiv, die Involution ist schöpferisch.
Regredieren bedeutet, sich zum weniger Differenzierten zu bewegen. Involution
bedeutet dagegen, daß ein Block gebildet wird, der sich an seiner eigenen Linie
entlang bewegt, 'zwischen' vorhandenen Termen und unterhalb bestimmbarer Beziehungen."[66] Wenn Nicolaus Sombart daher Schmitts Wendung zum Meer mit der
psychoanalytisch inspirierten Formel vom "thalassischen Regressionszug" zu fassen versucht - die "Feuchte des *Meeres*" ist, wir wissen es alle (mer = mère), eine
bloße Übersetzung unserer Sehnsucht nach der "dunklen Feuchte des Mutterlei-
bes"[67] -, dann kultiviert er wie auch sonst in seinem Buch allzu sehr die eigenen
Obsessionen, verfehlt aber die Radikalität des Schmittschen Aufbruchs.

Denn genau das zeigt Schmitt im 5. Kapitel von *Land und Meer*: wie Wal und
Waljäger einen *Block* bilden und sich auf einer Linie der absoluten Deterritorialisierung bewegen. Das so erzeugte *Werden* reißt sogar noch die Unterscheidung von
*Freund und Feind* mit sich, genauer: es beseitigt sie nicht - der Jäger ist auch weiterhin der 'Feind' des Gejagten -, sondern ordnet sie sich unter, ordnet sich das

---

65   Ebd., 373.
66   Ebd., 325.
67   Sombart 1991, 325.

Politische unter, so daß Schmitt, der das Politische durch die Unterscheidung von Freund und Feind bestimmt hatte, schreiben kann, daß "eine innige, feind-freundschaftliche Bindung zwischen dem Jäger und seinem Wild eintritt" (*LM*, 33), eine Formulierung, die zeigt, in welchem Maße das *Werden* eine *Intensität* zu erzeugen vermag, die noch den "äußersten Intensitätsgrad" (*BdP*, 27) des Politischen übersteigt. In einer Eintragung des *Glossariums* aus dem Jahre 1948 schreibt Schmitt einmal: "Der Feind ist nicht das, was ausgeschieden wird; das Verhältnis von Freund und Feind ist nicht das von Speise und Kot, sondern viel eher das der Mischung und Begattung, die Hochzeitsnacht der Gegensätze; eine heraklitische Orgie; auch im Bürgerkriege, solange der Krieg Bruderkrieg bleibt." (*G*, 157) Wenn Schmitt auch - anders als Hermann Heller glaubte[68] - im *Begriff des Politischen* keineswegs einer existentiellen *Vernichtung* des Feindes das Wort geredet hatte, der Traktat also nicht, wie immer noch gerne kolportiert wird, als eine Vernichtungstheorie angesehen werden kann, so ist er doch mindestens ebenso weit entfernt von der *heraklitischen* Auffassung einer 'höheren Einheit' der Gegensätze, einer *gegenstrebigen Fügung* bzw. der "innigen, feind-freundschaftlichen Bindung". Der Feind hat im *Begriff des Politischen* die konstitutive Funktion der politischen Identitätsstiftung: Abwehr und Bekämpfung, nicht jedoch Vernichtung bezeichnen den Modus des Verhältnisses zwischen Freund und Feind.

Die Hochzeit der Gegensätze ist eine Formel, die nicht für die Freund-Feind-Logik des *Begriffs des Politischen* gilt, die aber sehr wohl den *Block* charakterisiert, den Walfischjäger und Wal bilden:

Die Waljäger [...], von denen hier die Rede ist, waren wirkliche Jäger, keine bloßen Fänger, und erst recht keine maschinellen Walschlächter. Sie *folgten* von der Nordsee oder der atlantischen Küste aus ihrem Wild durch die ungeheuren Räume der Weltmeere mit Segelschiff und Ruderboot, und die Waffe, mit der sie den Kampf mit dem mächtigen und schlauen Seeriesen aufnahmen, war eine vom menschlichen Arm geschleuderte Harpune. Das war ein lebensgefährlicher Kampf zweier Lebewesen, die sich beide, ohne Fische im zoologischen Sinne des Wortes zu sein, im Element des Meeres bewegten. [...] Hermann Melville, der selber noch mehrere Jahre auf einem Walfischjägerschiff als Matrose gedient hat, schildert in seinem 'Moby Dick', wie hier eine, man kann sagen persönliche Beziehung und eine innige, feind-freundschaftliche Bindung zwischen dem Jäger und seinem Wild eintritt. Der Mensch wird hier, durch den Kampf mit dem anderen Lebewesen der See, *immer weiter in die elementare Tiefe maritimer Existenz hineingetrieben.* Diese Walfischjäger segelten vom Norden zum Süden des Erdballs und vom Atlantischen zum Pazifischen Ozean. *Immer*

---

68  Dem Schmitt deshalb merklich irritiert in einem Brief vom 22. Dezember 1928 schrieb: "Ich möchte Ihnen deshalb sagen, daß mir der Gedanke einer solchen Vernichtung fremd und widerlich ist, daß ich in der Sphäre des Geistes Existenz mit Vernichtung ontologisch nicht zusammen denken kann und mich auch scheuen würde, solche Wortverbindung in den Mund zu nehmen." (zitiert nach Noack 1993, 120)

*den geheimnisvollen Bahnen der Wale folgend, entdeckten sie Inseln und Kontinente, ohne viel*
*Aufhebens davon zu machen.* [...] Wer hat, fragt Michelet, den Menschen den Ozean *offenbart?*
Wer hat die Zonen und Straßen des Ozeans entdeckt? Mit einem Wort: Wer hat den Erdball entdeckt? Der Wal und der Walfischjäger! [d.h. der *Block*, den beide bilden, und nicht etwa einer seiner
beiden Bestandteile, Vf.] Und das alles unabhängig von Columbus und den berühmten Goldsuchern, die nur *mit großem Lärm* das finden, was die Fischerrassen aus dem Norden, aus der Breta-
gne und dem Baskenland ebenfalls gefunden haben. Das sagt Michelet und fährt fort: Diese Walfischjäger sind der erhabenste Ausdruck menschlichen Mutes. *Ohne den Walfisch hätten sich die*
*Fischer immer nur an die Küste gehalten.* Der Wal hat sie auf die Ozeane gelockt und von der Küste emanzipiert. [...] Der Walfisch hat uns geführt." (*LM*, 33f. - m.H.)

Ich möchte diese längere und entscheidende Passage aus dem 5. Kapitel von *Land*
*und Meer* mit *zwei Bemerkungen* versehen. Schmitt läßt keinen Zweifel daran, wer
in dieser Symbiose aus Wal und Walfisch der 'aktivere' Teil ist: der Walfisch
zwingt die Jäger, ihm zu *folgen*, und *beide*, Jäger und Wal, erschließen damit einen
Raum, der nicht unabhängig von den *Linien* - Schmitt spricht von den "geheimnisvollen Bahnen" - existiert, auf denen sie sich bewegen. Es gibt kein vorgängiges
Wissen über den Raum, in dem sich die Jäger zusammen mit den Tieren hineinbe-
geben. Genau diese Raumerfahrung meinen Deleuze und Guattari, wenn sie davon
sprechen, daß sich die Nomaden "in einem *absolut lokalen* Bereich" befinden, "in
einem Absoluten, das sich lokal manifestiert und in einer Serie von lokalen Vorgängen mit unterschiedlichen Orientierungen erzeugt wird". Es handelt sich in der
Tat um eine *Offenbarung* des Ozeans. Die Verbindung des Ortes mit dem Absoluten
vollzieht sich bei den Nomaden nicht "in einer zentrierten und gezielten Globalisie-
rung oder Universalisierung"[69]. Genau diese *Singularisierung des Absoluten* (im
Unterschied zur theologischen *Zentralisierung*) beschreibt auch Schmitt, wenn er
das *Immer-weiter-hinein* als die 'ontologische' Struktur jenes heterogenen Daseins
offenlegt, das der Wal und sein Jäger bilden. Kein Telos, keine Theologie, kein or-
ganisierender Transzendenzplan, der das Geschehen - wie im Fall der industriellen
Ausrottung der Wale - auf die Funktion eines *Plans* reduziert, sondern eine unendliche Folge, eine Serie von gefährlichen *Begegnungen* zwischen Jäger und Wal:
"Der List des Menschen wußte er tausend eigene Listen entgegenzusetzen." (*LM*,
33) Die "elementare Tiefe maritimer Existenz" ist deshalb auch kein dauerhaftes und
feststehendes Zentrum, das als *Ziel* einem Weg vorgeordnet wäre, sondern ein Bereich, in den der Mensch "immer weiter hineingetrieben" wird, wenn er der Linie
treu bleibt.

    Im Kontext einer epistemologischen Unterscheidung zweier Typen von Wissen-
schaft oder wissenschaftlicher Verfahren, die Michel Serres am Beispiel der Physik
vorgenommen hat, arbeiten Deleuze und Guattari mit den Begriffen *Reproduzieren*

---

69   Deleuze/Guattari 1992, 526f.

und *Folgen* (*suivre*): "Reproduzieren setzt die Beständigkeit eines festen *Blick*-punktes voraus, der außerhalb des Reproduzierten liegt. Man sieht dem Fließen vom Ufer aus zu. Aber folgen ist etwas anderes als das Ideal der Reproduktion. Nicht besser, sondern anders."[70] Auch Schmitt stellt einen Zusammenhang zwischen *Folgen* und *Entdecken*, das immer auch *Erkennen* meint bzw. impliziert, fest, und wenn er die Bescheidenheit *dieser* Entdecker, die nicht "viel Aufhebens davon" machen, hervorhebt, dann hat er damit eben den Gegentyp zu jener Wissenschaft beschrieben, die Deleuze und Guattari "Königswissenschaft" nennen. Die Entdecker-Eroberer, die Landnehmer sind Königswissenschaftler, wie der *Nomos der Erde* deutlich macht. Sie nehmen "eine geschichtlich höhere Position" gegenüber dem Entdeckten ein, sind diesem "geistig und geschichtlich überlegen" und verfügen über eine "wissensmäßige Kraft", die den Indianern fehlte: die Entdecker-Eroberer sind *Reproduzierer*, weil sie ein vorab bereits akkumuliertes Wissen auf einen neuen Gegenstand anwenden und daher die "Beständigkeit eines festen *Blick*punktes" voraussetzen. Sie sehen dem Fließen vom Ufer aus zu. Dagegen haben sich die "ambulanten Wissenschaftler" von der Küste emanzipiert, wie Schmitt schreibt, genauer: emanzipieren lassen, indem sie einen Block mit dem Gegenstand ihres Begehrens bilden und ihm folgen, statt ihn als eine Beute zu betrachten. Die *folgenden* Entdecker kennen ihre Beute nicht besser als diese sich selbst kennt: "Der List des Menschen wußte er [der Wal, Vf.] tausend eigene Listen entgegenzusetzen."

*Land und Meer* unterscheidet sich nicht zuletzt dadurch vom *Nomos der Erde*, daß Schmitt dort die *Produktivität* jener raumrevolutionären Linie ausführlich erörtert, die die *terrane* und *theologische Segmentarität* verläßt und mit sich reißt. Die Landnahme fügt der Raumrevolution streng genommen nichts hinzu, sie ist eine "körperlose Transformation"[71], reine *Form*, die nimmt, ohne irgendetwas zu ge-

---

70   Ebd., 511.

71   Zu diesem Konzept vgl. ebd., 121-124: "Wenn man ein nicht-körperliches Attribut ausdrückt und es gleichzeitig dem Körper zuschreibt, dann repräsentiert man nicht, dann stellt man keine Referenz her, sondern man *interveniert* in irgendeiner Weise, und das ist ein Sprechakt. Die Unabhängigkeit von zwei Formen, Ausdruck und Inhalt, wird durch die Tatsache, daß die Ausdrücke oder das Ausgedrückte in die Inhalte eindringen und dort verändert eingreifen, nicht widerlegt, sondern bestätigt; sie tun dies nicht, um sie zu repräsentieren, sondern um sie zu antizipieren, in die Vergangenheit zu projizieren, zu verlangsamen oder zu beschleunigen, loszulösen oder zu vereinigen, sie auf andere Weise abzutrennen." (Ebd., 122) *Das Politische ist die körperlose Transformation* des gesellschaftlichen Körpers, seiner Substanzen, Materien, Inhalte und Sachlichkeiten. Die Freund-Feind-Unterscheidung fügt den gesellschaftlichen Gegensätzen nichts hinzu, sie fügt *sich selbst* ihnen hinzu: unter dem Vorwand, sie zu *repräsentieren, interveniert* sie in sie und gibt ihnen eine "neue Wendung", wie Schmitt schreibt. So besteht auch zwischen der "geistlichen Sprache" der Theologie und der maritimen

ben, so wie auch die Freund-Feind-Unterscheidung keine eigene *Substanz* hat, sondern sich aus den unterschiedlichsten Materien *nährt*, denen sie sich aufzuzwingen vermag: "Das Politische kann seine Kraft aus den verschiedensten Bereichen menschlichen Lebens ziehen, aus religiösen, ökonomischen, moralischen und andern Gegensätzen; es bezeichnet kein eigenes Sachgebiet [d.h. es ist auch nicht mit dem *theologischen* Sachgebiet zu verwechseln, Vf.], sondern nur den *Intensitäts-grad* einer Assoziation oder Dissoziation von Menschen, deren Motive religiöser, nationaler [...], wirtschaftlicher oder anderer Art sein können" (*BdP*, 38). Das Politische verhält sich zu den "verschiedensten Bereichen menschlichen Lebens" *vampiristisch*. Niemand hat so massiv wie Schmitt die "Leere" der Staatsfunktion betont, die keinen "Gehalt" aus sich heraus hervorbringen kann, sondern sich umgekehrt aus allen Gehalten und Substanzen der Gesellschaft "nährt". Schmitt hat den stärksten Ausdruck für diesen Begriff des Politischen in einem Mythos gefunden, in dessen Mittelpunkt nicht zufällig ein *Tier* steht, ein Staats-Tier. Deleuze und Guattari unterscheiden drei Arten von Tieren, die auch in Schmitts Werk eine wichtige Rolle spielen: die *Haustiere* bzw. die "ödipalen Tiere", die Hunde und Katzen, von deren 'Feindschaft' Schmitt seinen eigenen Begriff des Feindes absetzt, aber auch der ödipalisierte Wal Michelets, der "zärtliche Gatte, der sorglichste Vater"[72]; dann die "Staats-Tiere, so wie die großen Göttermythen sie behandeln", zu denen natürlich in erster Linie das Staatstier par excellence zählt: der *Leviathan*; aber mit dem Bilde des *Leviathan*, so weist Schmitt nach, hat sich Hobbes "vergriffen", weil es "nicht in einer sicheren und eindeutigen Weise einen Feind sinnfällig macht" (*L*, 130) und weil es ein *Seetier* ist, das zur Illustration der terranen absoluten Staatlichkeit nicht taugt: "Der englische Leviathan ist nicht Staat geworden" (*L*, 120). Mit dem Leviathan hat Schmitt also die Zone der dritten Tierart erreicht, die Deleuze und Guattari *dämonisch* nennen: "Tiere in Meuten und mit Affekten, die eine Mannigfaltigkeit bilden, Werden, Population, Märchen ..."[73] Als eine Mannigfaltigkeit der *Listen* tritt der Wal seinem Jäger entgegen, die Kommunikation zwischen beiden ist Affekt-Kommunikation, der Wal führt, indem er lockt. Seinem *Begriff des Politischen* ordnet Schmitt jedoch das *Staats-Tier* der Göttermythen zu: den *Adler*. In demselben Aufsatz, der eingangs den Thronsturz des "mächtigen Leviathan" eindrucksvoll beschwört, schließt Schmitt die Skizzierung seines eigenen Begriffs des Politischen mit dem Satz ab: "Alles menschliche Leben, auch das der höchsten

---

Existenz keine Referenzbeziehung. Diese Sprache dringt vielmehr in den "Inhalt" ein und verändert ihn, transformiert die Dynamik der Entdeckung in die der Eroberung bzw. "Landnahme".

72  "Es gibt immer die Möglichkeit, ein beliebiges Tier [...] wie ein Haustier zu behandeln, mein eigenes kleines Tier." (Ebd., 328)

73  Ebd.

geistigen Sphären, hat in seiner geschichtlichen Realisierung wenigstens potentiell einen Staat über sich [der Staat ist also keineswegs an eine bestimmte historische Epoche gebunden, er ist ewig, "Ur-Staat", Vf.], der aus solchen Inhalten und Substanzen [Schmitt nennt unmittelbar vorher: Wissenschaft, Kultur, Religion, Recht und Sprache, Vf.] stark und mächtig wird, wie der mythische Adler des Zeus, der sich aus den Eingeweiden des Prometheus nährt." (*PB*, 141)

Die *zweite Bemerkung*, die ich an Schmitts Beschreibung der Konstitution eines affektiven Blocks aus Mensch und Tier anschließen möchte, gilt eben dieser *Treue zur Linie*, die Schmitt nirgendwo so konsequent wie in *Land und Meer* wahrt, und deren Überlegenheit über die reterritorialisierenden *Punkte*, die "Vereinheitlichungsbrennpunkte" (*foyers d'unification*)[74], aus denen mächtige politische Gebilde entstehen, er in keiner anderen Schrift so deutlich hervorgehoben hat. Wenn auch in *Land und Meer* die herrschafts- und rechtsgeschichtliche Problematik offensichtlich in die Erzählung interveniert, markiert doch gerade dieses Buch einen unübersehbaren Abstand zu den entsprechenden Ausführungen in *Der Nomos der Erde*, einer Abhandlung, in der Schmitt das Schiff längst wieder verlassen hat und zurück an Land gegangen ist. Auch *Land und Meer* kennt neben den Entdeckern des glatten Raumes die *Eroberer-Entdecker* vom Schlage des Colón und Cortés, die den Raum *ordnen* bzw. "einkerben" und ihn wieder der Herrschaft der alten terranen Mächte unterwerfen. Auf die *Raumrevolution* folgt die neue *Raumordnung*, die Schmitt als die 'eigentliche' Raumrevolution verstanden wissen will und die sich im *christlich-europäischen Völkerrecht* reflektiert. "Nun", erklärt der Erzähler und Vater Carl Schmitt seiner Tochter Anima und vielleicht auch seiner eigenen Seele, wie Sombart meint, "die wahre, eigentliche Grundordnung beruht in ihrem wesentlichen Kern auf bestimmten räumlichen Grenzen und Abgrenzungen, auf bestimmten Maßen und einer bestimmten Verteilung der Erde." (*LM*, 71) Aber die Raumrevolution, die Schmitt zuvor beschrieben hatte, beruht gerade auf der *Mißachtung* aller Grenzen und Abgrenzungen, aller bestimmten Maße und Verteilungen. Zwischen Raumrevolution und Raumordnung besteht ein Verhältnis der Äußerlichkeit: nichts *bestimmt* die Raumrevolution dazu, sich von einem *Nomos* völkerrechtlich vereinnahmen zu lassen, obwohl Schmitt im Verlauf seiner Erzählung *rhetorisch* einen solchen Zusammenhang behaupten wird. Die Konstruktion eines solchen Zusammenhangs ist jedenfalls durch das Bild, das Schmitt von der Raumrevolution, der plötzlichen Raumöffnung zeichnet, nicht gedeckt. Auf der Linie des Werdens, die die Raumrevolution zieht, kommt es nicht zur Bildung von "Reichen". "Die Weltgeschichte ist eine Geschichte von Landnahmen" (*LM*, 73),

---

74   Deleuze 1993c, 126.

dekretiert Schmitt, aber die Raumrevolution hat mit dieser Weltgeschichte nichts zu
tun, da sie ein *Werden* ist, in den Worten Schmitts: eine *elementare Kraft*, deren
Konvertierung Weltgeschichte produziert.

Die Entdecker-Eroberer verhalten sich in jeder Hinsicht *parasitär* zu den raumrevolutionären Pionieren, die nicht in einem *Auftrag handeln*, sondern ihrem *Wunsch
folgen*. Kapitän Ahab, der "Fürst der Planken", wie ihn Melville nennt, ist ein Be-
sessener. Die Eroberer-Entdecker müssen sich dagegen auf eine *transzendente Instanz* berufen, von der sie sich zum Völkermord ermächtigen lassen: "Alle, katholische wie protestantische Eroberer beriefen sich dabei auf ihre Mission, bei nicht-
christlichen Völkern das Christentum zu verbreiten. *Das hätte man auch ohne Eroberung und Plünderung versuchen können*. Aber es gab keine andere Begründung
und Rechtfertigung." (*LM*, 72 - m.H.) Über den *ideologischen* Charakter dieser
Begründung gibt sich Schmitt also keiner Täuschung hin, was für einen Politischen
Theologen keineswegs selbstverständlich ist. Aus dieser illusionslosen Erkenntnis
schließt Schmitt aber mitnichten auf die Illegitimität des faktischen Vorgehens der
Eroberer. Das Wesentliche bleibt: "unendliche Räume" müssen *genommen* werden,
so oder so. Und während Schmitt in *Land und Meer*, Michelet paraphrasierend,
Colón noch in einem Atemzug mit den "berühmten Goldsuchern" nennt, "die nur
*mit großem Lärm* das finden, was die Fischerrassen [...] ebenfalls gefunden haben", sind es im *Nomos der Erde* nur die Eroberer, die wahrhaft *entdecken*
(nämlich mit völkerrechtlicher Effektivität), während die "kühnen Piraten und Waljäger" die Territorien der späteren Neuen Welt nur *berührt* und *gefunden* haben,
d.h. ohne den *Willen*, eine *Beute* zu machen, aufgebrochen sind[75]. Aber auch im
*Nomos der Erde* ist jener Widerstreit zwischen Entdeckern und Eroberern noch gegenwärtig, der in *Land und Meer* die Erzählung skandiert. Die 'wahren' Entdecker
in *Land und Meer* sind von einer konstitutiven *Passivität*, insofern als sie wesentlich einem Antrieb *folgen*, statt einem Auftrag zu gehorchen, einem Antrieb, der
nirgendwo formuliert ist, über den sie sich auch selbst kaum Rechenschaft ablegen
können: deshalb sind die Raumrevolutionäre wesentlich *Finder*, sie finden, ohne zu
suchen, sie antworten auf eine Frage, die niemand gestellt hat, weil sie der Bewegung mehr als jedem Plan, dem Affekt mehr als jeder nur "wissensmäßige[n]
Kraft" (*N*, 103) vertrauen.

Die Entdecker haben im *Nomos der Erde* zwar dieses *Pathos der Folgenden und
Findenden* vollkommen eingebüßt, sie sind zu aggressiven Penetratoren geworden,

---

75  Der entscheidende Satz lautet: "Die vielen Inseln und Länder, die im Laufe der Jahrhunderte
    oder auch der Jahrtausende von kühnen Piraten und Waljägern gefunden und vielleicht auch
    berührt worden waren, sind dadurch noch nicht mit völkerrechtlicher Wirkung entdeckt
    worden." (*N*, 102)

auf die Schmitt das Wort Bruno Bauers münzt: "Entdecken kann nur derjenige, der seine Beute besser kennt als sie sich selbst und sie sich aus dieser Überlegenheit der Bildung und des Wissens zu unterwerfen vermag." (*N*, 102) Schmitt nennt die Entdeckung der Neuen Welt auch "eine Leistung des neuerwachten occidentalen Rationalismus", zu dessen Bestandteilen "europäisch-antikes und arabisches Wissen" ebenso wie "christlich-europäische Tatkraft" (*N*, 103) gehören, und wirft damit nicht zuletzt auch ein Licht auf den Zusammenhang von Rationalität und Herrschaft, den wir bereits im Verlaufe der Gegenüberstellung von Schmitt und Valéry erörtert hatten. Der *Widerstreit* im *Nomos der Erde* besteht nun darin, daß Schmitt einerseits an einer politisch-theologischen Deutung der "Landnahme einer Neuen Welt" festhält und diesen völkerrechtsbegründenden Akt ganz aus der Perspektive des päpstlichen Missionsauftrags deutet, während er auf der anderen Seite einen nicht länger von der Theologie aus begreifbaren, ja nur im Bruch mit der theologischen Argumentation zu gewinnenden Rechtstitel konstruiert, der die nicht weiter ableitbare *Legitimität des Entdeckers* zum Ausgangspunkt nimmt. *Einerseits* lesen wir: "Der *päpstliche Missionsauftrag* war in der Tat die rechtliche Grundlage der Conquista." (*N*, 80) *Andererseits* heißt es: "In Wirklichkeit lag die Berechtigung der großen Landnahme nicht-europäischen Bodens durch europäische Mächte damals nur in der *Entdeckung*. Bisher unbekannte, d.h christlichen Souveränen unbekannte Meere, Inseln und feste Länder entdecken, *reperire, invenire*, dann *découvrir*, das ist der einzige wahre Rechtstitel, der für ein europazentrisches Völkerrecht übrig bleibt, wenn die mittelalterliche Raumordnung der Respublica Christiana zerstört und jede theologische Argumentation entfallen ist." (*N*, 102)

## 4. Die Zweite Raumrevolution

> Ich glaube also, daß die heutige Unruhe
> grundlegend den Raum betrifft.
> Michel Foucault

Wie wir bereits anläßlich der Erörterung seines Anti-Naturalismus sehen konnten, liegt Schmitts Begriff des Politischen ein *hylemorphes* Modell zugrunde, das nur mit der Gegenüberstellung von *Form* und *Materie* bzw. *Natur* operiert, weil das Sein niemals "kraft seiner natürlichen Richtigkeit die richtigen Formen von selbst aus sich schafft", sondern immer auf die Intervention einer 'beseelenden' *Form* bzw. *Repräsentation* angewiesen ist, die ein "fremdes, von außen kommendes Sollen" oktroyiert (*PTh*, 81). Die vollständig dequalifizierte Natur erschöpft sich in

ihrer Rolle als "Materie", "Sachgehalt", "Energie" oder "Kraft" für eine Form, die
ihr allererst die für die "geschichtliche Realisierung" notwendige Konsistenz und
Ausrichtung verschafft. In Wahrheit gibt es aber weder reine Formen noch bloße
Materie, sondern Form und Materie sind Aspekte, die die Ausdrucks- ebenso wie
die Inhaltsebene spezifizieren. Es gibt Inhalts*formen* ebenso wie *Ausdrucks*formen,
so wie auch der Ausdruck nicht ohne Materie auskommt und der Inhalt sich nicht in
der unstrukturierten Materie erschöpft. Das hylemorphe Modell dagegen ist von der
"Königswissenschaft" und dem ihr inhärierenden Platonismus nicht zu trennen. Im
Unterschied zu ihr ist für die "nomadische Wissenschaft", die immer in einem
komplexen Verhältnis des Austausches zur Königswissenschaft steht, also niemals
'rein' als solche existiert, die Materie "nie eine vorbereitete, also homogenisierte
Materie, sondern wesentlich ein Träger von Singularitäten (die eine Inhaltsform bilden)."[76] Hatte im übrigen Platon sich nicht schon selbst von diesem platonischen
Schema verabschiedet, als er im *Sophistes* mit gewagter Selbstironie den Fremden
von jenem "wahren Riesenkrieg" berichten läßt, der zwischen den "Freunden der
Ideen" und den "Freunden der Erde", die lediglich die 'Erde', also die Materie, in
den Rang von Ideen heben, tobt? Hatte Platon sich nicht schon längst außerhalb jenes "unermeßlichen Schlachtgetümmels" situiert?[77] *Land und Meer* ist auch deshalb
ein außergewöhnlicher Text, weil er wie kein anderer im Werk Schmitts mit dem
hylemorphischen Modell und seiner Privilegierung der *Form* im Verhältnis zur
*Materie* bricht: denn obwohl die Raumrevolution mit dem Vokabular des Elementaren, der Tiefe, der Kraft und der Energie beschrieben wird, kommt sie doch ohne
jenes politisch-theologische Supplement aus, das dafür sorgt, daß die 'intensive'
bzw. 'heiße' Materie die "richtigen Formen" (*PTh*, 81) ausbildet.

Das wird vor allem an jener der *völkerrechtlichen* Raumrevolution (d.h. Landnahme) vorausgehenden und sie vorbereitenden Phase der *Raumerweiterung* deutlich, die noch unter den Bedingungen der fraglos geltenden christlichen Ordnung
des Mittelalters anläuft und sie unterminiert: "Die Raumerweiterung war zugleich
ein Kulturwandel tiefgehender Art." (*LM*, 62) Nun könnte man erwidern, daß
Schmitt die *Kultur*, wie das Zitat aus seinem Aufsatz "Staatsethik und pluralistischer Staat" zu belegen scheint, zu jenen "Sachgehalten" zählt, aus denen sich der
mythische Adler nährt. Und rechnet Schmitt nicht gerade auch im *Begriff des Politischen* die *Kultur* neben Weltanschauung, Zivilisation, Moral, Recht, Kunst und
Unterhaltung zur Sphäre des *Spiels* und der *Ästhetik*, der der existentielle Ernst des
Politischen unversöhnlich gegenübersteht? Ja, aber wir haben gesehen, daß der
*Ekel* vor einer Welt ohne Ernst, den Leo Strauss bei Schmitt beobachtet hatte, ein

76   Deleuze/Guattari 1992, 507.
77   Platon 1981, 218 (*Sophistes* 246a-c).

genuin *ästhetischer Affekt* ist, der von einer Unterscheidung abhängt, nämlich dem *Binom* von Freund und Feind, das *die* zentrale Handlungs- und Konfliktmatrix jeder *epischen* Präsentation der sozialen Welt ist. *Der Gegensatz von Spiel und Ernst ist selbst zu einem unverzichtbaren Einsatz der künstlerischen Imagination geworden.*

In *Land und Meer* entfällt die Gegenstellung von Politik und Kultur völlig, denn zum Beweis seiner These von dem "Kulturwandel tiefgehender Art", der die *globale* Raumrevolution vorbereitet, führt Schmitt als erstes Beispiel an: "Überall in Europa entstehen neue Formen des politischen Lebens. In Frankreich, England und Sizilien werden zentralisierte Verwaltungen geschaffen, die in manchem schon den modernen Staat ankündigen [der sich als "Realisierungsmodell" der entstehenden kapitalistischen Weltwirtschaft konstituiert, Vf.]. In Ober- und Mittelitalien wächst eine neue städtische Kultur. Universitäten mit einer neuen theologischen und einer bisher unbekannten juristischen Wissenschaft entwickeln sich und die Wiedergeburt des römischen Rechts schafft eine neue Bildungsschicht, die Juristen, und bricht das Bildungsmonopol des kirchlichen Klerus, das für die mittelalterliche Feudalzeit typisch war." (*LM*, 62f.) Auch wenn die raumerweiternde Fluchtlinie die Konstitution neuer harter Segmentaritäten, bei denen genau definierte Einheiten oder Elemente ins Spiel kommen (Verwaltungen; neue Wissensformationen), nicht verhindern kann, ja sie allerst ermöglicht, entsteht doch etwas grundsätzlich *Neues* (im Guten wie im Bösen). Eine "jahrhundertelange Raumverdunkelung und Verlandung Europas" (*LM*, 61) gelangt im Zeitalter der Entdeckungen an ihr Ende - und programmiert hat dieses Zeitalter nicht etwa ein christlicher Theologe, sondern ein römischer Philosoph und Literat: *Seneca.*

Wird Schmitt im *Nomos* schreiben: "Das Reich des christlichen Mittelalters dauert solange, wie der Gedanke des Kat-echon lebendig ist" (*N*, 29), so muß man sich erinnern, daß es noch eine ganz andere Kontinuitätslinie gibt, die das Römische Reich, als dessen Nachfolgerin sich ja das christliche Mittelalter begreift, mit dem Zeitalter der Entdeckungen und seinen beschleunigenden Kräften verbindet. "Ich glaube nicht, daß für einen ursprünglich christlichen Glauben ein anderes Geschichtsbild als das des Kat-echon überhaupt möglich ist." (*N*, 29)[78]

---

78    Diesen Satz Schmitts aus dem *Nomos der Erde* hat Günter Meuter zum Ausgangspunkt seiner politisch-theologischen Schmitt-Deutung genommen (Meuter 1994), die zu dem Ergebnis kommt: "Die Einheit, um die es im Werk Carl Schmitts geht, ist eine theokratische. Was es aufzuhalten gilt, ist das geschichtstheologisch begriffene Unheil der Säkularisierung." Heinrich Meier kommt im Kern zum selben Ergebnis, beweist jedoch auch in seinem abschließenden Urteil jenen Sinn für die feinen Unterschiede, der ihn nie verläßt: "In letzter Analyse handelt es sich um eine *Theokratie par distance*" (Meier 1994, 257), d.h. Schmitt proklamiert die Theokratie nicht als Ziel seines politischen Handelns, sondern

Aber dieser ursprüngliche christliche Glaube ist bereits in der Zeit seiner unange-
fochtenen kulturellen Herrschaft derartigen Deterritorialisierungsvektoren ausgesetzt - Schmitt weist selbst auf das Beispiel der *Kreuzzüge* hin, das auch
Deleuze/Guattari ausführlich analysieren und das in der Konsequenz die eigene
politisch-theologische Identität wider Willen erschüttert, statt sie zu stärken -, daß
er als die "Kraft, *qui tenet*" (*N*, 29), zu keiner Zeit wirksam war (allenfalls in der
geschichtstheologischen Projektion). Auch die Raumerweiterung, die die "völlige
Territorialisierung" des "grundwirtschaftlichen Landmachtkomplexes" (*LM*, 62f.),
das das frühmittelalterliche Europa war, rückgängig macht, kommt nicht aus dem
kulturellen Nichts, sondern kann an "das Gefühl eines größeren Raumes und einer
Weltweite" anknüpfen, das mit der "Zeitenwende", also dem Beginn des christlichen Äons *gleichursprünglich* ist. Schmitt, von dem uns Heinrich Meier sagt, daß
sein eigentlicher Feind der *Philosoph* ist, beweist jedenfalls in vielen seiner Texte
ein großes Gespür für ein spezifisch philosophisches *Pathos* und weiß, daß der
Philosophie Affekte entspringen können, die den theologisch offenbarten Passio-
nen an Intensität und an historischer Wirkungsmächtigkeit in Nichts nachstehen.
Hören wir nur seinen Hymnus auf Seneca:

"Um diese Zeit hat ein berühmter Philosoph, Seneca, Lehrer und Erzieher und schließlich ein Opfer Neros, das damalige, man darf schon sagen planetarische Gefühl der damaligen Situation in
großartigen Sätzen und Versen ausgesprochen. Er sagte in aller Klarheit, daß man nur von der äußersten Küste Spaniens eine nicht sehr große Zahl von Tagen mit eigenem, d.h. rückwärtigem,
also mit östlichem Winde zu segeln brauche, um auf dem Wege nach Westen das im Osten gele-
gene Indien zu erreichen. An einer anderen Stelle, in der Tragödie 'Medea', spricht er in schönen
Versen eine merkwürdige Prophezeiung aus:
> Der heiße Indus und der kalte Araxes berühren
> sich; Perser trinken aus Elbe und Rhein.
> Thetis wird neue Welten (novos orbes) enthüllen,
> Und Thule wird nicht mehr die äußerste Grenze der Erde sein.
Ich habe diese Verse zitiert, weil sie das umfassende Raumgefühl zum Ausdruck bringen, das im
ersten Jahrhundert unserer Zeitrechnung lebendig war. Der Beginn unserer Zeitrechnung war nämlich wirklich eine Zeitenwende, mit der nicht nur das Bewußtsein der Fülle der Zeit, sondern auch
das des erfüllten Erdraumes und des planetarischen Horizonts verbunden war. Die Worte Senecas
schlagen aber zugleich einen geheimnisvollen Bogen in die Neuzeit und in das Zeitalter der Entdek-
kungen; denn sie sind durch die jahrhundertelange Raumverdunkelung und durch die Verlandung des
europäischen Mittelalters hindurch weitergetragen worden. Sie haben den denkenden Menschen [darf
man in den *denkenden Menschen* eine Umschreibung des Begriffs 'Philosoph' erkennen?, Vf.] das
Gefühl eines größeren Raumes und einer Weltweite vermittelt und sogar zur Entdeckung Amerikas
mitgewirkt. Christoph Columbus kannte, wie viele seiner Zeitgenossen, die Worte Senecas und

---

betrachtet die Geschichte so, *als ob* in ihr immer schon die Herrschaft Gottes sich manifestiert.

fand in ihnen Antrieb und Ermunterung zu seiner Fahrt in die Neue Welt, zu der kühnen Reise, auf der er, nach Westen segelnd, den Osten erreichen wollte und wirklich erreicht hat. Der Ausdruck 'neue Welt', novus orbis, den Seneca gebraucht, wurde 1492 sofort auf das neu entdeckte Amerika bezogen." (*LM*, 60f.)

Die "Entortung der res christiana" begann bereits mit ihrer Erfindung und Durchsetzung. Die "Zeitenwende" markiert keineswegs nur den Beginn des *christlichen Äons*, in dem wir uns nach Schmitt immer noch befinden; sie ist nicht nur mit der religiös verstandenen "Fülle der Zeit", sondern auch mit dem Bewußtsein des "erfüllten Erdraumes und des planetarischen Horizonts" verbunden, nicht nur die Mächte der Raumverdunklung und Verlandung heben mit ihr an, sondern auch die einer affektiven Deterritorialisierung bzw. Entortung, die jedenfalls in *Land und Meer* keineswegs eine Angelegenheit des Teufels ist. Der päpstliche Missionsauftrag mag der Rechtstitel für die *Eroberung* der Neuen Welt, für ihre *Nahme* sein; die *Entdeckung* dieser Welt speist sich aus ganz anderen Energien als denen des christlichen Glaubens: hätte das christliche Reich des Mittelalters seine Funktion des Aufhalters (Kat-echon) uneingeschränkt ausüben können, wären Verlandung und Raumverdunklung das Schicksal Europas geblieben, ein Schicksal, dessen Abwendung der Eurozentriker Schmitt, obwohl er zweifellos gläubig war, begrüßt.

Schmitt liest keineswegs nur an der Reorganisation des alten und der Erzeugung neuen Wissens sowie an der Transformation seiner institutionellen Trägerstrukturen (Universitäten statt Klöster) den "Kulturwandel tiefgehender Art" ab, den die historische Anknüpfung der Entdecker an das durch Seneca so meisterhaft formulierte neue Raumgefühl bewirkte; er erörtert ausführlich ein weiteres Beispiel für diesen Kulturwandel, das der kirchlichen Sphäre entstammt und an dem Deleuze und Guattari den Gegensatz von Königswissenschaft und nomadischer Wissenschaft, der wechselseitige Anleihen nicht ausschließt, sondern allererst ermöglicht, erläutern: die *gotische Kunst*, die einen völlig neuen Raumtyp erfindet, in dem man den eigentlichen Antipoden nicht nur zu den alten terranen Raumordnungen des Frühmittelalters, sondern auch zu den neuen Landnahmen sehen muß, die die Vermessung und Einkerbung der gerade eröffneten Räume zur Folge haben. Schmitt schreibt:

"In der neuen, der gotischen Kunst, in Architektur, Plastik und Malerei überwindet ein mächtiger Rhythmus der Bewegung den statischen Raum der vorangehenden romanischen Kunst und setzt an seine Stelle ein dynamisches Kräftefeld, einen Bewegungsraum. Das gotische Gewölbe ist ein Gefüge, in dem die Teile und Stücke sich gegenseitig durch ihre Schwere im Gleichgewicht halten und einander tragen. Gegenüber den stabilen, schweren Massen der romanischen Bauten ist das ein völlig neues Raumgefühl. Aber auch im Vergleich mit dem Raum des antiken Tempels und dem der folgenden Architektur der Renaissance zeigt sich in dieser gotischen Kunst der Ausdruck einer ihr eigentümlichen, raumverwandelnden Kraft und Bewegung." (*LM*, 63)

Im Anschluß an eine zentrale Stelle aus Platons *Timaios* (28a-29d) erläutern Deleuze und Guattari ihre Unterscheidung zweier Wissenschaftsmodelle, von denen das eine sich in der "Suche nach Gesetzen" erschöpft, eine Suche, die darin besteht, "Konstanten herauszufinden, selbst wenn diese Konstanten nur Beziehungen zwischen Variablen (Gleichungen) sind. Eine invariable Form von Variablen, eine variable Materie des Invarianten, das ist die Grundlage des hylemorphen Schemas. Das Ungleiche als Element der nomadischen Wissenschaft bezieht sich jedoch eher auf Kräfte-Material als auf Form-Materie. Es geht hier nicht mehr darum, Konstanten aus Variablen abzuleiten, sondern darum, die Variablen selber in einen Zustand kontinuierlicher Variation zu versetzen."[79] Nachdem Platon im *Timaios* für einen Augenblick die Möglichkeit reflektiert, ob der Blick des Demiurgen beim Bau der Welt nicht vielleicht auf das *Gewordene* (statt auf das *Unvergängliche* und *Sichselbstgleichbleibende*) gerichtet gewesen sein könnte, weist er einen solchen Gedanken als "frevelhaft" zurück, d.h. er verurteilt ihn moralisch, ohne ihn zunächst durchzuspielen bzw. ernsthaft zu prüfen, und bekräftigt noch einmal, daß die Welt "nach dem durch Nachdenken und Vernunft zu Erfassenden und stets sich Gleichbleibenden auferbaut" ist, also nach dem Vorbild des "Unvergänglichen" und "stets Seienden, das Entstehen nicht an sich hat".[80] Aber wenn nun das "stets Werdende" nicht einfach das Gegenteil des "stets Seienden" wäre, wenn ihm das Sein keineswegs mangeln würde, wenn ihm vielmehr ein anderer *Seinsmodus* zukäme, so daß das Werden nicht das Charakteristikum der vergänglichen *Abbilder*, sondern selbst den Rang eines *Modells* beanspruchen könnte, so daß in der Konsequenz die Unterscheidung von Modell und Kopie ihre Bedeutung verlöre? Die Unterscheidung zweier Wissenschaftstypen reagiert genau auf diese Möglichkeit: sie gesteht dem *Werden* die Fähigkeit zur *Konsistenz* zu, ohne daß es auf die Intervention einer transzendenten Form angewiesen wäre, die ihm erst einen 'Status' verleiht.

Am Beispiel des *gotischen Kathedralenbaus* im 12. Jahrhundert erläutern Deleuze/Guattari die Operationsweise einer Wissenschaft, die auf dem "sensiblen Gespür für die Variation" des Materials beruht und deren experimenteller Gestus darin besteht, das Material einer kontinuierlichen Variation auszusetzen, seine *Kräfte* zu erforschen, statt es lediglich für die Aufnahme einer *Form* bereit zu machen: "Die Gotik ist untrennbar mit dem Willen verbunden, Kirchen zu bauen, die länger und höher als die romanischen sind. Immer weiter, immer höher ... Aber der Unterschied ist nicht nur quantitativ, er markiert eine qualitative Veränderung: die statische Beziehung von Form und Materie tritt tendentiell zugunsten einer dynamischen Beziehung von Material und Kräften in den Hintergrund. Das Schneiden des Steins

---

79    Deleuze/Guattari 1992, 508.
80    Platon 1987, 154 (*Timaios* 29a, 27d).

macht ihn zu einem Material, das geeignet ist, die Druckkräfte zu erfassen und zu koordinieren und immer höhere und längere Gewölbe zu konstruieren. *Das Gewölbe ist keine Form mehr, sondern eine aus Stein gebaute Linie kontinuierlicher Variation.* Die Gotik erobert einen glatten Raum, während die Romanik teilweise noch in einem gekerbten Raum verharrt (in dem das Gewölbe auf aufeinanderstehenden parallelen Säulen ruht)."[81]

Schmitt spricht von einem "mächtigen Rhythmus der Bewegung", von einem "dynamischen Kräftefeld", ja von einem "Bewegungsraum", den die Gotik hervorbringt und stellt ihnen den "statischen Raum" der Romanik gegenüber. Und die Passage zeigt auch, daß Schmitt das Problem der *Konsistenzebene*, der Ordnungsbildung durch die immanente Organisation von Kräften statt durch die Intervention von Formen, die dem Material fremd sind, klar erkannt hat, wenn er schreibt: "Das gotische Gewölbe ist ein Gefüge, in dem die Teile und Stücke sich gegenseitig durch ihre Schwere im Gleichgewicht halten und einander tragen." Eine solche Konstruktion setzt eine genaue Kenntnis der Kräfte eines Materials voraus, das eben noch in ganz andere Gefüge (*agencements*) eingehen kann als in die, die die Romanik verwendet. Die Romanik macht einen gleichsam 'plumpen' Gebrauch vom Material, dem sie nicht vertraut, dem sie keine neuen Kräfte abzugewinnen vermag und das sie deshalb in einer wesentlich *passiven* Funktion beläßt: stabile, schwere Massen, die ihren Zweck durch eine ihnen übergeordnete Form erfüllen.

Martin Burckhardt hat in seiner großangelegten Studie *Metamorphosen von Raum und Zeit. Eine Geschichte der Wahrnehmung* der Auffassung von Carl Schmitt und damit auch der von Deleuze und Guattari indirekt insofern widersprochen, als für ihn der gotische Kathedralenbau den Beginn einer *Raumrevolution* markiert, die ihrem *Wesen* nach *Raumeroberung*, ja *Welteroberung* ist. Von der gotischen Kathedrale über die Uhr und das Geld, die Erfindung der Zentralperspektive und den französischen Park bis hin zur Eisenbahn und schließlich zum Computer: überall wittert Burckhardt den dämonischen *Willen zur Macht*, zur absoluten Verfügung über die Kräfte der Natur und damit das Programm einer Überführung des mittelalterlichen Ordo in ein "Ordnungssystem", in das "Reich des Machbaren"[82]: "Eine Revolution des Raums, die den Raum zu einem *System-Raum* zusammenzieht, verkörpert die Kathedrale zugleich den Prototyp einer in sich geschlossenen Ordnung, damit aber auch ein erstes Gesellschaftsmodell." Und Burckhardt fügt hinzu: "Weshalb es durchaus nicht abwegig ist, in ihr einen Vorläufer des Hobbesschen *Leviathan* zu erblicken"[83]. Das "Haus Gottes" als direkter

---

81   Deleuze/Guattari 1992, 500 - m.H.
82   Burckhardt 1994, 37.
83   Ebd., 38.

Vorläufer der 'selbstreferentiellen Geschlossenheit', die ja die moderne Systemtheorie ihrem Gegenstand attestiert. Während Deleuze und Guattari dem Gewölbe
der gotischen Kathedrale den Formcharakter absprechen und in ihm eine "aus Stein
gebaute Linie kontinuierlicher Variation" erkennen, glaubt Burckhardt zu wissen:
"Das Novum, der gedankliche Keim, dem das Gebäude der Gotik erwächst, ist im
Grunde nur eine einzige Form." Eine produktive, "*morphogenetische* Form" zwar,
aber eine Form, deren Produktivität trügerisch ist, weil sie immer nur Varianten des
"Einen" erzeugt: "Die Kathedrale ist ein Modell des Einen, dessen, was man heutzutage 'holistisch' oder 'ganzheitlich' nennen würde. Erstmals ist der Raum in der
Architektur als eine systematische Einheit, als *Systemraum* erfaßt; und demgemäß
fügt sich auch der Formenkanon, der diesen Raum beherrscht, gleichfalls der zen-
tripetalen, vereinheitlichenden Bewegung der Architektur. So ist, was sich dem
Auge als Formenvielfalt offenbart, nichts als ein Prozeß endloser Serialisierung,
eine Gesetzmäßigkeit, die, selbst dort, wo sie hypertrophisch erscheinen mag, in
Wahrheit einem strengen Kompositionsprinzip folgt."[84]

In der Kreuzrippenkonstruktion der gotischen Kathedralengewölbe symbolisiert
sich für Burckhardt die "*Anatomie eines neuartigen Wissens*, das es dem Baumeister ermöglicht, die Kraftlinien zu verfolgen und sie in ein System, in ein sorgfältig
austariertes Gleichgewicht, in eine *balance of power* aufzulösen. Die Kräfte, die
zuvor, in der romanischen Gewölbekonstruktion im Rohstoff verharren (und damit
in jenem Zustand, wo sie - als rohe Kräfte - nur sinnlos walten können), diese
Kräfte werden nunmehr gefügig gemacht, zu Vektoren umgedeutet, damit verflüs-
sigt und elastisch gemacht: formgewordener Strukturalismus."[85] Die Logik des
Satzes gehorcht einem sichtbar *feuilletonistischen* Kompositionsprinzip, wie die
rein metaphorische und deshalb so suggestive Verwendung anachronistischer politischer ("balance of power") und epistemologischer ("formgewordener Strukturalismus") Konzepte zeigt, die das Denken der architektonischen Besonderheit der
Gotik weitgehend ersetzt.

Wenn Deleuze und Guattari schreiben: "Die Gotik *erobert* einen glatten Raum",
dann impliziert eine solche Eroberung auch den Einsatz und die Perfektionierung
eines "theorematischen" Wissens, also der Mathematik, die aber immer noch etwas
mehr und etwas anderes ist als eine *Theologie in Zahlen*, wie Burckhardt zu glauben scheint. Dem "Rohstoff" neue Kräfte abzugewinnen, erfordert neben dem Einsatz theorematischer Wissenselemente auch den Rekurs auf *problematisch-experi-
mentelle* Verfahren. Das Schneiden der für den Kathedralenbau benötigten Steine
ist immer "auch mit einer Reihe von aufeinanderfolgenden Annäherungen

---

84  Ebd., 30.
85  Ebd., 33f.

(Abvierung) oder der Variierung von großen Steinen" verbunden. Zwar glaubte man, "in Zahlen und Gleichungen eine intelligible Form zu finden, die geeignet wäre, Flächen und Volumen zu gestalten", aber Bernhard von Clairvaux soll diesen Versuch bald aufgegeben und auf eine "operative Geometrie, auf eine projektive und deskriptive Geometrie" zurückgegriffen haben, die als mindere Wissenschaft galt und eher eine Mathegraphie als eine Mathelogie war. Die Zahl als Effekt der Skizze und nicht umgekehrt: "Man stellt nicht dar und stellt sich nicht etwas vor, sondern man erzeugt und durchläuft etwas. Diese Wissenschaft zeichnet sich weniger durch das Fehlen von Gleichungen aus als vielmehr durch die ganz andere Rolle, die diese unter Umständen spielen. Anstatt absolut richtige Formen zu sein, die die Materie organisieren, werden sie durch eine qualitative Berechnung des Optimums 'generiert' und sozusagen vom Material 'hervorgebracht'."[86] Wo Burckhardt nur die variierende *Reproduktion* der einen immergleichen Form sieht - *Trompe l'œil* ist ein stets wiederkehrender Ausdruck und gleichsam der imaginäre Nenner, auf den er die Kulturgeschichte bringt -, weisen Deleuze und Guattari auf die morphogenetischen Wirkungen einer Strategie hin, die darin besteht, dem Material *zu folgen*, seine inhärenten Formen dadurch freizulegen, daß es einer kontinuierlichen Variation ausgesetzt wird.

Wenn wir sehen, daß Carl Schmitt die Phase der *Raumerweiterung* von der Epoche der eigentlichen *Raumrevolution*, die mit dem Zeitalter der Eroberer-Entdecker zusammenfällt, unterscheidet, wenn wir sehen, daß er das Prädikat *Raumrevolution* nicht den raumeröffnenden und -erweiternden Kräften des *Werdens*, sondern denen seiner erneuten Einkerbung und Rezentrierung zuspricht, dann beruht vielleicht der Irrtum solcher kulturgeschichtlichen Darstellungen, die auf der Suche nach dem Ursprung des Verhängnisses sind, dessen Zeitgenossen wir sein sollen, darauf, daß sie das primordiale Ereignis über die Phase der kulturellen und politischen Rezentrierung hinaus immer weiter in die Geschichte zurückverlegen. Die Konstitution wird nach dem Modell des Konstituierten gedacht, die gotische Kathedrale enthält im Keim bereits den französischen Zentralpark, der alle Linien des Raumes auf den einen *Fluchtpunkt* zulaufen läßt, und kündigt bereits den 'Systemraum' der modernen Informationstechnologien an. Über die massive Teleologie solcher kulturgeschichtlichen Ursprungsnarrationen ist kein Wort zu verlieren. Carl Schmitts *Land und Meer*, das auch Burckhardt vertraut ist[87], operiert zwar ebenfalls mit einer teleologischen Perspektive, weil die Raumerweiterung natürlich nur eine *Vorstufe* der Raumrevolution sein kann: aber das Bewußtsein, daß es sich bei der gotischen Kunst und der Kunst der Renaissance keineswegs um *dasselbe*

---

86    Deleuze/Guattari 1992, 500f.
87    Burckhardt 1994, 343.

handelt (und zwar auch nicht 'tiefenstrukturell' gesehen), ist bei ihm doch noch vorhanden:

> *"Die Malerei der Renaissance beseitigt den Raum der mittelalterlichen gotischen Malerei*; die Maler setzen jetzt die von ihnen gemalten Menschen und Dinge in einen Raum, der perspektivisch eine leere Tiefe ergibt. Die Menschen und Dinge stehen und bewegen sich jetzt *in* einem Raum. Im Vergleich mit dem Raum des gotischen Bildes bedeutet das in der Tat *eine andere Welt*. Daß die Maler jetzt anders sehen, daß ihr Auge sich geändert hat, ist für uns sehr bedeutungsvoll. [...] Aber nicht nur in der Malerei entsteht ein neuer Raum. Die Architektur der Renaissance schafft sich ihre vom gotischen Raum weltenweit verschiedenen, klassisch-geometrisch eingeteilten Gebäude; ihre Plastik stellt die Statuen der menschlichen Figur frei in den Raum, während die Figuren des Mittelalters an Pfeilern und Mauern 'anguliert' sind. Die Architektur des Barock wiederum drängt in einer dynamischen Bewegung und steht dadurch in mancher Verbindung mit der Gotik, aber sie bleibt doch festgebannt in dem durch die Raumrevolution entstehenden, von ihr selbst entscheidend mitbewirkten neuen, modernen Raum." (*LM*, 68f. - m.H.)

Wie man sieht, ist Schmitt nicht geneigt, die Transformation von Raumkonzepten als bloße Ausdifferenzierung oder Radikalisierung eines ursprünglichen "System-Raums", den man bereits an den gotischen Kathedralen ablesen kann, zu betrachten. Der Raum der Renaissance macht Schluß mit dem Vorrang der *Linie* vor dem *Punkt* - und Burckhardt hat ganz recht, wenn er an der Übertragung der Zentralperspektive von der Leinwand auf die Landschaft einen symptomatischen Vorgang für diesen Raumbegriff sieht, der möglich wird, *nachdem* jene von Schmitt so eindringlich beschriebene Dynamik des *Werdens*, die sich architektonisch im gotischen Kathedralenbau manifestiert, angehalten worden ist. Immer weiter, immer höher: Der Traum der Baumeister wäre ein Gewölbe, das den Blick ins Unendliche des Himmels freigibt, ein Gewölbe, das *nicht schließt*. Die Höhe der Kathedralen soll nicht zuletzt jenen Schwindel des Blicks erzeugen, der sich zwar auf dem *Weg nach oben* befindet, aber nicht bis zu einem Haltepunkt vordringt, weil es einen solchen Punkt gar nicht mehr gibt. Die Baumeister mögen vom "Nexus, vom Schlußstein des Kreuzrippengewölbes" aus operieren, der *Betrachter* jedoch ist keineswegs zu einer solchen *Finalisierung seines Blicks* gezwungen. Daß sie uns den Schlußstein vergessen machen bzw. *übersehen lassen*, darin liegt ja die eigentliche Kunst des Kathedralenbaus. Wenn Burckhardt schreibt: "Was in den Kathedralen schwindet, ist die Differenz, das Gefühl unübersteigbarer Ferne, stattdessen wird mit dem sich aufrichtenden Bauwerk so etwas wie eine Technik des Aufstiegs, eine Himmelsleiter denkbar [...]. Der Himmel hat aufgehört, Todesdrohung zu sein", wenn er das "Himmelstürmerische der Bauwerke"[88] bemerkt, dann vernimmt man eine merkwürdige Nostalgie nach der romanischen Selbstbescheidung,

---

88  Ebd., 29.

die sich in einem Detail besonders signifikant manifestiert. Den "hochfahrenden Plänen" der gotischen Baumeister müsse es "eigentlich entsprechen", daß sie das Gebäude "in mehrere Geschosse" unterteilen, statt es "einen einzigen, zusammenhängenden Raum" umschließen zu lassen: "ein Körper, eine Bewegung, ein Geschoß, das dem Himmel entgegenstrebt"[89]. Aber dem "Bewegungsraum" der gotischen Architektur entspricht es überhaupt nicht, sich *hierarchisch* zu staffeln: als *glatter* Raum bricht er ja gerade mit dem stratifikatorisch organisierten mittelalterlichen Ordo, der ein *Schichten-* bzw. 'Geschoß'-Raum ist.

Wenn die Renaissance-Kunst den gotischen Raum "beseitigt", wie Schmitt schreibt, dann deshalb, weil sie ihn einer *Rezentrierungsbewegung* unterwirft, die den *transzendenten Punkt*, der die Linien 'von oben' beherrscht[90], in die *Mitte des Raums hineinverlegt*. Alle Linien sind begradigt und streben dem Fluchtpunkt entgegen, in dem sie verschwinden wie in einem schwarzen Loch. Der Raum wird zu einem *leeren*, weil er den Menschen und den Dingen, wie Schmitt richtig sieht, *gegenübertritt*: als die notwendige Form für die verschiedensten Inhalte. Der vollkommen *dequalifizierte*, aller eigenen Kräfte und Haecceïtates beraubte Raum wird nur noch durch ein geometrisches Netz zusammengehalten, das die präzise Lokalisierung aller Gegenstände und Vorgänge erlaubt. Das *Werden* tritt nun in einem Gegensatz zum beständigen *Bleiben*, während es zuvor, unter den Bedingungen des glatten Raumes, darum ging, den Raum zu besetzen, zu bewohnen und zu halten: der Block aus Wal und Waljäger besetzt einen Raum, er benutzt ihn nicht zur Überwindung einer bestimmten Distanz. "Es wäre daher falsch, den Nomaden durch Bewegung zu charakterisieren. Toynbee weist zu Recht darauf hin, daß der Nomade vielmehr *derjenige ist, der sich nicht bewegt*." Der Nomade ist derjenige, "der nicht fortgeht, der nicht fortgehen will, der sich an diesen glatten Raum klammert".[91]

Deleuze und Guattari sprechen von einer *stationären Prozeßform* und unterscheiden zwischen Geschwindigkeit und Bewegung, "Bewegung ist extensiv und Geschwindigkeit intensiv. Die Bewegung bezeichnet den relativen Charakter eines Körpers, der als 'eins' bezeichnet wird und der von einem Punkt zum anderen geht; *die Geschwindigkeit dagegen konstituiert den absoluten Charakter eines Körpers, dessen irreduzible Teile (Atome) einen glatten Raum wie ein Wirbel besetzen oder füllen*, mit der Möglichkeit, plötzlich an irgendeinem Punkt aufzutauchen."[92] Mit

---

89   Ebd., 30.
90   dem sie aber auch zu entkommen vermögen, indem sie der Erde, d.h. dem Immanenzfeld treu bleiben - und der Erde kann man selbst im Medium des Religiösen treu bleiben: auch das ist eine Frage des Gebrauchs, der *Pragmatik*.
91   Deleuze/Guattari 1992, 524.
92   Ebd., 524f.

dieser Unterscheidung reagieren Deleuze und Guattari auf einen Begriff der Bewegung, der im Bann des metaphysischen, vorstellenden Denkens steht und dessen Problematik Heidegger so gekennzeichnet hatte: "Vom urteilenden Denken her gesehen, das immer bei einem Bleibenden ansetzt, erscheint das Werden als Nichtbleiben. Das Nichtbleiben zeigt sich zunächst innerhalb des Vorhandenen als Nichtbleiben am selben Ort. Werden erscheint als Ortsveränderung, *phorá*, Transport. Die Ortsveränderung wird zur maßgebenden Erscheinung der Bewegung, in deren Licht dann alles Werden gefaßt werden soll. Mit dem Heraufkommen der Herrschaft des Denkens im Sinne des neuzeitlichen mathematischen Rationalismus wird überhaupt keine andere Form des Werdens als die der Bewegung im Sinne der Ortsveränderung anerkannt. Wo sich andere Bewegungserscheinungen zeigen, versucht man, sie von der Ortsveränderung her zu fassen."[93] Mit ihrer Nomadologie und den Überlegungen zum *glatten Raum* reagieren Deleuze und Guattari auf diese Problembeschreibung Heideggers und entwickeln ein begriffliches Instrumentarium, das die Reduktion aller Bewegungserscheinungen auf das Modell der Ortsveränderung vermeiden soll.

Wie Heidegger stellt auch Schmitt seinem Leser die Kühnheit der Vorstellung eines "leeren Raumes" vor Augen, in den die Menschen und die Dinge *hineingestellt* werden. Von allen intrinsischen Qualitäten befreit, radikal 'entleert', wirft dieser Raum das Problem der Orientierung in aller Schärfe auf: gelöst wird es durch die Projektion eines geometrischen Netzes, eines Rasters, der arbiträre Punkte definiert und mit ihnen die Wege festlegt, auf denen man jeden beliebigen Punkt erreichen kann. Dem leeren Raum entspricht eine Vorstellung vom *Werden*, die auf das reine "Nichtbleiben", die pure "Ortsveränderung" abgemagert ist. *Werden ist Transportieren.* Das Meer wird zum Paradigma eines solchen "leeren Raumes", gerade weil auf den Wellen alles Welle ist, wie Carl Schmitt sagt und es "keinen Charakter" hat: gerade weil sich in ihm "keine festen Linien eingraben" lassen (*N*, 13), weil es der Raum für ein absolutes Werden ist (das Schmitt am Beispiel des Affektblocks Wal-Waljäger beschrieben hatte), läuft es auf der anderen Seite die größte Gefahr, einem vollständig artifiziellen System von Einkerbungen unterworfen zu werden, um auf diese Weise den Raum für die Bewegung als Ortsveränderung abzugeben. Schmitt erinnert in *Land und Meer* an die Angst der Menschen vor dem Leeren, dem *horror vacui*, gegen den sich die neue Vorstellung einer Existenz "im Leeren" durchsetzen muß: "Über jenen *horror vacui* haben die Aufklärer viel gelacht. Aber er war vielleicht nur der begreifliche Schauder vor dem Nichts und der Leerheit des Todes, vor einer nihilistischen Vorstellung und vor dem Nihilismus überhaupt." (*LM*, 67) Zweifellos hätte sich auch Heidegger diesem Urteil angeschlossen - der dem leeren

---

93   Heidegger 1976, 148f.

Raum entsprechende Begriff der Bewegung als Ortsveränderung ist für den Philosophen *eine* Gestalt, unter der der moderne Nihilismus erscheint. Hatte Heidegger
die "innere Wahrheit und Größe" der NS-Bewegung in der "Begegnung der plane-
tarisch bestimmten Technik und des neuzeitlichen Menschen" gesehen[94], so muß
auch Schmitts NS-Engagement unter dem Aspekt eines *Kampfes gegen den Nihi-*
*lismus* betrachtet werden.

Schmitts völkerrechtliche Großraumtheorie endet allerdings nicht zufällig bei der
Beschwörung archaischer "Ort- und Rauminhalte", bei der Affirmation des "Zusammenhangs von konkreter *Ordnung* und *Ortung*" und damit beim mittelalterlichen *Ortungsraum*, wie ihn Michel Foucault genannt hat: "In diesem Sinne läßt sich
sagen, daß jede Rechtseinrichtung, jede Institution ihren Raumgedanken in sich hat
und daher auch ihr inneres Maß und ihre innere Grenze mit sich bringt." (*VGO*, 65)
Das Problematische dieses Rückgriffs hinter den durch Galilei eröffneten neuzeitlichen unendlichen und 'leeren' Raum auf den mittelalterlichen Ortungsraum ist
Schmitt natürlich nicht verborgen geblieben: "Mit diesen Erwägungen soll hier nun
selbstverständlich nicht etwa eine Rückkehr zu mittelalterlichen Zuständen
empfohlen werden." (*VGO*, 66) Aber sowohl das Konzept der Einheit von Ordnung und Ortung als auch die aus der ruralen Sphäre genommenen Beispiele de-
mentieren diese Behauptung.

Aus der richtigen Beobachtung, daß das Meer "heute nicht mehr ein Element wie
zur Zeit der Waljäger und Korsaren" ist (*LM*, 106), also seine Qualitäten als ursprünglich *glatter* Raum für die Schiffahrt verloren hat, schließt Schmitt fälschlich
auf die Wiedergeburt eines *terran* dominierten bzw. an terranen Ordnungsbildern
(Einhegungen, Einzäunungen, impermeablen Grenzen etc.) orientierten Nomos.
Aber die *Einkerbung* des Meeres und die Errichtung einer maritim gestützten 'Weltherrschaft' - die "Sicherheit des modernen, technisierten Seeverkehrs", die den
'elementaren' Zusammenhang zwischen Mensch und Meer durch das Einfügen
eines "maschinellen Apparates" unterbricht (*LM*, 98) - führt doch nicht zur Wieder-
erstehung "zusammenhängender Räume", sondern zu einer Transformation auch
jener Räume, die noch zusammenhängen. Schmitt hat den Typ der Einkerbung, mit
der die Beherrschung der Meere als der glatten Räume par excellence gelang, in
treffender Metaphorik beschrieben, aber nicht erkannt, daß das Modell der Beherrschung glatter Räume auch auf die 'ursprünglich' bzw. 'wesensmäßig' eingekerbten terranen Räume zurückschlägt. Darin besteht die eigentliche Konsequenz der
Diagnose, daß die "Teilung von Land und Meer, auf der sich die bisherige Verbindung von See- und Weltherrschaft errichten ließ" (*LM*, 106), inzwischen entfallen
ist. Am Ende ihrer Einkerbung, so Deleuze/Guattari, werden "Meer und dann die

---

94    Ebd., 152.

Luft und die Stratosphäre [...] wieder zu glatten Räumen, jetzt allerdings, in der verrücktesten Umkehrung, um das eingekerbte Land besser kontrollieren zu können."[95] Das Deterritorialisierungsvermögen des Glatten tritt in den Dienst einer Kontrolle, die nicht mehr einfach mit der Einkerbung zusammenfällt, sondern sich die Kräfte des Glatten nutzbar zu machen sucht. Die moderne Weltgesellschaft, die nicht mehr nach dem Modell klassischer souveräner Staatlichkeit zu beherrschen ist, kennt keine Zäune, Einfriedungen oder impermeablen Grenzen und hat jeden Zusammenhang mit einer als *Organismus* bzw. *Körper* vorstellbaren politischen Einheit aufgegeben.

Die von Schmitt konstatierte *zweite Raumrevolution* macht die Desanthropomorphisierung des neuzeitlichen Raumes keineswegs wieder rückgängig, sondern dehnt sie auch auf jene Bereiche aus, in denen ein 'vom Menschen ausstrahlender', lebensweltlicher Raum noch erlebbar war. Heidegger deutet es in *Sein und Zeit* an: der Sinn jener Tendenz auf Nähe, die das Dasein auszeichnet, erfüllt sich erst in den modernen Ent-fernungs-Technologien. Und die diesen Technologien angemessene Metaphorik ist genau jene, die Schmitt auf den 'Spezialfall' des britischen Weltreiches einschränkt, das eine "auf die entferntesten Kontinente, Europa, Amerika, Asien, Afrika und Australien, verstreute, räumlich nicht zusammenhängende Verbindung von Streu-Besitz" ist (*VGO*, 23).[96] Die zweite Raumrevolution liegt eher darin, daß sich die neuen Einkerbungstechniken auch der nomadischen Verfahren der Raumbesetzung bedienen: der *Weg* und seine Sicherheit ist wichtiger als die *Aneignung* des Raumes, durch den er führt. Deleuze und Guattari zitieren aus einem Aufsatz von Anny Milovanoff, der das Bewohnen der *Wege* zum Kriterium des nomadischen Raumverhältnisses macht: "Die Heimstätte ist im nomadischen Denken nicht mit einem Territorium verbunden, sondern vielmehr mit einer Wegstrecke. Der Nomade lehnt es ab, sich den Raum, den er durchquert, anzueignen und schafft sich eine Umgebung aus Wolle und Ziegenhaar, die an dem Ort, den er vorübergehend bewohnt, keine Spuren hinterläßt. [...] Der Nomade hält sich an die Vorstellung seines Weges und nicht an eine Darstellung des Raumes, den er durchquert. Er überläßt den Raum dem Raum."[97] Daß er den Raum dem Raum überläßt und sich nur für die Verkehrswege und deren Sicherheit interessiert, wirft Schmitt dem britischen Imperialismus vor. Er erläutert diese "Auffassungsweise" an einem "bekannten englischen Ausspruch zu der Frage, ob England Ägypten annektieren solle. Die Frage wird verneint, weil derjenige, der regelmäßig von seiner

---

95  Deleuze/Guattari 1992, 665.

96  Ursprünglich hatte Schmitt anstelle des anschaulicheren Ausdrucks "Streu-Besitz" lediglich "Besitzungen" geschrieben.

97  Ebd., 523, FN 51.

Heimat eine große Reise in eine andere Gegend machen muß, wohl ein Interesse daran habe, daß in der Mitte des Weges ein gutes Hotel liegt, nicht aber daran, daß er selber Hotelier und Eigentümer dieses Hotels sei." (*VGO*, 24)

Für den Nomaden, so Deleuze/Guattari, sind die Punkte "Relaisstationen auf einem Weg"[98] - und obwohl sich das maritime Imperium den glatten Raum des Meeres längst unterworfen hat und in keine 'unmittelbare' Beziehung mehr mit dem *Element* der See tritt (allerdings war auch das Verhältnis der Waljäger und Korsaren zum Meer nicht 'unmittelbar' und keineswegs technikfrei, wie Schmitt insinuiert), obwohl die Wasserstraßen also an Berechenbarkeit den Landstraßen in nichts mehr nachstehen, so teilt doch das Seereich mit den Nomaden ein Denken in *Linien* und eignet sich einen Teil der nomadischen *Deterritorialisierungskraft* an, die darin besteht, "den Raum dem Raum zu überlassen" und sich stattdessen auf den Weg zu machen: "Das Lebensinteresse an Seestraßen, Luftlinien (air-lines), Röhrenlinien (pipe-lines) usw.[99] ist unter den Gesichtspunkten des weit verstreuten englischen Weltreichs unbestreitbar. Aber damit ist die Verschiedenheit und der Gegensatz des völkerrechtlichen Raumdenkens gegenüber einem völkerrechtlichen Wege- und Straßendenken nicht beseitigt oder überwunden, sondern nur bestätigt." (*VGO*, 25) Aber entstammt nicht auch Schmitts Konzept des *Großraums* der technischen Sphäre des "Wege- und Straßendenkens"? Die Herkunft dieses Konzepts aus dem "wirtschaftlich-industriell-technischen Bereich" (*VGO*, 7) mit seinen Großplanungen konterkariert Schmitts Versuch, es zur Grundlage eines neuen Nomos der Erde zu machen: der Großraum ist ein Funktionszusammenhang, ein System von *Linien* und *Punkten*, das sich nirgends zu einem "hegenden Ring" rundet.

Im Unterschied zum *Nomos*-Konzept, dessen Aktualität Schmitt gegen die gesamte übrige Forschung zu diesem Begriff mühsam herauszuarbeiten hat und dessen Präsentation nicht zufällig in etymologischen Spekulationen und Kommentaren zu einschlägigen Heraklit-, Pindar-, Homer-, Platon- und Aristotelesstellen untergeht, ist "'Großraum' für uns ein konkreter, geschichtlich-politischer *Gegenwartsbegriff*" (*VGO*, 5 - m.H.). Aber worin liegt die Gegenwärtigkeit dieses Begriffs genau begründet? Schmitt muß im Fall des Großraums nicht bis in die griechische Antike zurückgehen, sondern sich lediglich an das "beliebte Schlagwort" *Großraumwirtschaft* halten, die, wie Schmitt schreibt, "seit der sog. Verjüngung und Rationalisierung von 1924/25 [...] als Wort und Sache zum ersten Male spezifisch klar [ist], infolge der *planmäßigen Zusammenarbeit weiträumiger elektrischer Strom- und Gasrohrnetze* und einer 'Verbundwirtschaft', d.h. rationaler Ausnut-

---

98   Ebd., 523.
99   Heutzutage könnte Schmitt auch die "Datenautobahnen", die die globale Informationsgesellschaft konstituieren sollen, in dieses Undsoweiter einschließen.

zung der Verschiedenartigkeit der Energieerzeugungsanlagen, rationaler Verteilung der verschiedenartigen Belastungen, Rückgriff auf einander aushelfende Reserven, Ausgleich von gesicherten und ungesicherten Leistungen und von Belastungsspitzen. Damit entsteht die technisch-industriell-wirtschaftliche Ordnung, in der die kleinräumige Isoliertheit und Vereinzelung der früheren Energiewirtschaft überwunden ist." (*VGO*, 6 - m.H.) Erinnern wir uns daran, daß Schmitt den Begriff des *Nomos* nicht nur von den industriellen Großplanungen des Raumes absetzt, sondern bereits von Platons *Nomoi*, weil sie "schon etwas von dem utopischen Plan-Charakter moderner Gesetze" haben (*N*, 37). Es ist nicht zu sehen, wie es mit dem technomorphen Begriff des Großraums gelingen kann, das "Sinnreich der Erde" (*N*, 20) wiederzufinden oder jene "wunderbare Fülle lebendiger Raumgestaltungen" zu erneuern, die Schmitt am Beipiel der Wörter "Bauer", "Stadt", "Frieden" und "Heimat" erläutert (*VGO*, 65ff.).

Mit dem Großraum evoziert Schmitt genau jene Kräfte, in denen er nach 1945 die äußerste Bedrohung des Nomos sieht, da sie eine Entwicklung eröffnen, die es denkbar erscheinen läßt, "daß die Luft das Meer und vielleich sogar auch noch die Erde frißt und daß die Menschen ihren Planeten in eine Kombination von Rohstofflager und Flugzeugträger verwandeln" (*N*, 20). Wenn wir uns die Definition des *Großraums* vor Augen halten, die Schmitt 1941 gibt, dann erscheint er aus der Perspektive der *Nomos*-Untersuchung, die sich wieder mit dem "Ursprung und Anfang" der Rechtsgeschichte verbindet und das "fundamentale Recht" nicht mit "all den mancherlei Setzungen, Satzungen, Befehlen, Maßnahmen und Erlassen" verwechselt, "wie sie die Leitung und Beherrschung eines Gemeinwesens mit sich bringt" (*N*, 39), als der eigentliche Widersacher: "Großraum ist ein aus einer umfassenden gegenwärtigen Entwicklungstendenz entstehender Bereich menschlicher Planung, Organisation und Aktivität. Großraum ist für uns vor allem ein zusammenhängender Leistungsraum." (*VGO*, 7) Einem solchen Raum mangeln alle qualitativ-affektiven Valeurs ("wunderbare Fülle"), die in eine substantiell gedachte 'Räumlichkeit' einfließen.

Der Begriff des Politischen kann sich also, wie man sieht, nicht gut auf den Begriff des *Großraums* stützen, um den "Gegensatz von Straße und Lebensraum" (*VGO*, 25) völkerrechtswissenschaftliche Prägnanz zu verleihen. Aber auch der Rückgriff auf Heideggers Überlegungen zur *Räumlichkeit des Daseins* - im Unterschied zum dreidimensionalen, geometrischen Raumbild der reinen *extensio* - kann nicht darüber hinwegtäuschen, daß selbst das Leben ("Lebensraum") nicht mehr dazu taugt, einen antiquierten, die Einheit von Ordnung und Ortung symbolisierenden Raumbegriff zu restituieren, weil das Leben selbst alle mythisch-essentialistischen Qualitäten verloren hat und zu einem veritablen "Streu-Besitz" geworden ist: "Der Tod ist also vielfältig und zeitlich *gestreut*: er ist nicht jener absolute und privilegierte Punkt, an dem die Zeiten anhalten und kehrtmachen: wie die Krankheit hat er eine sich vielfältig verzweigende Gegenwart"[100]. Bei Heidegger lesen wir: "Aber das Sein des Lebens ist zugleich Tod."[101] Das Programm des Lebensraums, das der NS-Expansionspolitik zur ideologischen Rechtfertigung diente und dem auch Schmitt sich nicht verweigerte, will genau diese Einstückung des Todes in das Leben rückgängig machen und muß dazu all jenes Leben ausrotten, das ihr den Tod symbolisiert. Weil Schmitt eine epochale Metamorphose des weltgesellschaftlichen 'Lebens' als Tod verstand, als die Heraufführung des "absoluten Nichts", weil er die Kräfte des *Leeren* perhorreszierte (*horror vacui*), machte er sich zum Apologeten einer mythischen *Fülle* und *Integralität* ('Großraum'), deren politische Exekutoren dann in der Tat nichts anderes als die "Leerheit des Todes" (*LM*, 67) produzierten - und zwar unter Ausnutzung jener Linien, Straßen und Gleise, die doch in einem symbolischen Gegensatz zum *Raum* stehen sollen. Deleuze/Guattari verweisen auf eine Bemerkung Paul Virilios, derzufolge der faschistische Staat "weniger totalitär als vielmehr *selbstmörderisch*", suizidal ist: "Im Faschismus gibt es einen Realität gewordenen Nihilismus. Im Unterschied zum totalitären Staat, der alle möglichen Fluchtlinien verstopfen will [und mit dem Schmitt das NS-System hartnäckig verwechselt, Vf.], entsteht der Faschismus auf einer intensiven Fluchtlinie, die er in eine reine Zerstörungs- und Vernichtungslinie verwandelt." Mit Hinweis auf die Untersuchungen Jean-Pierre Fayes zur Genese und narrativen Struktur der "Nazi-Aussagen" stellen Deleuze/Guattari fest: "In all diesen Aussagen stoßen wir immer wieder auf den 'dummen und abstoßenden' Ruf *Es lebe der Tod!*"[102]

"Erst heute wird uns ein Gedanke möglich, der in jeder andern Epoche unmöglich gewesen wäre und den ein deutscher Philosoph der Gegenwart ausgesprochen hat: Die Welt ist nicht im Raum, sondern der Raum ist in der Welt." (*LM*, 106) Schmitt verschweigt den Namen dieses deutschen Philosophen. Es ist *Martin Heidegger*, der in § 24 von *Sein und Zeit* (*Die Räumlichkeit des Daseins und der Raum*) schreibt: "*Der Raum ist weder im Subjekt, noch ist die Welt im Raum. Der Raum ist vielmehr 'in' der Welt, sofern das für das Dasein konstitutive In-der-Welt-sein Raum erschlossen hat. Der Raum befindet sich nicht im Subjekt, noch betrachtet dieses die Welt, 'als ob' sie in einem Raum sei, sondern das ontologisch wohlverstandene 'Subjekt', das Dasein, ist in einem ursprünglichen Sinn räumlich.*"[103] Fanden die Menschen, so Schmitt, im Zuge der *ersten* Raumrevolution

---

100  Foucault 1976, 156 - m.H.
101  Heidegger 1976, 100.
102  Deleuze/Guattari 1992, 314f.
103  Heidegger 1979, 111.

"die Welt im leeren Raum", so verstehen wir heute "unter Raum nicht mehr eine bloße, von jeder denkbaren Inhaltlichkeit leere Tiefendimension. Raum ist uns ein Kraftfeld menschlicher Energie, Aktivität und Leistung geworden." (*LM*, 106) Heidegger hatte in der Durchsetzung des klassischen, dequalifizierten dreidimensional-metrischen Raumbegriffs eine *Neutralisierung* der "umweltlichen Gegenden" des Daseins erkannt: "Die 'Welt' als zuhandenes Zeugganzes wird verräumlicht zu einem Zusammenhang von nur noch vorhandenen ausgedehnten Dingen."[104] Schmitts Rede vom Kraftfeld menschlicher Energie, Aktivität und Leistung übersetzt Heideggers Bestimmung der ursprünglichen "Räumlichkeit" als "Ent-fernung" in eine handgreiflichere, sozusagen 'zuhandenere' und technomorphere Sprache. Auch Heidegger weist ausdrücklich auf den Zusammenhang zwischen der Tendenz des Daseins auf *Nähe* und der wissenschaftlich-technisch induzierten "Steigerung der Geschwindigkeit" hin. Im Zeitalter der Industriegesellschaft ist das *umsichtige Besorgen*, das uns je schon den Raum erschließt, noch bevor wir ihn *als* Raum thematisieren, längst zu einer Frage der Energie, Aktivität und Leistung geworden, wie Schmitt richtig sieht.

In einem kleinen Text mit dem Titel "Andere Räume" hat Michel Foucault unfreiwillig die Matrix der Raum*evolution* offengelegt, die Schmitts *Land und Meer* zugrundeliegt: vom mittelalterlichen "Ortungsraum", in dem die Dinge "ihre natürliche Lagerung und Ruhe fanden", über die "Konstituierung eines unendlichen und unendlich offenen Raumes", den Foucault an das Werk Galileis bindet und den er den Raum der "Ausdehnung" nennt, bis hin zum gegenwärtigen Raum der "Lagerung": "Heutzutage setzt sich die Lagerung an die Stelle der Ausdehnung, die die Ortschaften ersetzt hatte. Die Lagerung oder Plazierung wird durch die Nachbarschaftsbeziehungen zwischen Punkten oder Elementen definiert; formal kann man sie als Reihen, Bäume, Gitter beschreiben."[105] Von den zeitgenössischen Informationstechnologien mit ihren Problemen des Speicherplatzes bis hin zu demographischen Fragen: die Problematik der *Lagerung* verwandelt den Raum von einer transzendentalen Vorgegebenheit in eine (sozial)technisch manipulierbare Variable. Der Lagerungsraum kristallisiert sich gleichsam an spezifische technologisch durchwirkte soziale Operationen an. Schmitt schreibt in der *Völkerrechtlichen Großraumordnung* von 1941: "Das Räumliche wird nur an und in den Gegenständen erzeugt, und die raumzeitlichen Ordnungen sind nicht mehr bloße Eintragungen in den vorgegebenen leeren Raum, sondern sie entsprechen vielmehr einer aktuellen Situation, einem Ereignis. Jetzt erst sind die Vorstellungen einer leeren Tiefendimension und einer bloß formalen Raumkategorie endgültig überwunden. Der Raum wird

---

104  Ebd., 112.
105  Foucault 1990, 36.

zum Leistungsraum." (*VGO*, 65) Foucault nennt diesen Leistungsraum einen "heterogenen Raum" - heterogen, weil er nicht etwa der Konstitutionsleistung eines
Subjekts, auch nicht eines "ontologisch wohlverstandenen" Subjekts, entspringt,
sondern, in der traditionellen Terminologie gesprochen, *auf der Seite des Objekts
erzeugt wird*, "an und in den Gegenständen", wie Schmitt zutreffend formuliert.
Bei Foucault lesen wir: "Anders gesagt: wir leben nicht in einer Leere, innerhalb
derer man Individuen und Dinge einfach situieren kann. Wir leben nicht innerhalb
einer Leere, die nachträglich mit bunten Farben eingefärbt wird. Wir leben innerhalb einer Gemengelage von Beziehungen, die Plazierungen definieren, die nicht
aufeinander zurückzuführen und nicht miteinander zu vereinen sind."[106] Schmitt
fügt seinen Überlegungen zum Raumbegriff noch einen Hinweis auf die Quanten-
physik hinzu, der eine Formulierung Max Plancks paraphrasiert: "nach dieser
neuen Mechanik ist jeder einzelne materielle Punkt des Systems zu jeder Zeit in
gewissem Sinne an sämtlichen Stellen des ganzen, dem System zur Verfügung stehenden Raums zugleich" (*VGO*, 64f.). Die von Heidegger festgestellte *"wesenhafte
Tendenz auf Nähe"*, die das Dasein kennzeichnen soll, ist im modernen Lagerungsraum realisiert, denn die "Nachbarschaftsbeziehungen", die die Elemente dieses
Raumes unterhalten, implizieren keinen *räumlichen Abstand*, keine "Leere" mehr.
Die Differenz in diesem Raum wird vielmehr durch 'Markierungen', statt durch
Abstände erzeugt: sie verzichtet auf die Form des bloßen Aus- und Nebeneinander,
ohne deshalb doch in einem jede Identifizierung unmöglich machenden 'Chaos' zu
verschwinden.

---

106 Ebd., 38.

# KAPITEL VI

# DIE SOZIALORDNUNG NEUEN STILS.
# CARL SCHMITT UND DIE FOLGEN

*1. Elemente einer Normalitäts-Analytik bei Ernst Forsthoff*

> Der Freiheit letzter Sieg wird trocken sein.
> Gottfried Keller

Für den Schmitt-Schüler Ernst Forsthoff handelt es sich bei der von ihm am Beispiel der Bundesrepublik beschriebenen Entstehung einer "Sozialordnung neuen Stils", die Recht und Staat dem industriegesellschaftlichen Funktionszusammenhang unterordnet, um den Endpunkt einer Entwicklung, die im 19. Jahrhundert mit dem Aufkommen der "sozialen Frage" anlief. Also um die Inbetriebnahme des voll ausgebildeten "Sozialstaates", könnte man meinen, so daß sich für Forsthoff die Alternative Rechtsstaat oder Sozialstaat stellen würde. Eine solche Alternative, das hat Forsthoff wohl gespürt, würde die Theorie, die sich auf sie versteifte, dem Schicksal der Selbstmarginalisierung aussetzen, da ein Rechtsstaat, der sich seiner Rechtlichkeit und Staatlichkeit gegen die Regelungsbedürfnisse der Wirtschaftsgesellschaft versichern wollte (worunter vor allem die effektive Kompensation ihrer sozial dramatischen Auswirkungen fällt), kaum reproduktionsfähig wäre. Forsthoff behilft sich damit, daß er die Entwicklung zum voll ausgebildeten Sozialstaat in *zwei Phasen* unterteilt und die erste Phase vor der zweiten normativ auszeichnet: auch der Sozialstaat hat seine "klassische" Phase, um dann in einen - wie man per analogiam sagen könnte - politisch-romantischen Zustand abzugleiten. Carl Schmitt, der Diagnostiker der Politischen Romantik, war auch derjenige Staatsrechtslehrer, der, wie wir gesehen haben, unnachgiebig auf der Abhängigkeit juristischer Konstruktionen von der Möglichkeit "klassischer Begriffe" insistierte. Wie definiert Schmitt das "Klassische"? Im Vorwort zum *Begriff des Politischen* steht die - ihrerseits klassisch zu nennende - Formel: "Das Klassische ist die Möglichkeit eindeutiger, klarer Unterscheidungen." (*BdP*, 11) Die "klassischen Unterscheidungen" begegnen jedoch innen- wie außenpolitisch in zunehmendem Maße "immer von neuem sich aufwerfenden Fragen immer neuer, tumultuöser Situationen" (*BdP*, 17), auf die zu antworten weder im Medium des Aphorismus noch des - klassischen - Systems angemessen ist. Die Verfassungslage der Bundesrepublik weist nun, wie Forsthoff spürte, alle Kennzeichen einer solchen neuen, tumultuösen Situation, einer, wie Schmitt auch schrieb, "verwirrte[n] Zwischensituation von Form und Unform" (*BdP*, 12) auf, an der alle klassischen Unterscheidungen abprallen. Das neue, nicht benennbare kontingente Ganze, das die Verfassungswirklichkeit ausmacht, verwischt alle Grenzziehungen, auf die eine identifizierbare Sphäre der Staatlichkeit und des gesellschaftlich nicht-funktionalisierbaren Rechts angewiesen sind.

Nun ist es interessant zu sehen, daß Forsthoff die klasssiche Phase des Sozialstaates ausgerechnet in der Weimarer Republik gipfeln läßt, die ja nicht nur Carl Schmitt, sondern auch einem in der sozialdemokratischen Tradition stehenden, 'linken' Staatsrechtler wie Hermann Heller als das Musterbeispiel für eine formlose, verwirrte Zwischenlage galt, der das fehlt, was jede Rechtsnorm voraussetzt: ein "homogenes Medium" (*PTh*, 19) bzw. eine "soziale Homogenität" (Heller). Für Forsthoff wahrte die Weimarer Verfassungswirklichkeit - anders war es mit dem Verfassungstext bestellt - jene grundsätzliche *Unterscheidung* zwischen Staat und Gesellschaft, die nach dem "Verschleiß der staatsideologischen Substanzen" durch das NS-System[1] jede Plausibilität verloren zu haben schien. Eine Rückwirkung der Sozialgesetzgebung auf die (Substanz der) Verfassung, so Forsthoff, war in Weimar noch nicht festzustellen: "Was als Abhilfe begonnen hatte, war spätestens mit der Gründung der Reichsanstalt für Arbeitsvermittlung und Arbeitslosenversicherung im Jahre 1927 zu einer Sozialordnung zusammengewachsen, die gemeint ist, wenn man den Staat als *Sozialstaat* bezeichnet. Diese Sozialordnung ist kein Teil der rechtsstaatlichen Verfassung geworden. [...] Die auf Freiheitsgewährung angelegte rechtsstaatliche Verfassung verhält sich aus Gründen ihrer Struktur abweisend gegen soziale Gehalte."[2] Diese "Struktur", die sich abweisend gegen soziale Gehalte verhalten soll, ist nichts anderes als das sogenannte "Verteilungsprinzip", das Carl Schmitt erstmals in der *Diktatur* und dann in seiner *Verfassungslehre* zur Bestimmung des modernen Rechtsstaates formuliert hatte: "Das bedeutet, daß die Freiheitssphäre des Einzelnen prinzipiell *unbegrenzt*, die Befugnisse des Staates prinzipiell *begrenzt* sind." (*Vl*, 158) Man sieht: wieder eine "klare Unterscheidung"

---

1    Forsthoff 1960, 808.
2    Forsthoff 1969, 402.

von großer Klassizität, die aber, nach Schmitts eigenen, aus der Weimarer Zeit stammenden Analysen des "Verwaltungsstaates" sowie des "quantitativ totalen Staates"[3], Analysen, die in vielem Forsthoffs Diagnose präludieren[4], einem irreversiblen Erosionsprozeß unterworfen ist. Da nun das "Verteilungsprinzip" niemals absolut gelten kann, weil es sonst jede Staatlichkeit unmöglich machen würde, hängt seine Konstitutionalisierbarkeit davon ab, daß alle Einschränkungen der prinzipiell unbegrenzten Freiheitssphäre des Einzelnen unter dem Vorbehalt des Gesetzes stehen. Der Gesetzesvorbehalt kann aber nur solange die Freiheitssphäre des Einzelnen garantieren, wie das Gesetz auch den Gesetzgeber zu binden vermag; zu binden vermag es ihn aber nur, wenn er nicht 'beliebig' Gesetze machen darf, wenn also nicht allen seinen Willensäußerungen unterschiedslos die Qualität des Gesetzes zukommt. "Herrschaft des Gesetzes", schreibt Carl Schmitt in der *Verfassungslehre*, "bedeutet vor allem und in erster Linie, daß der Gesetzgeber selbst an sein Gesetz gebunden ist und seine Befugnis zur Gesetzgebung nicht das Mittel einer Willkürherrschaft wird." (*Vl*, 139)

Nun ist aber Schauplatz der Auflösung des Gesetzes, wie Schmitt nicht erst in *Legalität und Legitimität* festgestellt hat, dort allerdings mit der größten Präzision, das Gesetz selbst, das sich bereits im Verlauf des 19. Jahrhunderts durch eine Zweitunterscheidung in einen *formellen* (auch 'politisch' genannten) und einen (seinerseits zweiseitigen[5]) *materiellen* Gesetzesbegriff aufspaltete. Der formelle Gesetzesbegriff bezieht seine Legitimität durch das jeweilige "Verfahren", durch das das Gesetz zustandekommt. Dem Prinzip nach gibt es keine Restriktion möglicher Inhalte eines derart zustandegekommenen Gesetzes: "Das Gesetz braucht dann nicht einmal mehr der Intention nach eine generelle (Gleiches gleich behandelnde) dauernde Regelung mit einem meßbaren und bestimmten Inhalt zu sein: der Gesetzgeber macht im Gesetzgebungsverfahren, was er will; es ist immer 'Gesetz' und schafft immer 'Recht'. Damit war der Weg offen zu einer absolut 'neutralen', wert- und qualitätsfreien, inhaltlos formalistisch funktionalistischen Legalitätsvorstellung." (*VA*, 280). Für Schmitt kann aus der *Neutralität* eines solchen Gesetzesbe-

---

3   "Ein pluralistischer Parteienstaat wird nicht aus Stärke und Kraft, sondern aus Schwäche 'total'; er interveniert in alle Lebensgebiete, weil er die Ansprüche aller Interessenten erfüllen muß. Insbesondere muß er sich in das Gebiet der bisher staatsfreien Wirtschaft begeben, auch wenn er dort auf jede Leitung und politischen Einfluß verzichtet." (*VA*, 342). In der Konsequenz verzichtet ein solcher Staat "auf seinen Anspruch zu herrschen" (*VA*, 343).

4   die ebenfalls immer durch den Kontrast zum "starken Staat" konturiert ist. Vgl. ebd., 414.

5   Vgl. dazu *VA*, 281f. Das Gesetz als "allgemeine, dauernde Regel", die Anspruch auf Vernunft und Gerechtigkeit erhebt, sowie das Gesetz als "'Eingriff in Freiheit und Eigentum'" wird dem "materiellen" Gesetzesbegriff zugeordnet und vom "formellen" Gesetzesbegriff unterschieden.

griffes, der sich zur Aufnahme jedes vorstellbaren Inhalts einschließlich der rechtsstaatlichen Selbstaufhebung eignet, konsequent verstanden, nur der "Selbstmord"
des Legalitätssystems folgen, das sich diesen Gesetzesbegriff zu eigen macht (vgl.
*VA*, 301). Schmitt zog aus der Einsicht in die Dominanz des formellen Gesetzesbe-
griffs - wir können auch sagen: der Vollpositivierung des Rechts - den Schluß auf
die Widersprüchlichkeit und Obsoleszenz des parlamentarischen Gesetzgebungsstaates, der von geistigen Potentialen (die Schmitt mit Begriffen wie "Würde",
"Heiligtümer", "Werte" etc. umschreibt) lebe, die er in seinem Vollzug fortwährend
unterminiere. Sein Plädoyer für ein substanzhaftes Recht, das der "leeren Gesetzlichkeit einer unwahren Neutralität" (*PB*, 199) entgeht, seine rhetorische Identifizierung von Selbstreferenz und Selbstmord verkennt, daß selbst eine fremd-
referentielle Orientierung des Rechtssystems das Ergebnis einer system*internen*
Entscheidung ist. Unter welchen mythisch oder theologisch aufgeladenen Titeln die
'Umwelt' des Rechtssystems auch immer firmieren mag ("Heiligtümer"): niemals
hat sie die Macht, anstelle des Systems im System zu handeln. Das wäre das
Wunder.[6]

Vor dem Hintergrund der Tatsache, daß Schmitt bereits in den zwanziger Jahren
die wichtigsten Symptome des zukünftigen "Staates der Industriegesellschaft" benennt - Verlust der staatlichen Superiorität im Verhältnis zur Gesellschaft, Hineinwachsen in eine Komplementärfunktion, Substitution der material-substantiellen
durch eine formale politische Rationalität -, überrascht die Forsthoffsche These von
der Intaktheit der gesetzesstaatlichen Substanz der Weimarer Verfassung. Sie überrascht vor allem deshalb, weil Forsthoff den Schmittschen Befund aufgreift, ohne
die *krisologischen* Konsequenzen zu ziehen: das Problem, das Hermann Heller
Ende der zwanziger Jahre in die Formel kleidete, der "heutigen Staatslehre, die
nicht ihre Begriffe beherrscht, sondern von ihren Begriffen beherrscht wird, ist
[...] schließlich der Staatsbegriff selbst verloren gegangen"[7], hat Forsthoff, wenn
er nicht gerade von der Wiederkehr des starken Staates träumt, längst hinter sich
gelassen, indem er es als Symptom der eigenartigen Stabilität der neuen Ordnung
begreift, daß sie sich die klassische Staatlichkeit nicht einmal mehr vorstellen kann -
und auch nicht mehr vorzustellen braucht. Wo Schmitt in unaufhebbaren und daher
letalen Widersprüchen zu denken gezwungen ist, beweist Forsthoff den Mut zum
Paradox - so, wenn er etwa die These verteidigt, "daß die rechtsstaatliche Verfassung antiquiert ist, daß wir somit genötigt sind, unter und mit einer Verfassung zu

---

6    Ein systemtheoretischer Vorschlag zur Rekonstruktion der für Schmitt zentralen Unter-
     scheidung zwischen formaler und substantieller Rationalität findet sich bei Luhmann (1993b,
     45).

7    Heller 1926, 316.

leben, die durch die gesamte Entwicklung der menschlichen Zustände überholt und der Wirklichkeit nicht kongruent ist. Aber es sei alsbald die paradoxe Wahrheit hinzugefügt, daß wir mit dieser Verfassung gleichwohl gut leben und keinen Grund haben, sie wegzuwünschen."[8] Durch die (verfassungsrechtliche) Uminterpretation der Grundrechte in allgemeine Wertprogramme, so dürfen wir diese Paradoxie auflösen, hat die klassische Substanz der Verfassung Anschluß an die Entwicklung zum zweckprogrammierten Wohlfahrtsstaat gewonnen. Man könnte in kulturell pessimistischer Einstellung formulieren: Freiheitsverlust bewirkt Funktionssteigerung, wenn man nicht genau wüßte, daß das 'Zusammenwachsen' der Gesellschaft mit dem Rechtsstaat auch *neue Freiheiten* hervorbringt - etwa die Freiheit von den klassischen Formen der Armut und Ausbeutung. Mit einem Wort Gottfried Kellers können wir auch sagen: "Der Freiheit letzter Sieg wird trocken sein."

Forsthoff hat es nun - und darin sehe ich die eigentliche Brisanz seiner Arbeiten aus den sechziger und frühen siebziger Jahren - keineswegs bei einer rein negativen Diagnose des denkbar unklassischen bundesrepublikanischen (aber natürlich nicht auf die Bundesrepublik beschränkten) Staat-Gesellschaft-Gemisches belassen, sondern mit der terminologischen Zuspitzung seiner Analysen auf den Begriff der *Normalität* (die auch die Sphäre der Normativität affiziert und den Modus der Rechtsgeltung selbst verändert) einen Weg beschritten, der seine Analysen auf äußerst fruchtbare Weise mit den Untersuchungen zur Genealogie des modernen Machttyps (der "Bio-Macht") zu verbinden erlaubt, die Michel Foucault begonnen und François Ewald auf dem Feld der Rechtsgeschichte, genauer: der modernen versicherungstechnisch ausgerichteten Sozialgesetzgebung fortgeführt hat. Die zentralen Dimensionen der Forsthoffschen Normalitätsanalytik entnehme ich vor allem seiner späten Arbeit *Der Staat der Industriegesellschaft*:

1. Ein methodisches Axiom: Es gilt, die Analysen des zeitgenössischen wohlfahrtsstaatlichen Normalitätssystems - wie man in Analogie zu Schmitts Prägung "Legalitätssystem" sagen könnte - von allen Analogien zur Weimarer Republik freizuhalten, wie sehr sie sich auch in bestimmten kritischen Situationen (so z.B. aktuell in der Folge der 'Wiedervereinigung') aufdrängen mögen bzw. publizistisch aufdrängen. Nichts wäre "verfehlter", so Forsthoff, "als in den Kategorien der Weimarer Zeit weiter zu denken"[9]. Und das gilt selbstverständlich nicht nur für die Schönwetterperioden des neuen Verbundes aus staatlichen Residualfunktionen und Industriegesellschaft, sondern erst recht für die Zeiten der Krise (die endogen sind und den Reproduktionsmodus des Systems variabel halten), in denen die Normali-

---

8 Forsthoff 1969, 401. Weil sie, mit Foucault zu reden, einen neuen Machttyp annehmbar macht (Foucault 1977, 172).

9 Forsthoff 1971, 164.

sierungsfunktionen erst ihr ganzes Potential und ihre friktionsabsorbierende Kreativität entfalten können. Konkret gesprochen: sechs Millionen Weimarer Arbeitslose sind etwas "substantiell" anderes als die gleiche Anzahl bundesdeutscher Arbeitsloser - selbst nach der Wiedervereinigung.

2. Die Stabilisierungsfunktionen des "sozialen Ganzen", wie Forsthoff zurecht formuliert, konzentrieren sich nicht mehr allein im "Staat", weil Stabilität unter den Bedingungen der westlichen Nachkriegsgesellschaften nicht länger durch Sicherung des "Status" zu erlangen ist, sondern nur auf der Grundlage von gesteigerter Dynamik. Es gibt keinen letzten, sozusagen souveränen Haltepunkt mehr, der dem "Proceß" (Kafka) selbst entzogen wäre und, wie Schmitt in der *Politischen Theologie* schreibt, "die Situation als Ganzes in ihrer Totalität" schafft und garantiert (*PTh*, 20). "Deshalb hat die Bundesrepublik in der Verschmelzung mit der Industriegesellschaft ihre eigentliche Stütze."[10]

3. Der Stabilitätstyp der neuen Ordnung darf daher auch nicht länger vorrangig in Kategorien der Repression bzw. der Polizei gedacht werden - eine These, die Michel Foucault nachdrücklich bestätigt hat, wenn er die *produktive* Funktion dessen, was er "Disziplinar"- bzw. "Bio-Macht" nennt, betont. Forsthoff geht sogar so weit, zu formulieren, daß die "neue Art der Stabilität [...] des herkömmlichen Machtmittels der Polizei nicht mehr bedarf. Es wird deshalb vernachlässigt. Nachdem mit dem Ende des Staates auch das geistige Profil der Polizei dahin ist, fällt es schwer, im politischen Alltag eine gute Figur zu machen, und man nimmt das hin; man kann es auch, solange die Normalitäten, in denen sich das politische, soziale und wirtschaftliche Leben eingependelt hat, fortbestehen."[11] Die Metaphorik des "Einpendelns", die Forsthoff verwendet, illustriert unübertroffen den spezifischen Regulationsmodus des neuen Stabilitätstyps, der sich nicht prinzipiell gegen das 'Abweichen von der Norm' wendet, sondern lediglich darauf achtet, daß der Prozeß des Abweichens einen stets aufs neue definierten "Spielraum", eine 'Toleranzzone' nicht überschreitet. Der Begriff der Abweichung legt ohnehin eine gradualistische Betrachtung des klassischen Tatbestands der eindeutig markierten Übertretung nahe. Die Norm umfaßt einen Bereich des sensu stricto normwidrigen Verhaltens, das toleriert, ja regelrecht ermutigt wird, damit das System daraus lernen kann, das heißt: seine Strukturen flexibel hält.

4. Die von jeder staatlichen Rechtsordnung vorausgesetzte - mit Hermann Heller zu sprechen: "vorjuristische" - "Normalität" (Schmitt) umgreift also die klassische Differenz von Normalität und 'Ausnahmezustand', der zeitgenössische Typ von "Normalitätsstörungen" verlangt daher eine *immanente* Instanz der Renormalisie-

---

10   Ebd., 165f.
11   Ebd., 159. Zum Profil der Polizei vgl. die Notiz Gramscis (1991b, 325.).

rung[12]. Mit den Rechtsinstituten des "Belagerungszustandes" oder "sonstiger au-
ßerordentlicher Vollmachten" ist diesen Normalitätsstörungen nicht beizukommen[13], was nicht bedeutet, daß man das über diese Institute definierte klassische
Profil des souveränen Staates nicht symbolisch weiterhin mitführt, wie die Not-
standsgesetzgebung in der Bundesrepublik zeigt. Dem Fall, für den sich die Not-
standsgesetzgebung vorsah, stünde sie, wenn er denn überhaupt noch eintreten
könnte, ohnmächtig gegenüber. Aber die modernen "Normalisierungs-Gesellschaften" (Foucault) müssen sich nicht auf Szenarien einstellen, die nur noch in der kul-
turindustriell bedienten ästhetischen Einbildungskraft ('Katastrophismus') überleben. Der Sache nach gilt, was Ernst Forsthoff in dem Satz zusammenfaßt: "Es ist
für die staatliche Entwicklung der letzten 100 Jahre bemerkenswert, daß sie die
Grenze zwischen dem Ausnahmefall, dem Fall der existentiellen Gefährdung, und
den normalen Staatsfunktionen mehr und mehr verwischt hat."[14] Forsthoff hatte
den Normalitätstyp "Industriegesellschaft + Staat" noch allzu pauschal auf den
"technischen Prozeß" als solchen zurückgeführt, aber in seiner Erläuterung der
*Funktionsweise* dieser Normalität die *kulturellen* Dimensionen dieses Normalitätsdispositivs sehr wohl mitgesehen: Normalität, so Forsthoff, sei "nicht als Unver-
änderlichkeit, sondern als Abwesenheit abrupter Veränderungen zu verstehen [...].
Die Struktur der Industriegesellschaft dichtet sich gegen abrupte Ereignisse ab,
nicht in dem Sinne, daß sie nicht passierten, sondern indem sie sie folgenlos macht
- wie die événements in Frankreich im Mai 1968 [deren Folgenlosigkeit jedoch cha-
rakteristischerweise vom politischen Personal der Republik nicht antizipiert wurde,
siehe das kopflose Verhalten de Gaulles, Vf.]. Unter diesen Umständen hat das
vorbehaltlose, auf Sicherung verzichtende Vertrauen auf den Bestand der Normali-
tätsvoraussetzungen heute Argumente für sich. Mehr läßt sich dazu nicht sagen."[15]
Gerade die fortgesetzte und sogar noch erhöhte Irritierbarkeit der Gesellschaft
durch Ereignisse in ihrer Umwelt (soziale Systeme sind keine Festungen, selbst
wenn sie operativ geschlossen sind) verlangt ein ausdifferenziertes kulturelles System, das auf dem Gebiet des - mit Antonio Gramsci zu reden - "Alltagsverstandes"

---

12    daher auch "Verfall" des Schmittschen Axioms von der Transzendenz der Macht, wie es im
      *Glossarium* klassisch formuliert ist (*G*, 180).
13    Schmitt schreibt bereits 1957 im Kommentar zu seinem Aufsatz "Die staatsrechtliche
      Bedeutung der Notverordnung (1931)" mit Blick auf den zeitgenössischen "Verwaltungsstaat
      der modernen Massen-Daseinsvorsorge": "Er darf die Krise, die tödlich werden könnte, nicht
      abwarten, um sie dann repressiv zu unterdrücken, sondern muß sie rechtzeitig im voraus
      verhindern. Der klassische Ausnahmezustand erscheint jetzt als etwas Altmodisches." (*VA*,
      261)
14    Forsthoff 1960, 820.
15    Forsthoff 1971, 167.

operiert und das mit der Aufgabe des Folgenlosmachens (nicht: des Unterdrückens oder Verhinderns) betraut ist, wozu eben vor allem auch die selektive Ausschöpfung bestimmter Aspekte solcher abrupten Ereignisse zählt: Abdichtung heißt nicht umstandslose Annihilation von Widersprüchen und Konflikten.

5. Die *intelligenzsoziologischen* Auswirkungen des neuen Stabilitätstyps benennt Forsthoff mit einem Zitat aus Helmut Schelskys Aufsatz "Der Realitätsverlust der modernen Gesellschaft" von 1954: "'Die Kritik gegenüber der Gesellschaft ist nicht mehr fixierbar, ist nicht mehr partiell von einem Ordnungsbild gegen das andere zu führen, sondern diese Kritik ist universal geworden.'" Hier wäre freilich zu widersprechen, da aus der Funktionslosigkeit der globalen Bild- und Gegenbildproduktionen ein neuer Typ spezifischer und zugleich nicht funktionssystemorientierter, sozusagen: *lateraler* Kritik zu entwickeln wäre. Die Gefahr der Insulation intellektueller Aktivitäten, die eine politische "Dienstbarkeit" verweigern, ist freilich unübersehbar groß. Forsthoff findet die schöne Formulierung von der Möglichkeit des "kritischen Beobachters", "sich am Saum der Dinge entlang zu bewegen": eine solche Tätigkeit wäre zu entfeuilletonisieren, zu professionalisieren, damit es dem Beobachter nicht wie dem Hasen im Wettlauf mit dem Igel ergeht. Daß es sich bei der bereits zu Beginn dieses Jahrhunderts im Gefolge Spenglers vielberedeten Krise des 'Abendlandes' im Kern um eine *Krise der Kritik*, also: der kritischen Funktion der Intellektuellen handelt[16], hat zu Anfang der dreißiger Jahre bereits Antonio Gramsci mustergültig formuliert. Als Ursachen für diese Krise der Kritik nennt Gramsci einmal die nachlassende Überzeugungskraft des modernen Fortschritts-Mythologems - eine Problematik, die unter postmodernen Vorzeichen in der Philosophie erneut von Jean-François Lyotard mit seiner These von der Erschöpfung der *grands récits* aufgenommen worden ist -, und zum anderen die Selbstbegrenzung des aufklärerischen Projekts "auf einen kleinen Kreis": "der geistige 'Herrschaftsapparat' ist zerbrochen, und die Krise ist da, aber", fügt Gramsci optimistisch hinzu, "sie ist auch eine der Verbreitung, was zu einer neuen, zuverlässigeren und stabileren 'Hegemonie' führen wird".[17] Während man unter den Bedingungen der *ersten Nachkriegszeit* eine Überwindung dieser Krise durch eine abenteuerliche Reduktion des Hegemonieapparates und seines Elements - der Zivilgesellschaft - auf den 'souveränen' Staatsapparat erwartete[18], liegt die Er-

---

16    da mit der Obsoleszenz alles Klassischen auch diejenigen Unterscheidungen (Kritik kommt von *krinein*) immer schwieriger durchzuhalten sind, von denen das kritische Geschäft nun einmal abhängt: Unterscheidungen, die auf das Ganze bezogen sind.

17    Gramsci 1991a, 143f.

18    Nach 1933 wird Schmitt vom deuschen Staat sagen, daß er wieder in der Lage ist, seine vornehmste Funktion zu erfüllen: nämlich zwischen Freund und Feind zu unterscheiden (*PB*, 203).

folgsgeschichte der westlichen Nachkriegsgesellschaften in ihrer weitgehenden Abstraktion von jeder subjektförmigen Rezentrierung des Politischen begründet. Weil es in den zwanziger Jahren aus Gründen, die nichts mit der mangelnden theoretischen Intelligenz der Beobachter zu tun hat, nicht gelang, die Normalität von einer Status- auf eine Prozeßkategorie umzustellen, so lautet die hier vertretene These, sah man sich gezwungen, die allseits diagnostizierte Krise auf dem Wege eines *Normalitätsoktrois* zu beheben, der in der politischen Phantasie viele Formen annehmen konnte und seine idealtypische Ausprägung in dem nicht nur von Carl Schmitt empfohlenen Konzept der "Homogenität" fand. Welche Nachfolgekonzepte treten an die Stelle der identitären Begriffsbildungen, die in der Zwischenkriegszeit als Remedium für eine Situation angeboten wurden, die man mit Antonio Gramsci als eine Krise des "Hegemonieapparates" und in ihrer Folge als eine "passive Revolution"[19] beschreiben kann, oder mit Hannah Arendt und Carl Schmitt als eine Epoche der "Restauration", die - anders als ihre Vorgängerin aus dem 19. Jahrhundert - keinen befreienden Ausgang nahm, sondern zu einer wechselseitigen Blokkierung aller politischen und kulturellen Akteure führte: eine Situation, die im übrigen weit entfernt ist von der Metapher des "Chaos", die in merkwürdiger Einmütigkeit von Weimarer Zeitgenossen und gegenwärtigen Weimar-Historikern in Anspruch genommen wird? Um die spezifisch *juristische* Dimension der zeitgenössischen Normalisierungs-Gesellschaften zu denken, die ohne jede extrasoziale Fundierung in einer Normalitäts-Substanz auskommen, empfiehlt es sich, wie die nachfolgende Analyse zeigt, durchaus bestimmte Theorieangebote Carl Schmitts aufzugreifen, die (noch) nicht im Bann der politisch-theologischen Problematik stehen.

## 2. "Die Praxis rechtfertigt sich durch sich selbst".
  Gesetz und Urteil *oder Stabilität durch Selbstreferenz*

Schmitts Analysen haben sich, was in der Forschungsliteratur bislang durchweg nicht bemerkt wurde, keineswegs immer jenem bequemen Schema gefügt, das für die Weimarer Krisenliteratur so charakteristisch ist: die 'Auflösung' einer sozialen Institution (z.B. des Parlaments) wird diesem Schema zufolge als direkte Konsequenz des *Substanzentzugs* bzw. der *Selbstreferentialisierung* einer sozialen Praxis präsentiert. In seiner frühen Schrift *Gesetz und Urteil* bestimmt Schmitt die Autonomie der *Rechtspraxis*, die ihre jeweilige Entscheidung ("Urteil") nicht aus vorausliegenden Gesetzen oder souveränen Entscheidungen 'ableitet' (wiewohl das der Entscheidungspraxis vorgegebene Normmaterial natürlich in die Urteilsbegründung

---

19    Einen Begriff, den Gramsci von Benedetto Croce übernimmt.

eingearbeitet wird), sondern durch die antizipierte 'Einpassung' dieser Entscheidung in den Kontext der vorhergehenden und nachfolgenden Entscheidungen, mit anderen Worten: durch die Sicherstellung der Urteils*konsistenz* bzw. der Anschließbarkeit des Urteils gewinnt.

"Die Entscheidung ist, normativ betrachtet, aus einem Nichts geboren", schreibt Schmitt in der *Politischen Theologie* mit Blick auf die "zuständige Stelle", die sie fällt. Daß sie nicht aus dem Inhalt eines Rechtssatzes bzw. einer Norm abgeleitet werden kann, ist eine Einsicht, die Schmitt seit seiner frühen Schrift *Gesetz und Urteil* stets aufs neue variiert. Anders als in der *Politischen Theologie*, deren zweites Kapitel die Problematik von *Gesetz und Urteil* wieder aufgreift, versagte sich Schmitt jedoch in seiner frühen Schrift den Ausweg in den *Personalismus* (den er dort vielmehr unter dem Titel des "Voluntarismus" ausgiebig kritisiert) bei seiner Suche nach einem Kriterium, einer "Formel" für die Spezifik des (richterlichen) Urteils im Verhältnis zum Gesetz. Schon in der Schrift von 1912 geht es Schmitt um die Bestimmung des "selbständigen Werts" des Urteils bzw. der (richterlichen) Entscheidung, die sich in der Unmöglichkeit äußert, sie bruchlos auf den Inhalt des positiven Rechts oder vorjuristischer Normenkomplexe (Kulturnormen, Gerechtigkeitsvorstellungen etc.) zurückzuführen. Aber statt die selbständige Bedeutung des Urteils bzw. der Entscheidung, ihr "Moment inhaltlicher Indifferenz" in der Person bzw. im "Willen" des Richters oder im Subjekt der Entscheidung zu verankern, weist Schmitt 1912 hellsichtig jeden Versuch einer *Anthropologisierung* der juristischen Entscheidungspraxis zurück: Nicht das "Problem der Souveränität", sondern das ganz anders geartete "Problem der Rechtspraxis" ist in der frühen Studie der Schlüssel für das Verständnis der Autonomie des Urteils.

Daß die Rechtsanwendung nicht als ein Befehlsverhältnis zu konstruieren ist, daß der Richter weder dem "Willen" des Gesetzgebers noch dem des Gesetzes unterworfen ist, daß es sich bei diesem "Willen" in Wahrheit um eine in ein Dogma verwandelte "Fiktion" (im Sinne Vaihingers) handelt, um eine "Als-ob-Betrachtung"[20] - "der Gesetzgeber kann nicht denken und überlegen" (*GU*, 93) -, diese Erkenntnis bewahrte Schmitt auch vor der Versuchung, die voluntaristische Fiktion vom Gesetz(geber) auf die Instanz des Gesetzesanwenders zu übertragen. Schmitt treibt die Entsubjektivierung und Funktionalisierung des Richters sogar so weit, daß dieser

---

20  die darüber hinwegtäuscht, daß es "faktisch unmöglich" ist, "den realen, psychologischen Willensinhalt eines bestimmten Menschen, etwa Justinians oder Friedrichs des Großen, in irgendeinem bestimmten Zeitraum zu ermitteln", aber "geradezu absurd", eine solche Ermittlung für ein kollektives Entscheidungsgremium durchzuführen (*GU*, 27).

nurmehr als "ein Element in der Formel" zurückbleibt.[21] Obwohl sein späterer *Begriff des Politischen* sowie die Texte, die man als Vorstudien zu diesem Traktat zu verstehen hat (vor allem die *Verfassungslehre*), eine vehemente Rehabilitierung des *Mythos vom (kollektiven) Willen* betreiben, darf man nicht vergessen, daß Schmitt einmal den Begriff des 'Willens' als das "schlimmere Gespenst", schlimmer als das Gespenst 'Gesetzgeber', erkannt hatte: "Nun wäre freilich die Überwindung, d.h. Klarstellung des gänzlich verschwommenen Begriffes 'Willen' ebenso notwendig gewesen, wie die glänzende Attacke auf das Gespenst 'Gesetzgeber'. Diesen war man los, der 'Wille', das schlimmere Gespenst, war geblieben." (*GU*, 30) Man wird hinzufügen müssen: Schmitt selbst wurde von diesem Gespenst je länger je heftiger verfolgt, ohne es abschütteln zu können.

Nicht inhaltlich richtig, also in 'Übereinstimmung' mit von außen vorgegebenen Normen zu urteilen, ist die Aufgabe des Richters und der Rechtspraxis, sondern angesichts der Interpretationsspielräume jeder normativen Regelung überhaupt und näherhin: "bestimmt" zu entscheiden, d.h. voraussehbar und berechenbar: "Eine richterliche Entscheidung ist dann richtig, wenn sie voraussehbar und berechenbar ist." (*GU*, 111). Die Rechtspraxis steht insgesamt unter dem Postulat der "Rechtsbestimmtheit" und nicht unter dem der (unmöglichen) Gerechtigkeit. Die Rechtspraxis entscheidet selbst über die Richtigkeit ihrer Entscheidungen, sie ist ein, systemtheoretisch gesprochen, geschlossenes, nicht von außen zu steuerndes, wiewohl zu irritierendes, 'autopoietisches' Sozialsystem, sie ist, wie Schmitt formuliert, "ihr eigener Herr". Das ist der Tenor, der die gesamte frühe Studie durchzieht: "Die Praxis soll also ihre eigenen Maßstäbe für die Richtigkeit ihrer Entscheidungen haben. Sie ist namentlich etwas anderes als eine angewandte Rechtslehre; vielmehr benutzt sie deren Resultate durchaus selbständig und eigenartig. Sie wird sozusagen ihr eigener Herr" (*GU*, VII). Die richterliche Entscheidung muß so ausfallen, daß andere Richter an sie 'anschließen', sich in ihrer eigenen Urteilsbildung auf sie beziehen können: sie muß die "Forderung einer gleichmäßigen, einheitlichen Praxis" (*GU*, VII) erfüllen und darf sich zu diesem Zweck, der mit ihrer Reproduktionsfähigkeit zusammenfällt, aller geeigneten Mittel bedienen, ausdrücklich auch des punktuellen 'contra-legem-Judizierens'. *Daß*, nicht *wie* entschieden wird, darauf kommt es für die Wirklichkeit des Rechtslebens an, so hätte Schmitt 1912 formulieren können.

1922 kann er in dem "Postulat der Rechtsbestimmtheit", in den Forderungen der Sicherheit und Berechenbarkeit der Entscheidung nur den Effekt einer Assimilie-

---

21   "Für die Ausführungen des Textes ist der empirische Richter nur ein Element in der Formel; er ist nicht der Ausgangspunkt. Ausgangspunkt bleibt das Postulat: das der Rechtsbestimmtheit." (*GU*, 79, FN 1)

rung der Rechtsform an die *technische Form* und die Unterordnung des Juristi-schen unter die Bedürfnisse der 1912 noch ganz unproblematisch gesehenen "Ver-kehrsgesellschaft" sehen. Daß das "Interesse an der Bestimmtheit der Entscheidung besonders im Zeitalter einer intensiven Verkehrswirtschaft hervor[tritt], weil der Verkehr in zahllosen Fällen häufig weniger Interesse an einem bestimmt gearteten Inhalt als an einer berechenbaren Bestimmtheit hat", ist eine unverhüllte Distanzie-rung Schmitts von der in *Gesetz und Urteil* zugrundegelegten Konzeption, die das "Postulat der Rechtsbestimmtheit als methodische[n] Ausgangspunkt für die Frage nach der Richtigkeit der Entscheidung" (*GU*, IX) gewählt hatte. 1912 will Schmitt sein Postulat der Rechtsbestimmtheit dadurch empfehlen, daß es "der modernen Praxis nicht fremd ist, nicht von außen ihr auferlegt wird. Denn auch die Praxis ist von dem Gedanken beherrscht, *berechenbare* Entscheidungen zu geben." (*GU*, 67). 1922 heißt es unmißverständlich: "Mit dieser Art Berechenbarkeit ist das rechtliche Interesse an der Entscheidung als solcher nicht zu vermengen." (*PTh*, 41) Fand Schmitt 1912 das Kriterium für die spezifische 'Richtigkeit' (im Unter-schied zur Gesetzmäßigkeit) der Entscheidung in der Rechts*praxis*, also in einem *sozial* ('intersubjektiv') geregelten Zusammenhang, der natürlich bestimmte Lei-stungen an die anderen sozialen Teilbereiche in seiner Umwelt zu erbringen hat und insofern auf deren 'Techno-Logik' abgestimmt ist, weicht er in der *Politischen Theologie* auf das keinem sozialen Kontext, sondern nur noch einem tradierten Text (der Theologie) zuzuordnende 'Phantasma' des *souveränen Subjekts* aus. Daß der Richter nicht "Funktion des Gesetzes" (*GU*, 95) ist, berechtigt, wie Schmitt 1912 sehr klar sah, keineswegs zu dem Umkehrschluß, daß er das Anhängsel seiner ei-genen Willkür ist. Schmitt will keineswegs die legalistische Funktionsbestimmung der richterlichen Entscheidung durch eine "voluntaristische" ersetzen. Beiden Vari-anten einer *fremdreferentiellen* Bestimmung der Entscheidung gegenüber beharrt er auf ihrer Konstitution als eines selbstreferentiell gebauten Elements im unab-schließbaren Verweisungszusammenhang der "Rechtspraxis": "Nicht in der Sub-jektivität des Richters liegt das Kriterium der Richtigkeit einer Entscheidung; es ist von ihm als Einzelnem gänzlich unabhängig. Darüber, ob die Entscheidung richtig ist, entscheidet die Praxis selbst. Sie hat ihr spezifisches Kriterium. Dem entspricht die Formulierung: die richterliche Entscheidung ist dann richtig, wenn ein anderer Richter ebenso entschieden hätte." (*GU*, 100)

Der Bezug auf den "generalisierten Richter" macht schlagartig deutlich, daß Schmitt 1912 noch weit entfernt ist von jedem *Exzeptionalismus der Entscheidung*. In das normative Vakuum der Entscheidung stößt hier nicht das sozial dekontextua-lisierte[22] souveräne Subjekt vor, dieses Vakuum wird vielmehr durch die *Normali-*

---

22     Eben diesen Effekt soll bei Schmitt das Theologische produzieren.

*tät* einer Erwartungssicherheit schaffenden und garantierenden sozialen Praxis aus-
gefüllt. Wenn Schmitt das der Rechtspraxis "autochthone Kriterium" auf die *For-*
*mel* bringt:

"Eine richterliche Entscheidung ist heute dann richtig, wenn anzunehmen ist, daß ein anderer Richter ebenso entschieden hätte" (*GU*, 71),

und den "anderen Richter" näherhin als den "empirischen Typus des modernen
rechtsgelehrten Juristen" bestimmt, dann hängt der genaue Sinn dieser Zusatzbe-
stimmung vor allem von der Bedeutung ab, die er dem Begriff des "empirischen
Typus" gibt. Etwas weiter im Text findet sich die entscheidende Stelle, an der
Schmitt seinem Begriff des "anderen Richters" eine in unserem Sinne dezidiert
*normalistische* Definition gibt und in diesem Zusammenhang vor allem vor der
Verwechselung des "empirischen Typs" mit dem Max Weberschen "Idealtypus"
warnt. Ausgangspunkt der präzisierenden Definition des "anderen Richters" ist die
Abwehr eines voluntaristischen Entscheidungsbegriffs, der in der "Eigenbedeutung
des Subjekts" (und eben nicht in dem antizipierenden Bezug auf die Entscheidung
eines beliebigen anderen Subjekts) verankert ist: "In keinem Punkte der Entscheidung aber darf der Richter einem absolut *freien* Ermessen, seiner partikularen Subjektivität, seiner persönlichen Überzeugung als solcher folgen; der 'andere Richter'
ist eben der normale juristisch gebildete Richter; wobei das Wort 'normal' im
*quantitativ-durchschnittlichen* Sinne gebraucht ist; nicht als Bezeichnung eines
Idealtypus, nicht qualitativ-teleologisch." (*GU*, 79 - m.H.) Man sieht: Schmitt verfügte sehr wohl über einen nicht-exzeptionalistischen, d.h. nicht von der Möglichkeit des Ausnahmefalls her gedachten Begriff der Normalität, den er aus seiner
Analyse der aktuellen Funktionsweise bzw., wie Schmitt sagt, der "Methode" der
"gegenwärtigen", "heutigen", "modernen" Rechtspraxis (*GU*, 2) gewonnen hatte;
dieser *statistische* Normalitätsbegriff, der eine Praxis nicht nach ihr äußerlichen, invarianten *Normen* beurteilt, ihre Stabilität bzw. 'Ordnung' aber andererseits auch
nicht von dem "unmittelbaren Eingriff des Souveräns" (*PTh*, 49) abhängig macht,
ist daher strikt von dem politisch-theologischen Normalitätsbegriff zu unterscheiden, der nur um den Preis der Fiktion eines Ausnahmefalls "in seiner absoluten
Gestalt" (*PTh*, 19) zu gewinnen ist.

Der frühe, soziologisch instruktive Normalitätsbegriff operiert keineswegs mit
der naiven, heute wieder zu überraschenden Ehren kommenden neokantianischen
Unterscheidung von Faktizität und Geltung, von Sein und Sollen, von Recht bzw.
Norm und "faktischer Normalität" (*PTh* 19), sondern spaltet den Begriff der "Geltung" noch einmal in sich auf. Es geht Schmitt in seiner frühen Studie um den "Gegensatz zweier Geltungen innerhalb desselben Wissensgebietes", der Geltung des
Rechts auf der einen und einer spezifischen Geltung der Rechtspraxis auf der ande-

ren Seite. Das in der Praxis anzutreffende, geltende Merkmal der Richtigkeit einer
Entscheidung ist nicht mit der formalen Geltung eines positiven Gesetzes zu verwechseln. Die philosophische Stärke der Argumentation Schmitts liegt darin, daß er
den Begriff der Geltung *entidealisiert* und ihm den Sinn eines *Regulationsprinzips*
der Praxis gibt; ausdrücklich stellt Schmitt für sein eigenes Vorgehen fest: "es
wurde nicht gegenüber dem, was Gesetz sein soll, das, was nun in der Praxis faktisch Gesetz ist, ausgespielt. Vielmehr war zu zeigen: der Rechtsstoff, der zur Entscheidung konkreter Fälle benutzt wird und die Regeln des Benutztwerdens selbst
sind nicht identisch; um die Praxis würdigen zu können, müssen andere Geltungen
hinzugezogen werden" (*GU*, 36f.). Das Gesetz kann nicht seine eigene Anwendung regeln. Der Abstraktionsgrad des geltenden Rechts ist so hoch, daß es die
"Entscheidung konkreter Fälle" nur dann zu dirigieren vermag, wenn zusätzliche
Regeln zwischengeschaltet werden. Die Rechtsauslegung ist durch eine *Rechts-
pragmatik* zu ergänzen, wenn das Recht praktisch wirksam werden will.

Mit der *Politischen Theologie* ersetzt Schmitt nun das Konzept der "Regeln des
Benutztwerdens" durch das Konzept des souveränen Benutzers: "In jeder Umformung [der Rechtsidee, Vf.] liegt eine auctoritas interpositio" (*PTh*, 42), heißt es
jetzt. Das Problem der Rechtsanwendung wird nicht mehr mit anderen, nämlich
'pragmatischen' Regelsorten, sondern mit dem Rückgriff auf die Vorstellung eines
jede Regel (und damit auch: jede Befugnis) überschreitenden souveränen Subjekts
angegangen. Die Rechtspraxis dagegen kann sich ihre eigene 'Festigkeit' und
'Gleichmäßigkeit' nicht "von außen" garantieren lassen, und zwar weder von
Rechtsnormen (oder vorjuristischen Normenkomplexen) noch durch den Eingriff
einer autoritativen oder souveränen 'Instanz'. Sie muß den Zusammenhang ihrer
Operationen und damit die Möglichkeit, als Rechtspraxis identifizierbar zu bleiben,
durch die Art der Bezugnahme dieser Operationen aufeinander, mithin durch ihre
'Anschlußfähigkeit' gewährleisten (was Schmitt symbolisch als Berechenbarkeit,
Bestimmtheit, Voraussehbarkeit etc. ausdrückt). Nicht die Ungerechtigkeit ihrer
Entscheidungen, sondern die vollständige Inkonsistenz ihrer Entscheidungen
würde die Selbstreproduktion der Rechtspraxis in Frage stellen. Deshalb sind mit
dem Postulat der Rechtsbestimmtheit auch solche anrüchigen Phänomene wie die
des contra-legem-Justizierens durchaus vereinbar. Die Rechspraxis ist "heute", d.h.
unter den Bedingungen einer hochkomplexen 'Verkehrsgesellschaft' gezwungen,
einen opportunistischen (was nicht heißt: willkürlichen) Gebrauch von den Rechts-
vorschriften zu machen: die Gesetze sind nicht mehr die Gefäße, "in die der Richter
den Tatbestand hineinschüttete. Sie treten aus ihrer Ruhe und Stabilität heraus. Sie
werden Mittel, um eine Erwartung (daß allgemein so entschieden worden wäre) zu
begründen; sie werden beweglich und erhalten eine neue Funktion. An Stelle der
Statik tritt eine Dynamik." (*GU*, 88). Das Problem der Umfunktionierung der

Rechtsnormen, die doch ihrem eigenen Anspruch nach die Praxis orientieren sollen, und der Dynamisierung des Rechts als Folge seiner selektiven Inanspruchnahme für die wechselnden Bedürfnisse der Rechtspraxis löst Schmitt 1912, anders als 1922, *nicht* durch die Annahme einer nicht-normativen, der Rechtspraxis entzogenen Instanz, die die Risiken einer solchen, von allen inhaltlichen Restriktionen befreiten Entscheidungspraxis kompensieren könnte. 1912 flüchtet Schmitt vor den Abgründen der Immanenz nicht in die Transzendenz, in ein haltgebendes Außen, gleich welcher Art es auch sei: die Rechtspraxis 'legitimiert' ihre jeweilige Entscheidung nicht an vorausliegenden Normen, sondern durch den Zusammenhang dieser Entscheidung mit anderen Entscheidungen, und eben diesen Zusammenhang muß sie, wann immer und wie immer sie inhaltlich entscheidet, unterstellen, weil er erst durch Unterstellung wirksam wird: "Das, woran sich die Entscheidung legitimiert, liegt nicht *vor* ihr (als positives Gesetz, als Kulturnorm, oder Norm des freien Rechts), sondern ist (*mit Hilfe* des positiven Gesetzes, der Kulturnorm oder der Norm des freien Rechts) erst zu bewirken." (*GU*, 97f.)

Wenn Schmitt daher in seiner Vorbemerkung zur Neuausgabe von *Gesetz und Urteil* im Jahre 1969 der Schrift - im Verhältnis zu seiner "weitere[n] Reflexion über die Eigenbedeutung der Entscheidung als solcher" - die "Einfachheit des Anfangs" mit der Begründung zugesteht: "Sie macht den ursprünglichen Sinn des Urteilens und Entscheidens unmittelbar evident", dann handelt es sich bei dieser Selbstdeutung gleich um ein mehrfaches Selbstmißverständnis: Einmal besteht, wie gezeigt wurde, durchaus *keine Kontinuität* zwischen der vermeintlichen "Einfachheit des Anfangs" von *Gesetz und Urteil* und der späteren politisch-theologischen Reflexion über die Eigenbedeutung der Entscheidung, sondern vielmehr ein Bruch; zum andern ist das an Heidegger gemahnende Wort von der "*Einfachheit* des Anfangs" unangemessen, weil in diesem Fall die anfängliche Reflexion komplexer angelegt ist als die spätere, an den bunten Symbolen und Bildern orientierte politisch-theologische, die die Möglichkeit einer immanenten, operativen (also im Vollzug hergestellten) Selbststabilisierung der modernen (Rechts-)Praxis zugunsten eines fremdreferentiellen Ordnungsbegriffs verwirft (die Ordnung ist im entscheidenden Fall auf die Intervention eines 'Hüters', der zu ihr ein Verhältnis der Transzendenz bewahrt, angewiesen); und schließlich ist es der frühen Abhandlung gerade *nicht* um die Entfaltung eines "*Anfangs*", nämlich des "*ursprünglichen Sinns* des Urteilens und Entscheidens" zu tun, sondern um eine Bestimmung der "Methode" der "gegenwärtigen Praxis", der "heutigen Praxis", der "modernen Praxis", wie es gleich zu Beginn unmißverständlich heißt. Es geht "um das Prinzip, das wir als der modernen Rechtsanwendung zugrunde liegend betrachten müssen" (*GU*, 2).

"Die Ausnahme verwirrt die Einheit und Ordnung des rationalistischen Schemas" (*PTh*, 21) und: "Der Rationalismus der Aufklärung verwarf den Ausnahmefall in jeder Form" (*PTh*, 49): man kann annehmen, daß Schmitt mit diesen impliziten methodischen Überlegungen auch das Urteil über seine frühe Studie sprach, die die 'Gleichmäßigkeit' der Rechtspraxis zum Kriterium der richtigen Entscheidung machte. Verwarf nicht auch das Postulat der modernen Rechtspraxis, das Schmitt in der Berechenbarkeit und Vorhersehbarkeit der Entscheidung gefunden zu haben glaubte, "den Ausnahmefall in jeder Form"? Tatsächlich braucht sie ihn jedoch deshalb nicht zu thematisieren, weil sie ihn in die flexible, dynamisch konzipierte Normalität der Rechtspraxis 'einbaute'. Wie bereits erwähnt, wies Schmitt darauf hin, daß seine "Formel" ausdrücklich der "Veränderung der Praxis" Rechnung trage und "das Wort 'Stabilität' des Rechts' [...] bewußt" vermied (*GU*, 117). Die Konzeption von *Gesetz und Urteil* optiert mithin keineswegs für Statik gegen Dynamik. Die Praxis reproduziert sich niemals identisch, erst recht nicht unter den Bedingungen der Verkehrsgesellschaft mit ihrem "komplizierten modernen Lebensverhältnissen", die dann vorliegen, "wenn an die Stelle fester und eindeutiger Beziehungen rasch wechselnde und vieldeutige treten" (*GU*, 90). Schmitt fügt sogar noch hinzu, daß sich die Praxis nicht nur auf den selbstverständlichen, 'alltäglichen' Wandel, sondern auch auf 'stürmischere' Entwicklungen des Rechtsbewußtseins (worunter zweifellos auch revolutionäre fallen) einzustellen habe, und zwar nicht durch 'Abwehr' der Veränderung, sondern durch Selbstveränderung: "Es kann bei plötzlich eintretenden Änderungen des Rechtslebens, bei einer 'stürmischen Entwicklung des Rechtsbewußtseins' (Ehrlich) die Bestimmung darüber, wie ein anderer Richter entscheiden würde, sehr schnell sich ändern." (*GU*, 117) Und um die Art der "theoretische[n] Sicherheit" zu kennzeichnen, die die gefundene Formel bietet, um ihre Flexibilität herauszustellen (Schmitt spricht bezeichnenderweise von einer "offene[n] Antwort auf alle Schwierigkeiten", ein Dezisionist wäre wohl versucht, eine offene Antwort für das Gegenteil einer Antwort zu halten), greift er wieder zu dem ihn sein Leben lang begleitenden Vergleich mit dem "Fahrplan": die Formel könne unmöglich mit der "Zuverlässigkeit einer Logarithmentafel oder eines Fahrplanes, die gewöhnlich als Ideal postuliert wird" (*GU*, 117), konkurrieren. *Gesetz und Urteil* kennt unterschiedliche Grade der Berechenbarkeit und Sicherheit, sie vermeidet eine 'Existentialisierung' dieser Konzepte, weil sie weiß, daß die moderne Praxis insgesamt Stabilität nicht auf Kosten von Dynamik, Erwartungssicherheit nicht durch die Ausschaltung von Überraschungen, daß sie, mit anderen Worten, "Ordnung nicht über ein Eliminieren von Abweichungen, sondern über eine Steigerung der Abweichung von bestehenden Zuständen"[23] anstrebt. Der Richter hat die "herrschende Meinung" zu beachten, aber nicht mit seinem Urteil in jedem Fall zu bestätigen: er kann von ihr abgehen, allerdings nicht willkürlich,

---

23    Luhmann 1987a, 108.

sondern mit "so einleuchtenden Argumenten [...], daß die Abweichung im Bereich der Vorhersehbarkeit und Berechenbarkeit liegt." (*GU*, 78)

Die Konzeption der *Politischen Theologie* wird dann die Zuverlässigkeit des Fahrplans nicht mehr als *eine* Form von Sicherheit und Bestimmtheit, nämlich eine präskriptiv-normistische (die die 'Festigkeit' der Bezugswerte voraussetzt), sondern zum Paradigma der "berechenbaren Bestimmtheit" und des reibungslosen Funktionierens überhaupt stilisieren. Die Ergebnisse, die der Richter aus *Gesetz und Urteil* mit seinen Berechnungen erzielt, sind daher auch keine am Evidenzerleben des Individuums abgelesenen *Gewißheiten*, wie Schmitt gegen das naive psychologische Mißverständnis von 'Bestimmtheit' klarstellt (*GU*, 67), sondern *Wahrscheinlichkeiten*: die 'richtige' Entscheidung bleibt kontingente Entscheidung, die im Bewußtsein auch anderer Möglichkeiten, zu entscheiden, getroffen wird. Für die Richtigkeit der richterlichen Entscheidung gibt es kein absolutes Kriterium, sondern nur ein systemrelativ-operatives. Die Wahrscheinlichkeit, ein richtiges Urteil gefällt zu haben, erhöht sich daher auch mit der *Zahl* der an dem Urteil beteiligten Richter, weshalb Schmitts Formel eine Präferenz für die Kollegialgerichtsbarkeit erkennen läßt: "eine Entscheidung, deren Gründe durch mehrere Richter geprüft sind, hat die größere Wahrscheinlichkeit für sich, daß sie voraussehbar und berechenbar ist, daß die andern Richter ebenso entschieden hätten" (*GU*, 74f.). An den Vorstellungen vom "Gesetzgeber" oder vom "Willen des Gesetzes" (exemplarischen Idealtypen) im Unterschied zum "empirische[n] Typus des normalen Richters" bemängelt Schmitt, daß bei ihnen "jede Möglichkeit einer empirischen Wahrscheinlichkeit oder jede Verbindung damit ausgeschlossen ist" (*GU*, 79). Adressat der richterlichen Entscheidungsbegründung wird stets "etwas Gedachtes und Unpersönliches, eine Durchschnittserscheinung" (*GU*, 83) sein. Die Bestimmtheit, die weder die Bindung an das Gesetz noch das subjektive Rechtsgefühl (das immer dann einspringen soll, wenn das Gesetz 'Lücken' aufweist) herzustellen vermag, ist eine 'punktuelle', momentane, die sich schon im nächsten Moment - wenn die Lage sich geändert hat - durch eine andere Entscheidung desavouiert sehen kann. Bestimmtheit ist sozusagen nur durch die Berücksichtigung bzw. 'Berechnung' von Unbestimmtheiten (Gesetzen, metajuristischen Normen, Rechtsempfindungen, gesellschaftlichen Parametern aller Art etc.) zu erreichen: eben deshalb ist die Wendung vom "anderen Richter" auch nicht als (Idealtypisches anvisierende) Perfektionsformel zu verstehen. Um ihre Funktion, nämlich Erwartungssicherheit zu garantieren, gesellschaftsweit und permanent ausüben zu können, muß die Rechtspraxis die Vorstellung einer 'Supernormierung' aller ihrer Entscheidungen durch eine transzendente Instanz aufgeben.

Statt *Supernormierung* ihrer Entscheidungen ist "heute", wie Schmitt immer wieder betont, *Normalisierung* der Rechtsanwendung die Devise. Die Entscheidung solcher Fälle, für die es bislang kein (positives) Gesetz gibt, ist für diese Praxis nicht länger der Ausnahmefall, sondern der normale, d.h. erwartbare Ausgangspunkt. Die vertikale Verankerung der Entscheidung in einer der Rechtspraxis zeitlich und logisch vorgeordneten Supernorm weicht der horizontalen Verknüpfung in einem Netz vergangener und zukünftiger Entscheidungen. Die Rechtspraxis verbleibt sozusagen in der Ebene. Die Kontrolle der Richtigkeit der Entscheidung geht von der *höheren* Norm an den *anderen* Richter über. Die Praxis kann sich die Richtigkeit ihrer Entscheidungen nur noch selbst bestätigen. "Selbstreferenz heißt auf der Ebene der Elemente [im Fall der Rechtspraxis: richterliche Urteile, Vf.]: daß diese sich durch Rückbezug auf sich selbst miteinander verhaken und dadurch Zusammenhänge bzw. Prozesse ermöglichen. Dies kann jedoch nur bei hinreichender Gleichartigkeit der Elemente geschehen."[24] Die von Schmitt aufgestellte "Formel" hat denn auch gar nicht mehr den präskriptiven Sinn einer *Normierung der Rechtspraxis*, vielmehr stellt sie das endogene Regulationsprinzip einer bestimmten Praxis (Schmitt spricht stets vom "methodischen Prinzip der heutigen Rechtspraxis"[25]) fest: "Eine solche Formel vermeint nicht, das Antlitz der Praxis zu verändern, eine allgemeine Vorschriftsmäßigkeit aller Entscheidungen, die nach ihrem Bekanntwerden ergehen, zu erreichen" (*GU*, 76). Entscheide so, wie der Durchschnitt deiner Richterkollegen entschieden haben würde bzw. wie deine Richterkollegen im Durchschnitt entschieden haben würden. "Die Praxis rechtfertigt sich durch sich selbst" (*GU*, 86), schreibt Schmitt. Die Formel, die er gefunden hat, bringt lediglich die Notwendigkeit zum Ausdruck, daß eine derartige, sich selbst steuernde, 'autopoietische' Praxis eine *hinreichende Homogenität* der Systemoperationen erfordert. In der Bezugnahme auf den durchschnittlichen "anderen Richter" bzw. auf die durchschnittliche andere Entscheidung findet sich bei Schmitt dieses Erfordernis symbolisiert.

---

24  Luhmann 1984, 67.
25  So etwa *GU*, 78. Der Begriff der *Methode* bei Schmitt hat einen ähnlichen Sinn wie der der *Operation* in der heutigen Systemtheorie: er bezeichnet die Ebene der basalen Funktionsweise der Praxis, die zu unterscheiden ist von den Beschreibungen, die diese Praxis selbst von ihrer Funktionsweise anfertigt - und erst recht von Beschreibungen, die andere, also praxisexterne Beobachter darüber anfertigen. Die Methode einer Praxis ist nicht mit dem Wissen über die Methode identisch: Sie ist ihr vielmehr inhärent. Schmitt registriert diese Differenz, wenn er mit Blick auf die in der Rechtspraxis vorherrschende Auffassung einer Bindung des Richters an den Willen des Gesetzgebers bzw. des Gesetzes abschließend feststellt: "Aber zum Glück ist die Methode der Praxis besser als das, was die Praxis für ihre Methode hält." (*GU*, 45)

## 3. Hegemonie ohne Hegemon

Auf die Problematik eines bodenlos gewordenen, selbstreferentiell operierenden Rechts, die er, wie man sieht, in ihrer Funktionsweise wegweisend und ohne Ressentiment analysiert hat, reagiert Schmitt seit der *Politischen Theologie* mit der Verankerung eines jeden Normzusammenhangs ('Rechtsordnung') in einer vorgängigen, dem positiven Recht nicht verfügbaren "Normalität": "Jede generelle Norm verlangt eine normale Gestaltung der Lebensverhältnisse, auf welche sie tatbestandsmäßig Anwendung finden soll und die sie ihrer normativen Regelung unterwirft. Die Norm braucht ein homogenes Medium. Diese faktische Normalität ist nicht bloß eine 'äußere Voraussetzung', die der Jurist ignorieren kann; sie gehört vielmehr zu ihrer immanenten Geltung. Es gibt keine Norm, die auf ein Chaos anwendbar wäre. Die Ordnung muß hergestellt sein, damit die Rechtsordnung einen Sinn hat. [...] Alles Recht ist 'Situationsrecht'. Der Souverän schafft und garantiert die Situation als Ganzes in ihrer Totalität." (*PTh*, 19f.) Mit seiner Unterscheidung von Normalität und Normativität[26] scheint Schmitt die bereits diskutierte These Ernst Forsthoffs zu präludieren, die das Ende des Staates als die Überleitung seiner Funktionen an jene "Normalitäten" interpretierte, "in denen sich das politische, soziale und wirtschaftliche Leben eingependelt hat"[27]. Mit Blick auf die Bundesrepublik stellte Forsthoff fest: "Diese Staatlichkeit beruht auf der Voraussetzung von Normalitäten, und sie steht und fällt mit ihnen"[28], hatte aber die Besonderheit des aktuellen Normalitätstypus darin gesehen, daß *Kollapskrisen*, bei denen die "Existenz" der 'gesellschaftspolitischen' Ordnung auf dem Spiel steht, nicht mehr vorstellbar sind und damit implizit auch die Funktion des Souveräns als des *Hüters* der Normalität für obsolet erklärt. Denn Schmitt hat mit seinem politisch-theologisch gewendeten Normalitäts-Begriff nicht jenes Ensemble von "artifiziellen Daseinsformen"[29] im Auge, auf die Forsthoff den Begriff zuschneidet, sondern ein "homogenes Medium", eine kompakte "Situation", die die theologisch-mythische Funktion des Souveräns als ihres Schöpfers und Garanten auf den Plan ruft. Die aktuelle Normalität hingegen, die zudem immer *Normalität im Plural*, genauer: *gestaffelte, nach Graden spezifizierbare Normalität* ist - dagegen stellt Schmitt kategorisch fest: "es gibt keine Pluralität der normalen Situationen" (*PB*, 141) -, läßt

---

26  die sich nicht einfach auf die andere, populärere Differenz von "Faktizität und Geltung" abbilden läßt, weil, wie Schmitt gegen die neokantianische Auffassung gewendet, feststellt, diese "faktische Normalität" "nicht bloß eine 'äußere Voraussetzung' der Rechtsordnung ist, sondern zu ihrer "immanenten Geltung" gehört.

27  Forsthoff 1971, 159.

28  Ebd., 167.

29  Ebd., 158.

sich nicht mehr unter dem Aspekt der (hervorbringenden) Einheit eines Subjekts darstellen: sie operiert azentrisch und subjektlos. Ernst Forsthoff hat die Emergenz einer solchen 'Normalisierungs-Ordnung', die ihre Stabilität nicht aus einer ihr vorausliegenden Normalitätsreserve bezieht, exemplarisch am Beispiel des Entstehungsprozesses der Bundesrepublik beschrieben, die den Staat der Industriegesellschaft zum "Modell Deutschland" perfektionierte, wobei der Ausdruck 'Modell' auf die *Axiomatisierung auch des Politischen* abstellt, auf seine Loslösung von qualitativen *Codes*, die sich den Mitgliedern der Gesellschaft unmittelbar aufzwingen und ihr Erleben und Handeln *existentiell*, d.h. ohne die Möglichkeit zur Distanzierung, erfassen.

Die weitgehende Zerschlagung der staatlich-militärischen Apparate und die Blockierung des ökonomischen Reproduktionsprozesses, sein funktionelles Auslöschen, führte in Deutschland zu der von Ernst Forsthoff so genannten "Nullpunkt-Situation des Jahres 1945"[30]. Wenn diese Situation auch "außerhalb des Vorstellungsvermögens normaler Zeiten"[31] lag, lieferte sie dennoch - nicht zuletzt dank der Hilfe 'pragmatischer' Anti-Produzenten vom Typ Albert Speers, die noch im Krieg den Übergang in die Nachkriegszeit vorbereiteten - genügend Anschlußmöglichkeiten. Mit dem Desaster der despotischen Gesellschaftsmaschine des Faschismus war auf absehbare Zeit jeder Versuch einer politischen Reterritorialisierung im Zeichen des (Ur-)Staates in der deutschen Bevölkerung diskreditiert, der mythische Adler des Zeus ins Wappen des neuen 'Gemeinwesens' verbannt. Forsthoff registriert diesen Befund mit der Formel vom "Verschleiß der staatsideologischen Substanzen"[32]. Die Organisation des 'Wiederaufbaus' - die architektonische Metapher signalisiert bereits die Anknüpfung an bestimmte *familial-ökonomische* Codefragmente in der deutschen Nachkriegsgesellschaft (es mußten nicht bloß metaphorisch Häuser 'wiederaufgebaut' werden) - widerlegte die von Schmitt in der Krisenphase 1932/33 vertretene Auffassung von der Vorrangigkeit *staatsideologischer* Reorganisation des gesellschaftlichen Feldes: ohne Schmitt namentlich zu erwähnen, zitiert Forsthoff doch, leicht abgewandelt, dessen Ende 1932 an die deutsche Wirtschaft adressierte klassische Krisenmaxime "ohne geordneten Staat keine geordnete Wirtschaft"[33], die sich eben nicht auf die deutsche Situation nach 1945 übertragen ließ. Wenn also von 'staatlichem Leben' in (West-)Deutschland erst wieder die Rede sein konnte, als "die Struktur der Wirtschaft erkennbar feststand und die Weichen für die weitere Entwicklung gestellt waren"[34], wenn der 'Wiederaufbau' also nicht

---

30   Forsthoff 1960, 808.
31   Ebd., 810.
32   Ebd., 808.
33   Schmitt 1932.
34   Forsthoff 1960, 809.

dem Regime staatlicher Codes ausgesetzt war, ist die Frage unabweisbar, wieso es trotzdem nicht zu einer umfassenden Decodierung aller gesellschaftlichen Ströme kam, sondern der gesellschaftliche Körper sich wieder sehr schnell nach Maßgabe andersgearteter, nicht spezifisch politischer Einschreibungen formierte und strukturierte.

Offenbar ist die Bildung *molarer Einheiten*, großer kollektiver Identitäten, die die *molekularen Kräfte*, die dispersen und fluiden Einstellungen, Haltungen und Wünsche, aus denen wir bestehen, einer statistischen Berechenbarkeit unterwerfen und nach einer durchschnittlichen sozialen Erwartbarkeit funktionieren lassen, keineswegs auf staatliche Führung angewiesen. "Das Erstaunliche, unerwartet Neuartige der Entwicklung seit 1945" sah Forsthoff darin, "daß es die Gesellschaft war, die sich wesentlich aus eigener Kraft *reintegriert* hat."[35] Die Wiederherstellung verdankte sich keineswegs allein dem "freien Spiel der Kräfte", vielmehr wurde sie "getragen von neuartigen kollektiven Disziplinierungen großen Stils", die sich auch für die Zukunft des neuen 'Gemeinwesens' als unabdingbar erweisen sollten. Forsthoff diagnostiziert für die Bundesrepublik jenen Zustand einer vollständigen *Interiorisierung* des Politischen in das gesellschaftliche Feld, den Schmitt als *quantitativ* totalen Staat zu Beginn seines *Begriffs des Politischen* beschrieben hatte. Während Schmitt Ende der zwanziger Jahre nach Möglichkeiten einer Wiedergewinnung *politischer Substanz* auf dem Wege einer Transformation des quantitativ zum *qualitativ* totalen, 'starken' Staat suchte, kann Forsthoff für die Bundesrepublik abschließend feststellen, daß ihre 'Ordnung' es nicht mehr erlaube, "an der Priorität und Superiorität des Staates gegenüber der Gesellschaft festzuhalten": "Die Bundesrepublik als Staat ist zur Funktion der Gesellschaft geworden."[36]

Der mit der Gesellschaft bis zur Unkenntlichkeit verschmolzene Staat, der "Staat der Industriegesellschaft", wie ihn Forsthoff später nennen wird, verdankt seine Existenz dem konstitutiven Friktionspotential der neuen Ordnung. Das "Modell Deutschland" macht dem Staat nämlich keineswegs auf *liberale* Weise den Garaus. Die Interiorisierung des Staates in das gesellschaftliche Feld mag zwar zulasten des symbolischen Status der 'erhabenen Einheit', ihrer 'antiken Ehrlichkeit', wie Schmitt schrieb, gehen: die Unsichtbarkeit durch Interiorisierung darf jedoch nicht mit der Unsichtbarkeit des liberalen Nachtwächterstaates verwechselt werden, den es ohnehin nie gegeben hat. Der vom späten Schmitt so genannte "Verwaltungsstaat der modernen Massen-Daseinsfürsorge" geht von der Unmöglichkeit einer widerspruchsfreien Selbststabilisierung moderner Industriegesellschaften aus. Weil dieser Staatstyp nicht mehr an die Rückkehr in die soziale Ruhelage glaubt und mit

---

35  Ebd., 810 - m.H.
36  Ebd., 811.

Krisen rechnet, sie also nicht als bestandsgefährdende Ausnahmelagen, sondern als integralen Bestandteil der Normalität, sozusagen als Geschäftsgrundlage, traktiert, spezialisiert er sich auf die Herausbildung von immer neuen Verfahren zur Prävention des "offenen Ausnahmezustandes" (*VA*, 261). Bei der von Schmitt beklagten Verwischung der klassischen Unterscheidungen, auf denen das Souveränitätsmodell der "Politischen Theologie" beruht, handelt es sich um den Vorgang einer *Transformation der Normalität von einer Status- in eine Prozeßkategorie*. Da die zeitgenössischen *Normalisierungs*gesellschaften niemals im Gleichgewicht sind, sondern sich vielmehr als unübersichtliches Geschiebe von laufenden Denormalisierungs- und Renormalisierungsprozessen präsentieren, können die notwendigen 'politischen' Interventionen nicht mehr einer souveränen Instanz überlassen werden, die entscheidet, wann sie entscheidet. Der Staat der Industriegesellschaft unterhält ein epochal verschiedenes Verhältnis zu den *Widersprüchen, Krisen* und *Dysfunktionalitäten*, die das gesellschaftliche Feld, mit dem er koextensiv ist, hervorbringt. Seine Maxime lautet: "Noch nie bildete Unstimmigkeit oder Dysfunktionalität das Anzeichen des herannahenden Todes einer Gesellschaftsmaschine, die im Gegenteil darin Übung besitzt, sich aus alldem zu nähren: den Widersprüchen, die sie hervorbringt, den Krisen, die sie anstiftet, den Ängsten, die sie *erzeugt*, den höllischen Operationen endlich, die sie aufrichten. Der Kapitalismus hat es gelernt und mit seinem Selbstzweifel gebrochen, wohingegen die Sozialisten davon nicht ablassen wollten, an die Möglichkeit seines natürlichen Todes durch Verschleiß zu glauben. Noch nie ist jemand an Widersprüchen gestorben. Und je mehr alles aus dem Leim geht, desto besser läuft es - auf amerikanische Art und Weise."[37]

Aus Widersprüchen kann man *lernen*. Man begegnet ihnen dann nicht sofort mit einem (souveränen) Gegen-Widerspruch, sondern tastet sie nach Hinweisen auf brauchbare Änderungen ab. Wenn Deleuze und Guattari von den politischen *Axiomatiken* sagen, daß sie wie die wissenschaftlichen niemals *saturiert* sind und gerade deshalb auf unerwartete Ereignisse mit der Entwicklung neuer Axiome flexibel reagieren können[38], dann nimmt diese Konzeption die Lehre von den Widersprüchen vorweg, die die neuere Systemtheorie unter dem Titel *Immunologie* entwickelt hat. Die zeitgenössischen Wohlfahrtsgesellschaften sind vor allem durch ihre Haltung zu *Abweichungen* und *Erwartungsenttäuschungen* von ihren Vorgängern unterschieden. Statt sich *gegen* das Nein zu immunisieren, immunisieren sie sich *mit Hilfe des Nein*: Die Gesellschaft "schützt sich *nicht gegen Änderungen*, sondern

---

37    Deleuze/Guattari 1981, 193.

38    Zur Problematik der axiomatischen Methode in der Mathematik und zu den Möglichkeiten ihrer Übertragung auf andere Wissensfelder vgl. Blanché 1990. In § 15 werden die Möglichkeiten und Konsequenzen des Hinzufügens und Entziehens von Axiomen erörtert (Ebd., 53f.).

*mit Hilfe von Änderungen* gegen Erstarrung in eingefahrenen, aber nicht mehr umweltadäquaten Verhaltensmustern. Das Immunsystem schützt nicht die Struktur, es schützt die Autopoiesis, die geschlossene Selbstreproduktion des Systems. Oder um es mit einer alten Unterscheidung zu sagen: es schützt durch Negation vor Annihilation."[39] Deleuze/Guattari bringen denselben Gedanken auf die Formel: "*um zu funktionieren* [Ebene der Autopoiesis, Vf.], darf eine Gesellschaftsmaschine *nicht gut funktionieren* [Ebene der Strukturen, des 'Gesollten', der normativen Vorgaben, Vf.]."[40] Bereits vor Forsthoff hat Schmitt 1958 in einer klassischen Formulierung die 'skeptische Ratio' des integralen, wissensbasierten Normalismus, der sich von den gesellschaftlichen Widersprüchen 'nährt', erläutert: "Er darf die Krise, die tödlich werden könnte, nicht abwarten, um sie dann repressiv zu unterdrücken, sondern er muß sie rechtzeitig im voraus verhindern." (*VA*, 261) In den Worten Niklas Luhmanns, der unverständlicherweise glaubte, damit einen Einwand gegen die politische Theorie Carl Schmitts zu formulieren: "In bezug auf den Ausnahmezustand denke ich, daß der wahre Souverän jener ist, der in der Lage ist zu verhindern, daß es so weit kommt"[41].

Im Hinblick auf die Entwicklung der kapitalistisch verfaßten Gesellschaften nach dem Einschnitt der russischen Oktoberrevolution haben Deleuze/Guattari zurecht auf den Trend zu einer Multiplizierung der krisenaufschiebenden *Axiome* hingewiesen: "Der Kapitalismus vermochte die Russische Revolution nur zu verdauen, indem er dem alten Axiom unaufhörlich neue hinzufügte, ein Axiom für die Arbeiterklasse, eins für die Gewerkschaft ... Und Axiome anzufügen, dazu ist er schließlich immer bereit, noch für die winzigsten, die lächerlichsten Sachen stellt er welche zur Verfügung - das ist nun einmal die ihm eigene Leidenschaft"[42]. In diesem Sinne lobte auch Arnold Gehlen ausdrücklich die 'Scharfsinnigkeit' der "marxistische[n] Lehre von der Krisenbedrohtheit der sog. kapitalistischen Gesellschaft" - wobei er sich selbstverständlich auf den *diagnostischen* Teil dieser Lehre bezog, der die Normalität von Krisen im Kapitalismus aufwies, und den *prognostischen* Teil, der den baldigen Zusammenbruch dieser Gesellschaftsformation voraussagte, mit dem Satz beschied: "Die Fachleute scheinen heute der Meinung zu sein, daß die theoretischen und administrativen Mittel zur Bewältigung von Großkrisen zur Verfügung stehen."[43] Somit verdankt der Kapitalismus seine Überlebensfähigkeit der *Verwerfung einer doppelten Naivität*: der diagnostischen des dogmatischen Libera-

---

39  Luhmann 1984, 507. "'Man rebelliert eben immer'", sagt der Gerichtsdiener in Kafkas *Proceß* zu K. (Kafka 1990, 92)
40  Deleuze/Guattari 1981, 192.
41  Luhmann 1987b, 11f.
42  Deleuze/Guattari 1981, 326.
43  Gehlen 1961, 255.

lismus, für den die Widerspruchslosigkeit und Interventionsunbedürftigkeit der
'freien' Wirtschaft feststand, und der prognostischen des dogmatischen Marxismus, der zwar die Normalität, d.h. die durchschnittliche Erwartbarkeit der Krise
zugab, sich jedoch nicht in den Gedanken der Normalisierungsfähigkeit dieser Widersprüche schicken konnte und stattdessen einseitig deren Kollapspotential akzen-
tuierte.

Ironischerweise war es Ernst Forsthoff selbst, der früher als andere staatstheore-
tische Beobachter auf eine *selbstdestruktive Tendenz* der industriegesellschaftlichen
Normalität hingewiesen hatte, die heute allgemein unter dem Titel der 'Selbstge-
fährdung der menschlichen Gattung' diskutiert wird. Ihr unbestreitbarer Erfolg
scheint den modernen Gesellschaften, die ihre Reproduktion rückhaltlos den ungebremsten 'Egoismen' der ausdifferenzierten Teilsysteme anvertrauen, zum Verhängnis zu werden. Es könnte sein, schreibt Edgar Morin - und Niklas Luhmann
stimmt ihm zu -, "daß die Entwicklung eine Lage erreicht hat, in der Weisheit und
Wahnsinn nicht mehr einen deutlich erkennbaren Gegensatz bilden"[44]. Bereits in
seiner "Realanalyse" von 1960 machte Forsthoff ausdrücklich die hochgradig for-
mierten Instanzen der industriegesellschaftlichen Selbstorganisation - die gesellschaftlichen *Patrone* - für den nach demokratischen Kriterien unhaltbaren Zustand
verantwortlich, daß die Realisationschance eines Interesses um so geringer ist, "je
breitere Kreise hinter diesem Interesse stehen." Als aktuelles Beispiel für diesen
Zustand nennt er "das Interesse der Allgemeinheit an der Reinigung von Wasser
und Luft vor industrieller Verschmutzung"[45]. 1971, im *Staat der Industriegesellschaft*, greift Forsthoff die inzwischen - nicht zuletzt durch die Veröffentlichungen
des *Club of Rome* - an Brisanz zugenommene Problematik des Selbstgefährdungs-
potentials der 'fortgeschrittenen' Industriegesellschaften erneut auf. Er ist sogar
nicht mehr weit entfernt von der Einsicht, daß personale Zurechnungen der industriegesellschaftlichen *Störungen* ihren Sinn verlieren. Die Industriegesellschaft
selbst ist die Quelle ihrer Störungen, die von ihr ausgehende globale Gefährdung
kann nicht mehr der paranoischen Figur des Störers zugerechnet werden, der
gleichsam *von außen* die Normalität der Gesellschaft attackiert. Neben den klassischen ökologischen Gefährdungen des Industrialismus, die gemeinhin unter dem
Titel der Umweltzerstörung zusammengefaßt werden, akzentuiert Forsthoff besonders die aus den Ergebnissen der Humantechnologie resultierenden 'ungeheuren'
Möglichkeiten, "in absehbarer Zukunft verändernd in das Leben einzugreifen"[46],
eine Zukunft, die bekanntlich unsere Gegenwart geworden ist.

---

44    Luhmann 1987a, 108.
45    Forsthoff 1960, 813.
46    Forsthoff 1971, 28.

Obwohl Forsthoff sein Buch mit einer illusionslosen *"Erinnerung* an den Staat" beginnt - und erinnern kann man nur, was vergangen ist -, sucht er paradoxerweise in der erneuten *Wendung zum starken Staat* den Ausweg aus der 'kritischen Situation': "Dieses Verhängnis kann nur durch eine organisierte Instanz abgewendet werden, die stark genug ist, der industriellen Expansion Schranken zu setzen."[47] Während Schmitt in der Krisensituation des Jahres 1932/33 die Wendung zum starken Staat mit der pluralistischen *Auflösung* der politischen Einheit begründete, scheint Forsthoff von der Wiedergewinnung staatlicher Transzendenz unter den Bedingungen des pluralistisch eingependelten *Konsenses* über die "industrielle Expansion" (Wohlstand durch Wachstum) zu träumen: gesellschaftliche Instabilität wie gesellschaftliche Hyperstabilität laden offenbar gleichermaßen zur Bildung politisch-imperialer Reterritorialisierungsphantasmen ein. Nun kann Forsthoff natürlich nicht im Ernst an einer politischen Aufkündigung des 'demokratischen Konsenses', der im Kern in der wesentlich informell garantierten Komplementarität von Industriegesellschaft und Staat besteht, interessiert sein oder gar auf die Ankunft eines Fürsten der ökologischen Wende warten. Dazu ist er viel zu sehr von dem unerhörten *Stabilitätssurplus* des industrievergesellschafteten Staates fasziniert; deshalb kann er *gleichermaßen* gegen den "antistaatlichen Affekt" wie gegen das "Ressentiment gegen die Industriegesellschaft"[48] zu Felde ziehen und die Lösung des Konflikts "zwischen den Interessen aller und den Bedürfnissen der Industrie, die man nicht mit ideologischen Argumenten abtun kann", in einem "vernünftigen *Ausgleich*" bzw. in einem "Gleichgewicht"[49] finden.

Die Ermittlung und Durchsetzung solcher Ausgleiche ist nun aber durchaus die Normalform der kulturellen Reproduktion des gesellschaftlichen Immanenzfeldes - eben jene aus der Dynamik pluralistischer Verteilungskämpfe resultierende Normalität des von Fall zu Fall aufs neue hergestellten vorübergehenden Gleichgewichts, deren Destruktionspotential Forsthoff zufolge ja gerade "die Freiheit", "die menschliche Umwelt" und "den Menschen selbst" aufs Spiel setzt. Um ja nicht in den Ruf zu kommen, einer kulturellen Desartikulation des industrialistischen Konsenses das Wort zu reden, magert Forsthoff auch semantisch den starken Staat, der dem *integrierten Pluralismus* der Verbände und Interessengruppen Paroli bieten könnte, zur starken *organisierten Instanz* ab, die gleichberechtigt und gleich (ohn)mächtig neben den anderen organisierten Instanzen steht: worum es am Ende eigentlich nur noch geht, ist, worum es eigentlich immer geht, nämlich politische *Effizienzsteigerung*, aber nicht die politische oder gar: kulturelle *Gegenbesetzung*

---

47  Ebd., 27.
48  Ebd., 26.
49  Ebd., 27 - m.H.

der "Arbeit prometheischen Typs" (Michel Serres), die "aus dem Reich der geheiligten Werte in das Reich der Probleme"[50] übergegangen ist. Die Stärke einer 'organisierten Instanz' wird jedenfalls in keinem Fall ausreichen, das 'Politische' aus seiner Position als "Komplementärfunktion der Industriegesellschaft"[51] herauszulösen. Die Profanisierung der *erhabenen Einheit* des (Ur-)Staates ist endgültig. Durch die Rückkehr zum Ältesten wird man das gestern noch Neue, inzwischen aber ebenfalls Veraltete nicht los. An der Peripherie der Megamaschine mag die Macht noch "unter der archaischen Form lokaler Despoten"[52] erscheinen, die weiter Geschichte im alten, barbarischen Stil treiben, für das Zentrum jedenfalls gilt: *Jede Macht ist immanent; das Immanente ist Macht.*

Forsthoffs ansonsten so hellsichtige Analyse ist offen *aporetisch* (und darin erweist er sich, freilich im schlechten Sinne, als treuer Schüler Carl Schmitts), weil sie auf die gesellschaftlichen Selbstgefährdungen, die sie beobachtet, mit der Beschwörung einer der Gesellschaft enthobenen, transzendenten Instanz antwortet, von der er *zugleich* weiß und ausspricht, daß sie unter den obwaltenden Umständen nicht mehr zu institutionalisieren ist. Das Scheitern der sozialethisch motivierten Parteidiktaturen in Osteuropa und in der ehemaligen Sowjetunion hat noch einmal drastisch vor Augen geführt, daß die Antwort auf die gesellschaftlich induzierten Beschleunigungen und Fluchtlinien (die Zirkulation der Geldströme, die sich jeder politischen Beherrschung wie wissenschaftlichen Prognose entziehen, ist das vielleicht eindringlichste Symbol dieser Beschleunigungsordnung) nicht in der politischen Rezentrierung oder Versammlung liegen kann. Statt sich den Fluchtlinien in der Pose des heroischen *Aufhalters* entgegenzustemmen (in welchem Namen auch immer: und sei es dem der *Lebenswelt*), wäre nach Möglichkeiten einer Vermehrung solcher Linien zu suchen, vor allem aber: nach Möglichkeiten der Auflösung solcher *Punkte*, die die kreativsten Linien immer noch im Auftrag debilster Programme, industriell-militärischer ebenso wie kultureller, funktionieren lassen. Nehmen wir uns auch in der Kultur und im Denken ein Beispiel an jener Sphäre, die traditionellerweise als die dem 'Geist' am meisten entgegengesetzte gilt: dem *Geld* und seinen *Strömen.*

---

50   Serres 1995, 54. "Das Unheil kommt stets von Dingen, die einst erfolgreich waren und es nun nicht mehr sind, an denen wir aber dennoch festhalten, um den Preis großer Katastrophen und zahlreicher Toter." (Ebd.) Wer hätte voraussehen können, daß auch das Industriezeitalter einmal in jene Dunkelheit getaucht sein würde, die die kulturellen Mächte der Freiheit und des Fortschritts, die den Aufstieg der prometheischen Arbeit begleiteten, den von Priesterherrschaft und kriegerischer Staatsraison dominierten vorindustriellen, 'mittelalterlichen' Zuständen zuschrieben? "Aus dem Besseren wird das Schlechtere." (Ebd.)

51   Ebd., 42.

52   Deleuze/Guattari 1981, 333.

Es bedarf oft nur einer kleinen umschaltenden Bewegung, um die Perspektive von den *Punkten* auf die *Linien* zu verschieben. Besteht nicht das Abenteuer der großen Philosophen dieses Jahrhunderts darin, daß sie uns dazu einladen, das "Schwergewicht zu verlegen", wie Husserl in den *Cartesianischen Meditationen* schrieb? Bestand nicht Husserls Mut darin, *den Strom*, das *Strömen* in die Bewußtseinsanalytik einzuführen und damit den Punkt des ego cogito in Bewegung zu setzen, ja ihn zeitweise sogar aufzulösen? "Das Schwergewicht der transzendentalen Evidenz des *ego cogito* [...] verlegen wir jetzt [...] vom identischen Ego auf die mannigfaltigen *cogitationes*, also auf das strömende Bewußtseinsleben, in dem das identische Ich (meines, des Meditierenden) lebt, was immer diesen letzteren Ausdruck näher bestimmen mag."[53] Hatte Husserl nicht seinen "Gegensatz" zu Descartes darin gesehen, daß seine Phänomenologie sich in der "Freilegung eines *unendlichen* Feldes transzendentaler Erfahrung"[54] vertiefen wolle? Mir scheint, daß die Leistungsfähigkeit eines politischen Denkens und einer politischen Philosophie, die sich mit Michel Foucault als eine "Ontologie der Aktualität", als eine Diagnostik der Gegenwart versteht, damit steht und fällt, daß auch in dieses Gebiet die Problematik des *Strömens* und des *unendlichen Feldes*, des radikalen Immanenzfeldes Einzug hält, daß das Privileg der transzendenten *Punkte* vor den *Linien*, den harten segmentarisierten Linien ebenso wie den geschmeidigen und vor allem: den *Fluchtlinien*, fällt. Denn das Element, in dem etwas passiert - selbst wenn es sich um die furchtbare Aufrichtung einer Diktatur handelt -, ist die *Vielheit*. Von ihr aus sind die Prozesse der Subjektivierung, der Vereinheitlichung und auch der Totalisierung zu analysieren. Aus sich heraus hat weder das Subjekt noch die Einheit noch die Totalität irgendein Recht und irgendeine Macht.

---

53  Husserl 1977, 33.
54  Ebd., 32 - m.H.

LITERATURVERZEICHNIS

*Schriften von Carl Schmitt*

1. Bücher (im Text mit vorangestellten Siglen zitiert)

*BdP*, 1963 [1932], *Der Begriff des Politischen. Text von 1932 mit einem Vorwort und drei Corollarien*, Berlin

*BdP III*, 1933, *Der Begriff des Politischen*, Hamburg

*D*, 1978 [1921], *Die Diktatur. Von den Anfängen des modernen Souveränitätsgedankens bis zum proletarischen Klassenkampf*, Berlin

*DA*, 1934, *Über die drei Arten des rechtswissenschaftlichen Denkens*, Hamburg

*ECS*, 1950, *Ex Captivitate Salus. Erfahrungen der Zeit 1945/47*, Köln

*G*, 1991, *Glossarium. Aufzeichnungen der Jahre 1947-1951*, Berlin

*GMM*, 1954, *Gespräch über die Macht und den Zugang zum Machthaber*, Pfullingen

*GU*, 1969 [1912], *Gesetz und Urteil. Eine Untersuchung zum Problem der Rechtspraxis*, München

*H*, 1985 [1931], *Der Hüter der Verfassung*, Berlin

*HH*, 1956, *Hamlet oder Hekuba. Der Einbruch der Zeit in das Spiel*, Düsseldorf/Köln

*L*, 1982 [1938], *Der Leviathan in der Staatslehre des Thomas Hobbes. Sinn und Fehlschlag eines politischen Symbols*, Köln

*DN*, 1916, *Theodor Däublers 'Nordlicht'. Drei Studien über die Elemente, den Geist und die Aktualität des Werkes*, München

*LM*, 1981 [1942], *Land und Meer. Eine weltgeschichtliche Betrachtung*, Köln

*LP*, 1961 [²1924], *Die geistesgeschichtliche Lage des heutigen Parlamentarismus*, Berlin

*N*, 1974 [1950], *Der Nomos der Erde im Völkerrecht des Jus Publicum Europaeum*, Berlin

*PB*, 1940, *Positionen und Begriffe im Kampf mit Weimar - Genf - Versailles, 1923-1939*, Hamburg

*PR*, 1982 [²1925] *Politische Romantik*, Berlin

*PTh*, 1985 [²1934], *Politische Theologie. Vier Kapitel zur Lehre von der Souveränität*, Berlin

*PTh II*, 1970, *Politische Theologie II. Die Legende von der Erledigung jeder Politischen Theologie*, Berlin

*RK*, 1925, *Römischer Katholizismus und politische Form*, München

*SBV*, 1933, *Staat, Bewegung, Volk*, Hamburg

*SR*, 1913, *Schattenrisse*, Leipzig (veröffentlicht unter dem Pseudonym "Johannes Negelinus mox Doctor", in Zusammenarbeit mit Fritz Eisler)

*SZ*, 1934, *Staatsgefüge und Zusammenbruch des zweiten Reiches. Der Sieg des Bürgers über den Soldaten*, Hamburg

*VA*, 1958, *Verfassungsrechtliche Aufsätze aus den Jahren 1924-1954. Materialien zu einer Verfassungslehre*, Berlin

*VGO*, 1941, *Völkerrechtliche Großraumordnung mit Interventionsverbot für raumfremde Mächte. Ein Beitrag zum Reichsbegriff im Völkerrecht.* Vierte, um ein Kapitel über den "Raumbegriff in der Rechtswissenschaft" erweiterte Ausgabe, Berlin, Leipzig, Wien

*Vl*, 1983 [1928], *Verfassungslehre*, Berlin

*WS*, 1914, *Der Wert des Staates und die Bedeutung des Einzelnen*, Tübingen

## 2. Aufsätze und literarische Texte

1912a, "Der Spiegel", in: *Die Rheinlande. Monatsschrift für deutsche Kunst und Dichtung*, 22. Jg., 61-62

1912b, "Richard Wagner und eine neue 'Lehre vom Wahn'", in: *Bayreuther Blätter*, 35. Jg., 239-241

1918, "Die Buribunken. Ein geschichtsphilosophischer Versuch", in: *Summa. Eine Vierteljahresschrift*, 4. Viertel, 89-106

1925, "Illyrien. Notizen von einer dalmatinischen Reise", in: *Hochland*, 23. Jg., H. 3, 293-298

1932, "Gesunde Wirtschaft im starken Staat", in: *Mitteilungen des Vereins zur Wahrung der gemeinsamen wirtschaftlichen Interessen in Rheinland und Westfalen*, H. 21, 13-32

1934, "Ein Jahr nationalsozialistischer Verfassungsstaat", in: *Deutsches Recht* 4, 27-30

1955, "Die geschichtliche Struktur des heutigen Weltgegensatzes von Ost und West. Bemerkungen zu Ernst Jüngers 'Der Gordische Knoten'", in: *Freundschaftliche Begegnungen. Festschrift für Ernst Jünger zum 60. Geburtstag*, Frankfurt/M.

## *Sonstige Literatur*

Althusser, Louis, 1987, "Die Einsamkeit Machiavellis", in: ders., *Machiavelli, Montesquieu, Rousseau. Zur politischen Philosophie der Neuzeit*, Hamburg, 11-29

Althusser, Louis, 1995, "Die Veränderung der Welt hat kein Subjekt. Notizen zu den 'Thesen über Feuerbach'", in: *Neue Rundschau,* 105. Jg., H. 3, 9-16

Arendt, Hannah, 1986, *Elemente und Ursprünge totaler Herrschaft*, München

Arendt, Hannah, 1965, *Über die Revolution*, München

Bachelard, Gaston, 1993, *Epistemologie*, Frankfurt/M.

Balke, Friedrich, 1990, "Zur politischen Anthropologie Carl Schmitts", in: Flickinger, Hans-Georg (Hg.), *Die Autonomie des Politischen. Carl Schmitts Kampf um einen beschädigten Begriff*, Weinheim, 37-65

Balke, Friedrich, 1993, "Das Ethos der Epistemologie", Nachwort zu Bachelard, Gaston, *Epistemologie*, Frankfurt/M., 235-252

Balke, Friedrich, 1994, "Rückwärts in die Zukunft. Über den Zusammenhang von Metageschichte und Metapolitik bei Paul Valéry", in: *Neue Rundschau*, 105. Jg., H. 1, 89-103

Balke, Friedrich, 1994, "Die größte Lehre in Häresie. Über die Gegenwärtigkeit der Philosophie Spinozas", in: Moreau, Pierre-François, *Spinoza. Versuch über die Anstößigkeit seines Denkens*, Frankfurt/M., 136-188

Ball, Hugo, 1983, "Carl Schmitts Politische Theologie", in: Taubes, Jakob (Hg.), *Der Fürst dieser Welt. Carl Schmitt und die Folgen*, München, Paderborn, Wien, Zürich, 100-115

Ballestrem, Karl Graf, 1989, "Carl Schmitt und der Nationalsozialismus - Ein Problem der Theorie oder des Charakters?", in: *Nürnberger Blätter* 10 und 11, 7-8 und 14-15

Balzac, Honoré de, 1978, *Verlorene Illusionen*, München

Bendersky, Joseph W., 1983, *Carl Schmitt. Theorist for the Reich*, Princeton (N.J.)

Bergson, Henri, 1992, *Die beiden Quellen der Moral und der Religion*, Frankfurt/M.

Blanché, Robert, 1990, *L'axiomatique*, Paris (PUF)

Blanchot, Maurice, 1969, *L'entretien infini*, Paris (Gallimard)

Bolz, Norbert, 1989, *Auszug aus der entzauberten Welt. Philosophischer Extremismus zwischen den Weltkriegen*, München

Bourdieu, Pierre, 1975, *Die politische Ontologie Martin Heideggers*, Frankfurt/M.

Bourdieu, Pierre, 1988, "'... ich glaube, ich wäre sein bester Verteidiger'. Ein Gespräch mit Pierre Bourdieu über die Heidegger-Kontroverse", in: *Das Argument. Zeitschrift für Philosophie und Sozialwissenschaften* 171, 723-726

Brecht, Bertolt, 1982, "Anmerkungen zu *'Der aufhaltsame Aufstieg des Arturo Ui'*, in: ders., *Gesammelte Werke 17. Schriften zum Theater 3*, Frankfurt/M., 1176-1180

Bréhier, Émile, 1989, *La Théorie des incorporels dans l'ancien stoïcisme*, Paris (Vrin)

Burckhardt, Martin, 1994, *Metamorphosen von Raum und Zeit. Eine Geschichte der Wahrnehmung*, Frankfurt/M, New York

Canetti, Elias, 1990, *Masse und Macht*, Frankfurt/M.

Caruso, Paolo, 1974, "Gespräch mit Michel Foucault", in: Foucault, Michel, *Von der Subversion des Wissens*, München, 7-31

Clastres, Pierre, 1994, "Zur Frage der Macht in den primitiven Gesellschaften", in: Vogl, Joseph (Hg.), *Gemeinschaften. Positionen zu einer Philosophie des Politischen*, Frankfurt/M., 94-100

Comte, Auguste, 1979, *Rede über den Geist des Positivismus*, Hamburg

Deleuze, Gilles, 1975, "Woran erkennt man den Strukturalismus?", in: Châtelet, François (Hg.), *Geschichte der Philosophie. Ideen, Lehren. Bd. VIII. Das XX. Jahrhundert*, Frankfurt/M, Berlin, Wien, 269-302

Deleuze, Gilles, 1980, "Spinoza und wir", in: ders., *Kleine Schriften*, Berlin, 75-84

Deleuze, Gilles, 1989, *Das Bewegungs-Bild. Kino 1*, Frankfurt/M.

Deleuze, Gilles, 1991, *Das Zeit-Bild. Kino 2*, Frankfurt/M.

Deleuze, Gilles, 1992, *Differenz und Wiederholung*, München

Deleuze, Gilles, 1993a, *Logik des Sinns*, Frankfurt/M.

Deleuze, Gilles, 1993b, "Platon, les Grecs", in: ders., *Critique et clinique*, Paris (Minuit), 170-171

Deleuze, Gilles, 1993c, *Unterhandlungen 1972-1990*, Frankfurt/M.

Deleuze, Gilles, 1995, *Die Falte. Leibniz und der Barock*, Frankfurt/M.

Deleuze, Gilles/Guattari, Félix, 1976, *Kafka. Für eine kleine Literatur*, Frankfurt/M.

Deleuze, Gilles/Guattari, Félix, 1981, *Anti-Ödipus*, Frankfurt/M.

Deleuze, Gilles/Guattari, Félix, 1991, *Qu'est-ce-que la philosophie?*, Paris (Minuit)

Deleuze, Gilles/Guattari, Félix, 1992, *Tausend Plateaus. Kapitalismus und Schizophrenie 2*, Berlin

Derrida, Jacques, 1988, *Vom Geist. Heidegger und die Frage*, Frankfurt/M.

Derrida, Jacques, 1994, *Politiques de l'amitié suivi de L'oreille de Heidegger*, Paris (Galilée)

Descartes, René, 1977, *Meditationes de prima philosophia*, Hamburg

Donoso Cortés, Juan Maria de la Salud, 1989, *Essay über den Katholizismus, den Liberalismus und den Sozialismus und andere Schriften aus den Jahren 1851 bis 1853*. Herausgegeben, übersetzt und kommentiert von Günter Maschke, Weinheim

Ewald, François, 1991, "Eine Macht ohne Draußen", in: Ewald, François/Waldenfels, Bernhard (Hg.), *Spiele der Wahrheit. Michel Foucaults Denken*, Frankfurt/M., 163-170

Ewald, François, 1993, *Der Vorsorgestaat*, Frankfurt/M

Fest, Joachim C., 1987, *Hitler. Eine Biographie*, Frankfurt/M., Berlin

Flickinger, Hans-Georg, 1990, "Mythos der Souveränität und Souveränität des Mythos", in: ders., *Die Autonomie des Politischen. Carl Schmitts Kampf um einen beschädigten Begriff*, Weinheim, 67-79

Forsthoff, Ernst, 1960, "Die Bundesrepublik Deutschland. Umrisse einer Realanalyse", in: *Merkur*, 14. Jg., H. 9, 807-821

Forsthoff, Ernst, 1969, "Verfassung und Verfassungswirklichkeit der Bundesrepublik", in: *Merkur*, 22. Jg., H. 5, 401-414

Forsthoff, Ernst, 1971, *Der Staat der Industriegesellschaft. Dargestellt am Beispiel der Bundesrepublik Deutschland*, München

Foucault, Michel, 1973, *Archäologie des Wissens*, Frankfurt/M

Foucault, Michel, 1976, *Die Geburt der Klinik. Eine Archäologie des ärztlichen Blicks*, Frankfurt/M., Berlin, Wien

Foucault, Michel, 1977, *Sexualität und Wahrheit. Der Wille zum Wissen*, Frankfurt/M.

Foucault, Michel, 1980, *Die Ordnung der Dinge. Eine Archäologie der Humanwissenschaften*, Frankfurt/M.

Foucault, Michel, 1981, *Überwachen und Strafen. Die Geburt des Gefängnisses*, Frankfurt/M.

Foucault, Michel, 1986, *Vom Licht des Krieges zur Geburt der Geschichte*, Berlin

Foucault, Michel, 1990, "Andere Räume", in: Barck, Karlheinz/Gente, Peter/Paris, Heidi/Richter, Stefan (Hg.), *Aisthesis. Wahrnehmung heute oder Perspektiven einer anderen Ästhetik. Essais*, Leipzig, 34-46

Foucault, Michel, 1993, "Leben machen und sterben lassen. Zur Genealogie des Rassismus. Ein Vortrag", in: *Lettre International*, H. 1, 62-66

Foucault, Michel, 1994, "Des espaces autres", in: ders., *Dits et Écrits IV*, Paris (Gallimard), 752-762.

Fuchs, Peter, 1992, "Die moderne Beobachtung kommunikativer Ereignisse: Eine heuristische Vorbereitung", in: Balke, Friedrich/Méchoulan, Eric/Wagner, Benno (Hg.), *Zeit des Ereignisses - Ende der Geschichte?*, München, 111-128

Fuchs, Peter, 1995, *Westöstlicher Divan. Zweischneidige Beobachtungen*, Frankfurt/M.

Gehlen, Arnold, 1961, "Industrielle Gesellschaft und Staat. Über einige Triebkräfte des politischen Lebens der Gegenwart", in: ders., *Studien zur Anthropologie und Soziologie*, Neuwied und Berlin, 247-262

Gramsci, Antonio, 1991a, *Gefängnishefte 1. (1. Heft)*, in: ders., *Gefängnishefte. Kritische Gesamtausgabe*, Hamburg

Gramsci, Antonio, 1991b, *Gefängnishefte 2. (2. und 3. Heft)*, in: ders. *Gefängnishefte. Kritische Gesamtausgabe*, Hamburg

Gramsci, Antonio, 1993, *Gefängnishefte 5. (8. und 9. Heft)*, in: ders., *Gefängnishefte. Kritische Gesamtausgabe*, Hamburg

Heerich, Thomas/Lauermann, Manfred, 1993, "Der Gegensatz Hobbes-Spinoza bei Carl Schmitt (1938)", in: *Studia Spinozana*, 7. Jg., 97-160

Hegel, Georg Wilhelm Friedrich, 1970, *Grundlinien der Philosophie des Rechts*, in: ders., *Werke 7*, Frankfurt/M.

Hegel, Georg Wilhelm Friedrich, 1978, *Vorlesungen über die Philosophie der Geschichte*, in: ders., *Werke 12*, Frankfurt/M.

Hegel, Georg Wilhelm Friedrich, 1979a, *Phänomenologie des Geistes*, in: ders., *Werke 3*, Frankfurt/M.

Hegel, Georg Wilhelm Friedrich, 1979b, *Vorlesungen über die Ästhetik I*, in: ders., *Werke 13*, Frankfurt/M.

Heidegger, Martin, 1976, *Einführung in die Metaphysik*, Tübingen

Heidegger, Martin, 1979, *Sein und Zeit*, Tübingen

Heidegger, Martin, 1982, "Die onto-theo-logische Verfassung der Metaphysik", in: ders., *Identität und Differenz*, Pfullingen, 31-67

Heller, Hermann, 1926, "Die Krisis der Staatslehre", in: *Archiv für Sozialwissenschaft und Sozialpolitik*, 55. Jg., 289-316

Hobbes, Thomas, 1977, *Vom Menschen - Vom Bürger (Elemente der Philosophie II/III)*, Hamburg

Huber, Ernst Rudolf, 1941, "'Positionen und Begriffe'. Eine Auseinandersetzung mit Carl Schmitt", in: *Zeitschrift für die gesamte Staatswissenschaft*, Jg. 101, 1-44

Huber, Ernst Rudolf, 1988, "Carl Schmitt in der Reichskrise der Weimarer Endzeit", in: Quaritsch, Helmut (Hg.), *Complexio Oppositorum. Über Carl Schmitt*, Berlin, 33-50

Husserl, Edmund, 1977, *Cartesianische Meditationen. Eine Einleitung in die Phänomenologie*, Hamburg

Husserl, Edmund, 1982, *Die Krisis der europäischen Wissenschaften und die transzendentale Phänomenologie*, Hamburg

Kafka, Franz, 1983a, *Hochzeitsvorbereitungen auf dem Lande und andere Prosa aus dem Nachlaß*, Frankfurt/M.

Kafka, Franz, 1983b, *Beschreibung eines Kampfes. Novellen, Skizzen, Aphorismen aus dem Nachlaß*, Frankfurt/M.

Kafka, Franz, 1990, *Der Proceß* (in der Fassung der Handschrift), Frankfurt/M.

Kafka, Franz, 1993, *Das Schloß* (in der Fassung der Handschrift), Frankfurt/M.

Kant, Immanuel, 1981, *Der Streit der Fakultäten*, in: ders., *Werke 9*, Wiesbaden, 261-393

Kelsen, Hans, 1923, "Gott und Staat", in: *Logos. Internationale Zeitschrift für Philosophie der Kultur*, Bd. XI, 261-284

Kennedy, Ellen, 1988, "Carl Schmitt und Hugo Ball: Ein Beitrag zum Thema 'Politischer Expressionismus', in: *Zeitschrift für Politik*, 35. Jg. 143-161

Kervegan, Jean-François, 1988, "Politik und Vernünftigkeit. Anmerkungen zum Verhältnis zwischen Carl Schmitt und Hegel", in: *Der Staat*, 35. Jg., 370-391

Kierkegaard, Sören, 1984, *Die Wiederholung. Ein Versuch in der experimentierenden Psychologie von Constantin Constantius*, in: ders., *Die Wiederholung/Die Krise und eine Krise im Leben einer Schauspielerin. Mit Erinnerungen an Kierkegaard von Hans Bröchner*, Frankfurt/M., 5-83

Kierkegaard, Sören, 1988, *Entweder - Oder. Teil I und II*, München

Koselleck, Reinhart, 1985, "Die Verzeitlichung der Utopie", in: Voßkamp, Wilhelm (Hg.), *Utopieforschung. Interdisziplinäre Studien zur neuzeitlichen Utopie*. Bd. 3, Frankfurt/M., 1-14

Kramme, Rüdiger, 1990, *Helmuth Plessner und Carl Schmitt. Eine historische Fallstudie zum Verhältnis von Anthropologie und Politik in der deutschen Philosophie der zwanziger Jahre*, Berlin

Laak, Dirk van, 1993, *Gespräche in der Sicherheit des Schweigens. Carl Schmitt in der politischen Geistesgeschichte der frühen Bundesrepublik*, Berlin

Lauermann, Manfred, 1988, "Versuch über Carl Schmitt im Nationalsozialismus", in: Hansen, Klaus/ Lietzmann, Hans (Hg.), *Carl Schmitt und die Liberalismuskritik*, Opladen, 37-51

Lauermann, Manfred, 1990, "Begriffsmagie. 'Positionen und Begriffe' als Kontinuitätsbehauptung - Bemerkungen anläßlich der Neuauflage 1988", in: Flickinger, Hans-Georg (Hg.), *Die Autonomie des Politischen. Carl Schmitts Kampf um einen beschädigten Begriff*, Weinheim, 97-127

Lauermann, Manfred, 1994, "Im Irrgarten der Interpretationen. Ein (soziologischer) Seitenblick auf die neuere Schmitt-Literatur", in: *Sociologia Internationalis*, 32. Jg., 103-125.

Leibniz, Gottfried Wilhelm, 1966a, "Neues System der Natur und der Verbindung der Substanzen sowie der Vereinigung zwischen Seele und Körper", in: ders., *Fünf Schriften zur Logik und Metaphysik*, Stuttgart, 23-38

Leibniz, Gottfried Wilhelm, 1966b, "Betrachtungen über die Lehre von einem einzigen allumfassenden Geiste", in: ders., *Fünf Schriften zur Logik und Metaphysik*, Stuttgart, 51-66

Leibniz, Gottfried Wilhelm, 1975, *Metaphysische Abhandlung*, Hamburg

Lethen, Helmut, 1994, *Verhaltenslehren der Kälte. Lebensversuche zwischen den Kriegen*, Frankfurt/M.

Levi, Primo, 1993a, "Die Grauzone", in: ders., *Die Untergegangenen und die Geretteten*, München, 33-69

Levi, Primo, 1993b, "Die Scham", in: ders., *Die Untergegangenen und die Geretteten*, München, 70-89

Lévinas, Emmanuel, 1988a, "Maurice Blanchot - der Blick des Dichters", in: ders., *Eigennamen*, München, Wien, 25-41

Lévinas, Emmanuel, 1988b, "Namenlos", in: ders., *Eigennamen*, München, Wien, 101-106

Lévinas, Emmanuel, 1988c, "Unterschrift", in: ders., *Eigennamen*, München, Wien, 107-116

Link, Jürgen, 1992, "Normalismus: Konturen eines Konzepts", in: *kultuRRevolution. zeitschrift für angewandte diskurstheorie* 27, 50-70

Löwith, Karl, 1984 [1935], "Der okkasionelle Dezisionismus von C. Schmitt", in: ders., *Sämtliche Schriften 8. Heidegger - Denker in dürftiger Zeit. Zur Stellung der Philosophie im 20. Jahrhundert*, Stuttgart, 32-71

Lovejoy, Arthur O., 1985, *Die große Kette der Wesen. Geschichte eines Gedankens*, Frankfurt/M.

Luhmann, Niklas, 1984, *Soziale Systeme. Grundriß einer allgemeinen Theorie*, Frankfurt/M.

Luhmann, Niklas, 1986a, *Ökologische Kommunikation. Kann die moderne Gesellschaft sich auf ökologische Gefährdungen einstellen?*, Opladen

Luhmann, Niklas, 1986b, "Das Medium der Kunst", in: *DELPHIN* VII, 6-15

Luhmann, Niklas, 1987a, "Der Wohlfahrtsstaat zwischen Evolution und Rationalität", in: ders., *Soziologische Aufklärung 4. Beiträge zur funktionalen Differenzierung der Gesellschaft*, Opladen, 104-116

Luhmann, Niklas, 1987b, "Begriff des Politischen", in: ders., *Archimedes und wir. Interviews*, Berlin, 2-13

Luhmann, Niklas 1989, "Die Ausdifferenzierung der Religion", in: ders., *Gesellschaftsstruktur und Semantik. Studien zur Wissenssoziologie der modernen Gesellschaft*. Bd. 3, Frankfurt/M., 259-357

Luhmann, Niklas, 1993a, *Das Recht der Gesellschaft*, Frankfurt/M.

Luhmann, Niklas, 1993b, "Die Unbeliebtheit der politischen Parteien", in: Unseld, Siegfried (Hg.), *Politik ohne Projekt? Nachdenken über Deutschland*, Frankfurt/M., 43-53

Luhmann, Niklas, 1995, *Die Kunst der Gesellschaft*, Frankfurt/M.

Lukrez, 1991, *Von der Natur*, München

Lukács, Georg, 1971, *Die Seele und die Formen*, Neuwied und Berlin

Lyotard, Jean-François, 1988, "Ob man ohne Körper denken kann", in: Gumbrecht, Hans Ulrich/Pfeiffer, K. Ludwig (Hg.), *Materialität der Kommunikation*, Frankfurt/M., 813-829

Macherey, Pierre, 1991, "Für eine Naturgeschichte der Normen", in: Ewald, François/Waldenfels, Bernhard (Hg.), *Spiele der Wahrheit. Michel Foucaults Denken*, Frankfurt/M., 171-192

Mannheim, Karl, 1985, *Ideologie und Utopie*, Frankfurt/M.

Marx, Karl, 1981, "Thesen über Feuerbach", in: Marx, Karl/Engels, Friedrich, *Werke 3*, Berlin, 5-7

Maschke, Günter, 1982, "Zum 'Leviathan' von Carl Schmitt", in: Schmitt, Carl, *Der Leviathan in der Staatslehre des Thomas Hobbes. Sinn und Fehlschlag eines politischen Symbols*, Köln, 179-244

Maschke, Günter, 1988, "Die Zweideutigkeit der 'Entscheidung' - Thomas Hobbes und Juan Donoso Cortés im Werk Carl Schmitts", in: Quaritsch, Helmut (Hg.), *Complexio Oppositorum. Über Carl Schmitt*, Berlin, 193-221

Maschke, Günter, 1989, "La rappresentazione cattolica. Carl Schmitts Politische Theologie mit Blick auf italienische Beiträge", in: *Der Staat*, 36. Jg., 557-575

Mehring, Reinhard, 1989, *Pathetisches Denken. Carl Schmitts Denkweg am Leitfaden Hegels: Katholische Grundstellung und antimarxistische Hegelstrategie*, Berlin

Mehring, Reinhard, 1993, "Vom Umgang mit Carl Schmitt. Zur neueren Literatur", in: *Geschichte und Gesellschaft* 19, 388-407

Meier, Christian, 1988, "Zu Carl Schmitts Begriffsbildung - Das Politische und der Nomos", in: Quaritsch, Helmut (Hg.), *Complexio Oppositorum. Über Carl Schmitt*, Berlin, 537-556

Meier, Heinrich, 1988, *Carl Schmitt, Leo Strauss und 'Der Begriff des Politischen'. Zu einem Dialog unter Abwesenden*, Stuttgart

Meier, Heinrich, 1992, "Was ist Politische Theologie? Einführende Bemerkungen zu einem umstrittenen Begriff", in: Jan Assmann, *Politische Theologie zwischen Ägypten und Israel*, München (Veröffentlichungen der Carl Friedrich von Siemens Stiftung), 7-19

Meier, Heinrich, 1994, *Die Lehre Carl Schmitts. Vier Kapitel zur Unterscheidung Politischer Theologie und Politischer Philosophie*, Stuttgart/Weimar

Merleau-Ponty, Maurice, 1986, *Das Sichtbare und das Unsichtbare*, München

Meuter, Günter, 1994, *Der Katechon. Zu Carl Schmitts fundamentalistischer Kritik der Zeit*, Berlin

Moles, Abraham, 1988, "Zur Philosophiefiktion bei Vilém Flusser", in: *kultuRRevolution. zeitschrift für diskurstheorie* 17/18, 109-112

Musil, Robert, 1981a, "Die Nation als Ideal und als Wirklichkeit", in: ders., *Gesammelte Werke 8. Essays und Reden*, Reinbek, 1059-1075

Musil, Robert, 1981b, "Der deutsche Mensch als Symptom", in: ders., *Gesammelte Werke 8. Essays und Reden*, Reinbek, 1353-1400

Musil, Robert, 1981c, "Anmerkungen zu einer Metapsychik", in: ders., *Gesammelte Werke 8. Essays und Reden*, Reinbek bei Hamburg, 1015-1019

Musil, Robert, 1983a, *Tagebücher*. Herausgegeben von Adolf Frisé, Reinbek bei Hamburg

Musil, Robert, 1983b, *Tagebücher. Anmerkungen, Anhang, Register*, Reinbek bei Hamburg

Musil, Robert, 1992, *Der Mann ohne Eigenschaften I*, Reinbek bei Hamburg

Nietzsche, Friedrich, 1977, "Brief an Peter Gast von Ende August 1881", in: ders., *Werke in drei Bänden. Bd 3*. Herausgegeben von Karl Schlechta, München, 1174-1175

Nietzsche, Friedrich, 1988a, *Die Philosophie im tragischen Zeitalter der Griechen*, in: ders., *Sämtliche Werke. Kritische Studienausgabe 1*. Herausgegeben von Giorgio Colli und Mazzino Montinari, München, Berlin/New York, 799-872

Nietzsche, Friedrich, 1988b, *Der Antichrist*, in: ders., *Sämtliche Werke. Kritische Studienausgabe 6*. Herausgegeben von Giorgio Colli und Mazzino Montinari, München, Berlin/New York, 165-254

Nietzsche, Friedrich, 1988c, *Die fröhliche Wissenschaft*, in: ders., *Sämtliche Werke. Kritische Studienausgabe 3*. Herausgegeben von Giorgio Colli und Mazzino Montinari, München, Berlin/New York, 343-651

Nietzsche, Friedrich, 1988d, *Also sprach Zarathustra I-IV*, in: ders., *Sämtliche Werke. Kritische Studienausgabe 4*. Herausgegeben von Giorgio Colli und Mazzino Montinari, München, Berlin/York

Nietzsche, Friedrich, 1992, *Der Wille zur Macht. Versuch einer Umwertung aller Werte*. Herausgegeben von Peter Gast unter Mitwirkung von Elisabeth Förster-Nietzsche, Frankfurt/M.

Noack, Paul, 1993, *Carl Schmitt. Eine Biographie*, Berlin, Frankfurt/M.

Novalis, 1969, *Vermischte Bemerkungen 1797-1798 [Urfassung von 'Blütenstaub']*, in: *Novalis Werke*. Herausgegeben und kommentiert von Gerhard Schulz, München, 323-352

Platon, 1981, *Sophistes*, in: ders., *Sämtliche Werke 4*, Reinbek bei Hamburg, 183-244

Platon, 1983, *Lysis*, in: ders., *Sämtliche Werke 2*, Reinbek bei Hamburg, 183-202

Platon, 1987, *Timaios*, in: ders., *Sämtliche Werke 5*, Reinbek bei Hamburg, 141-213

Quaritsch, Helmut, 1989 [[2]1991], *Positionen und Begriffe Carl Schmitts*, Berlin

Rietzschel, Thomas, 1988, *Theodor Däubler. Eine Collage seiner Biographie*, Leipzig

Rüthers, Bernd, 1989 [[2]1990], *Carl Schmitt im Dritten Reich. Wissenschaft als Zeitgeist-Verstärkung?* München

Schickel, Joachim, 1993, *Gespräche mit Carl Schmitt*, Berlin

Schlegel, Friedrich, 1985, "Über die Unverständlichkeit", in: ders., *Schriften zur Literatur*, München, 332-342

Schmidt-Radefeldt, Jürgen, 1991, "L'intervention - concept sémiotique et phénomène scénique dans *Mon Faust*, in: Blüher, Karl Alfred/Schmidt-Radefeldt, Jürgen (Hg.), *Paul Valéry. Le cycle de 'Mon Faust' devant la sémiotique théâtrale et l'analyse textuelle. Colloque international de Kiel, 15-17 octobre 1987*, Tübingen 1991, 85-100

Serres, Michel, 1984, *Der Parasit*, Frankfurt/M.

Serres, Michel, 1995, *Die Legende der Engel*, Frankfurt/M.

Sofsky, Wolfgang, 1993, *Die Ordnung des Terrors. Das Konzentrationslager*, Frankfurt/M.

Sombart, Nicolaus, 1991, *Die deutschen Männer und ihre Feinde. Carl Schmitt - ein deutsches Schicksal zwischen Männerbund und Matriarchatsmythos*, München, Wien

Spinoza, Baruch de, 1976, *Theologisch-Politischer Traktat*, Hamburg

Spinoza, Baruch de, 1977a, *Die Ethik*, Stuttgart

Spinoza, Baruch de, 1977b, *Abhandlung vom Staate*, in: ders., *Abhandlung über die Verbesserung des Verstandes/Abhandlung vom Staate*, Hamburg, 53-181

Strauss, Leo, 1932, "Anmerkungen zu Carl Schmitt, Der Begriff des Politischen", in: *Archiv für Sozialwissenschaften und Sozialpolitik*, Bd. 67, 632-649

Todorov, Tzvetan, 1985, *Die Eroberung Amerikas. Das Problem des Anderen*, Frankfurt/M.

Tommissen, Piet, 1988, "Bausteine zu einer wissenschaftlichen Biographie (Periode: 1888-1933)", in: Quaritsch, Helmut (Hg.), *Complexio Oppositorum. Über Carl Schmitt*, Berlin, 71-100.

Ulmen, Gary L., 1991, *Politischer Mehrwert. Eine Studie über Max Weber und Carl Schmitt*, Weinheim

Valéry, Paul, 1926, *Literatur. Fragmente*, in: *Neue Rundschau*, 37. Jg., 499-502

Valéry, Paul, 1937, *Die Politik des Geistes*, Wien

Valéry, Paul, 1945a, "Avant-Propos", in: ders., *Regards sur le monde actuel*, Paris (Gallimard), 9-26

Valéry, Paul, 1945b, "De l'histoire", in: ders., *Regards sur le monde actuel*, Paris (Gallimard), 35-38

Valéry, Paul, 1945c, "Notes sur la grandeur et décadence de l'Europe", in: ders., *Regards sur le monde actuel*, Paris (Gallimard), 27-33

Valéry, Paul, 1945d, "Des partis", in: ders., *Regards sur le monde actuel*, Paris (Gallimard), 49-54

Valéry, Paul, 1945e, "L'idée de dictature", in: ders., *Regards sur le monde actuel*, Paris (Gallimard), 77-84

Valéry, Paul, 1945f, "Au sujet de la dictature", in: ders., *Regards sur le monde actuel*, Paris (Gallimard), 85-90

Valéry, Paul, 1945g, "L'Amérique, projection de l'esprit européen", in: ders., *Regards sur le monde actuel*, Paris (Gallimard), 97-100

Valéry, Paul, 1945h, "La liberté de l'esprit", in: ders., *Regards sur le monde actuel*, Paris (Gallimard), 207-232

Valéry, Paul, 1987, *Cahiers/Hefte 1*, Frankfurt/M.

Valéry, Paul, 1988, *Cahiers/Hefte 2*, Frankfurt/M.

Valéry, Paul, 1989a, *Cahiers/Hefte 3*, Frankfurt/M.

Valéry, Paul, 1989b, "Descartes", in: ders., *Werke. Zur Philosophie und Wissenschaft*, Frankfurt/M., 14-35

Valéry, Paul, 1989c, "Eine Ansicht von Descartes", in: ders., *Werke 4. Zur Philosophie und Wissenschaft*, Frankfurt/M., 36-74

Valéry, Paul, 1989d, "Kleiner Brief über die Mythen", in: ders. *Werke 4. Zur Philosophie und Wissenschaft*, Frankfurt/M., 248-256

Valéry, Paul, 1990a, *Cahiers/Hefte 4*, Frankfurt/M.

Valéry, Paul, 1990b, *Herr Teste*, Frankfurt/M.

Valéry, Paul, 1990c, *Eupalinos oder Der Architekt*, in: *Werke 2. Dialoge und Theater*, Frankfurt/M., 7-85

Valéry, Paul, 1990d, *Die fixe Idee oder zwei Männer am Meer*, in: ders. *Werke 2. Dialoge und Theater*, Frankfurt/M., 153-248

Valéry, Paul, 1990e, *Mein Faust (Fragmente)*, in: ders., *Werke 2. Dialoge und Theater*, Frankfurt/M. 1990, 251-421

Valéry, Paul, 1992, *Cahiers/Hefte 5*, Frankfurt/M.

Valéry, Paul, 1993, *Cahiers/Hefte 6*, Frankfurt/M.

Villinger, Ingeborg (Hg.), 1990, *Verortung des Politischen. Carl Schmitt in Plettenberg*, Hagen

Villinger, Ingeborg, 1992, "Politische Fiktionen. Carl Schmitts literarische Experimente", in: Bernhard J. Dotzler (Hg.), *Technopathologien*, München, 191-222

Vollrath, Ernst, 1989, "Wie ist Carl Schmitt an seinen Begriff des Politischen gekommen?", in: *Zeitschrift für Politik*, Jg. 36, H. 2, 151-168

Wacker, Bernd (Hg.), 1994, *Die einheitlich katholische Verschärfung*, München

Wagner, Benno, 1992, *Im Dickicht der politischen Kultur. Parlamentarismus, Alternativen und Mediensymbolik vom 'Deutschen Herbst' bis zur 'Wende'*, München

Waldenfels, Bernhard, 1987, *Ordnung im Zwielicht*, Frankfurt/M.

Waldenfels, Bernhard, 1985, "Die Herkunft der Normen aus der Lebenswelt", in: ders., *In den Netzen der Lebenswelt*, Frankfurt/M., 129-149

Weber, Max, 1980, *Wirtschaft und Gesellschaft*, Tübingen

Willms, Bernhard, 1988, "Carl Schmitt - jüngster Klassiker des politischen Denkens?", in: Quaritsch, Helmut (Hg.), *Complexio Oppositorum. Über Carl Schmitt*, Berlin, 577-597

Žižek, Slavoj, 1994, "Genieße Deine Nation wie Dich selbst! Der Andere und das Böse - Vom Begehren des ethnischen 'Dings'", in: Vogl, Joseph (Hg), *Gemeinschaften. Positionen zu einer Philosophie des Politischen*, Frankfurt/M., 133-164

# SACHREGISTER